高等职业教育教学用书

经济数学

JINGJI SHUXUE

（第二版）

主　编　王　继　黄　欣
副主编　钟　瑜　陈　勤　张　萍
　　　　汪苗苗　胡　岚　李　倩

新形态
教材

中国教育出版传媒集团

高等教育出版社·北京

内容提要

本书是高等职业教育教学用书,是适应职业教育教学改革要求,配合教育部加快推进建设现代职业教育体系的最新精神,结合新课改的理念编写而成的.

本书编写以学生发展为本,将数学与专业融合,强化经济应用,体现了经济数学的现实意义.本书主要内容包括函数、极限与连续,一元函数微分学,一元函数积分学,二元函数微积分,微分方程初步,线性代数初步,无穷级数初步等.

本书可作为高等职业教育财经商贸类各专业通用的经济数学教材,也可供相关人员自学参考.

图书在版编目(CIP)数据

经济数学/王继,黄欣主编.—2 版.—北京:高等教育
出版社,2024.8
ISBN 978-7-04-061693-4

Ⅰ.①经… Ⅱ.①王… ②黄… Ⅲ.①经济数学-高
等职业教育-教材 Ⅳ.①F224.0

中国国家版本馆 CIP 数据核字(2024)第 004252 号

策划编辑 万宝春　责任编辑 张尕琳　万宝春　封面设计 张文豪　责任印制 高忠富

出版发行	高等教育出版社	网　　址	http://www.hep.edu.cn	
社　　址	北京市西城区德外大街 4 号		http://www.hep.com.cn	
邮政编码	100120	网上订购	http://www.hepmall.com.cn	
印　　刷	上海新艺印刷有限公司		http://www.hepmall.com	
开　　本	787 mm×1092 mm　1/16		http://www.hepmall.cn	
印　　张	23.5	版　　次	2017 年 8 月第 1 版	
字　　数	585 千字		2024 年 8 月第 2 版	
购书热线	010-58581118	印　　次	2024 年 8 月第 1 次印刷	
咨询电话	400-810-0598	定　　价	48.00 元	

本书如有缺页、倒页、脱页等质量问题,请到所购图书销售部门联系调换

配套学习资源及教学服务指南

🎯 二维码链接资源

　　本书配套习题参考答案等学习资源，在书中以二维码链接形式呈现。手机扫描书中的二维码进行查看，随时随地获取学习内容，享受学习新体验。

打开书中附有二维码的页面　　　　**扫描二维码**　　　　**查看相应资源**

🎯 教师教学资源索取

　　本书配有课程相关的教学资源，例如，教学课件、习题参考答案等。选用教材的教师，可扫描下方二维码，关注微信公众号"高职智能制造教学研究"，点击"教学服务"中的"资源下载"，或电脑端访问地址（101.35.126.6），注册认证后下载相关资源。

云书展

样书索取

资源下载

免费试卷

最新目录

● 师资培训　● 教学服务　在线购书

★如您有任何问题，可加入职业教育数学教师交流QQ群：820859236。

前言

本书是高等职业教育教学用书,是适应职业教育教学改革要求,配合教育部加快推进建设现代职业教育体系的最新精神,结合新课改的理念编写而成的.本书可作为高等职业教育财经商贸类各专业通用的经济数学教材.

本书编写的基本原则是:面向社会经济发展的新形势,体现经济数学的现实意义;以学生发展为本,充分考虑高职学生的特点和需求,为他们积极搭建终身学习的立交桥;体现课程改革特色,将数学与专业融合,强化经济应用,构建与实际应用紧密结合的经济数学知识体系.

本书力求突出以下特色:

1. **思政元素,引领数学文化教育.**本书全面落实党的二十大精神,贯彻实施科教兴国战略、人才强国战略、创新驱动发展战略,以社会主义核心价值观为引领,秉承立德树人的教学理念,培养德智体美劳全面发展的社会主义建设者和接班人.每章开头设置"数学史话"栏目,在提高趣味性的同时,让学生了解数学的发展历程,丰富数学史知识,使学生既能从人文素养等不同角度学习数学,又能体会科学家的科学精神与爱国精神,从而培养家国情怀,坚定文化自信,激发科技报国的使命担当.

2. **准确定位,突出应用.**在内容上,既注重本学科的知识体系和特点,又联系财经商贸类专业的实际需要.在结构上,各章划分为基础板块和应用板块,将数学的相关知识与经济领域中的实际应用有机结合,使内容紧扣专业、贴近生活.

3. **深入浅出,可读易懂.**本书采用以实例引入基本概念、以直观的几何说明代替理论证明的方法,强调数学思想和方法的引导,淡化系统的理论推导,突出理论方法的应用和相应数学模型的介绍.引导学生不断发现问题、分析问题、解决问题,在探索问题的过程中主动学习知识、掌握技巧,从而获得成就感,增强自信心.章前的"学习目标"和节前的"本节提示",帮助学生在学习具体知识之前明确学习内容和目标,做到心中有数、有的放矢.

4. **多点给力,保证衔接.**为适应高职教育培养应用型人才的需要,本书结合高中新课改教材,降低了知识起点,较好地解决了初等数学与高等数学的过渡和衔接问题;专门设立了应用板块,使数学与专业课及实际问题相结合;注重各部分之间的内在联系,循序渐进,温故知新,在不同的知识层面上反复体现重要的知识点、经典的数学思想和方法,形成完整的知识体系.

5. **多层练习,充分实践.**培养学生"数学素养"的关键在于使其具有解决数学问题的能力.本书基于高职学生的认知规律、思维特点,突出了运用知识的实践环节.书中每一节后安排了由学生完成的"小看板",以及难易适中的习题;每章后设有复习思考题,并且分为 A 组基础题和 B 组提高题,形成了以点到面、从局部到整体的实践体系.丰富的习题为教师提供了充分的选择空间,也很好地满足了不同专业、不同层次的学生需求,有利于学生理解掌握所学内容,及时复习巩固知识.

6. **内容广泛,富有弹性.** 本书包括微积分、微分方程初步、线性代数初步、无穷极数初步等内容,且各部分内容自成体系,涵盖了财经商贸类专业数学必修课的全部内容和选修课的部分内容.基于高职不同专业对数学能力的不同要求,以及学生个体发展的实际需求,本书在内容上分为必学和选学(带 * 号内容)两部分,拓宽了选择范围,增加了教学弹性,同时可以满足分层教学的需要.与之对应,习题设置了必做和选做(带 * 号)部分,复习思考题亦分为 A、B 组.其中,选学内容及相应的习题和复习思考题 B 组,可供对数学有较高要求的专业选用,有愿望进一步深入学习的学生亦可自学.

为方便教学,本书配套有相关教学资源(PPT 课件、习题参考答案等).

本书由四川财经职业学院王继、黄欣担任主编,四川财经职业学院钟瑜、陈勤、张萍、汪苗苗、胡岚、李倩担任副主编.

在本书编写过程中,借鉴了许多专家、同行的科研成果,在此一并表示感谢.限于编者水平和编写时间,不妥之处在所难免,恳请专家、同行和读者批评指正.

编　者

CONTENTS
目 录

第1章 函数、极限与连续

学习目标

1. 理解函数的概念和性质,掌握求函数定义域和值域的方法,会判断两个函数是否相同.

2. 理解基本初等函数、复合函数、初等函数的概念,能熟练地将复合函数分解为简单函数.

3. 理解极限的概念和函数极限存在的充分必要条件,掌握极限的四则运算法则和两个重要极限公式.

4. 理解无穷小和无穷大的概念以及它们的性质、关系,了解无穷小的比较.

5. 理解函数连续的概念,会求函数的间断点和连续区间,会利用初等函数的连续性求函数的极限.

数学史话

16、17世纪,欧洲资本主义国家先后兴起,为了争夺霸权,迫切需要发展航海和军火工业.为了发展航海事业,就需要确定船只在大海中的位置、在地球上的经纬度;要打仗,也需知道如何使炮弹打得准确无误.这些问题促使人们对各种"运动"以及各种运动中的数量关系进行研究,这就为函数概念的产生提供了客观基础.

17世纪中叶,法国科学家笛卡儿引入**变数**(变量)的概念.1673年,莱布尼茨在一篇手稿里第一次用"函数"这一名词,他用函数表示任何一个随着曲线上的点的变动而变动的量.后来,许多数学家分别给出以"**变量**"为基础的函数概念.19世纪70年代开始,德国数学家康托、美国数学家维布伦给出以"**集合**"为基础的函数概念;直到20世纪初,特别是在60年代以后,广泛采用只涉及"集合"这一概念的函数定义.

极限思想是近代数学的一种重要思想,刘徽的**割圆术**、古希腊人的**穷竭法**都蕴含了极限思想.到了16世纪,荷兰数学家斯泰文在考察三角形重心的过程中改进了古希腊人的穷竭法,在无意中"指出了将极限方法发展成为一个实用概念的方向".极限思想的进一步发展是与**微积分**的建立紧密联系的.16世纪的欧洲处于资本主义萌芽时期,生产力得到极大的发展,生产和技术中大量的问题只用初等数学的方法已无法解决,要求数学突破只研究常量的传统范围,而提供能够用于描述和研究运动、变化过程的新工具,这是促进极限发展、建立微积分的社会背景.起初牛顿和莱布尼茨以**无穷小**概念为基础建立微积分,后来因遇到了逻辑困难,所以在他们的晚年都不同程度地接受了极限思想.之后,维尔斯特拉斯用静态的定义刻画了变量的变化趋势.这种"静态—动态—静态"的螺旋式演变,反映了数学发展的辩证规律.

连续思想的产生来源于客观世界的许多现象,如事物运动变化连绵不断的过程,这些连绵不断发展变化的事物在量的方面的反映就是**连续函数**,连续函数就是刻画变量连续变化的数学模型.16、17世纪微积分的酝酿和产生,直接开始于对物体的连续运动的研究.像伽利略所研究的落体运动中的速度、开普勒所研究的绕日运转的行星与太阳的连线所扫过的扇形面积、牛顿所研究的"流"等都是连续变化的量.这个时期以及18世纪的数学家,虽然已经大张旗鼓地研究了连续变化的量,即连续函数,但仍停留在几何直观上,他们将能一笔画成的曲线所对应的函数称为连续函数.直到19世纪,当柯西以及维尔斯特拉斯等数学家建立起严格的极限理论之后,才对连续函数作出了纯数学的精确表述.

基础板块

1.1 函数

【**本节提示**】 函数是高等数学中最重要的基本概念之一,也是微积分学研究的对象.本节将在初等数学有关函数知识的基础上进一步讨论函数.通过本节的学习,要求理解函数、基本初等函数、复合函数、初等函数、分段函数等概念;掌握函数的几种简单性质;能熟练地将复合函数分解为简单函数,为以后各章的学习打好基础.

1.1.1 区间和邻域

1. 区间

如果变量的变化是连续的,则常用区间来表示其变化范围.**区间**就是实数轴上介于两个实数之间的全体实数的集合.从数轴上看,区间是指介于某两点之间的线段上的全体点.

设 a、$b \in \mathbf{R}$,并且 $a < b$,则常见区间分为如下类型.

开区间:$(a, b) = \{x \mid a < x < b\}$.

闭区间:$[a, b] = \{x \mid a \leqslant x \leqslant b\}$.

半开半闭区间:$(a, b] = \{x \mid a < x \leqslant b\}$;

$\qquad\qquad\qquad [a, b) = \{x \mid a \leqslant x < b\}$.

无穷区间:$(a, +\infty) = \{x \mid x > a\}$;

$\qquad\qquad [a, +\infty) = \{x \mid x \geqslant a\}$;

$\qquad\qquad (-\infty, b) = \{x \mid x < b\}$;

$\qquad\qquad (-\infty, b] = \{x \mid x \leqslant b\}$;

$\qquad\qquad (-\infty, +\infty) = \{x \mid x \in = \mathbf{R}\}$.

⚠ **注意** 其中 $-\infty$ 和 $+\infty$,分别读作"负无穷大"和"正无穷大",它们不是数,仅仅是记号.

2. 邻域

设 x_0 与 δ 是两个实数,且 $\delta > 0$,则开区间 $(x_0 - \delta, x_0 + \delta)$ 就称为**点 x_0 的 δ 邻域**,记为 $U(x_0, \delta)$,即 $U(x_0, \delta) = \{x \mid \mid x - x_0 \mid < \delta\}$,其中 x_0 称为该邻域的**中心**,δ 称为该邻域的**半径**.例如,点 6 的 0.1 邻域是指开区间 $(5.9, 6.1)$.

若在点 x_0 的 δ 邻域中"挖去"中心点 x_0,则集合 $\{x \mid 0 < \mid x - x_0 \mid < \delta\}$ 称为**点 x_0 的去心 δ 邻域**.例如,点 6 的去心 0.1 邻域是指开区间 $(5.9, 6) \bigcup (6, 6.1)$.

1.1.2 函数的概念

1. 函数的定义

定义 1.1 设 D 是一个非空的实数集,f 是一个确定的对应法则.在某变化过程中有两个变量 x、y,如果对于每一个 $x \in D$,通过对应法则 f,变量 y 都有唯一确定的值与之对应,则称变量 y 是变量 x 的函数,记为

$$y = f(x), x \in D.$$

其中，x 称为自变量，y 称为因变量.自变量 x 的取值范围称为函数的**定义域**，记为 $D(f)$.对于 $x_0 \in D(f)$ 所对应的值，记为 $f(x_0)$ 或 $y|_{x=x_0}$，称为当 $x = x_0$ 时，函数 $y = f(x)$ 的**函数值**，当 x 取遍 D 中的数值时，所得到的数集 $\{y \mid y = f(x), x \in D\}$ 称为函数 f 的**值域**，记为 $Z(f)$.

注意 记号 $y = f(x)$、$y = F(x)$ 表示 y 是 x 的函数.这里的字母"f""F"表示 y 与 x 之间的对应法则，即函数关系，它们是可以采用任意不同的字母来表示的.

例 1 试确定函数 $y = \sqrt{1-x^2} + \dfrac{6}{\lg(1-x)}$ 的定义域.

解 要使函数 y 有意义，则需 $\begin{cases} 1-x^2 \geqslant 0, \\ 1-x > 0, \\ \lg(1-x) \neq 0, \end{cases}$ 即 $\begin{cases} -1 \leqslant x \leqslant 1, \\ x < 1, \\ x \neq 0. \end{cases}$

于是所求函数的定义域：$D = [-1, 0) \cup (0, 1)$.

例 2 已知函数 $f(x+1) = 2e^x + x^2 - 1$，求函数 $f(x)$.

解 令 $x+1 = t$，则 $x = t-1$.

于是 $\qquad f(t) = 2e^{t-1} + (t-1)^2 - 1 = 2e^{t-1} + t^2 - 2t$，

即 $\qquad\qquad f(x) = 2e^{x-1} + x^2 - 2x$.

2. 函数相同

由函数的定义可知，定义域和对应法则是构成函数的两个基本要素.因此，当两个函数的定义域和对应法则完全一致时，就称这两个**函数相同或相等**.

例 3 考察下列函数是否相同.

(1) $f(x) = 1-x$，$p(x) = \dfrac{1-x^2}{1+x}$；

(2) $f(x) = |x|$，$p(x) = \sqrt{x^2}$；

(3) $f(x) = \ln\sqrt{x-2}$，$p(x) = \dfrac{1}{2}\ln(x-2)$.

解 (1) 因为 $f(x)$ 的定义域为 $(-\infty, +\infty)$，而 $p(x)$ 的定义域为 $(-\infty, -1) \cup (-1, +\infty)$，所以 $f(x)$ 与 $p(x)$ 不相同.

(2) 因为 $f(x)$ 和 $p(x)$ 的定义域均为 $(-\infty, +\infty)$，且 $p(x) = \sqrt{x^2} = |x|$，对应法则相同，所以它们是相同的函数.

(3) 因为 $f(x)$ 和 $p(x)$ 的定义域均为 $(2, +\infty)$，且 $p(x) = \dfrac{1}{2}\ln(x-2) = \ln\sqrt{x-2}$，对应法则相同，所以它们是相同的函数.

3. 函数的表示方法

(1) 解析法

以上三个例题中的函数，其对应法则都是用数学式子给出的，这种表示函数的方法称为**解析法**（或公式法）.微积分中所涉及的函数大多数用解析法给出.解析法的优点是便于计算和理论分析，缺点是比较抽象，而且有些函数并不一定都能用公式表示出来.

(2) 列表法

列表法是用表格来表示自变量和因变量的函数关系的方法，它的优点是不必计算就能由图表得到函数值，使用方便、快捷，缺点是不能反映函数的全貌.

例 4　某商场销售的某种商品,其价格与年收益的函数关系见表 1-1.从此表中可以看出年收益 R 随价格 p 变动的对应值.

表 1-1

价格 p/元	1	1.1	1.2	1.3	1.4	⋯
收益 R/万元	2.85	3.05	3.25	3.35	3.38	⋯

（3）**图象法**

图象法是利用图象来表示函数关系的方法,它的优点是直观、形象,容易表示出函数的全貌,缺点是精确性差.

例 5　某日 9:30—15:00 的上证指数分时走势图如图 1-1 所示,由于时间的变化,指数也随之变化,其对应关系由图中的曲线所示.

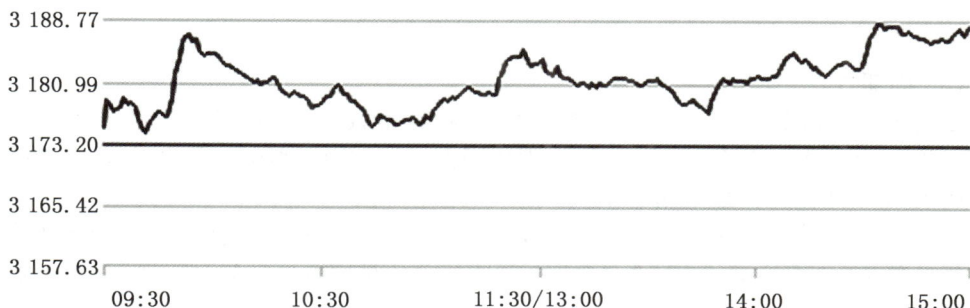

图 1-1

4.函数的几种简单性质

（1）**奇偶性**

定义 1.2　设函数 $y=f(x)$ 的定义域为一个关于原点对称的数集 D.

① 如果对任意的 $x \in D$,都有 $f(-x)=-f(x)$,则称函数 $f(x)$ 为**奇函数**.奇函数的图形关于原点对称.

② 如果对任意的 $x \in D$,都有 $f(-x)=f(x)$,则称函数 $f(x)$ 为**偶函数**.偶函数的图形关于 y 轴对称.

③ 如果对任意的 $x \in D$,都有 $f(-x) \neq f(x)$ 且 $f(-x) \neq -f(x)$,那么函数 $f(x)$ 既不是奇函数又不是偶函数,称为**非奇非偶函数**.

⚠ **注意**　(1)奇偶性是函数的整体性质,是对整个定义域而言的.

(2)奇、偶函数的定义域一定关于原点对称,如果一个函数的定义域不关于原点对称,则这个函数一定不是奇(或偶)函数.

例 6　判断下列函数的奇偶性.

① $f(x)=x^2+2$;

② $f(x)=a^x-a^{-x}, a>1$;

③ $f(x)=\dfrac{1}{x^3}+1$.

解　① $D(f)=(-\infty,+\infty)$,关于原点对称.因为 $f(-x)=(-x)^2+2=x^2+2=f(x)$,所以 $f(x)$ 是偶函数.

② $D(f)=(-\infty,+\infty)$，关于原点对称. 因为 $f(-x)=a^{-x}-a^{-(-x)}=a^{-x}-a^x=-f(x)$，所以 $f(x)$ 是奇函数.

③ $D(f)=(-\infty,0)\bigcup(0,+\infty)$，关于原点对称. 因为 $f(-x)=\dfrac{1}{(-x)^3}+1=-\dfrac{1}{x^3}+1$，它既不等于 $f(x)$，也不等于 $-f(x)$，因此 $f(x)$ 是非奇非偶函数.

（2）单调性

定义 1.3　设有函数 $y=f(x)$，$x\in(a,b)$，对任意的 x_1、$x_2\in(a,b)$，若当 $x_1<x_2$ 时，总有 $f(x_1)<f(x_2)$［或 $f(x_1)>f(x_2)$］成立，则称函数 $f(x)$ 在区间 (a,b) 上单调增加（或单调减少）. 单调增加和单调减少的函数统称为**单调函数**，其对应的区间称为**单调区间**.

> **注意**　单调性是函数的一个局部性质，与讨论的范围有关.
> 例如 $y=x^2$ 在区间 $(0,+\infty)$ 上是单调增加的函数，在区间 $(-\infty,0)$ 上是单调减少的函数.

（3）周期性

定义 1.4　设函数 $f(x)$ 的定义域为 D，若存在常数 $T\neq0$，使对一切 $x\in D$ 总有 $f(x+T)=f(x)$ 成立 $(x+T\in D)$，则称函数 $f(x)$ 为**周期函数**，T 称为 $f(x)$ 的**周期**. 通常所说的周期是最小正周期.

例如，周期函数 $y=\sin x$、$y=\cos x$ 以 2π 为周期，$y=\tan x$、$y=\cot x$ 以 π 为周期；正弦型函数 $y=A\sin(\omega x+\varphi)(A\neq0,\omega>0)$ 与余弦型函数 $y=A\cos(\omega x+\varphi)$ 的周期均为 $\dfrac{2\pi}{|\omega|}$；正切型函数 $y=A\tan(\omega x+\varphi)$ 的周期为 $\dfrac{\pi}{|\omega|}$.

在周期函数的定义域内，每隔一个周期，函数的图象会重复出现.

（4）有界性

定义 1.5　对于函数 $y=f(x)(x\in D)$，若存在常数 $M>0$，使对一切 $x\in D$，有 $|f(x)|\leqslant M$，则称 $f(x)$ 在 D 内是**有界的**，否则称 $f(x)$ 在 D 内是**无界的**.

例如，对于任何实数 x，恒有 $|\sin x|\leqslant1$，所以函数 $y=\sin x$ 在区间 $(-\infty,+\infty)$ 上是有界的. 而函数 $y=\dfrac{1}{x}$ 在区间 $(0,1]$ 上是无界的，在区间 $[1,+\infty)$ 上是有界的. 由此可见，函数可以在某个区间内有界，在另一区间内无界. 因此有界性是函数的一个局部性质.

有界函数的几何特征：它的图象介于直线 $y=-M$ 和 $y=M$ 之间.

函数是否有界的判断方法如下.

① 值域法——若值域为有限区间，则函数有界；若值域为无限区间，则函数无界.

② 图象法——若函数图象位于两条水平直线之间，则函数有界；否则，函数无界.

1.1.3　基本初等函数

常数函数 $y=C$，**幂函数** $y=x^a$（a 是常数），**指数函数** $y=a^x$（$a>0$，$a\neq1$），**对数函数** $y=\log_a x$（$a>0$，$a\neq1$），**三角函数** $y=\sin x$、$y=\cos x$、$y=\tan x$、$y=\cot x$、$y=\sec x$、$y=\csc x$，**反三角函数** $y=\arcsin x$、$y=\arccos x$、$y=\arctan x$、$y=\text{arccot}\,x$ 统称为**基本初等函数**. 基本初等函数具有这样的特征：函数的自变量是一个单独的字母，即函数的自变量不掺杂任何的运算.

基本初等函数是构成函数的基本元素，常用的基本初等函数的相关要点见表 1-2.

表 1-2

名称	表达式	定义域与值域	图象	特性
常数函数	$y = C$	$x \in (-\infty, +\infty)$, $y \in \{C\}$		图形是一条平行于 x 轴、截距为 C 的直线
幂函数	$y = x$	$x \in (-\infty, +\infty)$, $y \in (-\infty, +\infty)$		过点 $(0,0)$，奇函数，单调增加
	$y = x^2$	$x \in (-\infty, +\infty)$, $y \in [0, +\infty)$		偶函数，在区间 $(-\infty, 0)$ 上单调减少，在区间 $[0, +\infty)$ 上单调增加
	$y = x^3$	$x \in (-\infty, +\infty)$, $y \in (-\infty, +\infty)$		奇函数，单调增加
	$y = x^{-1}$	$x \in (-\infty, 0) \bigcup (0, +\infty)$, $y \in (-\infty, 0) \bigcup (0, +\infty)$		奇函数，在区间 $(-\infty, 0)$ 上单调减少，在区间 $(0, +\infty)$ 上单调减少

名称	表达式	定义域与值域	图　　象	特　性
幂函数	$y = x^{\frac{1}{2}}$	$x \in [0, +\infty),$ $y \in [0, +\infty)$		单调增加
指数函数	$y = a^x$ $(a > 1)$	$x \in (-\infty, +\infty),$ $y \in (0, +\infty)$		单调增加
	$y = a^x$ $(0 < a < 1)$	$x \in (-\infty, +\infty),$ $y \in (0, +\infty)$		单调减少
对数函数	$y = \log_a x$ $(a > 1)$	$x \in (0, +\infty),$ $y \in (-\infty, +\infty)$		过点$(1, 0)$, 单调增加
	$y = \log_a x$ $(0 < a < 1)$	$x \in (0, +\infty),$ $y \in (-\infty, +\infty)$		过点$(1, 0)$, 单调减少
三角函数	$y = \sin x$	$x \in (-\infty, +\infty),$ $y \in [-1, 1]$		奇函数, 周期2π, 有界

名称	表达式	定义域与值域	图　象	特　性
三角函数	$y = \cos x$	$x \in (-\infty, +\infty)$, $y \in [-1, 1]$		偶函数，周期 2π，有界
三角函数	$y = \tan x$	$x \neq k\pi + \dfrac{\pi}{2}(k \in \mathbf{Z})$ $y \in (-\infty, +\infty)$		奇函数，周期 π
三角函数	$y = \cot x$	$x \neq k\pi(k \in \mathbf{Z})$, $y \in (-\infty, +\infty)$		奇函数，周期 π
反三角函数	$y = \arcsin x$	$x \in [-1, 1]$, $y \in \left[-\dfrac{\pi}{2}, \dfrac{\pi}{2}\right]$		奇函数，单调增加，有界，$\arcsin(-x) = -\arcsin x$
反三角函数	$y = \arccos x$	$x \in [-1, 1]$, $y \in [0, \pi]$		单调减少，有界，$\arccos(-x) = \pi - \arccos x$

経済数学 JINGJI SHUXUE

续 表

名称	表达式	定义域与值域	图　象	特　性
反三角函数	$y=\arctan x$	$x\in(-\infty,+\infty)$, $y\in\left(-\dfrac{\pi}{2},\dfrac{\pi}{2}\right)$		奇函数, 单调增加, 有界, $\arctan(-x)=$ $-\arctan x$
	$y=\text{arccot}\,x$	$x\in(-\infty,+\infty)$, $y\in(0,\pi)$		单调减少, 有界, $\text{arccot}(-x)=$ $\pi-\text{arccot}\,x$

1.1.4　复合函数和初等函数

1. 复合函数

定义 1.6　设 y 是 u 的函数 $y=f(u)$,u 又是 x 的函数 $u=\varphi(x)$,如果函数 $u=\varphi(x)$ 的值域与函数 $y=f(u)$ 的定义域的交集非空,则通过变量 u,y 也是 x 的函数,称这样的函数为 $y=f(u)$ 和 $u=\varphi(x)$ 的**复合函数**,记为 $y=f[\varphi(x)]$,其中 u 称为**中间变量**.

对于有些复合函数,中间变量不止一个,例如:$y=u^2$、$u=\ln v$、$v=\cos x+2$,则这三个函数可以构成复合函数 $y=\ln^2(\cos x+2)$,此复合函数的中间变量就有两个.

例 7　指出下列各函数的复合过程.

(1) $y=e^{\sqrt{2-x}}$;　　(2) $y=(4-3x)^2$;

(3) $y=\cos\sqrt{-x}$;　　(4) $y=\lg(1+\sqrt{1+x^2})$;

(5) $y=a^{\frac{1}{\sin^2 x}}$;　　(6) $y=\sqrt[3]{x+\sqrt{x^3-1}}$;

(7) $y=\sin^2(2x+5)$;　　(8) $y=\ln\ln^2\ln^3(1-x)$.

解　(1) 函数 $y=e^{\sqrt{2-x}}$ 由 $y=e^u$、$u=\sqrt{v}$、$v=2-x$ 复合而成.

(2) 函数 $y=(4-3x)^2$ 由 $y=u^2$、$u=4-3x$ 复合而成.

(3) 函数 $y=\cos\sqrt{-x}$ 由 $y=\cos u$、$u=\sqrt{v}$、$v=-x$ 复合而成.

(4) 函数 $y=\lg(1+\sqrt{1+x^2})$ 由 $y=\lg u$、$u=1+\sqrt{v}$、$v=1+x^2$ 复合而成.

(5) 函数 $y=a^{\frac{1}{\sin^2 x}}$ 由 $y=a^u$、$u=\dfrac{1}{v^2}$、$v=\sin x$ 复合而成.

(6) 函数 $y=\sqrt[3]{x+\sqrt{x^3-1}}$ 由 $y=\sqrt[3]{u}$、$u=x+v$、$v=\sqrt{t}$、$t=x^3-1$ 复合而成.

(7) 函数 $y=\sin^2(2x+5)$ 由 $y=u^2$、$u=\sin v$、$v=2x+5$ 复合而成.

(8) 函数 $y=\ln\ln^2\ln^3(1-x)$ 由 $y=\ln u$、$u=v^2$、$v=\ln w$、$w=z^3$、$z=\ln t$、$t=1-x$

复合而成.

　　!注意 （1）不是任何函数都可以复合组成复合函数,只有复合后的函数定义域不为空集,复合才有意义.例如,函数 $y=\arcsin u$ 与 $u=2+x^2$ 构成 $y=\arcsin(2+x^2)$ 显然是没有意义的.因为 $y=\arcsin u$ 的定义域为 $[-1,1]$,而函数 $u=2+x^2$ 的值域为 $[2,+\infty)$,由于 $[-1,1]\bigcap[2,+\infty)$ 为空集,所以这种复合无意义.

　　（2）复合函数并不是一种新函数,函数复合通俗地说就是函数"套"函数.可以把 $y=f[\varphi(x)]$ 中的 $y=f(u)$ 称为外层,$u=\varphi(x)$ 称为内层.分解复合函数就是由外到内,逐层分析复合函数是由哪些简单函数复合而成的.在后面的学习中,一般将复合函数分解为简单函数,这里所说的简单函数一般指基本初等函数或由基本初等函数经过四则运算所构成的函数.

　　2. 初等函数

　　定义 1.7　由基本初等函数经过有限次四则运算和有限次函数复合步骤所构成,并能用一个式子表示的函数,称为**初等函数**.

　　例如:$y=3^{\sin x}$,$y=\sqrt{x^3+4x+8}$,$y=(\ln\cos x)^2$,

多项式函数

$$f(x)=a_nx^n+a_{n-1}x^{n-1}+\cdots+a_1x+a_0(a_i\text{ 为常数},i=0,1,2,\cdots,n),$$

有理函数

$$f(x)=\frac{a_nx^n+a_{n-1}x^{n-1}+\cdots+a_1x+a_0}{b_mx^m+b_{m-1}x^{m-1}+\cdots+b_1x+b_0}$$

$$(a_i、b_j\text{ 为常数},i=0,1,2,\cdots,n;j=0,1,2,\cdots,m)$$

等都是初等函数.

1.1.5　分段函数

　　定义 1.8　若函数 $y=f(x)$ 在定义域内的不同区间(或不同点)上有不同的表达式,则称它为**分段函数**.

　　例如,符号函数

$$y=\operatorname{sgn}x=\begin{cases}-1,&x<0,\\0,&x=0,\\1,&x>0\end{cases}$$

就是一个分段函数,如图 1-2 所示.

　　分段函数一般不是初等函数,但如果分段函数可以用一个解析式表示,那么它就是一个初等函数.

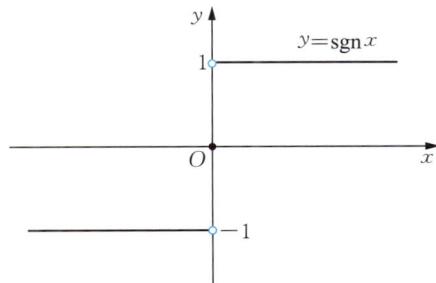

图 1-2

　　例如,$y=\begin{cases}1-x,&x\leqslant0,\\1+x,&x>0,\end{cases}$ 它能表示成 $y=1+\sqrt{x^2}=1+|x|$,所以这个分段函数是一个初等函数.

　　!注意　分段函数是用几个解析式合起来表示的一个函数,不能理解为几个函数.

小看板

1. 两个函数的_____和_____完全一致时,就称两个函数相同.

2. 函数的表示方法有_____.

3. 偶函数的图形关于_____对称,奇函数的图形关于_____对称.

4. 复合函数是指_____.

5. 初等函数是指_____.

6. 分段函数是指_____.

习题 1.1

1. 用区间表示下列不等式中 x 的取值范围.

(1) $|x+1|>3$；　　　　　　　　(2) $|x-3|\leqslant 4$.

2. 求下列函数的定义域.

(1) $y=\sqrt{x^2-4}$；　　　　　　(2) $y=\dfrac{1}{x+3}$；

(3) $y=\lg(4x+1)$；　　　　　　(4) $y=\dfrac{2}{x^2+1}$；

(5) $y=\sqrt{\ln(2-x)}$；　　　　　(6) $y=\arccos(x-5)$.

3. 设 $f(x)=x^2-6x+5$，求 $f(0)$、$f(-x)$、$f(x+1)$.

4. 设 $g(t^3+1)=t^3-9$，求 $g(t^2)$、$[g(t)]^2$.

5. 判断下列函数是否相等.

(1) $f(x)=\dfrac{x^2}{x}$，$g(x)=x$；

(2) $f(x)=\sqrt{x^2}$，$g(x)=x$；

(3) $f(x)=(\sqrt{x})^2$，$g(x)=x$；

(4) $f(x)=1$，$g(x)=\sin^2 x+\cos^2 x$；

(5) $f(x)=\dfrac{|x|}{x}$，$g(x)=1$.

6. 判定下列函数的奇偶性.

(1) $f(x)=\dfrac{e^x-e^{-x}}{2}$；　　　　　(2) $f(x)=x^2+\cos x$；

(3) $f(x)=\dfrac{x^2+1}{x-1}$；　　　　　(4) $f(x)=\dfrac{\sin x}{x}$.

7. 将下列复合函数分解成简单函数.

(1) $y=3^{\cos x}$；　　　　　　　(2) $y=a\sqrt[3]{1-x}$；

(3) $y=\sqrt{\ln x^2}$；　　　　　　(4) $y=\sin[\tan(x^2+1)]$；

(5) $y=(1-\ln x)^4$；　　　　　(6) $y=2^{\arcsin\sqrt{1-x^2}}$；

(7) $y=\lg^2(\sqrt{x-3})$；　　　　(8) $y=e^{-\sin^2\frac{1}{x}}$.

8. 判断题.

(1) 开区间必为无限区间；　　　　　　　　　　　　　　　　　　（　　）

(2) 函数 $y=\log_a x^2$ 的定义域为 $(-\infty,+\infty)$；　　　　　　　（　　）

(3) 函数 $y=\sin x+\cos x$ 的定义域为 $(-\infty,+\infty)$；　　　　（　　）

(4) 函数 $y=\log_a x^2$ 的值域为 $(0,+\infty)$；　　　　　　　　　（　　）

(5) 函数 $y=2^x$ 的值域为 $(0,+\infty)$；　　　　　　　　　　　（　　）

(6) 函数 $y=x^{-1}$ 在定义区间 $(-\infty,0)\bigcup(0,+\infty)$ 内单调减少；（　　）

(7) 函数 $y=x^2$ 在其定义区间 $(-\infty,+\infty)$ 内单调增加；　（　　）

(8) 函数 $y=\left(\dfrac{1}{e}\right)^x$ 在其定义区间 $(-\infty,+\infty)$ 内单调减少；（　　）

(9) 函数 $y=\sin x$ 的定义域为 $(-\infty,+\infty)$，该函数在其定义区间上是无界函数；

　　　　　　　　　　　　　　　　　　　　　　　　　　　　　（　　）

(10) 函数 $y=\cos x$ 为偶函数，该函数周期为 2π；　　　　　（　　）

(11) 函数 $y=x\cos x$ 的图形关于原点对称；　　　　　　　　　（　　）

(12) 函数 $y=\sqrt{-x}$ 为基本初等函数；　　　　　　　　　　　（　　）

(13) 函数 $y=\left(\dfrac{1}{2\pi}\right)^x$ 为基本初等函数；　　　　　　　　（　　）

(14) 函数 $y=\sqrt{\cos x-3\sin\dfrac{\pi}{2}}$ 为复合函数；　　　　　（　　）

(15) 函数 $y=x\sin^3 x+2\ln x^2$ 不是初等函数；　　　　　　　（　　）

(16) 函数 $f(x)=\begin{cases}4-3x, & x<0,\\1, & x\geqslant 0\end{cases}$ 不是初等函数.　（　　）

9. 选择题.

(1) 函数 $y=\sqrt{1-x^2}$ 的值域是（　　）；

　　A. $(-\infty,+\infty)$　　B. $(0,+\infty)$　　C. $(0,1)$　　D. $[0,1]$

(2) 设 $f(x)=x\sqrt{x}$，则 $[f(x)]^2$ 等于（　　）；

　　A. $x^{\frac{1}{3}}$　　　　B. x^3　　　　C. $x^{\frac{7}{2}}$　　　　D. $x^{\frac{3}{2}}$

(3) 下列函数的图形关于 y 轴对称的是（　　）；

　　A. $f(x)=\dfrac{\sin x}{-x}$　　　　　　B. $f(x)=x^2+\cos x$

　　C. $f(x)=\dfrac{e^x-e^{-x}}{3}$　　　　　D. $f(x)=x$

(4) 下列函数周期为 π 的是（　　）；

　　A. $y=\cot\left(\dfrac{\pi}{3}-2x\right)$　　　　B. $y=\tan\left(2x+\dfrac{\pi}{3}\right)$

　　C. $y=\cos\left(2x+\dfrac{\pi}{3}\right)$　　　　D. $y=\sin(x+\pi)$

(5) 下列函数有界的是（　　）；

　　A. $f(x)=\ln x,\ x\in(0,1)$　　　B. $f(n)=\cos(n!)$

　　C. $f(x)=\left(\dfrac{1}{e}\right)^x$　　　　　　D. $f(x)=\dfrac{1}{x}$

（6）下列函数在定义区域内为减函数的是（　　　）；

A. $y=\log_{\frac{1}{2}}x$　　　　B. $y=x$　　　　C. $y=c$　　　　D. $y=\tan x$

（7）下列函数是复合函数的为（　　　）.

A. $y=\left(\dfrac{1}{3}\right)^x$　　　　B. $y=e-\ln 3$　　　　C. $y=x^{\sqrt{2}-1}$　　　　D. $y=\sqrt{1-x}$

1.2　极限的概念

【本节提示】　极限的理论和方法是学习微积分的工具,是整个微积分的理论基础.通过本节的学习,要求理解极限的概念,理解极限存在的充要条件,会用左、右极限讨论分段函数在分段点处的极限.

1.2.1　数列的极限

引例 1　战国时期,《庄子·天下篇》中提出了一个很重要的命题:"一尺之棰,日取其半,万世不竭."也就是说一尺长的木棒,第一天取去一半,还剩 $\frac{1}{2}$ 尺,第二天再在这 $\frac{1}{2}$ 尺中取去一半,还剩 $\frac{1}{4}$ 尺……这样,将木棒每天所剩的长度列出来,就成为这样一列数:$1,\ \frac{1}{2},\ \frac{1}{2^2},\ \frac{1}{2^3},\ \frac{1}{2^4},\ \cdots,\ \frac{1}{2^n},\ \cdots$.显然,当 n 无限增大时,2^n 便无限增大,而 $\frac{1}{2^n}$ 便无限缩小,但是不管 n 多么大,$\frac{1}{2^n}$ 却永远不会等于零,因此"万世不竭".

引例 2　公元 3 世纪,刘徽创造了"割圆术",即圆的内接正多边形边数无限增加后,它的面积会无限接近圆的面积,并用这个方法来计算圆周率.他从圆的内接正六边形的面积算起,依次将边数加倍,一直算到圆内接正 3 072 边形的面积,从而得出圆周率 π 的近似值:$\frac{3\,927}{1\,250}=3.141\,6$.后来,祖冲之用这个方法将圆周率的值计算到小数点后七位.

以上例子都包含了朴素的极限思想.下面先来学习数列极限的概念.

将按照一定顺序排列出的无穷多个数 $y_1,\ y_2,\ y_3,\ \cdots,\ y_n,\ \cdots$ 称为**无穷数列**,简称为**数列**,记为 $\{y_n\}$.将数列中的每个数称作数列的项,称第 n 项 y_n 为数列的一般项或通项.

观察下面几个数列,当 $n\to\infty$ 时,分析 y_n 的变化趋势.

(1) $\{y_n\}=\left\{1-\frac{1}{2^n}\right\}$:$1-\frac{1}{2},\ 1-\frac{1}{2^2},\ 1-\frac{1}{2^3},\ \cdots,\ 1-\frac{1}{2^n},\ \cdots$;

(2) $\{y_n\}=\left\{\frac{(-1)^{n-1}}{n}\right\}$:$1,\ -\frac{1}{2},\ \frac{1}{3},\ -\frac{1}{4},\ \cdots,\ \frac{(-1)^{n-1}}{n},\ \cdots$;

(3) $\{y_n\}=\{(-1)^{n-1}\}$:$1,\ -1,\ 1,\ -1,\ \cdots,\ (-1)^{n-1},\ \cdots$;

(4) $\{y_n\}=\{2^n\}$:$2,\ 4,\ 8,\ 16,\ \cdots,\ 2^n,\ \cdots$.

不难看出,当 n 无限增大时,数列(1)、(2)分别无限趋近于常数 1、0,将常数 1 和 0 分别称为数列(1)、(2)的极限.而数列(3)、(4)则没有这样的规律.下面给出数列极限的概念.

定义 1.9　当 n 无限增大时(记为 $n\to\infty$),如果 y_n 无限地接近于一个确定的常数 A,则称 A 为数列 $\{y_n\}$ 的**极限**,记为

$$\lim_{n\to\infty}y_n=A \text{ 或 } y_n\to A(n\to\infty).$$

此时也称数列 $\{y_n\}$ **收敛**,否则称数列 $\{y_n\}$ **发散**.

根据数列极限的定义,上面的数列(1)、(2)的极限可以分别记为

$$\lim_{n \to \infty}\left(1-\frac{1}{2^n}\right)=1, \ \lim_{n \to \infty}\frac{(-1)^{n-1}}{n}=0.$$

例 8 观察下列数列当 $n \to \infty$ 时是否有极限,有极限时指出其极限值.

(1) $\{y_n\}=\left\{\dfrac{(-1)^n}{n^2}\right\}$;　　　　　　　(2) $\{y_n\}=\left\{\dfrac{n}{n+1}\right\}$;

(3) $\{y_n\}=\{1\}$;　　　　　　　　　(4) $\{y_n\}=\left\{\left(\dfrac{99}{100}\right)^n\right\}$.

解 通过观察,这几个数列当 $n \to \infty$ 时都有极限.

(1) $\lim\limits_{n \to \infty} y_n = \lim\limits_{n \to \infty}\dfrac{(-1)^n}{n^2}=0$.

(2) $\lim\limits_{n \to \infty} y_n = \lim\limits_{n \to \infty}\dfrac{n}{n+1}=\lim\limits_{n \to \infty}\left(1-\dfrac{1}{n+1}\right)=1$.

(3) $\lim\limits_{n \to \infty} y_n = \lim\limits_{n \to \infty} 1 = 1$.

(4) 由计算器可以算得:

$0.99^{1\,000} \approx 4.3 \times 10^{-5}$,　　　　　　$0.99^{5\,000} \approx 1.5 \times 10^{-22}$,

$0.99^{10\,000} \approx 2.2 \times 10^{-44}$,　　　　　$0.99^{20\,000} \approx 5.1 \times 10^{-88}$.

由上面几个结果可以看出,0.99^n 随 n 的增大而减小,当 n 充分大时,0.99^n 是充分小的正数,由此可推测:

$$\lim_{n \to \infty} y_n = \lim_{n \to \infty}\left(\frac{99}{100}\right)^n=0.$$

寻规律 (1) 如果 $\{y_n\}=\{C\}$,则 $\lim\limits_{n \to \infty} C=C$($C$ 为常数).

(2) 对于数列 $\{q^n\}$,如果 $|q|<1$,则 $\lim\limits_{n \to \infty} q^n=0$.

下面给出数列极限的相关性质.

定理 1.1 如果数列 $\{y_n\}$ 收敛,那么数列 $\{y_n\}$ 一定有界.

定理 1.2 数列 $\{y_n\}$ 不能收敛于两个不同的极限,即数列的极限是唯一的.

定理 1.3 单调有界数列必有极限.

1.2.2　函数的极限

数列可看作自变量依次取正整数的特殊函数,若自变量不再限于正整数,而是连续变化的,就成了一般的函数.下面来学习函数的极限.

1. 当 $x \to \infty$ 时, 函数 $f(x)$ 的极限

在数列极限中,如果记 $y_n=f(n)$,则 $\lim\limits_{n \to \infty} y_n=A$ 即是 $\lim\limits_{n \to \infty} f(n)=A$. 如果用 x 替换 $\lim\limits_{n \to \infty} f(n)=A$ 中的 n,则得到 $\lim\limits_{x \to \infty} f(x)=A$. 数列极限本质上是一个函数极限,即当自变量趋近于无穷大时,函数趋近于一个定值.因此,可以"类比"数列极限的定义,给出自变量趋近于无穷大时函数极限的定义.

定义 1.10 当自变量 x 的绝对值无限增大时(记为 $x \to \infty$),若 $f(x)$ 无限趋近于一个确定的常数 A,则称 A 为**当 $x \to \infty$ 时函数 $f(x)$ 的极限**,记为

$$\lim_{x\to\infty}f(x)=A \text{ 或 } f(x)\to A(x\to\infty).$$

在定义 1.10 中，自变量 x 的绝对值无限增大（记为 $x\to\infty$），指的是 x 既可取正值且无限增大（记为 $x\to+\infty$），同时也可取负值且绝对值无限增大（记为 $x\to-\infty$）。

如果只考虑 $x\to+\infty$ 时，则记为

$$\lim_{x\to+\infty}f(x)=A \text{ 或 } f(x)\to A(x\to+\infty).$$

如果只考虑 $x\to-\infty$ 时，则记为

$$\lim_{x\to-\infty}f(x)=A \text{ 或 } f(x)\to A(x\to-\infty).$$

定理 1.4　$\lim\limits_{x\to\infty}f(x)=A$ 的充要条件是 $\lim\limits_{x\to-\infty}f(x)=\lim\limits_{x\to+\infty}f(x)=A$.

例 9　求极限 $\lim\limits_{x\to\infty}\dfrac{1}{x}$.

解　由图 1-3 可知 $\lim\limits_{x\to-\infty}\dfrac{1}{x}=\lim\limits_{x\to+\infty}\dfrac{1}{x}=0$，所以 $\lim\limits_{x\to\infty}\dfrac{1}{x}=0$.

例 10　$\lim\limits_{x\to\infty}\arctan x$ 是否存在？

解　$\lim\limits_{x\to-\infty}\arctan x=-\dfrac{\pi}{2}$，$\lim\limits_{x\to+\infty}\arctan x=\dfrac{\pi}{2}$.
因为 $\lim\limits_{x\to-\infty}\arctan x\neq\lim\limits_{x\to+\infty}\arctan x$，所以 $\lim\limits_{x\to\infty}\arctan x$ 不存在.

图 1-3

2. 当 $x\to x_0$ 时，函数 $f(x)$ 的极限

定义 1.11　设函数 $f(x)$ 在点 x_0 的某邻域内有定义（点 x_0 可除外），当自变量 x 无限趋近于点 x_0 时，若 $f(x)$ 无限趋近于一个确定的常数 A，则称 A 为**当 $x\to x_0$ 时函数 $f(x)$ 的极限**，记为

$$\lim_{x\to x_0}f(x)=A \text{ 或 } f(x)\to A(x\to x_0).$$

例 11　讨论 $f(x)=\dfrac{x^2-1}{x-1}$ 当 $x\to1$ 时是否有极限.

解　虽然在 $x=1$ 时 $f(x)$ 无定义，但是现在所关心的是在 $x\to1$ 的这个过程中，函数 $f(x)$ 的变化趋势. 在该过程中，$x\neq1$，于是在 $\dfrac{x^2-1}{x-1}=\dfrac{(x-1)(x+1)}{x-1}$ 中消去非零因式 $x-1$ 得 $f(x)=x+1$，于是

$$\lim_{x\to1}f(x)=\lim_{x\to1}\frac{x^2-1}{x-1}=\lim_{x\to1}(x+1)=2.$$

⚠ **注意**　函数在某点处的极限，与函数在该点是否有定义无关，当然与该点的函数值也无关.

例 12　当 $x\to2$ 时，写出下列函数的极限.
(1) $y=x$，　　　　　　　　　　(2) $y=3$.

解　(1) 因为不论 x 取何值，y 的值都等于 x，所以当 x 无限接近于定值 2 时，即当

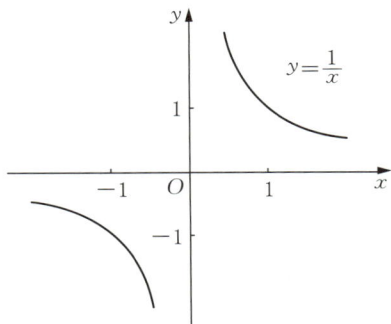

$x\to2$ 时，y 也无限接近于定值 2，即

$$\lim_{x\to2}x=2.$$

（2）因为 $y=3$ 是常量函数，不论 x 取何值时，函数值始终等于常数 3，所以当 x 无限接近于定值 2 时，即当 $x\to2$ 时，恒有 $y=3$，即

$$\lim_{x\to2}3=3.$$

一般地，有（1）$\lim\limits_{x\to x_0}x=x_0$，（2）$\lim\limits_{x\to x_0}c=c(c$ 为常数）.

3. 单侧极限的概念

定义 1.12　如果 x 从左侧趋近于 x_0 时，$f(x)\to A$，则称 A 为 $x\to x_0^-$（或 $x\to x_0-0$）时 $f(x)$ 的**左极限**，记为

$$\lim_{x\to x_0^-}f(x)=A\quad 或\quad f(x_0-0)=A.$$

如果 x 从右侧趋近于 x_0 时，$f(x)\to A$，则称 A 为 $x\to x_0^+$（或 $x\to x_0+0$）时 $f(x)$ 的**右极限**，记为

$$\lim_{x\to x_0^+}f(x)=A\quad 或\quad f(x_0+0)=A.$$

左、右极限统称为**单侧极限**.

定理 1.5　$\lim\limits_{x\to x_0}f(x)=A$ 的充分必要条件是 $\lim\limits_{x\to x_0^-}f(x)=\lim\limits_{x\to x_0^+}f(x)=A.$

例 13　讨论函数 $f(x)=\begin{cases}x^2+1,&x<0,\\x-1,&x\geqslant0\end{cases}$ 当 $x\to0$ 时是否有极限.

解　由于函数 $f(x)$ 是分段函数，在分段点的两侧函数的表达式不同，故采用求左、右极限的方法来讨论在分段点处的极限.

$\lim\limits_{x\to0^-}f(x)=\lim\limits_{x\to0^-}(x^2+1)=1,$

$\lim\limits_{x\to0^+}f(x)=\lim\limits_{x\to0^+}(x-1)=-1.$

因为 $\lim\limits_{x\to0^-}f(x)\neq\lim\limits_{x\to0^+}f(x),$

所以 $\lim\limits_{x\to0}f(x)$ 不存在，如图 1-4 所示.

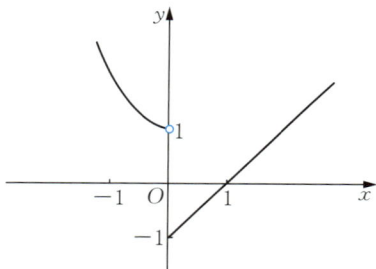

图 1-4

寻规律　求分段函数在分段点处的极限，必须要考虑在分段点处的左、右极限是否存在并且相等，只有满足此条件时，才能称函数在该点处的极限存在.

例 14　讨论函数 $f(x)=\begin{cases}x^2,&x<0,\\2,&x=0,\\e^x-1,&x>0\end{cases}$ 当 $x\to0$ 时是否有极限.

解　$\lim\limits_{x\to0^-}f(x)=\lim\limits_{x\to0^-}x^2=0,$ $\lim\limits_{x\to0^+}f(x)=\lim\limits_{x\to0^+}(e^x-1)=1-1=0.$

因为 $\lim\limits_{x\to0^-}f(x)=\lim\limits_{x\to0^+}f(x)=0,$ 所以 $\lim\limits_{x\to0}f(x)=0.$

注意　例 14 中 $f(0)=2$，但函数在 $x\to0$ 时的极限值与此点处的函数值无关.

小看板

1. 函数在某点处的极限值,与函数在该点处的_____无关.

2. 数列 $\{y_n\}$_____,即数列的极限是唯一的.

3. $\lim\limits_{n\to\infty} C =$_____; $\lim\limits_{x\to a} C =$_____.

4. 若 $|q| < 1$,则 $\lim\limits_{n\to\infty} q^n =$_____.

5. $\lim\limits_{x\to\infty} f(x) = A$ 的充要条件是_____, $\lim\limits_{x\to x_0} f(x) = A$ 的充要条件是_____.

习题 1.2

1. 当 $n \to \infty$ 时,写出下列数列的极限.

(1) $x_n = \dfrac{1}{6^n}$;

(2) $x_n = \dfrac{1-n}{n}$;

(3) $x_n = \dfrac{2n+1}{5n-1}$;

(4) $x_n = 2 - \dfrac{1}{n}$;

(5) $x_n = (-1)^n$;

(6) $x_n = 1 - \left(\dfrac{1}{3}\right)^n$.

2. 求下列函数的极限.

(1) $\lim\limits_{x\to\infty} \dfrac{1}{x^3}$;

(2) $\lim\limits_{x\to\infty} \left(\dfrac{1}{2}\right)^x$;

(3) $\lim\limits_{x\to-\infty} 2^x$;

(4) $\lim\limits_{x\to+\infty} e^x$;

(5) $\lim\limits_{x\to+\infty} \left(\dfrac{4}{3}\right)^{-x}$;

(6) $\lim\limits_{x\to\infty} \left(2 - \dfrac{1}{x}\right)$.

3. 分析函数变化趋势,写出下列函数的极限.

(1) $\lim\limits_{x\to 3}(x^2+1)$;

(2) $\lim\limits_{x\to 1}\left(\dfrac{1}{x}\right)$;

(3) $\lim\limits_{x\to\frac{\pi}{6}} \sin x$;

(4) $\lim\limits_{x\to 0} \cos x$;

(5) $\lim\limits_{x\to 2} 2^x$;

(6) $\lim\limits_{x\to 1} \ln x$.

4. 设 $f(x) = \begin{cases} \dfrac{1}{x+1}, & x \leqslant 0, \\ 3^x, & x > 0, \end{cases}$ 求 $\lim\limits_{x\to 0} f(x)$.

5. 设 $f(x) = \begin{cases} 3x+2, & x \leqslant 0, \\ x^2+1, & 0 < x \leqslant 1, \\ \dfrac{2}{x}, & x > 1, \end{cases}$ 分别求 $x \to 0$、$x \to 1$、$x \to 2$ 时 $f(x)$ 的极限.

6. 判断题.

(1) 若函数 $f(x)$ 在 x_0 处无定义,则其在 x_0 处一定无极限; （　　）

(2) 若函数 $f(x)$ 在 x_0 处的左右极限都存在,则 $f(x)$ 在 x_0 处的极限一定存在;

（　　）

(3) $\lim\limits_{x\to\infty} f(x)=A$ 的充要条件是 $\lim\limits_{x\to-\infty} f(x)=\lim\limits_{x\to+\infty} f(x)=A$；　　　　　　　(　　)

(4) $\lim\limits_{x\to x_0} f(x)=A$ 的充分必要条件是 $\lim\limits_{x\to x_0^-} f(x)=\lim\limits_{x\to x_0^+} f(x)=A$.　　　(　　)

7. 选择题.

(1) $\lim\limits_{x\to-\infty} \mathrm{e}^x$ 的值为(　　)；

　　A. 不存在　　　　　B. 0　　　　　　　C. 1　　　　　　　D. 5

(2) $\lim\limits_{x\to+\infty} \left(\dfrac{1}{\mathrm{e}}\right)^x$ 的值为(　　)；

　　A. 不存在　　　　　B. 0　　　　　　　C. 1　　　　　　　D. 5

(3) 已知 $f(x)=\begin{cases} 1-2x, & x<0, \\ 2, & x=0, \\ 1+2x, & x>0, \end{cases}$ 则 $\lim\limits_{x\to0} f(x)=(\quad)$；

　　A. 0　　　　　　　B. 1　　　　　　　C. 2　　　　　　　D. 不存在

(4) 已知 $f(x)=\begin{cases} 1-2x, & x<0, \\ 2, & x=0, \\ 1+2x, & x>0, \end{cases}$ 则 $\lim\limits_{x\to2} f(x)=(\quad)$.

　　A. 5　　　　　　　B. -3　　　　　　C. 1　　　　　　　D. 2

习题 1.2
参考答案

1.3　无穷小量与无穷大量

【本节提示】　在实际问题中,经常会遇到绝对值可以无限变小的量和绝对值可以无限变大的量,这就是接下来将要学习的无穷小量和无穷大量.通过本节的学习,要求理解无穷小量、无穷大量的概念,掌握无穷小量的性质,知道无穷小量与无穷大量的关系.

1.3.1　无穷小量

定义 1.13　如果当 $x \to a$(或 $x \to \infty$)时,$f(x) \to 0$,则称函数 $f(x)$ 是当 $x \to a$(或 $x \to \infty$)时的**无穷小量**(简称无穷小).

例如,因为 $\lim\limits_{x \to 0} \sin x = 0$,所以称 $\sin x$ 是当 $x \to 0$ 时的无穷小量.又因为 $\lim\limits_{x \to \infty} \dfrac{1}{x} = 0$,所以称 $\dfrac{1}{x}$ 是当 $x \to \infty$ 时的无穷小量.

注意　(1) 要判断一个函数 $f(x)$ 是否是无穷小量,必须明确指出自变量的变化过程,因为对同一函数,在自变量不同的变化过程中,其极限是不同的.例如,函数 $f(x) = \dfrac{1}{x}$,当 $x \to \infty$ 时是无穷小量,而当 $x \to 2$ 时极限是 $\dfrac{1}{2}$,就不是无穷小量.

(2) 无穷小量不是很小的数,而是以 0 为极限的变量.0 是唯一能视为无穷小量的常数(因为 $\lim\limits_{\substack{x \to a \\ (x \to \infty)}} 0 = 0$).

当 $\lim\limits_{\substack{x \to a \\ (x \to \infty)}} f(x) = A$ 时,$\alpha(x) = f(x) - A$ 就是当 $x \to a$(或 $x \to \infty$)时的无穷小量;反之,当 $x \to a$(或 $x \to \infty$)时,$f(x) - A$ 为无穷小量,则 $f(x)$ 就以 A 为极限.由此,有极限的函数与无穷小量之间有以下的关系.

*定理 1.6　$\lim\limits_{\substack{x \to a \\ (x \to \infty)}} f(x) = A \Leftrightarrow f(x) = A + \alpha(x)$,其中 $\alpha(x)$ 是 $x \to a$(或 $x \to \infty$)时的无穷小量.

无穷小量具有下列性质.

定理 1.7　在自变量的同一变化过程中,有

(1) 有限个无穷小量的和、差、积仍是无穷小量;

(2) 有界函数与无穷小量的乘积仍是无穷小量.

例 15　求 $\lim\limits_{x \to \infty} \dfrac{\cos x}{x}$.

解　当 $x \to \infty$ 时,$\cos x$ 无极限,即无论 $x \to -\infty$ 还是 $x \to +\infty$,$\cos x$ 的函数值都会在 -1 和 $+1$ 之间无限次地"振荡"下去.但是 $|\cos x| \leqslant 1$,而 $\lim\limits_{x \to \infty} \dfrac{1}{x} = 0$,则由定理 1.7 可得

$$\lim_{x \to \infty} \frac{\cos x}{x} = \lim_{x \to \infty} \frac{1}{x} \cdot \cos x = 0.$$

还有 $\lim\limits_{x \to \infty} \dfrac{\sin x}{x^2}$、$\lim\limits_{x \to 0} x \sin \dfrac{1}{x}$、$\lim\limits_{x \to 0} x^2 \cos \dfrac{1}{x}$ 等,从本质上说都是同一种类型的极限.

1.3.2　无穷大量

在实际问题中,还会遇到绝对值无限变大的量.例如,由欧姆定律 $I = \dfrac{U}{R}$ 可知,当电压 U 恒定不变时,如果电阻短路,这时 $R \to 0$,从而电流 I 无限增大.

对于这种"无限增大"的变量,给出以下定义.

定义 1.14　当 $x \to a$(或 $x \to \infty$)时,若 $|f(x)|$ 无限增大,则称 $f(x)$ 是当 $x \to a$(或 $x \to \infty$)时的无穷大量(简称无穷大),记为 $\lim\limits_{\substack{x \to a \\ (x \to \infty)}} f(x) = \infty$.

若 $|f(x)|$ 无限增大且 $f(x)$ 只取正值或负值,就记为 $\lim\limits_{\substack{x \to a \\ (x \to \infty)}} f(x) = +\infty$ 或 $\lim\limits_{\substack{x \to a \\ (x \to \infty)}} f(x) = -\infty$.

例如,当 $x \to 1$ 时,函数 $f(x) = \dfrac{1}{x-1}$ 的绝对值 $|f(x)| = \left| \dfrac{1}{x-1} \right|$ 无限增大,所以当 $x \to 1$ 时,$f(x) = \dfrac{1}{x-1}$ 是无穷大量,即 $\lim\limits_{x \to 1} \dfrac{1}{x-1} = \infty$.

又如,$\lim\limits_{x \to 0^-} \cot x = -\infty$,$\lim\limits_{x \to 0^+} \cot x = +\infty$.

再如,$\lim\limits_{x \to \frac{\pi}{2}^-} \tan x = +\infty$,$\lim\limits_{x \to \frac{\pi}{2}^+} \tan x = -\infty$.

🛈 **注意**　(1) 要判断一个函数 $f(x)$ 是否是无穷大量,必须明确指出自变量的变化过程.例如,函数 $f(x) = \dfrac{1}{x}$,当 $x \to 0$ 时是无穷大量,而当 $x \to 1$ 时极限是 1,就不是无穷大量.

(2) 无穷大量是变化的量,一个常数无论多大都不是无穷大量.

(3) 如果函数 $f(x)$ 当 $x \to a$(或 $x \to \infty$)时为无穷大量,那么,它的极限是不存在的,但是为了便于表述函数的这种变化趋势,也称"函数的极限是无穷大量".

(4) 无穷大量与无穷大量的乘积仍为无穷大量,同向的无穷大量相加仍然为无穷大量.

1.3.3　无穷小量与无穷大量的关系

由无穷小量和无穷大量的定义,可以看出它们之间具有以下的倒数关系.

定理 1.8　在自变量的同一变化过程中,有

(1) 如果函数 $f(x)$ 为无穷大量,则 $\dfrac{1}{f(x)}$ 为无穷小量;

(2) 如果函数 $f(x)$ 为无穷小量,且 $f(x) \neq 0$,则 $\dfrac{1}{f(x)}$ 为无穷大量.

小看板

1. 无穷小量是指＿＿＿＿＿＿＿＿＿＿＿＿＿＿＿＿＿＿＿＿＿＿＿＿＿.
2. 唯一能视为无穷小量的常数是＿＿＿＿＿＿＿＿＿＿＿＿＿＿＿＿＿＿＿.
3. 无穷小量的性质有＿＿＿＿＿＿＿＿＿＿＿＿＿＿＿＿＿＿＿＿＿＿＿.
4. 无穷大量是指＿＿＿＿＿＿＿＿＿＿＿＿＿＿＿＿＿＿＿＿＿＿＿＿＿.

5. 若 $f(x) \to \infty$，则 $\dfrac{1}{f(x)} \to$ _____.

6. 若 $f(x) \to 0[f(x) \neq 0]$，则 $\dfrac{1}{f(x)} \to$ _____.

习题 1.3

1. 判断下列函数在自变量怎样变化时是无穷大量,怎样变化时是无穷小量.

(1) $y = x + 1$；

(2) $y = \dfrac{1}{x-2}$；

(3) $y = \tan x$，$x \in \left(0, \dfrac{\pi}{2}\right)$；

(4) $y = \ln x$.

2. 求下列极限.

(1) $\lim\limits_{x \to 1} \dfrac{1}{x-1}$；

(2) $\lim\limits_{x \to 3} \dfrac{2}{(x-3)^2}$；

(3) $\lim\limits_{x \to \infty} \dfrac{\sin 3x}{x^2}$；

(4) $\lim\limits_{x \to 0} x^2 \cos \dfrac{1}{x}$；

(5) $\lim\limits_{x \to \infty}(x^3 + 3x^2 + 2)$；

(6) $\lim\limits_{x \to a}(\sin x - \sin a)$.

3. 判断题.

(1) 有限个无穷小的和、差、积、商仍为无穷小；　　　　　　　　　　（　　　）

(2) 由无穷小的性质可知，$\lim\limits_{n \to \infty}\left(\dfrac{1}{n^2} + \dfrac{2}{n^2} + \dfrac{3}{n^2} + \cdots + \dfrac{n}{n^2}\right) = 0$；（　　　）

(3) 函数 $y = x \sin \dfrac{1}{x}$ 为当 $x \to 0$ 时的无穷小；　　　　　　　　（　　　）

(4) 已知 $f(x) = \dfrac{1}{x^2 - 6x + 9}$，当 $x \to \infty$ 时，$f(x)$ 为无穷小.　（　　　）

4. 选择题.

(1) 下列说法正确的是（　　　）；

　　A. 无穷小量指的是一个非常小的数

　　B. 无穷小量之和仍为无穷小量

　　C. 当 $x \to 0$ 时，e^x 是无穷小量

　　D. 因为 $\lim\limits_{x \to 0} \cos x = 1$，所以函数 $y = \cos x - 1$ 在 $x \to 0$ 时是一个无穷小量

(2) 下列说法错误的是（　　　）；

　　A. 无穷大量指的是一个非常大的数

　　B. 有限个无穷小量的和仍为无穷小量

　　C. 当 $x \to a$ 时，如果 $f(x)$ 是无穷大量，那么 $\dfrac{1}{f(x)}$ 是无穷小量

　　D. 因为 $\lim\limits_{x \to a} f(x) = A$，所以函数 $y = f(x) - A$ 在 $x \to a$ 时是一个无穷小量

(3) $\lim\limits_{x \to \infty} 2^{\frac{1}{x}}$ 的值为（　　　）；

　　A. 不存在　　　　　　B. 0　　　　　　　C. 1　　　　　　　D. 2

(4) 当 $x \to +\infty$ 时,下列变量中为无穷小量的是(　　);

　　A. $\dfrac{1}{x}$　　　　　　B. $\sin x$　　　　　C. $\ln(1+x)$　　　D. e^x

(5) 当 $x \to 0$ 时,下列变量中为无穷大量的是(　　);

　　A. $\dfrac{1}{x}$　　　　　　B. $\sin x$　　　　　C. $\ln(1+x)$　　　D. e^x

(6) 设 $\lim\limits_{x \to 0} f(x) = \infty$,则当 $x \to 0$ 时,下列变量中必为无穷小量的是(　　);

　　A. $x f(x)$　　　　　B. $\dfrac{x}{f(x)}$　　　　　C. $\dfrac{f(x)}{x}$　　　　D. $f(x) - \dfrac{1}{x}$

(7) $\lim\limits_{x \to \infty} \dfrac{\sin 2x}{x} = ($　　$)$;

　　A. 1　　　　　　B. 0　　　　　　C. 2　　　　　D. 不存在

(8) $\lim\limits_{x \to 0} (\sin x)\sqrt{1 + \cos \dfrac{1}{x}} = ($　　$)$;

　　A. 1　　　　　　B. 0　　　　　　C. 2　　　　　D. 不存在

(9) $\lim\limits_{x \to \infty} \dfrac{\cos 2x}{x^2} = ($　　$)$;

　　A. 2　　　　　　B. 1　　　　　　C. 0　　　　　D. 不存在

(10) $\lim\limits_{x \to 0} x \arctan \dfrac{1}{x} = ($　　$)$.

　　A. 0　　　　　　B. 1　　　　　　C. 2　　　　　D. 不存在

习题 1.3
参考答案

1.4　极限的运算

【本节提示】　由极限的定义可以观察出一些简单函数的极限,但是更多的情形观察法是不奏效的.以下将学习极限的一些运算法则以及两个重要的极限公式.通过本节的学习,要求熟练掌握极限的四则运算法则以及运用两个重要极限公式求极限的方法,了解无穷小量的比较.

1.4.1　极限的四则运算

1. 极限的四则运算法则

定理 1.9　在自变量的同一变化过程中,若 $f(x)$、$g(x)$ 的极限存在,设 $\lim f(x) = A$,$\lim g(x) = B$,则有以下关系.

(1) $\lim[f(x) \pm g(x)] = \lim f(x) \pm \lim g(x) = A \pm B$;

(2) $\lim[f(x) \cdot g(x)] = \lim f(x) \cdot \lim g(x) = AB$;

(3) $\lim \dfrac{f(x)}{g(x)} = \dfrac{\lim f(x)}{\lim g(x)} = \dfrac{A}{B} (B \neq 0)$.

推论 1.1　若 $\lim[f(x) - A] = 0$,则 $\lim f(x) = A$;

推论 1.2　若 $\lim f(x) = A$,C 是常数,则 $\lim Cf(x) = CA$;

推论 1.3　若 $\lim f(x) = A$,n 是正整数,则 $\lim[f(x)]^n = [\lim f(x)]^n = A^n$.

以上"lim"没有标明自变量的变化过程,实际上是指对 $x \to a$ 及 $x \to \infty$ 都成立,以后不再说明.

运用上述运算法则,对于多项式函数 $P(x) = a_0 x^n + a_1 x^{n-1} + \cdots + a_n$,有

$$
\begin{aligned}
\lim_{x \to a} P(x) &= \lim_{x \to a}(a_0 x^n + a_1 x^{n-1} + \cdots + a_n) \\
&= a_0 (\lim_{x \to a} x)^n + a_1 (\lim_{x \to a} x)^{n-1} + \cdots + a_n \\
&= P(a).
\end{aligned}
$$

设有多项式函数 $P(x)$ 及 $Q(x)$,则

$$\lim_{x \to a} P(x) = P(a), \ \lim_{x \to a} Q(x) = Q(a).$$

如果 $Q(a) \neq 0$,对于有理分式函数(即两个多项式函数之商 $\dfrac{P(x)}{Q(x)}$,则有以下结论:

$$\lim_{x \to a} \frac{P(x)}{Q(x)} = \frac{\lim\limits_{x \to a} P(x)}{\lim\limits_{x \to a} Q(x)} = \frac{P(a)}{Q(a)} [Q(a) \neq 0].$$

2. 几种求极限的常用方法

(1) 对于多项式函数及分母 $Q(a) \neq 0$ 的有理分式函数,求 $x \to a$ 的极限时直接用 a 代替函数中的 x 即可.

例 16 求极限 $\lim\limits_{x \to 2} \dfrac{x+2}{x^3 - x + 1}$.

解 $\lim\limits_{x \to 2} \dfrac{x+2}{x^3 - x + 1} = \dfrac{2+2}{2^3 - 2 + 1} = \dfrac{4}{7}$.

■ **寻规律** 此类型的极限式可简记为 "$\dfrac{A}{B}$"型($B \ne 0$),用"**代值法**"解之.

（2）利用无穷大量、无穷小量的倒数关系求极限.

例 17 求极限 $\lim\limits_{x \to 1} \dfrac{x^2 + 1}{x - 1}$.

解 因为 $\lim\limits_{x \to 1} \dfrac{x-1}{x^2 + 1} = 0$,所以 $\lim\limits_{x \to 1} \dfrac{x^2 + 1}{x - 1} = \infty$.

■ **寻规律** 此类型的极限式可简记为 "$\dfrac{A}{0}$"型($A \ne 0$),用"**倒数法**"解之.

（3）利用消去零因式的方法求极限.

例 18 求极限 $\lim\limits_{x \to 3} \dfrac{x^2 - x - 6}{x - 3}$.

解 $\lim\limits_{x \to 3} \dfrac{x^2 - x - 6}{x - 3} = \lim\limits_{x \to 3} \dfrac{(x-3)(x+2)}{x-3} = \lim\limits_{x \to 3}(x+2) = 3 + 2 = 5$.

例 19 求极限 $\lim\limits_{x \to 0} \dfrac{\sqrt{x+4} - 2}{x}$.

解 $\lim\limits_{x \to 0} \dfrac{\sqrt{x+4} - 2}{x} = \lim\limits_{x \to 0} \dfrac{(x+4) - 4}{x(\sqrt{x+4} + 2)} = \lim\limits_{x \to 0} \dfrac{1}{\sqrt{x+4} + 2} = \dfrac{1}{\sqrt{0+4} + 2} = \dfrac{1}{4}$.

■ **寻规律** 此类型极限式可简记为 "$\dfrac{0}{0}$"型,用"**去零因式法**"解之.

（4）利用无穷小量的性质"有界函数与无穷小量的乘积是无穷小量"求极限.

例 20 求极限 $\lim\limits_{x \to \infty} \dfrac{1}{x^2} \sin x$.

解 显然 $\lim\limits_{x \to \infty} \sin x$ 不存在,但 $\sin x$ 是有界函数,即 $|\sin x| \leqslant 1$,且当 $x \to \infty$ 时, $\dfrac{1}{x^2}$ 是无穷小量,所以 $\lim\limits_{x \to \infty} \dfrac{1}{x^2} \sin x = 0$.

■ **寻规律** 此类型极限式可简记为 "$0 \cdot M$"型,用"**无穷小量性质法**"解之.

（5）利用转化成无穷小量的方法求极限.

例 21 求极限 $\lim\limits_{x \to \infty} \dfrac{3x^2 + 4x - 2}{5x^3 + 1}$.

解 $\lim\limits_{x \to \infty} \dfrac{3x^2 + 4x - 2}{5x^3 + 1} = \lim\limits_{x \to \infty} \dfrac{\dfrac{3}{x} + \dfrac{4}{x^2} - \dfrac{2}{x^3}}{5 + \dfrac{1}{x^3}} = \dfrac{0}{5} = 0$.

■ **寻规律** 此类型极限式可简记为 "$\dfrac{\infty}{\infty}$"型,计算时先用式子中 x 的最高次幂同除分子、分母,分出若干个无穷小量后,再求极限.此方法可称为"**无穷小量分出法**".

对于有理分式函数的"$\dfrac{\infty}{\infty}$"型有以下结论：

$$\lim_{x \to \infty} \frac{a_0 x^m + a_1 x^{m-1} + \cdots + a_m}{b_0 x^n + b_1 x^{n-1} + \cdots + b_n} = \begin{cases} \dfrac{a_0}{b_0}, & n = m, \\ 0, & n > m, \\ \infty, & n < m, \end{cases}$$

其中 $a_0 \neq 0$，$b_0 \neq 0$，m、n 为非负整数.

例如，$\lim\limits_{x \to \infty} \dfrac{x^2 + 2x + 3}{x^3 + 1} = 0$，$\lim\limits_{x \to \infty} \dfrac{x^2 + 2x + 3}{x^2 + 1} = 1$，$\lim\limits_{x \to \infty} \dfrac{x^3 + 2x + 3}{x^2 + 1} = \infty$.

例 22　求极限 $\lim\limits_{x \to \infty} \dfrac{(3x+1)^{20}(2x-1)^{30}}{(5x-2)^{50}}$.

解

$$\lim_{x \to \infty} \frac{(3x+1)^{20}(2x-1)^{30}}{(5x-2)^{50}} = \lim_{x \to \infty} \frac{\dfrac{(3x+1)^{20}}{x^{20}} \dfrac{(2x-1)^{30}}{x^{30}}}{\dfrac{(5x-2)^{50}}{x^{50}}}$$

$$= \lim_{x \to \infty} \frac{\left(3 + \dfrac{1}{x}\right)^{20} \left(2 - \dfrac{1}{x}\right)^{30}}{\left(5 - \dfrac{2}{x}\right)^{50}} = \frac{3^{20} 2^{30}}{5^{50}}.$$

例 23　求极限 $\lim\limits_{x \to +\infty} \dfrac{\sqrt{x^2+3}}{\sqrt[3]{2x^3-1}}$.

解　$\lim\limits_{x \to +\infty} \dfrac{\sqrt{x^2+3}}{\sqrt[3]{2x^3-1}} = \lim\limits_{x \to +\infty} \dfrac{\dfrac{\sqrt{x^2+3}}{x}}{\dfrac{\sqrt[3]{2x^3-1}}{x}} = \lim\limits_{x \to +\infty} \dfrac{\sqrt{1 + \dfrac{3}{x^2}}}{\sqrt[3]{2 - \dfrac{1}{x^3}}} = \dfrac{1}{\sqrt[3]{2}}.$

（6）对于两个式子之差为"$\infty - \infty$"型的极限，可以先转化为一个分式，再求极限.

例 24　求极限 $\lim\limits_{x \to 1} \left(\dfrac{1}{1-x} - \dfrac{2}{1-x^2} \right)$.

解　$\lim\limits_{x \to 1} \left(\dfrac{1}{1-x} - \dfrac{2}{1-x^2} \right) = \lim\limits_{x \to 1} \dfrac{1+x-2}{1-x^2} = -\lim\limits_{x \to 1} \dfrac{1}{1+x} = -\dfrac{1}{2}.$

*（7）利用数列求前 n 项和公式后求极限.

例 25　求极限 $\lim\limits_{n \to \infty} \left(\dfrac{1}{n^2} + \dfrac{2}{n^2} + \dfrac{3}{n^2} + \cdots + \dfrac{n-1}{n^2} \right)$.

分析　对于此题，不能对每一项先求极限再相加，即

$$\lim_{n \to \infty} \left(\frac{1}{n^2} + \frac{2}{n^2} + \frac{3}{n^2} + \cdots + \frac{n-1}{n^2} \right) \neq$$

$$\lim_{n \to \infty} \frac{1}{n^2} + \lim_{n \to \infty} \frac{2}{n^2} + \lim_{n \to \infty} \frac{3}{n^2} + \cdots + \lim_{n \to \infty} \frac{n-1}{n^2} = 0.$$

因为当 $n \to \infty$ 时，项数也将趋于无穷大量，它不是有限项和的求极限问题.

解　原式 $=\lim\limits_{n\to\infty}\dfrac{1}{n^2}[1+2+\cdots+(n-1)]=\lim\limits_{n\to\infty}\dfrac{1}{n^2}\dfrac{(n-1)n}{2}=\dfrac{1}{2}.$

例 26　求极限 $\lim\limits_{n\to\infty}\left(\dfrac{1}{2}+\dfrac{1}{2^2}+\dfrac{1}{2^3}+\cdots+\dfrac{1}{2^n}\right).$

解　利用等比数列的求前 n 项和公式 $S_n=\dfrac{a_1(1-q^n)}{1-q}$ 有

$$\lim_{n\to\infty}\left(\frac{1}{2}+\frac{1}{2^2}+\frac{1}{2^3}+\cdots+\frac{1}{2^n}\right)=\lim_{n\to\infty}\frac{1}{2}\frac{1-\left(\frac{1}{2}\right)^n}{1-\frac{1}{2}}=1.$$

⚠ **注意**　当自变量 $x\to x_0$(或者 $x\to\infty$)时,函数极限可能呈"$\dfrac{0}{0}$""$\dfrac{\infty}{\infty}$""$\infty-\infty$""$0\cdot\infty$""1^∞""0^0""∞^0"等 7 种形式.对于不同的函数,这 7 种形式的极限或者存在,或者不存在,情况不定,因此称其为**未定式(或不定式)**.

1.4.2　两个重要极限

下面介绍极限存在的一个判别准则,并在此基础上介绍两个重要的极限.

***定理 1.10(夹逼定理)**　假设数列 $\{x_n\}$、$\{y_n\}$、$\{z_n\}$满足条件:

(1) $y_n\leqslant x_n\leqslant z_n$;

(2) $\lim\limits_{n\to\infty}y_n=a$,$\lim\limits_{n\to\infty}z_n=a$.

则 $\lim\limits_{n\to\infty}x_n$ 也存在,且 $\lim\limits_{n\to\infty}x_n=a$.

类似地,对函数极限有以下定理.

***定理 1.11**　若函数 $f(x)$、$g(x)$、$h(x)$在点 a 的某去心邻域内满足条件:

(1) $g(x)\leqslant f(x)\leqslant h(x)$;

(2) $\lim\limits_{x\to a}g(x)=A$,$\lim\limits_{x\to a}h(x)=A$.

则 $\lim\limits_{x\to a}f(x)$ 也存在,且 $\lim\limits_{x\to a}f(x)=A$.

下面介绍**两个重要极限**.

1. $\lim\limits_{x\to0}\dfrac{\sin x}{x}=1$

***证明**　如图 1-5 所示,在直角三角形 OAB 中,设 $\angle AOB=x\left(\text{先假定 }0<x<\dfrac{\pi}{2}\right)$、底边长 $|OA|=1$,以 OA 为半径作扇形 OAC,则 $\triangle OAC$、扇形 OAC、$\triangle OAB$ 的面积的大小关系为

$\dfrac{1}{2}\sin x<\dfrac{1}{2}x<\dfrac{1}{2}\tan x$,因此 $1<\dfrac{x}{\sin x}<\dfrac{1}{\cos x}$,

即 $\cos x<\dfrac{\sin x}{x}<1.$

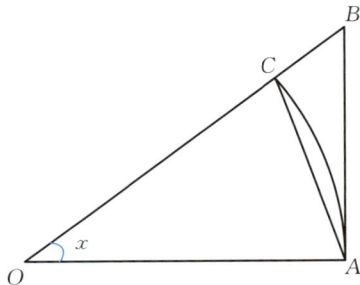

图 1-5

用 $-x$ 替换 x,上式仍然成立,即对满足 $-\dfrac{\pi}{2}<x<0$ 的 x 也成立.

因为

$$0 < |\cos x - 1| = 1 - \cos x = 2\sin^2 \frac{x}{2} < 2\left(\frac{x}{2}\right)^2 = \frac{x^2}{2} \to 0 (x \to 0),$$

故 $\lim\limits_{x \to 0}(\cos x - 1) = 0$，即 $\lim\limits_{x \to 0} \cos x = 1$. 由定理 1.11 得公式

$$\lim_{x \to 0} \frac{\sin x}{x} = 1.$$

寻规律　此公式极限的类型为"$\dfrac{0}{0}$"型，其结构是"正弦弧度与分母为相同的无穷小量"，符合以上条件，其极限结果为 1.

例 27　求极限 $\lim\limits_{x \to 0} \dfrac{\sin 3x^2}{x^2}$.

解　令 $u = 3x^2$，则 $u \to 0 (x \to 0)$，所以

$$\lim_{x \to 0} \frac{\sin 3x^2}{x^2} = 3\lim_{x \to 0} \frac{\sin 3x^2}{3x^2} = 3\lim_{u \to 0} \frac{\sin u}{u} = 3 \times 1 = 3.$$

熟练以后令 $u = 3x^2$ 的过程可以省略.

例 28　求极限 $\lim\limits_{x \to 0} \dfrac{\tan x}{x}$.

解　$\lim\limits_{x \to 0} \dfrac{\tan x}{x} = \lim\limits_{x \to 0} \left(\dfrac{\sin x}{x} \cdot \dfrac{1}{\cos x}\right) = \lim\limits_{x \to 0} \dfrac{\sin x}{x} \cdot \lim\limits_{x \to 0} \dfrac{1}{\cos x} = 1 \times 1 = 1.$

例 29　求极限 $\lim\limits_{x \to 0} \dfrac{1 - \cos x}{2x^2}$.

解　$\lim\limits_{x \to 0} \dfrac{1 - \cos x}{2x^2} = \lim\limits_{x \to 0} \dfrac{2\sin^2 \frac{x}{2}}{2x^2} = \lim\limits_{x \to 0} \dfrac{1}{4} \dfrac{\sin^2 \frac{x}{2}}{\left(\frac{x}{2}\right)^2} = \dfrac{1}{4}\left[\lim\limits_{x \to 0} \dfrac{\sin \frac{x}{2}}{\frac{x}{2}}\right]^2 = \dfrac{1}{4}.$

此题用到公式 $\cos 2x = 1 - 2\sin^2 x$.

2. $\lim\limits_{x \to \infty}\left(1 + \dfrac{1}{x}\right)^x = \mathrm{e}$

首先考察当 $x \to +\infty$ 及 $x \to -\infty$ 时，函数 $\left(1 + \dfrac{1}{x}\right)^x$ 的变化趋势：

x	1	2	5	10	100	1 000	10 000	100 000	$\cdots \to +\infty$
$\left(1 + \dfrac{1}{x}\right)^x$	2	2.25	2.49	2.59	2.705	2.717	2.718	2.718 27	2.718 281 828 45$\cdots$

x	-10	-100	$-1\,000$	$-10\,000$	$-100\,000$	$\cdots \to -\infty$
$\left(1 + \dfrac{1}{x}\right)^x$	2.88	2.732	2.720	2.718 3	2.718 28	2.718 281 828 45$\cdots$

可以证明：当 $x \to \infty$ 时，$\left(1 + \dfrac{1}{x}\right)^x$ 趋于一个常数 2.718 281 828 45$\cdots$，它是一个无理数，用字母 e 来表示，即 $\lim\limits_{x \to \infty}\left(1 + \dfrac{1}{x}\right)^x = \mathrm{e}$.

在 $\lim\limits_{x\to\infty}\left(1+\dfrac{1}{x}\right)^{x}=\mathrm{e}$ 中,令 $\dfrac{1}{x}=t$,则当 $x\to\infty$ 时,$t\to 0$,于是有

$$\lim_{t\to 0}(1+t)^{\frac{1}{t}}=\mathrm{e}.$$

这样就得到了此重要极限的另一种形式:

$$\lim_{x\to 0}(1+x)^{\frac{1}{x}}=\mathrm{e}.$$

下面运用这个重要极限来求一些函数的极限.

例 30 求极限 $\lim\limits_{x\to\infty}\left(1+\dfrac{3}{x}\right)^{x}$.

解 $\lim\limits_{x\to\infty}\left(1+\dfrac{3}{x}\right)^{x}=\lim\limits_{x\to\infty}\left(1+\dfrac{3}{x}\right)^{\frac{x}{3}\cdot 3}$.

令 $\dfrac{3}{x}=t$,则当 $x\to\infty$ 时,$t\to 0$,于是

$$\lim_{x\to\infty}\left(1+\dfrac{3}{x}\right)^{x}=\lim_{t\to 0}(1+t)^{\frac{1}{t}\cdot 3}=\left[\lim_{t\to 0}(1+t)^{\frac{1}{t}}\right]^{3}=\mathrm{e}^{3}.$$

例 31 求极限 $\lim\limits_{x\to\infty}\left(1-\dfrac{2}{x}\right)^{5x+3}$.

解

$$\lim_{x\to\infty}\left(1-\dfrac{2}{x}\right)^{5x+3}=\lim_{x\to\infty}\left[\left(1-\dfrac{2}{x}\right)^{5x}\cdot\left(1-\dfrac{2}{x}\right)^{3}\right]=\lim_{x\to\infty}\left(1-\dfrac{2}{x}\right)^{5x}\cdot\lim_{x\to\infty}\left(1-\dfrac{2}{x}\right)^{3}$$

$$=\lim_{x\to\infty}\left(1+\dfrac{2}{-x}\right)^{\frac{-x}{2}\cdot(-10)}\cdot(1-0)^{3}=\left[\lim_{x\to\infty}\left(1+\dfrac{2}{-x}\right)^{\frac{-x}{2}}\right]^{-10}=\mathrm{e}^{-10}.$$

例 32 求极限 $\lim\limits_{x\to\infty}\left(\dfrac{x+1}{x-1}\right)^{4x}$.

解

$$\lim_{x\to\infty}\left(\dfrac{x+1}{x-1}\right)^{4x}=\lim_{x\to\infty}\left(\dfrac{1+\dfrac{1}{x}}{1-\dfrac{1}{x}}\right)^{4x}=\lim_{x\to\infty}\dfrac{\left(1+\dfrac{1}{x}\right)^{4x}}{\left(1-\dfrac{1}{x}\right)^{4x}}=\dfrac{\left[\lim\limits_{x\to\infty}\left(1+\dfrac{1}{x}\right)^{x}\right]^{4}}{\left[\lim\limits_{x\to\infty}\left(1+\dfrac{1}{-x}\right)^{-x}\right]^{-4}}$$

$$=\dfrac{\mathrm{e}^{4}}{\mathrm{e}^{-4}}=\mathrm{e}^{8}.$$

寻规律 第二个重要极限有两种形式 $\lim\limits_{x\to\infty}\left(1+\dfrac{1}{x}\right)^{x}=\mathrm{e}$ 或 $\lim\limits_{x\to 0}(1+x)^{\frac{1}{x}}=\mathrm{e}$,此极限常用于计算幂指函数 $f(x)^{g(x)}$ 中 1^{∞} 型的部分极限.

*1.4.3 无穷小量的比较

在自变量的同一变化过程中,可能涉及几个无穷小量,尽管它们都趋向于零,但是趋向于零的速度一般来说是不一样的.下面,通过无穷小量比值的极限来比较它们趋于零的快慢程度.

定义 1.15　设 α、β 都是当 $x \to x_0$ 时的无穷小量,且 α 在 x_0 的去心领域内不为零.

（1）如果 $\lim\limits_{x \to x_0} \dfrac{\beta}{\alpha} = 0$,则称 β 是比 α **高阶**的无穷小量,记为 $\beta = o(\alpha)$;

（2）如果 $\lim\limits_{x \to x_0} \dfrac{\beta}{\alpha} = \infty$,则称 β 是比 α **低阶**的无穷小量;

（3）如果 $\lim\limits_{x \to x_0} \dfrac{\beta}{\alpha} = c \neq 0$,则称 β 和 α 是**同阶**的无穷小量;

（4）如果 $\lim\limits_{x \to x_0} \dfrac{\beta}{\alpha} = 1$,则称 β 和 α 是**等价**的无穷小量,记为 $\beta \sim \alpha$.显然此时 $\alpha \sim \beta$.

例如:因为 $\lim\limits_{x \to 0} \dfrac{x^2}{x} = 0$,所以当 $x \to 0$ 时,x^2 是 x 的高阶无穷小量;

因为 $\lim\limits_{x \to 0} \dfrac{x}{2x} = \dfrac{1}{2}$,所以当 $x \to 0$ 时,x 与 $2x$ 是同阶无穷小量;

因为 $\lim\limits_{x \to 0} \dfrac{\sin x}{x} = 1$,所以当 $x \to 0$ 时,$\sin x$ 与 x 是等价无穷小量.

寻规律　常用的无穷小量等价式:

（1）$\sin ax \sim ax$;　　　（2）$\tan bx \sim bx$;　　　（3）$1 - \cos x \sim \dfrac{1}{2}x^2$;

（4）$\ln(1+ax) \sim ax$;　（5）$e^x - 1 \sim x$;　　（6）$\arctan x \sim x$;

（7）$\arcsin cx \sim cx$;　（8）$\sqrt[n]{1+x} - 1 \sim \dfrac{1}{n}x$.

定理 1.12　设 $\alpha \sim \alpha_1$,$\beta \sim \beta_1$ 且 $\lim \dfrac{\alpha_1}{\beta_1}$ 存在,则 $\lim \dfrac{\alpha}{\beta} = \lim \dfrac{\alpha_1}{\beta_1}$.

证明　因为 $\alpha \sim \alpha_1$,$\beta \sim \beta_1$,所以

$$\lim \frac{\alpha}{\alpha_1} = 1, \ \lim \frac{\beta}{\beta_1} = 1,$$

于是

$$\lim \frac{\alpha}{\beta} = \lim \left(\frac{\alpha}{\alpha_1} \frac{\alpha_1}{\beta_1} \frac{\beta_1}{\beta} \right) = \lim \frac{\alpha}{\alpha_1} \lim \frac{\alpha_1}{\beta_1} \lim \frac{\beta_1}{\beta} = \lim \frac{\alpha_1}{\beta_1}.$$

注意　遇到求两个无穷小量之比的极限时,分子及分母都可以利用等价无穷小量代换,使其简化后求得极限.这也是求极限的一种方法.但用此方法时,必须是因式相乘的形式.

例 33　求极限 $\lim\limits_{x \to 0} \dfrac{\tan 3x}{\sin 2x}$.

解　因为当 $x \to 0$ 时,$\tan 3x \sim 3x$,$\sin 2x \sim 2x$.所以

$$\lim_{x \to 0} \frac{\tan 3x}{\sin 2x} = \lim_{x \to 0} \frac{3x}{2x} = \frac{3}{2}.$$

例 34　求极限 $\lim\limits_{x \to 0} \dfrac{\tan x - \sin x}{\sin^3 3x}$.

解　$\tan x - \sin x = \tan x(1 - \cos x).$

而当 $x \to 0$ 时,有

$$\sin 3x \sim 3x,\ \tan x \sim x,\ 1 - \cos x = 2\sin^2 \frac{x}{2} \sim 2\left(\frac{x}{2}\right)^2 = \frac{1}{2}x^2,$$

于是

$$\tan x - \sin x = \tan x (1 - \cos x) \sim \frac{1}{2}x^3,$$

故

$$\lim_{x \to 0} \frac{\tan x - \sin x}{\sin^3 3x} = \lim_{x \to 0} \frac{\frac{1}{2}x^3}{(3x)^3} = \frac{1}{54}.$$

⚠ **注意** 错误解法:当 $x \to 0$ 时 $\sin x \sim x$,$\sin 3x \sim 3x$,$\tan x \sim x$,所以

$$\lim_{x \to 0} \frac{\tan x - \sin x}{\sin^3 3x} = \lim_{x \to 0} \frac{x - x}{(3x)^3} = 0.$$

错误原因是作无穷小量等价代换时,分别代换了分子中的两项.而定理 1.12 必须是因式相乘的形式才能对各因式作代换.

小看板

1. 在同一极限过程中,若 $\lim f(x) = A$,C 是常数,则 $\lim C f(x) = $ _____.

2. 在同一极限过程中,若 $\lim f(x) = A$,n 是正整数,则 $\lim [f(x)]^n = $ _____.

3. $\lim\limits_{x \to 0} \dfrac{\sin x}{x} = $ _____.

4. $\lim\limits_{x \to 0}(1 + x)^{\frac{1}{x}} = $ _____,$\lim\limits_{x \to \infty}\left(1 + \dfrac{1}{x}\right)^x = $ _____.

*5. 设 $\alpha \sim \alpha_1$,$\beta \sim \beta_1$ 且 $\lim \dfrac{\alpha_1}{\beta_1}$ 存在,则 $\lim \dfrac{\alpha}{\beta} = $ _____.

习题 1.4

1. 求下列极限.

(1) $\lim\limits_{x \to 2} \dfrac{x^4 - 3x - 8}{2x^3 - x^2 + 1}$;

(2) $\lim\limits_{x \to 0}\left(1 - \dfrac{2}{x - 3}\right)$;

(3) $\lim\limits_{x \to 1} \dfrac{x^2 + x}{x^2 - 1}$;

(4) $\lim\limits_{x \to 2} \dfrac{2x^3 + 3x}{x - 2}$;

(5) $\lim\limits_{x \to 4} \dfrac{x^2 - 6x + 8}{x^2 - 5x + 4}$;

(6) $\lim\limits_{x \to 0} \dfrac{x}{\sqrt{1 + x} - 1}$;

(7) $\lim\limits_{x \to 3} \sqrt{\dfrac{x - 3}{x^2 - 9}}$;

(8) $\lim\limits_{x \to 1} \dfrac{x^2 - 1}{2x^2 - x - 1}$;

(9) $\lim\limits_{x \to 0} \dfrac{(1 + x)^2 - 1}{4x^2 - x}$;

(10) $\lim\limits_{x \to \infty} \dfrac{x + \sin x}{x}$;

(11) $\lim\limits_{x\to\infty}\dfrac{1}{x}(\sin x+\cos x)$；

(12) $\lim\limits_{x\to\infty}\dfrac{2x^2-x}{x^3+3}$；

(13) $\lim\limits_{x\to\infty}\dfrac{4x^3+5x^2-2}{2x^3-6x+3}$；

(14) $\lim\limits_{n\to+\infty}\left(\dfrac{1}{n^2}+\dfrac{2}{n^2}+\cdots+\dfrac{n}{n^2}\right)$；

(15) $\lim\limits_{x\to1}\left(\dfrac{1}{1-x}-\dfrac{x^2+2x}{1-x^3}\right)$；

(16) $\lim\limits_{x\to1}\left(\dfrac{1}{x-1}-\dfrac{3}{x^2-1}\right)$.

2. 求下列极限.

(1) $\lim\limits_{x\to0}\dfrac{\sin\frac{x}{3}}{x}$；

(2) $\lim\limits_{x\to0}\dfrac{\sin mx}{\sin nx}\ (n\ne0)$；

(3) $\lim\limits_{x\to0}\dfrac{x}{2x+\sin x}$；

(4) $\lim\limits_{x\to\infty}x\sin\dfrac{5}{x}$；

(5) $\lim\limits_{x\to\infty}x\sin\dfrac{1}{x}$；

(6) $\lim\limits_{x\to0}(1+2x)^{\frac{2}{x}}$；

(7) $\lim\limits_{x\to\infty}\left(1-\dfrac{2}{x}\right)^{\frac{x}{2}}$；

(8) $\lim\limits_{x\to\infty}\left(\dfrac{x-1}{x+1}\right)^{x}$；

(9) $\lim\limits_{x\to\infty}\left(1-\dfrac{3}{x}\right)^{\frac{x}{3}-2}$；

(10) $\lim\limits_{x\to+\infty}\left(1-\dfrac{1}{x}\right)^{\sqrt{x}}$.

***3. 求下列极限.**

(1) $\lim\limits_{x\to0}\dfrac{\tan x}{\arctan x}$；

(2) $\lim\limits_{x\to0}\dfrac{\sqrt{1+x^2}-1}{1-\cos x}$.

4. 判断题.

(1) $\lim\limits_{x\to1}\left(\dfrac{1}{x-1}-\dfrac{1}{x^2-1}\right)=\lim\limits_{x\to1}\dfrac{1}{x-1}-\lim\limits_{x\to1}\dfrac{1}{x^2-1}=\infty-\infty=0$；　　（　　）

(2) $\lim\limits_{x\to\infty}\left(1+\dfrac{1}{x}\right)^{x}=\mathrm{e}$；　　（　　）

(3) $\lim\limits_{x\to\infty}\dfrac{x^2+2x-1}{x^3-3x+4}=\dfrac{\lim\limits_{x\to\infty}(x^2+2x-1)}{\lim\limits_{x\to\infty}(x^3-3x+4)}=\dfrac{\infty}{\infty}=1$；　　（　　）

(4) $\lim\limits_{x\to1}\dfrac{x^2+2x-1}{x^3-3x+2}=\dfrac{2}{0}=\infty$；　　（　　）

(5) $\lim\limits_{n\to\infty}\left(\dfrac{1}{n^2}+\dfrac{2}{n^2}+\dfrac{3}{n^2}+\cdots+\dfrac{n}{n^2}\right)=0$；　　（　　）

(6) $\lim\limits_{x\to0}(1+2x)^{\frac{1}{x}}=\mathrm{e}^2$.　　（　　）

5. 选择题.

(1) $\lim\limits_{x\to0}\dfrac{\sin 3x}{x}=(\quad)$；

A. 3　　　　B. $\dfrac{4}{3}$　　　　C. 1　　　　D. 0

(2) $\lim\limits_{x\to2}(x^2+1)=(\quad)$；

A. 3　　　　B. 5　　　　C. 1　　　　D. 0

(3) $\lim\limits_{x \to \infty} \left(x \sin \dfrac{1}{x} \right) = ($ ）；

    A. 0   B. ∞   C. 1   D. 2

(4) $\lim\limits_{x \to \infty} \dfrac{x^2 - 1}{x^2 + 1} = ($ ）；

    A. 0   B. 1   C. 2   D. 3

(5) $\lim\limits_{x \to 1} \dfrac{x^2 + 1}{x^2 - 1} = ($ ）；

    A. 1   B. 2   C. 3   D. ∞

(6) 如果 $\lim\limits_{x \to 1} \dfrac{ax + b}{x - 1} = 2$，则 $a + b = ($ ）；

    A. 1   B. 0   C. 2   D. 3

(7) $\lim\limits_{x \to \infty} \cos \left[\ln \left(1 + \dfrac{2x - 1}{x^2} \right) \right] = ($ ）；

    A. 1   B. 0   C. 2   D. 3

(8) $\lim\limits_{x \to 1} \dfrac{x - 1}{x^2 - 1} = ($ ）；

    A. 0   B. $\dfrac{1}{2}$ C. 1   D. 3

(9) $\lim\limits_{x \to \infty} \dfrac{x^4 + 1}{2x^4 + x^2 - 2} = ($ ）；

    A. 2   B. 1   C. $\dfrac{1}{2}$ D. 0

(10) $\lim\limits_{x \to 0} \dfrac{x - \sin x}{x + \sin x} = ($ ）；

    A. 0   B. 1   C. 2   D. 3

(11) $\lim\limits_{x \to 0} (\sin x) \sqrt{1 + \sin \dfrac{1}{x}} = ($ ）；

    A. 1   B. 0   C. 3   D. 2

(12) $\lim\limits_{x \to 1} \dfrac{3x^2 - 1}{x - 1} = ($ ）；

    A. ∞   B. 0   C. 1   D. 2

(13) $\lim\limits_{x \to 1} (1 + x)^x = ($ ）；

    A. −1   B. 2   C. 1   D. e

(14) $\lim\limits_{x \to 0} (1 + x)^{\frac{1}{x}} = ($ ）；

    A. e   B. 1   C. 0   D. −1

(15) 如果 $\lim\limits_{x \to 3} \dfrac{x^2 + 2x + k}{x - 3}$ 存在，则常数 $k = ($ ）；

    A. 1   B. 0   C. −1   D. −15

(16) $\lim\limits_{x \to \pi} \dfrac{\sin x}{x - \pi} = ($ 　 $)$；

A. -1 　　　　　 B. 0 　　　　　 C. 1 　　　　　 D. 2

(17) $\lim\limits_{x \to -3} \dfrac{x^2 - 9}{x^2 + 7x + 12} = ($ 　 $)$；

A. 1 　　　　　 B. 0 　　　　　 C. 3 　　　　　 D. -6

(18) $\lim\limits_{x \to 0} \left(\dfrac{2 - x}{2} \right)^{\frac{2}{x}} = ($ 　 $)$.

A. e 　　　　　 B. 0 　　　　　 C. e^{-1} 　　　　　 D. -1

习题 1.4
参考答案

1.5　函数的连续性与间断点

【本节提示】　在自然界中有许多连续变化的现象,如人体体重的变化、气温的变化、植物的生长等.这些变化的特点是:当时间的变化很小时,体重、气温、植物的变化也很小.用数学的语言来描述就是:对于函数 $y=f(x)$,当自变量 x 变化很微小时,相应的函数值的变化也很微小.这就是本节将要介绍的函数的连续性.通过本节的学习,要求理解函数连续性的概念,会求函数的间断点,了解连续函数的性质.

1.5.1　函数的连续性

1. 函数的增量

定义 1.16　设变量 x 从它的一个初值 x_1 变到终值 x_2,终值与初值的差 x_2-x_1 就称为**变量 x 的增量**,记为 Δx,即 $\Delta x=x_2-x_1$,增量 Δx 可正可负.

定义 1.17　设函数 $y=f(x)$ 定义在区间 (a,b) 上,当自变量由 x_0 变到 $x[x_0,x\in(a,b)]$ 时,称 $\Delta x=x-x_0$ 为自变量的增量.相应地,函数值由 $f(x_0)$ 变到 $f(x_0+\Delta x)$,称

$$\Delta y=f(x_0+\Delta x)-f(x_0)$$

为**函数的增量**.函数的增量可大于零,可小于零,也可等于零.

例 35　求函数 $y=x^2$ 在点 x_0 处产生一个增量 Δx 时,相应的函数增量 Δy 是多少.

解　$\Delta y=(x_0+\Delta x)^2-x_0^2=2x_0(\Delta x)+(\Delta x)^2$.

2. 函数连续的定义

定义 1.18　设函数 $y=f(x)$ 在点 x_0 的某邻域内有定义,若 $\lim\limits_{\Delta x\to0}\Delta y=0$,则称函数 $y=f(x)$ 在点 x_0 处**连续**.

若记 $x=x_0+\Delta x$,则 $\Delta x\to0\Leftrightarrow x\to x_0$,$\Delta y\to0\Leftrightarrow f(x)\to f(x_0)$,于是得函数连续性的等价描述:

设函数 $y=f(x)$ 在 x_0 的某邻域内有定义,若 $\lim\limits_{x\to x_0}f(x)=f(x_0)$,就称函数 $y=f(x)$ 在点 x_0 处**连续**.

函数 $y=f(x)$ 在点 x_0 处是否连续是 $f(x)$ 在点 x_0 处的一种局部性质,称为**函数的连续性**.

例 36　讨论函数 $f(x)=\begin{cases}2x+1,&x\leqslant1,\\x^2+2,&x>1\end{cases}$ 在点 $x=1$ 处的连续性.

解　$f(x)$ 在点 $x=1$ 处有定义,即 $f(1)=3$.

$$\lim_{x\to1^-}f(x)=\lim_{x\to1^-}(2x+1)=3,\ \lim_{x\to1^+}f(x)=\lim_{x\to1^+}(x^2+2)=3.$$

因为 $\lim\limits_{x\to1^-}f(x)=\lim\limits_{x\to1^+}f(x)$,所以 $\lim\limits_{x\to1}f(x)=3$.

故 $\lim\limits_{x\to1}f(x)=f(1)$,所以函数 $f(x)$ 在点 $x=1$ 处连续.

例 37　讨论函数 $f(x)=\begin{cases} x-1, & x<0, \\ 0, & x=0, \\ x+1, & x>0 \end{cases}$ 在点 $x=0$ 处是否连续.

解　$f(x)$ 在点 $x=0$ 处有定义,即 $f(0)=0$.

$$\lim_{x\to 0^+}f(x)=\lim_{x\to 0^+}(x+1)=1,\ \lim_{x\to 0^-}f(x)=\lim_{x\to 0^-}(x-1)=-1.$$

因此 $\lim\limits_{x\to 0^-}f(x)\neq\lim\limits_{x\to 0^+}f(x)$,所以 $\lim\limits_{x\to 0}f(x)$ 不存在.因此函数 $f(x)$ 在点 $x=0$ 处不连续.

寻规律　讨论 $f(x)$ 在点 x_0 处连续性的方法是:

一看　观察 $f(x_0)$ 是否存在;

二求　寻求 $\lim\limits_{x\to x_0}f(x)$ 是否存在,等于多少;

三比较　比较 $\lim\limits_{x\to x_0}f(x)$ 与 $f(x_0)$ 是否相等.

如果函数 $f(x)$ 在开区间 (a,b) 上每一点都连续,则称函数 $f(x)$ 在**开区间** (a,b) 上**连续**,或称 $f(x)$ 是开区间 (a,b) 上的连续函数.

如果函数 $f(x)$ 在开区间 (a,b) 上连续,并且在左端点 $x=a$ 处有 $\lim\limits_{x\to a^+}f(x)=f(a)$,在右端点 $x=b$ 处有 $\lim\limits_{x\to b^-}f(x)=f(b)$,则称函数**在闭区间** $[a,b]$ **上连续**.

从几何上看,连续函数的图形是一条连续而不间断的曲线.

1.5.2　函数的间断点

1. 间断点的定义

定义 1.19　设函数 $y=f(x)$ 在点 x_0 的某去心邻域内有定义,若满足下列条件之一:

(1) $f(x)$ 在点 x_0 处无定义;

(2) $\lim\limits_{x\to x_0}f(x)$ 不存在;

(3) $\lim\limits_{x\to x_0}f(x)\neq f(x_0)$.

则称点 x_0 为 $f(x)$ 的**间断点**或不连续点.

*2. 间断点的分类

函数的间断点可分为两大类:

(1) 左、右极限都存在的间断点称为**第一类间断点**(包含跳跃间断点、可去间断点);

(2) 不是第一类间断点的间断点就称为**第二类间断点**(包含振荡间断点、无穷间断点等).

例 38　讨论函数 $f(x)=\begin{cases} x+2, & x\geqslant 0, \\ x-2, & x<0 \end{cases}$ 在点 $x=0$ 处的连续性.若是间断点,说明其类型.

解　$\lim\limits_{x\to 0^+}f(x)=\lim\limits_{x\to 0^+}(x+2)=2,\ \lim\limits_{x\to 0^-}f(x)=\lim\limits_{x\to 0^-}(x-2)=-2.$

故函数 $f(x)$ 在点 $x=0$ 处极限不存在,从而不连续. $x=0$ 为第一类间断点,并且将此种情况(即左、右极限都存在,但不相等)的间断点称为**跳跃间断点**.

例 39　讨论函数 $f(x)=\begin{cases} 2\sqrt{x}, & 0\leqslant x<1, \\ 1, & x=1, \\ 1+x, & x>1 \end{cases}$ 在点 $x=1$ 处的连续性.若是间断点,

说明其类型.

解 因为 $f(1)=1$，$\lim\limits_{x\to 1^-}f(x)=\lim\limits_{x\to 1^-}(2\sqrt{x})=2$，$\lim\limits_{x\to 1^+}f(x)=\lim\limits_{x\to 1^+}(1+x)=2$，所以 $\lim\limits_{x\to 1}f(x)=2\neq f(1)$，即函数 $f(x)$ 在点 $x=1$ 处不连续. $x=1$ 为第一类间断点，并且将此种情况（即极限存在，但不等于函数值，或函数在此点无定义）的间断点称为**可去间断点**.

对可去间断点的情况，可以补充或改变定义，让函数连续. 如上例改变定义：令 $x=1$ 时，$f(1)=2$，则函数在点 $x=1$ 处便是连续的.

例 40 讨论函数 $f(x)=\begin{cases}\dfrac{1}{x},& x>0,\\ x,& x\leqslant 0\end{cases}$ 在点 $x=0$ 处的连续性. 若是间断点，说明其类型.

解 因为 $\lim\limits_{x\to 0^-}f(x)=\lim\limits_{x\to 0^-}x=0$，$\lim\limits_{x\to 0^+}f(x)=\lim\limits_{x\to 0^+}\dfrac{1}{x}=+\infty$，所以 $\lim\limits_{x\to 0}f(x)$ 不存在，因此 $x=0$ 为函数的第二类间断点. 此种情况（即左、右极限至少有一个是无穷大）的间断点称为**无穷间断点**.

例 41 讨论函数 $f(x)=\sin\dfrac{1}{x}$ 在点 $x=0$ 处的连续性. 若是间断点，说明其类型.

解 因为函数在点 $x=0$ 处没有定义，且 $x\to 0$ 时 $\sin\dfrac{1}{x}$ 振荡无极限，所以 $x=0$ 为第二类间断点中的**振荡间断点**.

1.5.3 连续函数的性质

1. 初等函数的连续性

利用连续性的定义和极限的运算法则不难证明连续函数具有下列性质.

定理 1.13 若 $f(x)$、$g(x)$ 在点 x_0 处连续，则

(1) $f(x)\pm g(x)$；(2) $f(x)g(x)$；(3) $\dfrac{f(x)}{g(x)}[g(x_0)\neq 0]$ 均在点 x_0 处连续.

定理 1.14 设 $y=f[\varphi(x)]$ 是由 $y=f(u)$、$u=\varphi(x)$ 复合而成的，若 $u=\varphi(x)$ 在点 x_0 处连续，$y=f(u)$ 在对应点 $u_0=\varphi(x_0)$ 处连续，则复合函数 $y=f[\varphi(x)]$ 在点 x_0 处连续.

寻规律 (1) 一切初等函数在其定义区间内都是连续的. 初等函数在其定义区间内某点处的极限值就等于该点的函数值.

(2) 求连续的复合函数的极限时，极限符号"lim"与函数符号"f"可交换顺序，即
$$\lim f[\varphi(x)]=f[\lim\varphi(x)].$$

例 42 求 $f(x)=\dfrac{x^2-3x-4}{x^2-10x+24}$ 的连续区间并求极限 $\lim\limits_{x\to 4}f(x)$，$\lim\limits_{x\to 5}f(x)$，$\lim\limits_{x\to 6}f(x)$.

解 $f(x)=\dfrac{x^2-3x-4}{x^2-10x+24}=\dfrac{(x-4)(x+1)}{(x-4)(x-6)}$ 在点 $x=4$、$x=6$ 处无定义，它的连续区间为 $(-\infty,4)\bigcup(4,6)\bigcup(6,+\infty)$.

$$\lim_{x \to 4} f(x) = \lim_{x \to 4} \frac{x+1}{x-6} = -\frac{5}{2}.$$

$$\lim_{x \to 6} f(x) = \lim_{x \to 6} \frac{x+1}{x-6} = \infty.$$

因为 $x=5$ 在 $f(x)$ 的定义域内，即是 $f(x)$ 的连续点，所以

$$\lim_{x \to 5} f(x) = f(5) = \frac{5^2 - 3 \times 5 - 4}{5^2 - 10 \times 5 + 24} = -6.$$

例 43　求 $\lim\limits_{x \to 0} \dfrac{\ln(1+x)}{x}$.

解　因为 $\dfrac{\ln(1+x)}{x} = \ln(1+x)^{\frac{1}{x}}$，令 $y = \ln u$，$u = (1+x)^{\frac{1}{x}}$，当 $x \to 0$ 时，$u \to \mathrm{e}$，且 $y = \ln u$ 在 $u = \mathrm{e}$ 处连续，故极限符号可以与函数符号交换. 所以

$$\lim_{x \to 0} \frac{\ln(1+x)}{x} = \lim_{x \to 0} \ln(1+x)^{\frac{1}{x}} = \ln[\lim_{x \to 0}(1+x)^{\frac{1}{x}}] = \ln \mathrm{e} = 1.$$

* 2. 闭区间上连续函数的性质

定理 1.15（有界性）　闭区间 $[a,b]$ 上的连续函数一定是有界的.

定理 1.16（最值性）　闭区间 $[a,b]$ 上的连续函数一定存在最大值和最小值.

例如，$y = x^2$ 在闭区间 $[0,3]$ 上连续且取得最大值 9 和最小值 0，而它在开区间 $(0,3)$ 内连续却取不到最大值和最小值.

定理 1.17（介值性）　设函数 $f(x)$ 在闭区间 $[a,b]$ 上连续，$f(a) \neq f(b)$ 且 C 是介于 $f(a)$ 和 $f(b)$ 之间的任一值，则至少存在一点 $\xi \in (a,b)$ 使得 $f(\xi) = C$.

推论 1（零点定理）　设函数 $f(x)$ 在闭区间 $[a,b]$ 上连续，$f(a)f(b) < 0$，则至少存在一点 $\xi \in (a,b)$ 使得 $f(\xi) = 0$.

零点定理表明，若在区间的端点处函数值异号，则连续曲线 $y = f(x)$ 至少与 x 轴有一个交点.

例 44　证明方程 $f(x) = x^3 - 2x^2 - 2x + 2 = 0$ 在区间 $(0,2)$ 上至少有一个根.

证明　因为 $f(x)$ 在区间 $[0,2]$ 上连续，且 $f(0) = 2 > 0$，$f(2) = -2 < 0$. 由零点定理知，在区间 $(0,2)$ 上至少有一点 ξ 使得 $f(\xi) = \xi^3 - 2\xi^2 - 2\xi + 2 = 0$.

所以方程 $x^3 - 2x^2 - 2x + 2 = 0$ 在区间 $(0,2)$ 上至少有一根 ξ.

小看板

1. 函数 $f(x)$ 在点 x_0 处连续必须同时满足条件：(1) _____ ；(2) _____ ；(3) _____ .

2. 函数 $f(x)$ 在点 x_0 处间断必须满足下列条件之一：(1) _____ ；(2) _____ ；(3) _____ .

3. 讨论 $f(x)$ 在点 x_0 处连续性的方法是：(1) _____ ；(2) _____ ；(3) _____ .

4. 一切初等函数在 _____ 上都是连续的.

习题 1.5

1. 讨论函数 $f(x) = \begin{cases} \dfrac{x^2-1}{x-1}, & x \neq 1, \\ 1, & x = 1 \end{cases}$ 在点 $x = 1$ 处的连续性.

2. 讨论函数 $f(x) = \begin{cases} x^2, & 0 \leqslant x \leqslant 3, \\ 12-x, & 3 < x \leqslant 5 \end{cases}$ 在点 $x = 3$ 处的连续性.

3. 求下列函数的间断点.

(1) $f(x) = \dfrac{x^2+1}{x+3}$;　　　　(2) $f(x) = \dfrac{x+5}{x^2-1}$;　　　　(3) $f(x) = \dfrac{x-2}{x^2-3x+2}$.

4. 求下列极限.

(1) $\lim\limits_{x \to 5}(\sqrt{x^2-9} + \sqrt{6-x})$;　　　　(2) $\lim\limits_{x \to 4}\dfrac{2}{\sqrt{x-3}}$;

(3) $\lim\limits_{x \to 0}(\cos 2x)^3$;　　　　(4) $\lim\limits_{x \to 2}\left[e^x + \ln\left(\dfrac{1}{2}x\right)\right]$.

*5. 讨论下列函数的连续性.若有间断点,说明其类型.

(1) $f(x) = \begin{cases} x^2, & x < 0, \\ \dfrac{x}{2}, & x \geqslant 0; \end{cases}$　　　　(2) $g(x) = \begin{cases} x^2-1, & x \leqslant 0, \\ x^2+1, & x > 0. \end{cases}$

*6. 已知 $f(x) = \sin x \cos\dfrac{1}{x}$,给 $f(0)$ 补充定义一个什么数值,能使 $f(x)$ 在点 $x = 0$ 处连续?

*7. 证明方程 $x^3 - 4x^2 + 1 = 0$ 在区间 $(0,1)$ 上至少有一个根.

8. 判断题.

(1) 如果 $f(x)$ 在点 x_0 处不连续,则 $\lim\limits_{x \to x_0} f(x)$ 一定不存在;　　　　(　　)

(2) 基本初等函数在定义域内都是连续的;　　　　(　　)

(3) $x = 0$ 是函数 $f(x) = \begin{cases} \dfrac{x+\sin x}{x}, & x \neq 0, \\ 3, & x = 0 \end{cases}$ 的间断点;　　　　(　　)

(4) 若函数 $f(x) = \begin{cases} (1-x)^{\frac{1}{3x}}, & x \neq 0, \\ k, & x = 0 \end{cases}$ 在 $x = 0$ 处连续,则 $k = e^{-\frac{1}{3}}$;　　(　　)

(5) 分段函数必有间断点.　　　　(　　)

9. 选择题.

(1) 函数 $y = f(x)$ 在点 x_0 处连续是函数 $y = f(x)$ 在点 x_0 处有定义的(　　);

　　A. 必要条件　　　　　　　　　　B. 充分条件

　　C. 充要条件　　　　　　　　　　D. 无关条件

(2) $\lim\limits_{x \to x_0} f(x)$ 存在是函数 $y = f(x)$ 在点 x_0 处连续的(　　);

　　A. 必要条件　　　　　　　　　　B. 充分条件

　　C. 充要条件　　　　　　　　　　D. 无关条件

(3) 设 $f(x)=\begin{cases}\dfrac{1}{x}\cdot\sin x, & x<0, \\ k, & x=0, \\ x\cdot\sin\dfrac{1}{x}+1, & x>0,\end{cases}$ 若 $f(x)$ 在 $x=0$ 点连续,则 $k=($　　);

　　A. -1 　　　　　　B. 1 　　　　　　C. -2 　　　　　　D. 2

(4) 函数 $v=\dfrac{\sin x}{x}+\dfrac{e^{2x}}{1-x}$ 的间断点的个数是(　　);

　　A. 0 　　　　　　B. 1 　　　　　　C. 2 　　　　　　D. 3

(5) 设 $f(x)=\ln(9-x^2)$,则函数 $f(x)$ 的连续区间是(　　);

　　A. $(-\infty,-3)$ 　　　　　　　　　　B. $[-3,3]$

　　C. $(-3,3)$ 　　　　　　　　　　　　D. $(2,3)\bigcup(3,+\infty)$

(6) 设 $f(x)=\begin{cases}e, & x<0, \\ a+x, & x\geqslant 0,\end{cases}$ 要使 $f(x)$ 在 $x=0$ 处连续,则 $a=($　　);

　　A. 2 　　　　　　B. 1 　　　　　　C. 0 　　　　　　D. -1

(7) 设函数 $f(x)=\begin{cases}\dfrac{\sin 3x}{x}, & x<0, \\ a, & x\geqslant 0\end{cases}$ 在点 $x=0$ 处连续,则 $a=($　　).

　　A. -1 　　　　　　B. 1 　　　　　　C. 2 　　　　　　D. 3

习题 1.5
参考答案

41

应用板块

1.6 常用的经济函数

【本节提示】 本节将介绍常用的经济函数,为以后进一步讨论经济函数的相关问题作准备.通过本节的学习,要求理解常用的经济函数的概念,能建立常用的经济函数关系式.

1.6.1 需求函数与供给函数

1.需求的含义

需求 是指消费者在一定价格条件下对商品的需要量.它包括两个条件,即消费者有购买意愿和有支付能力.如果消费者没有支付能力,即使有获得某种商品的意愿,也不能形成有效需求.

设某商品的需求量为 Q,价格为 P,则 $Q = Q(P)$ 称为该商品的**需求函数**.

一般来说,价格越高,需求量越低;价格越低,需求量越大.即需求量与价格呈反向变动关系,但也有例外.如珠宝、项链等高档装饰品,是代表一定的社会地位与身份的,如果价格下降,它们不能再代表这种社会地位与身份,对它们的需求就可能减少.又如,古董、名人字画、名贵邮票等,往往是价格越高,越显示出它们的珍贵性,从而对它们的需求就越大.再如有价证券、黄金等商品,价格小幅度波动,需求按正常情况变动;价格大幅度波动,人们就会采取观望的态度,需求将出现不规则的变化.

2.供给的定义

供给 是指在某一特定时期内,经营者在一定价格条件下愿意并可能出售的商品量.其中包括新提供的商品和已有的存货.

设某商品的供给量为 S,价格为 P,则 $S = S(P)$ 称为该商品的**供给函数**.

一般来说,价格越高,供给量越大;价格越低,供给量越小.但也有例外,如劳动力的供给最初会随工资的提高而增加,但当工资上升到足以维持其生活水平后,劳动力对货币的需求将不那么迫切,而希望有较多的闲暇和较少的工作.因此,工资水平如再上升,劳动力的供给也不会增加.又如古董、名人字画、名贵邮票等,价格上升到一定限度后,人们意识到这是值钱的东西,于是不再卖出,供给反而减少.再如黄金、有价证券等,商品价格小幅度波动,供给按正常情况变动;如果大幅度波动,人们就会观望,待价而沽,供给将出现不规则变化.

均衡价格是市场上某种商品需求量与供给量相等时的价格,此价格对应的商品量称为均衡商品量.

1.6.2 总成本函数

成本是指生产一定数量的某种产品所需要的总费用.因此,成本函数也称费用函数,它包括固定成本和可变成本.**固定成本**是不随产量的变化而变化的成本,例如厂房费、机器折旧费、一般管理费及管理人员的工资等.**可变成本**(或称**变动成本**)是随产量的变化而变化的成本,例如原材料、燃料、动力费和生产工人的工资等.

一般用 C 表示总成本,Q 表示产量,则**总成本函数**为

$$C = C(Q) = C_1 + C_2(Q).$$

式中,C_1 表示总固定成本,C_2 表示总变动成本.**平均成本**是生产每单位产品的成本,**平均成本函数**记为 $\overline{C}(Q)$,即

$$\overline{C}(Q) = \frac{C(Q)}{Q} = \frac{C_1}{Q} + \frac{C_2(Q)}{Q}.$$

例 45　某玩具厂生产某款玩具,每月最多生产 2 000 件.它的月固定成本为 900 元,生产一件玩具的可变成本为 5 元.求该款玩具月总成本函数及平均成本函数.

解　设月总成本为 C,平均成本为 $\overline{C}$,月产量为 Q.由于月总成本为固定成本与可变成本之和.根据题意,月总成本函数为

$$C = C(Q) = 900 + 5Q, \ Q \in [0, \ 2\,000] \text{ 且 } Q \in \mathbf{N}.$$

平均成本函数为

$$\overline{C}(Q) = \frac{C(Q)}{Q} = \frac{900}{Q} + 5, \ Q \in (0, \ 2\,000] \text{ 且 } Q \in \mathbf{Z}^+.$$

1.6.3　总收益(总收入)函数

总收益(总收入)是指企业销售一定数量的产品所获得的全部收入,它等于产品的销售价格与销售数量的乘积.

一般用 R 表示收益,P 表示价格,Q 表示销量,则**总收益函数**为

$$R = R(Q) = P \cdot Q.$$

由于商品在销售过程中,价格一般是波动的,因此上式中的价格一般指平均价格.另外,在以后的讨论中,一般把实际问题理想化,假设:产量=销量=需求量.

例 46　某品牌服装专柜开展国庆节打折促销活动,将原价 600 元的某款服装打 8.5 折出售,活动当天销售了 78 件,求活动期间的总收益函数 $R(Q)$ 和当天销售该款服装的总收益.

解　由题设知打 8.5 折时的总收益函数为

$$R(Q) = P \cdot Q = 0.85 \times 600Q = 510Q, \ Q \in \mathbf{N}.$$

所以销量为 78 件时的总收益为 $R(78) = 39\,780$(元).

1.6.4　总利润函数

总收益与总成本之差称为总利润,**总利润函数**为 $L = L(Q) = R(Q) - C(Q)$.

例 47　某校办工厂生产一款毕业纪念册,与产出无关的固定成本为 800 元,每本纪念册产出的可变成本为 6 元,售价为每本 10 元,求利润函数和无盈亏产量.

解　由题设知产量为 Q 本时的总成本和总收益函数分别为

$$C(Q) = 800 + 6Q \text{ 和 } R(Q) = 10Q, \ Q \in \mathbf{N}.$$

所以利润函数

$$L(Q) = R(Q) - C(Q) = 4Q - 800,\ Q \in \mathbf{N}.$$

设无盈亏产量为 Q_0 本,则 $L(Q_0) = 0$,即 $4Q_0 - 800 = 0$.解得 $Q_0 = 200$(本).故无盈亏产量为 200 本.

例 48 某厂生产某种产品,固定成本为 200 万元,每生产一件产品需增加 6 万元成本,又知产品的需求函数为 $Q = 1\,000 - 100P$,试将总利润 L 表示为产量 Q 的函数.

解 设产量为 Q 时的总成本为 $C(Q)$,总收益为 $R(Q)$,由 $Q = 1\,000 - 100P$ 得

$$P = \frac{1\,000 - Q}{100} = 10 - \frac{Q}{100},$$

则

$$R(Q) = PQ = \left(10 - \frac{Q}{100}\right)Q,$$

由题设知

$$C(Q) = 200 + 6Q,$$

所以

$$\begin{aligned} L(Q) &= R(Q) - C(Q) \\ &= \left(10 - \frac{Q}{100}\right)Q - (200 + 6Q) \\ &= -\frac{Q^2}{100} + 4Q - 200,\ Q \in \mathbf{N}. \end{aligned}$$

*1.6.5　库存管理总费用函数

工厂、商店预存的原料、货物、商品,称为库存.合理的库存量必须达到三个标准:

(1) 库存要少,以便降低库存费用和流动资金占有量;

(2) 存货短缺的情况少,以便减少因停工待料造成的损失;

(3) 订购的次数要少,以便降低订购费用.

下面讨论的库存问题只限于需求量(销售量)是确定的,不允许缺货的简单情形.

例 49 某厂生产某款铅笔,其年销售量为 100 万支,每批生产需增加订购费 1\,000 元,而每支铅笔库存费为 0.05 元/年,如果年销售率是均匀的(此时商品的年平均库存量为批量的一半).试将一年的订购费与库存费之和 y(元)表示为批量 x(万支)的函数.

解 因为一年的总产量为 100 万支,所以一年生产的批数为 $\dfrac{100}{x}$.

于是一年的订购费为 $1\,000 \times \dfrac{100}{x} = \dfrac{10^5}{x}$(元).

因为年销售率是均匀的,所以年平均库存量为 $\dfrac{x}{2} \times 10\,000 = 5\,000x$(支).

于是一年库存费为 $0.05 \times 5\,000x = 250x$(元).

故一年的订购费与库存费之和 y(元)表示为批量 x(万支)的函数为

$$y = \frac{10^5}{x} + 250x,\ x \in (0, +\infty).$$

小看板

1. 需求是指＿＿＿＿＿＿＿＿＿＿＿＿＿＿＿＿＿＿＿＿＿＿＿＿＿＿＿＿＿＿＿＿＿＿＿．

2. 总成本函数是＿＿＿＿＿＿＿＿＿＿＿＿＿＿＿＿＿＿＿＿＿＿＿＿＿＿＿＿＿＿＿＿＿＿．

3. 总收益函数是＿＿＿＿＿＿＿＿＿＿＿＿＿＿＿＿＿＿＿＿＿＿＿＿＿＿＿＿＿＿＿＿＿＿．

4. 总利润函数是＿＿＿＿＿＿＿＿＿＿＿＿＿＿＿＿＿＿＿＿＿＿＿＿＿＿＿＿＿＿＿＿＿＿．

5. 均衡价格是指＿＿＿＿＿＿＿＿＿＿＿＿＿＿＿＿＿＿＿＿＿＿＿＿＿＿＿＿＿＿＿＿＿＿．

习题 1.6

1. 某种商品的需求函数为 $Q = 200 - 5P$，供给函数 $S = 25P - 10$，求该商品的均衡价格和均衡商品量.

2. 某玩具厂生产一只电动玩具熊的可变成本为 15 元，每天的固定成本为 2 000 元，如果每只玩具熊的出厂价为 20 元，为了不亏本，该厂每天至少应生产多少只玩具熊?

3. 已知某款玻璃杯的需求函数为 $Q = 200 - 5P$，试求该款玻璃杯的总收益函数 $R(Q)$ 和平均收益函数 $\overline{R}(Q)$，并求出销售 10 个玻璃杯时的总收益和平均收益.

4. 设生产某商品的固定成本为 500 元，生产一件该商品的可变成本为 4 元，需求函数 $Q = -20P + 100$，其中 P 为该商品的价格. 试将生产该商品所获得的利润 L 表示为产量 Q 的函数.

*5. 某商店半年销售 2 000 件小器皿，均匀销售，为节约库存费，分批进货. 每批进货费用为 600 元，半年每件器皿的平均库存费为 1.6 元. 试列出半年的进货费与库存费之和与批数之间的函数关系式.

习题 1.6
参考答案

【本节提示】 本节将利用分段函数模型解决实际应用问题.通过本节的学习,要求能用数学知识分析和解决生产、生活中的一些问题.

1.7.1　用水用电问题

随着人民生活水平的提高,家用电器已经基本普及,为鼓励居民节约用电用水,节能降耗,有关部门采取了居民用电用水分段计价的办法进行收费.解决此类问题的关键是将实际问题构建为分段函数的数学模型,并通过数学方法来解决,下面举例说明.

例 50　为了鼓励节能降耗,某市规定如下用电收费标准:每户每月的用电量不超过 120 度时,电价为 a 元/度;超过 120 度时,不超过的部分仍然是 a 元/度,超过部分为 b 元/度.已知某用户五月份用电 115 度,交电费 69 元,六月份用电 140 度,交电费 94 元.

(1) 求限度内的电价和限度外的电价;

(2) 求应付电费 y(元)与每月用电量 x(度)之间的函数关系式;

(3) 若该用户计划七月份所付电费不超过 83 元,问该用户七月份最多可用电多少度?

解　(1) 根据题意,得

$$\begin{cases} 115a=69, \\ 120a+20b=94. \end{cases}$$

解这个方程组,得

$$\begin{cases} a=0.6, \\ b=1.1. \end{cases}$$

所以限度内的电价为 0.6 元/度,而限度外的电价为 1.1 元/度.

(2) 依题意,当 $0\leqslant x\leqslant 120$ 时,$y=0.6x$;

当 $x>120$ 时,$y=120\times0.6+1.1(x-120)$,即 $y=1.1x-60$.

所以应付电费 y(元)与每月用电量 x(度)之间的函数关系式为

$$y=\begin{cases} 0.6x, & 0\leqslant x\leqslant 120, \\ 1.1x-60, & x>120. \end{cases}$$

(3) 因为 $83>120\times0.6=72$,所以 y 与 x 之间的函数关系式为 $y=1.1x-60$.由题意,得 $1.1x-60\leqslant 83$,即 $x\leqslant 130$.即该用户七月份最多可用电 130 度.

1.7.2　医疗保险问题

在新农村建设中,各级政府切实为农民办好事、办实事.为了增强农民抵御大病风险的能力,政府积极推行农村医疗保险制度,使农民也享受医保待遇.

例 51　某县根据本地的实际情况,制定了纳入医疗保险的农民住院医疗费用的报销规定:享受医保的农民可在定点医院住院治疗,由患者先垫付医疗费用,住院治疗结束后凭发票到县医保中心报销.住院医疗费用的报销比例标准如下:

费用范围	100 元以下(含 100 元)	100 元以上的部分
报销比例标准	不予报销	60%

（1）设某位享受医保的农民一次住院治疗的总医疗费用为 x 元,按规定报销的医疗费用为 y 元,试写出 y 与 x 的函数关系式;

（2）若该农民在这次住院治疗中的医疗费用为 1 000 元,则他在这次住院治疗中报销的医疗费用和自付的医疗费用各为多少元?

解　（1）依题意,当 $x > 100$ 时,$y = (x - 100) \times 60\% = 0.6x - 60$.

所以按规定报销的医疗费用 y 与该农民一次住院治疗的总医疗费用 x 之间的函数关系式为

$$y = \begin{cases} 0, & 0 < x \leqslant 100, \\ 0.6x - 60, & x > 100. \end{cases}$$

（2）当 $x = 1000$ 元时,$y = 0.6 \times 1000 - 60 = 600 - 60 = 540$(元);$1000 - 540 = 460$(元).

即该农民在这次住院治疗中报销的医疗费用和自付的医疗费用各为 540 元和 460 元.

1.7.3　污染治理问题

例 52　保护生态环境,建设绿色社会已经从理念变为人们的行动.某化工厂 2022 年 1 月的利润为 200 万元.设 2022 年 1 月为第一个月,每个月的利润单位为万元.由于排污超标,该厂从 2022 年 1 月底起适当限产,并投入资金进行污染改造,导致月利润明显下降,从 1 月份到 5 月份,月利润与月份成反比例.到 5 月底,治污改造工程顺利完工,从这时起,该厂每月的利润比前一个月增加 20 万元.

（1）分别求该化工厂治污期间及治污改造工程完工后月利润 y 与月份 x 之间对应的函数关系式.

（2）治污改造工程完工后经过几个月,该厂利润才能达到 2022 年 1 月的水平?

（3）当月利润少于 100 万元时为该厂资金紧张期,问该厂资金紧张期共有几个月?

解　（1）当 $1 \leqslant x \leqslant 5$ 时,设 $y = \dfrac{a}{x}$.

由题意,得 $a = 200$,所以 $y = \dfrac{200}{x}(1 \leqslant x \leqslant 5)$.

由题意,当 $x = 5$ 时,$y = 40$,则当 $x > 5$ 时,$y = 40 + 20(x - 5) = 20x - 60$.

所以,利润 y 与月份 x 的函数关系式为

$$y = \begin{cases} \dfrac{200}{x}, & 1 \leqslant x \leqslant 5, \\ 20x - 60, & x > 5. \end{cases}$$

（2）根据题意，令 $20x-60=200$，得 $x=13$.

所以，治污改造工程完工后经过 8 个月，该厂利润才能达到 2022 年 1 月的水平.

（3）根据题意，令 $\dfrac{200}{x}<100$，得 $x>2$，而令 $20x-60<100$，得 $x<8$.

所以，当 $2<x<8$ 时，该厂资金紧张，即该厂资金紧张期共有 5 个月.

1.7.4　生活费问题

例 53　为了鼓励小强做家务，小强每月从父母那里获取的总生活费是由基本生活费和奖励生活费构成的，其中奖励生活费取决于上个月他的家务劳动时间. 若设小强每月的家务劳动时间为 x 小时，下个月他可获得的总生活费为 y 元，则 y（元）和 x（小时）之间的函数图形如图 1-6 所示.

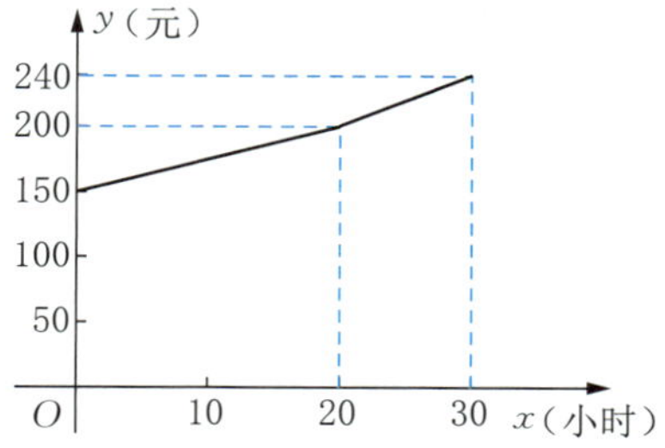

（1）根据图形，请写出小强每月的基本生活费；父母是如何奖励小强做家务的？

（2）写出 y（元）与 x（小时）之间的函数关系.

（3）若小强 5 月份希望有 300 元总生活费，则小强 4 月份需做家务多长时间？

图 1-6

解　（1）由图 1-6 知：$x=0$（小时），$y=150$（元）. 故小强的基本生活费为 150 元. 父母是这样鼓励小强做家务的：

每月做家务不超过 20 小时时，每小时奖励 2.5 元；每月做家务超过 20 小时后，每小时奖励 4 元.

（2）当 $0\leqslant x\leqslant 20$ 时，$y=150+2.5x$；当 $x>20$ 时，$y=200+4(x-20)=4x+120$.

故 y（元）和 x（小时）之间的函数关系为

$$y=\begin{cases}2.5x+150, & 0\leqslant x\leqslant 20,\\ 4x+120, & x>20.\end{cases}$$

（3）因为做 20 小时家务只能得到 200 元，所以若小强 5 月份希望有 300 元总生活费，则需要做超过 20 小时的家务，即 $x>20$，则 $y=4x+120$.

令 $y=4x+120=300$，解得 $x=45$（小时）

故若小强 5 月份希望有 300 元总生活费，则小强 4 月份需做家务 45 小时.

小看板

利用分段函数解决应用问题的方法是 _____

_____.

习题 1.7

1. 某化肥厂生产某产品 1 000 t，定价为 200 元/t，销售量在 500 t 以内时，按原价出售；超过 500 t 时，超过的部分打九折出售. 试求销售总收益与总销售量的函数关系式.

2. 为加强公民的节水意识,某城市制定了以下用水收费标准:每户每月用水未超过 7 m^3 时,收费 1.5 元/m^3 并且加收 0.2 元/m^3 的城市污水处理费;超过 7 m^3 的部分收费 1.7 元/m^3 并且加收 0.4 元/m^3 的城市污水处理费.试求水费 y(元)与用水量 x(m^3)之间的函数关系.

3. 规定个人发表文章、出版著作所获稿费应纳税,其计算方法是:(1)稿费不高于 800 元,不纳税;(2)稿费高于 800 元,但不高于 4 000 元,超过 800 元的部分应按 14% 纳税;(3)稿费高于 4 000 元,应按全部稿费的 11% 纳税.试求:(1)税款 y(元)与稿费 x(元)之间的函数关系式;(2)王教授出版一本著作获得一笔稿费,他缴纳了 550 元的税,王教授的这笔稿费是多少元.

习题 1.7
参考答案

单利、复利模型及应用

【本节提示】 向银行存款或者贷款都涉及利息的计算.本节将介绍三种利息的计算方法,分别是单利制、复利制和连续复利.通过本节的学习,要求能够了解三种计息方式,并能运用公式进行三种计息方式下资金的终值、现值、利率和计息期数等的计算.

1.8.1 计息制简介

在日常生活中,向银行存款或贷款是最常见的金融活动.而存贷款都涉及利息的计算.计算利息可分别按两种制度进行,一种是单利制,一种是复利制.

单利制是指当期利息不计入下期本金,从而不改变计息基础,各期利息额不变的计息制度.**复利制**是指未被支取的利息计入下期本金,改变计息基础,使每期利息额递增,"利上生利"的计息制度.

本金是指存入银行或从银行贷出的资金总额.**利息**是指投入本金所额外获得的资金.每期利息与本金之比为**利率**.

利率的表示方法有三种,即年利率、月利率和日利率.它们之间的关系为

年利率=月利率×12(月)=日利率×360(天);

月利率=年利率÷12(月)=日利率×30(天);

日利率=年利率÷360(天)=月利率÷30(天).

利率用百分数或千分数表示,习惯上分别称为"分"或"厘".如年息五分即 5%,就是 1 000 元存款存一年,利息为 50 元;月息六厘写成 6‰,表示 1 000 元存一个月可得利息 6 元.

银行的利率都以年利率的形式给出.例如,假设半年期整存整取年利率为 1.45%,一年期整存整取年利率为 1.65%,二年期整存整取年利率为 2.15%,则半年期整存整取的期利率为 1.45%÷2=0.725%,而二年期整存整取的期利率为 2.15%×2=4.30%.

1.8.2 单利模型

单利制计算简单,操作容易,也便于理解,因此我国银行存款计息以及到期一次还本付息的国债都采取单利计息的方式.

以银行存款为例,用 P 表示本金,期利率用 r 表示,计息期数用 n 表示,以 I 表示利息,本利和叫做**终值**,用 F 表示.

由于单利制每期本金相同,因此每期利息为 $I=Pr$, n 期利息总共为 $In=Prn$,本利和为 $F=P+Prn$,则单利制的终值公式为

$$F=P(1+rn).$$

例 54 小王年初将 1 000 元存入银行,存款五年期,年利率为 5%.以单利制计算到期时小王拿到的本利和.

解 由题意知 $P=1\,000$, $r=5\%$, $n=5$.根据单利终值公式可得

$$F=P(1+rn)=1\,000(1+5\%\times5)=1\,250(元).$$

所以到期时小王拿到本利和 1 250 元.

由上例可知,按照年利率 5%,用单利制计算,1 000 元本金在 5 年内的利息为 250 元. 那么反过来,如果按照单利计算,5 年后的 1 250 元相当于现在的多少资金呢? 这就是所谓的"贴现"问题.**现值**是在给定的利率水平下,未来某一时点的资金折算到现在时刻的价值.此时,利率 r 称为**贴现率**.单利制的现值公式为

$$P = \frac{F}{1+rn}.$$

例 55 某企业 3 年后想用 22 400 元购买一专用设备,在年利率为 4% 的情况下,按单利制计算,企业现在应一次性存入多少资金?

解 由题意知 $F = 22\,400$,$r = 4\%$,$n = 3$. 根据单利现值公式得

$$P = \frac{F}{1+rn} = \frac{22\,400}{1+4\%\times 3} = 20\,000(元).$$

即企业现在应一次性存入 20 000 元.

例 56 亮亮的妈妈在亮亮刚上初一时存入了 8 000 元以供亮亮 6 年后上大学之用,亮亮上大学时共取出本利和 10 400 元.按单利制计算,年利率是多少?

解 由题意可知 $P = 8\,000$,$F = 10\,400$,$n = 6$. 由 $F = P(1+rn)$ 得

$$r = \frac{1}{n}\left(\frac{F}{P}-1\right) = \frac{1}{6}\left(\frac{10\,400}{8\,000}-1\right) = 5\%.$$

即年利率为 5%.

例 57 小张将 10 000 元存入银行,他预计到期后能得到本利和 11 300 元.已知年利率为 3.25%,按单利制计算,小张的存款期为多少年?

解 由题意可知 $P = 10\,000$,$F = 11\,300$,$r = 3.25\%$. 由 $F = P(1+rn)$ 得

$$n = \frac{1}{r}\left(\frac{F}{P}-1\right) = \frac{1}{3.25\%}\left(\frac{11\,300}{10\,000}-1\right) = 4.$$

即小张存款 4 年.

1.8.3 复利模型

虽然单利计息法简单,但是没有完全将资金利用起来,没有考虑利息还可以作为本金生出更多的利息.对于投资者而言,每一期收到的利息都会进行再投资.因此,复利计息法是更为科学的计算投资收益的方法.在财务管理中,一般也都用复利计息法进行计算.

以银行贷款为例,用 P 表示本金,r 表示期利率,计息期数用 n 表示,本利和(即终值)用 F 表示.

第一个计息期末的本利和为 $F_1 = P + Pr = P(1+r)$;

第二个计息期末的本利和为 $F_2 = F_1(1+r) = P(1+r)(1+r) = P(1+r)^2$;

第三个计息期末的本利和为 $F_3 = F_2(1+r) = P(1+r)^2(1+r) = P(1+r)^3$;

············

第 n 个计息期末的本利和为 $F = F_n = P(1+r)^n$.

因此,按复利计息,本金为 P,期利率为 r,计息期数为 n 的本利和为

$$F = P(1+r)^n.$$

上式为复利终值公式,由此可得复利现值公式为

$$P = \frac{F}{(1+r)^n}.$$

例 58　某企业计划开发一款新产品,拟向银行贷款 100 万元,若年利率为 6.4%,贷期为 4 年,问 4 年后应一次性归还银行的本利和为多少?

解　贷款计息用复利制.由题意知 $P = 100 \times 10^4$, $r = 6.4\%$, $n = 4$.
根据复利终值公式得

$$F = P(1+r)^n = 100 \times 10^4 \times (1 + 6.4\%)^4 \approx 1\,281\,641.35(元).$$

即 4 年后应一次性归还银行的本利和为 1 281 641.35 元.

例 59　刘先生将一笔资金存入银行,银行的一年期存款利率为 3.25%.一年到期不取款则由银行自动转存,即将上一年的本金和利息一起作为本金存入一年期的定期存款.刘先生在第 3 年末总共取得本利和 11 007.03 元,问他最初存入的资金数额是多少?

解　由题意可知应该以复利制计息. $F = 11\,007.03$, $r = 3.25\%$, $n = 3$,所以

$$P = \frac{F}{(1+r)^n} = \frac{11\,007.03}{(1 + 3.25\%)^3} \approx 10\,000(元).$$

即刘先生最初存入的资金是 10 000 元.

例 60　某厂 2010 年的产值是 2000 年的 8 倍,那么从 2000 年到 2010 年产值的年增长率是多少? 若按这样的增长率发展,哪一年的产值会是 2000 年的 15 倍?

解　设 2000 年的产值为 A,则 2010 年的产值为 $8A$,即 $P = A$, $F = 8A$, $n = 10$.
由 $F = P(1+r)^n$ 得 $8A = A(1+r)^{10}$,所以

$$r = 8^{\frac{1}{10}} - 1 \approx 23.1\%.$$

即从 2000 年到 2010 年产值的年增长率是 23.1%.

若 n 年后的产值是 2000 年的 15 倍,则 $15A = A(1 + 23.1\%)^n$,即 $15 = 1.231^n$,所以 $n = \log_{1.231} 15 = \frac{\lg 15}{\lg 1.231} \approx 13$. 即 2013 年的产值大约为 2000 年的 15 倍.

1.8.4　连续复利

还有一种计息方法称为**连续复利**.这种方法将计息期缩短为一个瞬间,即此刻的利息在下一刻马上计入本金,产生利息.

已经知道,本金为 P,年利率为 r, n 年末的复利终值 $F = P(1+r)^n$.

若每年分 m 期计息,则每期的利率为 $\frac{r}{m}$,到 n 年末共 mn 期.按照复利制,容易推出 n 年末的本利和为 $F = P\left(1 + \frac{r}{m}\right)^{mn}$.

由于连续复利的计息期无限缩短,即每年的计息期数 $m \to \infty$,则 n 年末的本利和为

$$F = \lim_{m \to \infty} P\left(1 + \frac{r}{m}\right)^{mn} = P\left[\lim_{m \to \infty}\left(1 + \frac{r}{m}\right)^{\frac{m}{r}}\right]^{rn} = Pe^{rn}.$$

即连续复利的终值公式为

$$F = Pe^{rn}.$$

由此可得连续复利的现值公式为

$$P = Fe^{-rn}.$$

例 61　银行按年利率 6% 的连续复利计算贷款利息,某企业贷款 40 000 元,贷款期限为 8 个月,则贷款到期时该企业应还利息多少?

解　8 个月即 $\dfrac{2}{3}$ 年,则 $P = 40\,000$,$r = 6\%$,$n = \dfrac{2}{3}$. 由连续复利终值公式得

$$F = Pe^{rn} = 40\,000 \times e^{6\% \times \frac{2}{3}} = 40\,000 \times e^{0.04} \approx 41\,632.43(元).$$

所以贷款到期该企业应还利息 $I = 41\,632.43 - 40\,000 = 1\,632.43(元)$.

例 62　某企业计划发行公司债券,规定以年利率 6.5% 的连续复利计算利息,10 年后每份债券一次性偿还本息 1 000 元,问发行时每份债券的价格应定为多少元?

解　由题意知 $F = 1\,000$,$r = 6.5\%$,$n = 10$. 根据连续复利的现值公式得

$$P = Fe^{-rn} = 1\,000 \times e^{-6.5\% \times 10} = 1\,000 \times e^{-0.65} \approx 522.05(元).$$

即发行时每份债券的价格应定为 522.05 元.

小看板

1. 单利终值公式为 _____ ,其中 P 为 _____ ,r 表示 _____ ,n 表示 _____ ,F 为 _____ .

2. 复利终值公式为 _____ .

3. 连续复利终值公式为 _____ ,其中 r 为 _____ ,n 表示 _____ .

习题 1.8

1. 小陈将一笔资金存入银行,存款方式为三年定期,已知年利率为 4.5%,按照单利计息,到期时他可以获得本利和 6 810 元,求他最初存入银行的本金.

2. 某种外币一年期存款的年利率为 4.2%,半年期存款的年利率为 4.0%.每笔存款到期后,银行自动将其本金及利息转存为同样期限的存款.设将总数为 10 000 元的该种外币存入银行,两年后取出,问何种期限的存款能有较多的收益? 收益相差多少?

3. 一处房产价格为 48 万元,据预测该房产三年后的价格将上涨为 60 万元.小李欲贷款 48 万元来进行此项房产投资.若贷款的年利率为 7%,按复利计算,此项投资能否赢利?

4. 某企业现有 10 万元资金,欲投资某项目 10 年,在投资报酬率为多少的情况下,才能使本金翻一番?

5. 某企业现有 25 万元,拟投入报酬率为 8% 的投资项目,经过多少年后才能使现有资金增加 50%?

6. 将 1 万元资金存入银行,年利率为 3.2%,按单利制、复利制和连续复利分别计息,计算 10 年后的本利和各为多少.

7. 假设年利率为 5%,现在投资多少元,20 年末可以得到 100 万元?

8. 某外商在我国投资,按年利率 5% 的连续复利计算,现投资多少元,第 10 年末可得 1 000 万元?

习题 1.8
参考答案

复习思考题 1

A 组

一、填空题

1. 函数 $f(x) = \dfrac{2}{4-x^2} + \sqrt{x-1}$ 的定义域为＿＿＿＿＿＿＿＿＿.

2. 若 $f(x) = x^2 - 5x + 4$，则函数 $f(x+1) = $ ＿＿＿＿＿＿＿＿＿.

3. 已知 $f(x-1) = x(x-1)$，则函数 $f(x) = $ ＿＿＿＿＿＿＿＿＿.

4. 函数 $f(x) = \dfrac{1-x^2}{\cos x}$ 的图形关于＿＿＿＿＿＿＿＿＿对称.

5. 复合函数 $y = \ln(\sin x^3)$ 的复合过程是＿＿＿＿＿＿＿＿＿.

6. 已知 $y = \sqrt{u}$，$u = 2 + v^2$，$v = \cos x$，则 $y = f(x) = $ ＿＿＿＿＿＿＿＿＿.

7. 设 $f(x) = \begin{cases} x^2 + 1, & x \leqslant 1, \\ \dfrac{2}{x}, & x > 1, \end{cases}$ 则 $\lim\limits_{x \to 1} f(x) = $ ＿＿＿＿＿，$\lim\limits_{x \to 2} f(x) = $ ＿＿＿＿＿.

8. 已知 $f(x) = \dfrac{1}{x^2 - 6x + 9}$，当 $x \to$ ＿＿＿＿＿时，$f(x)$ 为无穷大量；当 $x \to$ ＿＿＿＿＿时，$f(x)$ 为无穷小量.

9. 如果 $\lim\limits_{x \to -3} \dfrac{x^2 + 2x + k}{x+3} = -4$，则常数 $k = $ ＿＿＿＿＿.

10. $\lim\limits_{x \to 0} \left(\dfrac{2-x}{2} \right)^{\frac{2}{x}} = $ ＿＿＿＿＿.

11. $\lim\limits_{x \to \infty} \dfrac{x^4 + 1}{2x^4 + x^2 - 2} = $ ＿＿＿＿＿，$\lim\limits_{x \to \infty} \dfrac{x^3 + 3\,000}{3x^5 - 4x^2 - x} = $ ＿＿＿＿＿.

12. $\lim\limits_{x \to \infty} \left(1 + \dfrac{1}{x} \right) \left(2 - \dfrac{1}{x^2} \right) = $ ＿＿＿＿＿.

13. 函数 $y = \sqrt{9 - x^2} - \dfrac{2}{x^2 + 3}$ 的连续区间是＿＿＿＿＿＿＿＿＿.

14. 函数 $y = \dfrac{\ln(3-x)}{x^2 - 1}$ 的连续区间是＿＿＿＿＿＿＿＿＿.

15. 若函数 $f(x) = \begin{cases} \dfrac{\sin 2x}{x}, & x < 0, \\ 3x^2 - 2x + k, & x \geqslant 0 \end{cases}$ 在点 $x = 0$ 处连续，则 $k = $ ＿＿＿＿＿.

16. 已知 $f(x) = \begin{cases} 1 - 2x, & x < 0, \\ 2, & x = 0, \\ 1 + 2x, & x > 0, \end{cases}$ 则 $\lim\limits_{x \to 0} f(x) = $ ＿＿＿＿＿，$\lim\limits_{x \to 2} f(x) = $ ＿＿＿＿＿.

17. 设 $f(x) = \dfrac{x-2}{2+x}$，当 $x \to$ ＿＿＿＿＿时，$f(x)$ 为无穷大量，当 $x \to$ ＿＿＿＿＿时，

$f(x)$ 为无穷小量.

18. 函数 $f(x) = \dfrac{1}{\ln(x-2)}$ 的连续区间是_____.

19. 如果 $\lim\limits_{x \to 1} \dfrac{ax+b}{x-1} = 2$，则 $a + b =$ _____.

20. 已知 $f(x) = \sin x \cos \dfrac{1}{x}$，给 $f(0)$ 补充定义一个数值_____，则 $f(x)$ 在点 $x = 0$ 处连续.

21. 函数 $y = \dfrac{\sqrt{x-3}}{(x+1)(x+2)}$ 的连续区间是_____.

22. 函数 $y = \arccos \dfrac{x^2-4}{x-2}$ 的定义域为_____.

23. 求函数 $f(x) = \dfrac{x^3+3x^2-x-3}{x^2+x-6}$ 的连续区间为_____.

24. 已知 $f(x) = \begin{cases} x^2, & x > 1, \\ ax+2, & x \leqslant 1 \end{cases}$ 在点 $x = 1$ 处连续，则常数 $a =$ _____.

二、单项选择题

1. 函数 $y = \sqrt{9-x^2} - \dfrac{5}{x^2-4}$ 的定义域是(　　).

A. $(-3, 3)$ 　　　　　　　　　　　B. $[-3, -2) \bigcup (-2, 2) \bigcup (2, 3]$

C. $[-3, 3]$ 　　　　　　　　　　　D. $(-\infty, -3] \bigcup [3, +\infty)$

2. 下列函数在定义域内为单调增加函数的是(　　).

A. $y = \dfrac{1}{x}$ 　　　　B. $y = |x|$ 　　　　C. $y = \mathrm{e}^{-x}$ 　　　　D. $y = x^3$

3. 下列函数在定义域内为单调减少函数的是(　　).

A. $y = \left(\dfrac{1}{2}\right)^x$ 　　　B. $y = \mathrm{e}^x$ 　　　C. $y = \ln x$ 　　　D. $y = x^{\frac{1}{2}}$

4. 下列函数的图像关于坐标原点对称的是(　　).

A. $y = \dfrac{1-x^2}{\cos x}$ 　　　　　　　　　B. $y = \sin x - \cos x$

C. $y = \sin(x^2+1)$ 　　　　　　　　D. $y = \dfrac{10^x - 10^{-x}}{2}$

5. 函数 $y = x^2 \cos x$ 是(　　).

A. 偶函数 　　　　B. 奇函数 　　　　C. 周期函数 　　　　D. 有界函数

6. 下列各组函数为同一函数的是(　　).

A. $f(x) = \dfrac{x^2}{x}$ 与 $g(x) = x$ 　　　　B. $f(x) = x^0$ 与 $g(x) = 1$

C. $f(x) = x$ 与 $g(x) = (\sqrt{x})^2$ 　　　　D. $f(x) = 3x^2+1$ 与 $g(t) = 3t^2+1$

7. 下列各组函数为同一函数的是(　　).

A. $f(x) = \dfrac{x}{x}$ 与 $g(x) = 1$ 　　　　B. $f(x) = x$ 与 $g(x) = \sqrt{x^2}$

C. $f(x) = \lg x^4$ 与 $g(x) = 4\lg x$ 　　　　D. $f(x) = 1$ 与 $g(x) = \sin^2 x + \cos^2 x$

8. 下列各组函数相同的是（　　）.

A. $y=\dfrac{x^2-16}{x+4}$ 与 $y=x-4$

B. $y=(\sqrt{x+1})^4$ 与 $y=(\sqrt{(x+1)^4})$

C. $y=4^{3x}$ 与 $y=8^{2x}$

D. $y=\ln x^4$ 与 $y=4\ln x$

9. 下列函数为基本初等函数的是（　　）.

A. $y=x^e+x$　　　B. $y=x^{\sqrt{e}}-1$　　　C. $y=x^{\sqrt{e}-1}$　　　D. $y=\ln 3x$

10. 下列函数为基本初等函数的是（　　）.

A. $y=x^e$　　　　B. $y=x+1$　　　C. $y=2x^2$　　　D. $y=\arcsin\dfrac{1}{x}$

11. 下列函数不是基本初等函数的是（　　）.

A. $y=\sqrt[3]{x^2}$

B. $y=\dfrac{1}{x^2}$

C. $y=\cos\dfrac{1}{x}$

D. $y=\sqrt{2e}$

12. 若 $f(x-2)=x(3x-5)$，则 $f(x)=$（　　）.

A. $(x+2)(3x+1)$

B. $(x+2)(3x-1)$

C. $(x-2)(3x+1)$

D. $(x-2)(3x-11)$

13. $\lim\limits_{x\to\infty}5^x$ 的值为（　　）.

A. 不存在　　　　B. 0　　　　C. 1　　　　D. 5

14. $\lim\limits_{x\to\infty}2^{\frac{1}{x}}$ 的值为（　　）.

A. 不存在　　　　B. 0　　　　C. 1　　　　D. 2

15. 下列函数有界的是（　　）.

A. $y=\sin\dfrac{1}{x}$

B. $y=\dfrac{1}{x}\ (x>0)$

C. $y=e^x$

D. $y=\ln x$

16. 下列函数为复合函数的是（　　）.

A. $y=\lg(-x^2)$

B. $y=\sqrt{-x}\ (x\leqslant 0)$

C. $y=\left(\dfrac{1}{e}\right)^x$

D. $y=x^{\sqrt{2}-1}$

17. 下列函数是复合函数的为（　　）.

A. $y=x^{1-\cos 1}$

B. $y=\sqrt{\sin x-2}$

C. $y=(\sin 5)^x$

D. $y=\ln(2x-1)\ (x>1)$

18. 下列函数为复合函数的是（　　）.

A. $y=\left(\dfrac{1}{2}\right)^x$

B. $y=\sqrt{1-\sin x}$

C. $y=x^3-2x^2+1$

D. $y=x^{e-\frac{1}{2}}$

19. 下列函数是初等函数的是（　　）.

A. $y=\begin{cases}x+1,\ x<1,\\x-1,\ x\geqslant 1\end{cases}$

B. $y=\begin{cases}\dfrac{x^2-3}{2x-1},\ x\neq 1,\\2,\ x=1\end{cases}$

C. $y=|x^2-2|$

D. $y=\sqrt{-2-\cos x}$

20. 下列函数不是初等函数的为(　　).

A. $y = \dfrac{x^2 - 4}{x - 2}$

B. $y = \arcsin(x^2 - 3)$

C. $y = \begin{cases} \dfrac{x^2 - 1}{x - 1}, & x \neq 1, \\ 0, & x = 1 \end{cases}$

D. $y = \begin{cases} 1 - x, & x < 1, \\ x - 1, & x > 1 \end{cases}$

21. 下列数列没有极限的是(　　).

A. $-\dfrac{1}{2}, \dfrac{2}{3}, -\dfrac{3}{4}, \dfrac{4}{5}, -\dfrac{5}{6}, \dfrac{6}{7}, \cdots$

B. $\dfrac{1}{2}, 0, \dfrac{1}{4}, 0, \dfrac{1}{8}, 0, \cdots$

C. $1, -\dfrac{1}{3}, \dfrac{1}{2}, -\dfrac{1}{5}, \dfrac{1}{3}, -\dfrac{1}{7}, \dfrac{1}{4}, -\dfrac{1}{9}, \cdots$

D. $\dfrac{3}{2}, \dfrac{2}{3}, \dfrac{5}{4}, \dfrac{4}{5}, \dfrac{7}{6}, \dfrac{6}{7}, \cdots$

22. 函数 $f(x)$ 在点 $x = x_0$ 处有定义是 $f(x)$ 在点 $x = x_0$ 处有极限的(　　).

A. 充分不必要条件　　　　　　　B. 必要不充分条件

C. 充要条件　　　　　　　　　　D. 既非充分也非必要条件

23. 函数 $y = \dfrac{x^2 - 1}{x - 1}$ 在点 $x = 1$ 处(　　).

A. 有定义且有极限　　　　　　　B. 无定义且无极限

C. 无定义但有极限　　　　　　　D. 有定义但无极限

24. 已知 $f(x) = \begin{cases} 5 - 5x, & x < 0, \\ 3, & x = 0, \\ 5 + 5x, & x > 0, \end{cases}$ 则 $\lim\limits_{x \to 0} f(x)$ 等于(　　).

A. 0　　　　　　　B. 3　　　　　　　C. 5　　　　　　　D. 不存在

25. $f(x) = \dfrac{|x|}{x}$,则 $\lim\limits_{x \to 0} f(x) = ($　　$)$.

A. 0　　　　　　　B. 1　　　　　　　C. -1　　　　　　D. 不存在

26. 若 $\lim\limits_{x \to a} f(x) = \infty$,$\lim\limits_{x \to a} g(x) = \infty$,下列式子成立的是(　　).

A. $\lim\limits_{x \to a} [f(x) + g(x)] = \infty$　　　　B. $\lim\limits_{x \to a} [f(x) - g(x)] = 0$

C. $\lim\limits_{x \to a} \dfrac{1}{f(x) + g(x)} = 0$　　　　D. $\lim\limits_{x \to a} \dfrac{1}{f(x)} = 0$

27. 当 $x \to 1$ 时,下列变量中不是无穷小量的是(　　).

A. $2x^2 - x - 1$　　　　　　　　B. $\dfrac{x^2 - x}{x - 1}$

C. $\ln x$　　　　　　　　　　　　D. $\sin \dfrac{\pi}{2} - x$

28. 设 $\lim\limits_{x \to 0} f(x) = \infty$,则当 $x \to 0$ 时,下列变量中必为无穷大量的是(　　).

A. $x f(x)$　　　　B. $\dfrac{f(x)}{x}$　　　　C. $\dfrac{x}{f(x)}$　　　　D. $f(x) - \dfrac{1}{x}$

29. $\lim\limits_{x\to\infty} x \sin \dfrac{3}{x} = ($ 　　$).$

  A. 0   B. $\dfrac{1}{3}$ C. 1   D. 3

30. 函数 $y = \dfrac{x^2 - 4}{x^2 - 5x + 6}$ 的间断点为(　　).

  A. 仅有 $x = 3$ B. $x = 2$ 或 $x = 3$

  C. $x = 2$ 和 $x = 3$ D. $x = 2$ 和 $x = 3$ 和 $x = -2$

31. 函数 $y = \dfrac{\sin x}{x^2 - 1}$ 的间断点为(　　).

  A. 仅有 $x = 1$ B. $x = 1$ 和 $x = -1$

  C. $x = 1$ 或 $x = -1$ D. $x = 1$ 和 $x = -1$ 和 $x = 0$

32. $\lim\limits_{x\to 0} \dfrac{\tan 2x}{x} = ($ 　　$).$

  A. 0   B. 1   C. $\dfrac{1}{2}$ D. 2

33. 下列函数在点 $x = 0$ 处连续的是(　　).

  A. $y = |x|$ B. $y = \ln x$

  C. $y = \dfrac{1}{x}$ D. $y = \begin{cases} -1, & x < 0, \\ 1, & x \geqslant 0 \end{cases}$

34. 函数 $y = \dfrac{\ln(x - 4)}{(x + 2)(x + 3)}$ 的连续区间是(　　).

  A. $(-\infty, -2) \bigcup (-3, -2) \bigcup (-2, +\infty)$

  B. $(4, +\infty)$

  C. $(-\infty, -2) \bigcup (-2, +\infty)$

  D. $(-\infty, -3) \bigcup (-3, +\infty)$

35. 函数 $y = \sqrt{3 - x} - \ln(x - 1)$ 的连续区间是(　　).

  A. $(-\infty, 3]$ B. $(1, 3]$

  C. $[1, 3]$ D. $(1, +\infty)$

三、计算题

1. $\lim\limits_{x\to 4} \dfrac{e^x + \cos(4 - x)}{\sqrt{x} - 3}$;

2. $\lim\limits_{x\to\infty} \dfrac{x^4 + 1}{2x^4 + x^2 - 2}$;

3. $\lim\limits_{x\to -3} \dfrac{x^2 - 9}{x^2 + 7x + 12}$;

4. $\lim\limits_{x\to 0} \left(x \cos \dfrac{1}{2x} \right)$;

5. $\lim\limits_{x\to 0} \dfrac{\sin 3x}{\sin 4x}$;

6. $\lim\limits_{x\to\infty} \left(1 - \dfrac{2}{x} \right)^{\frac{x}{2} - 1}$;

7. $\lim\limits_{x\to +\infty} \dfrac{\sqrt[4]{1 + x^3}}{1 + x}$;

8. $\lim\limits_{x\to \pi} \dfrac{\sin x}{x - \pi}$;

9. $\lim\limits_{x\to 0} (\sin x) \sqrt{1 + \sin \dfrac{1}{x}}$;

10. $\lim\limits_{x\to\infty} \left(\dfrac{x - 1}{x} \right)^x$;

11. $\lim\limits_{x\to 1} \left(\dfrac{1}{1 - x} - \dfrac{x^2 - 2x}{1 - x^3} \right)$;

12. $\lim\limits_{x\to 1} \dfrac{\sin(x - 1)}{x^2 - 1}$.

四、应用题

1. 设某商品的需求函数和供给函数分别为 $Q = b - aP(a, b > 0)$ 和 $S = cP - d(c, d > 0)$，求均衡价格.

2. 某产品固定成本为 50 000 元，每生产一台产品费用增加 2 000 元，此产品的单价为 4 000 元，求该产品达到损益平衡的产量（提示：当收入＝成本时，损益平衡）.

3. 某汽车厂对其库存的某款汽车 30 辆清仓销售，其销售策略如下：购买 15 辆以下（包括 15 辆）部分，每辆价格为 6 万元；购买量小于等于 30 辆时，其中超过 15 辆的部分，每辆 5.6 万元，试写出汽车销售公司购买量为 x 辆的费用函数 $C(x)$.

4. 某运输公司规定货物的运价：在 200 km 以内，2 元/km；超过 200 km，超过部分 1.6 元/km. 求运价 y 和里程 x 之间的函数关系.

5. 某商店购进某种塑料薄膜 2 000 m，售价 15 元/m，当卖出 1 500 m 后，商品滞销，故降价 25% 出售，试将销售收入 R 表示为销售量 Q 的函数.

6. 某水果店销售的苹果，售价 6 元/kg. 某日搞促销活动：5 kg 以上至 10 kg 打 8 折，超过 10 kg 的部分 7 折优惠.（1）试写出销售收入 R 与销售量 Q 之间的函数关系；（2）某人用 75 元钱能买多少苹果？

复习思考题 1 A 组参考答案

五、证明题

证明函数 $f(x) = \begin{cases} x^2 + x, & x \leqslant 1, \\ 2x^2, & x > 1 \end{cases}$ 在点 $x = 1$ 处连续.

B 组

一、填空题

1. 函数 $f(x) = \begin{cases} e^x + 2, & x \geqslant 1, \\ x^2 - 8, & 0 < x < 1 \end{cases}$ 的定义域为_____.

2. 设 $f(x) = \ln(x^2 + 1)$，则 $f[f(x)] = $_____.

3. 复合函数 $y = e^{\ln \arccos^2 x}$ 的复合过程是_____.

4. 已知函数 $f(x) = \begin{cases} x - 1, & x < 0, \\ 1, & x = 0, \\ \dfrac{x^3 + 1}{x^2 + 3x - 1}, & x > 0, \end{cases}$ 则 $\lim\limits_{x \to 0} f(x) = $_____，$\lim\limits_{x \to 2} f(x) = $

_____，$\lim\limits_{x \to +\infty} f(x) = $_____.

5. 当 $x \to 0$ 时，$\tan x$ 是 x 的_____无穷小量，x^3 是 $3x$ 的_____无穷小量.

6. 如果 $\lim\limits_{x \to \infty} \dfrac{ax^2 + bx + 2}{2x - 1} = 3$，则 $a + b = $_____.

7. 设 $f(x) = \begin{cases} \dfrac{x^2 - 3x + 2}{x - 2}, & x \neq 2, \\ a + 1, & x = 2 \end{cases}$ 在点 $x = 2$ 处连续，则 $a = $_____.

8. 已知函数 $f(x) = \begin{cases} x \sin \dfrac{2}{x}, & x < 0, \\ 2x + b, & x \geqslant 0 \end{cases}$ 在点 $x = 0$ 处连续，则 $b = $_____.

9. 若 $\lim\limits_{x \to 1} \dfrac{x^2 + ax + b}{1 - x} = 5$，则 $a = $_____，$b = $_____.

10. $\arcsin\left(-\dfrac{1}{2}\right)=$ _____ , $\arccos\dfrac{\sqrt{3}}{2}=$ _____ .

11. 函数 $f(x)=\dfrac{\mathrm{e}^{-x}-1}{\mathrm{e}^{-x}+1}$ 的图像关于 _____ 对称.

12. 设 $f(x)=\dfrac{x}{1-x}$,则 $f[f(x)]=$ _____ , $f[f(x-3)]=$ _____ .

13. $\lim\limits_{x\to 0^+}\dfrac{1}{\ln x}=$ _____ , $\lim\limits_{x\to+\infty}\dfrac{1}{\mathrm{e}^x}=$ _____ .

二、单项选择题

1. 函数 $y=\lg(\lg x)$ 的定义域为( ).

A. $(0,+\infty)$ B. $(1,+\infty)$

C. $(-\infty,+\infty)$ D. $(0,1)$

2. 设 $f(x)=\sqrt{x\sqrt{x}}$,则 $\{f[f(x)]\}^2$ 等于( ).

A. $x^{\frac{9}{8}}$ B. $x^{\frac{9}{4}}$

C. $x^{\frac{1}{2}}$ D. $x^{\frac{3}{2}}$

3. 函数 $y=\lg(x+\sqrt{1+x^2})$ 是( ).

A. 偶函数   B. 奇函数

C. 周期函数   D. 非奇非偶函数

4. $\lim\limits_{n\to\infty}\dfrac{(-2)^n+3^n}{(-2)^{n+1}+3^{n+1}}$ 等于( ).

A. 0 B. ∞

C. $\dfrac{1}{2}$ D. $\dfrac{1}{3}$

5. 函数 $f(x)=\begin{cases} x\sin\dfrac{1}{x}, & -\infty<x<0, \\ \sin\dfrac{1}{x}, & 0<x<+\infty \end{cases}$ 在点 $x=0$ 处( ).

A. 左极限不存在   B. 极限等于 0

C. 右极限不存在   D. 右极限等于 0

6. $\lim\limits_{x\to\infty}\left(\dfrac{x+n}{x-n}\right)^x$ 等于( ).

A. ∞ B. e^n C. 1 D. e^{2n}

7. $\lim\limits_{x\to\frac{\pi}{3}}\dfrac{8\cos^2 x-2\cos x-1}{2\cos^2 x+\cos x-1}$ 等于( ).

A. 2 B. ∞ C. 1 D. 0

三、计算题

1. $\lim\limits_{x\to\infty}\cos\left[\ln\left(1+\dfrac{2x-1}{x^2}\right)\right]$;

2. $\lim\limits_{x\to\infty}\dfrac{(2x-3)^{10}(3x+2)^{15}}{(5x+1)^{25}}$;

3. $\lim\limits_{x\to 0}\dfrac{x+1}{2x}$;

4. $\lim\limits_{x\to 0}\dfrac{x-\sin x}{x+\sin x}$;

5. $\lim\limits_{x \to 0} x \cot 2x$；

6. $\lim\limits_{x \to 1} \dfrac{\sqrt[3]{x} - 1}{\sqrt{x} - 1}$；

7. $\lim\limits_{x \to 4} \dfrac{\sqrt{2x+1} - 3}{\sqrt{x-2} - \sqrt{2}}$；

8. $\lim\limits_{x \to \infty} \dfrac{x^2 + 2}{x^3 + x}(3 + \cos x)$；

9. $\lim\limits_{x \to 1} \dfrac{x - 1}{\sqrt{x+3} - 2}$；

10. $\lim\limits_{x \to +\infty} \left[\sqrt{(x+2)(x-1)} - x \right]$；

11. $\lim\limits_{x \to +\infty} (\sqrt{x+1} - \sqrt{x})$；

12. $\lim\limits_{x \to 1} \dfrac{\sqrt{3-x} - \sqrt{1+x}}{x^2 - 1}$；

13. $\lim\limits_{x \to +\infty} \left[\sqrt{(m+x)(n+x)} - \sqrt{(m-x)(n-x)} \right]$；

14. $\lim\limits_{x \to +\infty} \dfrac{x}{\sqrt{x^2 - a^2}}$；

15. $\lim\limits_{x \to 0} \dfrac{\sqrt{1+x} - \sqrt{1-x}}{\sqrt[3]{1+x} - \sqrt[3]{1-x}}$；

16. $\lim\limits_{x \to 0} \dfrac{\sin^5 x}{(\arctan x)^2 (1 - \cos x)}$.

四、应用题

1. 某工厂生产某种产品，每台售价 2 500 元．当年产量为 600 台以内时，可以全部按原价售出；当年产量超过 600 台时，超过部分每台降价 200 元，可以多售出 200 台；产量再增加，本年就销售不出去了．试写出本年的销售收入 R 与年产量 Q 的函数关系式．

2. 某商店一年销售某款玻璃器皿 4 000 件，均匀销售，为节约库存费，分批进货．每批进货费用为 500 元，每件器皿全年的平均库存费为 1.5 元．试列出一年的进货费与库存费之和 y 与批量 x 之间的函数关系式．

3. 某企业拟在 3 年后购置一台新的分析仪器，估计费用为 2 万元．设银行一年期存款利率为 5%，按复利计息，现在应存入银行多少元？

4. 设银行存款的年利率为 3%，每年结算一次，所得本利和仍存入银行，那么一笔现金存入银行后，多少年才能翻一番？

5. 若贷款一年按年利率 7.2% 的连续复利计息，这相当于年利率为多少的单利计息？

6. 某人将 2 万元存入银行，单利年利率是 3.5%，那么 5 年后得到的本利和是多少？若按复利计算，2 万元存入银行 10 年末得到的本利和为 2.89 万元，那么年利率是多少？

7. 我国以中国人民银行对国家专业银行和其他金融机构规定的存贷款利率为基准利率．最新资料显示，依据基准利率，中国工商银行一年期的存款年利率为 1.75%，五年期的存款年利率为 2.75%，而三至五年（含）的贷款年利率为 4.75%．

（1）现甲将 20 万元现金存入中国工商银行 5 年，可以存五年期（单利），也可以存一年期，每年到期自动转存（复利）．分别计算两种方式下 5 年后的本利和为多少；

（2）同期乙为了投资需要向中国工商银行贷款 20 万元，期限是 5 年，以季为期按复利方式计算 5 年后连本带利应该归还银行多少元；

（3）若 5 年后想得到 100 万元，存一年期并自动转存（按复利计算），则现在应存入银行多少元？

五、证明题

证明方程 $x^3 + x - 1 = 0$ 在区间 $[0, 1]$ 上至少有一个根．

复习思考题 1
B 组参考答案

第2章 一元函数微分学

学习目标

1. 理解导数概念及其几何意义,会求曲线上一点的切线方程.
2. 熟练掌握基本初等函数的求导公式、导数的四则运算法则及复合函数的求导法则.
3. 了解隐函数的求导法和对数求导法.
4. 会求函数的二阶导数和一些较简单的函数的 n 阶导数.
5. 理解微分的概念,掌握求函数微分的方法.
6. 了解中值定理的条件和结论.
7. 能熟练地运用洛必达法则计算未定式的极限.
8. 掌握用导数判断函数的单调性、极值的方法,了解函数的凹向、拐点和渐近线.
9. 会利用导数进行实际应用问题的分析.

数学史话

"导数"一词是 1797 年拉格朗日在他的著作《解析函数论》中首次使用的.与此同时,在数学语言中也出现了"二阶导数"与"三阶导数"的名称.求变量的导数是微分学的核心问题.在微分学的早期发展中,还有莱布尼茨、罗尔、柯西、洛必达、达朗贝尔等也为微分学的发展做出了重要贡献.下面是其中几位数学家的简介.

拉格朗日(Lagrange,1736—1813,法国人)是 18 世纪的伟大科学家,柏林科学院院士.拉格朗日的学习和研究所涉及的领域极其广泛,他对数学分析、代数方程理论、变分法、分析力学、数论、常微分方程和偏微分方程等领域做出了巨大贡献.他在数学上最突出的贡献是使数学分析与几何力学脱离开来,使数学的独立性更为清楚,从此数学不再仅仅是其他学科的工具.为了纪念他,至今数学中有许多公式、定理都以拉格朗日命名.他逝世后,拿破仑曾下令收集他的论著并保存在法国科学院,后经整理出版了拉格朗日的著作集共 14 卷.

罗尔(Rolle,1652—1719,法国人)只受过初等教育,年轻时贫困潦倒,靠充当公证人与律师抄录员的微薄收入养家糊口,但他对数学非常感兴趣,利用业余时间刻苦自学代数与数学著作,并很有心得.罗尔于 1691 年指出:在多项式方程的两个相邻的实根之间,方程至少有一个根.一百多年后,数学家将这一定理推广到可微函数,并将此定理命名为罗尔定理.

洛必达(L'Hopital,1661—1704,法国人)法国科学院院士.洛必达最大功绩是撰写了世界上第一本系统的微积分教程——《用于理解曲线的无穷小分析》.由于他与当时欧洲各国主要数学家都有交往,从而成为全欧洲传播微积分的著名人物.

基础板块

2.1　导数的概念

【本节提示】　在实际问题中,除了要了解变量之间的函数关系以外,有时还需要研究变量变化快慢的程度.例如,物体运动的速度、城市人口增长的速度、GDP 增长的速度、产品总产量的变化率等.只有在引进导数概念以后,才能更好地说明这些量的变化情况.本节将以几个实例作为背景来建立导数概念.通过本节的学习,要求理解导数的概念和导数的几何意义,了解可导与连续的关系.

2.1.1　引出导数概念的实例

1. 变速直线运动的速度

设有一辆汽车作变速直线运动,所经过的路程 S 是时间 t 的函数,即 $S = S(t)$. 下面讨论当汽车行驶到时刻 t_0 时的瞬时速度.

当时间 t 由 t_0 改变到 $t_0 + \Delta t$ 时,汽车在时间增量 Δt 内所经过的路程为 ΔS,即路程的增量为

$$\Delta S = S(t_0 + \Delta t) - S(t_0).$$

设汽车在 Δt 这段时间内的平均速度为 $\bar{v}$,那么

平均速度　$\bar{v} = \dfrac{\Delta S}{\Delta t} = \dfrac{S(t_0 + \Delta t) - S(t_0)}{\Delta t}.$

当 $|\Delta t|$ 充分小时,汽车在时刻 t_0 时的瞬时速度可以用平均速度 $\bar{v}$ 近似地表示.当 $\Delta t \to 0$ 时,如果极限 $\lim\limits_{\Delta t \to 0} \dfrac{\Delta S}{\Delta t}$ 存在,则称此极限值为汽车在时刻 t_0 时的瞬时速度 $v(t_0)$,即

瞬时速度　$v(t_0) = \lim\limits_{\Delta t \to 0} \dfrac{\Delta S}{\Delta t} = \lim\limits_{\Delta t \to 0} \dfrac{S(t_0 + \Delta t) - S(t_0)}{\Delta t}.$

2. 平面曲线的切线斜率

设曲线 $y = f(x)$ 的图形如图 2-1 所示,求在给定点 $M(x_0, f(x_0))$ 处所作曲线 $y = f(x)$ 的切线斜率.在图 2-1 中,过点 $M(x_0, f(x_0))$ 及 $M_1(x_0 + \Delta x, f(x_0 + \Delta x))$ 作曲线的割线 MM_1,此时割线 MM_1 的倾角为 α,则割线 MM_1 的斜率为

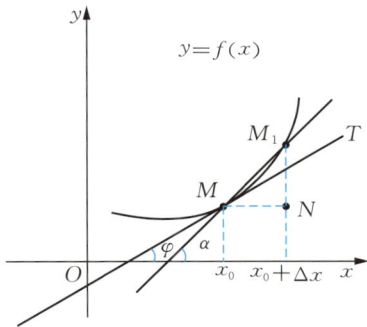

图 2-1

$$k_割 = \tan \alpha = \tan \angle M_1 MN = \frac{M_1 N}{MN} = \frac{f(x_0 + \Delta x) - f(x_0)}{\Delta x} = \frac{\Delta y}{\Delta x}.$$

当点 M_1 沿曲线趋向于 M 时,割线 MM_1 的极限位置就是曲线在点 M 处的切线 MT.

此时切线 MT 的倾角为 φ，其斜率为

$$k_{切} = \lim_{M_1 \to M} k_{割} = \lim_{\Delta x \to 0} \frac{\Delta y}{\Delta x} = \lim_{\Delta x \to 0} \frac{f(x_0 + \Delta x) - f(x_0)}{\Delta x}.$$

3. 产品总产量的变化率

在生产过程中，产品总产量 Q 是时间 t 的函数 $Q = Q(t)$，$t = t_0$ 时的总产量为 $Q(t_0)$，到时刻 $t = t_0 + \Delta t$ 时的总产量为 $Q(t_0 + \Delta t)$，产量改变量为 $\Delta Q = Q(t_0 + \Delta t) - Q(t_0)$，产量平均变化率为

$$\bar{r} = \frac{\Delta Q}{\Delta t} = \frac{Q(t_0 + \Delta t) - Q(t_0)}{\Delta t}.$$

一般情况下，产量平均变化率 $\bar{r}$ 与时间间隔 Δt 有关.当时间间隔 Δt 很短时，可以用 $\bar{r}$ 近似表示总产量在时刻 $t = t_0$ 的变化情况，时间间隔 Δt 越短，近似程度就越高.当 $\Delta t \to 0$ 时，若产量平均变化率 $\bar{r}$ 的极限存在，则称此极限为总产量在时刻 $t = t_0$ 的变化率

$$r = \lim_{\Delta t \to 0} \frac{\Delta Q}{\Delta t} = \lim_{\Delta t \to 0} \frac{Q(t_0 + \Delta t) - Q(t_0)}{\Delta t}.$$

寻规律　在上面几个具体问题中，尽管实际背景不一样，但从抽象的数量关系来看却是一样的，都可归结为计算当自变量的增量趋于零时，函数增量与自变量增量之比的极限问题，这种特定结构的极限称为**函数的导数**.

2.1.2　导数

1. 导数的定义

定义 2.1　设函数 $y = f(x)$ 在点 x_0 的某邻域内有定义，当自变量 x 在点 x_0 处取增量 $\Delta x (\neq 0)$ 时，相应可得函数增量 $\Delta y = f(x_0 + \Delta x) - f(x_0)$，如果极限

$$\lim_{\Delta x \to 0} \frac{\Delta y}{\Delta x} = \lim_{\Delta x \to 0} \frac{f(x_0 + \Delta x) - f(x_0)}{\Delta x}$$

存在，则称此极限值为函数 $f(x)$ 在**点 x_0 处的导数**.记为

$$f'(x_0) \text{ 或} y'\big|_{x=x_0},\ \frac{\mathrm{d}y}{\mathrm{d}x}\bigg|_{x=x_0},\ \frac{\mathrm{d}f(x)}{\mathrm{d}x}\bigg|_{x=x_0}.$$

即

$$f'(x_0) = \lim_{\Delta x \to 0} \frac{\Delta y}{\Delta x} = \lim_{\Delta x \to 0} \frac{f(x_0 + \Delta x) - f(x_0)}{\Delta x}. \tag{2-1}$$

此时，也称 $f(x)$ 在 x_0 处**可导**；若上述极限不存在，则称 $f(x)$ 在 x_0 处**不可导**.

如果令 $x = x_0 + \Delta x$，则有 $\Delta x = x - x_0$，且当 $\Delta x \to 0$ 时，有 $x \to x_0$，于是函数 $f(x)$ 在 x_0 处的导数又可以写成

$$f'(x_0) = \lim_{x \to x_0} \frac{f(x) - f(x_0)}{x - x_0}. \tag{2-2}$$

其中，式(2-1)和(2-2)是导数定义式的两种不同表示方法，使用时可根据实际情况进

行选择.

有了导数的定义,2.1.1 节中的三个实例可以作如下重述.

（1）物体在时刻 t_0 的瞬时速度 $v(t_0)$ 等于路程 $S(t)$ 对时间在 $t=t_0$ 时的导数,即

$$v(t_0)=\lim_{\Delta t\to 0}\frac{\Delta S}{\Delta t}=S'(t_0).$$

（2）函数 $f(x)$ 在点 x_0 处切线的斜率 k 等于函数 $f(x)$ 在点 x_0 处的导数,即

$$k=\lim_{\Delta x\to 0}\frac{\Delta y}{\Delta x}=f'(x_0).$$

（3）当时间 $t=t_0$ 时,总产量的变化率等于总产量 $Q(t)$ 对时间在 $t=t_0$ 时的导数,即

$$\lim_{\Delta t\to 0}\frac{\Delta Q}{\Delta t}=Q'(t_0).$$

寻规律 由函数 $f(x)$ 在点 x_0 处的导数概念可知以下几点:

（1）$\frac{\Delta y}{\Delta x}=\frac{f(x_0+\Delta x)-f(x_0)}{\Delta x}$ 反映的是自变量 x 从 x_0 改变到 $x_0+\Delta x$ 时,函数 $f(x)$ 的平均变化速度,即函数 $f(x)$ 在 Δx 范围内的平均变化的快慢程度,称为函数的**平均变化率**;而导数 $f'(x_0)=\lim_{\Delta x\to 0}\frac{\Delta y}{\Delta x}=\lim_{\Delta x\to 0}\frac{f(x_0+\Delta x)-f(x_0)}{\Delta x}$ 反映的是函数 $f(x)$ 在点 x_0 处的变化速度,即函数在点 x_0 处变化的快慢程度,称为函数在点 x_0 处的**变化率**.

（2）讨论函数 $f(x)$ 在点 x_0 处的导数是研究函数 $f(x)$ 在点 x_0 处的一种局部性质,这种性质称为函数 $f(x)$ 在点 x_0 处的可导性.

（3）研究函数 $f(x)$ 在点 x_0 处的可导性,实际上是研究极限 $\lim_{\Delta x\to 0}\frac{\Delta y}{\Delta x}$ 是否存在的问题.

例 1 求函数 $y=x^2$ 在点 $x=2$ 处的导数.

解法一 当自变量 x 在 $x=2$ 处产生增量 Δx 时,函数增量为

$$\Delta y=(2+\Delta x)^2-2^2=4\Delta x+(\Delta x)^2.$$

因此 $\frac{\Delta y}{\Delta x}=4+\Delta x$,故 $f'(2)=\lim_{\Delta x\to 0}(4+\Delta x)=4$.

解法二 $f'(2)=\lim_{x\to 2}\frac{f(x)-f(2)}{x-2}=\lim_{x\to 2}\frac{x^2-4}{x-2}=\lim_{x\to 2}(x+2)=4$.

定义 2.2 如果函数 $f(x)$ 在区间 (a,b) 上的每一点处都可导,则称函数 $f(x)$ 在区间 (a,b) 上可导.

由于导数的值与点 x 有关,对于区间 (a,b) 上的每一个 x 的值,都有唯一确定的导数值与之对应,这样就定义了区间 (a,b) 上的一个函数 $f'(x)$,称之为函数 $f(x)$ 在**区间 (a,b) 上的导函数**,简称**导数**,记为

$$f'(x)\ \text{或}\ y',\ \frac{dy}{dx},\ \frac{df(x)}{dx}.$$

即

$$f'(x) = \lim_{\Delta x \to 0} \frac{\Delta y}{\Delta x} = \lim_{\Delta x \to 0} \frac{f(x + \Delta x) - f(x)}{\Delta x}. \tag{2-3}$$

显然，函数 $f(x)$ 在点 x_0 处的导数值 $f'(x_0)$，就是导函数 $f'(x)$ 在点 x_0 处的函数值 $f'(x_0)$.

例 2 求函数 $y = C(C$ 是常数$)$ 的导数.

解 （1）求增量：因为 $y = C$，即不论 x 取什么值，y 的值总等于 C，所以 $\Delta y = 0$；

（2）作比值：$\dfrac{\Delta y}{\Delta x} = 0$；

（3）取极限：$y' = \lim\limits_{\Delta x \to 0} \dfrac{\Delta y}{\Delta x} = \lim\limits_{\Delta x \to 0} 0 = 0$，即常数的导数等于零.

寻规律 由导数的定义可将求函数的导数概括为如下步骤.

（1）求增量：$\Delta y = f(x + \Delta x) - f(x)$；

（2）作比值：$\dfrac{\Delta y}{\Delta x} = \dfrac{f(x + \Delta x) - f(x)}{\Delta x}$；

（3）取极限：$y' = f'(x) = \lim\limits_{\Delta x \to 0} \dfrac{\Delta y}{\Delta x} = \lim\limits_{\Delta x \to 0} \dfrac{f(x + \Delta x) - f(x)}{\Delta x}$.

例 3 求函数 $y = \sqrt{x}$ 的导数.

解 $\Delta y = \sqrt{x + \Delta x} - \sqrt{x}$.

$$\frac{\Delta y}{\Delta x} = \frac{\sqrt{x + \Delta x} - \sqrt{x}}{\Delta x} = \frac{\Delta x}{\Delta x(\sqrt{x + \Delta x} + \sqrt{x})} = \frac{1}{\sqrt{x + \Delta x} + \sqrt{x}}.$$

$$y' = \lim_{\Delta x \to 0} \frac{\Delta y}{\Delta x} = \lim_{\Delta x \to 0} \frac{1}{\sqrt{x + \Delta x} + \sqrt{x}} = \frac{1}{2\sqrt{x}}.$$

例 4 设 $f(x) = x^3$，求 $f'(x)$、$f'(3)$.

解 因为

$$\lim_{\Delta x \to 0} \frac{\Delta y}{\Delta x} = \lim_{\Delta x \to 0} \frac{(x + \Delta x)^3 - x^3}{\Delta x} = \lim_{\Delta x \to 0} [3x^2 + 3x\Delta x + (\Delta x)^2] = 3x^2,$$

所以 $f'(x) = 3x^2$，$f'(3) = 3x^2 \big|_{x=3} = 27$.

例 5 求对数函数 $y = \ln x$ 的导数.

解 $\Delta y = \ln(x + \Delta x) - \ln x = \ln \dfrac{x + \Delta x}{x} = \ln\left(1 + \dfrac{\Delta x}{x}\right)$.

$$\frac{\Delta y}{\Delta x} = \frac{\ln\left(1 + \dfrac{\Delta x}{x}\right)}{\Delta x} = \frac{1}{x}\ln\left(1 + \frac{\Delta x}{x}\right)^{\frac{x}{\Delta x}}.$$

$$\frac{\mathrm{d}y}{\mathrm{d}x} = \lim_{\Delta x \to 0} \frac{\Delta y}{\Delta x} = \lim_{\Delta x \to 0} \frac{1}{x}\ln\left(1 + \frac{\Delta x}{x}\right)^{\frac{x}{\Delta x}} = \frac{1}{x}\ln\left[\lim_{\Delta x \to 0}\left(1 + \frac{\Delta x}{x}\right)^{\frac{x}{\Delta x}}\right] = \frac{1}{x}\ln \mathrm{e} = \frac{1}{x}.$$

即 $(\ln x)' = \dfrac{1}{x}$.

按照求导的三个步骤,还可以推出其他一些基本初等函数的公式,如:$(\sin x)' = \cos x$,$(\cos x)' = -\sin x$ 等.

2．左、右导数

类比于左、右极限的概念,如果 $\lim\limits_{\Delta x \to 0^-} \dfrac{\Delta y}{\Delta x}$ 存在,则称之为 $f(x)$ 在点 x_0 处的**左导数**,如果 $\lim\limits_{\Delta x \to 0^+} \dfrac{\Delta y}{\Delta x}$ 存在,则称之为 $f(x)$ 在点 x_0 处的**右导数**,分别记为 $f'_-(x_0)$ 和 $f'_+(x_0)$,即

$$f'_-(x_0) = \lim_{\Delta x \to 0^-} \frac{\Delta y}{\Delta x} = \lim_{\Delta x \to 0^-} \frac{f(x_0 + \Delta x) - f(x_0)}{\Delta x},$$

$$f'_+(x_0) = \lim_{\Delta x \to 0^+} \frac{\Delta y}{\Delta x} = \lim_{\Delta x \to 0^+} \frac{f(x_0 + \Delta x) - f(x_0)}{\Delta x}.$$

由导数定义可得左、右导数也可表示为

$$f'_-(x_0) = \lim_{x \to x_0^-} \frac{f(x) - f(x_0)}{x - x_0},$$

$$f'_+(x_0) = \lim_{x \to x_0^+} \frac{f(x) - f(x_0)}{x - x_0}.$$

由函数 $y = f(x)$ 在 x_0 处的左、右极限与极限 $\lim\limits_{x \to x_0} f(x)$ 的关系,便可得以下结论.

定理 2.1　函数 $y = f(x)$ 在点 x_0 处的左、右导数存在且相等是 $f(x)$ 在点 x_0 处可导的充要条件,即

$$f'(x_0) = A \Leftrightarrow f'_-(x_0) = f'_+(x_0) = A.$$

例 6　讨论函数 $f(x) = \begin{cases} x^2, & x < 1, \\ 2x - 1, & x \geq 1 \end{cases}$ 在点 $x = 1$ 处的连续性和可导性.

解　当 $x = 1$ 时,$f(1) = 1$.
因为

$$\lim_{x \to 1^-} f(x) = \lim_{x \to 1^-} x^2 = 1, \lim_{x \to 1^+} f(x) = \lim_{x \to 1^+} (2x - 1) = 1,$$

所以

$$\lim_{x \to 1} f(x) = 1,\text{于是} \lim_{x \to 1} f(x) = f(1),$$

即 $f(x)$ 在点 $x = 1$ 处连续.

又因为

$$f'_-(1) = \lim_{x \to 1^-} \frac{f(x) - f(1)}{x - 1} = \lim_{x \to 1^-} \frac{x^2 - 1}{x - 1} = \lim_{x \to 1^-} (x + 1) = 2,$$

$$f'_+(1) = \lim_{x \to 1^+} \frac{f(x) - f(1)}{x - 1} = \lim_{x \to 1^+} \frac{(2x - 1) - 1}{x - 1} = \lim_{x \to 1^+} \frac{2(x - 1)}{x - 1} = 2,$$

即 $f'_-(1) = f'_+(1) = 2$,所以 $f'(1) = 2$,即函数 $f(x)$ 在点 $x = 1$ 处可导.

2.1.3　导数的几何意义

由 2.1.1 节中"平面曲线的切线斜率"问题及导数的定义可知,函数 $y = f(x)$ 在点 x_0

处的导数 $f'(x_0)$ 等于曲线 $f(x)$ 在点 $M(x_0,y_0)$ 处的切线 MT 的斜率 k,如图 2-1 所示. 这就是导数的几何意义,即

$$f'(x_0)=k=\tan\alpha\left(\alpha\neq\frac{\pi}{2}\right).$$

于是曲线 $y=f(x)$ 过点 (x_0,y_0) 处的切线方程为

$$y-y_0=f'(x_0)(x-x_0).$$

特别地,如果 $f'(x_0)=0$,则切线平行于 x 轴,其方程为 $y=f(x_0)$;

如果 $f'(x_0)=\infty$,则切线垂直于 x 轴,其方程为 $x=x_0$.

例 7　求曲线 $y=x^3$ 在点 $(1,1)$ 处的切线方程.

解　由例 4 可知 $y'=3x^2$,由导数的几何意义可知,曲线 $y=x^3$ 在点 $(1,1)$ 处的切线斜率为 $y'|_{x=1}=3x^2|_{x=1}=3$. 于是所求的切线方程为

$$y-1=3(x-1),$$

即 $y=3x-2$.

2.1.4　可导与连续的关系

定理 2.2　如果函数 $y=f(x)$ 在点 x_0 处可导,则它在点 x_0 处一定连续.

证明　因为函数 $f(x)$ 在点 x_0 处可导,所以 $f'(x_0)=\lim\limits_{\Delta x\to0}\dfrac{\Delta y}{\Delta x}$ 存在.

又因为

$$\lim_{\Delta x\to0}\Delta y=\lim_{\Delta x\to0}\frac{\Delta y}{\Delta x}\cdot\Delta x=\lim_{\Delta x\to0}\frac{\Delta y}{\Delta x}\cdot\lim_{\Delta x\to0}\Delta x=f'(x_0)\cdot0=0,$$

所以函数 $f(x)$ 在点 x_0 处连续.

注意　这个定理的逆命题不成立,即函数 $y=f(x)$ 在点 x_0 处连续,但在点 x_0 处不一定可导.

例 8　讨论函数 $f(x)=|x|$ 在点 $x=0$ 处的连续性和可导性.

解　由于 $f(x)=|x|=\begin{cases}x, & x>0,\\0, & x=0,\\-x, & x<0.\end{cases}$

如图 2-2 所示,$f(0)=0$.

因为 $\lim\limits_{x\to0^-}f(x)=\lim\limits_{x\to0^-}(-x)=0$,$\lim\limits_{x\to0^+}f(x)=\lim\limits_{x\to0^+}x=0$, 所以 $\lim\limits_{x\to0}f(x)=0=f(0)$,函数 $f(x)=|x|$ 在点 $x=0$ 处连续.

而 $f'_-(0)=\lim\limits_{x\to0^-}\dfrac{f(x)-f(0)}{x-0}=\lim\limits_{x\to0^-}\dfrac{-x}{x}=-1$,

$f'_+(0)=\lim\limits_{x\to0^+}\dfrac{f(x)-f(0)}{x-0}=\lim\limits_{x\to0^+}\dfrac{x}{x}=1$.

即 $f'_-(0)\neq f'_+(0)$,所以函数 $f(x)=|x|$ 在点 $x=0$ 处不可导.

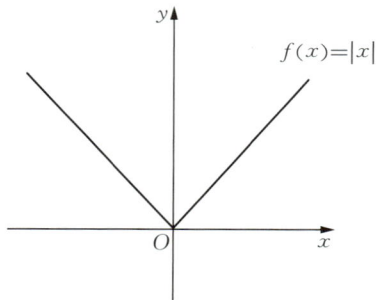

图 2-2

小看板

1. 曲线 $y=f(x)$ 在点 x_0 处切线的斜率是 _____.

2. 产品总产量 $Q=Q(t)$ 在时刻 $t=t_0$ 的变化率为 _____.

3. 函数 $y=f(x)$ 在 x_0 处的导数定义式①为 _____；定义式②为 _____.

4. 由定义可将求导数的方法概括：① _____；② _____；③ _____.

5. 函数 $y=f(x)$ 在点 x_0 处的导数值 $f'(x_0)$ 与 $y=f(x)$ 的导函数 $f'(x)$ 在点 x_0 处的函数值之间的关系是 _____.

6. 函数 $y=f(x)$ 在点 x_0 处的左导数定义式：$f'_-(x_0)=$ _____；右导数定义式：$f'_+(x_0)=$ _____.

7. 函数 $y=f(x)$ 在点 x_0 处的导数 $f'(x_0)$ 存在等价于它在该点处的左、右导数 _____.

8. 函数 $y=f(x)$ 在点 x_0 处可导与 $y=f(x)$ 在 x_0 处连续的关系是 _____.

习题 2.1

1. 判断题.

(1) 导数值 $f'(x_0)=\lim\limits_{h\to 0}\dfrac{f(x_0+3h)-f(x_0)}{h}$.　　　　(　)

(2) 导数值 $f'(0)=\lim\limits_{x\to 0}\dfrac{f(x)-f(0)}{x}$.　　　　(　)

(3) 函数 $f(x)$ 在点 x_0 处可导是其在点 x_0 处连续的充分而非必要条件.　(　)

(4) 导数值 $f'(x_0)=[f(x_0)]'$.　　　　(　)

2. 设 $f(x)=x^2$，用导数定义计算 $f'(x)$、$f'(5)$.

3. 根据导数定义，求函数 $y=\dfrac{1}{x}$ 的导数.

4. 求 $y=\dfrac{1}{x}$ 在点 $(1,1)$ 处的切线方程.

5. 讨论函数 $f(x)=\begin{cases}x^2+1, & 0\leqslant x<1,\\ 3x-1, & x\geqslant 1\end{cases}$ 在点 $x=1$ 处的连续性及可导性.

习题 2.1
参考答案

2.2 导数的运算

【本节提示】 导数的定义已经给出了导数的实质以及求导数的具体方法,但是如果每个函数都用导数的定义去求导数,则运算量是非常大的,也是非常复杂和困难的.因此,本节将介绍基本初等函数的求导公式、导数的四则运算法则、复合函数及隐函数求导法则等,以简化导数的运算.通过本节的学习,要求掌握基本初等函数的求导公式、导数的四则运算法则、复合函数的求导法则,了解隐函数的求导法和对数求导法.

2.2.1 基本导数公式

对于常见基本初等函数的求导公式,在上一节中已经给出了少量的证明.读者在学习过程中可以结合导数的相关知识去完善基本初等函数求导公式的证明.

(1) 常数函数的导数:$(C)' = 0(C$ 为常数$)$.

(2) 幂函数的导数:$(x^{\alpha})' = \alpha x^{\alpha-1}(\alpha$ 为任意实数$)$.

特别地,$(x)' = 1$,$(\sqrt{x})' = \dfrac{1}{2\sqrt{x}}$,$\left(\dfrac{1}{x}\right)' = -\dfrac{1}{x^2}$.

(3) 指数函数的导数:$(a^x)' = a^x \ln a(a > 0, a \neq 1)$.

特别地,$(\mathrm{e}^x)' = \mathrm{e}^x$.

(4) 对数函数的导数:$(\log_a x)' = \dfrac{1}{x \ln a}(a > 0, a \neq 1)$.

特别地,$(\ln x)' = \dfrac{1}{x}$.

(5) 正弦函数的导数:$(\sin x)' = \cos x$.

(6) 余弦函数的导数:$(\cos x)' = -\sin x$.

(7) 正切函数的导数:$(\tan x)' = \sec^2 x = \dfrac{1}{\cos^2 x}$.

(8) 余切函数的导数:$(\cot x)' = -\csc^2 x = -\dfrac{1}{\sin^2 x}$.

(9) 正割函数的导数:$(\sec x)' = \sec x \tan x$.

(10) 余割函数的导数:$(\csc x)' = -\csc x \cot x$.

(11) 反正弦函数的导数:$(\arcsin x)' = \dfrac{1}{\sqrt{1-x^2}}(-1 < x < 1)$.

(12) 反余弦函数的导数:$(\arccos x)' = -\dfrac{1}{\sqrt{1-x^2}}(-1 < x < 1)$.

(13) 反正切函数的导数:$(\arctan x)' = \dfrac{1}{1+x^2}$.

(14) 反余切函数的导数:$(\operatorname{arccot} x)' = -\dfrac{1}{1+x^2}$.

2.2.2　导数的四则运算法则

定理 2.3　设函数 $u=u(x)$、$v=v(x)$ 在点 x 处都可导,则 $u(x)\pm v(x)$、

$u(x)v(x)$、$\dfrac{u(x)}{v(x)}(v(x)\neq 0)$ 也在点 x 处可导,且有以下法则:

法则 1　$(u\pm v)'=u'\pm v'$.

推广: $(u_1\pm u_2\pm\cdots\pm u_n)'=u_1'\pm u_2'\pm\cdots\pm u_n'(n\in\mathbf{Z}^+)$.

法则 2　$(uv)'=u'v+uv'$.

特别地,$(Cu)'=Cu'(C$ 为常数$)$.

推广: $(u_1u_2\cdots u_n)'=u_1'u_2\cdots u_n+u_1u_2'\cdots u_n+\cdots+u_1u_2\cdots u_n'(n\in\mathbf{Z}^+)$.

法则 3　$\left(\dfrac{u}{v}\right)'=\dfrac{u'v-uv'}{v^2}(v\neq 0)$.

特别地,$\left(\dfrac{C}{v}\right)'=-\dfrac{Cv'}{v^2}(C$ 为常数$)$.

下面给出法则 3 的证明,法则 1 和法则 2 的证明读者可以自己完成.

证明　当 x 取得增量 Δx 时,函数 u、v 分别取得增量 Δu、Δv,于是函数 y 取得增量

$$\Delta y=\frac{u+\Delta u}{v+\Delta v}-\frac{u}{v}=\frac{v\Delta u-u\Delta v}{v(v+\Delta v)},$$

得 $\dfrac{\Delta y}{\Delta x}=\dfrac{v\dfrac{\Delta u}{\Delta x}-u\dfrac{\Delta v}{\Delta x}}{v(v+\Delta v)}$.

因为当 $\Delta x\to 0$ 时,u 与 v 的值不变,而 $\Delta v\to 0$,所以

$$\lim_{\Delta x\to 0}\frac{\Delta y}{\Delta x}=\frac{v\lim\limits_{\Delta x\to 0}\dfrac{\Delta u}{\Delta x}-u\lim\limits_{\Delta x\to 0}\dfrac{\Delta v}{\Delta x}}{v(v+\lim\limits_{\Delta x\to 0}\Delta v)}=\frac{u'v-uv'}{v^2},$$

即 $\left(\dfrac{u}{v}\right)'=\dfrac{u'v-uv'}{v^2}$.

例 9　求函数 $y=3^x+\sqrt{2x}-\cos x+\ln 2$ 的导数.

解　$y'=(3^x+\sqrt{2x}-\cos x+\ln 2)'$

$=(3^x)'+(\sqrt{2x})'-(\cos x)'+(\ln 2)'$

$=(3^x)'+\sqrt{2}(\sqrt{x})'-(\cos x)'+(\ln 2)'$

$=3^x\ln 3+\dfrac{\sqrt{2}}{2\sqrt{x}}-(-\sin x)+0$

$=3^x\ln 3+\dfrac{1}{\sqrt{2x}}+\sin x$.

例 10　求 $y=x\sin x+\sqrt{x\sqrt{x}}$ 的导数.

解　$y'=x'\sin x+x(\sin x)'+(x^{\frac{3}{4}})'=\sin x+x\cos x+\dfrac{3}{4}x^{-\frac{1}{4}}$.

例 11 证明 $(\tan x)' = \sec^2 x$.

证明

$$y' = (\tan x)' = \left(\frac{\sin x}{\cos x}\right)' = \frac{(\sin x)' \cos x - \sin x (\cos x)'}{\cos^2 x}$$

$$= \frac{\cos^2 x + \sin^2 x}{\cos^2 x} = \frac{1}{\cos^2 x} = \sec^2 x,$$

即 $(\tan x)' = \dfrac{1}{\cos^2 x} = \sec^2 x$.

用类似的方法可以证明:

$$(\cot x)' = \left(\frac{\cos x}{\sin x}\right)' = -\frac{1}{\sin^2 x} = -\csc^2 x,$$

$$(\sec x)' = \left(\frac{1}{\cos x}\right)' = \sec x \cdot \tan x,$$

$$(\csc x)' = \left(\frac{1}{\sin x}\right)' = -\csc x \cdot \cot x.$$

例 12 已知函数 $y = (x-1)(x+1) + \dfrac{e^x}{2^x} - 2x^2 \ln x$, 求 $y'|_{x=1}$.

解 因为

$$y = x^2 - 1 + \left(\frac{e}{2}\right)^x - 2x^2 \ln x,$$

则

$$y' = \left[x^2 - 1 + \left(\frac{e}{2}\right)^x - 2x^2 \ln x\right]'$$

$$= (x^2)' - (1)' + \left[\left(\frac{e}{2}\right)^x\right]' - 2\left[(x^2)' \ln x + x^2 (\ln x)'\right]$$

$$= 2x + \left(\frac{e}{2}\right)^x \ln \frac{e}{2} - 2\left(2x \ln x + x^2 \cdot \frac{1}{x}\right)$$

$$= \left(\frac{e}{2}\right)^x \ln \frac{e}{2} - 4x \ln x,$$

所以 $y'|_{x=1} = \left(\dfrac{e}{2}\right) \ln \dfrac{e}{2} - 4\ln 1 = \dfrac{e}{2} \ln \dfrac{e}{2}$.

寻规律 对一般的幂函数求导时,先将它还原成 x^a 的形式,以便用公式.另外,求导时应多采用和、差的导数公式,尽量避免采用乘、除的求导公式.

2.2.3 复合函数的导数

前面已经能够解决基本初等函数及其四则运算式的求导问题,但是构成初等函数的方式除了基本初等函数的四则运算以外,还有函数的复合运算,因此复合函数求导法则是求初等函数的导数所不可缺少的工具.

定理 2.4(复合函数求导法则) 设函数 $y = f[\varphi(x)]$ 是由 $y = f(u)$ 及 $u = \varphi(x)$ 复合而成,如果函数 $u = \varphi(x)$ 在点 x 处可导,而 $y = f(u)$ 在 $u = \varphi(x)$ 处可导,则复合函数

$y=f[\varphi(x)]$ 在点 x 处可导,且 $\dfrac{\mathrm{d}y}{\mathrm{d}x}=\dfrac{\mathrm{d}y}{\mathrm{d}u}\cdot\dfrac{\mathrm{d}u}{\mathrm{d}x}$,或记为 $y'(x)=f'(u)\varphi'(x)$, $y_x'=y_u'u_x'$.
其中 y_x' 表示 y 对 x 的导数,y_u' 表示 y 对 u 的导数,u_x' 表示 u 对 x 的导数.

例 13　求函数 $y=(1-x)^{100}$ 的导数.

解法一　令 $y=u^{100}$、$u=1-x$,由复合函数的求导法则,得

$$y'=y_u'u_x'=(u^{100})'(1-x)'=100u^{99}(-1)=-100(1-x)^{99}.$$

解法二　$y'=100(1-x)^{99}(1-x)'=100(1-x)^{99}(-1)=-100(1-x)^{99}.$

例 14　求函数 $y=\ln\sin x$ 的导数.

解法一　设 $y=\ln u$、$u=\sin x$,则

$$y'=y_u'u_x'=(\ln u)'(\sin x)'=\frac{1}{u}\cos x=\frac{\cos x}{\sin x}=\cot x.$$

解法二　$y'=\dfrac{1}{\sin x}(\sin x)'=\dfrac{\cos x}{\sin x}=\cot x.$

熟练之后,计算时就不必将中间变量写出来了.

例 15　求函数 $y=\dfrac{1}{\sqrt[3]{1-x^2}}$ 的导数.

解　因为 $y=\dfrac{1}{\sqrt[3]{1-x^2}}=(1-x^2)^{-\frac{1}{3}}$,所以

$$y'=-\frac{1}{3}(1-x^2)^{-\frac{4}{3}}(1-x^2)'=-\frac{1}{3}(1-x^2)^{-\frac{4}{3}}(-2x)=\frac{2}{3}x(1-x^2)^{-\frac{4}{3}}.$$

寻规律　复合函数求导法则还可以推广到多个中间变量的情形,以两个中间变量为例,设 $y=f(u)$, $u=\varphi(v)$, $v=\psi(x)$,则复合函数 $y=f\{\varphi[\psi(x)]\}$ 的导数为

$$\frac{\mathrm{d}y}{\mathrm{d}x}=\frac{\mathrm{d}y}{\mathrm{d}u}\cdot\frac{\mathrm{d}u}{\mathrm{d}v}\cdot\frac{\mathrm{d}v}{\mathrm{d}x}.$$

例 16　函数 $y=\sin^2\dfrac{1}{x}$,求 $\dfrac{\mathrm{d}y}{\mathrm{d}x}$.

解　$\dfrac{\mathrm{d}y}{\mathrm{d}x}=\left(\sin^2\dfrac{1}{x}\right)'=2\sin\dfrac{1}{x}\left(\sin\dfrac{1}{x}\right)'=2\sin\dfrac{1}{x}\cdot\cos\dfrac{1}{x}\cdot\left(\dfrac{1}{x}\right)'$

$=2\sin\dfrac{1}{x}\cdot\cos\dfrac{1}{x}\cdot\left(-\dfrac{1}{x^2}\right)=-\dfrac{1}{x^2}\sin\dfrac{2}{x}.$

注意　在计算复合函数的导数时,关键是**要分清楚复合函数的复合结构层,并由外向内逐层求导.**

例 17　求下列函数的导数.

(1) $y=x^2+\sin\left(\dfrac{1}{x}\right)$; (2) $y=(x+1)\sqrt{1-3x}$; (3) $y=\ln(x+\sqrt{x^2+1})$.

解　(1) $y'=\left(x^2+\sin\dfrac{1}{x}\right)'=(x^2)'+\left(\sin\dfrac{1}{x}\right)'$

$$= 2x + \cos\frac{1}{x}\left(\frac{1}{x}\right)' = 2x + \cos\frac{1}{x}\left(-\frac{1}{x^2}\right)$$

$$= 2x - \frac{1}{x^2}\cos\frac{1}{x}.$$

函数的整体结构为和形式,需要按代数和(差)法则进行计算;局部结构有复合函数,在局部计算上需要按复合函数求导法则求解,计算结果需要整理化简.

(2) $y' = (x+1)'\sqrt{1-3x} + (x+1)(\sqrt{1-3x})'$

$$= \sqrt{1-3x} + (x+1) \cdot \frac{(1-3x)'}{2\sqrt{1-3x}} = \sqrt{1-3x} - \frac{3(x+1)}{2\sqrt{1-3x}}.$$

同(1),整体用乘积求导法则,局部用代数和求导法则和复合函数求导法则,然后整理化简.

(3) $y' = \dfrac{(x+\sqrt{x^2+1})'}{x+\sqrt{x^2+1}} = \dfrac{x'+(\sqrt{x^2+1})'}{x+\sqrt{x^2+1}} = \dfrac{1 + \dfrac{(x^2+1)'}{2\sqrt{x^2+1}}}{x+\sqrt{x^2+1}}$

$$= \frac{1 + \dfrac{2x}{2\sqrt{x^2+1}}}{x+\sqrt{x^2+1}} = \frac{\sqrt{x^2+1}+x}{(x+\sqrt{x^2+1})\sqrt{x^2+1}}$$

$$= \frac{1}{\sqrt{x^2+1}}.$$

整体结构是复合函数,首先用复合函数求导法则计算,在计算分子导数时要用代数和(差)法则和复合函数求导法则,整个计算过程用到两次复合函数求导法则.

*2.2.4 隐函数求导法及对数求导法

1. 隐函数的概念

函数 $y = f(x)$ 表示变量 y 与 x 之间的对应关系,例如 $y = \cos x$、$y = \sqrt{1+x^2}$ 等,其特点是:因变量 y 和含有自变量 x 的式子分别位于等号的两边,称此类函数为**显函数**.而有些函数的表达方式却不同,例如方程 $x + \sqrt{y} - xy = 0$ 同样确定了变量 y 与 x 之间的函数关系.一般地,将由方程 $F(x,y) = 0$ 所确定的变量 y 与 x 之间的函数关系称为**隐函数**.

2. 隐函数求导法

显函数很容易转化为隐函数,但有的隐函数很难甚至不能表示成显函数的形式.同显函数一样,隐函数也是函数的一种重要表达形式,下面就介绍隐函数的求导方法.

例 18 由方程 $x^2 + y^2 = r^2$ 所确定的 y 是 x 的函数,求 y 的导数.

解 方程中将 y^2 视为 y 的函数,而 y 又是 x 的函数(实际上 $y = \pm\sqrt{r^2-x^2}$),故对 y^2 求导,必须将 y 视为中间变量,运用复合函数的求导法则进行计算.

方程两边对 x 求导

$$(x^2)' + (y^2)' = (r^2)',$$

即 $2x + 2y \cdot y' = 0$.

解出 y',得 $y' = -\dfrac{x}{y}$.

用上述方法得到的 y' 中可允许含有 y.

例 19 由方程 $y = 3 + x\,\mathrm{e}^y$ 所确定的 y 是 x 的函数,求 $y'|_{x=0}$.

解 方程两边对 x 求导

$$y' = (3)' + (x)'\,\mathrm{e}^y + x(\mathrm{e}^y)',$$

即 $y' = \mathrm{e}^y + x\,\mathrm{e}^y y'$.

将 $x = 0$ 代入原方程得 $y = 3$,再代入上式

$$y' = \mathrm{e}^3 + 0 \cdot \mathrm{e}^3 \cdot y',$$

于是 $y'|_{x=0} = \mathrm{e}^3$.

例 20 设 $x^2 + xy + \ln y = 4$,求 y'.

解 两边求导得

$$2x + x'y + xy' + \frac{y'}{y} = 0,$$

$$2x + y + xy' + \frac{y'}{y} = 0,$$

解出 y',得 $y' = -\dfrac{2xy + y^2}{1 + xy}$.

寻规律 由方程 $F(x, y) = 0$ 所确定的隐函数 $y = y(x)$ 的求导方法:

(1) 将方程 $F(x, y) = 0$ 两边对 x 求导,在求导时注意 y 是 x 的函数,视 y 为中间变量;

(2) 从求导后的关系式中解出 y'.

3. 对数求导法

将函数先取对数再求导的方法称为**对数求导法**.此法能使"幂指函数 $y = [f(x)]^{g(x)}$"和"多个因式连乘积"等形式的函数求导运算得以简化.

例 21 求函数 $y = x^x$ 的导数.

解 将 $y = x^x$ 两边取对数,得 $\ln y = x \ln x$.

方程两边对 x 求导,得

$$\frac{1}{y} \cdot y' = \ln x + x \cdot \frac{1}{x},$$

于是 $y' = y(\ln x + 1) = x^x(\ln x + 1)$.

例 22 求函数 $y = \dfrac{(x^3 - 1)(4 - x)}{\sqrt[5]{(x+2)^3}}$ 的导数.

解 对原式两边取对数,得

$$\ln y = \ln(x^3 - 1) + \ln(4 - x) - \frac{3}{5}\ln(x + 2).$$

方程两边对 x 求导,得

$$\frac{1}{y} \cdot y' = \frac{3x^2}{x^3 - 1} + \frac{-1}{4 - x} - \frac{3}{5(x + 2)},$$

于是 $y' = \dfrac{(x^3-1)(4-x)}{\sqrt[5]{(x+2)^3}}\left[\dfrac{3x^2}{x^3-1}+\dfrac{1}{x-4}-\dfrac{3}{5(x+2)}\right].$

2.2.5　高阶导数

定义 2.3　函数 $y=f(x)$ 的导数 $f'(x)$ 仍然是关于 x 的函数,如果导函数 $f'(x)$ 再对 x 求导,所得结果称为函数 $y=f(x)$ 的**二阶导数**,记为

$$y'' \text{ 或 } f''(x) \text{ 或 } \frac{\mathrm{d}^2 y}{\mathrm{d}x^2} \text{ 或 } \frac{\mathrm{d}^2 f(x)}{\mathrm{d}x^2}.$$

而将 y' 称为函数 $y=f(x)$ 的**一阶导数**(通常一阶导数不指明它的阶数).

类似地,二阶导数 y'' 的导数称为函数 $y=f(x)$ 的**三阶导数**,记为

$$y''' \text{ 或 } f'''(x) \text{ 或 } \frac{\mathrm{d}^3 y}{\mathrm{d}x^3} \text{ 或 } \frac{\mathrm{d}^3 f(x)}{\mathrm{d}x^3}.$$

函数 $y=f(x)$ 的**四阶导数**,记为

$$y^{(4)} \text{ 或 } f^{(4)}(x) \text{ 或 } \frac{\mathrm{d}^4 y}{\mathrm{d}x^4} \text{ 或 } \frac{\mathrm{d}^4 f(x)}{\mathrm{d}x^4}.$$

一般地,函数 $y=f(x)$ 的 $(n-1)$ 阶导数的导数称为 $f(x)$ 的 n **阶导数**,记为

$$y^{(n)} \text{ 或 } f^{(n)}(x) \text{ 或 } \frac{\mathrm{d}^n y}{\mathrm{d}x^n} \text{ 或 } \frac{\mathrm{d}^n f(x)}{\mathrm{d}x^n}.$$

即

$$y^{(n)} = \left[y^{(n-1)}\right]'.$$

将二阶和二阶以上的导数统称为**高阶导数**.

■ **寻规律**　由高阶导数的概念可知,求高阶导数就是对函数逐次接连求导.因此,前面所学的一系列求导方法对计算高阶导数仍然适用.

例 23　求函数 $y=\ln(1-x)$ 的二阶导数.

解　因为

$$y' = \left[\ln(1-x)\right]' = \frac{(1-x)'}{1-x} = \frac{1}{x-1},$$

所以 $y'' = (y')' = \left(\dfrac{1}{x-1}\right)' = -\dfrac{1}{(x-1)^2}.$

例 24　函数 $y=x\sin x$,求 $y''|_{x=0}$.

解　因为

$$y' = (x\sin x)' = (x)'\sin x + x(\sin x)' = \sin x + x\cos x,$$
$$y'' = (\sin x + x\cos x)' = (\sin x)' + (x\cos x)'$$
$$= \cos x + \cos x - x\sin x = 2\cos x - x\sin x,$$

所以 $y''|_{x=0} = 2\cos 0 - 0 \cdot \sin 0 = 2.$

例 25　求指数函数 $y=a^x(a>0, a\neq 1)$ 的 n 阶导数.

解　因为

$$y' = (a^x)' = a^x \ln a ,$$
$$y'' = (a^x \ln a)' = a^x \ln^2 a ,$$
$$y''' = (a^x \ln^2 a)' = a^x \ln^3 a ,$$
$$\cdots\cdots$$

所以 $y^{(n)} = (a^x \ln^{n-1} a)' = a^x \ln^n a$.

小看板

　1. 导数的四则运算法则：_____.
　2. 复合函数求导法则：_____.
　　复合函数求导要注意的是_____.
* 3. 隐函数求导的方法是_____.
* 4. 对数求导法是指_____.
　5. $f(x)$ 的 n 阶导数是指_____.

习题 2.2

1. 填空题.

　(1) $(e^x)' = $ _____ ,　　$(x^e)' = $ _____ ,　　$(e^e)' = $ _____ ;

　(2) $(x)' = $ _____ ,　　$\left(\dfrac{1}{x}\right)' = $ _____ ,　　$(\sqrt{x})' = $ _____ ;

　(3) $(\ln x)' = $ _____ ,　　$(\ln 3x)' = $ _____ ,　　$(\ln x^3)' = $ _____ ;

　(4) 设函数 $y = \sin x \cdot \cos x$，则 $y' = $ _____ ;

　(5) 设函数 $y = \dfrac{1-x}{1+x}$，则 $y' = $ _____ ;

　(6) 设 $f(x) = e^x + e^{-x}$，则 $f'(0) = $ _____ , $f''(0) = $ _____ ;

　(7) 设函数 $y = xe^x$，则 $y''|_{x=0} = $ _____ ;

　(8) 设 $f(x) = x^3 \ln x$，则 $f''(1) = $ _____ ;

　(9) 设 $y^{(n-2)} = x^a + a^x + a^a$ $(a>0$ 且 $a \neq 1)$，则 $y^{(n)} = $ _____ .

2. 求下列函数的导数.

　(1) $y = 5x^2 - \sqrt{x} + \dfrac{1}{x^3} + 2$;　　　(2) $y = \dfrac{x}{2} + \dfrac{2}{x}$;

　(3) $y = \dfrac{1-x^3}{\sqrt{x}}$;　　　(4) $y = e^x \cdot \ln x \cdot \sin x$;

　(5) $y = xe^x$;　　　(6) $y = \dfrac{\cos x}{x^2}$;

　(7) $y = x^2 \sin x - \sin \dfrac{\pi}{6}$;　　　(8) $y = \dfrac{\ln x}{x^2}$.

3. 求下列函数的导数.

　(1) $y = (3+x^2)^{10}$;　　　(2) $y = \sqrt{x^2 - 9}$;

(3) $y = \sqrt{1-x^2}$；

(4) $y = \sin(4-3x)$；

(5) $y = \sin^2 x$；

(6) $y = \dfrac{1}{\sqrt{1-x^2}}$；

(7) $y = \ln\ln x$；

(8) $y = e^{\sin 2x}$；

(9) $y = \ln\cot x$；

(10) $y = 2^{\sec x}$；

(11) $y = \arctan\dfrac{1}{x}$；

(12) $y = \arccos\sqrt{1-x}$.

4. 求下列函数的导数.

(1) $y = \sin^3(x^2+1)$；

(2) $y = \cos^2 x - \cos x^2$；

(3) $y = \sqrt{\ln x} - \ln\sqrt{x}$；

(4) $y = e^{-x}\sin 5x$；

(5) $y = 2^{\frac{1}{x}}x^2$；

(6) $y = x\cos 6x$；

(7) $y = x\sqrt{1-x^2} + \arcsin x$；

(8) $y = \dfrac{\sin^2 x}{\sin x^2}$；

(9) $y = \dfrac{x}{\sqrt{1-x^2}}$；

(10) $y = \ln\dfrac{x^2-1}{x^2+1}$.

*5. 下列各方程中 y 是 x 的函数,求 y'.

(1) $y = x + \ln y$；

(2) $\dfrac{x^2}{a^2} + \dfrac{y^2}{b^2} = 1$；

(3) $e^x + e^y - xy = 1$；

(4) $xe^y + \cos y = 2$.

*6. 利用对数求导法求下列函数的导数.

(1) $y = (\ln x)^x$；

(2) $y = x^a$（a 是任意实数）；

(3) $y = \sqrt{\dfrac{(x-a)(b-x)}{x-c}}$；

(4) $y = \dfrac{\sqrt{(x-3)^5}}{(x+3)(x^2-1)}$.

*7. 设函数 $y = f(x)$ 满足方程 $ye^x + \ln y = 1$,求它在点 $(0,1)$ 处的切线方程.

8. 求下列函数的二阶导数.

(1) $y = x^4 - 2x^3 + 3$；

(2) $y = \ln\sin x$；

(3) $y = e^x\cos x$；

(4) $y = (x^2+1)e^{-x}$.

习题 2.2
参考答案

2.3　函数的微分

【本节提示】　在实际问题中,有时需要知道当自变量取得了一个微小的增量 Δx 时,函数相应的增量 Δy 的大小.如果函数表达式比较复杂,要计算 Δy 的精确值,就会很困难.这就需要寻找一种简便的方法来近似计算 Δy,由此产生了微分学的另一个基本概念——微分.通过本节的学习,要求理解微分的概念,掌握函数微分的求法,了解导数与微分的区别和联系.

2.3.1　微分的定义

先看一个具体例子.

设有一个边长为 x 的正方形,如图 2-3 所示,其面积用 S 表示,显然,$S = x^2$. 如果边长 x 取得增量 Δx,则面积 S 取得相应的增量

$$\Delta S = (x + \Delta x)^2 - x^2 = 2x\Delta x + (\Delta x)^2.$$

上式包括两部分,第一部分 $2x\Delta x$ 是 Δx 的线性函数,即图中阴影部分的面积(两个矩形面积之和),而第二部分为 $(\Delta x)^2$.显然,当 Δx 很小时,可以用第一部分 $2x\Delta x$ 近似地表示 ΔS.忽略掉第二部分 $(\Delta x)^2$,将 $2x\Delta x$ 称为正方形面积 S 的微分,记为 $\mathrm{d}S = 2x\Delta x$.

定义 2.4　设 $y = f(x)$ 在点 x_0 的某邻域内有定义,当自变量在点 x_0 处有增量 Δx 时,函数增量 Δy 可以表示为

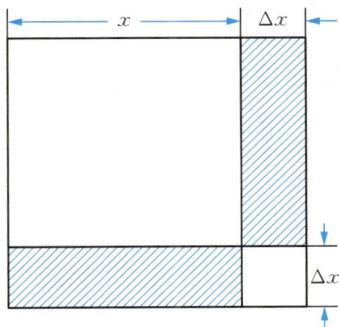

图 2-3

$$\Delta y = A\Delta x + \alpha\Delta x,$$

其中 A 与 Δx 无关,而 α 是当 $\Delta x \to 0$ 时的无穷小,则称函数 $y = f(x)$ 在点 x_0 处**可微**,并且将 $A\Delta x$ 称为函数 $y = f(x)$ 在 x_0 处相对于自变量增量 Δx 的微分,记为 $\mathrm{d}y$,即

$$\mathrm{d}y = \mathrm{d}f(x) = A\Delta x.$$

上例中 $\mathrm{d}S = 2x\Delta x$ 所对应的 $A = 2x = (x^2)' = S'$,一般地,定义 2.4 中的 A 也等于函数 $f(x)$ 的导数.

定理 2.5　函数 $y = f(x)$ 在点 x 处可微的充要条件是函数 $f(x)$ 在点 x 处可导,且有 $A = f'(x)$.

对于函数在任意可导点 x 处的微分,有

$$\mathrm{d}y = f'(x)\Delta x.$$

当 $y = f(x) = x$ 时,代入上式可得 $\mathrm{d}x = (x)'\Delta x = \Delta x$.

可见自变量的微分 $\mathrm{d}x$ 等于自变量的增量 Δx,于是得到函数 $y = f(x)$ **微分的基本形式:**

$$\mathrm{d}y = f'(x)\mathrm{d}x.$$

从而有

$$f'(x) = \frac{\mathrm{d}y}{\mathrm{d}x},$$

即函数 $y = f(x)$ 的导数 $f'(x) = \dfrac{\mathrm{d}y}{\mathrm{d}x}$，正是函数的微分 $\mathrm{d}y$ 与自变量的微分 $\mathrm{d}x$ 之商，于是函数的导数也称**微商**.

函数在某点处可导一定可微，可微也一定可导.求导数和求微分的方法统称为**微分法**.

例 26　求函数 $y = x^2$ 在 $x = 1$，$\Delta x = 0.01$ 时的增量和微分.

解　函数的增量

$$\Delta y = (x + \Delta x)^2 - x^2 = (1 + 0.01)^2 - 1^2 = 0.020\ 1.$$

而函数的微分

$$\mathrm{d}y = y'\Delta x = 2x\Delta x.$$

于是 $\mathrm{d}y\Big|_{\substack{x=1 \\ \Delta x = 0.01}} = 2 \times 1 \times 0.01 = 0.02.$

寻规律　当 $|\Delta x|$ 比较小时，$\mathrm{d}y \approx \Delta y.$

2.3.2　微分的基本公式与四则运算法则

由 $\mathrm{d}y = f'(x)\mathrm{d}x$ 可知，要求函数 $y = f(x)$ 的微分 $\mathrm{d}y$，只要先求出 $f'(x)$，再乘上 $\mathrm{d}x$ 即可，因此微分的基本公式、运算法则与导数的基本公式、运算法则是基本一致的，只是它们的表达形式不同而已，见表 2-1.

表 2-1

导数的基本公式	微分的基本公式
$(1)\ C' = 0$	$(1)\ \mathrm{d}(C) = 0$
$(2)\ (x^\alpha)' = \alpha x^{\alpha-1}$ 特别地，$(\sqrt{x})' = \dfrac{1}{2\sqrt{x}}$ $\left(\dfrac{1}{x}\right)' = -\dfrac{1}{x^2}$	$(2)\ \mathrm{d}(x^\alpha) = \alpha x^{\alpha-1}\mathrm{d}x$ 特别地，$\mathrm{d}(\sqrt{x}) = \dfrac{1}{2\sqrt{x}}\mathrm{d}x$ $\mathrm{d}\left(\dfrac{1}{x}\right) = -\dfrac{1}{x^2}\mathrm{d}x$
$(3)\ (a^x)' = a^x \ln a$	$(3)\ \mathrm{d}(a^x) = a^x \ln a\,\mathrm{d}x$
$(4)\ (\mathrm{e}^x)' = \mathrm{e}^x$	$(4)\ \mathrm{d}(\mathrm{e}^x) = \mathrm{e}^x \mathrm{d}x$
$(5)\ (\log_a x)' = \dfrac{1}{x \ln a}$	$(5)\ \mathrm{d}(\log_a x) = \dfrac{\mathrm{d}x}{x \ln a}$
$(6)\ (\ln x)' = \dfrac{1}{x}$	$(6)\ \mathrm{d}(\ln x) = \dfrac{1}{x}\mathrm{d}x$
$(7)\ (\sin x)' = \cos x$	$(7)\ \mathrm{d}(\sin x) = \cos x\,\mathrm{d}x$
$(8)\ (\cos x)' = -\sin x$	$(8)\ \mathrm{d}(\cos x) = -\sin x\,\mathrm{d}x$

导数的基本公式	微分的基本公式
(9) $(\tan x)' = \dfrac{1}{\cos^2 x} = \sec^2 x$	(9) $\mathrm{d}(\tan x) = \dfrac{\mathrm{d}x}{\cos^2 x} = \sec^2 x\,\mathrm{d}x$
(10) $(\cot x)' = -\dfrac{1}{\sin^2 x} = -\csc^2 x$	(10) $\mathrm{d}(\cot x) = -\dfrac{\mathrm{d}x}{\sin^2 x} = -\csc^2 x\,\mathrm{d}x$
(11) $(\sec x)' = \sec x \cdot \tan x$	(11) $\mathrm{d}(\sec x) = \sec x \cdot \tan x\,\mathrm{d}x$
(12) $(\csc x)' = -\csc x \cdot \cot x$	(12) $\mathrm{d}(\csc x) = -\csc x \cdot \cot x\,\mathrm{d}x$
(13) $(\arcsin x)' = \dfrac{1}{\sqrt{1-x^2}}$	(13) $\mathrm{d}(\arcsin x) = \dfrac{\mathrm{d}x}{\sqrt{1-x^2}}$
(14) $(\arccos x)' = -\dfrac{1}{\sqrt{1-x^2}}$	(14) $\mathrm{d}(\arccos x) = -\dfrac{\mathrm{d}x}{\sqrt{1-x^2}}$
(15) $(\arctan x)' = \dfrac{1}{1+x^2}$	(15) $\mathrm{d}(\arctan x) = \dfrac{\mathrm{d}x}{1+x^2}$
(16) $(\operatorname{arccot} x)' = -\dfrac{1}{1+x^2}$	(16) $\mathrm{d}(\operatorname{arccot} x) = -\dfrac{\mathrm{d}x}{1+x^2}$
导数的四则运算法则	微分的四则运算法则
(1) $(u \pm v)' = u' \pm v'$	(1) $\mathrm{d}(u \pm v) = \mathrm{d}u \pm \mathrm{d}v$
(2) $(uv)' = u'v + uv'$	(2) $\mathrm{d}(uv) = v\,\mathrm{d}u + u\,\mathrm{d}v$
(3) $(Cu)' = Cu'$	(3) $\mathrm{d}(Cu) = C\,\mathrm{d}u$
(4) $\left(\dfrac{u}{v}\right)' = \dfrac{u'v - uv'}{v^2} \quad (v \neq 0)$	(4) $\mathrm{d}\left(\dfrac{u}{v}\right) = \dfrac{v\,\mathrm{d}u - u\,\mathrm{d}v}{v^2} \quad (v \neq 0)$

例 27　设 $y = x^3 + 3\tan x + \mathrm{e}^2$，求 $\mathrm{d}y$.

解　$\mathrm{d}y = \mathrm{d}(x^3 + 3\tan x + \mathrm{e}^2) = \mathrm{d}(x^3) + \mathrm{d}(3\tan x) + \mathrm{d}(\mathrm{e}^2)$
$\qquad = 3x^2\,\mathrm{d}x + 3\sec^2 x\,\mathrm{d}x = 3(x^2 + \sec^2 x)\,\mathrm{d}x.$

例 28　设 $y = \mathrm{e}^x \cos x$，求 $\mathrm{d}y$.

解　因为
$$y' = (\mathrm{e}^x)' \cos x + \mathrm{e}^x (\cos x)' = \mathrm{e}^x \cos x - \mathrm{e}^x \sin x = \mathrm{e}^x (\cos x - \sin x),$$
所以 $\mathrm{d}y = \mathrm{e}^x (\cos x - \sin x)\,\mathrm{d}x.$

例 29　设 $y = \dfrac{x}{\sqrt{x^2-1}}$，求 $\mathrm{d}y$.

解　因为
$$y' = \left(\frac{x}{\sqrt{x^2-1}}\right)' = \frac{\sqrt{x^2-1} - \dfrac{2x^2}{2\sqrt{x^2-1}}}{x^2-1} = -(x^2-1)^{-\frac{3}{2}},$$

所以 $\mathrm{d}y = -(x^2-1)^{-\frac{3}{2}}\mathrm{d}x$.

例 30 在下列括号中填入适当的函数,使等式成立.

(1) $x^2\mathrm{d}x = \mathrm{d}(\quad)$;　　　　　(2) $\cos 3x\,\mathrm{d}x = \mathrm{d}(\quad)$.

解 (1) 因为 $\mathrm{d}\left(\dfrac{1}{3}x^3\right) = x^2\mathrm{d}x$,所以

$$x^2\mathrm{d}x = \mathrm{d}\left(\frac{x^3}{3}\right) = \mathrm{d}\left(\frac{x^3}{3}+C\right).$$

即括号内填入 $\dfrac{x^3}{3}+C$(C 为任意常数).

(2) 因为 $\mathrm{d}(\sin 3x) = (\sin 3x)'\mathrm{d}x = 3\cos 3x\,\mathrm{d}x$,所以

$$\cos 3x\,\mathrm{d}x = \frac{1}{3}\mathrm{d}(\sin 3x) = \mathrm{d}\left(\frac{\sin 3x}{3}\right) = \mathrm{d}\left(\frac{1}{3}\sin 3x + C\right).$$

即括号内填入 $\dfrac{1}{3}\sin 3x + C$(C 为任意常数).

*2.3.3　微分形式的不变性

设函数 $y = f(u)$,根据微分的定义,当 u 是自变量时,函数 $y = f(u)$ 的微分是

$$\mathrm{d}y = f'(u)\mathrm{d}u.$$

如果 u 不是自变量,而是 x 的函数 $u = \varphi(x)$,则复合函数 $y = f[\varphi(x)]$ 的导数为 $y' = f'(u)\varphi'(x)$,于是函数 $y = f[\varphi(x)]$ 的微分为 $\mathrm{d}y = f'(u)\varphi'(x)\mathrm{d}x$,由于 $\varphi'(x)\mathrm{d}x = \mathrm{d}u$,所以 $\mathrm{d}y = f'(u)\mathrm{d}u$.

由此可见,对于 $y = f(u)$ 来说,无论 u 是自变量还是另一个变量的可微函数,都有 $\mathrm{d}y = f'(u)\mathrm{d}u$ 这一微分形式成立,这种性质称为**微分形式的不变性**.

例 31 设 $y = \sin(3x-1)$,求 $\mathrm{d}y$.

解 设 $u = 3x-1$,则 $y = \sin u$.
$\mathrm{d}y = (\sin u)'\mathrm{d}u = \cos u\mathrm{d}u = \cos(3x-1)\mathrm{d}(3x-1) = 3\cos(3x-1)\mathrm{d}x$.

例 32 函数 $y = \ln\sin 2x$,求 $\mathrm{d}y$.

解 $\mathrm{d}y = \mathrm{d}(\ln\sin 2x) = \dfrac{\mathrm{d}(\sin 2x)}{\sin 2x}$

$$= \frac{\cos 2x}{\sin 2x}\mathrm{d}(2x) = 2\cot 2x\,\mathrm{d}x.$$

小看板

1. 当 $|\Delta x|$ 比较小时,$\mathrm{d}y \approx$ ＿＿＿＿＿＿＿.
2. 微分的基本形式是＿＿＿＿＿＿＿.
3. 可微与可导的关系是＿＿＿＿＿＿＿.
*4. 微分形式的不变性是指＿＿＿＿＿＿＿.

习题 2.3

1. 填空题.

(1) $2\mathrm{d}x = \mathrm{d}(\qquad)$；
(2) $2x\,\mathrm{d}x = \mathrm{d}(\qquad)$；

(3) $\dfrac{1}{x^2}\mathrm{d}x = \mathrm{d}(\qquad)$；
(4) $\sin x\,\mathrm{d}x = \mathrm{d}(\qquad)$；

(5) $\dfrac{1}{\sqrt{x}}\mathrm{d}x = \mathrm{d}(\qquad)$；
(6) $\mathrm{e}^{-x}\,\mathrm{d}x = \mathrm{d}(\qquad)$.

2. 求函数 $y = x^2 - x$，当 $x = 2$，Δx 分别为 1、0.1、0.001 时的 Δy 和 $\mathrm{d}y$.

3. 求下列各函数的微分：

(1) $y = \cos 5x$；
(2) $y = x^2 \ln x$；

(3) $y = \mathrm{e}^x \sin 3x$；
(4) $y = (\mathrm{e}^x - \mathrm{e}^{-x})^2$；

(5) $y = [\ln(1-x)]^2$；
(6) $y = \sqrt{1-x^2}$；

(7) $y = \dfrac{x}{1-x^2}$；
(8) $y = \mathrm{e}^{-x}\cos x$；

(9) $y = \arcsin\sqrt{x}$；
(10) $y = \ln\sqrt{1-x^3}$.

习题 2.3
参考答案

*2.4 微分中值定理

【本节提示】 微分中值定理包括罗尔定理、拉格朗日定理和柯西定理,核心是拉格朗日定理.微分中值定理是导数应用的理论基础,通过本节的学习,要求掌握微分中值定理的条件与结论,以及三个中值定理之间的区别与联系.

2.4.1 罗尔定理

定理 2.6(罗尔定理) 设函数 $f(x)$ 适合条件:(1)在闭区间 $[a,b]$ 上连续;(2)在开区间 (a,b) 上可导;(3)$f(a)=f(b)$. 则在开区间 (a,b) 上至少存在一点 ξ,使 $f'(\xi)=0$.

证明从略,下面从几何意义上看它的正确性.如图 2-4 所示,设函数 $y=f(x)$ 在 $[a,b]$ 上的图形为曲线 AB,则定理的条件表示:曲线 AB(除端点外)处处具有不与 x 轴垂直的切线,且端点连线 AB 平行于 x 轴.其结论说明:在曲线 AB 上至少有一点 C,该点的切线平行于 x 轴.由图 2-4 易知,函数在区间上取得最大值和最小值的点就是结论中的点 ξ.

例 33 验证函数 $f(x)=x^2-2x+2$ 在区间 $[-1,3]$ 上满足罗尔定理的条件,并求出满足罗尔定理的 ξ 值.

解 $f'(x)=2x-2$.

显然,函数 $f(x)$ 在闭区间 $[-1,3]$ 上连续,在开区间 $(-1,3)$ 上可导,且端点函数值 $f(-1)=f(3)=5$,于是函数 $f(x)$ 在区间 $[-1,3]$ 上满足罗尔定理的三个条件.

罗尔定理结论中的 $\xi(-1<\xi<3)$ 使得

$$f'(\xi)=0,即 2\xi-2=0.$$

得到根 $\xi=1$,又因为根 $\xi=1$ 在开区间 $(-1,3)$ 上,所以罗尔定理结论中的 $\xi=1$.

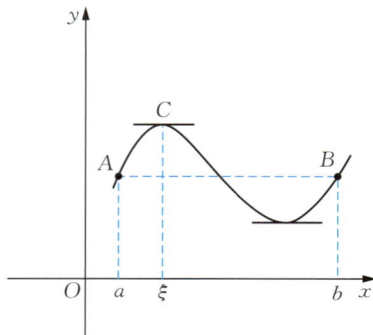

图 2-4

2.4.2 拉格朗日定理

在罗尔定理中,若去掉端点函数值 $f(a)=f(b)$ 这个条件,就会得到如下结论.

定理 2.7(拉格朗日定理) 如果函数 $f(x)$ 在闭区间 $[a,b]$ 上连续,在开区间 (a,b) 上可导,则在区间 (a,b) 上至少存在一点 ξ,使 $f'(\xi)=\dfrac{f(b)-f(a)}{b-a}$.

先看定理的几何意义,与罗尔定理相比,仅少了该函数在端点的值相等的条件.在定理的结论中 $\dfrac{f(b)-f(a)}{b-a}$ 正是弦 AB 的斜率,所以定理说明在区间 (a,b) 上至少有一点 ξ,使曲线在相应点 C 的切线与弦 AB 平行(图 2-5).

从图 2-5 上可以看出,弦 AB 的斜率为 $\dfrac{f(b)-f(a)}{b-a}$,

直线 AB 的方程为 $y-f(a)=\dfrac{f(b)-f(a)}{b-a}(x-a)$,

函数 $y=f(x)$ 由于缺少条件 $f(a)=f(b)$,显然不适合罗尔定理的条件,作一个新函数

$$\varphi(x)=f(x)-f(a)-\frac{f(b)-f(a)}{b-a}(x-a),$$

则 $\varphi(x)$ 适合罗尔定理的条件,故在区间 (a,b) 上至少存在一点 ξ 使

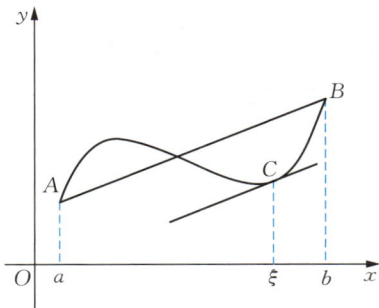

图 2-5

$$\varphi'(\xi)=f'(\xi)-\frac{f(b)-f(a)}{b-a}=0,\text{即 }f'(\xi)=\frac{f(b)-f(a)}{b-a}.$$

这就说明了拉格朗日定理结论的正确性.

例 34　判别函数 $f(x)=x^3$ 在区间 $[-2,2]$ 上是否满足拉格朗日中值定理的条件,若满足,结论中的 ξ 又是什么?

解　$f'(x)=3x^2$.

显然,函数 $f(x)$ 在闭区间 $[-2,2]$ 上连续,在开区间 $(-2,2)$ 上可导,于是函数 $f(x)$ 在闭区间 $[-2,2]$ 上满足拉格朗日定理的两个条件.

拉格朗日定理结论中的 $\xi(-2<\xi<2)$ 使得

$$f'(\xi)=\frac{f(2)-f(-2)}{2-(-2)},\text{即 }3\xi^2=\frac{8-(-8)}{2-(-2)}.$$

得到根 $\xi=\pm\dfrac{2\sqrt{3}}{3}$,且 $\pm\dfrac{2\sqrt{3}}{3}\in(-2,2)$,故结论中的 ξ 有两个,分别是 $\dfrac{2\sqrt{3}}{3}$ 和 $-\dfrac{2\sqrt{3}}{3}$.

拉格朗日中值定理是微分学的一个基本定理,在理论上和应用上都有很重要的价值.它建立了函数在一个区间上的改变量和函数在该区间内某点处的导数之间的联系,从而有可能利用导数去研究函数在区间上的性态.

拉格朗日定理在微分学中的应用非常广泛,下面介绍两个推论.

推论 1　若函数 $f(x)$ 在区间 (a,b) 上恒有 $f'(x)=0$,则 $f(x)$ 在区间 (a,b) 上是一个常数.

推论 2　若函数 $f(x)$ 和 $g(x)$ 在区间 (a,b) 上每一点的导数都相等,则这两个函数在该区间上至多相差一个常数.

例 35　证明恒等式:$\arcsin x+\arccos x=\dfrac{\pi}{2}(-1\leqslant x\leqslant 1)$.

证明　设 $f(x)=\arcsin x+\arccos x$.

容易验证 $f(x)$ 在区间 $(-1,1)$ 上可导,且 $f'(x)=0$.

应用推论 1 有 $f(x)=C$(常数),$x\in(-1,1)$.

因为 $\dfrac{1}{2}\in(-1,1)$,$f\left(\dfrac{1}{2}\right)=\dfrac{\pi}{2}$,且 $f(-1)=f(1)=\dfrac{\pi}{2}$,所以当 $x\in[-1,1]$ 时,原等式恒成立.

2.4.3　柯西定理

定理 2.8(柯西定理)　如果函数 $f(x)$ 和 $g(x)$ 在闭区间 $[a,b]$ 上连续,在开区间 (a,b) 上可导,$g(x)\neq 0$,则在开区间 (a,b) 上至少存在一点 ξ,使

$$\frac{f(b)-f(a)}{g(b)-g(a)}=\frac{f'(\xi)}{g'(\xi)}.$$

⚠ **注意**　当 $g(x)=x$ 时,上述结论即为拉格朗日定理的结论,由此可见三个中值定理之间的关系.

小看板

1. 罗尔定理的条件是_____,

其结论为_____.

2. 拉格朗日定理的条件是_____,

其结论为_____.

3. 若函数 $f(x)$ 在区间 (a,b) 上恒有 $f'(x)=0$,则 $f(x)$ 在区间 (a,b) 上是一个_____

_____.

4. 若函数 $f(x)$ 和 $g(x)$ 在区间 (a,b) 上每一点的导数都相等,则这两个函数在该区间上至多相差一个_____.

习题2.4

1. 验证函数 $f(x)=x\sqrt{3-x}$ 在区间 $[0,3]$ 上满足罗尔定理的条件,并求出满足罗尔定理的 ξ 值.

2. 验证函数 $f(x)=\dfrac{x+1}{x}$ 在区间 $[1,2]$ 上满足拉格朗日定理的条件,并求出满足拉格朗日定理的 ξ 值.

习题2.4
参考答案

2.5　洛必达法则

【本节提示】　前面已经掌握了一些求极限的方法和法则,但还有一些极限问题难于处理.例如,极限 $\lim\limits_{x\to0}\dfrac{e^x-e^{-x}}{x}$ 是"$\dfrac{0}{0}$"型,用前面的方法已不能奏效,需要寻求新的方法.下面介绍的洛必达法则,是求"$\dfrac{0}{0}$"型或"$\dfrac{\infty}{\infty}$"型等未定式极限的一种非常重要而且有效的方法.通过本节的学习,要求能够利用洛必达法则解决常见的未定式极限问题.

2.5.1　"$\dfrac{0}{0}$"型未定式的洛必达法则

定理 2.9　如果函数 $y=f(x)$ 和 $g(x)$ 满足条件:

(1) $\lim\limits_{x\to x_0}f(x)=\lim\limits_{x\to x_0}g(x)=0$;

(2) 在点 x_0 的某邻域内(点 x_0 可以除外)可导,且 $g'(x)\neq0$;

(3) $\lim\limits_{x\to x_0}\dfrac{f'(x)}{g'(x)}=A$ 或 ∞.

则有 $\lim\limits_{x\to x_0}\dfrac{f(x)}{g(x)}=\lim\limits_{x\to x_0}\dfrac{f'(x)}{g'(x)}=A$ 或∞(证略).

以上定理即洛必达法则之一,此法则对于 $x\to\infty$ 时的"$\dfrac{0}{0}$"型未定式仍然适用.另外,洛必达法则可以连续用多次,即分子、分母分别求导后仍为"$\dfrac{0}{0}$"型未定式,这时只要满足洛必达法则的条件,便可继续使用洛必达法则.

例 36　求极限 $\lim\limits_{x\to0}\dfrac{e^x-e^{-x}}{x}$.

解　$\lim\limits_{x\to0}\dfrac{e^x-e^{-x}}{x}=\lim\limits_{x\to0}\dfrac{(e^x-e^{-x})'}{x'}=\lim\limits_{x\to0}\dfrac{e^x+e^{-x}}{1}=2$.

例 37　求极限 $\lim\limits_{x\to0}\dfrac{x^2}{x-\sin x}$.

解　$\lim\limits_{x\to0}\dfrac{x^2}{x-\sin x}=\lim\limits_{x\to0}\dfrac{(x^2)'}{(x-\sin x)'}=\lim\limits_{x\to0}\dfrac{2x}{1-\cos x}$

$=\lim\limits_{x\to0}\dfrac{2}{\sin x}=\infty$.

例 38　求极限 $\lim\limits_{x\to-\infty}\dfrac{\ln(3e^x+1)}{e^x}$.

解　$\lim\limits_{x\to-\infty}\dfrac{\ln(3e^x+1)}{e^x}=\lim\limits_{x\to-\infty}\dfrac{[\ln(3e^x+1)]'}{(e^x)'}=\lim\limits_{x\to-\infty}\dfrac{\frac{3e^x}{3e^x+1}}{e^x}=\lim\limits_{x\to-\infty}\dfrac{3}{3e^x+1}=3$.

2.5.2　"$\dfrac{\infty}{\infty}$"型未定式的洛必达法则

定理 2.10　如果函数 $y=f(x)$ 和 $g(x)$ 满足条件：

(1) $\lim\limits_{x\to x_0}f(x)=\lim\limits_{x\to x_0}g(x)=\infty$；

(2) 在点 x_0 的某邻域内(点 x_0 可以除外)可导，且 $g'(x)\neq 0$；

(3) $\lim\limits_{x\to x_0}\dfrac{f'(x)}{g'(x)}=A$ 或 ∞.

则有 $\lim\limits_{x\to x_0}\dfrac{f(x)}{g(x)}=\lim\limits_{x\to x_0}\dfrac{f'(x)}{g'(x)}=A$ 或 ∞(证略).

以上定理即洛必达法则之二.对于 $x\to\infty$ 时的"$\dfrac{\infty}{\infty}$"型未定式,此法则同样适用.

例 39　求极限 $\lim\limits_{x\to+\infty}\dfrac{x^\mu}{\ln x}(\mu>0)$.

解　$\lim\limits_{x\to+\infty}\dfrac{x^\mu}{\ln x}=\lim\limits_{x\to+\infty}\dfrac{(x^\mu)'}{(\ln x)'}=\lim\limits_{x\to+\infty}\dfrac{\mu x^{\mu-1}}{\dfrac{1}{x}}=\mu\lim\limits_{x\to+\infty}x^\mu=+\infty.$

例 40　求极限 $\lim\limits_{x\to+\infty}\dfrac{x^3}{a^x}(a>1)$.

解　$\lim\limits_{x\to+\infty}\dfrac{x^3}{a^x}=\lim\limits_{x\to+\infty}\dfrac{(x^3)'}{(a^x)'}=\lim\limits_{x\to+\infty}\dfrac{3x^2}{a^x\ln a}=\dfrac{3}{\ln a}\lim\limits_{x\to+\infty}\dfrac{x^2}{a^x}=\dfrac{6}{(\ln a)^2}\lim\limits_{x\to+\infty}\dfrac{x}{a^x}$

$=\dfrac{6}{(\ln a)^3}\lim\limits_{x\to+\infty}\dfrac{1}{a^x}$

$=0.$

例 41　求极限 $\lim\limits_{x\to 0^+}\dfrac{\ln\sin x}{\ln x}$.

解　$\lim\limits_{x\to 0^+}\dfrac{\ln\sin x}{\ln x}=\lim\limits_{x\to 0^+}\dfrac{(\ln\sin x)'}{(\ln x)'}=\lim\limits_{x\to 0^+}\dfrac{\dfrac{\cos x}{\sin x}}{\dfrac{1}{x}}=\lim\limits_{x\to 0^+}\dfrac{\cos x}{\dfrac{\sin x}{x}}=\dfrac{\cos 0}{1}=1.$

注意　如果无法断定 $\dfrac{f'(x)}{g'(x)}$ 的极限状态,或能断定它振荡而无极限,则洛必达法则失效,此时需用别的办法判断未定式 $\dfrac{f(x)}{g(x)}$ 的极限.

例 42　求极限 $\lim\limits_{x\to\infty}\dfrac{x+\sin x}{x}$.

解　此极限是"$\dfrac{\infty}{\infty}$"型,但分子、分母分别求导后得 $\lim\limits_{x\to\infty}\dfrac{1+\cos x}{1}$,此式振荡无极限,故洛必达法则失效.正确的解法是:$\lim\limits_{x\to\infty}\dfrac{x+\sin x}{x}=\lim\limits_{x\to\infty}\left(1+\dfrac{\sin x}{x}\right)=1+0=1.$

2.5.3　其他类型未定式的洛必达法则

如前所述,除了"$\dfrac{0}{0}$"型或"$\dfrac{\infty}{\infty}$"型未定式外,还有"$0\cdot\infty$""$\infty-\infty$"以及"1^∞""∞^0""0^0"

等类型的未定式，下面举例说明其中一些未定式的求解方法.

例 43　求极限 $\lim\limits_{x\to0}\left(\dfrac{1}{x}-\dfrac{1}{e^x-1}\right)$.

解　$\lim\limits_{x\to0}\left(\dfrac{1}{x}-\dfrac{1}{e^x-1}\right)=\lim\limits_{x\to0}\dfrac{e^x-x-1}{x(e^x-1)}=\lim\limits_{x\to0}\dfrac{(e^x-x-1)'}{[x(e^x-1)]'}$

$=\lim\limits_{x\to0}\dfrac{e^x-1}{e^x(x+1)-1}=\lim\limits_{x\to0}\dfrac{e^x}{e^x(x+1)+e^x}=\lim\limits_{x\to0}\dfrac{1}{1+1}=\dfrac{1}{2}.$

例 44　求 $\lim\limits_{x\to+\infty}x\left(\dfrac{\pi}{2}-\arctan x\right)$.

解　当 $x\to+\infty$ 时，这是"$0\cdot\infty$"型未定式.

$$\lim\limits_{x\to+\infty}x\left(\dfrac{\pi}{2}-\arctan x\right)=\lim\limits_{x\to+\infty}\dfrac{\dfrac{\pi}{2}-\arctan x}{\dfrac{1}{x}}=\lim\limits_{x\to+\infty}\dfrac{\left(\dfrac{\pi}{2}-\arctan x\right)'}{\left(\dfrac{1}{x}\right)'}$$

$$=\lim\limits_{x\to+\infty}\dfrac{-\dfrac{1}{1+x^2}}{-\dfrac{1}{x^2}}=\lim\limits_{x\to+\infty}\dfrac{x^2}{1+x^2}=\lim\limits_{x\to+\infty}\dfrac{(x^2)'}{(1+x^2)'}$$

$$=\lim\limits_{x\to+\infty}\dfrac{2x}{2x}=1.$$

*例 45　求极限 $\lim\limits_{x\to0^+}x^x$.

解　$\lim\limits_{x\to0^+}x^x=\lim\limits_{x\to0^+}e^{\ln x^x}=\lim\limits_{x\to0^+}e^{x\ln x}=e^{\lim\limits_{x\to0^+}x\ln x}.$ 而

$$\lim\limits_{x\to0^+}x\ln x=\lim\limits_{x\to0^+}\dfrac{\ln x}{\dfrac{1}{x}}=\lim\limits_{x\to0^+}\dfrac{(\ln x)'}{\left(\dfrac{1}{x}\right)'}=\lim\limits_{x\to0^+}\dfrac{\dfrac{1}{x}}{-\dfrac{1}{x^2}}=\lim\limits_{x\to0^+}(-x)=0.$$

所以 $\lim\limits_{x\to0^+}x^x=e^0=1.$

寻规律　求其他类型未定式的关键是通过恒等变形将它们化成"$\dfrac{0}{0}$"型或"$\dfrac{\infty}{\infty}$"型未定式，然后再使用洛必达法则.

小看板

1. 未定式有_____等 7 种形式.

2. 只有_____型和_____型未定式才能直接使用洛必达法则.

3. 用洛必达法则求除"$\dfrac{0}{0}$"型和"$\dfrac{\infty}{\infty}$"型以外的未定式的极限关键是_____.

4. 洛必达法则失效的情形有_____.

习题 2.5

1. 填空题.

(1) $\lim\limits_{x\to\infty}\dfrac{x^3-8}{x-2}=$ _____ ;

(2) $\lim\limits_{x\to0}\dfrac{(1+x)^{\mu}-1}{x}=$ _____ ;

(3) $\lim\limits_{x\to+\infty}\dfrac{\mathrm{e}^x}{x^3}=$ _____ ;

(4) $\lim\limits_{x\to\infty}\dfrac{\ln(1+x^2)}{x}=$ _____ ;

(5) $\lim\limits_{x\to a}\dfrac{\sin x-\sin a}{x-a}=$ _____ ;

(6) $\lim\limits_{x\to+\infty}\dfrac{\ln x}{x^3}=$ _____ .

2. 用洛必达法则求下列各极限.

(1) $\lim\limits_{x\to+\infty}\dfrac{\ln x}{(x-1)^2}$;

(2) $\lim\limits_{x\to0}\dfrac{\sin 2x}{\tan 3x}$;

(3) $\lim\limits_{x\to0}\dfrac{x-\sin x}{x^3}$;

(4) $\lim\limits_{x\to\pi^+}\dfrac{\ln(x-\pi)}{\cot x}$;

(5) $\lim\limits_{x\to+\infty}\dfrac{\sqrt{x^2+1}}{x}$;

(6) $\lim\limits_{x\to0}\dfrac{\mathrm{e}^x-\mathrm{e}^{-x}}{\sin x}$;

(7) $\lim\limits_{x\to0^+}\dfrac{\ln\cot x}{\ln x}$;

(8) $\lim\limits_{x\to0}x^2\mathrm{e}^{\frac{1}{x^2}}$.

3. 用洛必达法则求下列极限.

(1) $\lim\limits_{x\to0^+}x\ln x$;

(2) $\lim\limits_{x\to1}\left(\dfrac{2}{x^2-1}-\dfrac{1}{x-1}\right)$;

*(3) $\lim\limits_{x\to1}x^{\frac{1}{x-1}}$;

*(4) $\lim\limits_{x\to+\infty}(x+\mathrm{e}^x)^{\frac{1}{x}}$.

习题 2.5
参考答案

2.6　函数的单调性与极值的判定

【本节提示】　函数的单调性是函数的重要特性.极值则是函数的一种局部特性,它能反映函数的变化状况.而根据定义确定函数的单调区间与极值是比较困难的,下面将应用函数的导数解决这个问题.通过本节的学习,要求能够利用导数知识判断函数的单调区间与极值.

2.6.1　函数单调性的判别法

如果函数 $y=f(x)$ 在区间 $[a,b]$ 上单调增加(或单调减少),则该函数的图形在区间 $[a,b]$ 上应是一条沿 x 轴正向上升(或下降)的曲线(图 2-6、图 2-7).

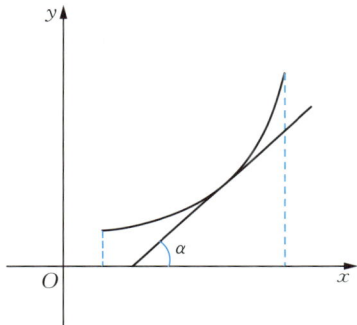

图 2-6

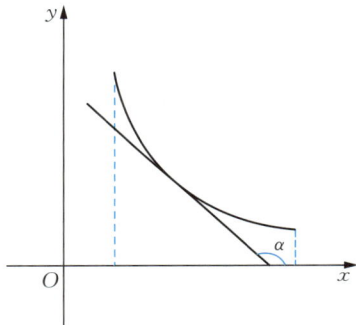

图 2-7

此时曲线上各点处的切线斜率为非负(或非正),即 $y'=f'(x)\geqslant 0$ [或 $y'=f'(x)\leqslant 0$].可见,函数的单调性与它的导数的符号有着密切联系.

反过来,也可以利用函数的导数符号来判定函数的单调性.

定理 2.11　设函数 $y=f(x)$ 在区间 $[a,b]$ 上连续,在区间 (a,b) 上可导,那么

(1) 若 $x\in(a,b)$ 时,恒有 $f'(x)>0$,则 $f(x)$ 在区间 $[a,b]$ 上**单调增加**,记为↗;

(2) 若 $x\in(a,b)$ 时,恒有 $f'(x)<0$,则 $f(x)$ 在区间 $[a,b]$ 上**单调减少**,记为↘.

⚠ **注意**　(1) 此定理中的区间可以为任意区间(开或闭,有限或无限区间).

(2) 连续函数在给定区间内个别点处导数等于零并不影响其整体的单调性,此时判定定理仍然成立.

例 46　讨论函数 $y=\mathrm{e}^{-x}$ 的单调性.

解　因为 $y'=(\mathrm{e}^{-x})'=-\mathrm{e}^{-x}<0$,$x\in(-\infty,+\infty)$,所以 $y=\mathrm{e}^{-x}$ 在区间 $(-\infty,+\infty)$ 上单调减少.

例 47　求函数 $y=x^3$ 的单调区间.

解　函数定义域 $D=(-\infty,+\infty)$.

$y'=3x^2\geqslant 0$,$x\in(-\infty,+\infty)$,且等号只在点 $x=0$ 处成立.

所以 $y=x^3$ 在区间 $(-\infty,+\infty)$ 上单调增加,即 $y=x^3$ 的单调增加区间是 $(-\infty,+\infty)$.

由定理 2.11 可知,导数等于零的点可能是单调区间的分界点.比如函数 $f(x)=x^2$,显然 $x=0$ 为函数 $f(x)=x^2$ 的单调区间的分界点,此分界点正是导数为零的点.使函数 $f(x)$ 的导数值 $f'(x)=0$ 的点 x_0,称为**函数的驻点**.即驻点可能是函数单调增减区间的分界点.

前面讨论过函数 $f(x)=|x|$(图 2-8),$f(x)$ 在点 $x=0$ 处连续但不可导,即 $f'(0)$ 不存在.但从图形可知,$x=0$ 是 $f(x)=|x|$ 的单调增减区间的分界点.可见函数 $f(x)$ 的不可导点也有可能是函数单调增减区间的分界点.

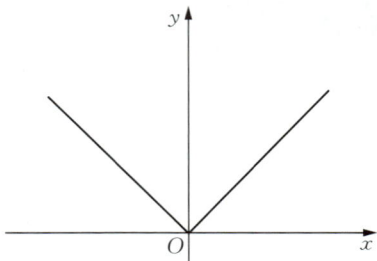

图 2-8

🔲 **寻规律** 鉴于函数 $y=f(x)$ 的驻点及不可导点都可能是函数单调增减区间的分界点,因此可以给出判定函数单调性的一般步骤:
(1) 确定 $f(x)$ 的定义区间;
(2) 求导,找驻点和不可导点;
(3) 列表,用驻点和不可导点分割定义区间,讨论各子区间上 $f'(x)$ 的符号,从而判定函数的单调性.

例 48 求下列函数的单调区间.

(1) $f(x)=\mathrm{e}^x-x-1$;   (2) $f(x)=\dfrac{x^3}{(x-1)^2}$.

解 (1) 函数的定义域为 $(-\infty,+\infty)$.

$$f'(x)=\mathrm{e}^x-1.$$

令 $f'(x)=0$,得驻点 $x=0$.

用 $x=0$ 将定义域 $(-\infty,+\infty)$ 分成 $(-\infty,0)$ 和 $(0,+\infty)$ 两个子区间,并列表讨论如下:

x	$(-\infty,0)$	$(0,+\infty)$
$f'(x)$	$-$	$+$
$f(x)$	↘	↗

由此可知,函数 $f(x)$ 在区间 $(-\infty,0)$ 上单调减少,在区间 $(0,+\infty)$ 上单调增加.

(2) 函数的定义域为 $(-\infty,1)\cup(1,+\infty)$.

$$f'(x)=\frac{(x^3)'(x-1)^2-x^3[(x-1)^2]'}{(x-1)^4}=\frac{x^2(x-3)}{(x-1)^3}.$$

令 $f'(x)=0$,得 $x_1=0$,$x_2=3$,定义域内没有不可导点.

上述三个点将定义域分成四个小区间,列表讨论如下:

x	$(-\infty,0)$	$(0,1)$	$(1,3)$	$(3,+\infty)$
$f'(x)$	$+$	$+$	$-$	$+$
$f(x)$	↗	↗	↘	↗

由此可知,函数 $f(x)$ 在区间 $(-\infty,1)$ 和 $(3,+\infty)$ 上单调增加,在区间 $(1,3)$ 上单调减少.

2.6.2　函数极值的定义和判别法

函数的极值是指函数的"局部最值",在经济分析和其他问题中,经常需要讨论函数的这一特性.为此,首先给出极值的一般定义.

1. 极值的定义

定义 2.5　设函数 $f(x)$ 在点 x_0 的某邻域内有定义,若对该邻域内任意一点 $x(x \neq x_0)$,恒有:

(1) $f(x_0) > f(x)$,则称 $f(x_0)$ 为函数 $f(x)$ 的**极大值**,称点 x_0 为 $f(x)$ 的**极大值点**;

(2) $f(x_0) < f(x)$,则称 $f(x_0)$ 为函数 $f(x)$ 的**极小值**,称点 x_0 为 $f(x)$ 的**极小值点**.

函数的极大值与极小值统称为**极值**,极大值点与极小值点统称为**极值点**.

⚠ **注意**　极值是一个局部性的概念,它只是与极值点邻近的所有点的函数值相比较而言,并不意味着它在函数的整个定义区间上最大或最小.

如图 2-9 所示,函数 $f(x)$ 在点 x_1、x_4 处取得极大值 $f(x_1)$ 和 $f(x_4)$,在点 x_2、x_5 处取得极小值 $f(x_2)$ 和 $f(x_5)$.显然,$f(x_1) < f(x_5)$.而且极大值 $f(x_4)$ 并非区间 $[a,b]$ 上的最大值,极小值 $f(x_5)$ 也并非区间 $[a,b]$ 上的最小值.

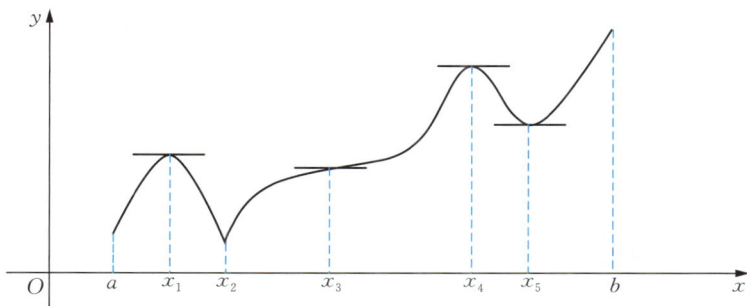

图 2-9

由图 2-9 可见,在函数的极值点处,曲线或者有水平切线,如 $f'(x_1)=0$,$f'(x_4)=0$,$f'(x_5)=0$,或者切线不存在,如在点 x_2 处.

2. 极值的判别法

定理 2.12　如果函数 $f(x)$ 在点 x_0 处有极值 $f(x_0)$,且 $f'(x_0)$ 存在,则

$$f'(x_0)=0.$$

⚠ **注意**　(1) 此定理只说明可导的极值点必为驻点,但驻点不一定是极值点.例如 $x=0$ 是函数 $f(x)=x^3$ 的驻点,但 $f(x)=x^3$ 在区间 $(-\infty,+\infty)$ 上单调增加,故在驻点 $x=0$ 处该函数并不能取得极值.

(2) 不可导点也可能为极值点.

例如,函数 $f(x)=|x|$ 在点 $x=0$ 处不可导,但在该点处取得极小值.

综上所述,极值可能在**驻点**或**不可导点**处取得.那么,如何判断一个函数的驻点或导数不存在的点是不是极值点呢?

定理 2.13(第一判定定理) 设函数 $f(x)$ 在点 x_0 的某邻域内连续且可导(在点 x_0 处可以不可导),那么

(1) 如果当 $x<x_0$ 时,$f'(x)>0$,而当 $x>x_0$ 时,$f'(x)<0$,则 x_0 是 $f(x)$ 的**极大值点**,且 $f(x_0)$ 是 $f(x)$ 的**极大值**;

(2) 如果当 $x<x_0$ 时,$f'(x)<0$,而当 $x>x_0$ 时,$f'(x)>0$,则 x_0 是 $f(x)$ 的**极小值点**,且 $f(x_0)$ 是 $f(x)$ 的**极小值**;

(3) 如果在 x_0 的左、右邻近,$f'(x)$ 不变号,即 $f'(x)$ 恒为正或恒为负,则 $f(x)$ 在点 x_0 处**无极值**.

例 49 求函数 $f(x)=\dfrac{1}{3}x^3-x^2-3x-3$ 的极值.

解 函数 $f(x)$ 的定义域为 $(-\infty,+\infty)$.

$$f'(x)=x^2-2x-3=(x+1)(x-3).$$

令 $f'(x)=0$,得驻点 $x_1=-1$,$x_2=3$.

为方便考察函数在点 $x_1=-1$、$x_2=3$ 处左、右两侧的导数符号,可以列表讨论如下:

x	$(-\infty,-1)$	-1	$(-1,3)$	3	$(3,+\infty)$
$f'(x)$	+	0	−	0	+
$f(x)$	↗	极大值	↘	极小值	↗

由此可知,极大值点为 $x=-1$,极大值为 $f(-1)=-\dfrac{4}{3}$;极小值点为 $x=3$,极小值为 $f(3)=-12$.

例 50 求函数 $f(x)=x-\dfrac{3}{2}\sqrt[3]{x^2}$ 的单调区间和极值.

解 函数的定义域为 $(-\infty,+\infty)$.

$$f'(x)=1-\dfrac{1}{\sqrt[3]{x}}=\dfrac{\sqrt[3]{x}-1}{\sqrt[3]{x}}.$$

令 $f'(x)=0$,得驻点 $x_1=1$,另有不可导点 $x_2=0$.
列表讨论如下:

x	$(-\infty,0)$	0	$(0,1)$	1	$(1,+\infty)$
$f'(x)$	+	不存在	−	0	+
$f(x)$	↗	极大值	↘	极小值	↗

由此可知,$f(x)$ 在区间 $(-\infty,0)$ 和区间 $(1,+\infty)$ 上单调增加,在区间 $(0,1)$ 上单调减少;$f(x)$ 在点 $x=0$ 处取得极大值 $f(0)=0$,在点 $x=1$ 处取得极小值 $f(1)=-\dfrac{1}{2}$.

寻规律 根据以上讨论,可归纳用第一判定定理求极值的步骤如下:

(1) 确定 $f(x)$ 的定义区间;

(2) 求导,找驻点和不可导点;

(3) 列表,用驻点和不可导点分割定义区间,考察各子区间导数符号,根据定理 2.13 确定极值;

(4) 求出函数的极值点和极值.

定理 2.14(第二判定定理)　设 $f'(x_0)=0$,$f''(x_0)$ 存在且不等于零,那么

(1) 如果 $f''(x_0)>0$,则 $f(x)$ 在点 x_0 处有**极小值** $f(x_0)$;

(2) 如果 $f''(x_0)<0$,则 $f(x)$ 在点 x_0 处有**极大值** $f(x_0)$.

例 51　求函数 $f(x)=\dfrac{1}{3}x^3-x$ 的极值.

解　$f(x)$ 的定义域为 $(-\infty,+\infty)$.
$$f'(x)=x^2-1.$$
令 $f'(x)=0$,得驻点 $x=\pm1$(定义域内无不可导点).

又
$$f''(x)=2x.$$

因为 $f''(-1)=-2<0$,所以 $f(x)$ 在点 $x=-1$ 处取得极大值 $f(-1)=\dfrac{2}{3}$.

因为 $f''(1)=2>0$,所以 $f(x)$ 在点 $x=1$ 处取得极小值 $f(1)=-\dfrac{2}{3}$.

寻规律　用第二判定定理求极值的步骤如下:

(1) 确定 $f(x)$ 的定义区间;

(2) 求导,找驻点并确定定义域内没有不可导点;

(3) 判断驻点处二阶导数的正负,根据定理 2.14 确定其是极大值点还是极小值点;

(4) 求出函数的极值点和极值.

注意　第二判定定理所要满足的条件较苛刻,仅限于判断二阶导数不为零的驻点是否为极值点,故不能适用于任何函数.

例如,对函数 $f(x)=x^4$,$f'(0)=0$,$f''(0)=0$,显然第二判定定理已失效.

2.6.3　函数最值的定义和判别法

1. 最值的定义

定义 2.6　设函数 $y=f(x)$ 在区间 $[a,b]$ 上连续.如果存在 $x_0\in[a,b]$,对于任意 $x\in[a,b](x\neq x_0)$,恒有:

(1) $f(x_0)\geqslant f(x)$,则称 $f(x_0)$ 为 $f(x)$ 在 $[a,b]$ 上的**最大值**,称点 x_0 为 $f(x)$ 在区间 $[a,b]$ 上的**最大值点**;

(2) $f(x_0)\leqslant f(x)$,则称 $f(x_0)$ 为 $f(x)$ 在 $[a,b]$ 上的**最小值**,称点 x_0 为 $f(x)$ 在区间 $[a,b]$ 上的**最小值点**.

最大值与最小值统称为**最值**.

注意　根据定义可知,函数的最值与极值主要有以下几点区别:

① 极值是一个局部性概念,而最值是一个整体性概念.

② 极值可能有多个,而最值是唯一的.

③ 极值点不可能是区间的端点,而最大值或最小值却可以在区间端点上取得.另一方面,函数的最值与极值也是有联系的,它们的联系是:如果最值在区间内部取得,则它一定是某个极大值或极小值.

2. 最值的判别法

寻规律 根据以上分析,可归纳求最值的一般步骤如下:

(1) 求导,找驻点和不可导点;

(2) 求区间端点、驻点和不可导点的函数值(求三类点的函数值);

(3) 比较上述三类点的函数值,其中最大的即为最大值,最小的即为最小值.

另外,求最值的两种特殊情况是:

① 若函数 $f(x)$ 在区间 $[a,b]$ 上连续且为单调函数,则最值应在两端点处取得;

② 若函数 $f(x)$ 在区间 $[a,b]$ 上连续,且在区间 (a,b) 上有唯一极大(小)值而无极小(大)值,则此极大(小)值就是函数 $f(x)$ 在区间 $[a,b]$ 上的最大(小)值.

例52 求 $f(x)=x^3+3x^2-9x+5$ 在区间 $[-4,4]$ 上的最值.

解 $f'(x)=3x^2+6x-9=3(x-1)(x+3)$.

令 $f'(x)=0$,得驻点 $x_1=1$、$x_2=-3$.

计算 $f(x)$ 在区间两端点及驻点处的函数值,得

$$f(-4)=25,\ f(4)=81,\ f(1)=0,\ f(-3)=32.$$

比较以上各值可知,$f(x)$ 在区间 $[-4,4]$ 上的最大值为 $f(4)=81$,最小值为 $f(1)=0$.

例53 求 $f(x)=x+2\sqrt{x}$ 在区间 $[0,1]$ 上的最值.

解 $f'(x)=1+\dfrac{1}{\sqrt{x}}>0$,$x\in(0,1)$.

因此 $f(x)$ 在区间 $(0,1)$ 上单调增加,又 $f(x)$ 在区间 $[0,1]$ 上连续,所以 $f(x)$ 在区间 $[0,1]$ 上的最大值为 $f(1)=3$,最小值为 $f(0)=0$.

小看板

1. 若 $x\in(a,b)$ 时,恒有_____,则在区间 (a,b) 上,$f(x)$ 单调增加.

2. 若 $x\in(a,b)$ 时,恒有_____,则在区间 (a,b) 上,$f(x)$ 单调减少.

3. 极值具有_____性;最值具有_____性.

4. 用极值的第一判定定理求极值的步骤是_____

_____.

5. 用极值的第二判定定理求极值的步骤是_____

_____.

6. 求最值的一般步骤是_____

_____

_____.

习题 2.6

1. 填空题.

(1) $f(x)=\sqrt{2x-x^2}$ 在区间 $(1,2)$ 上单调_____;

(2) $f(x)=x+\cos x$ 在区间 $[0,2\pi]$ 上单调_____;

(3) $f(x)=\dfrac{e^x-e^{-x}}{2}$ 在区间 $(-1,1)$ 上单调_____;

(4) 函数 $f(x)=x^3-3x^2$ 在区间_____上单调增加;

(5) 函数 $f(x)=2x^2-\ln x$ 在区间_____上单调减少;

(6) $f(x)=x-e^x$ 的驻点为_____;

(7) $f(x)=(x^2-1)^2-1$ 在区间_____上单调增加,在区间_____上单调减少,极大值为_____,极小值为_____;

(8) $f(x)=5-2\sqrt[3]{(x+1)^2}$ 在区间_____上单调增加,在区间_____上单调减少;

(9) $f(x)=-3x^4+6x^2-1$ 在区间 $[-2,2]$ 上的最大值为_____,最小值为_____;

(10) $f(x)=\sqrt{x}$ 在区间 $[1,4]$ 上的最大值为_____,最小值为_____.

2. 证明函数 $f(x)=\arctan x$ 在其定义域内是单调增加的.

3. 确定下列函数的单调区间.

(1) $f(x)=x^2-5x+6$;　　(2) $f(x)=x^3-9x^2+27x-27$;

(3) $f(x)=\ln(1+x^2)$;　　(4) $f(x)=\dfrac{\ln x}{x}$;

(5) $f(x)=x^2-\dfrac{54}{x}$;　　(6) $f(x)=x-e^x$.

4. 求下列各函数的单调区间与极值.

(1) $y=\sqrt{2+x}$;　　(2) $y=\dfrac{x^2}{e^x}$;

(3) $y=\dfrac{(x-2)(x-3)}{x^2}$;　　(4) $y=4x^3-3x^2-6x+2$.

5. 求下列函数的极值.

(1) $f(x)=2x^3-3x^2$;　　(2) $f(x)=2e^x+e^{-x}$;

(3) $f(x)=3-\sqrt[3]{(x-2)^2}$;　　(4) $f(x)=\dfrac{2x}{1+x^2}$.

6. 求下列函数在给定区间上的最值.

(1) $f(x)=\ln(x^2+1)$, $x\in[-1,2]$;

(2) $f(x)=x-2\sqrt{x}$, $x\in[0,4]$.

习题 2.6 参考答案

【本节提示】 前面讨论的函数单调性和极值反映了函数的部分特征,但仅仅依靠这些还不能完全反映函数的性态,例如,函数 $y=x^2$ 和 $y=\sqrt{x}$ 在区间 $(0,+\infty)$ 上都是单调增加的,但它们的图形却有相当大的差别,这就需要讨论曲线弯曲方向、渐近线等问题.通过本节的学习,要求能够判定函数的凹向和拐点,并会求函数的水平渐近线和铅垂渐近线.

2.7.1 曲线的凹向

如图 2-10 所示,从左向右,曲线 $y=f(x)$ 先是向下弯曲的,通过点 M 后,转而向上弯曲.

曲线的这种弯曲性又称为曲线的**凹向**.

定义 2.7 设曲线 $f(x)$ 在区间 (a,b) 上每一点都有切线,那么

(1)若曲线弧总位于其上任意一点切线的上方,则称曲线在 (a,b) 内上凹(记为 $\cup$),区间 (a,b) 为**上凹区间**;

(2)若曲线弧总位于其上任意一点切线的下方,则称曲线在 (a,b) 内下凹(记为 $\cap$),区间 (a,b) 为**下凹区间**.

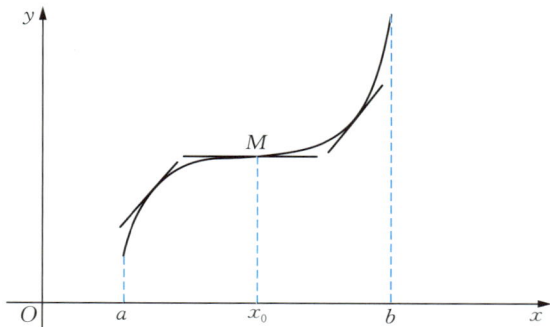

图 2-10

对于较为复杂的曲线,其图形本身难以描绘,所以用定义 2.7 判断凹向不太方便,甚至无法解决.因此给出下面的判定定理.

定理 2.15 设函数 $f(x)$ 在区间 (a,b) 上有二阶导数 $f''(x)$,那么

(1)如果 $f''(x)>0$,则曲线 $y=f(x)$ 在区间 (a,b) 上**上凹**;

(2)如果 $f''(x)<0$,则曲线 $y=f(x)$ 在区间 (a,b) 上**下凹**.

例 54 验证曲线 $f(x)=\ln x$ 在其定义域 $(0,+\infty)$ 上是下凹的.

解 因为

$$f'(x)=\frac{1}{x}, \ f''(x)=-\frac{1}{x^2}<0,$$

故曲线 $f(x)=\ln x$ 在区间 $(0,+\infty)$ 上是下凹的.

例 55 判定曲线 $f(x)=x^3$ 的凹向.

解 因为 $f(x)=x^3$ 的定义域为 $(-\infty,+\infty)$.

$$f'(x)=3x^2, \ f''(x)=6x.$$

显然,当 $x>0$ 时,有 $f''(x)>0$;当 $x<0$ 时,有 $f''(x)<0$.

所以 $f(x)=x^3$ 在区间 $(0,+\infty)$ 上上凹,在区间 $(-\infty,0)$ 上下凹.

由于一条曲线在定义域上往往既有上凹又有下凹,这就需要找出上凹和下凹的分界点.

2.7.2　曲线的拐点

定义 2.8　连续曲线 $y=f(x)$ 下凹与上凹的分界点 $(x_0,f(x_0))$ 称为**曲线的拐点**.

例如,图 2-10 中的点 $M(x_0,f(x_0))$ 就是曲线 $y=f(x)$ 的拐点.拐点两侧的 $f''(x)$ 必然异号.因此,在拐点处应有 $f''(x_0)=0$ 或 $f''(x_0)$ 不存在.

寻规律　一般地,可按下列步骤来确定曲线 $y=f(x)$ 的凹向及拐点:

(1) 确定函数的定义区间;

(2) 求函数 $f(x)$ 的二阶导数 $f''(x)$,找出使 $f''(x)=0$ 及 $f''(x)$ 不存在的点;

(3) 用这些点将定义区间分为若干子区间,在每个子区间内确定 $f''(x)$ 的符号;

(4) 由定理 2.15 确定 $f(x)$ 在各子区间内的凹向,最后确定曲线的拐点.

例 56　求曲线 $y=x^3-3x^2-9x+4$ 的拐点及凹向区间.

解　函数的定义域为 $(-\infty,+\infty)$.
$$y'=3x^2-6x-9,$$
$$y''=6x-6=6(x-1).$$

令 $y''=0$,得 $x=1$.

列表讨论如下:

x	$(-\infty,1)$	1	$(1,+\infty)$
y''	$-$	0	$+$
y	$\cap$	-7	$\cup$

由此可知,曲线的下凹区间是 $(-\infty,1)$,上凹区间是 $(1,+\infty)$,拐点为 $(1,-7)$.

例 57　求曲线 $f(x)=(x-1)\sqrt[3]{x^2}$ 的拐点.

解　函数的定义域为 $(-\infty,+\infty)$.
$$f(x)=x^{\frac{5}{3}}-x^{\frac{2}{3}},$$
$$f'(x)=\frac{5}{3}x^{\frac{2}{3}}-\frac{2}{3}x^{-\frac{1}{3}},$$
$$f''(x)=\frac{10}{9}x^{-\frac{1}{3}}+\frac{2}{9}x^{-\frac{4}{3}}=\frac{10x+2}{9\sqrt[3]{x^4}}.$$

令 $f''(x)=0$,得 $x=-\dfrac{1}{5}$,另有 $f''(x)$ 不存在的点 $x=0$.

列表讨论如下:

x	$\left(-\infty,-\dfrac{1}{5}\right)$	$-\dfrac{1}{5}$	$\left(-\dfrac{1}{5},0\right)$	0	$(0,+\infty)$
$f''(x)$	$-$	0	$+$	不存在	$+$
$f(x)$	$\cap$	$-\dfrac{6}{25}\sqrt[3]{5}$	$\cup$	0	$\cup$

由此可知,曲线的下凹区间为 $\left(-\infty, -\dfrac{1}{5}\right)$,上凹区间为 $\left(-\dfrac{1}{5}, 0\right)$ 和 $(0, +\infty)$,拐点为 $\left(-\dfrac{1}{5}, -\dfrac{6}{25}\sqrt[3]{5}\right)$.

⚠ **注意** 使 $f''(x)=0$ 的点或 $f''(x)$ 不存在的点不一定都是拐点.
例如 $f(x)=x^4$,$f''(x)=12x^2 \geqslant 0$,曲线上凹.虽然 $f''(0)=0$,但 $x=0$ 不是拐点.

2.7.3 曲线的渐近线

有些函数的定义域与值域都是有限区间,此时函数的图形局限于一定的范围之内,比如圆、椭圆等.而有些函数的定义域或值域是无限区间,此时函数的图形向无穷远处延伸,比如双曲线、抛物线等.有些向无穷远处延伸的曲线,呈现出越来越接近某一直线的趋势,对这种直线有以下定义.

定义 2.9 如果一条曲线在它无限延伸的过程中,无限接近于某一条直线,则称这条直线为该曲线的**渐近线**.

一般地,渐近线可分为水平渐近线、铅垂渐近线和斜渐近线三种,这里仅介绍水平渐近线和铅垂渐近线.

1. 水平渐近线

定义 2.10 如果曲线 $y=f(x)$ 的定义域是无限区间,且有 $\lim\limits_{x\to\infty} f(x)=b$ 或 $\lim\limits_{x\to+\infty} f(x)=b$,则称直线 $y=b$ 为曲线 $y=f(x)$ 的**水平渐近线**,如图 2-11 所示.

例 58 求曲线 $y=\dfrac{1}{x+1}$ 的水平渐近线.

解 因为 $\lim\limits_{x\to\infty} \dfrac{1}{x+1}=0$,所以直线 $y=0$ 是曲线的水平渐近线.

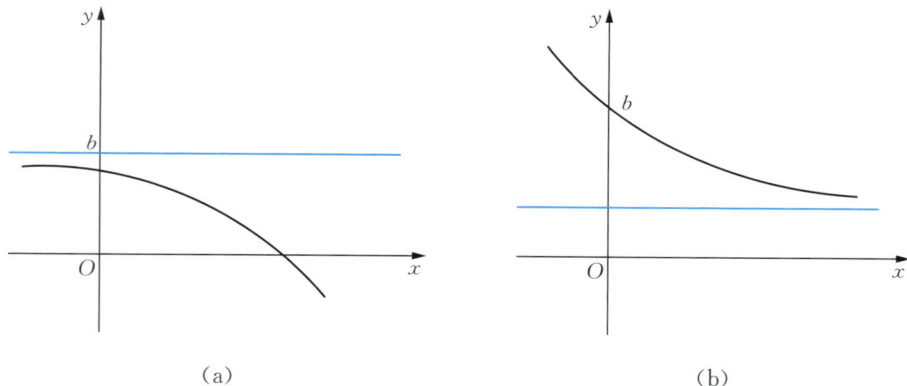

(a)   (b)

图 2-11

2. 铅垂渐近线

定义 2.11 如果曲线 $y=f(x)$ 在点 c 处有 $\lim\limits_{x\to c^-} f(x)=\infty$ 或 $\lim\limits_{x\to c^+} f(x)=\infty$,则称直线 $x=c$ 为曲线 $y=f(x)$ 的**铅垂渐近线**,如图 2-12 所示.

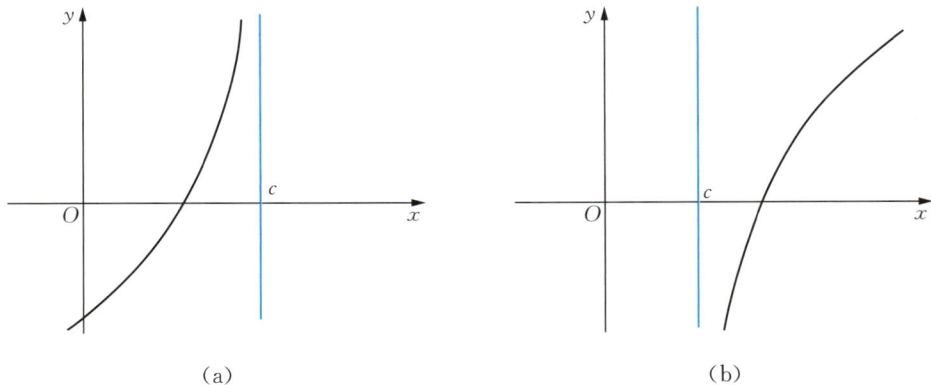

図 2-12

⚠️ **注意**　若 $x=c$ 是曲线 $y=f(x)$ 的铅垂渐近线,则点 $x=c$ 显然不可能是函数 $y=f(x)$ 的连续点,换言之,曲线的铅垂渐近线只可能在函数的间断点或定义域的端点处产生.

例 59　求 $y=\dfrac{3}{x+5}$ 的铅垂渐近线.

解　因为函数 $y=\dfrac{3}{x+5}$ 有间断点 $x=-5$,且有 $\lim\limits_{x\to-5}\dfrac{3}{x+5}=\infty$,所以直线 $x=-5$ 是曲线 $y=\dfrac{3}{x+5}$ 的一条铅垂渐近线.

例 60　求曲线 $y=\mathrm{e}^{\frac{1}{x-1}}$ 的铅垂渐近线.

解　因为 $\lim\limits_{x\to1^{+}}\mathrm{e}^{\frac{1}{x-1}}=+\infty$,所以 $y=\mathrm{e}^{\frac{1}{x-1}}$ 的铅垂渐近线为 $x=1$.

小看板

1. 函数 $f(x)$ 上凹是指_____.
2. 函数 $f(x)$ 下凹是指_____.
3. 函数 $f(x)$ 凹向的判定定理是_____.
4. 函数的拐点是指_____.
5. 函数凹向与拐点的判定方法是_____

_____.

6. 函数 $f(x)$ 的水平渐近线是指_____.
7. 函数 $f(x)$ 的铅垂渐近线是指_____.

习题 2.7

1. 填空题.

(1) $f(x)=x^3$ 的上凹区间为_____,下凹区间为_____;

(2) $f(x)=x+\dfrac{1}{x}$ 的上凹区间为_____,下凹区间为_____;

（3）$y = 2x^3 + 3x^2 + x + 2$ 的上凹区间为_____，下凹区间为_____，拐点为_____；

（4）$y = x\,\mathrm{e}^{-x}$ 的上凹区间为_____，下凹区间为_____，拐点为_____；

（5）$y = \arctan x$ 的水平渐近线为_____；

（6）$y = \mathrm{e}^x$ 有_____渐近线_____，无_____渐近线；

（7）$y = \ln x$ 有_____渐近线_____，无_____渐近线；

（8）$y = \mathrm{e}^{-\frac{1}{x}}$ 的水平渐近线为_____，铅垂渐近线为_____.

2. 验证曲线 $f(x) = \mathrm{e}^x$ 在其定义域上是上凹的.

3. 讨论下列函数的凹向.

（1）$y = \dfrac{1}{x}$；

（2）$y = \dfrac{\mathrm{e}^x + \mathrm{e}^{-x}}{2}$；

（3）$y = \mathrm{e}^{-x^2}$；

（4）$y = 3x^4 - 4x^3 + 1$.

4. 求下列函数的凹向及拐点.

（1）$y = x^3 - 3x + 1$；

（2）$y = \ln(x^2 + 1)$；

（3）$y = \ln x + x^2$；

（4）$y = 3x^5 - 5x^3$.

5. 求下列曲线的渐近线.

（1）$y = \mathrm{e}^{-x^2}$；

（2）$y = \dfrac{(x-1)^2}{(x+1)^3}$；

（3）$y = x \sin \dfrac{1}{x}$；

（4）$y = \dfrac{\mathrm{e}^x}{x+1}$.

习题 2.7
参考答案

应用板块

2.8　最优化分析

【本节提示】　在生产实践中,常常会遇到这样一类问题,在一定条件下,怎样使"材料最省""成本最低""利润最大""库存管理费用最低"等,这类问题在数学上往往归结为求某个函数的最大或者最小值问题,也统称为**最优化问题**.本节将介绍常见的最优化问题,通过本节的学习,要求能够利用数学知识解决实践中常见的最值问题.

2.8.1　用料最省问题

用数学模型来讨论和分析实际问题,体现了数学与现实世界的相互作用.下面将以例题来阐明最经典的两种类型的最优化问题,即用料最省问题和体积最大问题,这两种问题的实质是相同的.

例 61　要做一个容积为 $16\pi \ \mathrm{m}^3$ 的圆柱形罐头筒,怎样设计才能使得所用材料最省?

解　显然,要使所用材料最省就是要使罐头筒的表面积最小.设罐头筒的底半径为 r,高为 h(图 2-13),则它的侧面积为 $2\pi rh$,底面积为 πr^2,因此总表面积为

$$S = 2\pi r^2 + 2\pi rh$$

由罐头筒的容积为 $16\pi \ \mathrm{m}^3$ 有 $\pi r^2 h = 16\pi$,$h = \dfrac{16}{r^2}$.所以

$$S = 2\pi r^2 + 2\pi \cdot \frac{16}{r} = 2\pi\left(r^2 + \frac{16}{r}\right), \ r \in (0, \ +\infty).$$

$$S' = 2\pi\left(2r - \frac{16}{r^2}\right),$$

令 $S' = 0$,得 $r = 2$.

$$S'' = 4\pi + \frac{64\pi}{r^3} > 0,$$

因此,S 在点 $r = 2$ 处有极小值,也就是最小值,这时相应的高为

$$h = \frac{16}{r^2} = \frac{16}{4} = 4.$$

于是得出结论:当所做罐头筒的高和底直径相等时,用料最省.

例 62　一块正方形纸板边长为 6,将其四角各截去一个大小相同的小正方形,再将四边折起做成一个无盖方盒,问所截小正方形边长 x 为多少时,才能使得无盖方盒容积 V 最大?

解　设所截小正方形边长为 x,从而盒底边长为 $6 - 2x$,如图 2-14 所示.由于盒底面

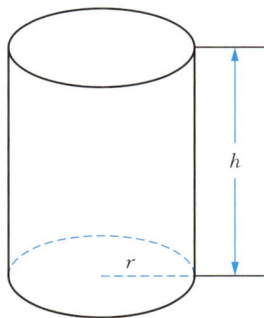

图 2-13

积为 $(6-2x)^2$，盒高为 x，于是无盖方盒容积为

$$V=V(x)=x(6-2x)^2.$$

由于高 $x>0$，且底边长 $6-2x>0$，得 $0<x<3$，因而函数定义域为 $(0,3)$.

$$\begin{aligned}V'(x)&=(6-2x)^2+x\cdot 2(6-2x)(6-2x)'\\&=(6-2x)^2-4x(6-2x)\\&=(6-2x)(6-6x),\end{aligned}$$

令 $V'(x)=0$，有 $x_1=3$（舍），$x_2=1$.

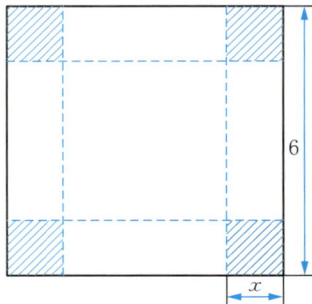
图 2-14

$$V''(x)=-2(6-6x)+(6-2x)(-6)=24x-48,$$

故 $V''(1)=-24<0$.

于是驻点 $x=1$ 为唯一极大值点，也是最大值点.

即所截小正方形边长 x 为 1 时，才能使得无盖方盒容积 V 最大.

2.8.2　成本最低问题

任何企业或经营单位开展经济活动时都要考虑其生产（经营）成本最优化的问题，那么如何组织生产使成本最低？下面通过具体例子进行讨论.

例63　某企业生产的某款水杯 Q 个的总成本函数为 $C(Q)=9\,000+40Q+0.001Q^2$. 问生产这款水杯多少个时，平均成本最低？

解　由已知成本函数 $C(Q)=9\,000+40Q+0.001Q^2$，可得平均成本函数

$$\overline{C}(Q)=\frac{9\,000}{Q}+40+0.001Q(Q\in \mathbf{Z}^+),$$

所以，平均成本函数的导数为

$$\overline{C}'(Q)=-\frac{9\,000}{Q^2}+0.001.$$

令 $\overline{C}'(Q)=0$，得驻点 $Q=3\,000(Q=-3\,000$ 舍去).

又 $\overline{C}''(Q)=\frac{18\,000}{Q^3}$，$\overline{C}''(3\,000)>0$.

所以，$Q=3\,000$ 是 $\overline{C}(Q)$ 在区间 $(0,+\infty)$ 上唯一的极值点，而且是极小值点，也就是最小值点.

于是，生产这款水杯 $3\,000$ 个时平均成本最低.

2.8.3　利润最大问题

利润最大化与成本最小化一样，是每一个生产企业孜孜以求的目标，要实现这一目标，首先要合理确定产品的产量.除了考虑市场的需求外，还要考虑到产品的市场价格等因素.这就需要研究成本、收益、利润与产量之间的依赖变化关系，从而确定使得利润最大化的产量.

例64　某款电风扇产量 Q（单位：万台）与价格 P（单位：万元）之间的函数关系为 $P=85-7Q$，总成本函数关系为 $C(Q)=\frac{11}{2}Q^2+10Q+25$，求：产量 Q 为何值时，利润达

到最大? 最大利润为多少?

解　$R(Q) = Q \cdot P = Q(85 - 7Q) = 85Q - 7Q^2.$

于是

$$L(Q) = R(Q) - C(Q)$$

$$= (85Q - 7Q^2) - \left(\frac{11}{2}Q^2 + 10Q + 25\right)$$

$$= -\frac{25}{2}Q^2 + 75Q - 25 \, (Q > 0).$$

令 $L'(Q) = -25Q + 75 = 0$, 得驻点 $Q = 3$.

又 $L''(Q) = -25 < 0$, 所以 $Q = 3$ 是 $L(Q)$ 在区间 $(0, +\infty)$ 上唯一的极值点, 而且是极大值点, 也就是最大值点.

于是当产量 $Q = 3$ 万台时利润最大. 此时, 最大利润为 $L(3) = 87.5$(万元).

*2.8.4　库存管理费用最低问题

库存问题就是寻求使总费用(存储费用与订购费用之和)最小的订货批量(亦称为经济批量).

例 65　某厂生产某款铅笔, 其年销售量为 100 万支, 每批生产需增加订购费 1 000 元, 而每支铅笔库存费为 0.05 元/年, 如果年销售率是均匀的(此时商品的年平均库存量为批量的一半). 试将一年的订购费与库存费之和 y(元)表示为批量 x(万支)的函数, 并求出使得总费用最低的批量以及最低的总费用.

解　在 1.6.5 节的例 49 中已列出总费用函数

$$y = \frac{10^5}{x} + 250x \, (元) \, (x > 0).$$

$y' = 250 - \dfrac{10^5}{x^2}$, 令 $y' = 0$, 得 $x = -20$(舍去), $x = 20$(万支).

又 $y'' = \dfrac{2 \times 10^5}{x^3}$, 故

$$y''(20) = \frac{2 \times 10^5}{20^3} = 25 > 0.$$

所以, $x = 20$ 是唯一的极值点, 而且是极小值点, 也就是最小值点.

因此当批量 x 为 20 时, 总费用即生产准备费与库存费之和最小, 最小值为 $y = \dfrac{10^5}{20} + 250 \times 20 = 10\,000$(元).

寻规律　一般解决实际问题中最优化问题的步骤是:

(1) 建立函数关系式并写出定义域;

(2) 求出驻点(舍去不符合实际意义的驻点), 判断驻点处二阶导数的正负, 求出极值, 从而得到所求最值;

(3) 下结论.

小看板

1. 常见的最优化问题有＿＿＿＿＿＿＿＿＿＿＿＿＿＿＿＿＿＿＿＿＿＿＿＿＿＿．

2. 解决最优化问题的一般步骤是＿＿＿＿＿＿＿＿＿＿＿＿＿＿＿＿＿＿＿＿＿＿

＿＿＿＿＿＿＿＿＿＿＿＿＿＿＿＿＿＿＿＿＿＿＿＿＿＿＿＿＿＿＿＿＿＿＿＿＿＿＿

＿＿＿＿＿＿＿＿＿＿＿＿＿＿＿＿＿＿＿＿＿＿＿＿＿＿＿＿＿＿＿＿＿＿＿＿＿＿＿．

习题 2.8

1. 欲用一段铁丝围住面积为 $216\ \text{m}^2$ 的一块矩形土地,并在正中用铁丝将其隔成两块,问这块土地的长和宽选取多大的尺寸,才能使得所用铁丝最短?

2. 欲做一个容积为 $300\ \text{m}^3$ 的无盖圆柱形蓄水池,已知池底单位造价为周围单位造价的两倍,问蓄水池的尺寸应怎样设计才能使总造价最低?

3. 某工厂生产水泥,每批产量为 Q(单位:t),总成本为 C(单位:万元),产品价格为 P(单位:万元).已知该产品需求函数为 $P(Q)=10-0.01Q$,总成本函数为 $C(Q)=100+4Q$,求每批生产多少时,利润达到最大,最大利润为多少?

4. 已知某款钢笔的总收益函数和总成本函数分别为 $R(Q)=40Q-4Q^2$, $C(Q)=2Q^2+4Q+10$,其中,产量 Q 的单位为万支,成本、收益、利润的单位为万元.求利润最大时的产量及最大利润值.

5. 已知生产某玩具熊的固定成本为 $2\,000$ 元,每只玩具熊的变动成本为 10 元,市场的需求规律是:当价格为 P(元)时的需求量为 $Q=100.5-0.05P$(百只).试求:

(1) 利润函数;

(2) 获得最大利润时的产量;

(3) 获得最大利润时的价格.

*6. 某厂平均每年需要某种零件 $8\,000$ 个,零件单价为 20 元/个,每个零件每年的保管费为零件单价的 20%.为减少库存费用,分期分批进货,每次进货手续费为 40 元,试求使总费用最省的批量和批次(假设该零件的平均库存量为批量的一半).

2.9　函数的变化率——边际分析

【本节提示】　在经济学中,习惯上用平均和边际这两个概念来描述一个经济变量 y 对另一个经济变量 x 的变化.平均概念表示 y 在自变量 x 的某一个范围内的平均值,它随 x 的取值范围的不同而不同.边际概念表示 y 在 x 的某一给定值处的瞬时变化率,它就是 y 对 x 的导数 $\dfrac{\mathrm{d}y}{\mathrm{d}x}$.利用导数研究经济变量的边际变化的方法,就是边际分析法,它是经济理论中的一种重要方法.通过本节的学习,要求理解经济学中边际的概念及其边际的经济意义.

2.9.1　导数的具体意义

设函数 $y=f(x)$ 可导,$f'(x)$ 也称为 $f(x)$ 的**边际函数**.$f'(x_0)$ 称为 $f(x)$ 在点 x_0 处的**边际值**.

在点 $x=x_0$ 处,x 从 x_0 改变 1 单位,y 相应的改变量为 $\Delta y\left|_{\substack{x=x_0\\\Delta x=1}}\right.$.当 x 改变的"单位"很小时,则有

$$\Delta y\left|_{\substack{x=x_0\\\Delta x=1}}\right.\approx \mathrm{d}y\left|_{\substack{x=x_0\\\mathrm{d}x=1}}\right.=f'(x)\mathrm{d}x\left|_{\substack{x=x_0\\\mathrm{d}x=1}}\right.=f'(x_0).$$

■ 寻规律　这说明 $f'(x_0)$ 的具体含义是:$f(x)$ 在点 $x=x_0$ 处,当自变量 x 产生 1 单位的改变时,函数 y 近似改变 $f'(x_0)$ 单位.在应用问题中解释边际函数值的具体意义时略去"近似"二字.

例 66　求函数 $y=x^2$ 的边际函数.

解　$y'=2x$,在点 $x=10$ 处 $y=x^2$ 的边际函数值 $y'(10)=20$,它表示当 $x=10$ 时,x 改变 1 单位,y(近似)改变 20 单位.

2.9.2　边际成本及其经济意义

若总成本函数 $C(Q)$ 可导,则**边际成本函数**为 $C'(Q)$.当产量 $Q=Q_0$ 时,边际成本为 $C'(Q_0)$,其经济意义是:当产量在 Q_0 的基础上再增加 1 单位时,总成本相应增加 $C'(Q_0)$ 单位.

例 67　生产某品牌的洗衣粉 Q 袋时的总成本函数:$C(Q)=800+0.02Q^2$(元).求:生产 100 袋时的平均成本及边际成本,并说明经济意义.

解　平均成本函数为

$$\overline{C}(Q)=\frac{C(Q)}{Q}=\frac{800}{Q}+0.02Q.$$

生产 100 袋时的平均成本为

$$\overline{C}(100)=\frac{800}{100}+0.02\times 100=10.$$

边际成本函数为

$$C'(Q) = 0.04Q.$$

生产 100 袋时的边际成本为 $C'(100) = 4$，其经济意义是：当产量在 100 袋的基础上再增加 1 袋时，总成本相应增加 4 元.由于此时边际成本远远低于平均成本，所以应该大力提高产量.

一般情况下，若要使得平均成本最小，应有 $\overline{C}'(Q) = 0$，即

$$\overline{C}'(Q) = \left(\frac{C(Q)}{Q}\right)' = \frac{QC'(Q) - C(Q)}{Q^2} = 0,$$

所以有 $QC'(Q) - C(Q) = 0 \Rightarrow C'(Q) = \frac{C(Q)}{Q} = \overline{C}(Q).$

寻规律　使边际成本等于平均成本的产量 Q_0 所对应的平均成本最低.如例 67 中，当 $C'(Q) = \overline{C}(Q)$，即 $\frac{800}{Q} + 0.02Q = 0.04Q$ 时，解得 $Q = 200$（袋），即为平均成本最低时的产量.

2.9.3　边际收益及其经济意义

若总收益函数 $R(Q)$ 可导，**边际收益函数**为 $R'(Q)$.当销量 $Q = Q_0$ 时，边际收益为 $R'(Q_0)$，其经济意义是：当销量在 Q_0 的基础上再增加 1 单位时，总收益相应增加 $R'(Q_0)$ 单位.

例 68　设某种家具的需求函数为 $Q = 800 - 2P$，其中 P（单位：元）为家具的销售价格，Q（单位：件）为需求量，求边际收益函数以及当销售量为 200 件和 400 件时的边际收益，并说明经济意义.

解　由需求函数 $Q = 800 - 2P$，得 $P = \frac{1}{2}(800 - Q)$，总收益函数为

$$R(Q) = P \cdot Q = \frac{1}{2}(800 - Q) \cdot Q = 400Q - \frac{1}{2}Q^2.$$

故边际收益函数为

$$R'(Q) = \left(400Q - \frac{1}{2}Q^2\right)' = 400 - Q,$$

且
$$R'(200) = 400 - 200 = 200,$$
$$R'(400) = 400 - 400 = 0.$$

因此，当家具的销售量为 200 件时，$R'(200) = 200$，其经济意义是：当销售量在 200 件的基础上再增加 1 件时，总收益相应增加 200 元；当家具的销售量为 400 件时，$R'(400) = 0$，其经济意义是：当销售量在 400 件的基础上再增加 1 件时，总收益将不会增加，说明总收益函数 $R(Q)$ 达到最大值.

2.9.4　边际利润及其经济意义

若总利润函数 $L(Q)$ 可导，**边际利润函数**为 $L'(Q)$.当销量 $Q = Q_0$ 时，边际利润为

$L'(Q_0)$,其经济意义是:当销量在 Q_0 的基础上再增加 1 单位时,总利润相应增加 $L'(Q_0)$ 单位.

总利润为总收入与总成本之差,即

$$L(Q) = R(Q) - C(Q).$$

上式两边求导,得

$$L'(Q) = R'(Q) - C'(Q).$$

即边际利润等于边际收入与边际成本之差.

例 69　生产某款女包的利润函数为 $L = L(Q) = 200Q - 0.01Q^2$(元).

试求:(1) 边际利润函数 $L'(Q)$;

(2) 当产量分别为 9 000、10 000 和 11 000(个)时的边际利润,并说明其经济意义.

解　(1) 因为 $L(Q) = 200Q - 0.01Q^2$,所以边际利润函数

$$L'(Q) = (200Q - 0.01Q^2)' = 200 - 0.02Q.$$

(2) $L'(9\,000) = 200 - 0.02 \times 9\,000 = 20$;

　　$L'(10\,000) = 200 - 0.02 \times 10\,000 = 0$;

　　$L'(11\,000) = 200 - 0.02 \times 11\,000 = -20.$

经济意义分别为:

当该款女包的产量在 9 000 个的基础上再增加 1 个时,总利润相应增加 20 元;

当该款女包的产量在 10 000 个的基础上再增加 1 个时,总利润不变;

当该款女包的产量在 11 000 个的基础上再增加 1 个时,总利润减少 20 元.

2.9.5　边际需求及其经济意义

在经济学中,边际需求定义为价格改变 1 单位时需求的增量,即需求对价格的变化率.

设产品的需求函数为 $Q(P)$,当 $Q(P)$ 可导时,**边际需求函数为** $Q'(P)$.当价格 $P = P_0$ 时,边际需求为 $Q'(P_0)$,其经济意义是:当价格为 P_0 时,如果价格上涨(下降)1 单位,需求将减少(增加) $|Q'(P_0)|$ 单位.

例 70　某商品需求函数为 $Q = Q(P) = 75 - P^2$(kg),求 $P = 4$(元)时的边际需求,并说明其经济意义.

解　边际需求 $Q'(P) = -2P$.

当 $P = 4$(元)时的边际需求为 $Q'(4) = -8$.

经济意义:当价格为 4 元时,如果价格上涨(下降)1 元,则需求量将减少(增加)8 kg.

小看板

1. 边际函数值 $f'(x_0)$ 的含义是 _____.

2. 边际成本函数是 _____ 的导数,$C'(Q_0)$ 的经济意义是 _____

_____.

3. 边际收益函数是 _____ 的导数,$R'(Q_0)$ 的经济意义是 _____

_____.

4. 边际利润函数是 _____ 的导数,$L'(Q_0)$ 的经济意义是 _____

_____.

5. 边际需求函数是_____的导数,$Q'(P_0)$的经济意义是_____

_____.

习题 2.9

1. 某畅销书的总成本 C(单位:万元)是产量 Q(单位:万册)的函数 $C(Q)=2\,000+4Q+0.05Q^2$.

(1) 求边际成本函数及产量为 200 万册时的边际成本,并说明经济意义;

(2) 使平均成本最低的产量.

2. 已知生产某化妆品 x 瓶的总成本函数为 $C(x)=0.01x^3-0.3x^2+40x+1\,000$(元),试求:

(1) 该化妆品的边际成本函数;

(2) 生产该化妆品 50 瓶时的平均单位成本和边际成本值,并解释后者的经济意义.

3. 已知某款文具盒的需求函数为

$$P=20-\frac{x}{5},$$

其中,P(单位:元)为价格,x(单位:个)为销售量.求销量为 15 个时的总收益、平均收益与边际收益,并解释后者的经济意义.

4. 生产某款豆浆机 Q 万台的利润函数为

$$L(Q)=250Q-5Q^2-1\,000\text{(万元)}.$$

试求:(1) 该款豆浆机的边际利润函数;

(2) 产量分别为 20、25 万台时的边际利润,并说明其经济意义.

5. 面粉的需求函数为 $Q=\mathrm{e}^{-\frac{P}{4}}$(单位:kg),求当 $P=4$ 元时的边际需求的值,并说明其经济意义.

习题 2.9
参考答案

2.10　函数的相对变化率——弹性分析

【本节提示】　边际刻画了总量的绝对变化率.但在经济问题中,仅用绝对增量和绝对变化率来分析问题是不够的.例如,甲商品单价 100 元,涨价 10 元;乙商品单价 1 000 元,涨价 20 元.虽然甲商品涨价的绝对量只有乙商品的一半,但甲商品的涨价百分比为 10%,乙商品涨价百分比为 2%,显然甲商品的涨价幅度比乙商品的涨价幅度要大,因此有必要研究函数的相对改变量与相对变化率.这就需要引入弹性这个概念,通过本节的学习,要求掌握需求价格弹性并理解其经济意义.

2.10.1　弹性函数及其具体意义

在 1.6 节中介绍了需求函数 $Q = Q(P)$,其中 P 表示价格,Q 表示需求量,并且知道价格与需求量是反向变动的关系,但是价格变动对需求量的影响程度究竟有多大呢？比如,逢年过节的时候,很多衣服都会打折促销,这时买衣服的人要比平时多得多,这说明衣服的需求量对价格的变动非常敏感;又比如,现在大米涨价了,但人们不会因为它涨价就吃得比以前少,这说明大米的需求量对价格的变动就不太敏感.要准确反映一件商品的需求量对价格变动的敏感程度,就需要用下面的弹性知识来进行分析.

定义 2.12　设函数 $y = f(x)$ 在点 $x = x_0$ 处可导,函数的相对改变量 $\dfrac{\Delta y}{y_0} = \dfrac{f(x_0 + \Delta x) - f(x_0)}{f(x_0)}$ 与自变量的相对改变量 $\dfrac{\Delta x}{x_0}$ 之比,即 $\dfrac{\dfrac{\Delta y}{y_0}}{\dfrac{\Delta x}{x_0}}$,称为函数 $y = f(x)$ 从 $x = x_0$ 到 $x = x_0 + \Delta x$ **两点间的相对变化率**,或称**两点间的弹性**.当 $\Delta x \to 0$ 时,$\dfrac{\dfrac{\Delta y}{y_0}}{\dfrac{\Delta x}{x_0}}$ 的极限称为 $y = f(x)$ 在点 $x = x_0$ 处的**相对变化率**或**弹性**,记为 $\dfrac{Ey}{Ex}\bigg|_{x = x_0}$.

即　　　　$$\frac{Ey}{Ex}\bigg|_{x = x_0} = \lim_{\Delta x \to 0} \frac{\dfrac{\Delta y}{y_0}}{\dfrac{\Delta x}{x_0}} = \lim_{\Delta x \to 0} \frac{\Delta y}{\Delta x} \cdot \frac{x_0}{y_0} = f'(x_0)\frac{x_0}{f(x_0)}.$$

对于一般的 x,若 $y = f(x)$ 可导,则有 $\dfrac{Ey}{Ex} = \lim\limits_{\Delta x \to 0} \dfrac{\Delta y / y}{\Delta x / x} = \lim\limits_{\Delta x \to 0} \dfrac{\Delta y}{\Delta x} \cdot \dfrac{x}{y} = y' \cdot \dfrac{x}{y}$,称为 $y = f(x)$ 的**弹性函数**.

函数 $y = f(x)$ 在点 x 的弹性 $\dfrac{Ey}{Ex}$,反映了函数 $y = f(x)$ 对自变量 x 变化反应的强烈程度或灵敏度.其具体含义如下:

$\dfrac{Ey}{Ex}\Big|_{x=x_0}=A$ 表示在点 $x=x_0$ 处,当自变量 x 产生 1% 的改变时,函数 $f(x)$ 近似地改变 $A\%$.在实际问题中解释弹性的具体意义时,往往略去"近似"二字.

例 71 求函数 $y=x\ln x$ 在点 $x=\mathrm{e}$ 处的弹性.

解 $y'=1+\ln x$.

因为
$$\frac{Ey}{Ex}=y'\cdot\frac{x}{y}=(1+\ln x)\frac{x}{x\ln x}=\frac{1+\ln x}{\ln x},$$

所以
$$\frac{Ey}{Ex}\Big|_{x=\mathrm{e}}=\frac{1+\ln \mathrm{e}}{\ln \mathrm{e}}=2.$$

它表明当 $x=\mathrm{e}$ 时,自变量 x 改变 1%,因变量 y 就改变 2%.

2.10.2 需求弹性及其经济意义

弹性分析也是经济分析中常用的一种方法,由弹性定义易知,需求函数 $Q=Q(P)$ 的弹性为

$$\frac{EQ}{EP}=\eta(P)=Q'\frac{P}{Q},$$

称为需求价格弹性,简称为**需求弹性**.当 $P=P_0$ 时,需求价格弹性为定值 $\dfrac{EQ}{EP}\Big|_{P=P_0}$.

$\dfrac{EQ}{EP}\Big|_{P=P_0}=A$ 的经济意义是:当价格为 P_0 时,如果价格上涨(或下降)1%,则需求量减少(或增加)$|A|\%$.

例 72 某种绿豆的需求函数为 $Q=\mathrm{e}^{-\frac{P}{8}}$,试求:

(1) 需求弹性函数 $\eta(P)$;

(2) 价格 $P=4$、8、10(元/kg)时的需求弹性,并说明其经济意义.

解 (1) $Q=\mathrm{e}^{-\frac{P}{8}}$,$Q'=-\dfrac{1}{8}\mathrm{e}^{-\frac{P}{8}}$,则

$$\eta(P)=\left(-\frac{1}{8}\mathrm{e}^{-\frac{P}{8}}\right)\cdot\frac{P}{\mathrm{e}^{-\frac{P}{8}}}=-\frac{P}{8}.$$

(2) $\eta(4)=-\dfrac{4}{8}=-\dfrac{1}{2}=-0.5$;

$\eta(8)=-\dfrac{8}{8}=-1$;

$\eta(10)=-\dfrac{10}{8}=-\dfrac{5}{4}=-1.25.$

经济意义:由 $\eta(4)=-0.5$ 知,当绿豆单价为 4 元时,若价格上涨 1%,绿豆的需求量将下降 0.5%;由 $\eta(8)=-1$ 知,当绿豆单价为 8 元时,若价格上涨 1%,绿豆的需求量将下降 1%;由 $\eta(10)=-1.25$ 知,当绿豆单价为 10 元时,若价格上涨 1%,绿豆的需求量将下降 1.25%.

需求价格弹性的经济意义是厂家和商家进行定价决策的重要依据.现在回到本节开始提到的衣服和大米的问题上,来看下面的实例.

例 73 已知某款高级时装的需求函数为 $Q=3\,000-4P$，价格 $P=500$（元/件）；大米的需求函数为 $Q=600-100P$，价格 $P=2$（元/斤）.分别求时装和大米的需求价格弹性，并说明其经济意义.

解　时装：$\left.\dfrac{EQ}{EP}\right|_{P=500}=(-4)\dfrac{500}{3\,000-4\times500}=-2.$

大米：$\left.\dfrac{EQ}{EP}\right|_{P=2}=(-100)\dfrac{2}{600-100\times2}=-0.5.$

时装的需求价格弹性值为 -2，表明当时装单价为 500 元时，如果降价（涨价）1% 销售，则需求量就增加（减少）2%；大米的需求价格弹性为 -0.5，表明当大米价格为 2 元时，如果降价（涨价）1% 销售，那么需求量就增加（减少）0.5%.衣服和大米的需求价格弹性不同，表明价格变动同样是 1%，但对衣服和大米需求量产生的影响程度却大不相同，即衣服的需求量对价格变动非常敏感，而大米的需求量对价格变动则不太敏感.

寻规律　一般而言，如果商品的需求价格弹性值 $\left|\dfrac{EQ}{EP}\right|>1$，表示商品的需求量对价格变动比较敏感，此时称为**需求富有弹性**；而如果商品的需求价格弹性值 $\left|\dfrac{EQ}{EP}\right|<1$，表示商品的需求量对价格变动不太敏感，此时称为**需求缺乏弹性**.基于需求是富有弹性还是缺乏弹性，经营者可以制定营销策略.

厂家和商家非常关心增加收益的问题，而收益 R 是价格 P 与需求量 Q 的乘积，即 $R=P\cdot Q$.上例中的衣服，当降价 1% 的时候，需求量增加 2%，可见需求量增加的幅度弥补了降价带来的损失，所以将衣服适当降价会带来总收入的增加.而对厂家和商家而言，如果大米涨价 1%，需求量仅仅减少 0.5%，总的来说总收入还是会有所增加，因此大米可以适当涨价.

寻规律　营销策略：商品的需求富有弹性$\left(\text{即}\left|\dfrac{EQ}{EP}\right|>1\right)$，则采取降价策略；商品的需求缺乏弹性$\left(\text{即}\left|\dfrac{EQ}{EP}\right|<1\right)$，则采取涨价策略.

小看板

1. 函数 $y=f(x)$ 的弹性函数 $\dfrac{Ey}{Ex}=$ _____.

2. x_0 处的弹性值 $\left.\dfrac{Ey}{Ex}\right|_{x=x_0}=$ _____.

3. $\left.\dfrac{Ey}{Ex}\right|_{x=x_0}=A$ 表示在 $x=x_0$ 处，当自变量改变 1% 时，_____

_____.

4. 需求价格弹性 $\dfrac{EQ}{EP}=$ _____.

5. $P=P_0$ 处的需求价格弹性值 $\eta(P_0)$ 的经济意义是 _____

_____.

6. 需求价格弹性值大于 1，称为 _____，小于 1 称为 _____

_____.

7. 需求价格弹性值大于 1, 采取＿＿＿＿＿＿＿＿的营销策略, 小于 1 采取＿＿＿＿＿＿＿的营销策略.

习题 2.10

1. 求下列函数的弹性.

(1) $y = x^3$;　　　　　　　　　(2) $y = 3e^x$.

2. 已知某种蛋糕的需求函数为 $Q = e^{-\frac{P}{4}}$ (单位: 个), 求:

(1) 这种蛋糕的需求弹性函数;

(2) 价格为 4 元时的需求弹性, 并说明其经济意义.

3. 设 P 为某产品的价格, Q 为该产品的需求量, 且有 $P + 0.2Q = 80$, $P = 10$ 时, 该商品是富有弹性还是缺乏弹性?

4. 已知某种水果售价为 P (单位: 元) 的需求函数为 $Q = f(P) = 30 - P$ (单位: kg), $0 < P < 30$, 求:

(1) 这种水果的收入 R 对价格 P 的弹性.

(2) 价格为 10 元时的收入价格弹性, 并解释其经济意义.

习题 2.10
参考答案

复习思考题 2

A 组

一、填空题

1. 函数 $f(x)=x(x-1)(x-2)$，则 $f'(0)=$ _____ .

2. 曲线 $y=x^2-x+1$ 上点 M 处的切线斜率为 1，则点 M 的坐标为 _____ .

3. 函数 $y=x^2+2^x-\mathrm{e}^{\sqrt{2}}$，则 $y'=$ _____ .

4. 函数 $y=x^2\mathrm{e}^{-x}$，则 $\mathrm{d}y=$ _____ .

5. 函数 $f(x)=x^2+\ln x$，则 $f''(1)=$ _____ .

6. $\lim\limits_{x\to+\infty}\dfrac{\ln x}{x}=$ _____ .

7. $\lim\limits_{x\to 0}\dfrac{\cos x-1}{x}=$ _____ .

8. $f(x)=\dfrac{x^2}{1+x}$ 在区间 $\left[-\dfrac{1}{2},1\right]$ 上的最大值为 _____ ，最小值为 _____ .

9. 已知函数 $f(x)$ 在点 $x=2$ 处可导，若极限 $\lim\limits_{x\to 2}f(x)=-1$，则函数值 $f(2)=$ _____ .

10. 导数 $\left(\dfrac{1}{\lg x}\right)'=$ _____ .

11. 已知函数 $y=x(x-1)(x-2)(x-3)$，则导数值 $\dfrac{\mathrm{d}y}{\mathrm{d}x}\bigg|_{x=3}=$ _____ .

12. 已知函数 $f(x)=\sin x-x\cos x$，则二阶导数值 $f''(\pi)=$ _____ .

13. 函数 $y=\sqrt{1+x}$ 在点 $x=0$ 处，当自变量改变量 $\Delta x=0.04$ 时的微分值为 _____ .

14. 曲线 $y=\dfrac{4+x}{4-x}$ 上点 $(2,3)$ 处的切线方程为 _____ .

15. 设曲线 $y=2x^2+3x-26$ 上点 $M_0(x_0,y_0)$ 处的切线斜率为 15，则点 M_0 的纵坐标 $y_0=$ _____ .

16. 已知函数 $f(x)=k\sin x+\dfrac{1}{3}\sin 3x$，若点 $x=\dfrac{\pi}{3}$ 是其驻点，则常数 $k=$ _____ .

17. 函数 $f(x)=\ln(1+x^2)$ 在闭区间 $[1,3]$ 上的最小值等于 _____ .

18. 某商品需求量 Q 为销售价格 P 的函数 $Q=Q(P)=75-P^2$，则在销售价格为 5 水平上的需求弹性值 $\eta(5)=$ _____ .

二、单项选择题

1. 函数 $f(0)=0$，且极限 $\lim\limits_{x\to 0}\dfrac{f(x)}{x}$ 存在，则 $\lim\limits_{x\to 0}\dfrac{f(x)}{2x}=$（ ）.

A. $f'(x)$ B. $f'(0)$ C. $\dfrac{1}{2}f'(0)$ D. $2f'(0)$

2. 函数 $f(x)$ 在点 x_0 处不连续,则(　　).

A. $\lim\limits_{x \to x_0} f(x)$ 必存在

B. $\lim\limits_{x \to x_0} f(x)$ 必不存在

C. $f'(x_0)$ 必存在

D. $f'(x_0)$ 必不存在

3. 设导数值 $f'(1)=1$,则 $\lim\limits_{x \to 1} \dfrac{f(x)-f(1)}{x^2-1}=$(　　).

A. 2　　　　　　　B. 1　　　　　　　C. $\dfrac{1}{2}$　　　　　　　D. $\dfrac{1}{4}$

4. 下列结论正确的是(　　).

A. $f'(x)=f'(x_0)$

B. $f'(x_0)=[f(x_0)]'$

C. 若导数 $f'(x_0)$ 不存在,则曲线 $y=f(x)$ 在点 x_0 处无切线

D. 若导数 $f'(x_0)=0$,则曲线 $y=f(x)$ 在点 x_0 处切线平行于 x 轴

5. 下列式子中正确的是(　　).

A. $(3^x)'=x \cdot 3^{x-1}$

B. $(x \sin x)'=x'(\sin x)'=\cos x$

C. $(\log_3 x)'=\dfrac{1}{x}\ln 3$

D. $(\log_3 x)'=\dfrac{1}{x \ln 3}$

6. 下列函数在点 $x=0$ 处不可导的是(　　).

A. $y=x^2$

B. $y=2^x$

C. $y=\cos x$

D. $y=\sqrt{x}$

7. 下列函数在点 $x=0$ 处可导的是(　　).

A. $y=\begin{cases} x+1, & x \leqslant 0, \\ x-1, & x > 0 \end{cases}$

B. $y=|x|$

C. $y=x^{\frac{5}{3}}$

D. $y=x^{\frac{2}{3}}$

8. 过曲线 $y=x^2$ 上点 $(1,1)$ 处的切线方程是(　　).

A. $x-y-1=0$

B. $2x-y-1=0$

C. $x-y+1=0$

D. $2x-y+1=0$

9. 函数 $f(x)=a_0 x^n+a_1 x^{n-1}+\cdots+a_{n-1}x+a_n$,则 $[f(0)]'=$(　　).

A. a_0　　　　　　B. a_n　　　　　　C. a_{n-1}　　　　　　D. 0

10. $\mathrm{d}(\cos x^2)=$(　　).

A. $2x \sin x^2 \mathrm{d}x$　　B. $\sin x^2 \mathrm{d}x$　　C. $-2x \sin x^2 \mathrm{d}x$　　D. $-\sin x^2 \mathrm{d}x$

11. 下列各式中,可用洛必达法则求极限的是(　　).

A. $\lim\limits_{x \to \infty} \dfrac{x-\sin x}{x+\sin x}$

B. $\lim\limits_{x \to +\infty} \dfrac{x^3}{\mathrm{e}^x}$

C. $\lim\limits_{x \to \infty} \dfrac{1}{x} \sin \dfrac{1}{x}$

D. $\lim\limits_{x \to 1} \dfrac{x^2-x+2}{x-1}$

12. $\lim\limits_{x \to 1} \dfrac{\ln x}{x-1}=$(　　).

A. 0　　　　　　B. 1　　　　　　C. 无穷大　　　　　　D. -1

13. 函数 $f(x)=x-\arctan x$ 在区间(　　)上单调减少.

A. $(-\infty, 0)$

B. $(0, +\infty)$

C. $(-\infty, +\infty)$

D. 无单调减区间

14. $f(x)=\dfrac{x^2}{1+x}$ 的驻点有（　　）个.

A. 0　　　　　　　　B. 1　　　　　　　　C. 2　　　　　　　　D. 3

15. 函数 $y=f(x)$ 在点 $x=x_0$ 处取得极大值,则必有（　　）.

A. $f'(x_0)=0$

B. $f''(x_0)<0$

C. $f'(x_0)=0$ 且 $f''(x_0)<0$

D. $f'(x_0)=0$ 或 $f'(x_0)$ 不存在

16. 已知函数 $u(x)$、$v(x)$ 都是可导函数,则下列等式中（　　）不成立.

A. $[u(x)+v(x)]'=u'(x)+v'(x)$

B. $[u(x)v(x)]'=u'(x)v(x)+u(x)v'(x)$

C. $\left[\dfrac{u(x)}{v(x)}\right]'=\dfrac{u'(x)v(x)+u(x)v'(x)}{v^2(x)}$

D. $\left[\dfrac{1}{v(x)}\right]'=-\dfrac{v'(x)}{v^2(x)}$

17. 若函数 $y=2^x$,则导数 $y'=$（　　）.

A. $x2^{x-1}$　　　　B. 2^x　　　　C. $2^x\ln 2$　　　　D. $\dfrac{2^x}{\ln 2}$

18. 下列导数运算中（　　）是正确的.

A. $(x^2+e^2)'=2x+2e$

B. $(x^2\sin x)'=2x\cos x$

C. $(e^{2x})'=e^{2x}$

D. $(\arcsin 2x)'=\dfrac{2}{\sqrt{1-4x^2}}$

19. 下列函数中（　　）在点 $x=0$ 处连续但不可导.

A. $y=\dfrac{1}{x}$　　　　B. $y=|x|$　　　　C. $y=e^{-x}$　　　　D. $y=\ln x$

20. 函数 $f(x)=x^3-12x$ 在闭区间 $[-3,3]$ 上的最大值在点（　　）处取得.

A. $x=-3$　　　　B. $x=3$　　　　C. $x=-2$　　　　D. $x=2$

21. 某产品总成本 C 为产量 x 的函数: $C=C(x)=a+bx^2(a>0,b>0)$,则在产量为 m 水平上的边际成本值为（　　）.

A. $a+bm^2$　　　　B. bm^2　　　　C. $\dfrac{a}{m}+bm$　　　　D. $2bm$

22. 某商品需求量 Q 为销售价格 P 的函数: $Q=Q(P)=15-\dfrac{P}{4}$,则销售价格 $P=$（　　）时,才能使得商品全部销售后获得的总收益 R 最高.

A. 15　　　　B. 30　　　　C. 45　　　　D. 60

23. 下列函数中（　　）的驻点有 $x=0$.

A. $y=x+2x^2$

B. $y=x-\arctan x$

C. $y=xe^x$

D. $y=\dfrac{x}{\cos x}$

24. 下列极限中（　　）不能应用洛必达法则求解.

A. $\displaystyle\lim_{x\to 0}\dfrac{x^2\sin\dfrac{1}{x}}{\sin x}$

B. $\displaystyle\lim_{x\to 0}\dfrac{\sin x}{x^2}$

C. $\displaystyle\lim_{x\to 0}\dfrac{1-\cos x}{\sin x}$

D. $\displaystyle\lim_{x\to 0}\dfrac{\tan x}{x}$

三、计算题

1. 求下列函数的导数.

(1) $y = \sin x^2 + \ln x - \dfrac{1}{\sqrt{x}} + 1$；

(2) $y = \dfrac{2\sin x}{1 + \cos x}$；

(3) $y = (1-x)^{20}$；

(4) $y = \ln(1 + x^2)$；

(5) $y = \cos^3 x - \cos 3x$；

(6) $y = \ln x^2 + \ln^2 x$；

(7) $y = x\sin 2x$；

(8) $y = 3x^4 - x + \ln 2$；

(9) $y = \tan \dfrac{x}{2} - \dfrac{x}{2}$；

(10) $y = \cos x + x^2 \sin x$；

(11) $y = (x\sqrt{x} + 3)\mathrm{e}^{2x}$；

(12) $y = \dfrac{x}{1 - \cos x}$；

(13) $y = \ln \sin \sqrt{x}$；

(14) $y = \ln(x + \sqrt{x^2 + 4})$.

2. 求曲线 $y = \sqrt{x}$ 上点 $(4，2)$ 处的切线方程.

3. 求下列函数的高阶导数.

(1) $y = x\ln x$，求 y''；

(2) $y = \sin^2 x$，求 y'''.

4. 求下列各函数的微分.

(1) $y = x\ln x - x$；

(2) $y = (x^3 - 1)^3$；

(3) $y = \sqrt{x} + \ln x - \dfrac{1}{\sqrt{x}}$；

(4) $y = x + 5\sqrt{x} - \dfrac{4}{x^3}$；

(5) $y = 10^x \cos x$；

(6) $y = \arcsin\sqrt{1 - x^2} \ (0 < x < 1)$；

(7) $y = \arccos(1 + 3x)$；

(8) $y = x\cos x + 3x^2$；

(9) $y = \mathrm{e}^x \sin x - 7\cos x + 5x^2$；

(10) $y = \sin^2 \ln(1 - x^2)$；

(11) $y = \dfrac{1}{1 + x + x^2}$；

(12) $y = \dfrac{x}{\sqrt{a^2 - x^2}}$.

5. 利用洛必达法则求下列极限.

(1) $\lim\limits_{x \to 0} \dfrac{x}{\mathrm{e}^x - \mathrm{e}^{-x}}$；

(2) $\lim\limits_{x \to 1} \dfrac{x - 1}{\ln x}$；

(3) $\lim\limits_{x \to 0} \dfrac{1 - \cos x}{x^2}$；

(4) $\lim\limits_{x \to \frac{\pi}{2}} \dfrac{\cos x}{x - \dfrac{\pi}{2}}$；

(5) $\lim\limits_{x \to +\infty} \dfrac{x^n}{\mathrm{e}^x} \ (n \in \mathbf{N})$；

(6) $\lim\limits_{x \to \frac{\pi}{2}^+} \dfrac{\ln\left(x - \dfrac{\pi}{2}\right)}{\tan x}$；

(7) $\lim\limits_{x \to \frac{\pi}{2}} \dfrac{\tan 6x}{\sin 2x}$；

(8) $\lim\limits_{x \to a} \dfrac{x^m - a^m}{x^n - a^n}$；

(9) $\lim\limits_{x \to 0^+} \dfrac{\ln \sin 3x}{\ln \sin 5x}$；

(10) $\lim\limits_{x \to +\infty} \dfrac{\ln x}{x^\alpha} \ (\alpha > 0)$.

四、应用题

1. 欲做一个底为正方形、容积为 $108 \ \mathrm{m}^3$ 的长方体开口容器,怎样做所用材料最省？

2. 欲做一个容积为 $300 \ \mathrm{m}^3$ 的无盖圆柱形蓄水池,已知池底单位造价为周围单位造价的 2 倍,问蓄水池的尺寸应该怎样设计才能使总造价最低？

3. 已知某商品的总收入 R 关于销售量 Q 的函数为 $R(Q) = 104Q - 0.4Q^2$. 试求：

(1) 销售量为 Q 时的边际收入；

(2) 销售量 $Q = 50$ 单位时的边际收入；

(3) 销售量 $Q = 100$ 单位时总收入对 Q 的弹性.

4. 某化工厂日产能力最高为 1 000 t，每日产品的总成本 C（单位：元）是日产量 x（单位：t）的函数 $C(x) = 1\,000 + 7x + 50\sqrt{x}$，$x \in [0, 1\,000]$. 试求：

(1) 当日产量为 100 t 时的边际成本，并说明经济意义；

(2) 当日产量为 100 t 时的平均成本.

5. 生产 x 单位某产品的总成本 C 为 x 的函数：

$$C = C(x) = 1\,100 + \frac{1}{1\,200}x^2.$$

求：(1) 生产 900 单位时的总成本和平均单位成本；

(2) 生产 900 单位到 1 000 单位时总成本的平均变化率；

(3) 生产 900 和 1 000 单位时的边际成本，并说明经济意义.

6. 已知生产 x 单位某产品，总收益 R 为 x 的函数：

$$R = R(x) = 200x - 0.01x^2.$$

求：生产 50 单位产品时的总收益、平均收益和边际收益.

7. 生产 x 单位某商品的利润是 x 的函数：

$$L(x) = 5\,000 + x - 0.000\,01x^2.$$

问：生产多少单位时获得的利润最大？

8. 某工厂生产某产品，日总成本为 C 元，其中固定成本为 200 元，每多生产 1 单位产品，成本增加 10 元. 该商品的需求函数为 $Q = 50 - 2P$，求 Q 为多少时，工厂日总利润 L 最大.

9. 已知某商品需求量 Q 对价格 P 的函数关系为

$$Q = f(P) = 1\,600\left(\frac{1}{4}\right)^P.$$

求需求 Q 对于价格 P 的弹性函数.

10. 已知某商品的总成本函数为 $C(Q) = 125 + 3Q + \frac{1}{25}Q^2$，需求函数为 $Q(P) = 60 - 2P$，其中 P 为商品的单价. 试求：

(1) 平均成本、边际成本、边际收益和边际利润；

(2) 最大利润.

11. 某商品需求函数为

$$Q = Q(P) = 75 - P^2.$$

(1) 求 $P = 4$ 时的边际需求，并说明其经济意义；

(2) 求 $P = 4$ 时的需求弹性，并说明其经济意义；

(3) 当 $P = 4$ 时，若价格 P 上涨 1%，总收益将变化百分之几？

(4) 当 $P = 6$ 时，若价格 P 上涨 1%，总收益将变化百分之几？

(5) P 为多少时，总收益最大？

复习思考题2
A组参考答案

五、证明题

1. 证明:当平均成本等于边际成本时,平均成本达到最小.

2. 证明:设需求函数为 $Q=Q(P)$,则当需求弹性 $\eta(P)=-1$ 时,收益最大.

3. 证明:函数 $f(x)=\begin{cases} 1-x, & x<1, \\ x-1, & x\geqslant 1 \end{cases}$ 在点 $x=1$ 处连续但不可导.

<h2 style="text-align:center">B 组</h2>

一、填空题

1. 方程 $\dfrac{x^2}{a^2}-\dfrac{y^2}{b^2}=1$,则 $\dfrac{\mathrm{d}y}{\mathrm{d}x}=$ _____.

2. 若极限 $\lim\limits_{\Delta x\to 0}\dfrac{f(x_0+2\Delta x)-f(x_0)}{\Delta x}=\dfrac{1}{2}$,则导数值 $f'(x_0)=$ _____.

3. 设函数 $f(x)$ 满足关系式

$$f(x)=f(0)+2x+\alpha(x),$$

且极限 $\lim\limits_{x\to 0}\dfrac{\alpha(x)}{x}=0$,则导数值 $f'(0)=$ _____.

4. 方程式 $\mathrm{e}^y+xy=\mathrm{e}$ 确定变量 y 为 x 的函数,则导数值 $y'|_{x=0}=$ _____.

5. 若函数 $f(x)$ 在点 x_0 处及其左右可导,且函数值 $f(x_0)$ 为极小值,则极限 $\lim\limits_{h\to 0}\dfrac{f(x_0+h)-f(x_0)}{h}=$ _____.

6. 曲线 $y=(x-1)^6$ 的上凹区间为 _____.

7. 已知复合函数 $f(\sqrt{x})=\arctan x$,则导数 $f'(x)=$ _____.

8. 已知函数 $f(x)=x\sqrt{3-x}$ 在区间 $[0,3]$ 上满足罗尔定理的条件,则罗尔定理中的 $\xi=$ _____.

9. 已知函数 $f(x)=\dfrac{x+1}{x}$ 在区间 $[1,2]$ 上满足拉格朗日定理的条件,则拉格朗日定理中的 $\xi=$ _____.

二、单项选择题

1. 已知函数 $f(x)$ 在点 x_0 处可导,则下列极限中( )等于导数值 $f'(x_0)$.

A. $\lim\limits_{h\to 0}\dfrac{f(x_0+2h)-f(x_0)}{h}$ B. $\lim\limits_{h\to 0}\dfrac{f(x_0-3h)-f(x_0)}{h}$

C. $\lim\limits_{h\to 0}\dfrac{f(x_0)-f(x_0-h)}{h}$ D. $\lim\limits_{h\to 0}\dfrac{f(x_0)-f(x_0+h)}{h}$

2. 已知函数值 $f(0)=0$,若极限 $\lim\limits_{x\to 0}\dfrac{f\left(\dfrac{1}{2}x\right)}{x}=2$,则导数值 $f'(0)=$ ( ).

A. $\dfrac{1}{4}$ B. 4   C. $\dfrac{1}{2}$ D. 2

3. 方程式 $\dfrac{x^2}{a^2}+\dfrac{y^2}{b^2}=1(a>0,b>0)$ 确定 y 为 x 的函数,则导数 $\dfrac{\mathrm{d}y}{\mathrm{d}x}=$ ( ).

A. $-\dfrac{a^2 y}{b^2 x}$ B. $-\dfrac{b^2 x}{a^2 y}$ C. $-\dfrac{a^2 x}{b^2 y}$ D. $-\dfrac{b^2 y}{a^2 x}$

4. 已知函数 $f(x)$ 二阶可导,若函数 $y=f(2x)$,则二阶导数 $y''=(\quad)$.

A. $f''(2x)$ 　　　　B. $2f''(2x)$ 　　　　C. $4f''(2x)$ 　　　　D. $8f''(2x)$

5. 已知函数 $y=f(\mathrm{e}^x)$ 可微,则下列微分表达式中$(\quad)$不成立.

A. $\mathrm{d}y=\left[f(\mathrm{e}^x)\right]'\mathrm{d}x$ 　　　　　　　　B. $\mathrm{d}y=f'(\mathrm{e}^x)\mathrm{e}^x\mathrm{d}x$

C. $\mathrm{d}y=\left[f(\mathrm{e}^x)\right]'\mathrm{d}(\mathrm{e}^x)$ 　　　　　　　D. $\mathrm{d}y=f'(\mathrm{e}^x)\mathrm{d}(\mathrm{e}^x)$

6. 方程式 $\sin y+x\mathrm{e}^y=0$ 确定变量 y 为 x 的函数 $y=y(x)$,则曲线 $y=y(x)$ 上原点处的切线斜率为$(\quad)$.

A. -1 　　　　B. 1 　　　　C. $-\dfrac{1}{2}$ 　　　　D. $\dfrac{1}{2}$

7. 已知函数 $f(x)$ 在开区间 (a,b) 上二阶可导,若在开区间 (a,b) 上恒有一阶导数 $f'(x)>0$,且二阶导数 $f''(x)<0$,则曲线 $y=f(x)$ 在开区间 (a,b) 上$(\quad)$.

A. 上升且上凹 　　　　　　　　B. 上升且下凹

C. 下降且上凹 　　　　　　　　D. 下降且下凹

8. 曲线 $y=\mathrm{e}^x-\mathrm{e}^{-x}$ 在定义域内$(\quad)$.

A. 有极值有拐点 　　　　　　　B. 有极值无拐点

C. 无极值有拐点 　　　　　　　D. 无极值无拐点

9. 若点 $(1,4)$ 为曲线 $y=ax^3+bx^2$ 的拐点,则常数 a、b 的值为$(\quad)$.

A. $a=-6,b=2$ 　　　　　　　B. $a=6,b=-2$

C. $a=-2,b=6$ 　　　　　　　D. $a=2,b=-6$

10. $f(x)=x-\dfrac{3}{2}\sqrt[3]{x^2}$ 的拐点有$(\quad)$个.

A. 0 　　　　　　　　　　　　B. 1

C. 2 　　　　　　　　　　　　D. 3

11. 下列函数中$(\quad)$在区间 $[-1,1]$ 上满足罗尔定理的条件.

A. $f(x)=\dfrac{1}{x^2}$ 　　　　　　　　B. $g(x)=|x|$

C. $h(x)=x^3$ 　　　　　　　　　D. $l(x)=x^2-2$

12. 设函数 $f(x)$ 在区间 $[a,b]$ 上连续,在区间 (a,b) 上可导,则$(\quad)$.

A. 至少存在一点 $\xi\in(a,b)$,使 $f'(\xi)=0$

B. 当 $\xi\in(a,b)$ 时,必有 $f'(\xi)=0$

C. 至少存在一点 $\xi\in(a,b)$,使得 $f(b)-f(a)=f'(\xi)(b-a)$

D. 当 $\xi\in(a,b)$ 时,必有 $f(b)-f(a)=f'(\xi)(b-a)$

13. 下列函数在指定区间上满足罗尔中值定理条件的是$(\quad)$.

A. $f(x)=\dfrac{1}{x},x\in[-2,0]$ 　　　　B. $f(x)=(x-4)^2,x\in[-2,4]$

C. $f(x)=\sin x,x\in\left[-\dfrac{3\pi}{2},\dfrac{\pi}{2}\right]$ 　　　D. $f(x)=|x|,x\in[-1,1]$

14. 下列函数在指定区间上满足罗尔定理的是$(\quad)$.

A. $y=x^2-5x+6,x\in[2,3]$ 　　　B. $y=\dfrac{1}{\sqrt[3]{(x-1)^2}},x\in[0,2]$

C. $y=x\mathrm{e}^{-x},x\in[0,1]$ 　　　　　D. $y=\begin{cases}x+1,&x<5,\\1,&x\geqslant5,\end{cases}x\in[0,5]$

15. 下列函数在区间 $[1，e]$ 上满足拉格朗日中值定理条件的是（　　）.

A. $\ln\ln x$　　　　　　　　　　B. $\ln x$

C. $\dfrac{1}{\ln x}$　　　　　　　　　　D. $\ln(2-x)$

三、计算题

1. 求下列函数的导数.

(1) $y=\dfrac{\cos x}{e^x}-3(1+x^2)\arctan x$；　(2) $y=\dfrac{x\arcsin x}{\sqrt{1-x^2}}$；

(3) $y=(1+ax^b)(1+bx^a)$；　(4) $y=\sqrt{\dfrac{1+x}{1-x}}$；

(5) $y=x^{\ln x}$；　(6) $y=\dfrac{x(1-x)^2}{(1+x)^3}$；

(7) $y=\dfrac{1}{1+\sqrt{x}}-\dfrac{1}{1-\sqrt{x}}$；　(8) $y=\dfrac{x\sin x+\cos x}{x\sin x-\cos x}$；

(9) $y=\left(\dfrac{a}{b}\right)^x\left(\dfrac{b}{x}\right)^a\left(\dfrac{x}{a}\right)^b\,(a，b>0)$；　(10) $y=\ln\left(\arccos\dfrac{1}{\sqrt{x}}\right)$.

2. 求下列隐函数的导数.

(1) $y^2=2px\,(p\text{ 为常数})$；　(2) $x^3+y^3-xy=0$；

(3) $y=1-\ln(x+y)+e^y$；　(4) $xy=e^{x+y}$.

3. 已知函数 $y=\sin x$，求 $y^{(n)}$.

4. 求下列函数的微分.

(1) $y=(e^x+e^{-x})^2$；　(2) $y=a^{\sin x}\,(a>0)$；

(3) $y=\ln\left(\arctan\dfrac{1}{x}\right)$；　(4) $y=x\sqrt{a^2-x^2}+\dfrac{x}{\sqrt{a^2-x^2}}$.

5. 求下列极限.

(1) $\lim\limits_{x\to1}x^{\frac{1}{1-x}}$；　(2) $\lim\limits_{x\to\frac{\pi}{2}^-}(\sec x)^{\cos x}$；

(3) $\lim\limits_{x\to0}(1+\sin x)^{\frac{1}{x}}$；　(4) $\lim\limits_{x\to0}\dfrac{\tan x-x}{x-\sin x}$；

(5) $\lim\limits_{x\to0}\dfrac{\cos x-\sqrt{1+x}}{x^3}$；　(6) $\lim\limits_{x\to0}\dfrac{a^x-b^x}{x}\,(a，b>0)$.

6. 求下列各函数的单调区间与极值.

(1) $f(x)=x^2e^{-x^2}$；　(2) $f(x)=\dfrac{x}{\ln x}$；　(3) $f(x)=x-\ln(1+x)$.

7. 求下列函数在指定区间上的最大值、最小值.

(1) $f(x)=\sqrt{100-x^2}$，$x\in[-6，8]$；(2) $f(x)=\sin 2x-x$，$x\in\left[-\dfrac{\pi}{2}，\dfrac{\pi}{2}\right]$.

8. 求下列各曲线的凹向及拐点.

(1) $y=(x-2)^{\frac{1}{3}}+4$；　(2) $y=\sqrt[3]{x-1}$；

(3) $y=(x+2)^4+2x+1$；　(4) $y=e^{\arctan x}$.

9. 求曲线 $y=1+\dfrac{36x}{(x+3)^2}$ 的渐近线.

10. 已知函数 $f(x)=px^2+qx+r$（p、q、r 皆为常数，且 $p\neq0$）在区间 $[a,b]$ 上满足拉格朗日定理的条件，求出拉格朗日定理结论中的 ξ 值.

四、应用题

1. 欲围一个面积为 $150\ \mathrm{m}^2$ 的矩形场地，沿矩形场地四周建造高度相同的围墙，已知围墙正面材料价格为 60 元/m^2，其余三面材料价格为 30 元/m^2，问：矩形场地正面长 x 与宽 u 各为多少时，才能使得所用材料费用 T 最省？

2. 一工厂 A 与铁路的垂直距离为 a km，它的垂足 B 到火车站 C 的铁路长度为 b km，工厂的产品必须经火车站 C 才能转销外地，现已知汽车运费为 m 元/$(\mathrm{t}\cdot\mathrm{km})$，火车运费为 n 元/$(\mathrm{t}\cdot\mathrm{km})$（$m>n$）.为使运费最省，准备在铁路的 B、C 之间另修一小站 M 作为转运站，问：转运站应修在离火车站 C 多远，才能使运费最省？

3. 某商店每年销售某种商品 a 件，每次购进的手续费为 b 元，而每件库存费用为 c 元/年.若该商品均匀销售，且上批销完立即进下一批货，问商店分几批购进此种商品，能使所用的手续费及库存费总和最少？

4. 某厂生产摄影机，某款摄影机月产量 $1\,000$ 台，每台成本 800 元，每月每台摄影机库存费是成本的 5%，分批生产，每批生产准备费为 $5\,000$ 元，市场对产品一直有需求，不许缺货，试确定生产该款摄影机一个月最小费用开支时的生产批量及最小费用.

五、证明题

1. 利用函数的单调性判定定理证明下列不等式.

(1) $e^x>ex$，$x\in(1,+\infty)$;　　　　(2) $e^x>1+x$，$x\in(0,+\infty)$.

2. 某公司生产成本的一个合理而实际的模型由 $C(Q)=KQ^{\frac{1}{a}}+F$ 给出，其中 a 是正常数，F 是固定成本，$KQ^{\frac{1}{a}}$ 是公司在获取技术方面的支出.证明：当 $a>1$ 时，曲线 $C(Q)$ 是下凹的.

3. 证明：函数 $f(x)=px^2+qx+r$ 应用拉格朗日定理时所求得的点 ξ 总是位于区间的正中间.

4. 证明：函数 $f(x)=x^2+2x-1$ 在区间 $[0,1]$ 上满足拉格朗日定理的条件.

5. 证明：方程 $x^3-3x^2+a=0$ 在区间 $[0,1]$ 上不存在两个不同的实根.

复习思考题2
B组参考答案

第3章 一元函数积分学

学习目标

1. 理解原函数、不定积分和定积分的概念,掌握不定积分和定积分的性质.
2. 熟练掌握不定积分的基本公式和直接积分法、凑微分法、分部积分法.
3. 熟练掌握牛顿-莱布尼茨公式,掌握定积分的换元法和分部积分法.
4. 会求无穷区间上的广义积分.
5. 能解决由边际函数求出总需求、总成本、总利润等经济应用问题.

数学史话

正如加法与减法、乘方与开方互为逆运算一样,导数(微分)也具有逆运算——积分.中国魏晋时期的数学家刘徽在《九章算术注》里,对面积、体积的多处注文中就有了积分思想的萌芽.从 14 世纪到 17 世纪,法国数学家奥尔斯姆、费马,意大利数学家卡瓦列里等成为积分思想的先导者.到 17 世纪后半叶,牛顿和莱布尼茨分别独立地创立了微积分学.牛顿是从物理学的角度,为了解决运动问题,创立了称之为"流数术"的理论.1666 年 10 月,牛顿完成了他在微积分学方面的开创性论文《流数简论》,在其篇短文中,牛顿不仅讨论了如何借助反微分来解决积分问题,而且明确指出反微分"总能做出可以解决的一切问题".而莱布尼茨是经过研究曲线的切线和曲线包围的面积,运用分析学方法引进积分的.1686年莱布尼茨发表了他的第一篇论文《深奥的几何与不可分量及无限的分析》,这篇论文初步论述了积分或求积问题与微分或切线问题的互逆关系,其中的积分符号沿用至今.就微积分的创立而言,尽管牛顿和莱布尼茨在背景、方法和形式上存在差异、各有特色,但后来人们认定二者的功绩是相当的.

牛顿(I. Newton,1643—1727,英国人)是伟大的数学家、物理学家、天文学家和自然哲学家.其研究领域包括了物理学、数学、天文学、神学、自然哲学和炼金术.他在科学上最卓越的贡献是创建了微积分和经典力学.牛顿少年时家境贫寒,资质平常,成绩一般,但他喜欢读书,并从中受到启发,经常自己动手制作些奇奇怪怪的小玩意.19 岁的牛顿以减费生的身份进入剑桥大学,靠为学院做杂务的收入和奖学金支付学费和生活费,1665 年获学士学位,随后两年在家乡躲避瘟疫.这两年里,他制定了其一生中大多数重要科学创造的蓝图.微积分的创立、万有引力以及颜色理论的发现等都是牛顿在这两年完成的.牛顿1668 年获得硕士学位,26 岁晋升为剑桥大学数学教授,1703 年任英国皇家学会会长.他晚年潜心研究自然哲学与神学.1727 年 3 月在伦敦病逝.

莱布尼茨(G. W. Leibniz,1646—1716,德国人)是杰出的自然科学家、数学家、物理学家、历史学家和哲学家.莱布尼茨 21 岁获得法学博士学位,当过外交官,担任图书馆馆长近 40 年.1700 年被选为国家科学院院士,同年创建了柏林科学院并担任院长.莱布尼茨被誉为"德国的百科全书式的天才".他的著作包括数学、历史、语言、生物、地质、机械、物理、法律、外交等各个方面,他的研究成果还遍及力学、逻辑学、化学、地理学、解剖学、动物学、植物学、气体学、航海学、地质学、语言学、法学、哲学、历史、外交等 41 个领域,他还是最早研究中国文化和中国哲学的德国人,对丰富人类的科学知识宝库作出了不可磨灭的贡献.

基础板块

3.1　不定积分的概念与性质

【本节提示】　本节将首先介绍原函数的概念,在此基础上引入不定积分的定义,然后介绍不定积分的几何意义,最后给出不定积分的性质.通过本节的学习,要求理解原函数与不定积分的概念;了解不定积分的几何意义;掌握不定积分的性质.

3.1.1　原函数的概念

在许多实际问题中,常常会遇到以下情况:已知某个函数的导数(或微分),需要求这个函数本身.例如,已知某产品的边际成本函数 $C'(x)$,要求该产品的总成本函数 $C(x)$.这是求导数(或微分)的逆运算,是积分学中需要解决的基本问题之一.为了研究这类问题,首先给出原函数的概念.

定义 3.1　设 $f(x)$ 是定义在某区间上的已知函数,如果存在一个函数 $F(x)$,使得对该区间上的每一个点都满足 $F'(x)=f(x)$ 或 $\mathrm{d}F(x)=f(x)\mathrm{d}x$,则称函数 $F(x)$ 是 $f(x)$ 在该区间上的一个**原函数**.

例 1　找出下列各函数在指定区间上的一个原函数.

(1) $f(x)=2x$, $x\in(-\infty,+\infty)$;

(2) $f(x)=\dfrac{1}{\sqrt{1-x^2}}$, $x\in(-1,1)$.

解　(1) 因为 $(x^2)'=2x$, $x\in(-\infty,+\infty)$,所以 $F(x)=x^2$ 是 $f(x)=2x$ 在区间 $(-\infty,+\infty)$ 上的一个原函数.

显然 x^2-1、$x^2+\ln 2$、$\cdots$ 都是 $f(x)=2x$ 在区间 $(-\infty,+\infty)$ 上的原函数.

(2) 因为 $(\arcsin x)'=\dfrac{1}{\sqrt{1-x^2}}$, $x\in(-1,1)$,所以 $F(x)=\arcsin x$ 是 $f(x)=\dfrac{1}{\sqrt{1-x^2}}$ 在区间 $(-1,1)$ 上的一个原函数.

显然 $\arcsin x+\dfrac{2}{3}$、$\arcsin x-\sqrt{2}$、$\arcsin x+C$ (C 为任意常数)都是在区间 $(-1,1)$ 上 $f(x)=\dfrac{1}{\sqrt{1-x^2}}$ 的原函数.

一般地,有以下结论:

定理 3.1　如果 $F(x)$ 是函数 $f(x)$ 在某区间上的一个原函数,则 $F(x)+C$ (C 为任意常数)就是 $f(x)$ 在该区间上的全体原函数.

***证明**　设 $G(x)$ 也是 $f(x)$ 在该区间上的一个原函数,则 $G'(x)=F'(x)=f(x)$,由拉格朗日中值定理的推论可知: $G(x)-F(x)=C$ (C 为任意常数),即 $G(x)=F(x)+C$. 故 $F(x)+C$ (C 为任意常数)就是 $f(x)$ 在该区间上的全体原函数.

以上定理表明,同一函数的原函数之间只相差一个常数.

3.1.2　不定积分的概念

定义 3.2　函数 $f(x)$ 的全体原函数,称为 $f(x)$ 的**不定积分**,记为 $\int f(x)\mathrm{d}x$.

如果 $F(x)$ 是 $f(x)$ 的一个原函数,则有 $\int f(x)\mathrm{d}x = F(x)+C$（$C$ 为任意常数）.其中 $\int$ 称为**积分号**,$f(x)$ 称为**被积函数**,$f(x)\mathrm{d}x$ 称为**被积表达式**,x 称为**积分变量**,C 称为**积分常数**.

寻规律　由定义 3.2 可知,求给定函数的不定积分,就是先求出它的一个原函数,再加上任意常数 C.

例 2　求下列不定积分.

(1) $\int \sin x \, \mathrm{d}x$;　　　　　　　　(2) $\int \dfrac{1}{x} \, \mathrm{d}x$.

解　(1) 因为 $(-\cos x)' = \sin x$,所以 $\int \sin x \, \mathrm{d}x = -\cos x + C$.

(2) 当 $x > 0$ 时,因为 $(\ln x)' = \dfrac{1}{x}$,所以 $\int \dfrac{1}{x} \, \mathrm{d}x = \ln x + C$.

当 $x < 0$ 时,因为 $[\ln(-x)]' = \dfrac{1}{-x}(-x)' = \dfrac{1}{x}$,所以 $\int \dfrac{1}{x}\mathrm{d}x = \ln(-x) + C$.

综上可得 $\int \dfrac{1}{x}\mathrm{d}x = \ln|x| + C$　$(x \neq 0)$.

3.1.3　不定积分的几何意义

设 $F(x)$ 是函数 $f(x)$ 的一个原函数,从几何的角度看,$y = F(x)$ 表示平面上的一条曲线,称为 $f(x)$ 的一条**积分曲线**,将这条积分曲线 $F(x)$ 沿 y 轴上下平移,就得到 $f(x)$ 的积分曲线族 $y = F(x) + C$. 这族积分曲线的特点是:当横坐标相同时,各条曲线的切线斜率相等,即切线互相平行,如图 3-1 所示.

例 3　已知曲线经过点 $(0,1)$,且其上每一点 (x,y) 处切线斜率为横坐标的两倍,求此曲线方程.

解　设所求的曲线方程为 $y = f(x)$,由题意知 $y' = 2x$,所以 $y = \int 2x\,\mathrm{d}x = x^2 + C$.

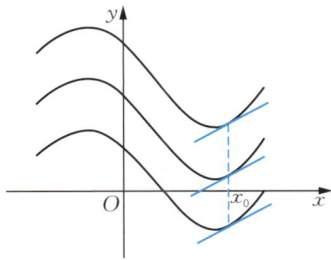

图 3-1

又因为曲线过点 $(0,1)$,有 $1 = 0^2 + C$,所以 $C = 1$.

故所求曲线方程为 $y = x^2 + 1$.

3.1.4　不定积分的性质

由不定积分的定义以及导数与不定积分的关系,可以得到不定积分的性质.

性质 1　被积函数中非零的常数因子可以移到积分号前面,即

$$\int kf(x)\mathrm{d}x = k\int f(x)\mathrm{d}x \quad (k \neq 0).$$

性质 2　两个函数代数和的不定积分,等于它们不定积分的代数和,即

$$\int [f(x) \pm g(x)]\mathrm{d}x = \int f(x)\mathrm{d}x \pm \int g(x)\mathrm{d}x.$$

此性质可推广到有限个函数的代数和的情况.

性质3 不定积分与导数(或微分)互为逆运算,即

$$\left[\int f(x)\mathrm{d}x\right]' = f(x) \quad 或 \quad \mathrm{d}\int f(x)\mathrm{d}x = f(x)\mathrm{d}x,$$

$$\int F'(x)\mathrm{d}x = F(x) + C \quad 或 \quad \int \mathrm{d}F(x) = F(x) + C.$$

小看板

1. 函数 $F(x)$ 是 $f(x)$ 的一个原函数 $\Leftrightarrow$ [＿＿＿]$'=$[＿＿＿].

2. 同一函数的原函数只相差＿＿＿＿＿＿＿＿＿.

3. 函数 $f(x)$ 的不定积分是指＿＿＿＿＿＿＿＿＿＿＿＿＿＿＿.

4. $\int f(x)\mathrm{d}x = F(x) + C \Longleftrightarrow$ [＿＿＿]$'=$[＿＿＿].

5. 同一族积分曲线的特点是:＿＿＿＿＿＿＿＿＿＿＿＿＿＿＿

＿＿＿＿＿＿＿＿＿＿＿＿＿＿＿＿＿＿＿＿＿＿＿＿＿＿＿＿.

6. 不定积分的性质有:＿＿＿＿＿＿＿＿＿＿＿＿＿＿＿＿＿＿

＿＿＿＿＿＿＿＿＿＿＿＿＿＿＿＿＿＿＿＿＿＿＿＿＿＿＿＿.

习题3.1

1. 填空题.

(1) 设 x^3 是函数 $f(x)$ 的一个原函数,则 $f(x) = $＿＿＿＿＿;

(2) 设 $F(x)$ 是 $f(x)$ 的一个原函数,则 $\int f(x)\mathrm{d}x = $＿＿＿＿＿;

(3) 若 $\int f(x)\mathrm{d}x = \arctan x + C$,则 $f(x) = $＿＿＿＿＿;

(4) 设 $F(x)$ 是 $\sqrt{1-2x}$ 的一个原函数,则 $\mathrm{d}F(x) = $＿＿＿＿＿;

(5) 若 $\int f(x)\mathrm{d}x = \mathrm{e}^{-2x} + C$,则 $f'(x) = $＿＿＿＿＿.

2. 下列各函数是不是 $f(x) = \mathrm{e}^{2x}$ 的原函数? 为什么?

(1) e^{2x};   (2) $\dfrac{1}{2}\mathrm{e}^{2x}$;   (3) $\dfrac{1}{2}\mathrm{e}^{2x} - \sqrt{3}$;   (4) $\dfrac{1}{3}\mathrm{e}^{2x}$.

3. 求下列各函数的一个原函数.

(1) $f(x) = 0$;   (2) $f(x) = C$;

(3) $f(x) = x^3$;   (4) $f(x) = 3^x$;

(5) $f(x) = \mathrm{e}^{-x}$;   (6) $f(x) = 3x^2 - x$;

(7) $f(x) = \sin x$;   (8) $f(x) = \cos x$.

4. 求下列各不定积分.

(1) $\int 2\mathrm{d}x$;   (2) $\int 2x\,\mathrm{d}x$;   (3) $\int x^2\,\mathrm{d}x$;   (4) $\int 2^x\,\mathrm{d}x$.

5. 求经过点 $(1,1)$,且切线斜率为 x^2 的曲线方程.

6. 证明函数 $x(\ln x - 1)$ 是函数 $\ln x$ 的一个原函数.

3.2　不定积分基本公式与直接积分法

【本节提示】　本节将首先给出与基本导数公式表相对应的基本积分公式表,然后介绍用直接积分法求不定积分.直接积分法是最基本的积分方法,其他各种方法最终都要归结到用直接积分法求出不定积分.因此通过本节的学习,要求能熟记基本积分公式,掌握直接积分法中的一些具体方法和技巧.

3.2.1　基本积分公式

由于求不定积分与求导互为逆运算,所以由导数的基本公式可以得到基本积分公式(表 3-1),牢记基本积分公式是计算不定积分的前提条件.

表 3-1

基 本 导 数 公 式	基 本 积 分 公 式
(1) $C' = 0$	(1) $\int 0 \mathrm{d}x = C$ (C 为常数)
(2) $(x^{\alpha})' = \alpha x^{\alpha-1}$ (α 为任意实数)	(2) $\int x^{\alpha} \mathrm{d}x = \dfrac{1}{\alpha+1} x^{\alpha+1} + C (\alpha \neq -1)$
特别地,(3) $x' = 1$	特别地,(3) $\int \mathrm{d}x = x + C$
(4) $(\sqrt{x})' = \dfrac{1}{2\sqrt{x}}$	(4) $\int \dfrac{1}{\sqrt{x}} \mathrm{d}x = 2\sqrt{x} + C$
(5) $\left(\dfrac{1}{x}\right)' = -\dfrac{1}{x^2}$	(5) $\int \dfrac{1}{x^2} \mathrm{d}x = -\dfrac{1}{x} + C$
(6) $(a^x)' = a^x \ln a (a > 0, a \neq 1)$	(6) $\int a^x \mathrm{d}x = \dfrac{1}{\ln a} a^x + C (a > 0, a \neq 1)$
特别地,(7) $(\mathrm{e}^x)' = \mathrm{e}^x$	特别地,(7) $\int \mathrm{e}^x \mathrm{d}x = \mathrm{e}^x + C$
(8) $(\ln x)' = \dfrac{1}{x}$	(8) $\int \dfrac{1}{x} \mathrm{d}x = \ln|x| + C$
(9) $(\sin x)' = \cos x$	(9) $\int \cos x \mathrm{d}x = \sin x + C$
(10) $(\cos x)' = -\sin x$	(10) $\int \sin x \mathrm{d}x = -\cos x + C$
(11) $(\tan x)' = \dfrac{1}{\cos^2 x} = \sec^2 x$	(11) $\int \sec^2 x \mathrm{d}x = \tan x + C$
(12) $(\cot x)' = -\dfrac{1}{\sin^2 x} = -\csc^2 x$	(12) $\int \csc^2 x \mathrm{d}x = -\cot x + C$
(13) $(\arcsin x)' = \dfrac{1}{\sqrt{1-x^2}} (-1 < x < 1)$	(13) $\int \dfrac{1}{\sqrt{1-x^2}} \mathrm{d}x = \arcsin x + C$
(14) $(\arctan x)' = \dfrac{1}{1+x^2}$	(14) $\int \dfrac{1}{1+x^2} \mathrm{d}x = \arctan x + C$

3.2.2 直接积分法

由已知函数求出全体原函数的方法称为**积分法**.将被积函数(经恒等变形后)直接运用不定积分的性质和基本积分公式求出不定积分的方法称为**直接积分法**.

例 4 求不定积分 $\int\left(3x^2-\dfrac{1}{2x}+2^x\mathrm{e}^x-2\right)\mathrm{d}x$.

解
$$\int\left(3x^2-\frac{1}{2x}+2^x\mathrm{e}^x-2\right)\mathrm{d}x=3\int x^2\mathrm{d}x-\frac{1}{2}\int\frac{1}{x}\mathrm{d}x+\int(2\mathrm{e})^x\mathrm{d}x-2\int\mathrm{d}x$$
$$=3\cdot\frac{1}{3}x^3-\frac{1}{2}\ln|x|+\frac{1}{\ln 2\mathrm{e}}(2\mathrm{e})^x-2x+C$$
$$=x^3-\frac{1}{2}\ln|x|+\frac{1}{\ln 2\mathrm{e}}2^x\mathrm{e}^x-2x+C.$$

例 5 求下列不定积分.

(1) $\int x\sqrt{x}\,\mathrm{d}x$; (2) $\int\dfrac{1}{\sqrt[3]{x^2}}\mathrm{d}x$.

解 (1) $\int x\sqrt{x}\,\mathrm{d}x=\int x^{\frac{3}{2}}\mathrm{d}x=\dfrac{2}{5}x^{\frac{5}{2}}+C.$

(2) $\int\dfrac{1}{\sqrt[3]{x^2}}\mathrm{d}x=\int x^{-\frac{2}{3}}\mathrm{d}x=3x^{\frac{1}{3}}+C.$

寻规律 当被积函数中含有 $\sqrt[n]{x^m}$、$\dfrac{1}{x^a}(a\neq 1)$ 等式子时,一般应将它化成幂 $\left(\sqrt[n]{x^m}=x^{\frac{m}{n}}、\dfrac{1}{x^a}=x^{-a}\right)$ 的形式,再利用幂函数的积分公式,此方法可简述为**"化 x^a 型"**.对于常见的几个幂函数的不定积分 $\int\dfrac{1}{\sqrt{x}}\mathrm{d}x$、$\int\dfrac{1}{x^2}\mathrm{d}x$ 等的结论可以作为基本公式直接运用.

例 6 求 $\int(1-\sqrt{x})^2\mathrm{d}x$.

解
$$\int(1-\sqrt{x})^2\mathrm{d}x=\int(1-2\sqrt{x}+x)\mathrm{d}x=\int\mathrm{d}x-2\int x^{\frac{1}{2}}\mathrm{d}x+\int x\mathrm{d}x$$
$$=x-2\cdot\frac{2}{3}x^{\frac{3}{2}}+\frac{1}{2}x^2+C=x-\frac{4}{3}x^{\frac{3}{2}}+\frac{1}{2}x^2+C.$$

寻规律 当被积函数为乘积、乘方时,可以先展开再进行积分运算,此方法可简述为**"先展后积"**.

例 7 求 $\int\dfrac{\mathrm{e}^{2t}-1}{\mathrm{e}^t-1}\mathrm{d}t$.

解
$$\int\frac{\mathrm{e}^{2t}-1}{\mathrm{e}^t-1}\mathrm{d}t=\int\frac{(\mathrm{e}^t-1)(\mathrm{e}^t+1)}{\mathrm{e}^t-1}\mathrm{d}t=\int(\mathrm{e}^t+1)\mathrm{d}t$$
$$=\int\mathrm{e}^t\mathrm{d}t+\int\mathrm{d}t=\mathrm{e}^t+t+C.$$

寻规律 当被积函数为一个分式时,可以先分解因式约分再进行积分运算,此方法可简述为**"先约后积"**.

例 8　求 $\displaystyle\int \sin^2\frac{x}{2}\,\mathrm{d}x$.

解　$\displaystyle\int \sin^2\frac{x}{2}\,\mathrm{d}x = \int \frac{1-\cos x}{2}\,\mathrm{d}x = \frac{1}{2}\int(1-\cos x)\,\mathrm{d}x$

$\displaystyle\qquad\qquad = \frac{1}{2}\left(\int \mathrm{d}x - \int\cos x\,\mathrm{d}x\right) = \frac{1}{2}(x-\sin x)+C.$

此题用到公式 $\cos 2x = 1 - 2\sin^2 x$.

■■ **寻规律**　当被积函数含三角函数时,常常要利用三角函数公式进行恒等变形,使其可
用基本积分公式计算.

例 9　求 $\displaystyle\int \frac{x^4}{1+x^2}\,\mathrm{d}x$.

解　$\displaystyle\int \frac{x^4}{1+x^2}\,\mathrm{d}x = \int \frac{(x^4-1)+1}{1+x^2}\,\mathrm{d}x = \int \frac{(x^2+1)(x^2-1)+1}{1+x^2}\,\mathrm{d}x$

$\displaystyle\qquad\qquad = \int(x^2-1)\,\mathrm{d}x + \int \frac{1}{1+x^2}\,\mathrm{d}x = \frac{1}{3}x^3 - x + \arctan x + C.$

例 10　求 $\displaystyle\int \frac{1}{x^2(1+x^2)}\,\mathrm{d}x$.

解　$\displaystyle\int \frac{1}{x^2(1+x^2)}\,\mathrm{d}x = \int\left(\frac{1}{x^2}-\frac{1}{x^2+1}\right)\mathrm{d}x = -\frac{1}{x}-\arctan x + C.$

■■ **寻规律**　以上两例采用了"拆项"的技巧:

(1) 当被积函数为假分式时,先进行恒等变形:假分式＝整式＋真分式;

(2)(将分母分解因式后)按分母的因式拆项.

小看板

1. 积分法是指_____.

2. 直接积分法的常用技巧有:

(1)_____;

(2)_____;

(3)_____;

(4)_____;

(5)_____.

习题 3.2

1. 选择题.

(1) 下列式子正确的是(　　).

　　A. $\displaystyle\int 2^x\,\mathrm{d}x = 2^x + C$　　　　　　B. $\displaystyle\int 2^x \mathrm{e}^x\,\mathrm{d}x = \left(\int 2^x\,\mathrm{d}x\right)\left(\int \mathrm{e}^x\,\mathrm{d}x\right)$

　　C. $\displaystyle\int xf(x)\,\mathrm{d}x = x\int f(x)\,\mathrm{d}x$　　　　D. $\displaystyle\int 3f(x)\,\mathrm{d}x = 3\int f(x)\,\mathrm{d}x$

(2) 下列运算正确的是(　　).

A. $\int x\sqrt{x}\,\mathrm{d}x=\int x^{\frac{3}{2}}\,\mathrm{d}x=\frac{3}{2}x^{\frac{1}{2}}+C$　　B. $\int\sqrt{x}\,\mathrm{d}x=\int x^{\frac{1}{2}}\,\mathrm{d}x=\frac{3}{2}x^{\frac{3}{2}}+C$

C. $\int\dfrac{\mathrm{d}x}{\sqrt{x}}=\int x^{-\frac{1}{2}}\,\mathrm{d}x=-2x^{\frac{1}{2}}+C$　　D. $\int\sqrt{x\sqrt{x}}\,\mathrm{d}x=\int x^{\frac{3}{4}}\,\mathrm{d}x=\frac{4}{7}x^{\frac{7}{4}}+C$

2. 求下列不定积分.

(1) $\int(x^2-2^x+\mathrm{e}^2)\,\mathrm{d}x$；

(2) $\int(3^x\,\mathrm{e}^x-3\sin x+1)\,\mathrm{d}x$；

(3) $\int(x-1)\sqrt{x}\,\mathrm{d}x$；

(4) $\int(\sqrt{x}-\sqrt{a})^2\,\mathrm{d}x$；

(5) $\int\dfrac{x-4}{\sqrt{x}+2}\,\mathrm{d}x$；

(6) $\int\dfrac{x^3+\sqrt{x^3}+3}{\sqrt{x}}\,\mathrm{d}x$；

(7) $\int\dfrac{\sin 2x}{\cos x}\,\mathrm{d}x$；

(8) $\int\cos^2\dfrac{x}{2}\,\mathrm{d}x$；

(9) $\int\mathrm{e}^{x-2}\,\mathrm{d}x$；

(10) $\int\dfrac{x^2+5x+6}{x+2}\,\mathrm{d}x$；

(11) $\int\dfrac{x^2}{x^2+1}\,\mathrm{d}x$；

(12) $\int\dfrac{\mathrm{d}x}{\sin^2x\cos^2x}$.

3. 已知 $\dfrac{\mathrm{d}y}{\mathrm{d}x}=x+2$，且 $y\,|_{x=2}=5$，求函数 y.

4. 已知某曲线上任一点的切线斜率等于该点横坐标平方的 3 倍，且曲线经过点 $(2,3)$，求该曲线方程.

5. 生产某产品的总成本 C 是产量 Q 的函数，已知生产 10 000 个产品的总成本是 1 200 元，边际函数 $C'(Q)=\dfrac{1}{\sqrt{Q}}+\dfrac{1}{2\,000}$，试求总成本函数 $C(Q)$.

习题 3.2
参考答案

3.3　不定积分的换元积分法

【本节提示】　本节将首先通过例子归纳出第一类换元积分法的一般思路,然后按凑微分的常见类型分别举例,最后简单介绍第二类换元积分法.由于被积函数的多样性和复杂性,换元方式也具有多样性和较大的灵活性.通过本节的学习,要求熟练掌握不定积分的凑微分法,了解第二类换元积分法.

3.3.1　第一类换元积分法(凑微分法)

正如复合函数求导时不能简单地套用基本导数公式一样,当被积函数为复合函数时,也不能简单地套用基本积分公式求积分,例如 $\int \sin 2x \, \mathrm{d}x \neq -\cos 2x + C$. 根据复合函数的求导法则,可推出下面的积分法则:

定理 3.2　如果 $\int f(x)\mathrm{d}x = F(x) + C$,则 $\int f(u)\mathrm{d}u = F(u) + C$,其中 u 是可微函数.

即对于基本积分公式应正确理解.例如公式 $\int x^\alpha \mathrm{d}x = \dfrac{1}{\alpha+1}x^{\alpha+1} + C(\alpha \neq -1)$ 也可以写为

$$\int u^\alpha \, \mathrm{d}u = \frac{1}{\alpha+1}u^{\alpha+1} + C(\alpha \neq -1).$$

其中 u 可以是自变量,也可以是 x 的可微函数 $u = u(x)$.

例如, $\int (\ln x)^2 \mathrm{d}(\ln x) = \dfrac{1}{3}(\ln x)^3 + C$, $\int \dfrac{1}{(\cos x)^2}\mathrm{d}(\cos x) = -\dfrac{1}{\cos x} + C$.

> ⚠ **注意**　当被积函数是复合函数时,只有**积分变量**等于复合函数的**中间变量**时,才能直接套用基本积分公式.

例 11　求 $\int \sin 2x \, \mathrm{d}x$.

解　$\displaystyle\int \sin 2x \, \mathrm{d}x = \frac{1}{2}\int 2\sin 2x \, \mathrm{d}x \xrightarrow{\text{凑微分}} \frac{1}{2}\int \sin 2x \, \mathrm{d}(2x)$

$\xrightarrow[\text{令}2x=u]{\text{换元}} \dfrac{1}{2}\int \sin u \, \mathrm{d}u \xrightarrow{\text{代公式}} -\dfrac{1}{2}\cos u + C \xrightarrow[u=2x]{\text{变量还原}} -\dfrac{1}{2}\cos 2x + C.$

上例是先将积分变量"凑"成被积函数中复合函数的中间变量,然后作变量代换,化为基本积分公式中的形式再求积分,最后变量还原得出结果.其一般过程表示如下:

🔳 **寻规律**　$\displaystyle\int g(x)\mathrm{d}x \xrightarrow{\text{恒等变形}} \int f[\varphi(x)]\varphi'(x)\mathrm{d}x \xrightarrow{\text{凑微分}} \int f[\varphi(x)]\mathrm{d}[\varphi(x)]$

$\xrightarrow[\text{令}\varphi(x)=u]{\text{换元}} \int f(u)\mathrm{d}u \xrightarrow{\text{由已知公式}} F(u) + C \xrightarrow[u=\varphi(x)]{\text{变量还原}} F[\varphi(x)] + C.$

以上积分方法称为**第一类换元积分法**,其主要过程是将被积表达式 $f[\varphi(x)]\varphi'(x)\mathrm{d}x$ 中的 $\varphi'(x)$ 放到微分号 $\mathrm{d}(\ )$ 里面去,变成微分式 $\mathrm{d}[\varphi(x)]$(此过程称为对函数 $\varphi'(x)$ **凑**

微分),再作变量代换 $\varphi(x)=u$,使积分式变成 $\int f(u)\mathrm{d}u$,即化为基本积分公式表里的形式,从而求出该不定积分.由于第一类换元积分法的关键步骤是凑微分,因此又将它称为"凑微分法".

例 12 求 $\int(1-2x)^{99}\mathrm{d}x$.

解 $\int(1-2x)^{99}\mathrm{d}x \xrightarrow{\text{恒等变形}} -\dfrac{1}{2}\int(1-2x)^{99}(1-2x)'\mathrm{d}x$

$\xrightarrow{\text{凑微分}} -\dfrac{1}{2}\int(1-2x)^{99}\mathrm{d}(1-2x)$

$\xrightarrow[\text{令}\,1-2x=u]{\text{换元}} -\dfrac{1}{2}\int u^{99}\mathrm{d}u \xrightarrow{\text{由已知公式}} -\dfrac{1}{200}u^{100}+C$

$\xrightarrow[u=1-2x]{\text{变量还原}} -\dfrac{1}{200}(1-2x)^{100}+C.$

运算熟练之后,对凑微分法中变量代换的步骤可以省略不写.

例 13 求 $\int\dfrac{\mathrm{d}x}{\sqrt{a^2-x^2}}$ $(a>0)$.

解 $\int\dfrac{\mathrm{d}x}{\sqrt{a^2-x^2}}=\dfrac{1}{a}\int\dfrac{\mathrm{d}x}{\sqrt{1-\left(\frac{x}{a}\right)^2}}=\int\dfrac{\mathrm{d}\left(\frac{x}{a}\right)}{\sqrt{1-\left(\frac{x}{a}\right)^2}}=\arcsin\dfrac{x}{a}+C.$

例 14 求 $\int\dfrac{\mathrm{d}x}{a^2-x^2}$ $(a\neq 0)$.

解 $\int\dfrac{\mathrm{d}x}{a^2-x^2}=\int\dfrac{\mathrm{d}x}{(a+x)(a-x)}=\dfrac{1}{2a}\int\left(\dfrac{1}{a+x}+\dfrac{1}{a-x}\right)\mathrm{d}x$

$=\dfrac{1}{2a}\left[\int\dfrac{\mathrm{d}(a+x)}{a+x}-\int\dfrac{\mathrm{d}(a-x)}{(a-x)}\right]=\dfrac{1}{2a}(\ln|a+x|-\ln|a-x|)+C$

$=\dfrac{1}{2a}\ln\left|\dfrac{a+x}{a-x}\right|+C.$

■ **寻规律** 常用凑微分: $\int f(ax+b)\mathrm{d}x=\dfrac{1}{a}\int f(ax+b)\mathrm{d}(ax+b)$ $(a\neq 0)$.

例 15 求 $\int x\sqrt{x^2-1}\,\mathrm{d}x$.

解 $\int x\sqrt{x^2-1}\,\mathrm{d}x=\dfrac{1}{2}\int\sqrt{x^2-1}\,\mathrm{d}(x^2)=\dfrac{1}{2}\int(x^2-1)^{\frac{1}{2}}\mathrm{d}(x^2-1)$

$\xrightarrow{\text{令}\,x^2-1=u} \dfrac{1}{2}\int u^{\frac{1}{2}}\mathrm{d}u=\dfrac{1}{3}u^{\frac{3}{2}}+C$

$\xrightarrow{u=x^2-1} \dfrac{1}{3}(x^2-1)^{\frac{3}{2}}+C.$

例 16 求 $\int\dfrac{\sin\sqrt{x}}{\sqrt{x}}\mathrm{d}x$.

解 $\int\dfrac{\sin\sqrt{x}}{\sqrt{x}}\mathrm{d}x=2\int\sin\sqrt{x}\,\mathrm{d}(\sqrt{x})=-2\cos\sqrt{x}+C.$

寻规律　常用凑微分：$\displaystyle\int f(x^2)x\,\mathrm{d}x=\frac{1}{2}\int f(x^2)\mathrm{d}(x^2)$；

$$\int f(\sqrt{x})\frac{1}{\sqrt{x}}\mathrm{d}x=2\int f(\sqrt{x})\mathrm{d}(\sqrt{x})；$$

$$\int f\left(\frac{1}{x}\right)\frac{1}{x^2}\mathrm{d}x=-\int f\left(\frac{1}{x}\right)\mathrm{d}\left(\frac{1}{x}\right)；$$

$$\int f(ax^n+b)x^{n-1}\mathrm{d}x=\frac{1}{an}\int f(ax^n+b)\mathrm{d}(ax^n+b).$$

例 17　求 $\displaystyle\int\frac{(\ln x)^2}{x}\mathrm{d}x$.

解　$\displaystyle\int\frac{(\ln x)^2}{x}\mathrm{d}x=\int(\ln x)^2\mathrm{d}(\ln x)=\frac{1}{3}(\ln x)^3+C.$

寻规律　常用凑微分：$\displaystyle\int f(\ln x)\frac{1}{x}\mathrm{d}x=\int f(\ln x)\mathrm{d}(\ln x).$

例 18　求 $\displaystyle\int\tan x\,\mathrm{d}x$.

解　$\displaystyle\int\tan x\,\mathrm{d}x=\int\frac{\sin x}{\cos x}\mathrm{d}x=-\int\frac{1}{\cos x}\mathrm{d}(\cos x)=-\ln|\cos x|+C.$

*例 19　求 $\displaystyle\int\csc x\,\mathrm{d}x$.

解　$\displaystyle\int\csc x\,\mathrm{d}x=\int\frac{1}{\sin x}\mathrm{d}x=\int\frac{\sin x}{\sin^2 x}\mathrm{d}x$

$$=-\int\frac{\mathrm{d}(\cos x)}{1-\cos^2 x}=-\frac{1}{2}\ln\left|\frac{1+\cos x}{1-\cos x}\right|+C$$

$$=\frac{1}{2}\ln\left|\frac{1-\cos x}{1+\cos x}\right|+C=\frac{1}{2}\ln\left|\frac{(1-\cos x)^2}{1-\cos^2 x}\right|+C$$

$$=\frac{1}{2}\ln\left|\frac{(1-\cos x)^2}{\sin^2 x}\right|+C=\ln\left|\frac{1-\cos x}{\sin x}\right|+C$$

$$=\ln|\csc x-\cot x|+C.$$

同理可得：$\displaystyle\int\sec x\,\mathrm{d}x=\ln|\sec x+\tan x|+C.$

寻规律　常用凑微分：$\displaystyle\int f(\sin x)\cos x\,\mathrm{d}x=\int f(\sin x)\mathrm{d}(\sin x)$；

$$\int f(\cos x)\sin x\,\mathrm{d}x=-\int f(\cos x)\mathrm{d}(\cos x)；$$

$${}^*\int f(\tan x)\sec^2 x\,\mathrm{d}x=\int f(\tan x)\mathrm{d}(\tan x)；$$

$${}^*\int f(\cot x)\csc^2 x\,\mathrm{d}x=-\int f(\cot x)\mathrm{d}(\cot x).$$

凑微分的形式还有很多,因为"凑微分"是微分的逆运算,所以**对某个函数凑微分就相当于对这个函数积分**.

例如 $\dfrac{1}{x^2}\mathrm{d}x=\mathrm{d}(?)$,因为 $\displaystyle\int\frac{1}{x^2}\mathrm{d}x=-\frac{1}{x}+C=\int\mathrm{d}\left(-\frac{1}{x}\right)$,所以 $\dfrac{1}{x^2}\mathrm{d}x=\mathrm{d}\left(-\dfrac{1}{x}\right)$.可见,对 $\dfrac{1}{x^2}$ 凑微分的结果就是对 $\dfrac{1}{x^2}$ 积分的结果.只要多做练习,就会熟能生巧.

3.3.2 第二类换元积分法

当被积函数中含有根式,而且不能用直接积分或凑微分法求其不定积分时,常常可以考虑用简单根式代换或三角代换等方法,将根号去掉后再进行计算,其要点是"**见根号,去根号**".先来看一个例子.

例 20 求 $\displaystyle\int \frac{1}{\sqrt{x}+1}\mathrm{d}x$.

解 令 $\sqrt{x}=t$,则 $x=t^2$,$\mathrm{d}x=2t\,\mathrm{d}t$.

$$\int \frac{1}{\sqrt{x}+1}\mathrm{d}x = \int \frac{2t}{t+1}\mathrm{d}t = 2\int \frac{(t+1)-1}{t+1}\mathrm{d}t = 2\int \left(1-\frac{1}{t+1}\right)\mathrm{d}t$$

$$= 2t - 2\ln|t+1| + C = 2\sqrt{x} - 2\ln|\sqrt{x}+1| + C.$$

上例先引入新变量 t,将 x 表示为 t 的一个连续函数 $x=\varphi(t)$,再针对新变量 t 进行积分,最后变量还原得出结果.其一般过程表示如下:

寻规律 $\displaystyle\int f(x)\mathrm{d}x \xrightarrow{\text{令}\,x=\varphi(t)} \int f[\varphi(t)]\mathrm{d}[\varphi(t)] = \int f[\varphi(t)]\varphi'(t)\mathrm{d}t$

$$\xrightarrow[]{\text{对变量}\,t\,\text{积分}} F(t) + C \xrightarrow[t=\varphi^{-1}(x)]{\text{变量还原}} F[\varphi^{-1}(x)] + C.$$

以上积分方法称为**第二类换元积分法**.

例 21 求 $\displaystyle\int \frac{\mathrm{d}x}{\sqrt{x}+\sqrt[3]{x}}$.

解 令 $t=\sqrt[6]{x}$,则 $x=t^6$,$\mathrm{d}x=6t^5\,\mathrm{d}t$.
于是

$$\int \frac{1}{\sqrt{x}+\sqrt[3]{x}}\mathrm{d}x = \int \frac{6t^5}{t^3+t^2}\mathrm{d}t = 6\int \frac{t^3}{t+1}\mathrm{d}t = 6\int \frac{(t^3+1)-1}{t+1}\mathrm{d}t$$

$$= 6\int \left(t^2-t+1-\frac{1}{t+1}\right)\mathrm{d}t$$

$$= 6\left(\frac{1}{3}t^3-\frac{1}{2}t^2+t-\ln|t+1|\right) + C$$

$$= 2\sqrt{x} - 3\sqrt[3]{x} + 6\sqrt[6]{x} - 6\ln|\sqrt[6]{x}+1| + C.$$

寻规律 以上两例中的变换称为**简单根式代换**.常用的简单根式代换有:

(1) 在 $\displaystyle\int f(\sqrt{ax+b})\mathrm{d}x$ 中,令 $\sqrt{ax+b}=t$;

(2) 在 $\displaystyle\int f(\sqrt[m]{ax+b},\sqrt[n]{ax+b})\mathrm{d}x$ 中,令 $\sqrt[k]{ax+b}=t$,其中 k 是 m、n 的最小公倍数.

*例 22 求 $\displaystyle\int \sqrt{a^2-x^2}\,\mathrm{d}x\,(a>0)$.

解 利用三角代换 $x=a\sin t$ 以及三角公式 $1-\sin^2 t=\cos^2 t$ 消去被积函数中的根号,再积分.

设 $x=a\sin t\left(-\dfrac{\pi}{2}<t<\dfrac{\pi}{2}\right)$,则 $\mathrm{d}x=a\cos t\,\mathrm{d}t$.

$$\int \sqrt{a^2-x^2}\,\mathrm{d}x = \int \sqrt{a^2-a^2\sin^2 t}\,(a\cos t)\,\mathrm{d}t = a^2\int \cos^2 t\,\mathrm{d}t$$

$$= a^2\int \frac{1+\cos 2t}{2}\,\mathrm{d}t = \frac{a^2}{2}\left(t+\frac{1}{2}\sin 2t\right)+C$$

$$= \frac{a^2}{2}(t+\sin t\cos t)+C = \frac{a^2}{2}(t+\sin t\sqrt{1-\sin^2 t}\,)+C$$

$$= \frac{a^2}{2}\left[\arcsin\frac{x}{a}+\frac{x}{a}\sqrt{1-\left(\frac{x}{a}\right)^2}\,\right]+C$$

$$= \frac{a^2}{2}\arcsin\frac{x}{a}+\frac{x}{2}\sqrt{a^2-x^2}+C.$$

*例 23　求不定积分 $\displaystyle\int \frac{\mathrm{d}x}{x^2\sqrt{1+x^2}}$.

解　利用三角代换 $x=\tan t$ 以及三角公式 $1+\tan^2 t=\sec^2 t$ 消去被积函数中的根号,再积分,最后利用直角三角形法(图 3-2)变量还原.

令 $x=\tan t$, $t\in\left(-\dfrac{\pi}{2},0\right)\cup\left(0,\dfrac{\pi}{2}\right)$, 则 $\mathrm{d}x=\sec^2 t\,\mathrm{d}t$,

$\sqrt{1+x^2}=\sqrt{1+\tan^2 t}=\sec t$.

故

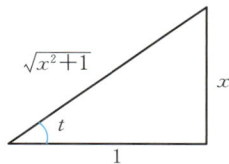

图 3-2

$$\int \frac{\mathrm{d}x}{x^2\sqrt{1+x^2}} = \int \frac{\sec^2 t\,\mathrm{d}t}{\tan^2 t\cdot\sec t} = \int \frac{\dfrac{1}{\cos t}}{\dfrac{\sin^2 t}{\cos^2 t}}\,\mathrm{d}t$$

$$= \int \frac{\cos t}{\sin^2 t}\,\mathrm{d}t = \int \frac{\mathrm{d}(\sin t)}{\sin^2 t}$$

$$= -\frac{1}{\sin t}+C = -\frac{\sqrt{1+x^2}}{x}+C.$$

■ **寻规律**　用三角代换进行积分时,变量还原可借助直角三角形直接得出结果,这样较简便.

常用三角代换以及所对应的辅助三角形见表 3-2.

表 3-2

积分类型	变量代换式	辅助三角形(用于变量还原)
$\displaystyle\int f(\sqrt{a^2-x^2})\,\mathrm{d}x$	$x=a\sin t\left(-\dfrac{\pi}{2}<t<\dfrac{\pi}{2}\right)$	
$\displaystyle\int f(\sqrt{a^2+x^2})\,\mathrm{d}x$	$x=a\tan t\left(0<t<\dfrac{\pi}{2}\right)$	
$\displaystyle\int f(\sqrt{x^2-a^2})\,\mathrm{d}x$	$x=a\sec t\left(0<t<\dfrac{\pi}{2}\right)$	

小看板

1. 第一类换元积分法的核心是 _____，因此又将第一类换元积分法称为 _____ 法.

2. 如果 $\int f(x)\mathrm{d}x = F(x)+C$，则 $\int f(u)\mathrm{d}u =$ _____ $+C$，其中 u 是可微函数.

3. 当被积函数是复合函数时,必须将积分变量"凑成" _____ ,才能直接套用基本积分公式.

4. 因为"凑微分"是微分的 _____ 运算,所以对某个函数凑微分就相当于对这个函数 _____.

5. 常见的凑微分有: _____

_____

_____

_____ .

6. 当被积函数中含有根式时,常常可以考虑用 _____ 代换或 _____ 代换,将其 _____ 去掉后再进行计算.

习题 3.3

1. 填空题.

(1) $\int \cos(\mathrm{e}^x)\mathrm{d}(\mathrm{e}^x) =$ _____ ;   (2) $\int \sin(2x+1)\mathrm{d}(2x+1) =$ _____ ;

(3) $\int \dfrac{1}{1+\mathrm{e}^{2x}}\mathrm{d}(\mathrm{e}^x) =$ _____ ;   (4) $\int (\sin^2 x + 2)\mathrm{d}(\sin x) =$ _____ ;

(5) $\int \dfrac{1}{1+x^2}\mathrm{d}(1+x^2) =$ _____ ;   (6) $\int \dfrac{1}{\ln^2 x}\mathrm{d}(\ln x) =$ _____ .

2. 凑出适当的微分(例如 $\int x\cos(1-x^2)\mathrm{d}x = -\dfrac{1}{2}\int \cos(1-x^2)\mathrm{d}(1-x^2)$).

(1) $\int \sin(6x-2)\mathrm{d}x =$ _____ $\int \sin(6x-2)\mathrm{d}$ _____ ;

(2) $\int x\sqrt{3x^2-1}\,\mathrm{d}x =$ _____ $\int \sqrt{3x^2-1}\,\mathrm{d}$ _____ ;

(3) $\int \mathrm{e}^{2x+3}\mathrm{d}x =$ _____ $\int \mathrm{e}^{2x+3}\mathrm{d}$ _____ ;

(4) $\int \dfrac{1}{x\ln x}\mathrm{d}x = \int \dfrac{1}{\ln x}\mathrm{d}$ _____ ;

(5) $\int \mathrm{e}^{2x+3}\cos \mathrm{e}^{2x+3}\mathrm{d}x =$ _____ $\int \cos \mathrm{e}^{2x+3}\mathrm{d}$ _____ ;

(6) $\int x^2 \mathrm{e}^{4x^3}\mathrm{d}x =$ _____ $\int \mathrm{e}^{4x^3}\mathrm{d}$ _____ ;

(7) $\int \dfrac{1}{x^2}\cos \dfrac{1}{x}\mathrm{d}x =$ _____ $\int \cos \dfrac{1}{x}\mathrm{d}$ _____ ;

(8) $\int \sin^3 x\,\mathrm{d}x =$ _____ $\int (1-\cos^2 x)\mathrm{d}$ _____ .

3. 求下列不定积分.

(1) $\displaystyle\int (2-x)^{20}\,\mathrm{d}x$；

(2) $\displaystyle\int \sqrt{2x-1}\,\mathrm{d}x$；

(3) $\displaystyle\int \cos\frac{x}{6}\,\mathrm{d}x$；

(4) $\displaystyle\int \sin(1-3x)\,\mathrm{d}x$；

(5) $\displaystyle\int \frac{\mathrm{d}x}{(3-2x)^3}$；

(6) $\displaystyle\int \frac{\mathrm{d}x}{\sqrt{2-3x}}$；

(7) $\displaystyle\int \frac{\mathrm{d}x}{1-x^2}$；

(8) $\displaystyle\int \frac{\mathrm{d}x}{9+x^2}$；

(9) $\displaystyle\int \frac{\mathrm{d}x}{\sqrt{9-x^2}}$；

(10) $\displaystyle\int \frac{x}{1+x^2}\,\mathrm{d}x$；

(11) $\displaystyle\int \frac{\mathrm{e}^{\frac{1}{x}}}{x^2}\,\mathrm{d}x$；

(12) $\displaystyle\int x^2 \sin 3x^3\,\mathrm{d}x$；

(13) $\displaystyle\int x^3 a^{x^4}\,\mathrm{d}x$；

(14) $\displaystyle\int x\sqrt{3x^2-1}\,\mathrm{d}x$；

(15) $\displaystyle\int x\cos(a+bx^2)\,\mathrm{d}x\,(b\neq 0)$；

(16) $\displaystyle\int \frac{x}{\sqrt{9-x^2}}\,\mathrm{d}x$；

(17) $\displaystyle\int \frac{\mathrm{d}x}{\sqrt{x}\,(1+x)}$；

(18) $\displaystyle\int \frac{\ln x}{x}\,\mathrm{d}x$；

(19) $\displaystyle\int \frac{\mathrm{e}^x}{\mathrm{e}^x+1}\,\mathrm{d}x$；

(20) $\displaystyle\int \mathrm{e}^{\sin x}\cos x\,\mathrm{d}x$；

(21) $\displaystyle\int \frac{\arctan x}{1+x^2}\,\mathrm{d}x$；

(22) $\displaystyle\int \frac{\sin x}{2\sqrt{\cos x}}\,\mathrm{d}x$.

4. 求下列不定积分.

(1) $\displaystyle\int \frac{x}{\sqrt{x-2}}\,\mathrm{d}x$；

(2) $\displaystyle\int x\sqrt{1-x}\,\mathrm{d}x$；

(3) $\displaystyle\int \frac{\mathrm{d}x}{x\sqrt{1+x}}$；

*(4) $\displaystyle\int \frac{\mathrm{d}x}{\sqrt{x^2-1}}$；

*(5) $\displaystyle\int \sqrt{1-x^2}\,\mathrm{d}x$；

*(6) $\displaystyle\int \frac{1}{\sqrt{x^2+4}}\,\mathrm{d}x$.

习题 3.3
参考答案

3.4　不定积分的分部积分法

【本节提示】　虽然换元积分法应用很广,但是当被积函数是两种不同类型的函数相乘时(例如 $\int x\mathrm{e}^x\mathrm{d}x$, $\int \mathrm{e}^x\cos x\mathrm{d}x$ 等),用换元法已不能奏效.为此将从两个函数乘积的微分公式,推导出另一种常用的积分方法——分部积分法.通过本节的学习,要求掌握分部积分公式,熟练地"选 u,凑 v".

设函数 $u=u(x)$、$v=v(x)$ 都有连续的导数,则
$$(uv)'=uv'+u'v,$$
$$uv'=(uv)'-vu'.$$
两边积分,得
$$\int uv'\mathrm{d}x=uv-\int vu'\mathrm{d}x,$$
即
$$\int u\mathrm{d}v=uv-\int v\mathrm{d}u.$$

上式称为不定积分的**分部积分公式**.当积分 $\int u\mathrm{d}v$ 不易计算,而积分 $\int v\mathrm{d}u$ 较易计算时,就可以用这个公式将两者进行转换.应用分部积分公式求积分的方法,称为**分部积分法**.

例 24　求 $\int x\cos x\mathrm{d}x$.

解　令 $u=x$, $\mathrm{d}v=\cos x\mathrm{d}x=\mathrm{d}(\sin x)$,则 $\mathrm{d}u=\mathrm{d}x$, $v=\sin x$. 于是
$$\int x\cos x\mathrm{d}x=\int x\mathrm{d}(\sin x)=x\sin x-\int \sin x\mathrm{d}x=x\sin x+\cos x+C.$$

此题若令 $u=\cos x$, $\mathrm{d}v=x\mathrm{d}x$,则运用分部积分公式后会更复杂,根本得不出答案.可见,适当地选择 u 和 $\mathrm{d}v$ 是运用分部积分公式的关键.选择 u 和 $\mathrm{d}v$ 的原则:**一是 $\int v\mathrm{d}u$ 要比 $\int u\mathrm{d}v$ 容易计算;二是 v 要容易求出**.根据此原则和解题经验,有以下结论:

寻规律　分部积分法的步骤是:"选 u、凑 v、代公式".选择 u 的口诀:反、对、幂、三、指,谁在前面谁设 u.

例如,$\int x\ln x\mathrm{d}x$ 中,被积函数是幂函数 x 与对数函数 $\ln x$ 相乘,按口诀中的顺序,对数函数排在幂函数的前面,因此设 $\ln x=u$,其余的 $x\mathrm{d}x=\mathrm{d}v$.

例 25　求 $\int x\mathrm{e}^x\mathrm{d}x$.

解　令 $u=x$, $\mathrm{d}v=\mathrm{e}^x\mathrm{d}x=\mathrm{d}(\mathrm{e}^x)$,则 $\mathrm{d}u=\mathrm{d}x$, $v=\mathrm{e}^x$.
所以 $\int x\mathrm{e}^x\mathrm{d}x=\int x\mathrm{d}\mathrm{e}^x=x\mathrm{e}^x-\int \mathrm{e}^x\mathrm{d}x=x\mathrm{e}^x-\mathrm{e}^x+C.$

解题熟练后,在分部积分公式的使用过程中,不必每次都具体写出 u 和 $\mathrm{d}v$,只要根据公式直接运算就可以了.

例 26 求 $\int x^2 \mathrm{e}^x \mathrm{d}x$.

解
$$\int x^2 \mathrm{e}^x \mathrm{d}x = \int x^2 \mathrm{d}(\mathrm{e}^x) = x^2 \mathrm{e}^x - \int \mathrm{e}^x \mathrm{d}(x^2) = x^2 \mathrm{e}^x - 2\int x \mathrm{e}^x \mathrm{d}x$$
$$= x^2 \mathrm{e}^x - 2\int x \mathrm{d}(\mathrm{e}^x) = x^2 \mathrm{e}^x - 2(x \mathrm{e}^x - \int \mathrm{e}^x \mathrm{d}x)$$
$$= x^2 \mathrm{e}^x - 2x \mathrm{e}^x + 2\mathrm{e}^x + C = (x^2 - 2x + 2)\mathrm{e}^x + C.$$

例 27 求 $\int \arctan x \mathrm{d}x$.

解
$$\int \arctan x \mathrm{d}x = x\arctan x - \int x \mathrm{d}(\arctan x) = x\arctan x - \int \frac{x}{1+x^2}\mathrm{d}x$$
$$= x\arctan x - \frac{1}{2}\int \frac{1}{1+x^2}\mathrm{d}(1+x^2) = x\arctan x - \frac{1}{2}\ln(1+x^2) + C.$$

寻规律 如果被积函数只有一个函数,有时可以直接将这个函数作为公式中的 u(此时 $\mathrm{d}v = \mathrm{d}x$),利用分部积分公式求出积分.

例 28 求 $\int \mathrm{e}^x \sin x \mathrm{d}x$.

解
$$\int \mathrm{e}^x \sin x \mathrm{d}x = \int \sin x \mathrm{d}(\mathrm{e}^x) = \mathrm{e}^x \sin x - \int \mathrm{e}^x \mathrm{d}(\sin x) = \mathrm{e}^x \sin x - \int \mathrm{e}^x \cos x \mathrm{d}x$$
$$= \mathrm{e}^x \sin x - \int \cos x \mathrm{d}(\mathrm{e}^x) = \mathrm{e}^x \sin x - \left[\mathrm{e}^x \cos x - \int \mathrm{e}^x \mathrm{d}(\cos x)\right]$$
$$= \mathrm{e}^x(\sin x - \cos x) - \int \mathrm{e}^x \sin x \mathrm{d}x.$$

移项,得
$$2\int \mathrm{e}^x \sin x \mathrm{d}x = \mathrm{e}^x(\sin x - \cos x) + C_1.$$

故
$$\int \mathrm{e}^x \sin x \mathrm{d}x = \frac{1}{2}\mathrm{e}^x(\sin x - \cos x) + C.$$

寻规律 对有些不定积分,反复运用分部积分公式后,会再次出现原来要求的积分,此时可将原式作为未知量解方程求出来.在连续多次使用分部积分公式时,应始终保持选取同类函数作为 u.

例 29 求 $\int \mathrm{e}^{\sqrt{x}} \mathrm{d}x$.

解 令 $\sqrt{x} = t$,则 $x = t^2$,$\mathrm{d}x = 2t\mathrm{d}t$,则
$$\int \mathrm{e}^{\sqrt{x}} \mathrm{d}x = \int \mathrm{e}^t \cdot 2t \mathrm{d}t = 2\int t \mathrm{d}\mathrm{e}^t = 2(t\mathrm{e}^t - \int \mathrm{e}^t \mathrm{d}t)$$
$$= 2(t\mathrm{e}^t - \mathrm{e}^t) + C = 2\mathrm{e}^{\sqrt{x}}(\sqrt{x} - 1) + C.$$

小看板

1. 当被积函数是两种不同类型的函数相乘时,常用的一种积分方法是_____.
2. 分部积分公式是_____.

3. 分部积分法的步骤是＿＿＿＿＿＿＿＿＿．

4. 选择 u 的口诀：＿＿＿＿＿＿＿＿＿＿＿＿．

5. 如果被积函数只有一个函数，有时也可以用＿＿＿＿＿＿＿＿法求出积分．

6. 常用的积分方法有：＿＿．

习题 3.4

1. 填空题．

(1) $\int x\sin x\,dx$ 中，$u=$＿＿＿＿，$v=$＿＿＿＿；

(2) $\int \ln x\,dx$ 中，$u=$＿＿＿＿，$v=$＿＿＿＿；

(3) $\int x^2\ln x\,dx$ 中，$u=$＿＿＿＿，$v=$＿＿＿＿；

(4) $\int \dfrac{\ln x}{x^2}\,dx$ 中，$u=$＿＿＿＿，$v=$＿＿＿＿；

(5) $\int x^2 e^{-x}\,dx$ 中，$u=$＿＿＿＿，$v=$＿＿＿＿；

(6) $\int x\arcsin x\,dx$ 中，$u=$＿＿＿＿，$v=$＿＿＿＿．

2. 求下列不定积分．

(1) $\int x e^{-x}\,dx$；　(2) $\int x^2 e^{-x}\,dx$；　(3) $\int x^2\ln x\,dx$；

(4) $\int \ln x\,dx$；　(5) $\int x\arctan x\,dx$；　(6) $\int \dfrac{\ln x}{x^2}\,dx$；

(7) $\int x^2\cos x\,dx$；　(8) $\int \cos\sqrt{x}\,dx$；　(9) $\int e^x\cos x\,dx$；

(10) $\int x\sin x\,dx$；　(11) $\int x^2\arctan x\,dx$；　(12) $\int x\tan^2 x\,dx$；

(13) $\int x\cos\dfrac{x}{2}\,dx$；　(14) $\int t e^{-2t}\,dt$；　(15) $\int e^{\sqrt{3x+9}}\,dx$．

3. 设函数 $f(x)$ 的一个原函数是 $\dfrac{\sin x}{x}$，求不定积分 $\int x f'(2x)\,dx$．

4. 求下列不定积分．

(1) $\int \dfrac{x\arctan x}{\sqrt{1+x^2}}\,dx$；　(2) $\int \tan^2 x\sec x\,dx$．

习题 3.4 参考答案

3.5　定积分的概念与性质

【**本节提示**】　本节将从求曲边梯形的面积和求非均匀变化的收益总量两个实例,引入定积分的概念及其几何意义,然后介绍定积分的性质.通过本节的学习,要求理解定积分的概念和几何意义,从而领会"化整为零""以直代曲,以不变代万变""积零为整""取极限引起质变"等辩证思想.

3.5.1　定积分的概念

1. 引出定积分概念的例题

例 30　求曲边梯形的面积.

在直角坐标系中,由连续曲线 $y=f(x)$、直线 $x=a$、$x=b$ 及 x 轴所围成的图形,称为**曲边梯形**.如图 3-3 所示,$AabB$ 就是一个曲边梯形,其中 x 轴上的区间 $[a,b]$ 称为曲边梯形的底,$y=f(x)$ 称为曲边梯形的曲边.

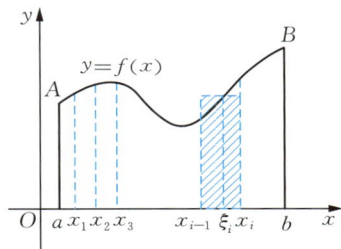

图 3-3

下面来计算图 3-3 中的曲边梯形 $AabB$ 的面积 S.

解　第一步:**分割**　用分点 $a=x_0<x_1<x_2<\cdots<x_{n-1}<x_n=b$,将区间 $[a,b]$ 分成 n 个小区间 $[x_{i-1},x_i](i=1,2,\cdots,n)$,其中第 i 个小区间的长度记为 $\Delta x_i=x_i-x_{i-1}(i=1,2,\cdots,n)$.过分点作 x 轴的垂线,将整个曲边梯形分成 n 个小曲边梯形.

第二步:**代替**　在每一个小区间 $[x_{i-1},x_i]$ 上任取一点 $\xi_i(i=1,2,\cdots,n)$,用 $f(\xi_i)$ 为高,Δx_i 为底的小矩形面积 $f(\xi_i)\Delta x_i$ 来近似代替同底的小曲边梯形的面积 ΔS_i,即

$$\Delta S_i \approx f(\xi_i)\Delta x_i \quad (i=1,2,\cdots,n).$$

第三步:**求和**　用 n 个小矩形面积之和近似代替整个曲边梯形的面积 S,即

$$S=\sum_{i=1}^{n}\Delta S_i \approx \sum_{i=1}^{n}f(\xi_i)\Delta x_i.$$

第四步:**取极限**　用 $\Delta x=\max\limits_{1\leqslant i\leqslant n}\{\Delta x_i\}$ 表示所有小区间中最大区间的长度,当 $\Delta x\to 0$(此时 $n\to+\infty$) 时,和式 S_n 的极限就是所求曲边梯形的面积 S,即

$$S=\lim_{\Delta x\to 0}\sum_{i=1}^{n}f(\xi_i)\Delta x_i.$$

例 31　求非均匀变化的收益总量.

一般企业的收入是随时流入的,设收入的变化率(即边际收益)是时间 t 的连续函数 $f(t)$,求从时刻 a 到时刻 b 这段时间内的总收益.

解　第一步:**分割**　用分点 $a=t_0<t_1<t_2<\cdots<t_{n-1}<t_n=b$,将时间段 $[a,b]$

分成 n 个小区间 $[t_{i-1}, t_i](i=1, 2, \cdots, n)$，其中第 i 个小区间的长度记为 $\Delta t_i = t_i - t_{i-1}(i=1, 2, \cdots, n)$.

第二步：代替　在每一个小区间 $[t_{i-1}, t_i]$ 上任取一点 $\xi_i(i=1, 2, \cdots, n)$. 其对应的收益的变化率为 $f(\xi_i)$，将时间段 $[t_{i-1}, t_i]$ 上的收益看成是均匀变化的，于是得到时间段 $[t_{i-1}, t_i]$ 上的收益 ΔR_i 的近似值，即

$$\Delta R_i \approx f(\xi_i)\Delta t_i \quad (i=1, 2, \cdots, n).$$

第三步：求和　将 n 段时间上的收益的近似值相加，就得到在时间段 $[a, b]$ 上的总收益的近似值，即

$$R = \sum_{i=1}^{n} \Delta R_i \approx \sum_{i=1}^{n} f(\xi_i)\Delta t_i.$$

第四步：取极限　用 $\Delta t = \max_{1 \leqslant i \leqslant n}\{\Delta t_i\}$ 表示所有小区间中最大区间的长度，当 $\Delta t \to 0$ 时（此时 $n \to +\infty$），和式 $\sum_{i=1}^{n} f(\xi_i)\Delta t_i$ 的极限就是所求非均匀变化的总收益，即

$$R = \lim_{\Delta t \to 0} \sum_{i=1}^{n} f(\xi_i)\Delta t_i.$$

还有许多实际问题，最后都是归结为求结构相同的某一和式的极限. 撇开各种问题的具体意义，就抽象概括出了定积分的概念.

2. 定积分的定义

定义 3.3　如果函数 $f(x)$ 在区间 $[a, b]$ 上有定义，用点 $a = x_0 < x_1 < x_2 < \cdots < x_{n-1} < x_n = b$ 将区间 $[a, b]$ 任意分成 n 个小区间 $[x_{i-1}, x_i](i=1, 2, \cdots, n)$，其长度为 $\Delta x_i = x_i - x_{i-1}$，在每个小区间 $[x_{i-1}, x_i]$ 上任取一点 $\xi_i(x_{i-1} \leqslant \xi_i \leqslant x_i)$，作和 $S_n = \sum_{i=1}^{n} f(\xi_i)\Delta x_i$. 如果当 n 无限增大，且 $\Delta x \to 0(\Delta x = \max_{1 \leqslant i \leqslant n}\{\Delta x_i\})$ 时，S_n 的极限存在，则称此极限为函数 $f(x)$ 在区间 $[a, b]$ 上的**定积分**，记为 $\int_a^b f(x)\mathrm{d}x$，即

$$\int_a^b f(x)\mathrm{d}x = \lim_{\Delta x \to 0} \sum_{i=1}^{n} f(\xi_i)\Delta x_i.$$

其中 $f(x)$ 称为**被积函数**，$f(x)\mathrm{d}x$ 称为**被积表达式**，x 称为**积分变量**，a 称为**积分下限**，b 称为**积分上限**，$[a, b]$ 称为**积分区间**. $\int_a^b f(x)\mathrm{d}x$ 读作"$f(x)$ 从 a 到 b 的定积分".

按定积分的定义，前面两个实例可以分别表示为：

曲边梯形的面积 $S = \int_a^b f(x)\mathrm{d}x \quad [f(x) > 0]$，其中 $f(x)$ 为曲边梯形的曲边；

非均匀变化的总收益 $R = \int_a^b f(t)\mathrm{d}t$，其中 $f(t)$ 为边际收益.

ⓘ **注意**　关于定积分的概念，有下列几点说明：

(1) $\int_a^b f(x)\mathrm{d}x$ 是一个特定结构的和式极限. 若此极限存在，则称 $f(x)$ 在区间 $[a, b]$

上可积,当 $f(x)$ 在区间 $[a,b]$ 上可积时,$\int_a^b f(x)\mathrm{d}x$ 是一个确定的值,即为常量.

(2) 决定定积分值的要素是被积函数 $f(x)$ 和积分区间 $[a,b]$,而与积分变量用什么字母表示无关,即 $\int_a^b f(x)\mathrm{d}x = \int_a^b f(t)\mathrm{d}t = \int_a^b f(u)\mathrm{d}u = \cdots$.

(3) 当 $a > b$ 时,$\int_a^b f(x)\mathrm{d}x = -\int_b^a f(x)\mathrm{d}x$,特别地,当 $a = b$ 时,$\int_a^c f(x)\mathrm{d}x = 0$.

(4) 函数 $f(x)$ 在区间 $[a,b]$ 上可积,其必要条件是 $f(x)$ 在区间 $[a,b]$ 上有界;充分条件是 $f(x)$ 在区间 $[a,b]$ 上连续.

3.5.2　定积分的几何意义

(1) 若在区间 $[a,b]$ 上函数 $f(x) \geqslant 0$,则 $\int_a^b f(x)\mathrm{d}x$ 等于以 $f(x)$ 为曲边、$[a,b]$ 为底的曲边梯形面积 S,如图 3-4 所示.

(2) 若在区间 $[a,b]$ 上函数 $f(x) \leqslant 0$,则 $\int_a^b f(x)\mathrm{d}x$ 等于以 $f(x)$ 为曲边、$[a,b]$ 为底的曲边梯形面积 S 的负数,如图 3-5 所示.

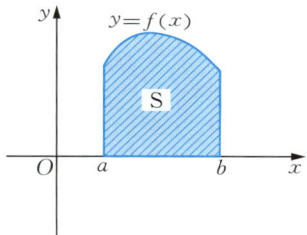

图 3-4

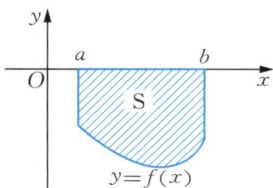

图 3-5

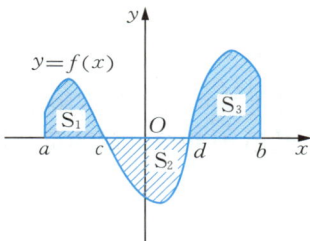

图 3-6

(3) 若在区间 $[a,b]$ 上函数 $f(x)$ 的值有正也有负,则 $\int_a^b |f(x)|\,\mathrm{d}x$ 的值等于以曲线 $f(x)$ 与直线 $x = a$、$x = b$ 及 x 轴所围成的几个小曲边梯形面积的和,如图 3-6 所示.

例 32　利用定积分的几何意义计算下列积分.

(1) $\int_0^1 3x\,\mathrm{d}x$;　　　　　　　　　　(2) $\int_{-\pi}^{\pi} \sin x\,\mathrm{d}x$.

解　(1) 如图 3-7a 所示,$\int_0^1 3x\,\mathrm{d}x$ 表示直线 $y = 3x$ 与 x 轴及直线 $x = 1$ 所围成三角形的面积,其面积等于 $\dfrac{3}{2}$,所以 $\int_0^1 3x\,\mathrm{d}x = \dfrac{3}{2}$.

(2) 如图 3-7b 所示,$\int_{-\pi}^{\pi} \sin x\,\mathrm{d}x = -S_1 + S_2$,显然面积 S_1、S_2 相等,所以 $\int_{-\pi}^{\pi} \sin x\,\mathrm{d}x = 0$.

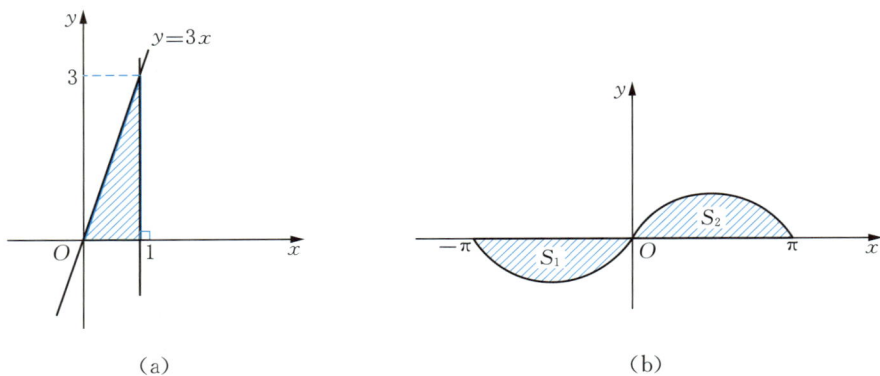

(a)

(b)

图 3-7

3.5.3 定积分的性质

设下面的函数在所讨论的区间上都可积,根据定积分的定义或定积分的几何意义可以得到以下性质.

性质 1　若被积函数 $f(x)=1$,则 $\int_a^b \mathrm{d}x = b-a$.

性质 2　$\int_a^b kf(x)\mathrm{d}x = k\int_a^b f(x)\mathrm{d}x$ (k 为常数).

性质 3　$\int_a^b [f(x)\pm g(x)]\mathrm{d}x = \int_a^b f(x)\mathrm{d}x \pm \int_a^b g(x)\mathrm{d}x$.

此性质可推广到有限个函数的代数和的情况.

性质 4(积分区间的可加性)　对任意三个实数 a、b、c,均有

$$\int_a^b f(x)\mathrm{d}x = \int_a^c f(x)\mathrm{d}x + \int_c^b f(x)\mathrm{d}x.$$

性质 5　若在区间 $[a,b]$ 上 $f(x)\leqslant g(x)$,则 $\int_a^b f(x)\mathrm{d}x \leqslant \int_a^b g(x)\mathrm{d}x$.

例如,在区间 $[0,1]$ 上,因为 $x\geqslant x^2$,所以 $\int_0^1 x\mathrm{d}x \geqslant \int_0^1 x^2\mathrm{d}x$.

*性质 6(估值定理)　若 $f(x)$ 在区间 $[a,b]$ 上有最大值 M、最小值 m,则

$$m(b-a) \leqslant \int_a^b f(x)\mathrm{d}x \leqslant M(b-a).$$

*例 33　估计定积分 $\int_{-1}^1 \mathrm{e}^{-x^2}\mathrm{d}x$ 的值.

解　先求 e^{-x^2} 在区间 $[-1,1]$ 上的最大值与最小值.

设 $f(x)=\mathrm{e}^{-x^2}$,则

$$f'(x)=(\mathrm{e}^{-x^2})'=-2x\mathrm{e}^{-x^2},$$

令 $f'(x)=0$,解得 $x=0$.

因为 $f(0)=1$,$f(-1)=f(1)=\dfrac{1}{\mathrm{e}}$,所以 $f(x)$ 在区间 $[-1,1]$ 上的最大值为 1,最

小值为 $\dfrac{1}{e}$.

由性质 6 知

$$\frac{1}{e}\left[1-(-1)\right]\leqslant \int_{-1}^{1}e^{-x^2}\,dx\leqslant 1\times\left[1-(-1)\right],$$

即

$$\frac{2}{e}\leqslant \int_{-1}^{1}e^{-x^2}\,dx\leqslant 2.$$

* 性质 7(积分中值定理)　如果函数 $f(x)$ 在闭区间 $[a,b]$ 上连续,则在区间 (a,b) 上至少存在一点 ξ,使得 $\displaystyle\int_{a}^{b}f(x)\,dx=f(\xi)(b-a)$.

通常称 $\dfrac{1}{b-a}\displaystyle\int_{a}^{b}f(x)\,dx$ 为函数 $f(x)$ 在区间 $[a,b]$ 上的**平均值**.

小看板

1. 当 $f(x)$ 在区间 $[a,b]$ 上可积时,$\displaystyle\int_{a}^{b}f(x)\,dx$ 是一个_____量.

2. 决定定积分值的要素是_____,而与_____
_____无关.

3. $\displaystyle\int_{a}^{b}f(x)\,dx=$____$\displaystyle\int_{b}^{a}f(x)\,dx$,$\displaystyle\int_{a}^{a}f(x)\,dx=$_____.

4. 曲线 $f(x)$ 与直线 $x=a$、$x=b$ 及 x 轴所围成的曲边梯形面积等于定积分_____的值.

5. 若在区间 $[a,b]$ 上 $f(x)\leqslant g(x)$,则 $\displaystyle\int_{a}^{b}f(x)\,dx$_____$\displaystyle\int_{a}^{b}g(x)\,dx$.

习题 3.5

1. 判断题.

(1) 在区间 $[a,b]$ 上,若 $f(x)\geqslant 0$,则定积分 $\displaystyle\int_{a}^{b}f(x)\,dx$ 在几何上表示由曲线 $y=f(x)$ 以及直线 $x=a$,$x=b$ 和 x 轴所围成的曲边梯形的面积. (　　)

(2) 定积分 $\displaystyle\int_{-2}^{2}\sqrt{4-x^2}\,dx$ 在几何上表示圆心为原点,半径为 2 的上半圆的面积.

(　　)

(3) $\displaystyle\int_{a}^{b}\left[\alpha f(x)-\beta g(x)\right]dx=\alpha\int_{a}^{b}f(x)\,dx-\beta\int_{a}^{b}g(x)\,dx$($\alpha$,$\beta$ 是常数). (　　)

(4) $\displaystyle\int_{a}^{b}f(x)g(x)\,dx=\int_{a}^{b}f(x)\,dx\cdot\int_{a}^{b}g(x)\,dx$. (　　)

(5) 若 $f(x)\geqslant 0$,则 $\displaystyle\int_{a}^{b}f(x)\,dx\geqslant 0$. (　　)

(6) 在区间 $[a,b]$ 上,$\left|\displaystyle\int_{a}^{b}f(x)\,dx\right|\leqslant \int_{a}^{b}\left|f(x)\right|dx$. (　　)

2. 利用定积分的几何意义填空.

(1) $\int_0^1 2\mathrm{d}x = $ _____ ; (2) $\int_0^1 2x\,\mathrm{d}x = $ _____ ;

(3) $\int_{-2}^0 (x-1)\mathrm{d}x = $ _____ ; (4) $\int_{-1}^1 |x|\,\mathrm{d}x = $ _____ ;

(5) $\int_{-1}^1 \sqrt{1-x^2}\,\mathrm{d}x = $ _____ ; (6) $\int_0^{2\pi} \sin x\,\mathrm{d}x = $ _____ .

3. 利用定积分的性质,比较下列定积分值的大小.

(1) $\int_1^2 x^2\mathrm{d}x$ 与 $\int_1^2 x^3\mathrm{d}x$; (2) $\int_0^1 \mathrm{e}^x\mathrm{d}x$ 与 $\int_0^1 \mathrm{e}^{x^2}\mathrm{d}x$;

(3) $\int_1^2 \ln x\,\mathrm{d}x$ 与 $\int_1^2 (\ln x)^2\mathrm{d}x$; (4) $\int_3^4 \ln x\,\mathrm{d}x$ 与 $\int_3^4 (\ln x)^2\mathrm{d}x$;

(5) $\int_{-\frac{\pi}{2}}^0 \sin x\,\mathrm{d}x$ 与 $\int_0^{\frac{\pi}{2}} \sin x\,\mathrm{d}x$; (6) $\int_0^{\frac{\pi}{2}} \sin x\,\mathrm{d}x$ 与 $\int_0^{\frac{\pi}{2}} \sin^2 x\,\mathrm{d}x$.

4. 设 $\int_{-1}^1 3f(x)\mathrm{d}x = 18$, $\int_{-1}^3 f(x)\mathrm{d}x = 4$, $\int_{-1}^3 g(x)\mathrm{d}x = 3$, 求:

(1) $\int_{-1}^1 f(x)\mathrm{d}x$; (2) $\int_1^3 f(x)\mathrm{d}x$;

(3) $\int_3^{-1} g(x)\mathrm{d}x$; (4) $\int_{-1}^3 \frac{1}{5}[4f(x)+3g(x)]\mathrm{d}x$.

*5. 估计下列各定积分值.

(1) $\int_1^4 (\sqrt{x}+2)\mathrm{d}x$; (2) $\int_1^2 (1-x^3)\mathrm{d}x$;

(3) $\int_e^{e^2} \ln x\,\mathrm{d}x$; (4) $\int_0^2 \mathrm{e}^{x^2-x}\mathrm{d}x$.

习题 3.5 参考答案

3.6　微积分基本定理

【本节提示】　用定积分的定义计算定积分相当困难,到 17 世纪末,牛顿和莱布尼茨分别从不同的角度找到了定积分与不定积分的联系,建立了微积分基本定理,其核心是牛顿-莱布尼茨公式,使定积分的计算从繁琐的求和式极限中解脱出来,从而使众多研究领域得到飞速发展.通过本节的学习,要求了解原函数存在定理,掌握牛顿-莱布尼茨公式.

*3.6.1　原函数存在定理

1. 变上限的定积分

设函数 $f(x)$ 在区间 $[a,b]$ 上连续,且 x 为区间 $[a,b]$ 上任意一点,则函数 $f(x)$ 在区间 $[a,x]$ 上也连续,因此,$\int_a^x f(t)\mathrm{d}t$ 存在,并且它的值随 x 的变化而变化,对于 x 在区间 $[a,b]$ 上每一个确定的值,定积分 $\int_a^x f(t)\mathrm{d}t$ 都有唯一确定的值与之对应,因此定积分 $\int_a^x f(t)\mathrm{d}t$ 是上限 x 的函数,记为

$$P(x) = \int_a^x f(t)\mathrm{d}t,\ x \in [a,b],$$

称这个函数为**变上限的定积分**或**积分上限函数**.

2. 原函数存在定理

定理 3.3　如果函数 $f(x)$ 在区间 $[a,b]$ 上连续,则 $P(x) = \int_a^x f(t)\mathrm{d}t,\ x \in [a,b]$ 是 $f(x)$ 在区间 $[a,b]$ 上的一个原函数,即

$$P'(x) = \left[\int_a^x f(t)\mathrm{d}t\right]' = f(x).$$

*证明　在上限 x 处取改变量 Δx,则

$$P(x + \Delta x) = \int_a^{x+\Delta x} f(t)\mathrm{d}t.$$

$$\Delta P = P(x + \Delta x) - P(x) = \int_a^{x+\Delta x} f(t)\mathrm{d} - \int_a^x f(t)\mathrm{d}t$$

$$= \int_a^x f(t)\mathrm{d}t + \int_x^{x+\Delta x} f(t)\mathrm{d}t - \int_a^x f(t)\mathrm{d}t = \int_x^{x+\Delta x} f(t)\mathrm{d}t.$$

由积分中值定理得

$$\Delta P = \int_x^{x+\Delta x} f(t)\mathrm{d}t = f(\xi)\Delta x\,(\xi\ 介于\ x\ 和\ x + \Delta x\ 之间),$$

即 $\dfrac{\Delta P}{\Delta x} = f(\xi).$

当 $\Delta x \to 0$ 时，$\xi \to x$，且已知 $f(x)$ 在区间 $[a,b]$ 上连续，因此

$$P'(x) = \lim_{\Delta x \to 0} \frac{\Delta P}{\Delta x} = \lim_{\xi \to x} f(\xi) = f(x).$$

■ **寻规律**　此定理表明连续函数 $f(x)$ 一定存在原函数 $P(x) = \int_a^x f(t)\,\mathrm{d}t$.

例 34　求下列函数的导数.

(1) $f(x) = \int_0^x \sqrt{t^2+1}\,\mathrm{d}t$; 　　　　　(2) $f(x) = \int_x^2 \sqrt{t^2+1}\,\mathrm{d}t$;

(3) $f(x) = \int_1^{x^2} \sqrt{t^2+1}\,\mathrm{d}t$; 　　　　　(4) $f(x) = \int_{-x}^{x^2} \mathrm{e}^t\,\mathrm{d}t$.

解　(1) $f'(x) = \left[\int_0^x \sqrt{t^2+1}\,\mathrm{d}t\right]' = \sqrt{x^2+1}$.

(2) $f'(x) = -\left[\int_2^x \sqrt{t^2+1}\,\mathrm{d}t\right]' = -\sqrt{x^2+1}$.

(3) 由于 $\int_1^{x^2} \sqrt{t^2+1}\,\mathrm{d}t$ 是 x 的复合函数，所以

$$\left[\int_1^{x^2} \sqrt{t^2+1}\,\mathrm{d}t\right]' = \sqrt{x^4+1}\,(x^2)' = 2x\sqrt{x^4+1}.$$

(4) $f'(x) = \left(\int_{-x}^0 \mathrm{e}^t\,\mathrm{d}t + \int_0^{x^2} \mathrm{e}^t\,\mathrm{d}t\right)' = -\left(\int_0^{-x} \mathrm{e}^t\,\mathrm{d}t\right)' + \left(\int_0^{x^2} \mathrm{e}^t\,\mathrm{d}t\right)'$

$\qquad = -\mathrm{e}^{-x}(-x)' + \mathrm{e}^{x^2}(x^2)' = \mathrm{e}^{-x} + 2x\,\mathrm{e}^{x^2}$.

■ **寻规律**　$\left[\int_a^{\varphi(x)} f(t)\,\mathrm{d}t\right]' = f[\varphi(x)]\varphi'(x)$.

例 35　求极限 $\lim\limits_{x \to 0} \dfrac{\int_0^{2x} \sin t\,\mathrm{d}t}{x^2}$.

解　$\lim\limits_{x \to 0} \dfrac{\int_0^{2x} \sin t\,\mathrm{d}t}{x^2} = \lim\limits_{x \to 0} \dfrac{\left(\int_0^{2x} \sin t\,\mathrm{d}t\right)'}{(x^2)'} = \lim\limits_{x \to 0} \dfrac{2\sin 2x}{2x} = 2\lim\limits_{x \to 0} \dfrac{\sin 2x}{2x} = 2.$

3.6.2　牛顿-莱布尼茨公式

定理 3.4　设函数 $f(x)$ 在区间 $[a,b]$ 上连续，$F(x)$ 是 $f(x)$ 的任一原函数，则

$$\int_a^b f(x)\,\mathrm{d}x = F(b) - F(a).$$

** **证明**　因为函数 $f(x)$ 在区间 $[a,b]$ 上连续，由原函数存在定理知 $\int_a^x f(t)\,\mathrm{d}t$ 是 $f(x)$ 的一个原函数.

又因为 $F(x)$ 也是 $f(x)$ 的一个原函数，所以 $\int_a^x f(t)\,\mathrm{d}t = F(x) + C$.

令 $x = a$，则 $\int_a^a f(t)\,\mathrm{d}t = F(a) + C = 0$，所以 $C = -F(a)$，即

$$\int_a^x f(t)\,\mathrm{d}t = F(x) - F(a).$$

再令 $x=b$，则 $\int_a^b f(t)\mathrm{d}t=F(b)-F(a)$，即

$$\int_a^b f(x)\mathrm{d}x=F(b)-F(a).$$

通常用 $F(x)\,|_a^b$ 表示 $F(b)-F(a)$，于是

$$\int_a^b f(x)\mathrm{d}x=F(x)\,|_a^b=F(b)-F(a).$$

寻规律　以上公式称为**牛顿-莱布尼茨公式**，它将定积分与不定积分紧密地联系在一起，如果要求函数 $f(x)$ 在区间 $[a,b]$ 上的定积分，只需求出函数 $f(x)$ 的某个原函数 $F(x)$，然后计算 $F(x)$ 在区间 $[a,b]$ 上的改变量 $F(b)-F(a)$ 即可.

例 36　求下列定积分.

(1) $\int_0^1 (x^2-2x+3)\mathrm{d}x$；　　(2) $\int_0^1 \dfrac{x^2}{1+x^2}\mathrm{d}x$；　　(3) $\int_{-1}^3 |2-x|\,\mathrm{d}x$.

解　(1) $\int_0^1 (x^2-2x+3)\mathrm{d}x=\left(\dfrac{1}{3}x^3-x^2+3x\right)\Big|_0^1=2\dfrac{1}{3}$.

(2) $\int_0^1 \dfrac{x^2}{1+x^2}\mathrm{d}x=\int_0^1 \dfrac{(x^2+1)-1}{1+x^2}\mathrm{d}x=\int_0^1\left(1-\dfrac{1}{1+x^2}\right)\mathrm{d}x$

$\qquad=\int_0^1\mathrm{d}x-\int_0^1\dfrac{1}{1+x^2}\mathrm{d}x=x\,|_0^1-(\arctan x)\,|_0^1$

$\qquad=1-(\arctan 1-\arctan 0)=1-\dfrac{\pi}{4}$.

(3) 因为 $|2-x|=\begin{cases}2-x,&x\leqslant 2,\\ x-2,&x>2,\end{cases}$ 所以

$\int_{-1}^3 |2-x|\,\mathrm{d}x=\int_{-1}^2 (2-x)\mathrm{d}x+\int_2^3 (x-2)\mathrm{d}x$

$\qquad=-\int_{-1}^2 (2-x)\mathrm{d}(2-x)+\int_2^3 (x-2)\mathrm{d}(x-2)$

$\qquad=-\dfrac{1}{2}(2-x)^2\,|_{-1}^2+\dfrac{1}{2}(x-2)^2\,|_2^3=-\dfrac{1}{2}(0-9)+\dfrac{1}{2}(1-0)=5.$

小看板

1. 如果函数 $f(x)$ 在区间 $[a,b]$ 上_____，则 $f(x)$ 在区间 $[a,b]$ 上必存在原函数.

2. 如果函数 $f(x)$ 在区间 $[a,b]$ 上连续，则 $\left[\int_a^x f(t)\mathrm{d}t\right]'=$_____，$x\in[a,b]$.

3. 设函数 $f(x)$ 在区间 $[a,b]$ 上_____，$F(x)$ 是 $f(x)$ 的_____，则有牛顿-莱布尼茨公式：_____.

习题 3.6

*1. 求下列函数的导数.

(1) $\int_1^x e^t \, dt$;

(2) $\int_x^1 e^{-t^2} \, dt$;

(3) $\int_0^{x^2} \sqrt{1+t} \, dt$;

(4) $\int_{x^2}^x \cos^2 t \, dt$.

*2. 求下列极限.

(1) $\lim_{x \to 0} \dfrac{\int_0^x \ln(1+t) \, dt}{x^2}$;

(2) $\lim_{x \to 0} \dfrac{\int_0^x t^2 \, dt}{\int_0^x (1 - \cos t) \, dt}$;

(3) $\lim_{x \to 0} \dfrac{\int_0^x \sin t \, dt}{x^2}$;

(4) $\lim_{x \to 0} \dfrac{\int_0^x \sin 4t \, dt}{x^2}$.

3. 求下列定积分.

(1) $\int_1^2 \left(3x^2 + \dfrac{1}{x} - \dfrac{1}{x^2} \right) dx$;

(2) $\int_4^9 \sqrt{x} \, (1 + \sqrt{x}) \, dx$;

(3) $\int_{-\frac{1}{2}}^0 (2x+1)^{99} \, dx$;

(4) $\int_0^4 |x-2| \, dx$;

(5) $\int_0^1 x \, e^{x^2} \, dx$;

(6) $\int_1^2 \dfrac{e^{\frac{1}{x}}}{x^2} \, dx$;

(7) $\int_0^1 \dfrac{x}{1+x^2} \, dx$;

(8) $\int_{-1}^1 \dfrac{x \, dx}{(x^2+1)^2}$;

(9) $\int_1^e \dfrac{dx}{x(1+\ln x)}$;

(10) $\int_{-\frac{1}{2}}^{\frac{1}{2}} \dfrac{x \, dx}{\sqrt{1-x^2}}$;

(11) $\int_0^{\frac{\pi}{2}} \cos^2 \dfrac{x}{2} \, dx$;

(12) $\int_0^{2\pi} |\sin x| \, dx$.

4. 填空题.

(1) $\int_{\frac{\pi}{3}}^{\pi} \sin\left(x + \dfrac{\pi}{3} \right) dx = $ _____;

(2) $\int_{-2}^1 \dfrac{dx}{(11+5x)^3} = $ _____;

(3) $\int_1^2 \dfrac{1}{x^2} e^{\frac{1}{x}} \, dx = $ _____;

(4) $\int_0^{\frac{\pi}{2}} \sin^5 x \cos x \, dx = $ _____;

(5) $\int_0^{\frac{\pi}{2}} \cos^4 x \sin x \, dx = $ _____;

(6) $\int_1^4 \dfrac{e^{\sqrt{x}}}{\sqrt{x}} \, dx = $ _____.

习题 3.6
参考答案

3.7　定积分的换元积分法和分部积分法

【本节提示】　除了直接利用牛顿-莱布尼茨公式计算定积分之外,计算定积分也常用到换元积分法和分部积分法.通过本节的学习,要求掌握定积分的换元积分法和分部积分法;会利用对称区间上奇(偶)函数积分的性质简化某些定积分的计算.

3.7.1　定积分的换元积分法

定理 3.5　设 $f(x)$ 在区间 $[a,b]$ 上连续,令 $x=\varphi(t)$,且 $\varphi(t)$ 在区间 $[\alpha,\beta]$ 上单调并有连续导数 $\varphi'(t)$,$\varphi(\alpha)=a$,$\varphi(\beta)=b$,则有

$$\int_a^b f(x)\mathrm{d}x=\int_\alpha^\beta f[\varphi(t)]\varphi'(t)\mathrm{d}t.$$

注意　上式称为定积分的**换元积分公式**.运用此公式求积分时应注意:**换元又换限,变量不还原.**

定积分的换元法也分为第一类换元法和第二类换元法,定积分的换元积分公式主要用于第二类换元积分,它能使运算简化.第一类换元法如果不明确写出新变量 u,就不必变换积分上、下限.

例 37　求定积分 $\int_0^1 x\mathrm{e}^{-\frac{x^2}{2}}\mathrm{d}x$.

解法一　$\int_0^1 x\mathrm{e}^{-\frac{x^2}{2}}\mathrm{d}x=-\int_0^1 \mathrm{e}^{-\frac{x^2}{2}}\mathrm{d}\left(-\frac{x^2}{2}\right)=-\mathrm{e}^{-\frac{x^2}{2}}\Big|_0^1=1-\mathrm{e}^{-\frac{1}{2}}.$

*解法二　$\int_0^1 x\mathrm{e}^{-\frac{x^2}{2}}\mathrm{d}x=-\int_0^1 \mathrm{e}^{-\frac{x^2}{2}}\mathrm{d}\left(-\frac{x^2}{2}\right).$

令 $-\frac{x^2}{2}=u$,则 $\mathrm{d}\left(-\frac{x^2}{2}\right)=\mathrm{d}u$.且当 $x=0$ 时,$u=0$;$x=1$ 时,$u=-\frac{1}{2}$.所以

$$\int_0^1 x\mathrm{e}^{-\frac{x^2}{2}}\mathrm{d}x=-\int_0^{-\frac{1}{2}} \mathrm{e}^u\mathrm{d}u=\int_{-\frac{1}{2}}^0 \mathrm{e}^u\mathrm{d}u=\mathrm{e}^u\Big|_{-\frac{1}{2}}^0=1-\mathrm{e}^{-\frac{1}{2}}.$$

例 38　求定积分 $\int_0^4 \frac{\mathrm{d}x}{1+\sqrt{x}}$.

解　令 $\sqrt{x}=t$,则 $x=t^2$,$\mathrm{d}x=2t\mathrm{d}t$.且 $x=0$ 时,$t=0$;$x=4$ 时,$t=2$.所以

$$\int_0^4 \frac{\mathrm{d}x}{1+\sqrt{x}}=\int_0^2 \frac{2t}{1+t}\mathrm{d}t=2\int_0^2 \frac{t}{1+t}\mathrm{d}t=2\int_0^2\left(1-\frac{1}{1+t}\right)\mathrm{d}t$$
$$=2\int_0^2\mathrm{d}t-2\int_0^2\frac{1}{1+t}\mathrm{d}t=[2t-2\ln(1+t)]_0^2=4-2\ln 3.$$

例 39　设函数 $f(x)$ 在区间 $[-a,a]$ 上连续,试证:

(1) 若 $f(x)$ 为偶函数,则 $\int_{-a}^a f(x)\mathrm{d}x=2\int_0^a f(x)\mathrm{d}x$;

（2）若 $f(x)$ 为奇函数，则 $\int_{-a}^{a} f(x)\mathrm{d}x = 0.$

证明　（1）因为 $f(x)$ 为偶函数，所以 $f(-x) = f(x).$ 而

$$\int_{-a}^{a} f(x)\mathrm{d}x = \int_{-a}^{0} f(x)\mathrm{d}x + \int_{0}^{a} f(x)\mathrm{d}x.$$

对于 $\int_{-a}^{0} f(x)\mathrm{d}x$ 作变量代换：$x = -t$，则 $\mathrm{d}x = -\mathrm{d}t.$ 且当 $x = -a$ 时，$t = a$；当 $x = 0$ 时，$t = 0.$ 于是

$$\int_{-a}^{0} f(x)\mathrm{d}x = \int_{a}^{0} f(-t)\mathrm{d}(-t) = -\int_{a}^{0} f(t)\mathrm{d}t = \int_{0}^{a} f(t)\mathrm{d}t = \int_{0}^{a} f(x)\mathrm{d}x,$$

所以　　　　$\int_{-a}^{a} f(x)\mathrm{d}x = \int_{0}^{a} f(x)\mathrm{d}x + \int_{0}^{a} f(x)\mathrm{d}x = 2\int_{0}^{a} f(x)\mathrm{d}x.$

（2）证明过程与（1）类似，留给读者自己完成.

上例的结论以后可以直接使用，例如

$$\int_{-\pi}^{\pi} (x^2 + \sin^5 x)\mathrm{d}x = \int_{-\pi}^{\pi} x^2 \mathrm{d}x + \int_{-\pi}^{\pi} \sin^5 x \mathrm{d}x = 2\int_{0}^{\pi} x^2 \mathrm{d}x + 0 = \frac{2}{3}x^3 \Big|_{0}^{\pi} = \frac{2}{3}\pi^3.$$

3.7.2　定积分的分部积分法

定理 3.6　若 $u = u(x)$、$v = v(x)$ 在区间 $[a, b]$ 上有连续导数，则有

$$\int_{a}^{b} u\mathrm{d}v = uv \Big|_{a}^{b} - \int_{a}^{b} v\mathrm{d}u.$$

上式称为定积分的**分部积分公式**.

例 40　求下列定积分.

(1) $\int_{0}^{1} x\mathrm{e}^x \mathrm{d}x$；　　　　　　　　　　　　　(2) $\int_{0}^{\mathrm{e}-1} \ln(1+x)\mathrm{d}x.$

解　(1) $\int_{0}^{1} x\mathrm{e}^x \mathrm{d}x = \int_{0}^{1} x\mathrm{d}\mathrm{e}^x = x\mathrm{e}^x \Big|_{0}^{1} - \int_{0}^{1} \mathrm{e}^x \mathrm{d}x = \mathrm{e} - \mathrm{e}^x \Big|_{0}^{1} = 1.$

(2) $\int_{0}^{\mathrm{e}-1} \ln(1+x)\mathrm{d}x = x\ln(1+x) \Big|_{0}^{\mathrm{e}-1} - \int_{0}^{\mathrm{e}-1} x\mathrm{d}[\ln(1+x)]$

$$= \mathrm{e} - 1 - \int_{0}^{\mathrm{e}-1} \frac{x}{1+x}\mathrm{d}x = \mathrm{e} - 1 - \int_{0}^{\mathrm{e}-1} \left(1 - \frac{1}{1+x}\right)\mathrm{d}x$$

$$= \mathrm{e} - 1 - \int_{0}^{\mathrm{e}-1} \mathrm{d}x + \int_{0}^{\mathrm{e}-1} \frac{1}{1+x}\mathrm{d}x$$

$$= \mathrm{e} - 1 - (\mathrm{e}-1) + \ln(1+x) \Big|_{0}^{\mathrm{e}-1}$$

$$= \ln(1 + \mathrm{e} - 1) - \ln 1 = 1.$$

小看板

1. 定积分的换元积分公式主要用于第_____类换元积分.

2. 运用定积分的换元积分公式时应注意：_____.

3. 设函数 $f(x)$ 在区间 $[-a, a]$ 上连续，

(1) 若 $f(x)$ 为偶函数，则 $\int_{-a}^{a} f(x)\mathrm{d}x = $ _____；

（2）若 $f(x)$ 为奇函数，则 $\int_{-a}^{a} f(x)\mathrm{d}x =$ _____.

4. 定积分的分部积分公式为 _____.

习题 3.7

1. 填空题.

（1）$\int_{3}^{8} \dfrac{x}{\sqrt{1+x}}\mathrm{d}x =$ _____;　　（2）$\int_{2}^{3} \dfrac{\sqrt{x-1}}{x}\mathrm{d}x =$ _____;

（3）$\int_{1}^{4} \dfrac{1}{1+\sqrt{x}}\mathrm{d}x =$ _____;　　（4）$\int_{0}^{4} \dfrac{1}{1+\sqrt{x}}\mathrm{d}x =$ _____.

2. 计算下列定积分.

（1）$\int_{0}^{1} \dfrac{x^{2}}{1+x^{3}}\mathrm{d}x$;　　（2）$\int_{0}^{2} \dfrac{\mathrm{d}t}{4+t^{2}}$;　　（3）$\int_{1}^{4} \dfrac{\mathrm{d}x}{\sqrt{x}\,(1+x)}$;

（4）$\int_{1}^{2} \dfrac{\sqrt{x-1}}{x}\mathrm{d}x$;　　（5）$\int_{1}^{8} \dfrac{\mathrm{d}x}{x+\sqrt[3]{x}}$;　　（6）$\int_{-1}^{1} \dfrac{\mathrm{d}x}{\sqrt{5-4x}}$.

3. 计算下列定积分.

（1）$\int_{0}^{\pi} x\cos x\,\mathrm{d}x$;　　（2）$\int_{0}^{1} x\mathrm{e}^{-x}\mathrm{d}x$;　　（3）$\int_{0}^{1} x\arctan x\,\mathrm{d}x$;

（4）$\int_{0}^{\frac{1}{2}} \arcsin x\,\mathrm{d}x$;　　（5）$\int_{1}^{5} \ln x\,\mathrm{d}x$;　　（6）$\int_{0}^{1} x^{2}\mathrm{e}^{x}\mathrm{d}x$.

4. 证明：$\int_{\frac{1}{2}}^{1} \dfrac{\mathrm{d}x}{1+x^{2}} = \int_{1}^{2} \dfrac{\mathrm{d}x}{1+x^{2}}$.

*5. 设 $f(x)$ 为连续函数，证明：

（1）如果 $f(x)$ 为偶函数，则 $\int_{0}^{x} f(u)\mathrm{d}u$ 为奇函数;

（2）如果 $f(x)$ 为奇函数，则 $\int_{0}^{x} f(u)\mathrm{d}u$ 为偶函数.

习题 3.7
参考答案

*3.8　广义积分

【本节提示】　前面所讨论的定积分,其积分区间是有限的,并且被积函数是有界的.然而在处理实际问题时,往往会遇到无穷区间上的积分和被积函数在积分区间上无界的情形,将这两类积分称为广义积分.相对于广义积分,前面所讨论的定积分称为常义积分.通过本节的学习,要求了解广义积分敛散性的概念;会求一些较简单的广义积分.

3.8.1　无限区间上的广义积分

定义 3.4　设函数 $f(x)$ 在区间 $[a, +\infty)$ 上连续,任取 $b > a$,则称 $\lim\limits_{b \to +\infty} \int_a^b f(x) \mathrm{d}x$ 为 $f(x)$ 在区间 $[a, +\infty)$ 上的广义积分,记为 $\int_a^{+\infty} f(x) \mathrm{d}x$,即

$$\int_a^{+\infty} f(x) \mathrm{d}x = \lim\limits_{b \to +\infty} \int_a^b f(x) \mathrm{d}x.$$

当 $\lim\limits_{b \to +\infty} \int_a^b f(x) \mathrm{d}x$ 存在时,称广义积分 $\int_a^{+\infty} f(x) \mathrm{d}x$ 收敛;否则称广义积分 $\int_a^{+\infty} f(x) \mathrm{d}x$ 发散.

类似地可定义:

函数 $f(x)$ 在区间 $(-\infty, b]$ 上的广义积分为

$$\int_{-\infty}^b f(x) \mathrm{d}x = \lim\limits_{a \to -\infty} \int_a^b f(x) \mathrm{d}x.$$

函数 $f(x)$ 在区间 $(\infty, +\infty)$ 上的广义积分为

$$\int_{-\infty}^{+\infty} f(x) \mathrm{d}x = \int_{-\infty}^c f(x) \mathrm{d}x + \int_c^{+\infty} f(x) \mathrm{d}x,$$

其中 c 为任意常数,当 $\int_{-\infty}^c f(x) \mathrm{d}x$ 和 $\int_c^{+\infty} f(x) \mathrm{d}x$ 都收敛时,称广义积分 $\int_{-\infty}^{+\infty} f(x) \mathrm{d}x$ 收敛;否则称广义积分 $\int_{-\infty}^{+\infty} f(x) \mathrm{d}x$ 发散.

例 41　求下列广义积分.

(1) $\int_0^{+\infty} \mathrm{e}^{-2x} \mathrm{d}x$;　　　　　　　　　(2) $\int_{-\infty}^0 \sin x \, \mathrm{d}x$.

解　(1) $\int_0^{+\infty} \mathrm{e}^{-2x} \mathrm{d}x = \lim\limits_{b \to +\infty} \int_0^b \mathrm{e}^{-2x} \mathrm{d}x = -\dfrac{1}{2} \lim\limits_{b \to +\infty} \int_0^b \mathrm{e}^{-2x} \mathrm{d}(-2x)$

$$= -\frac{1}{2} \lim\limits_{b \to +\infty} \mathrm{e}^{-2x} \Big|_0^b = -\frac{1}{2} \lim\limits_{b \to +\infty} (\mathrm{e}^{-2b} - \mathrm{e}^0) = \frac{1}{2}.$$

(2) $\int_{-\infty}^0 \sin x \, \mathrm{d}x = \lim\limits_{a \to -\infty} \int_a^0 \sin x \, \mathrm{d}x = \lim\limits_{a \to -\infty} (-\cos x) \Big|_a^0 = \lim\limits_{a \to -\infty} (-1 + \cos a),$

因为 $\lim\limits_{a\to-\infty}\cos a$ 不存在,所以广义积分 $\int_{-\infty}^{0}\sin x\,\mathrm{d}x$ 发散.

有时为了方便,可将极限直接写成定积分的上、下限形式.例如

$$\int_{0}^{+\infty}\mathrm{e}^{-2x}\,\mathrm{d}x=-\frac{1}{2}\mathrm{e}^{-2x}\Big|_{0}^{+\infty}=-\frac{1}{2}(0-1)=\frac{1}{2},$$

其中 $-\dfrac{1}{2}\mathrm{e}^{-2x}\Big|_{0}^{+\infty}$ 应理解为 $-\dfrac{1}{2}\lim\limits_{b\to+\infty}\mathrm{e}^{-2x}\Big|_{0}^{b}=-\dfrac{1}{2}\lim\limits_{b\to+\infty}(\mathrm{e}^{-2b}-\mathrm{e}^{0})$.

例 42　求广义积分 $\int_{-\infty}^{+\infty}\dfrac{1}{1+x^{2}}\,\mathrm{d}x$.

解　$\int_{-\infty}^{+\infty}\dfrac{1}{1+x^{2}}\,\mathrm{d}x=\int_{-\infty}^{0}\dfrac{1}{1+x^{2}}\,\mathrm{d}x+\int_{0}^{+\infty}\dfrac{1}{1+x^{2}}\,\mathrm{d}x$

$$=(\arctan x)\Big|_{-\infty}^{0}+(\arctan x)\Big|_{0}^{+\infty}=-\left(-\frac{\pi}{2}\right)+\frac{\pi}{2}=\pi.$$

例 43　判断广义积分 $\int_{1}^{+\infty}\dfrac{1}{x^{p}}\,\mathrm{d}x$ 的敛散性.

解　当 $p=1$ 时, $\int_{1}^{+\infty}\dfrac{1}{x^{p}}\,\mathrm{d}x=\int_{1}^{+\infty}\dfrac{1}{x}\,\mathrm{d}x=\ln x\,\Big|_{1}^{+\infty}=+\infty$;

当 $p\neq1$ 时, $\int_{1}^{+\infty}\dfrac{1}{x^{p}}\,\mathrm{d}x=\dfrac{x^{1-p}}{1-p}\Big|_{1}^{+\infty}=\begin{cases}\dfrac{1}{p-1}, & p>1,\\ +\infty, & p<1.\end{cases}$

所以当 $p>1$ 时, $\int_{1}^{+\infty}\dfrac{1}{x^{p}}\,\mathrm{d}x$ 收敛;当 $p\leqslant1$ 时, $\int_{1}^{+\infty}\dfrac{1}{x^{p}}\,\mathrm{d}x$ 发散.

寻规律　一般地,对于 $\int_{a}^{+\infty}\dfrac{1}{x^{p}}\,\mathrm{d}x(a>0)$,当 $p>1$ 时收敛,当 $p\leqslant1$ 时发散.

3.8.2　无界函数的广义积分

定义 3.5　设函数 $f(x)$ 在区间 $(a,b]$ 上连续,当 $x\to a^{+}$ 时, $f(x)\to\infty$,则称 $\lim\limits_{\varepsilon\to0}\int_{a+\varepsilon}^{b}f(x)\,\mathrm{d}x(\varepsilon>0)$ 为无界函数 $f(x)$ 在区间 $[a,b]$ 上的广义积分,记为

$$\int_{a}^{b}f(x)\,\mathrm{d}x=\lim\limits_{\varepsilon\to0}\int_{a+\varepsilon}^{b}f(x)\,\mathrm{d}x(\varepsilon>0).$$

如果 $\lim\limits_{\varepsilon\to0}\int_{a+\varepsilon}^{b}f(x)\,\mathrm{d}x(\varepsilon>0)$ 存在,则称广义积分 $\int_{a}^{b}f(x)\,\mathrm{d}x$ 收敛,否则称广义积分 $\int_{a}^{b}f(x)\,\mathrm{d}x$ 发散.

类似地可定义:

函数 $f(x)$ 在区间 $[a,b)$ 上连续,当 $x\to b^{-}$ 时, $f(x)\to\infty$,则 $f(x)$ 在区间 $[a,b]$ 上的广义积分为 $\int_{a}^{b}f(x)\,\mathrm{d}x=\lim\limits_{\varepsilon\to0}\int_{a}^{b-\varepsilon}f(x)\,\mathrm{d}x(\varepsilon>0)$.

函数 $f(x)$ 在区间 $[a,b]$ 上除 c 点外都连续,当 $x\to c$ 时, $f(x)\to\infty$,则 $f(x)$ 在区

间 $[a , b]$ 上的广义积分为 $\displaystyle\int_a^b f(x)\mathrm{d}x = \int_a^c f(x)\mathrm{d}x + \int_c^b f(x)\mathrm{d}x$.

当 $\displaystyle\int_a^c f(x)\mathrm{d}x$ 和 $\displaystyle\int_c^b f(x)\mathrm{d}x$ 都收敛时, 称广义积分 $\displaystyle\int_a^b f(x)\mathrm{d}x$ 收敛, 否则称广义积分 $\displaystyle\int_a^b f(x)\mathrm{d}x$ 发散.

例 44 求积分 $\displaystyle\int_0^1 \frac{\mathrm{d}x}{\sqrt{x}}$.

解 当 $x \to 0$ 时, $\dfrac{1}{\sqrt{x}} \to \infty$, 由定义

$$\int_0^1 \frac{\mathrm{d}x}{\sqrt{x}} = \lim_{\varepsilon \to 0} \int_\varepsilon^1 \frac{1}{\sqrt{x}}\mathrm{d}x = \lim_{\varepsilon \to 0}(2\sqrt{x})\Big|_\varepsilon^1 = \lim_{\varepsilon \to 0}(2 - 2\sqrt{\varepsilon}) = 2.$$

所以 $\displaystyle\int_0^1 \frac{\mathrm{d}x}{x}$ 收敛.

例 45 求积分 $\displaystyle\int_{-1}^1 \frac{\mathrm{d}x}{x^2}$.

解 被积函数 $\dfrac{1}{x^2}$ 在 $x \to 0$ 时无界, 由定义

$$\int_{-1}^1 \frac{\mathrm{d}x}{x^2} = \int_{-1}^0 \frac{\mathrm{d}x}{x^2} + \int_0^1 \frac{\mathrm{d}x}{x^2}.$$

因为

$$\int_{-1}^0 \frac{\mathrm{d}x}{x^2} = \lim_{\varepsilon \to 0} \int_{-1}^{-\varepsilon} \frac{\mathrm{d}x}{x^2} = \lim_{\varepsilon \to 0}\left(-\frac{1}{x}\right)\Big|_{-1}^{-\varepsilon} = +\infty,$$

所以 $\displaystyle\int_{-1}^0 \frac{\mathrm{d}x}{x^2}$ 发散, 从而广义积分 $\displaystyle\int_{-1}^1 \frac{\mathrm{d}x}{x^2}$ 也发散.

寻规律 求广义积分的步骤:

(1) 判断积分类型;

(2) 按定义将广义积分转化为常义积分取极限;

(3) 先求常义积分, 再计算极限, 确定敛散性.

小看板

1. 广义积分分为_____两类.

2. 求广义积分的步骤: (1) _____;

(2) _____;

(3) _____.

3. 广义积分 $\displaystyle\int_a^{+\infty} \frac{1}{x^p}\mathrm{d}x \ (a > 0)$, 当 $p > 1$ 时_____, 当 $p \leqslant 1$ 时_____.

习题 3.8

1. 计算下列广义积分.

(1) $\int_{-\infty}^{0} e^x \, dx$;

(2) $\int_{1}^{+\infty} \dfrac{dx}{\sqrt[3]{x}}$;

(3) $\int_{e}^{+\infty} \dfrac{dx}{x \ln^2 x}$;

(4) $\int_{1}^{+\infty} \dfrac{x}{(1+x^2)^2} \, dx$;

(5) $\int_{1}^{2} \dfrac{dx}{(x-1)^2}$;

(6) $\int_{-1}^{1} \dfrac{1}{\sqrt{1-x^2}} \, dx$.

2. 判定 $\int_{0}^{1} \dfrac{\ln x}{1-x^2} \, dx$ 的敛散性.

3. 判定 $\int_{1}^{+\infty} \dfrac{\arctan x}{x} \, dx$ 的敛散性.

习题 3.8
参考答案

应用板块

3.9　由边际函数求总经济函数

【本节提示】　在微分学中,如果对总函数(总成本、总收益、总利润等)求导,就得到其边际函数(边际成本、边际收益、边际利润等),由于积分与微分互为逆运算,所以对边际经济函数积分便可以得到总经济函数.通过本节的学习,要求能应用不定积分求总经济函数.

例46　已知某产品总产量在时刻 t 时的变化率为 $f(t)=30+12\sqrt{t}$,求该产品的总产量 Q 与时间 t 的函数关系式 $Q(t)$.

解　因为 $Q'(t)=f(t)=30+12\sqrt{t}$,所以该产品的总产量 Q 与时间 t 的函数关系式

$$Q(t)=\int Q'(t)\mathrm{d}t=\int(30+12\sqrt{t})\mathrm{d}t=30t+12\times\frac{2}{3}t^{\frac{3}{2}}+C=30t+8\sqrt{t^3}+C.$$

由于 $t=0$ 时,$Q(0)=0$,代入上式得 $C=0$.

所以该产品的总产量函数为 $Q(t)=30t+8\sqrt{t^3}\ (t\geqslant 0)$.

例47　设某产品的边际成本函数 $C'(Q)=600+2Q$(元/件),且生产 100 件产品的成本为 80 000 元,求总成本函数和固定成本.

解　总成本函数 $C(Q)$ 是边际成本函数的原函数,因此总成本函数

$$C(Q)=\int C'(Q)\mathrm{d}Q=\int(600+2Q)\mathrm{d}Q=600Q+Q^2+C.$$

因为 $C(100)=80\,000$,代入上式得 $C=10\,000$.

所以总成本函数为 $C(Q)=Q^2+600Q+10\,000(Q\in\mathbf{N})$.

固定成本为 $C(0)=10\,000$(元).

例48　已知某产品的边际收益函数 $R'(Q)=200-\frac{2}{3}Q$,求总收益函数及需求函数.

解　总收益函数

$$R(Q)=\int R'(Q)\mathrm{d}Q=\int\left(200-\frac{2}{3}Q\right)\mathrm{d}Q=200Q-\frac{1}{3}Q^2+C.$$

因为 $R(0)=0$,代入上式得 $C=0$.

所以总收益函数为 $R(Q)=200Q-\frac{1}{3}Q^2\ (Q\geqslant 0)$.

又因为

$$R(Q)=P\cdot Q=200Q-\frac{1}{3}Q^2=\left(200-\frac{1}{3}Q\right)Q,$$

所以 $P=200-\frac{1}{3}Q$.

于是需求函数为 $Q(P)=600-3P(0\leqslant P\leqslant 200)$.

例 49　设某商品的需求量是价格的函数, 即 $Q=Q(P)$, 该商品的最大需求量为 $2\,000$(即 $P=0$ 时, $Q=2\,000$), 已知边际需求函数 $Q'(P)=-2\,000\ln 3\cdot\left(\dfrac{1}{3}\right)^P$, 求该商品的需求函数.

解　需求函数为

$$Q(P)=\int Q'(P)\mathrm{d}P=\int\left[-2\,000\ln 3\cdot\left(\frac{1}{3}\right)^P\right]\mathrm{d}P$$
$$=-2\,000\ln 3\cdot\frac{1}{\ln\dfrac{1}{3}}\left(\frac{1}{3}\right)^P+C=2\,000\left(\frac{1}{3}\right)^P+C.$$

因为 $P=0$ 时, $Q=2\,000$, 代入上式得 $C=0$.

所以该商品的需求函数 $Q(P)=2\,000\left(\dfrac{1}{3}\right)^P(P\geqslant 0)$.

例 50　某工厂生产某款电视机的边际成本为 $C'(Q)=0.02Q+10$(万元/百台), 边际收益为 $R'(Q)=30-0.02Q$(万元/百台), 固定成本为 100 万元, 试求该款电视机的利润函数 $L(Q)$, 并讨论最大利润问题.

解　总成本函数

$$C(Q)=\int C'(Q)\mathrm{d}Q=\int(0.02Q+10)\mathrm{d}Q=0.01Q^2+10Q+C_1.$$

因为 $C(0)=100$, 代入上式得 $C_1=100$.

所以总成本函数为 $C(Q)=0.01Q^2+10Q+100$.

总收益函数

$$R(Q)=\int R'(Q)\mathrm{d}Q=\int(30-0.02Q)\mathrm{d}Q=30Q-0.01Q^2+C_2.$$

因为 $R(0)=0$, 代入上式得 $C_2=0$.

所以总收益函数 $R(Q)=30Q-0.01Q^2$.

于是该款电视机的总利润函数为

$$L(Q)=R(Q)-C(Q)=30Q-0.01Q^2-(0.01Q^2+10Q+100)$$
$$=-0.02Q^2+20Q-100(Q\geqslant 0).$$

令 $L'(Q)=-0.04Q+20=0$, 解得 $Q=500$(百台).

因为 $L''(Q)=-0.04<0$, 所以 $Q=500$ 时, 利润最大, 其值为

$$L(500)=-0.02\times 500^2+20\times 500-100=4\,900\text{(万元)}.$$

即该款电视机的产量为 5 万台时, 能获得最大利润 $4\,900$ 万元.

小看板

已知边际经济函数 $f'(x)$, 要求经济函数 $f(x)$, 就是对边际经济函数求_____, 即 $f(x)=$_____. 求出上式后, 再由已知的初始条件, 确定出_____的值, 从而得到所要求的经济函数.

习题 3.9

1. 已知某产品产量为 x 件时总费用 $F(x)$ 的变化率为 $f(x)=0.6x-5$ (万元/件),且 $F(0)=85$ (万元),求总费用函数 $F(x)$.

2. 已知某产品的边际成本为 $180Q^{-\frac{1}{3}}$,且生产 $1\,000$ 件的成本为 $29\,000$ 元,求该产品的成本函数 $C(Q)$ 和固定成本.

3. 已知某产品的平均单位收益变化率为 -0.01,且生产 100 件时,平均收益为 199 元,求总收益函数 $R(Q)$.

4. 已知销售某种医疗设备的边际收益函数为 $6Q-Q^2$ (万元/万台),其中 Q 为销售量,试求该设备的总收益函数和收益最大时的销售量和最大收益.

5. 已知某商品的边际收益函数为 $5-Q$,其中 Q 为销售量,试求该商品的总收益函数 $R(Q)$、平均收益函数 $\bar{R}(Q)$ 以及需求函数 $Q(P)$.

6. 某电器商场销售某款手机,其边际收益 $R'(Q)=800-Q$ (元/部),边际成本 $C'(Q)=\dfrac{1}{2}Q+200$ (元/部),固定成本为 2 万元.求:

(1) 总成本函数 $C(Q)$;

(2) 总收益函数 $R(Q)$;

(3) 总利润函数 $L(Q)$;

(4) 该款手机销量为多少时利润最大;

(5) 获得最大利润时的手机价格是多少.

习题 3.9
参考答案

3.10　由边际函数求经济总量及其改变量

【本节提示】　如果已知某经济量的变化率（即边际经济函数），需要求该经济函数在某一条件下的经济总量或某一时期、某一区间内的经济改变量，则用定积分来解决较方便.通过本节的学习，要求能应用定积分求经济总量及其改变量.

例 51　已知某玩具厂生产的某款遥控车，其总产量的变化率 $Q'(t) = -\dfrac{3}{5}t^2 + 2t + 80$（万辆/年），求前 5 年的总产量.

解　总产量 $Q(t)$ 是变化率 $Q'(t)$ 的原函数，因此，从开始到第 5 年末的总产量

$$Q(5) - Q(0) = \int_0^5 Q'(t)\,dt = \int_0^5 \left(-\frac{3}{5}t^2 + 2t + 80 \right) dt$$

$$= \left(-\frac{1}{5}t^3 + t^2 + 80t \right) \Big|_0^5 = 400（万辆）.$$

即前 5 年的总产量为 400 万辆.

例 52　已知生产某款服装的边际成本函数 $C'(Q) = 600 - 2Q$（元/件），且固定成本为 1 万元，求该款服装产量为 100 件时的总成本；并求产量从 100 件再增加 100 件时，需要追加多少投资.

解　固定成本为 $C(0) = 10\,000$（元）.

由公式 $\int_0^{100} C'(Q)\,dQ = C(100) - C(0)$，得到

$$C(100) = \int_0^{100} C'(Q)\,dQ + C(0) = \int_0^{100} (600 - 2Q)\,dQ + C(0)$$

$$= (600Q - Q^2) \Big|_0^{100} + 10\,000 = 60\,000（元）.$$

即该款服装产量为 100 件时的总成本是 6 万元.

因为

$$C(200) - C(100) = \int_{100}^{200} C'(Q)\,dQ = \int_{100}^{200} (600 - 2Q)\,dQ$$

$$= (600Q - Q^2) \Big|_{100}^{200} = 30\,000（元），$$

所以该款服装产量从 100 件再增加 100 件时，需要追加投资 3 万元.

例 53　已知生产某款游戏机 x 台时的边际收益 $R'(x) = 50 - x$（元/台），求

(1) 生产 10 台游戏机时的总收益及平均收益；

(2) 游戏机从 10 台增加到 20 台时，总收益的变化以及对应的平均收益.

解　(1) 因为 $R'(x) = 50 - x$，所以

$$R(10) = \int_0^{10} R'(x)\,dx + R(0) = \int_0^{10} (50 - x)\,dx + 0$$

$$=\left(50x-\frac{1}{2}x^2\right)\Big|_0^{10}=450（元）.$$

$$\bar{R}(10)=\frac{R(10)}{10}=45（元/台）.$$

即生产 10 台游戏机时的总收益为 450 元,平均收益为每台 45 元.

(2) 游戏机从 10 台增加到 20 台时,

$$R(20)-R(10)=\int_{10}^{20}R'(x)\mathrm{d}x=\int_{10}^{20}(50-x)\mathrm{d}x=\left(50x-\frac{1}{2}x^2\right)\Big|_{10}^{20}=350（元）,$$

$$\overline{\Delta R}=\frac{\Delta R}{20-10}=\frac{350}{10}=35（元/台）,$$

即该款游戏机从 10 台增加到 20 台时,总收益增加 350 元,平均收益为每台 35 元.

小看板

1. 已知边际经济函数 $f'(x)$,要求经济函数 $f(x)$,则用_____来解决较方便.

2. 已知边际经济函数,要求该经济函数在某一条件下的_____或某一时期、某一区间内的_____,则用_____来解决较方便.

习题 3.10

1. 某厂生产的某款一次性水杯,其总产量的变化率 $Q'(t)=6t+10$（万个/年）,求该款水杯从第 5 年末到第 10 年末的总产量.

2. 已知销售某款豆浆机的边际收入 $R'(Q)=300-\frac{2}{5}Q$（元/件）,求该款豆浆机的销量从 100 件增加到 300 件时所得的销售收入.

3. 已知某厂生产某种化肥的边际成本为 $C'(Q)=100+\frac{50}{\sqrt{Q}}$（元/t）,求当化肥产量从 10 000 t 增加到 40 000 t 时,需要增加多少成本.并求此时平均每 t 要增加多少成本.

4. 已知某产品的边际成本 $C'(Q)=3+Q$（万元/百台）,边际收益 $R'(Q)=15-Q$（万元/百台）,试求:

(1) 产量 Q 从 200 台增加到 300 台时,总成本和总收益各增加多少?

(2) 产量为多少时可获得最大利润?

(3) 在最大利润产量基础上再生产 100 台,总利润会发生什么变化?

习题 3.10 参考答案

*3.11 资本现值与投资问题

【本节提示】 本节将介绍投资期内总收入的现值及投资纯收入的贴现值等问题.通过本节的学习,要求会应用定积分对某些投资问题做出分析.

如果已知现有本金 P_0 元,以年利率 r 的连续复利计算,则 t 年末的本利和 $P_t = P_0 e^{rt}$. 反之,如果已知某项货币资金 t 年后的本利和为 A 元,按年利率 r 的连续复利计算,则现在应有资金 $P_0 = A e^{-rt}$,称 P_0 为**资本现值**,即在一定的利率水平下,未来某一时刻的一笔资金折合成现在时刻的价值.

设在时间区间 $[0, T]$ 内,时刻 t 的收益率或收益流量(即单位时间内的收入)为 $f(t)$,按年利率 r 的连续复利计算,则在时间区间 $[t, t+dt](\subset [0, T])$ 内的收益现值为 $[f(t)dt]e^{-rt} = f(t)e^{-rt}dt$,从而时间区间 $[0, T]$ 内得到的总收益现值为

$$R = \int_0^T f(t) e^{-rt} dt.$$

特别地,当收益流量为常数 a(称为均匀收益流量)时,总收益现值为

$$R = \int_0^T a e^{-rt} dt = \frac{a}{r}(1 - e^{-rT}).$$

进行某项投资后,将投资期内总收益的现值与总投资的差额称为该项投资**纯收益的(贴)现值**,即

纯收益的(贴)现值 L = 总收益的现值 R − 总投资 C.

当总收益的现值 R 与总投资额 C 相等时,正好收回投资.此时对均匀收益率的投资项目有 $\frac{a}{r}(1 - e^{-rT}) = C$,由此解得收回投资的时间为

$$T = \frac{1}{r} \ln \frac{a}{a - Cr}.$$

例 54 设某项投资连续 3 年内保持收益为 10 000(元/年),且连续复利的年利率稳定在 6.5%,问其收益现值是多少?

解 由题设知 $a = 10\,000$, $r = 0.065$, $T = 3$,代入现值公式

$$R = \frac{a}{r}(1 - e^{-rT}) = \frac{10\,000}{0.065}(1 - e^{-0.065 \times 3}) \approx 27\,255(\text{元}).$$

即该项投资的收益现值为 27 255 元.

例 55 已知某企业计划购置一批设备,现在需要投入 200 万元,在 10 年中每年收益为 50 万元(设该批设备 10 年后完全失去价值).如果连续年利率为 10%,求 10 年期间

(1) 总收益的现值;

(2) 纯收益的(贴)现值;

(3) 投资回收期.

解　已知条件: $C=200$(万元), $a=50$(万元), $r=0.1$, $T=10$(年).

由已知公式可得:

(1) 该项投资总收益的现值为

$$R=\frac{a}{r}(1-e^{-rT})=\frac{50}{0.1}(1-e^{-0.1\times10})\approx316.06\text{(万元)}.$$

(2) 纯收益的(贴)现值为

$$L=R-C=316.06-200=116.06\text{(万元)}.$$

(3) 投资回收期为

$$T=\frac{1}{r}\ln\frac{a}{a-Cr}=\frac{1}{0.1}\ln\frac{50}{50-200\times0.1}\approx5.1\text{(年)}.$$

***例 56**　某投资公司做一笔投资,如果投资成本为 1 亿元,每年均匀收益 1 千万元,投资年利率为 5%,试求该投资为无限期时的纯收益的(贴)现值.

解　已知条件: $C=10\,000$(万元), $a=1\,000$(万元), $r=0.05$, $T=+\infty$.

于是无限期的总收益现值为

$$R=\int_0^{+\infty}ae^{-rt}\,dt=\int_0^{+\infty}1\,000e^{-0.05t}\,dt=\lim_{b\to+\infty}\int_0^b1\,000e^{-0.05t}\,dt$$

$$=\lim_{b\to+\infty}\frac{1\,000}{0.05}[1-e^{-0.05b}]=\frac{1\,000}{0.05}=20\,000\text{(万元)}.$$

纯收益的(贴)现值为

$$L=R-C=20\,000-10\,000=10\,000\text{(万元)}.$$

即该投资为无限期时的纯收益的(贴)现值是 1 亿元.

小看板

1. 对于均匀收益流量的投资,其总收益现值 $R=$ ＿＿＿＿＿＿＿＿.其中, a 表示 ＿＿＿＿＿, r 表示＿＿＿＿, T 表示＿＿＿＿.

2. 对于均匀收益流量的投资,其回收期 $T=$ ＿＿＿＿＿＿＿＿.其中, C 表示＿＿＿＿.

3. 纯收益的(贴)现值 $L=$ ＿＿＿＿＿＿＿＿＿＿.

习题 3.11

1. 已知某投资总额为 100 万元,在 10 年中每年可获收益 20 万元,年利率为 5%,试求:

(1) 该投资的纯收益的(贴)现值;

(2) 回收该项投资的时间.

2. 小王购买一套价值 60 万元的住房,向银行申请贷款 40 万元,分 20 年等额付清,年利率为 5%,按连续复利计算,问他每年应向银行付款多少元?

3. 已知某企业按年利率 10%(连续复利)贷款 100 万元购买某设备,该设备 10 年后完全失去价值,在 10 年中公司每年收入为 b 万元,试求:

(1) b 为何值时,公司不会亏本?

(2) $b = 20$ 万元时,纯收益的(贴)现值.

*4. 某投资公司做一笔投资,如果投资成本为 2 亿元,每年均匀收益 2 千万元,投资年利率为 4%,试求该投资为无限期时的纯收益的(贴)现值.

习题 3.11
参考答案

*3.12 定积分在几何上的应用

【本节提示】　由定积分的几何意义可知,平面图形的面积可以转化为定积分来计算.通过本节的学习,要求能应用定积分求出各种平面图形的面积.

3.12.1　平面图形的面积问题

1. **X-型区域的面积**

如图 3-8 所示,由连续曲线 $y=f(x)$、$y=g(x)$ 与直线 $x=a$、$x=b$ 所围成的图形(称为 **X-型区域**),当 $f(x) \geqslant g(x)$ 时,其面积为 $S = \int_a^b f(x)\mathrm{d}x - \int_a^b g(x)\mathrm{d}x$.

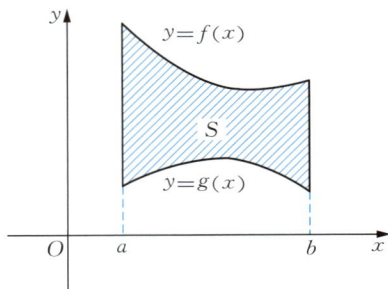

图 3-8

于是得到 **X-型区域**的面积公式: $S = \int_a^b [f(x) - g(x)]\mathrm{d}x$.

2. **Y-型区域的面积**

如图 3-9 所示,由连续曲线 $x=\varphi(y)$、$x=\psi(y)$ 与直线 $y=c$、$y=d$ 所围成的图形(称为 **Y-型区域**),当 $\varphi(y) \geqslant \psi(y)$ 时,其面积为 $S = \int_c^d \varphi(y)\mathrm{d}y - \int_c^d \psi(y)\mathrm{d}y$.

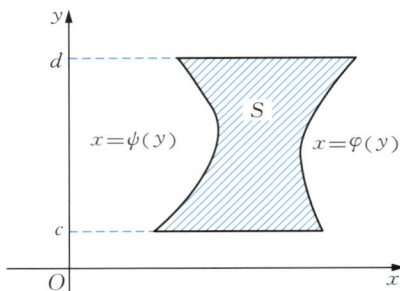

图 3-9

于是得到 **Y-型区域**的面积公式: $S = \int_c^d [\varphi(y) - \psi(y)]\mathrm{d}y$.

例 57　求抛物线 $y=x^2-1$ 与直线 $x=-2$ 及 $y=0$ 所围成的平面图形的面积.

解　作出所求区域的图形(图 3-10),

由 $\begin{cases} y=x^2-1, \\ y=0 \end{cases}$ 解得抛物线 $y=x^2-1$ 与 x 轴的交点坐标:$(-1,0)$,$(1,0)$.

所求图形的面积为

$$S = S_1 + S_2 = \int_{-2}^{-1} [(x^2-1)]\mathrm{d}x - \int_{-1}^{1} (x^2-1)\mathrm{d}x$$

$$= \left(\frac{1}{3}x^3 - x\right)\Big|_{-2}^{-1} + \left(x - \frac{1}{3}x^3\right)\Big|_{-1}^{1} = \frac{8}{3}.$$

例 58　求曲线 $y=x^3$ 与直线 $y=x$ 所围成的平面图形的面积.

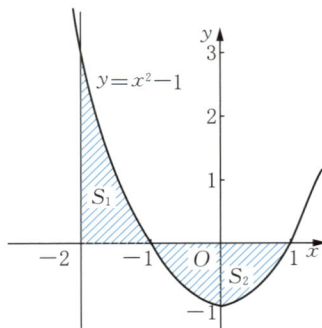

图 3-10

解　作所求区域的平面图形(图 3-11).

求解方程组 $\begin{cases} y=x^3, \\ y=x, \end{cases}$ 得交点坐标：$(-1,-1)$，

$(0,0)$，$(1,1)$.

由图形的对称性得所求面积为

$$S=2\int_0^1(x-x^3)\mathrm{d}x=2\left(\frac{1}{2}x^2-\frac{1}{4}x^4\right)\Big|_0^1$$

$$=2\left(\frac{1}{2}-\frac{1}{4}\right)=\frac{1}{2}.$$

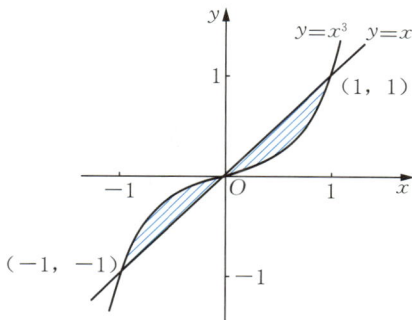

图 3-11

例 59　求曲线 $y^2=2x$ 与直线 $y=x-4$ 所围成的平面图形的面积.

解　作所求区域的平面图形(图 3-12).

解方程组 $\begin{cases} y^2=2x, \\ y=x-4, \end{cases}$ 得交点坐标：$A(2,-2)$，

$B(8,4)$.

为使计算简便,所求面积的图形可视为 Y-型区域,

即视为由曲线 $x=\dfrac{y^2}{2}$ 与直线 $x=y+4$ 所围成的平面图

形面积,于是有

$$S=\int_{-2}^4\left[(y+4)-\frac{y^2}{2}\right]\mathrm{d}y$$

$$=\left(\frac{1}{2}y^2+4y-\frac{1}{6}y^3\right)\Big|_{-2}^4=18.$$

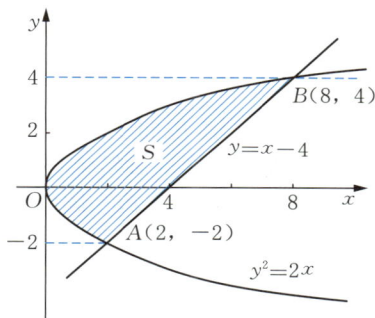

图 3-12

■ **寻规律**　求平面图形面积的基本步骤:

(1) 求交点、画草图(选择积分变量,确定积分上、下限);

(2) 写出面积表达式(用定积分表示);

(3) 计算面积(求定积分).

3.12.2　旋转体的体积

旋转体是指一个平面图形绕此平面内的一条直线旋转而成的几何体,这条直线叫做**旋转轴**.

求由连续曲线 $y=f(x)[f(x)\geqslant 0]$ 和直线 $x=a$、$x=b$ 及 x 轴所围成的曲边梯形,绕 x 轴旋转一周所成的旋转体体积.

如图 3-13 所示,此旋转体介于区间 $[a,b]$ 上,故选 x 为积分变量,积分区间为 $[a,b]$. 在区间 $[a,b]$ 上任取一个微区间 $[x,x+\mathrm{d}x]$,得到一个厚度为 $\mathrm{d}x$ 的非常薄的微小旋转体,它的体积可以用以 $f(x)$ 为底面圆半径、$\mathrm{d}x$ 为高的小圆柱体的体积近似代替,得**体积微元**为 $\mathrm{d}V=\pi[f(x)]^2\mathrm{d}x$.

于是所求的体积为

$$V_x=\pi\int_a^b[f(x)]^2\mathrm{d}x. \tag{3-1}$$

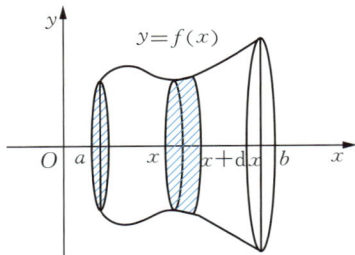

图 3-13

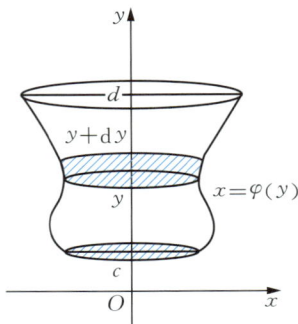

图 3-14

类似地,由曲线 $x = \varphi(y)$ 和直线 $y = c$、$y = d$ 及 y 轴所围成的曲边梯形绕 y 轴旋转一周而成的旋转体(图 3-14)体积为

$$V_y = \pi \int_c^d [\varphi(y)]^2 \mathrm{d}y. \tag{3-2}$$

例 60 求由曲线 $y = x^2$ 和直线 $x = 1$ 及 x 轴所围成的平面图形绕 x 轴旋转一周的旋转体体积.

解 绕 x 轴旋转一周的旋转体如图 3-15 所示,选 x 为积分变量,积分区间为 $[0, 1]$,由式(3-1)得所求旋转体的体积为

$$V = \pi \int_0^1 (x^2)^2 \mathrm{d}x = \frac{\pi}{5} x^5 \bigg|_0^1 = \frac{\pi}{5}.$$

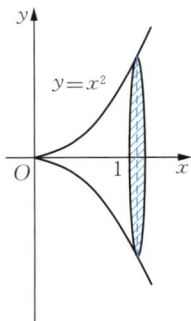

图 3-15

例 61 求由曲线 $y = \sqrt{x}$ 和直线 $y = 1$ 及 y 轴所围成的平面图形绕 y 轴旋转一周所成的旋转体体积.

解 绕 y 轴旋转一周的旋转体如图 3-16 所示,选 y 为积分变量,积分区间为 $[0, 1]$,由式(3-2)得所求旋转体的体积为

$$V = \pi \int_0^1 (y^2)^2 \mathrm{d}y = \frac{\pi}{5} y^5 \bigg|_0^1 = \frac{\pi}{5}.$$

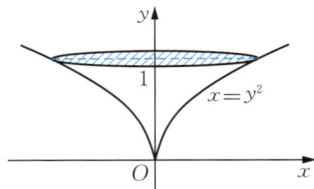

图 3-16

例 62 求由曲线 $y = x^2$ 和 $x = y^2$ 所围成的平面图形(图 3-17)绕 x 轴旋转一周的旋转体体积.

解法一 设所求体积为 V,由于上边界为 $x = y^2$,下边界为 $y = x^2$,则所求的体积为:以 $x = 1$、$y = 0$ 和 $y = \sqrt{x}$ 所围成的平面图形绕 x 轴旋转一周的旋转体体积与以 $x = 1$、$y = 0$ 和 $y = x^2$ 所围成的平面图形绕 x 轴旋转一周的旋转体体积之差.由式(3-1)得

$$V = V_1 - V_2 = \pi \int_0^1 (\sqrt{x})^2 \mathrm{d}x - \pi \int_0^1 (x^2)^2 \mathrm{d}x$$

$$= \frac{\pi}{2} x^2 \bigg|_0^1 - \frac{\pi}{5} x^5 \bigg|_0^1 = \frac{3}{10} \pi.$$

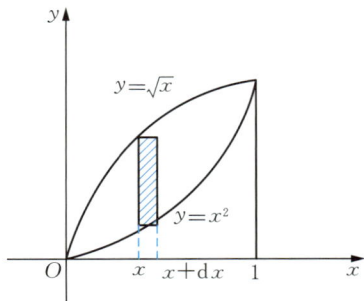

图 3-17

解法二　选 x 为积分变量,积分区间为 $[0,1]$,取微区间 $[x,x+\mathrm{d}x](\subset[0,1])$.在微区间 $[x,x+\mathrm{d}x]$ 上,用小矩形近似代替小曲边图形,这就意味着此小曲边图形绕 x 轴旋转一周的旋转体体积可用这个小矩形绕 x 轴旋转一周的空心圆柱体体积近似代替,因此,求得体积微元为

$$\mathrm{d}V=[\pi(\sqrt{x})^2-\pi(x^2)^2]\mathrm{d}x=\pi(x-x^4)\mathrm{d}x.$$

积分,得

$$V=\int_0^1\pi(x-x^4)\mathrm{d}x=\pi\left(\frac{1}{2}x^2-\frac{1}{5}x^5\right)\Big|_0^1=\frac{3}{10}\pi.$$

寻规律　求旋转体体积的基本步骤:
(1) 算出体积微元 $\mathrm{d}V=\pi[f(x)]^2\mathrm{d}x$;
(2) 以体积微元 $\mathrm{d}V=\pi[f(x)]^2\mathrm{d}x$ 为被积表达式在区间 $[a,b]$ 上求定积分,即为旋转体体积.

小看板

1. X-型区域的面积公式:＿＿＿＿＿＿＿＿＿＿＿＿＿＿＿＿＿＿＿.
2. Y-型区域的面积公式:＿＿＿＿＿＿＿＿＿＿＿＿＿＿＿＿＿＿＿.
3. 求平面图形面积的基本步骤:
(1)＿＿＿＿＿＿＿＿＿＿＿＿＿＿＿＿＿＿＿＿＿＿＿＿＿;
(2)＿＿＿＿＿＿＿＿＿＿＿＿＿＿＿＿＿＿＿＿＿＿＿＿＿;
(3)＿＿＿＿＿＿＿＿＿＿＿＿＿＿＿＿＿＿＿＿＿＿＿＿＿.
4. 求旋转体体积的基本步骤:
(1)＿＿＿＿＿＿＿＿＿＿＿＿＿＿＿＿＿＿＿＿＿＿＿＿＿;
(2)＿＿＿＿＿＿＿＿＿＿＿＿＿＿＿＿＿＿＿＿＿＿＿＿＿.

习题 3.12

1. 求由下列曲线所围成的平面图形的面积.
(1) $y=x^2$, $y=x+2$;
(2) $y=\frac{1}{x}(x>0)$, $y=x$, $x=2$;
(3) $y=\mathrm{e}^x$, $x=1$ 及 x 轴,y 轴;
(4) $y=x^2$, $y^2=x$;
(5) $y=\frac{x^2}{2}$, $x-y+4=0$;
(6) $x=2y^2$, $x-2y-4=0$.

2. 求下列旋转体体积.
(1) 求由半圆 $y=\sqrt{4-x^2}$ 绕 x 轴旋转一周所成的球体体积;
(2) 求由直线 $y=x$ 与直线 $y=1$、$y=3$ 及 $x=0$ 所围成的平面图形绕 y 轴旋转一周所成的旋转体体积.

习题 3.12
参考答案

复习思考题 3

A 组

一、填空题

1. 若 $\sin x^2$ 是 $f(x)$ 的一个原函数，则 $f(x) =$ _____.

2. 若 $\int f(x)\mathrm{d}x = x^2\mathrm{e}^{-x} + C$，则 $f(x) =$ _____.

3. 若 $\int f(x)\mathrm{d}x = \ln x + C$，则 $f'(x) =$ _____.

4. $\left(\int \ln x\,\mathrm{d}x\right)' =$ _____.

5. $\left(\int_2^{\mathrm{e}} \ln x\,\mathrm{d}x\right)' =$ _____.

6. 若 $F(x)$ 是 $\cos 2x$ 的一个原函数，则 $\mathrm{d}F(x) =$ _____.

7. 设 x^2 是函数 $f(x)$ 的一个原函数，则 $\int f'(x)\mathrm{d}x =$ _____.

8. 经过点 $(1,0)$ 且切线斜率为 $3x^2$ 的曲线方程是 _____.

9. 若 $\int f(x)\mathrm{d}x = x^2 + C$，则 $\int x f(1-x^2)\mathrm{d}x =$ _____.

10. $\int 2^x \cdot 3^x \mathrm{d}x =$ _____.

11. $\int_a^a \mathrm{e}^{x^2}\mathrm{d}x =$ _____.

12. $\int_a^b \mathrm{d}x =$ _____.

13. $\int_{-\pi}^{\pi} x\cos x\,\mathrm{d}x =$ _____.

14. 如果 $f(x)$ 有连续导数，$f(b)=5$，$f(a)=2$，则 $\int_a^b f'(x)\mathrm{d}x =$ _____.

15. $\int_1^{-1} f(x)\mathrm{d}x =$ _____ $\int_{-1}^{1} f(x)\mathrm{d}x$.

16. 若函数 $f(x) = x^3$ 的积分曲线过点 $(-2,1)$，则这条积分曲线为 _____.

17. 比较下列定积分的大小.

(1) $\int_0^1 x\,\mathrm{d}x$ _____ $\int_0^1 x^2\,\mathrm{d}x$；　　　　(2) $\int_1^2 x\,\mathrm{d}x$ _____ $\int_1^2 x^2\,\mathrm{d}x$；

(3) $\int_1^2 \mathrm{e}^x\,\mathrm{d}x$ _____ $\int_1^2 \mathrm{e}^{x^2}\,\mathrm{d}x$；　　　(4) $\int_1^2 \ln x\,\mathrm{d}x$ _____ $\int_1^2 \ln^2 x\,\mathrm{d}x$.

18. 若 $\int_0^1 (2x+k)\mathrm{d}x = 3$，则 $k =$ _____.

19. 已知某曲线在任意一点处的切线斜率等于该点横坐标的倒数，且曲线过点 $(\mathrm{e},3)$，则该曲线的方程为 _____.

20. 由定积分的几何意义得 $\int_0^1 x \, \mathrm{d}x =$ _____ , $\int_{-1}^1 \sqrt{1-x^2} \, \mathrm{d}x =$ _____ .

二、单项选择题

1. 如果 $\int \mathrm{d}f(x) = \int \mathrm{d}g(x)$ ，则下列各式不一定成立的是（　　）.

A. $f'(x) = g'(x)$ 　　　　　　B. $f(x) = g(x)$

C. $\mathrm{d}f(x) = \mathrm{d}g(x)$ 　　　　　D. $\mathrm{d}\int f'(x)\mathrm{d}x = \mathrm{d}\int g'(x)\mathrm{d}x$

2. 下列函数中，不是 $f(x) = \mathrm{e}^{2x} - \mathrm{e}^{-2x}$ 的原函数的是（　　）.

A. $\dfrac{1}{2}(\mathrm{e}^x + \mathrm{e}^{-x})^2$ 　　　　　　B. $\dfrac{1}{2}(\mathrm{e}^x - \mathrm{e}^{-x})^2$

C. $\dfrac{1}{2}(\mathrm{e}^{2x} + \mathrm{e}^{-2x})$ 　　　　　　D. $\dfrac{1}{2}(\mathrm{e}^{2x} - \mathrm{e}^{-2x})$

3. 下列各组函数为同一函数的原函数的是（　　）.

A. $\ln x$ 与 $\ln 3x$ 　　　　　　B. $\arcsin x$ 与 $\arccos x$

C. $\ln x$ 与 $3\ln x$ 　　　　　　D. $\mathrm{e}^x + \mathrm{e}^{-x}$ 与 $\mathrm{e}^x - \mathrm{e}^{-x}$

4. 函数 $f(x) = \mathrm{e}^{-x}$ 的一个原函数是（　　）.

A. e^{-x} 　　　　　　B. e^x

C. $-\mathrm{e}^{-x}$ 　　　　　D. $-\mathrm{e}^x$

5. 下列式子正确的是（　　）.

A. $\int 2^x \mathrm{d}x = \dfrac{2^{x+1}}{x+1} + C$ 　　　　B. $\int x\sin x \, \mathrm{d}x = x\int \sin x \, \mathrm{d}x$

C. $\int x\sin x \, \mathrm{d}x = \left(\int x \, \mathrm{d}x\right)\left(\int \sin x \, \mathrm{d}x\right)$ 　　　D. $\int \sin x \, \mathrm{d}x = -\cos x + C$

6. 下列运算正确的是（　　）.

A. $\int \sin^2 x \, \mathrm{d}x = \dfrac{1}{3}\sin^3 x + C$ 　　　　B. $\int \sqrt[3]{x^2} \, \mathrm{d}x = \int x^{\frac{2}{3}} \mathrm{d}x = \dfrac{2}{3}x^{-\frac{1}{3}} + C$

C. $\int \dfrac{1}{\sqrt{x}} \mathrm{d}x = 2\sqrt{x} + C$ 　　　　D. $\int \sqrt{x} \, \mathrm{d}x = \int x^{\frac{1}{2}} \mathrm{d}x = \dfrac{3}{2}x^{\frac{3}{2}} + C$

7. 设 $f'(x)$ 存在，则下列式子正确的是（　　）.

A. $\int f'(x)\mathrm{d}x = f(x)$ 　　　　　B. $\int f'(2x)\mathrm{d}x = f(2x) + C$

C. $\dfrac{\mathrm{d}}{\mathrm{d}x}\left[\int f(x)\mathrm{d}x\right] = f(x)$ 　　　D. $\dfrac{\mathrm{d}}{\mathrm{d}x}\left[\int f(2x)\mathrm{d}x\right] = \dfrac{1}{2}f(2x)$

8. 若 $f(x) = \mathrm{e}^{-x}$ ，则 $\int \dfrac{f'(\ln x)}{x}\mathrm{d}x = $（　　）.

A. $\dfrac{1}{x} + C$ 　　　　　　B. $-\dfrac{1}{x} + C$

C. $\ln x + C$ 　　　　　　D. $-\ln x + C$

9. 若 $\int f(x)\mathrm{d}x = F(x) + C$ ，则 $\int \cos x \, f(\sin x)\mathrm{d}x = $（　　）.

A. $F(\sin x) + C$ 　　　　　B. $-F(\sin x) + C$

C. $F(\cos x) + C$ 　　　　　D. $-F(\cos x) + C$

10. 若 $\int f(x)\mathrm{d}x = F(x) + C$,则下列式子不正确的是(　　).

A. $\int f(\mathrm{e}^x)\mathrm{e}^x\mathrm{d}x = F(\mathrm{e}^x) + C$

B. $\int f(\ln x)\dfrac{1}{x}\mathrm{d}x = F(\ln x) + C$

C. $\int f(ax+b)\mathrm{d}x = \dfrac{1}{a}F(ax+b) + C(a \neq 0)$

D. $\int f(x^n)x^{n-1}\mathrm{d}x = F(x^n) + C(n \neq 0)$

11. 下列凑微分正确的是(　　).

A. $\sin 2x\mathrm{d}x = -\mathrm{d}(\cos 2x)$ 　　　　B. $\dfrac{\mathrm{d}x}{1+x^2} = \mathrm{d}(\tan x)$

C. $\dfrac{1}{2\sqrt{x}}\mathrm{d}x = \mathrm{d}(\sqrt{x})$ 　　　　D. $\ln x\mathrm{d}x = \mathrm{d}\left(\dfrac{1}{x}\right)$

12. 若函数 $f(x)$ 在区间 $[a,b]$ 上连续,则 $\int_a^b f(x)\mathrm{d}x$ 是(　　).

A. $f(x)$ 的一个原函数 　　　　B. $f(x)$ 的全体原函数
C. 一个常数 　　　　D. 任意常数

13. $\dfrac{\mathrm{d}}{\mathrm{d}x}\int_0^{\frac{1}{2}}\arcsin x\mathrm{d}x = ($ 　　$)$.

A. 0 　　　　B. $\dfrac{\pi}{6}$ 　　　　C. $\dfrac{1}{\sqrt{1-x^2}}$ 　　　　D. $\arcsin x$

14. $\int_1^{\mathrm{e}}\ln x\mathrm{d}x - \int_1^{\mathrm{e}}\ln u\mathrm{d}u$ 的值(　　).

A. 小于 0 　　　　B. 等于 0 　　　　C. 大于 0 　　　　D. 不确定

15. $\int_1^{\mathrm{e}}\ln x\mathrm{d}x \neq ($ 　　$)$.

A. $\int_1^2\ln x\mathrm{d}x + \int_2^{\mathrm{e}}\ln x\mathrm{d}x$ 　　　　B. $\int_1^3\ln x\mathrm{d}x + \int_3^{\mathrm{e}}\ln x\mathrm{d}x$

C. $\int_1^2\ln x\mathrm{d}x - \int_{\mathrm{e}}^2\ln x\mathrm{d}x$ 　　　　D. $\int_1^2\ln x\mathrm{d}x + \int_{\mathrm{e}}^2\ln x\mathrm{d}x$

16. $\int_{-3}^3(x^3 + \sqrt[3]{x})\mathrm{d}x$ 等于(　　).

A. 0 　　　　B. 8

C. $\int_0^3(x^3 + \sqrt[3]{x})\mathrm{d}x$ 　　　　D. $2\int_0^3(x^3 + \sqrt[3]{x})\mathrm{d}x$

17. 下列运算正确的是(　　).

A. $\int_{-1}^1\dfrac{\mathrm{d}x}{x^2} = \left[-\dfrac{1}{x}\right]_{-1}^1 = -2$ 　　　　B. $\int_{-\frac{\pi}{2}}^{\frac{\pi}{2}}\sin x\mathrm{d}x = 2\int_0^{\frac{\pi}{2}}\sin x\mathrm{d}x = 2$

C. $\int_{-\frac{\pi}{2}}^{\frac{\pi}{2}}\cos x\mathrm{d}x = 2\int_0^{\frac{\pi}{2}}\cos x\mathrm{d}x = 2$ 　　　　D. $\int_{-1}^1\sqrt{1-x}\mathrm{d}x = 2\int_0^1\sqrt{1-x}\mathrm{d}x = 2$

18. $\int_{-\pi}^{\pi}\dfrac{x^2\sin x}{1+x^4}\mathrm{d}x = ($ 　　$)$.

A. 2π 　　　　B. π 　　　　C. 0 　　　　D. 1

19. $\int_3^6 f'\left(\dfrac{x}{3}\right)\mathrm{d}x = ($ 　 $)$.

A. $f(2) - f(1)$ B. $3[f(2) - f(1)]$

C. $\dfrac{1}{3}[f(2) - f(1)]$ D. $\dfrac{1}{3}[f''(2) - f''(1)]$

20. 设函数 $f(x)$ 在区间 $[0,1]$ 上连续，令 $t = 4x$，则 $\int_0^1 f(4x)\mathrm{d}x$ 等于（ 　 ）.

A. $\dfrac{1}{4}\int_0^1 f(t)\mathrm{d}t$ B. $\dfrac{1}{4}\int_0^4 f(t)\mathrm{d}t$ C. $\int_0^4 f(t)\mathrm{d}t$ D. $4\int_0^4 f(t)\mathrm{d}t$

三、计算题

1. 求下列不定积分.

(1) $\int\left(\dfrac{1}{2\sqrt{x}} - 3x^2 + \ln 2\right)\mathrm{d}x$；

(2) $\int\dfrac{\mathrm{d}x}{\sqrt{x} + \sqrt[3]{x^2}}$；

(3) $\int(\sqrt{x} - 1)(\sqrt{x} + 1)\mathrm{d}x$；

(4) $\int(2^x - 3^x)^2\mathrm{d}x$；

(5) $\int\dfrac{\mathrm{e}^{2t} - 1}{\mathrm{e}^t + 1}\mathrm{d}t$；

(6) $\int\dfrac{1 - \sqrt{x}}{x\sqrt{x}}\mathrm{d}x$；

(7) $\int\dfrac{x^2 - x - 6}{x - 3}\mathrm{d}x$；

(8) $\int\dfrac{1}{x^2 - 2x + 1}\mathrm{d}x$；

(9) $\int\dfrac{2x^2}{1 + x^2}\mathrm{d}x$；

(10) $\int\dfrac{1 - x^2}{1 + x^2}\mathrm{d}x$；

(11) $\int(3 - 2x)^5\mathrm{d}x$；

(12) $\int\sqrt{2 + 3x}\,\mathrm{d}x$；

(13) $\int\dfrac{\sin\frac{1}{x}}{x^2}\mathrm{d}x$；

(14) $\int\dfrac{\mathrm{e}^x}{1 + \mathrm{e}^{2x}}\mathrm{d}x$；

(15) $\int\dfrac{1}{x\sqrt{\ln x}}\mathrm{d}x$；

(16) $\int\dfrac{x}{x^2 + 5}\mathrm{d}x$；

(17) $\int x\sqrt{1 - x^2}\,\mathrm{d}x$；

(18) $\int\mathrm{e}^{\sqrt{x}}\,\mathrm{d}x$；

(19) $\int\sin^3 x\cos x\,\mathrm{d}x$；

(20) $\int\sin^3 x\,\mathrm{d}x$；

(21) $\int\dfrac{\mathrm{d}x}{4 + 9x^2}$；

(22) $\int\dfrac{\mathrm{d}x}{\sqrt{4 - 9x^2}}$；

(23) $\int\dfrac{\mathrm{d}x}{4 - 9x^2}$；

(24) $\int\dfrac{2x + 1}{x^2 + x}\mathrm{d}x$；

(25) $\int x\sqrt{1 + x}\,\mathrm{d}x$；

(26) $\int\dfrac{\mathrm{d}x}{\sqrt{2x - 3} + 1}$；

(27) $\int x\mathrm{e}^{-2x}\,\mathrm{d}x$；

(28) $\int x^2\sin x\,\mathrm{d}x$；

(29) $\int\arctan x\,\mathrm{d}x$；

(30) $\int\ln x\,\mathrm{d}x$.

2. 求下列定积分.

(1) $\int_0^1 t(t-1)\mathrm{d}t$;

(2) $\int_{-1}^1 \dfrac{t}{1+t^2}\mathrm{d}t$;

(3) $\int_{-1}^1 |1-4x|\mathrm{d}x$;

(4) $\int_1^2 \dfrac{\mathrm{e}^x}{\mathrm{e}^x+1}\mathrm{d}x$;

(5) $\int_1^4 \dfrac{\sqrt{x-1}}{x}\mathrm{d}x$;

(6) $\int_0^8 \dfrac{\mathrm{d}x}{1+\sqrt[3]{x}}$;

(7) $\int_0^1 \dfrac{\sqrt{x}}{1+x}\mathrm{d}x$;

(8) $\int_0^9 \dfrac{\mathrm{d}x}{1+\sqrt{x}}$;

(9) $\int_0^\pi x\sin x\,\mathrm{d}x$;

(10) $\int_1^{\mathrm{e}} x\ln x\,\mathrm{d}x$;

(11) $\int_0^{\frac{\pi}{2}} \mathrm{e}^{\sin x}\cos x\,\mathrm{d}x$;

(12) $\int_1^3 x\mathrm{e}^{3x}\mathrm{d}x$;

(13) $\int_0^1 x\mathrm{e}^{-x}\mathrm{d}x$;

(14) $\int_0^\pi \sqrt{1-\cos 2x}\,\mathrm{d}x$.

四、应用题

1. 设某商品的需求量是价格的函数,即 $Q=Q(P)$,该商品的最大需求量为 3 000(即 $P=0$ 时,$Q=3\,000$),已知边际需求函数 $Q'(P)=-3\,000\ln 2\cdot\left(\dfrac{1}{2}\right)^P$,求该商品的需求函数.

2. 已知某产品总产量的变化率 $Q'(t)=80+2t-\dfrac{3}{5}t^2$(台/h),求从第 5 h 到第 10 h 的总产量.

3. 已知某地区当消费者个人收入为 r 时,消费支出 $f(r)$ 的变化率 $f'(r)=\dfrac{18}{\sqrt{r}}$,试求当个人收入从 900 元增加到 1 600 元时,消费支出会增加多少元.

4. 设生产某产品当产量为 Q 百台时,边际成本 $C'(Q)=3+Q$(万元/百台),边际收益 $R'(Q)=9-Q$(万元/百台):

(1) 求总利润最大时的产量;

(2) 问要使产量从 100 台增加到利润最大时的产量,需要追加多少资金?

(3) 问当产量从 100 台增加到利润最大的产量时,所获得的利润是多少?

(4) 问当利润最大时再生产 100 台,利润将变化多少?

五、证明题

1. 证明:$\int_0^1 x^m(1-x)^n\mathrm{d}x=\int_0^1 x^n(1-x)^m\mathrm{d}x$.

2. 证明:$\int_0^{\frac{\pi}{2}} \sin^n x\,\mathrm{d}x=\int_0^{\frac{\pi}{2}} \cos^n x\,\mathrm{d}x\quad(n\in\mathbf{N})$.

3. 设函数 $f(x)$ 在任意闭区间上连续,证明:$\int_0^{\frac{\pi}{2}} f(\sin x)\mathrm{d}x=\int_0^{\frac{\pi}{2}} f(\cos x)\mathrm{d}x$.

B 组

一、单项选择题

1. 设 $\ln f(x) = \cos x$，则 $\int \dfrac{xf'(x)}{f(x)}\mathrm{d}x = ($　　$)$.

A. $x\cos x - \sin x + C$ 　　　　　　　　B. $x\sin x - \cos x + C$

C. $x(\sin x + \cos x) + C$ 　　　　　　　D. $x\sin x + C$

2. 设函数 $f(x)$ 在区间 $[a,b]$ 上连续，则下列结论不正确的是($　$).

A. $\displaystyle\int_a^x f(t)\mathrm{d}t$ 是 $f(x)$ 的一个原函数 　　B. $f(x)$ 在区间 $[a,b]$ 上可积

C. $\displaystyle\int_x^b f(t)\mathrm{d}t$ 是 $-f(x)$ 的一个原函数 　　D. $\displaystyle\int_a^b f(x)\mathrm{d}x$ 是 $f(x)$ 的一个原函数

3. 极限 $\displaystyle\lim_{x\to 0}\dfrac{\displaystyle\int_0^x t\sin t\,\mathrm{d}t}{\displaystyle\int_0^{-x} t^2\,\mathrm{d}t}$ 等于($　　$).

A. -1 　　　　　　B. 0 　　　　　　C. 1 　　　　　　D. 2

4. 设 $f(x) = \displaystyle\int_0^x \sin t\,\mathrm{d}t$，则 $f'\left(\dfrac{\pi}{2}\right)$ 等于($　　$).

A. $\sin t$ 　　　　　B. $\sin x$ 　　　　　C. 0 　　　　　D. 1

5. $\dfrac{\mathrm{d}}{\mathrm{d}x}\displaystyle\int_x^{x^2} f(t)\mathrm{d}t = ($　　$)$.

A. $2xf(x^2)$ 　　　　　　　　　　　B. $2xf(x^2) - f(x)$

C. $f(x^2)$ 　　　　　　　　　　　　D. $f(x)$

6. 下列定积分中，使用换元正确的是($　　$).

A. $\displaystyle\int_{-1}^{2}\dfrac{x\ln(1+x^2)}{1+x^2}\mathrm{d}x$，令 $1+x^2 = t$ 　　B. $\displaystyle\int_0^{\pi}\dfrac{1}{1+\sin^2 x}\mathrm{d}x$，令 $x = \arcsin t$

C. $\displaystyle\int_{-1}^{1}\sqrt{1-x^2}\,\mathrm{d}x$，令 $x = t$ 　　　　D. $\displaystyle\int_0^1 x^3\sqrt{1-x^2}\,\mathrm{d}x$，令 $x = \cos t$

7. 设 $\displaystyle\int_0^x f(t)\mathrm{d}t = \dfrac{1}{2}f(x) - \dfrac{1}{2}$，且 $f(0) = 1$，则 $f(x) = ($　　$)$.

A. $\mathrm{e}^{\frac{x}{2}}$ 　　　　　B. $\dfrac{1}{2}\mathrm{e}^x$ 　　　　　C. $\dfrac{1}{2}\mathrm{e}^{2x}$ 　　　　　D. e^{2x}

8. 下列广义积分收敛的是($　　$).

A. $\displaystyle\int_1^{+\infty}\sin x\,\mathrm{d}x$ 　　B. $\displaystyle\int_1^{+\infty}\mathrm{e}^{2x}\,\mathrm{d}x$ 　　C. $\displaystyle\int_1^{+\infty}\dfrac{1}{x^3}\mathrm{d}x$ 　　D. $\displaystyle\int_1^{+\infty}\ln x\,\mathrm{d}x$

9. 下列广义积分发散的是($　　$).

A. $\displaystyle\int_1^{+\infty}\dfrac{1}{\sqrt{x^3}}\mathrm{d}x$ 　　B. $\displaystyle\int_e^{+\infty}\dfrac{1}{x\ln x}\mathrm{d}x$ 　　C. $\displaystyle\int_e^{+\infty}\dfrac{1}{x\ln^2 x}\mathrm{d}x$ 　　D. $\displaystyle\int_{-\infty}^{0}\mathrm{e}^x\,\mathrm{d}x$

10. 设 $y = \sin x$，$x \in \left[-\dfrac{\pi}{2}, \dfrac{\pi}{2}\right]$，与 x 轴所围成的平面图形的面积为 S，下列选项中不正确的是($　　$).

A. $S = 2\displaystyle\int_0^{\frac{\pi}{2}}\sin x\,\mathrm{d}x$ 　　　　　　B. $S = \displaystyle\int_{-\frac{\pi}{2}}^{\frac{\pi}{2}}|\sin x|\,\mathrm{d}x$

C. $S = \displaystyle\int_{-\frac{\pi}{2}}^{\frac{\pi}{2}}\sin x\,\mathrm{d}x$ 　　　　　　D. $S = \displaystyle\int_0^{\frac{\pi}{2}}\sin x\,\mathrm{d}x - \displaystyle\int_{-\frac{\pi}{2}}^{0}\sin x\,\mathrm{d}x$

二、计算题

1. 求下列不定积分.

(1) $\displaystyle\int \frac{\mathrm{d}x}{x^2\sqrt{x^2-9}}$;　　　　　　　(2) $\displaystyle\int \frac{\mathrm{d}x}{x^2\sqrt{1+x^2}}$;

(3) $\displaystyle\int \frac{1}{x^2\sqrt{1-x^2}}\mathrm{d}x$;　　　　　　(4) $\displaystyle\int \frac{1}{\sqrt{(4+x^2)^3}}\mathrm{d}x$;

(5) $\displaystyle\int xf''(x)\mathrm{d}x$;　　　　　　　　(6) $\displaystyle\int \left[f(x)+xf'(x)\right]\mathrm{d}x$;

(7) $\displaystyle\int \sin^2 x\cos^2 x\,\mathrm{d}x$;　　　　　　(8) $\displaystyle\int \sin 3x\sin 5x\,\mathrm{d}x$.

2. 求下列定积分.

(1) $\displaystyle\int_0^1 \frac{\mathrm{d}x}{(1+x^2)^{\frac{3}{2}}}$;　　　　　　　(2) $\displaystyle\int_1^2 \frac{\sqrt{x^2-1}}{x}\mathrm{d}x$;

(3) $\displaystyle\int_0^1 \arctan\sqrt{x}\,\mathrm{d}x$;　　　　　　(4) $\displaystyle\int_0^3 \mathrm{e}^{\sqrt{x+1}}\,\mathrm{d}x$.

(5) 已知连续函数 $f(x)$ 满足 $\displaystyle\int_0^{2x} f\left(\frac{t}{2}\right)\mathrm{d}t = \mathrm{e}^{-x}-1$, 求 $\displaystyle\int_0^1 f(x)\mathrm{d}x$.

3. 求下列广义积分.

(1) $\displaystyle\int_{-\infty}^0 \frac{\mathrm{e}^x}{1+\mathrm{e}^x}\mathrm{d}x$;　　　　　　(2) $\displaystyle\int_0^{+\infty} x\mathrm{e}^{-x}\mathrm{d}x$;

(3) $\displaystyle\int_0^1 \frac{x}{\sqrt{1-x^2}}\mathrm{d}x$;　　　　　　(4) $\displaystyle\int_0^{\pi^2} \frac{\cos\sqrt{x}}{\sqrt{x}}\mathrm{d}x$.

4. 求由下列曲线所围成的平面图形的面积.

(1) $y=x^2$, $y=2-x^2$;

(2) $y=x^3$, $y=\sqrt[3]{x}$;

(3) $y=\mathrm{e}^x$, $y=\mathrm{e}$, $x=0$;

(4) $y=x^2-8$, $2x+y+8=0$, $y=-4$.

5. 求下列旋转体体积.

(1) 曲线 $y=\sqrt{x}$ 与直线 $x=1$、$x=4$、$y=0$ 所围成的图形绕 x 轴旋转产生的旋转体的体积;

(2) 曲线 $y=x^2+1$ 与直线 $y=2$、$x=0$ 所围成的图形绕 y 轴旋转产生的旋转体的体积;

(3) 曲线 $x^2+y^2=1$ 与 $y^2=\dfrac{3}{2}x$ 所围成的两个图形中较小的一块图形分别绕 x 轴、y 轴旋转产生的旋转体的体积.

三、应用题

1. 已知某工厂需要购置一批设备, 现在计划投入 500 万元, 在 10 年中每年收益为 100 万元(设该批设备 10 年后完全失去价值). 如果连续年利率为 6%, 求 10 年期间

(1) 总收益的现值;

(2) 纯收益的(贴)现值;

(3) 投资回收期.

2. 某企业做一笔投资, 如果投资成本为 2 亿元, 每年均匀收益 2 千万元, 投资年利率为 4%, 试求该投资为无限期时的纯收益的(贴)现值.

第4章 二元函数微积分

学习目标

1. 理解二元函数的概念,了解二元函数的几何意义.
2. 能熟练求出二元函数的定义域,并能用平面点集表示出来.
3. 了解二元函数的极限及连续性的概念.
4. 理解偏导数的概念,能熟练计算一、二阶偏导数,了解全微分概念.
5. 掌握二元复合函数及隐函数的微分方法.
6. 掌握二元函数的极值概念和极值求法.
7. 了解二重积分的概念,会计算直角坐标系下和极坐标系下的二重积分.
8. 会根据二元函数极值解决经济中的最优化问题.

数学史话

多元函数微积分学是在一元函数微积分学的基础上发展起来的.在其发展过程中,基本概念都被推广到多元的情形,而计算方法则被划归到一元的情形.因此多元微积分学的基本任务就是以一元微积分学为基础,来阐述其中的基本概念和计算方法对于多个变量的函数仍然有效,同时分析由于变量个数的增多而带来的特点.

历史上,在微分与积分的基本思想的应用中,多元微积分学的基本概念都是与一元函数合为一体,为适应描述和分析物理现象和规律的需要而产生的.1687年牛顿提出的偏导数、重积分的朴素思想,1769年欧拉提出的二重积分及其累次积分与换元计算方法,以及1773年拉格朗日提出的三重积分及其累次积分与换元计算方法,都是出现在力学研究的著作中,并不是有意识地要建立相关的数学理论.在相当长的一段时期,牛顿-莱布尼茨公式的两种形式都作为物理定理来理解.变量替换中的雅可比行列式也延迟到微积分的理论分析开展起来以后,才获得明确的概念和系统的研究,而变量替换中隐含着的曲线坐标,则在实际的物理问题研究中才获得明确的概念和系统的研究.只有斯托克斯公式是作为格林公式的理论应用来叙述的.与此同时,多元微积分学已由其理论分析的发展而成为一门独立的学科.下面是在多元微积分学发展过程中作出过贡献的两位科学家的简介.

格林(George Green,1793—1841):英国数学家、物理学家.1833年自费进入剑桥大学学习,1837年获学士学位.1839年任剑桥大学教授.1828年,他写成重要著作《数学分析在电磁理论中的应用》,书中他引入了位势概念,提出了著名的格林函数与格林定理,发展了电磁理论.他在晶体中光的反射和折射等方面有较大的贡献.他还发展了能量守恒定律,得出了弹性理论的基本方程.变分法中的狄利克雷原理、超球面函数的概念等最初都是由他提出来的.他的名字经常出现在大学数学、物理教科书或当代文献中,以他的名字命名的术语有格林定理、格林公式、格林函数、格林曲线、格林算子、格林测度、格林空间等.

欧拉(Leonhard Euler,1707—1783):瑞士数学家、力学家、天文学家、物理学家,变分法的奠基人,复变函数论的先驱者,理论流体力学的创始人.欧拉曾任彼得堡科学院教授,柏林科学院的创始人之一.他是刚体力学和流体力学的奠基者,弹性系统稳定性理论的开创人.欧拉奠定了理想流体的理论基础,给出了反映质量守恒的连续方程和反映动量变化规律的流体动力学方程.欧拉在固体力学方面的著述也很多,诸如弹性压杆失稳后的形状,上端悬挂重链的振动问题等.

基础板块

4.1　二元函数的基本概念

【本节提示】　本节将介绍平面上点集和区域的概念,在此基础上引入二元函数的定义,然后介绍二元函数的几何意义,并且给出二元函数极限与连续的定义,最后给出闭区间上二元连续函数的性质.通过本节的学习,要求理解二元函数的概念及其极限与连续的定义;了解二元函数几何意义和闭区间上二元函数的性质.

4.1.1　平面上的点集和区域

1. 平面点集的概念

平面点集是指平面上满足某个条件的一切点构成的集合.

例 1　平面上直角坐标系中第一象限的所有点构成一个平面点集,它可以写成

$$E = \{(x, y) \mid x > 0, y > 0\}.$$

例 2　平面直角坐标系中第一、三象限的角平分线上所有点的坐标是一个平面点集,它可以写成

$$E = \{(x, y) \mid y = x\}.$$

2. 平面区域的概念

由平面上一条或几条曲线所围成的部分平面点集称为**平面区域**,通常记为 D.围成平面区域的曲线称为该区域的边界,边界上的点称为边界点.包括边界在内的区域称为**闭区域**,不包括边界在内的区域称为**开区域**.如果一个区域延伸到无穷远处,则称该区域为**无界区域**,否则称为**有界区域**.

平面上的区域均可用含该区域内的点的坐标 (x, y) 的二元不等式或不等式组来表示(称为平面区域的解析式).

例 3　平面点集 $E_1 = \{(x, y) \mid 1 \leqslant x^2 + y^2 \leqslant 4\}$ 是有界区域,而平面点集 $E_2 = \{(x, y) \mid x > 0, y > 0\}$ 是无界区域.

而且同一个区域可以有不同表示形式.

例 4　由直线 $y = x$、$x = 0$、$y = 1$ 所围成的平面区域可表示为 $D = \{(x, y) \mid 0 \leqslant x \leqslant 1, x \leqslant y \leqslant 1\}$ 或 $D = \{(x, y) \mid 0 \leqslant y \leqslant 1, 0 \leqslant x \leqslant y\}$.

如图 4-1 中的阴影部分即为平面区域 D.

4.1.2　二元函数的定义

在很多实际问题中,经常会遇到多个变量之间的依赖关系,举例如下.

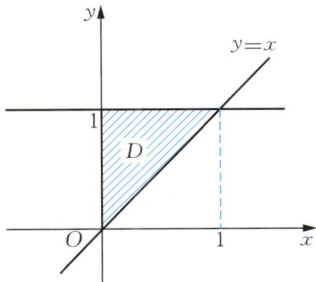

图 4-1

例 5 圆柱体的体积 V 和它的底半径 r、高 h 之间具有关系

$$V = \pi r^2 h.$$

这里,当 r、h 在一定范围($r > 0$,$h > 0$)内取定一对数值(r, h)时,V 就有唯一确定的值与之对应.

例 6 设 z 表示居民人均消费额,x 表示国民收入总额,y 表示总人口数,则有

$$z = k_1 k_2 \frac{x}{y}.$$

其中 k_1 是消费率(国民收入总额中用于消费所占的比例),k_2 是居民消费率(消费总额中用于居民消费所占的比例),当变量 x、y($x > 0$,$y > 0$)每取定一对数值时,z 都有确定的值与之对应.变量 z 的变化依赖于变量 x 和变量 y.

上面两个例子的具体意义虽各不相同,但它们却有共同的性质,由这些共性就可得出以下二元函数的概念.

定义 4.1 设有变量 x,y 和 z. 如果当变量 x、y 在某个范围内任意取定一对值(x, y)时,按某一对应法则 f,总有唯一确定的 z 值与(x, y)对应,则称 z 是 x、y 的**二元函数**,记为 $z = f(x, y)$ 或 $z = z(x, y)$. 称 x、y 为**自变量**,z 为**因变量或函数**.自变量 x、y 的取值范围称为函数的**定义域**.

当 $(x, y) = (x_0, y_0)$ 时,对应的 z 值,记为 $f(x_0, y_0)$,称为二元函数 $z = f(x, y)$ 在点 (x_0, y_0) 处的函数值.

如果对于点 $P(x, y)$,函数 $z = f(x, y)$ 有确定的值和它对应,就称函数 $z = f(x, y)$ 在点 $P(x, y)$ 处有定义.函数的定义域也就是使函数有定义的点的全体所构成的点集.因此,二元函数

$$z = f(x, y)$$

的定义域是 xOy 平面上的点集.

寻规律 关于二元函数的定义域,与一元函数类似,在讨论用解析式表达的多元函数时,其定义域就是使这个式子有意义的自变量的变化范围所确定的点集.

例 7 求函数 $z = \sqrt{4 - x^2 - y^2} + \ln(y^2 - 2x + 1)$ 的定义域.

解 要使原函数有定义,则需满足

$$\begin{cases} 4 - x^2 - y^2 \geqslant 0, \\ y^2 - 2x + 1 > 0. \end{cases}$$

故函数定义域 D(如图 4-2 阴影部分)在圆 $x^2 + y^2 \leqslant 2^2$ 的内部(包括边界)和抛物线 $y^2 + 1 = 2x$ 的左侧(不包括抛物线上的点).

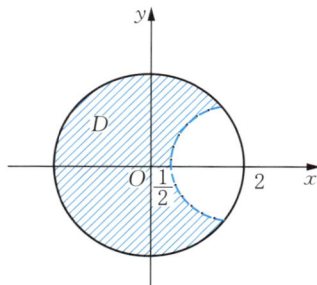

图 4-2

4.1.3 二元函数的几何意义

一元函数 $y = f(x)$ 通常表示 xOy 平面上的一条曲线,对于二元函数 $z = f(x, y)$,$(x, y) \in D$,其定义域 D 是 xOy 平面上的一个区域.那么对于 D 中任意一点 $M(x, y)$,必有唯一的数 z 与其对应,从而三元有序数组 (x, y, z) 就确定了空间的一个点 $P(x$,

y，z），所有这样确定的点的集合就是函数 $z = f(x, y)$ 的图形.因此二元函数 $z = f(x, y)$ 的图形一般为空间直角坐标系中的一个曲面,而其定义域 D 恰好就是这个曲面在 xOy 坐标平面上的投影(图 4-3).

常见的二元函数:球面 $(x - x_0)^2 + (y - y_0)^2 + (z - z_0)^2 = R^2$ (图 4-4a),柱面 $x^2 + y^2 = R^2$ (图 4-4b)、$x^2 + z^2 = R^2$、$y^2 + z^2 = R^2$,抛物面 $x = z^2 + y^2$、$y = z^2 + x^2$、$z = x^2 + y^2$ (图 4-4c).

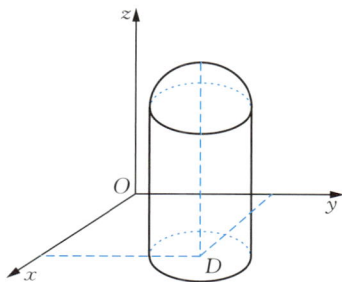

图 4-3

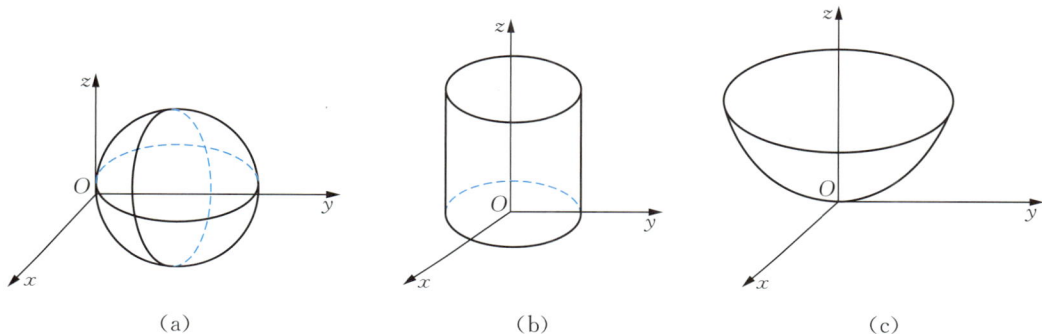

(a)　　　　　　　(b)　　　　　　　(c)

图 4-4

4.1.4 二元函数的极限与连续性

1. 二元函数的极限

与一元函数的极限概念类似,如果在 $P(x, y) \to P_0(x_0, y_0)$ 的过程中,对应的函数值 $f(x, y)$ 无限接近于一个确定的常数 A,就称 A 是函数 $f(x, y)$ 当 $(x, y) \to (x_0, y_0)$ 时的极限.

定义 4.2　设函数 $z = f(x, y)$ 在点 $P_0(x_0, y_0)$ 的某个邻域内有定义[点 $P_0(x_0, y_0)$ 可以除外],$P(x, y)$ 是该邻域内异于 $P_0(x_0, y_0)$ 的任意一点,若当 $P(x, y)$ 以任意方式无限趋近于点 $P_0(x_0, y_0)$ 时,对应的函数值 $f(x, y)$ 都无限趋于一个确定的常数 A,则称常数 A 为函数 $f(x, y)$ 当 $(x, y) \to (x_0, y_0)$ 时的极限,记为

$$\lim_{\substack{x \to x_0 \\ y \to y_0}} f(x, y) = A \text{ 或 } f(x, y) \to A \ (x \to x_0, y \to y_0).$$

为了区别于一元函数的极限,将二元函数的极限称为**二重极限**.

⚠ **注意**　所谓二重极限存在,是指 $P(x, y)$ 以任何方式趋向 $P_0(x_0, y_0)$ 时,函数值都趋近同一个值 A.

因此,如果 $P(x, y)$ 以某一特殊方式趋向 $P_0(x_0, y_0)$ 时,即使函数无限接近于某一确定值,还不能由此断定函数的极限存在.但是,如果当 $P(x, y)$ 以不同方式趋近于 $P_0(x_0, y_0)$ 时,函数趋近于不同的值,则可以肯定此函数当 $P \to P_0$ 时的极限不存在.

例8　设函数 $f(x, y) = \begin{cases} \dfrac{xy}{x^2 + y^2}, & x^2 + y^2 \neq 0, \\ 0, & x^2 + y^2 = 0, \end{cases}$ 求 $\lim\limits_{\substack{x \to 0 \\ y \to 0}} f(x, y)$.

解 当 $P(x,y)$ 沿直线 $y=kx$ 趋近于 $(0,0)$ 点时，

$$\lim_{\substack{x\to 0\\y\to 0}} f(x,y)=\lim_{\substack{x\to 0\\y\to 0}}\frac{xy}{x^2+y^2}=\lim_{\substack{x\to 0\\y=kx\to 0}}\frac{kx^2}{x^2+(kx)^2}=\frac{k}{1+k^2}.$$

显然,其值随着 k 的取值不同而不同,因此, $\lim\limits_{\substack{x\to 0\\y\to 0}} f(x,y)$ 不存在.

例 9 求 $\lim\limits_{\substack{x\to 0\\y\to 2}}\dfrac{\sin(xy)}{x}$.

解 $\lim\limits_{\substack{x\to 0\\y\to 2}}\dfrac{\sin(xy)}{x}=\lim\limits_{\substack{x\to 0\\y\to 2}}\left(\dfrac{\sin(xy)}{xy}\cdot y\right)=\lim\limits_{\substack{x\to 0\\y\to 2}}\dfrac{\sin(xy)}{xy}\cdot\lim\limits_{\substack{x\to 0\\y\to 2}} y=1\cdot 2=2.$

寻规律 关于多元函数的极限的运算,与一元函数有类似的运算法则.

2. 二元函数的连续性

类似于一元函数在一点处连续的概念,可以得到多元函数在一点处连续的概念.

定义 4.3 设二元函数 $z=f(x,y)$ 在点 $P_0(x_0,y_0)$ 处有定义,如果

$$\lim_{\substack{x\to x_0\\y\to y_0}} f(x,y)=f(x_0,y_0),$$

则称函数 $z=f(x,y)$ 在点 $P_0(x_0,y_0)$ 处**连续**.

对例 8 来讲,因 $\lim\limits_{\substack{x\to 0\\y\to 0}} f(x,y)$ 不存在,所以函数 $z=f(x,y)$ 在点 $(0,0)$ 处不连续.函数 $z=f(x,y)$ 的不连续点称为函数 $z=f(x,y)$ 的间断点.

如果函数 $f(x,y)$ 在区域 D 内的每一点都连续,则称 $f(x,y)$ 在区域 D 内连续.

以上关于二元函数的连续性的概念,可相应地推广到 n 元函数中去.

一元函数中关于连续的定理,对于多元函数依然适用.可以证明多元连续函数的和、差、积均为连续函数;在分母不为零处,连续函数的商也是连续函数;多元连续函数的复合函数也是连续函数.

与一元初等函数相似,多元初等函数是指可用一个式子表示的多元函数,这个式子是由常数及具有不同自变量的一元基本初等函数经过有限次的四则运算和复合运算所构成的.例如, $3x^2yz^4+5y^3z^2-8xz$ 、 $\sin(3x^2+y)$ 、 $\ln(xy)+\cos^2(x+y)$ 等都是多元初等函数.

根据上面指出的连续函数的和、差、积、商的连续性以及连续函数的复合函数的连续性,以及基本初等函数的连续性,可以得出以下结论:一切多元初等函数在其定义区域内都是连续的.

例 10 求 $\lim\limits_{\substack{x\to 0\\y\to 0}}\dfrac{\sqrt{xy+1}-1}{xy}$.

解 $\lim\limits_{\substack{x\to 0\\y\to 0}}\dfrac{\sqrt{xy+1}-1}{xy}=\lim\limits_{\substack{x\to 0\\y\to 0}}\dfrac{xy+1-1}{xy(\sqrt{xy+1}+1)}=\lim\limits_{\substack{x\to 0\\y\to 0}}\dfrac{1}{\sqrt{xy+1}+1}=\dfrac{1}{\sqrt{0\cdot 0+1}+1}$

$=\dfrac{1}{2}.$

上述运算的最后一步用到了二元函数 $\dfrac{1}{\sqrt{xy+1}+1}$ 在点 $(0,0)$ 处的连续性.

与闭区间上一元连续函数的性质相类似,在有界闭区域上多元函数也有以下性质:

性质 1(有界性)　设 $z=f(P)$ 在有界闭区域 D 上连续,则 z 在 D 上必有界.

性质 2(最大值和最小值定理)　设 $z=f(P)$ 在有界闭区域 D 上连续,则 z 在 D 上必有最大值和最小值,即在 D 上至少有一点 P_1 及一点 P_2,使得 $f(P_1)$ 为最小值而 $f(P_2)$ 为最大值,即

$$f(P_1) \leqslant f(P) \leqslant f(P_2)(P \in D).$$

性质 3(介值定理)　设 $z=f(P)$ 在有界闭区域 D 上连续,则 z 必可取到介于最小值和最大值之间的任何值.

小看板

1. 平面区域是指_____.
2. 二元函数的几何意义是_____.
3. 二元函数在点 (x_0,y_0) 处连续,则要满足等式_____.
4. 二元函数在区域 D 内连续是指_____.
5. 在取极限中,点 $P(x,y)$ 是以_____方式趋于点 $P(x_0,y_0)$.

习题 4.1

1. 求下列函数的定义域.

(1) $z=\ln(x+y)$;

(2) $z=\sqrt{4-x^2-y^2}+\sqrt{x^2+y^2-1}$;

(3) $z=\arcsin\dfrac{x^2+y^2}{4}$;

(4) $z=\sqrt{x-\sqrt{y}}$;

(5) $z=\sqrt{4-x^2}+\sqrt{y^2-4}$;

(6) $z=\dfrac{1}{\sqrt{x^2+y^2}}$.

2. 讨论下列函数的连续范围.

(1) $z=\dfrac{1}{\sqrt{x^2+y^2-9}}$;

(2) $z=\ln(1-x^2-y^2)$.

3. 确定下列函数的定义域并在平面坐标系中绘出.

(1) $z=\sqrt{x}-\sqrt{1-y}$;

(2) $z=\sqrt{x-y+1}$.

4. 求下列极限.

(1) $\lim\limits_{\substack{x\to 0\\y\to 0}}\dfrac{x^2-y^2}{x-y}$;

(2) $\lim\limits_{\substack{x\to 0\\y\to 0}}\dfrac{x^2+y^2}{\sqrt{x^2+y^2+1}-1}$.

习题 4.1 参考答案

【本节提示】 本节将首先给出二元函数偏导数的概念及偏导数的求法,然后介绍二元函数偏导数的几何意义及偏导数与连续的关系,最后介绍高阶导数和全微分的概念及其求法.通过本节的学习,要求能掌握偏导数与全微分的求法.

4.2.1 偏导数的概念

1. 偏导数的定义

定义 4.4 设函数 $z = f(x, y)$ 在点 (x_0, y_0) 的某邻域内有定义,固定自变量 $y = y_0$,而自变量 x 在 x_0 处有改变量 Δx,相应地函数有增量

$$f(x_0 + \Delta x, y_0) - f(x_0, y_0).$$

如果极限

$$\lim_{\Delta x \to 0} \frac{f(x_0 + \Delta x, y_0) - f(x_0, y_0)}{\Delta x}$$

存在,则称此极限值为函数 $z = f(x, y)$ 在点 (x_0, y_0) 处关于 x 的**偏导数**,记为

$$\frac{\partial z}{\partial x}\bigg|_{\substack{x = x_0 \\ y = y_0}}, \frac{\partial f}{\partial x}\bigg|_{\substack{x = x_0 \\ y = y_0}}, z'_x(x_0, y_0) \text{ 或 } f'_x(x_0, y_0),$$

即

$$f'_x(x_0, y_0) = \lim_{\Delta x \to 0} \frac{f(x_0 + \Delta x, y_0) - f(x_0, y_0)}{\Delta x}.$$

类似地,函数 $z = f(x, y)$ 在点 (x_0, y_0) 处关于 y 的偏导数 $f'_y(x_0, y_0)$ 定义为

$$f'_y(x_0, y_0) = \lim_{\Delta y \to 0} \frac{f(x_0, y_0 + \Delta y) - f(x_0, y_0)}{\Delta y},$$

记为

$$\frac{\partial z}{\partial y}\bigg|_{\substack{x = x_0 \\ y = y_0}}, \frac{\partial f}{\partial y}\bigg|_{\substack{x = x_0 \\ y = y_0}}, z'_y(x_0, y_0) \text{ 或 } f'_y(x_0, y_0).$$

如果函数 $z = f(x, y)$ 在区域 D 内每一点 (x, y) 处,对 x 的偏导数 $f'_x(x, y)$ 都存在,则对于区域 D 内每一点 (x, y),都有一个偏导数的值与之对应,这样就得到了一个新的二元函数,称为函数 $z = f(x, y)$ 在区域 D 内关于自变量 x 的**偏导函数**,记为

$$\frac{\partial z}{\partial x}, \frac{\partial f}{\partial x}, z'_x, f'_x \text{ 或 } f'_x(x, y).$$

该偏导函数的定义式为

$$f'_x(x, y) = \lim_{\Delta x \to 0} \frac{f(x + \Delta x, y) - f(x, y)}{\Delta x}.$$

类似地,函数 $z=f(x,y)$ 在区域 D 内关于自变量 y 的偏导函数,记为

$$\frac{\partial z}{\partial y},\ \frac{\partial f}{\partial y},\ z'_y,\ f'_y \text{ 或 } f'_y(x,y).$$

该偏导函数的定义式为

$$f'_y(x,y)=\lim_{\Delta y\to 0}\frac{f(x,y+\Delta y)-f(x,y)}{\Delta y}.$$

由偏导数的概念可知,函数 $z=f(x,y)$ 在点 (x_0,y_0) 处关于 x 的偏导数 $f'_x(x_0,y_0)$ 就是偏导函数 $f'_x(x,y)$ 在点 (x_0,y_0) 的函数值,而 $f'_y(x_0,y_0)$ 就是偏导函数 $f'_y(x,y)$ 在点 (x_0,y_0) 处的函数值.以后在不至于混淆的情况下,也将偏导函数简称为偏导数.

2. 偏导数的求法

从偏导数的定义可知,求 $z=f(x,y)$ 的偏导数并不需要用新方法,因为这里只有一个自变量在变动,另一个自变量被看作是固定的,所以仍旧可用一元函数的微分法.

寻规律　求 $\frac{\partial f}{\partial x}$ 时,只要将 y 暂时看作常量而对 x 求导数;求 $\frac{\partial f}{\partial y}$ 时,只要将 x 暂时看作常量而对 y 求导数.

例 11　求 $z=x^2+3xy+y^2$ 在点 $(1,2)$ 处的偏导数.

解　将 y 看作常量,得

$$\frac{\partial z}{\partial x}=2x+3y.$$

将 x 看作常量,得

$$\frac{\partial z}{\partial y}=3x+2y.$$

将 $x=1,y=2$ 代入上面结果,得到

$$\frac{\partial z}{\partial x}\Big|_{\substack{x=1\\y=2}}=2\times1+3\times2=8,$$

$$\frac{\partial z}{\partial y}\Big|_{\substack{x=1\\y=2}}=3\times1+2\times2=7.$$

例 12　求 $z=x^2\cos(3y)$ 的偏导数.

解　$\frac{\partial z}{\partial x}=2x\cos(3y)$,$\frac{\partial z}{\partial y}=-3x^2\sin(3y)$.

例 13　设 $z=x^y(x>0,x\neq1)$,求证 $\frac{x}{y}\frac{\partial z}{\partial x}+\frac{1}{\ln x}\frac{\partial z}{\partial y}=2z$.

证明　因 $\frac{\partial z}{\partial x}=yx^{y-1}$,$\frac{\partial z}{\partial y}=x^y\ln x$,所以

$$\frac{x}{y}\frac{\partial z}{\partial x}+\frac{1}{\ln x}\frac{\partial z}{\partial y}=\frac{x}{y}yx^{y-1}+\frac{1}{\ln x}x^y\ln x=x^y+x^y=2z.$$

推广到多元函数情况,将 $f(x_1,x_2,\cdots,x_n)$ 中所有 $x_j(j\neq k)$ 看作常量而对 x_k 求导可得 $\frac{\partial f}{\partial x_k}$.

*例 14　求 $r=\sqrt{x^2+y^2+z^2}$ 的偏导数.

解　$\dfrac{\partial r}{\partial x}=\dfrac{2x}{2\sqrt{x^2+y^2+z^2}}=\dfrac{x}{r}$,

$\dfrac{\partial r}{\partial y}=\dfrac{2y}{2\sqrt{x^2+y^2+z^2}}=\dfrac{y}{r}$,　$\dfrac{\partial r}{\partial z}=\dfrac{2z}{2\sqrt{x^2+y^2+z^2}}=\dfrac{z}{r}$.

注意　对于一元函数来说, $\dfrac{\mathrm{d}y}{\mathrm{d}x}$ 可以看作函数的微分 $\mathrm{d}y$ 与自变量的微分 $\mathrm{d}x$ 之商.而偏导数的记号是一个整体,其中的横线没有相除的意义.

3. 二元函数偏导数的几何意义

如图 4-5 所示,偏导数 $f'_x(x_0,y_0)$ 就是曲面被平面 $y=y_0$ 所截得的曲线在点 M_0 处的切线 M_0T_x 对 x 轴的斜率.

偏导数 $f'_y(x_0,y_0)$ 就是曲面被平面 $x=x_0$ 所截得的曲线在点 M_0 处的切线 M_0T_y 对 y 轴的斜率.

4. 偏导数与连续的关系

已经知道,如果一元函数在某点可导,则它在该点必定连续.

图 4-5

但是,**多元函数即使在某点的各个偏导数都存在,也不能保证它在该点连续**.例如,函数

$$f(x,y)=\begin{cases}\dfrac{xy}{x^2+y^2}, & x^2+y^2\neq 0,\\ 0, & x^2+y^2=0,\end{cases}$$

由于　$\dfrac{\partial f}{\partial x}\Big|_{\substack{x=0\\y=0}}=\lim_{\Delta x\to0}\dfrac{f(0+\Delta x,0)-f(0,0)}{\Delta x}=\lim_{\Delta x\to0}\dfrac{0-0}{\Delta x}=0$,

$\dfrac{\partial f}{\partial y}\Big|_{\substack{x=0\\y=0}}=\lim_{\Delta y\to0}\dfrac{f(0,0+\Delta y)-f(0,0)}{\Delta y}=\lim_{\Delta y\to0}\dfrac{0-0}{\Delta y}=0$,

即 $f(x,y)$ 在点 $(0,0)$ 处两个偏导数都存在,但由 4.1 节例 8 可知,该函数在点 $(0,0)$ 处极限不存在,故 $f(x,y)$ 在点 $(0,0)$ 处不连续.

4.2.2　高阶偏导数

定义 4.5　设函数 $z=f(x,y)$ 在区域 D 内存在偏导数 $\dfrac{\partial z}{\partial x}$、$\dfrac{\partial z}{\partial y}$,这两个偏导数在 D 内都是 x、y 的函数.如果这两个函数的偏导数也存在,则称这两个函数的偏导数为 $z=f(x,y)$ 的二阶偏导数.按照对变量求导的次序不同而有下列四个二阶偏导数.

$$\dfrac{\partial}{\partial x}\left(\dfrac{\partial z}{\partial x}\right)=\dfrac{\partial^2 z}{\partial x^2}=f''_{xx}(x,y)=z''_{xx};\qquad \dfrac{\partial}{\partial y}\left(\dfrac{\partial z}{\partial x}\right)=\dfrac{\partial^2 z}{\partial x\partial y}=f''_{xy}(x,y)=z''_{xy};$$

$$\dfrac{\partial}{\partial x}\left(\dfrac{\partial z}{\partial y}\right)=\dfrac{\partial^2 z}{\partial y\partial x}=f''_{yx}(x,y)=z''_{yx};\qquad \dfrac{\partial}{\partial y}\left(\dfrac{\partial z}{\partial y}\right)=\dfrac{\partial^2 z}{\partial y^2}=f''_{yy}(x,y)=z''_{yy}.$$

如果二阶偏导数也具有偏导数,则所得偏导数称为原函数的三阶偏导数,比如 $\dfrac{\partial^3 z}{\partial x^3}=$

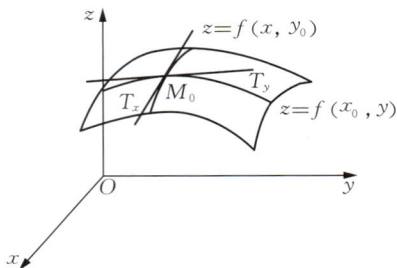

$\dfrac{\partial}{\partial x}\left(\dfrac{\partial^{2}z}{\partial x^{2}}\right)$、$\dfrac{\partial^{3}z}{\partial x^{2}\partial y}=\dfrac{\partial}{\partial y}\left(\dfrac{\partial^{2}z}{\partial x^{2}}\right)$ 等.二阶及二阶以上的偏导数统称为**高阶偏导数**.

例 15　设 $z=x^{3}y^{2}-3xy^{3}-xy+1$，求 $\dfrac{\partial^{2}z}{\partial x^{2}}$、$\dfrac{\partial^{2}z}{\partial x\partial y}$、$\dfrac{\partial^{2}z}{\partial y\partial x}$、$\dfrac{\partial^{2}z}{\partial y^{2}}$.

解　$\dfrac{\partial z}{\partial x}=3x^{2}y^{2}-3y^{3}-y$，　　$\dfrac{\partial z}{\partial y}=2x^{3}y-9xy^{2}-x$；

$\dfrac{\partial^{2}z}{\partial x^{2}}=6xy^{2}$，　　　　　　　$\dfrac{\partial^{2}z}{\partial y^{2}}=2x^{3}-18xy$；

$\dfrac{\partial^{2}z}{\partial x\partial y}=6x^{2}y-9y^{2}-1$，　　$\dfrac{\partial^{2}z}{\partial y\partial x}=6x^{2}y-9y^{2}-1$.

可以看到例 15 中两个二阶混合偏导数相等,即

$$\dfrac{\partial^{2}z}{\partial x\partial y}=\dfrac{\partial^{2}z}{\partial y\partial x}.$$

一般地,有以下结论:

定理 4.1　如果函数 $z=f(x，y)$ 的两个二阶混合偏导数

$$f''_{xy}(x，y)，f''_{yx}(x，y)$$

在区域 D 内连续,则在该区域内必有

$$f''_{xy}(x，y)=f''_{yx}(x，y)，$$

即两个二阶混合偏导数必相等.换言之,二阶混合偏导数在连续条件下与求偏导数的次序无关.

上述定理还可推广到更高阶的混合偏导数的情形,这里就不再一一叙述了.

*例 16　证明函数 $u=\dfrac{1}{r}$ 满足方程 $\dfrac{\partial^{2}u}{\partial x^{2}}+\dfrac{\partial^{2}u}{\partial y^{2}}+\dfrac{\partial^{2}u}{\partial z^{2}}=0$，其中 $r=\sqrt{x^{2}+y^{2}+z^{2}}$.

证明　$\dfrac{\partial u}{\partial x}=-\dfrac{1}{r^{2}}\dfrac{\partial r}{\partial x}=-\dfrac{1}{r^{2}}\dfrac{x}{r}=-\dfrac{x}{r^{3}}$，$\dfrac{\partial^{2}u}{\partial x^{2}}=-\dfrac{1}{r^{3}}+\dfrac{3}{r^{4}}\dfrac{\partial r}{\partial x}=-\dfrac{1}{r^{3}}+\dfrac{3x^{2}}{r^{5}}$.

同理 $\dfrac{\partial^{2}u}{\partial y^{2}}=-\dfrac{1}{r^{3}}+\dfrac{3y^{2}}{r^{5}}$，$\dfrac{\partial^{2}u}{\partial z^{2}}=-\dfrac{1}{r^{3}}+\dfrac{3z^{2}}{r^{5}}$. 所以

$$\dfrac{\partial^{2}u}{\partial x^{2}}+\dfrac{\partial^{2}u}{\partial y^{2}}+\dfrac{\partial^{2}u}{\partial z^{2}}=-\dfrac{3}{r^{3}}+\dfrac{3(x^{2}+y^{2}+z^{2})}{r^{5}}=-\dfrac{3}{r^{3}}+\dfrac{3}{r^{3}}=0.$$

4.2.3　全微分

对于多元函数,每一个自变量产生一定的增量,相应地得到因变量的增量,由于这个增量是由所有自变量的变化而产生的,因此称为全增量.

设二元函数 $z=f(x，y)$ 在区域 D 内有定义,点 $P(x，y)\in D$. 当自变量 x 取得增量 Δx，自变量 y 取得增量 Δy 时,得到点 $P'(x+\Delta x，y+\Delta y)$，如果点 P' 属于区域 D，则函数值之差 $f(x+\Delta x，y+\Delta y)-f(x，y)$ 称为函数在点 P 对应于自变量增量 Δx、Δy 的**全增量**,记为 Δz，即

$$\Delta z=f(x+\Delta x，y+\Delta y)-f(x，y).\tag{4-1}$$

一般地,计算全增量 Δz 比较复杂.与一元函数的情形一样,要求用自变量的增量 Δx、Δy 的线性函数来近似地代替函数的全增量 Δz，为此引入以下定义.

定义 4.6　设函数 $z=f(x，y)$ 在点 $P(x，y)$ 的某邻域内有定义,如果函数 $z=$

$f(x, y)$ 在点 (x, y) 处的全增量

$$\Delta z = f(x + \Delta x, y + \Delta y) - f(x, y)$$

可以表示为

$$\Delta z = A\Delta x + B\Delta y + o(\rho), \rho = \sqrt{(\Delta x)^2 + (\Delta y)^2}, \tag{4-2}$$

其中 A、B 不依赖于 Δx、Δy 而仅与 x、y 有关,则称函数 $z = f(x, y)$ 在点 (x, y) 处可微,$A\Delta x + B\Delta y$ 称为函数 $z = f(x, y)$ 在点 (x, y) 处的**全微分**,记为 $\mathrm{d}z$,即

$$\mathrm{d}z = A\Delta x + B\Delta y.$$

如果函数 $z = f(x, y)$ 在某区域 D 内各点处都可微,则称函数在 D 内可微.

与一元函数类似,可以证明定义 4.6 中的 $A = \dfrac{\partial z}{\partial x}$,$B = \dfrac{\partial z}{\partial y}$. 分别令 $z = x$ 或 $z = y$,则 $\Delta x = \mathrm{d}x$,$\Delta y = \mathrm{d}y$,便可得出函数 $z = f(x, y)$ 的全微分公式

$$\mathrm{d}z = \frac{\partial z}{\partial x}\mathrm{d}x + \frac{\partial z}{\partial y}\mathrm{d}y.$$

此公式可以完全类似地推广到三元及三元以上的多元函数. 例如,如果函数

$$u = f(x, y, z)$$

的全微分存在,那么就有

$$\mathrm{d}u = \frac{\partial u}{\partial x}\mathrm{d}x + \frac{\partial u}{\partial y}\mathrm{d}y + \frac{\partial u}{\partial z}\mathrm{d}z.$$

例 17 计算函数 $z = x^2 y + y^2$ 的全微分.

解 因为

$$\frac{\partial z}{\partial x} = 2xy, \frac{\partial z}{\partial y} = x^2 + 2y,$$

所以

$$\mathrm{d}z = 2xy\mathrm{d}x + (x^2 + 2y)\mathrm{d}y.$$

例 18 计算函数 $z = \mathrm{e}^{xy}$ 在点 $(2, 1)$ 处的全微分.

解 因为

$$\frac{\partial z}{\partial x} = y\mathrm{e}^{xy}, \frac{\partial z}{\partial y} = x\mathrm{e}^{xy}, \frac{\partial z}{\partial x}\bigg|_{\substack{x=2\\y=1}} = \mathrm{e}^2, \frac{\partial z}{\partial y}\bigg|_{\substack{x=2\\y=1}} = 2\mathrm{e}^2,$$

所以

$$\mathrm{d}z\bigg|_{\substack{x=0\\y=1}} = \mathrm{e}^2\mathrm{d}x + 2\mathrm{e}^2\mathrm{d}y.$$

例 19 计算函数 $u = x + \sin\dfrac{y}{2} + \mathrm{e}^{yz}$ 的全微分.

解 因为

$$\frac{\partial u}{\partial x} = 1, \frac{\partial u}{\partial y} = \frac{1}{2}\cos\frac{y}{2} + z\mathrm{e}^{yz}, \frac{\partial u}{\partial z} = y\mathrm{e}^{yz},$$

所以

$$\mathrm{d}u = \mathrm{d}x + \left(\frac{1}{2}\cos\frac{y}{2} + z\mathrm{e}^{yz}\right)\mathrm{d}y + y\mathrm{e}^{yz}\mathrm{d}z.$$

如前所述,多元函数在某点处偏导数存在,并不能保证函数在该点处连续.但是,由定义 4.6 可知,如果函数 $z=f(x,y)$ 在点 (x,y) 处可微,则函数在该点处必定连续.

事实上由式(4-2)可知 $\Delta z \to 0(\rho \to 0)$,从而

$$\lim_{(\Delta x,\Delta y)\to(0,0)} f(x+\Delta x,y+\Delta y)=\lim_{\rho\to 0}[f(x,y)+\Delta z]=f(x,y),$$

因此函数 $z=f(x,y)$ 在点 (x,y) 处连续.

已经知道,一元函数在某点的导数存在是微分存在的充分必要条件.但对于多元函数而言,情形就不同了.例如,函数

$$f(x,y)=\begin{cases} \dfrac{xy}{x^2+y^2}, & x^2+y^2\neq 0, \\ 0, & x^2+y^2=0 \end{cases}$$

在点 $(0,0)$ 处的两个偏导数都存在且 $f'_x(0,0)=0$、$f'_y(0,0)=0$,但是函数在点 $(0,0)$ 处不连续,因此是不可微分的,全微分也不存在.因此,**偏导数的存在只是全微分存在的必要条件而不是充分条件.但是,如果各个偏导数存在且连续,则可以证明其函数是可微的.**

小看板

1. 对于二元函数 $z=f(x,y)$,求 $\dfrac{\partial z}{\partial x}$ 时,把_____看作常量,求 $\dfrac{\partial z}{\partial y}$ 时,把_____看作常量.

2. $z=f(x,y)$ 的二阶偏导数包括_____四个.

3. 可微的必要条件:_____.

4. 可微的充分条件:_____.

5. 偏导数与连续的关系:_____.

6. $z=f(x,y)$ 的全微分公式是_____.

习题 4.2

1. 求下列函数的偏导数.

(1) $z=x^2\ln(1+y^2)$; (2) $z=xy$;

(3) $z=\dfrac{y}{x}$; (4) $z=\mathrm{e}^{-\frac{x}{y}}$.

2. 求下列函数给定点处的偏导数.

(1) $f(x,y)=\mathrm{e}^{x^2+y^2+xy}$, $(1,-1)$; (2) $z=(1+x)\mathrm{e}^y$, $(1,1)$.

3. 求下列函数二阶偏导数.

(1) $z=x^4+y^4-4x^2y^2$; (2) $f(x,y)=\arctan(xy)$.

4. 求下列函数的全微分.

(1) $z=\sin(x+y)$; (2) $z=\ln(x^2+y)$.

5. 求下列函数在给定点处的全微分.

(1) $z=x\sin(x+y)$, $(0,0)$, $\left(\dfrac{\pi}{4},\dfrac{\pi}{4}\right)$;

(2) $z=\ln(x+y^2)$, $(0,1)$, $(1,1)$.

习题 4.2
参考答案

4.3　**二元复合函数与隐函数求导法**

【本节提示】　本节将以一元复合函数求导方法为基础,介绍二元复合函数求导方法,以及隐函数求导方法.通过本节的学习,要求能掌握好二元复合函数求导法及隐函数求导法.

4.3.1　二元复合函数求导法

多元复合函数的求导法则在多元函数微分学中起着重要作用.下面按照二元复合函数不同的复合情形,分别进行讨论.

1. 复合函数的中间变量均为一元函数

定理 4.2　如果函数 $u=\varphi(x)$ 及 $v=\psi(x)$ 都在点 x 处可导,函数 $z=f(u,v)$ 在对应点 (u,v) 处具有连续偏导数,则复合函数 $z=f[\varphi(x),\psi(x)]$ 在点 x 处可导,且有

$$\frac{\mathrm{d}z}{\mathrm{d}x}=\frac{\partial z}{\partial u}\frac{\mathrm{d}u}{\mathrm{d}x}+\frac{\partial z}{\partial v}\frac{\mathrm{d}v}{\mathrm{d}x}. \tag{4-3}$$

式(4-3)中,复合函数只是一个自变量 x 的函数,对 x 的导数 $\dfrac{\mathrm{d}z}{\mathrm{d}x}$ 称为全导数.

寻规律　在这里,z 对 x 求导,可以近似地看作 z 不能直接到达 x,可以先通过 u,再由 u 到达 x 和先通过 v,再由 v 到达 x 两条路径,然后相加.可以用右图表示.

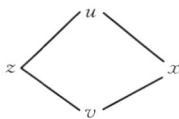

例 20　设 $z=uv$,而 $u=\mathrm{e}^x$,$v=\cos x$,求全导数 $\dfrac{\mathrm{d}z}{\mathrm{d}x}$.

解　$\dfrac{\mathrm{d}z}{\mathrm{d}x}=\dfrac{\partial z}{\partial u}\dfrac{\mathrm{d}u}{\mathrm{d}x}+\dfrac{\partial z}{\partial v}\dfrac{\mathrm{d}v}{\mathrm{d}x}=v\mathrm{e}^x-u\sin x$

$\qquad=\mathrm{e}^x\cos x-\mathrm{e}^x\sin x=\mathrm{e}^x(\cos x-\sin x).$

例 21　设函数 $z=\dfrac{y}{x}$,而 $y=\sqrt{1-x^2}$,求 $\dfrac{\mathrm{d}z}{\mathrm{d}x}$.

解　$\dfrac{\mathrm{d}z}{\mathrm{d}x}=\dfrac{\partial z}{\partial x}+\dfrac{\partial z}{\partial y}\dfrac{\mathrm{d}y}{\mathrm{d}x}$

$\qquad=-\dfrac{y}{x^2}+\dfrac{1}{x}\cdot\dfrac{-2x}{2\sqrt{1-x^2}}=-\dfrac{y}{x^2}-\dfrac{1}{\sqrt{1-x^2}}$

$\qquad=-\dfrac{y}{x^2}-\dfrac{1}{y}=-\dfrac{x^2+y^2}{x^2y}=-\dfrac{1}{x^2\sqrt{1-x^2}}.$

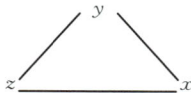

2. 复合函数的中间变量均为多元函数

定理 4.3　如果函数 $u=\varphi(x,y)$、$v=\psi(x,y)$ 都在点 (x,y) 处具有对 x 及对 y 的偏导数,而函数 $z=f(u,v)$ 在对应点 (u,v) 处具有连续偏导数,则复合函数 $z=f[\varphi(x,y),\psi(x,y)]$ 在对应点 (x,y) 处的两个偏导数都存在,且有

$$\frac{\partial z}{\partial x} = \frac{\partial z}{\partial u}\frac{\partial u}{\partial x} + \frac{\partial z}{\partial v}\frac{\partial v}{\partial x}, \tag{4-4}$$

$$\frac{\partial z}{\partial y} = \frac{\partial z}{\partial u}\frac{\partial u}{\partial y} + \frac{\partial z}{\partial v}\frac{\partial v}{\partial y}. \tag{4-5}$$

事实上,这里求 $\frac{\partial z}{\partial x}$ 时,y 看作常量,因此中间变量 u 及 v 仍可看作一元函数而运用式(4-3).但由于复合函数 $z = f[\varphi(x,y), \psi(x,y)]$ 以及 $u = \varphi(x,y)$ 和 $v = \psi(x,y)$ 都是 x、y 的二元函数,所以应将式(4-3)中的记号 d 改写成记号 ∂,这样就得到了式(4-4),同理也可由式(4-3)得到式(4-5).

例 22　设 $z = e^u \sin v$,$u = xy$,$v = x + y$,求 $\frac{\partial z}{\partial x}$、$\frac{\partial z}{\partial y}$.

解　由公式(4-4)、(4-5)得

$$\begin{aligned}
\frac{\partial z}{\partial x} &= \frac{\partial z}{\partial u}\frac{\partial u}{\partial x} + \frac{\partial z}{\partial v}\frac{\partial v}{\partial x}\\
&= e^u \sin v \cdot y + e^u \cos v\\
&= e^{xy}[y\sin(x+y) + \cos(x+y)],\\
\frac{\partial z}{\partial y} &= \frac{\partial z}{\partial u}\frac{\partial u}{\partial y} + \frac{\partial z}{\partial v}\frac{\partial v}{\partial y}\\
&= e^u \sin v \cdot x + e^u \cos v\\
&= e^{xy}[x\sin(x+y) + \cos(x+y)].
\end{aligned}$$

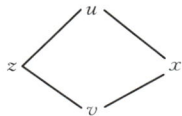

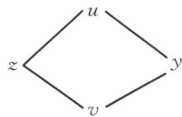

***例 23**　设 $z = f(x+y, xy)$,f 具有连续偏导数,求 $\frac{\partial z}{\partial x}$、$\frac{\partial z}{\partial y}$.

解　此题为抽象函数,所以只能用多元函数求导法则.

令 $u = x+y$,$v = xy$,则 $z = f(u,v)$,于是

$$\begin{aligned}
\frac{\partial z}{\partial x} &= \frac{\partial f}{\partial u}\cdot\frac{\partial u}{\partial x} + \frac{\partial f}{\partial v}\cdot\frac{\partial v}{\partial x}\\
&= \frac{\partial f}{\partial u}\cdot(x+y)'_x + \frac{\partial f}{\partial v}\cdot(xy)'_x\\
&= \frac{\partial f}{\partial u} + y\frac{\partial f}{\partial v},\\
\frac{\partial z}{\partial y} &= \frac{\partial f}{\partial u}\cdot\frac{\partial u}{\partial y} + \frac{\partial f}{\partial v}\cdot\frac{\partial v}{\partial y}\\
&= \frac{\partial f}{\partial u}\cdot(x+y)'_y + \frac{\partial f}{\partial v}\cdot(xy)'_y\\
&= \frac{\partial f}{\partial u} + x\frac{\partial f}{\partial v}.
\end{aligned}$$

3. 复合函数的中间变量既含一元函数,也含多元函数

设 $z = f(u,v)$、$u = \varphi(x,y)$、$v = \psi(y)$ 复合而成二元函数 $z = f[\varphi(x,y), \psi(y)]$,那么在与情形 2 相同的条件下,$z$ 关于 x 及 y 的偏导数都存在,且有

$$\frac{\partial z}{\partial x} = \frac{\partial z}{\partial u}\cdot\frac{\partial u}{\partial x}, \qquad \frac{\partial z}{\partial y} = \frac{\partial z}{\partial u}\cdot\frac{\partial u}{\partial y} + \frac{\partial z}{\partial v}\cdot\frac{\mathrm{d}v}{\mathrm{d}y}.$$

注意　这里的 v 与 x 无关.在一元函数求导时,将记号 ∂ 改写成记号 d 即可.

例 24　设 $u=f(x,y,z)=e^{x^2+y^2+z^2}$，$z=x^2\sin y$，求 $\dfrac{\partial u}{\partial x}$ 和 $\dfrac{\partial u}{\partial y}$.

解
$$\frac{\partial u}{\partial x}=\frac{\partial f}{\partial x}\cdot\frac{\mathrm{d}x}{\mathrm{d}x}+\frac{\partial f}{\partial z}\cdot\frac{\partial z}{\partial x}$$
$$=f'_x+f'_z\cdot\frac{\partial z}{\partial x}=2xu+2zu\cdot2x\sin y$$
$$=2x(1+2x^2\sin^2 y)e^{x^2+y^2+x^4\sin^2 y},$$
$$\frac{\partial u}{\partial y}=\frac{\partial f}{\partial y}+\frac{\partial f}{\partial z}\cdot\frac{\partial z}{\partial y}=f'_y+f'_z\cdot\frac{\partial z}{\partial y}$$
$$=2yu+2zu\cdot x^2\cos y=2(y+x^4\sin y\cos y)e^{x^2+y^2+x^4\sin^2 y}.$$

注意　等式两端的 $\dfrac{\partial u}{\partial x}$ 与 f'_x 是不同的.左端的 $\dfrac{\partial u}{\partial x}$ 是将复合函数 $u=f(x,y,x^2\sin y)$ 中的 y 看作常数而对 x 求偏导数,而 f'_x 是在未经复合的函数 $u=f(x,y,z)$ 中,将 y 和 z 看作常数而对 x 求偏导数.

再来看一个求多元复合函数的高阶偏导数的例子,其中有些记号值得注意.

*例 25　设 $w=f(x+y+z,xyz)$，f 具有二阶连续偏导数,求 $\dfrac{\partial w}{\partial x}$ 和 $\dfrac{\partial^2 w}{\partial x\partial z}$.

解　令 $u=x+y+z$，$v=xyz$.则 $w=f(u,v)$ 为使表达简便起见,引入以下记号
$$f'_1=\frac{\partial f(u,v)}{\partial u}=f'_u(u,v),\quad f''_{12}=\frac{\partial^2 f(u,v)}{\partial u\partial v}=f''_{uv}(u,v),$$
同理有 f'_2，f''_{11}，f''_{22}.这里下标 1 表示对第一个变量 u 求偏导数,下标 2 表示对第二个变量 v 求偏导数.
$$\frac{\partial w}{\partial x}=\frac{\partial f}{\partial u}\cdot\frac{\partial u}{\partial x}+\frac{\partial f}{\partial v}\cdot\frac{\partial v}{\partial x}=f'_1+yzf'_2.$$

应该注意的是 f'_1 与 f'_2 仍然是复合函数,里面含有 u、v，其中 $u=x+y+z$，$v=xyz$.所以
$$\frac{\partial^2 w}{\partial x\partial z}=\frac{\partial}{\partial z}(f'_1+yzf'_2)=\frac{\partial f'_1}{\partial z}+yf'_2+yz\frac{\partial f'_2}{\partial z}.$$
而
$$\frac{\partial f'_1}{\partial z}=\frac{\partial f'_1}{\partial u}\cdot\frac{\partial u}{\partial z}+\frac{\partial f'_1}{\partial v}\cdot\frac{\partial v}{\partial z}=f''_{11}+xyf''_{12},$$
$$\frac{\partial f'_2}{\partial z}=\frac{\partial f'_2}{\partial u}\cdot\frac{\partial u}{\partial z}+\frac{\partial f'_2}{\partial v}\cdot\frac{\partial v}{\partial z}=f''_{21}+xyf''_{22},$$
所以
$$\frac{\partial^2 w}{\partial x\partial z}=f''_{11}+xyf''_{12}+yf'_2+yz(f''_{21}+xyf''_{22})$$
$$=f''_{11}+y(x+z)f''_{12}+xy^2zf''_{22}+yf'_2.$$

最后结果中利用了 $f''_{12}=f''_{21}$，因为 f 具有二阶连续偏导数,故两者相等.

4.3.2　隐函数的求导法

前面已经提出了隐函数的概念,并且指出了不经过显化,直接由方程

$$F(x,y)=0 \tag{4-6}$$

求出它所确定的隐函数导数的方法. 若式(4-6)确定了 y 与 x 的函数关系 $y=f(x)$, 则可以将方程 $F(x,y)=0$ 两端对 x 求导, 在求导过程中应视 y 为 x 的函数, 然后利用二元复合函数的求导法则求导, 就可以得到式(4-6)所确定的隐函数求导公式:

$$\frac{dy}{dx}=-\frac{F'_x}{F'_y}. \tag{4-7}$$

例 26　方程 $x^2+y^2-1=0$ 确定了隐函数 $y=f(x)$, 求 $\left.\dfrac{dy}{dx}\right|_{x=0}$.

解　令 $F(x,y)=x^2+y^2-1$, 则

$$\frac{dy}{dx}=-\frac{F'_x}{F'_y}=-\frac{x}{y},$$

于是

$$\left.\frac{dy}{dx}\right|_{x=0}=0.$$

方程(4-6)可以确定一个一元隐函数, 那么一个三元方程

$$F(x,y,z)=0 \tag{4-8}$$

就可能确定一个二元隐函数.

与前面一样, 若式(4-8)确定了 z 与 x 和 y 的函数关系式 $z=f(x,y)$, 则方程 $F(x,y,z)=0$ 两端分别对 x 和 y 求偏导, 在求导过程中应视 z 为 x 和 y 的函数, 然后利用复合函数的求导法则求导, 就可以得到式(4-8)所确定的隐函数偏导公式

$$\frac{\partial z}{\partial x}=-\frac{F'_x}{F'_z},\quad \frac{\partial z}{\partial y}=-\frac{F'_y}{F'_z}. \tag{4-9}$$

例 27　设 $e^{-xy}-2z+e^{-z}=0$, 求 $\dfrac{\partial z}{\partial x}$、$\dfrac{\partial z}{\partial y}$.

解　设 $F(x,y,z)=e^{-xy}-2z+e^{-z}=0$, 则

$$F'_x=-ye^{-xy},\ F'_y=-xe^{-xy},\ F'_z=-2-e^{-z},$$
$$\frac{\partial z}{\partial x}=-\frac{F'_x}{F'_z}=-\frac{-ye^{-xy}}{-2-e^{-z}}=-\frac{ye^{-xy}}{2+e^{-z}},$$
$$\frac{\partial z}{\partial y}=-\frac{F'_y}{F'_z}=-\frac{-xe^{-xy}}{-2-e^{-z}}=-\frac{xe^{-xy}}{2+e^{-z}}.$$

小看板

1. 全导数是指＿＿＿＿＿＿＿＿＿＿＿＿＿＿＿＿＿＿＿＿＿＿＿.

2. 函数 $u=\varphi(x,y)$、$v=\psi(x,y)$ 都在点 (x,y) 处具有对 x 及对 y 的偏导数, 而函数 $z=f(u,v)$ 在对应点 (u,v) 处具有连续偏导数, 则函数 $f(u,v)$ 对 x 和 y 的偏导数分别为＿＿＿＿＿＿＿＿＿＿＿＿＿＿＿＿.

3. 一元隐函数 $F(x,y)=0$ 的求导公式 $\dfrac{dy}{dx}=$＿＿＿＿＿＿＿＿.

4. 二元隐函数 $F(x, y, z) = 0$ 的偏导数公式 $\dfrac{\partial z}{\partial x} = $ _____，$\dfrac{\partial z}{\partial y} = $ _____.

习题 4.3

1. 求下列函数的偏导数.

(1) $z = u^2 v$，$u = x + 1$，$v = e^x$；

(2) $z = \ln u + e^v$，$u = x^2 + 1$，$v = \cos x$；

(3) $z = x^2 \cos y$，$y = \ln x$.

2. 求下列函数的偏导数.

(1) $f(u, v) = e^{u+v}$，$u = x + 1$，$v = xy$；

(2) $z = f(x^2 + y, \cos xy)$.

3. 求下列隐函数的偏导数.

(1) $x^4 + y^4 - 4x^2 y^2 = 0$；   (2) $\arctan xy + \cos z = 0$.

习题 4.3
参考答案

4.4　二元函数的极值

【本节提示】　本节将介绍二元函数无条件极值及条件极值的概念和常用求法.通过本节的学习,要求掌握二阶连续偏导数函数无条件极值的求法和拉格朗日乘数法.

4.4.1　无条件极值

定义 4.7　设函数 $z=f(x,y)$ 在点 $P_0(x_0,y_0)$ 的某邻域内有定义,如果对在此邻域内除点 $P_0(x_0,y_0)$ 外的任意点 $P(x,y)$,均有 $f(x,y)<f(x_0,y_0)$ [或 $f(x,y)>f(x_0,y_0)$],则称点 $P_0(x_0,y_0)$ 为函数 $z=f(x,y)$ 的**极大值点**(或**极小值点**),$f(x_0,y_0)$ 称为**极大值**(或**极小值**),极大值点和极小值点统称为**极值点**,极大值和极小值统称为**极值**.

例如,函数 $z=3x^2+4y^2$ 在点 $(0,0)$ 处有极小值 0,函数 $z=-\sqrt{x^2+y^2}$ 在点 $(0,0)$ 处有极大值 0,函数 $z=xy$ 在点 $(0,0)$ 处没有极值.

多元函数的极值问题,一般可以利用偏导数来解决.下面两个定理是关于二元函数极值问题的结论.

定理 4.4　设函数 $z=f(x,y)$ 在点 $P_0(x_0,y_0)$ 处有极值且存在偏导数,则 $f'_x(x_0,y_0)=0$,$f'_y(x_0,y_0)=0$.

与一元函数类似,使得 $f'_x(x,y)=0$、$f'_y(x,y)=0$ 同时成立的点 (x_0,y_0),称为函数 $z=f(x,y)$ 的**驻点**.定理 4.4 说明**具有偏导数的函数的极值点必是驻点,但驻点却不一定是极值点**.例如,点 $(0,0)$ 是函数 $z=x^2-y^2$ 的驻点,但不是极值点.因为在原点 $(0,0)$ 附近,当 $x>y$ 的点 (x,y) 处,$f(x,y)>0$;而 $x<y$ 的点 (x,y) 处,$f(x,y)<0$. 所以 $(0,0)$ 不是极值点.

那么,如何判定一个驻点是否为极值点呢? 其判定定理如下.

定理 4.5　设函数 $z=f(x,y)$ 在点 $P_0(x_0,y_0)$ 的某邻域内具有一阶及二阶连续偏导数,且 $P_0(x_0,y_0)$ 是驻点.

$A=f''_{xx}(x_0,y_0)$,$B=f''_{xy}(x_0,y_0)$,$C=f''_{yy}(x_0,y_0)$,则

① 当 $B^2-AC<0$ 时,点 $P_0(x_0,y_0)$ 是极值点,且当 $A<0$ 时,点 $P_0(x_0,y_0)$ 是极大值点;当 $A>0$ 时,点 $P_0(x_0,y_0)$ 是极小值点;

② 当 $B^2-AC>0$ 时,点 $P_0(x_0,y_0)$ 不是极值点;

③ 当 $B^2-AC=0$ 时,点 $P_0(x_0,y_0)$ 有可能是极值点也可能不是极值点,需另作讨论.

现利用定理 4.4 和定理 4.5,将具有二阶连续偏导数的函数 $z=f(x,y)$ 的极值的求法步骤总结如下:

第一步　求偏导数,解方程组

$$\begin{cases} f'_x(x,y)=0, \\ f'_y(x,y)=0, \end{cases}$$

求出一切驻点；

第二步　求出二阶偏导数,将每个驻点代入求出 A、B 和 C；

第三步　确定 B^2-AC 的符号,按照定理 4.5 的结论判定极值存在与否,是极大值还是极小值.

例 28　求函数 $f(x,y)=\mathrm{e}^{x-y}(x^2-2y^2)$ 的极值.

解　(1) 求驻点.

由
$$\begin{cases} f'_x(x,y)=\mathrm{e}^{x-y}(x^2-2y^2)+2x\mathrm{e}^{x-y}=0, \\ f'_y(x,y)=-\mathrm{e}^{x-y}(x^2-2y^2)-4y\mathrm{e}^{x-y}=0, \end{cases}$$

得两个驻点 $(0,0)$、$(-4,-2)$.

(2) 求 $f(x,y)$ 的二阶偏导数.
$$f''_{xx}(x,y)=\mathrm{e}^{x-y}(x^2-2y^2+4x+2),$$
$$f''_{xy}(x,y)=\mathrm{e}^{x-y}(2y^2-x^2-2x-4y),$$
$$f''_{yy}(x,y)=\mathrm{e}^{x-y}(x^2-2y^2+8y-4).$$

(3) 讨论驻点是否为极值点.

在点 $(0,0)$ 处,有 $A=2$、$B=0$、$C=-4$、$B^2-AC=8>0$,由极值的充分条件知 $(0,0)$ 不是极值点；

在点 $(-4,-2)$ 处,有 $A=-6\mathrm{e}^{-2}$、$B=8\mathrm{e}^{-2}$、$C=-12\mathrm{e}^{-2}$、$B^2-AC=-8\mathrm{e}^{-4}<0$,而 $A<0$,由极值的充分条件知 $(-4,-2)$ 为极大值点, $f(-4,-2)=8\mathrm{e}^{-2}$ 是函数的极大值.

与一元函数类似,可以利用函数的极值来求函数的最大值和最小值.在有界闭区域 D 上连续的函数 $f(x,y)$ 在 D 上必有最大值和最小值.使函数取得最值的点可能在 D 的内部,也可能在 D 的边界上.假定函数在 D 内可微且只有有限个驻点,此时如果函数在 D 的内部取得最大值(最小值),则这个最大值(最小值)也是函数的极大值(极小值).因此,在上述假定下,**求最值的方法是**:将 $f(x,y)$ 在 D 内所有驻点处的函数值及在 D 的边界上的值进行比较,其中最大的就是最大值,最小的就是最小值.对于实际问题,若根据问题的性质,知道 $f(x,y)$ 的最值一定在 D 的内部取得,且函数在 D 内只有一个驻点,则可以肯定在该驻点处的函数值就是 $f(x,y)$ 在 D 上的最值.

例 29　有盖长方体水箱长、宽、高分别为 x、y、z.若 $xyz=V=2$,怎样设计它的长、宽、高才能使所用材料最省？

解　用料 $S=2(xy+yz+zx)=2\left(xy+\dfrac{2}{x}+\dfrac{2}{y}\right)$, $x>0$, $y>0$.

令
$$\begin{cases} S'_x=2\left(x-\dfrac{2}{x^2}\right)=0, \\ S'_y=2\left(x-\dfrac{2}{y^2}\right)=0, \end{cases} \Rightarrow \begin{cases} x=\sqrt[3]{2}, \\ y=\sqrt[3]{2}. \end{cases} \text{同时 } z=\dfrac{2}{xy}=\sqrt[3]{2}.$$

据实际情况可知, 长、宽、高均为 $\sqrt[3]{2}$ 时, 用料最省.

4.4.2　条件极值与拉格朗日乘数法

上面所讨论的极值问题,其函数的自变量只要限制在函数的定义域内即可,并无其他条件,所以有时候称为**无条件极值**.但在实际问题中,有时会遇到对函数的自变量还有附加条件的极值问题,这类极值问题称为**条件极值**.对于有些实际问题,可以将条件极值化为无条件极值.但在许多情形下,将条件极值化为无条件极值并不容易.下面介绍另一种直接寻求条件极值的方法——拉格朗日乘数法.

拉格朗日乘数法　要求函数 $z=f(x,y)$ 在约束条件 $\varphi(x,y)=0$ 下的可能极值点,可以先作拉格朗日函数 $F(x,y)=f(x,y)+\lambda\varphi(x,y)$,其中 λ 为待定常数,求其对 x 与 y 的一阶偏导数,并使之为零,然后与 $\varphi(x,y)=0$ 联立起来,即

$$\begin{cases} f'_x(x,y)+\lambda\varphi'_x(x,y)=0, \\ f'_y(x,y)+\lambda\varphi'_y(x,y)=0, \\ \varphi(x,y)=0. \end{cases}$$

由这方程组解出 x、y 及 λ,这样得到的 (x,y) 就是函数 $z=f(x,y)$ 在约束条件 $\varphi(x,y)=0$ 下的可能极值点.

至于如何确定所求的点是否是极值点,在实际问题中往往可根据问题本身的性质来确定.

拉格朗日乘数法也可以推广到自变量多于一个约束条件的情形.例如,可求函数 $u=f(x,y,z)$,在附加条件 $\varphi(x,y,z)=0$、$\psi(x,y,z)=0$ 下的极值.可以先作拉格朗日函数 $L(x,y,z,\lambda)=f(x,y,z)+\lambda\varphi(x,y,z)+\mu\psi(x,y,z)$,其中 λ、μ 均为待定常数,求其对变量 x、y、z 的一阶偏导数,并令其为零,然后结合约束条件 $\varphi(x,y,z)=0$、$\psi(x,y,z)=0$,解联立方程组得出的 (x,y,z) 即是函数 $u=f(x,y,z)$ 在附加条件 $\varphi(x,y,z)=0$、$\psi(x,y,z)=0$ 下的可能极值点.

例 30　求表面积为 a^2 而体积为最大的长方体的体积.

解　设 x、y、z 分别为长方体的三棱长,本题即要求在约束条件

$$\varphi(x,y,z)=2xy+2yz+2zx-a^2=0$$

下,函数 $V=xyz$ 的最大值,$x>0$、$y>0$、$z>0$.

令 $F(x,y,z)=xyz+\lambda(2xy+2yz+2zx-a^2)$,解方程组

$$\begin{cases} F'_x=yz+\lambda 2(y+z)=0, \\ F'_y=xz+\lambda 2(x+z)=0, \\ F'_z=xy+\lambda 2(y+x)=0, \\ F'_\lambda=2xy+2yz+2xz-a^2=0, \end{cases}$$

得 $x=y=z=\dfrac{\sqrt{6}}{6}a$,此时 $V=\dfrac{\sqrt{6}}{36}a^3$.

由题意知,V 存在最大值且在区域内取得,故 V 的最大值为 $\dfrac{\sqrt{6}}{36}a^3$.

小看板

1. 若 (x_0,y_0) 是函数 $f(x,y)$ 的极大值点,则在 (x_0,y_0) 的邻域内满足_____;若 (x_0,y_0) 是函数 $f(x,y)$ 的极小值点,则在 (x_0,y_0) 的邻域内满足_____.

2. (x_0,y_0) 是函数 $f(x,y)$ 的驻点,则满足_____.

3. 设函数 $z=f(x,y)$ 在 $P_0(x_0,y_0)$ 有极值且存在偏导数,则_____.

习题 4.4

1. 求下列函数的驻点.

(1) $f(x, y) = x^2 - (y-1)^2$；

(2) $f(x, y) = (x - y + 1)^2$；

(3) $f(x, y) = 3axy - x^3 - y^3$.

2. 求下列函数的极值.

(1) $f(x, y) = 2xy - 3x^2 - 2y^2 + 10$；

(2) $f(x, y) = x^2 + xy + y^2 + x - y + 1$；

(3) $f(x, y) = x^3 - 3xy + 3y$；

(4) $f(x, y) = xy(a - x - y), a \neq 0$.

*3. 求下列函数在所给条件下的极值.

(1) $f(x, y) = x + y, x^2 + y^2 = 1$；

(2) $f(x, y) = 0.05x^2 y, x + 2y = 150$.

4.5　二重积分

【本节提示】　将一元函数的积分推广到二元函数,便得到二重积分.通过本节的学习,要求理解二重积分的概念及其性质,掌握直角坐标系下二重积分的计算方法,了解极坐标下二重积分的计算方法.

4.5.1　二重积分的概念与性质

1. 曲顶柱体的体积与二重积分

设有一立体,它的底是 xOy 面上的闭区域 D,它的侧面是以 D 的边界曲线为准线而母线平行于 z 轴的柱面,它的顶是曲面 $z=f(x,y)$,这里 $f(x,y) \geqslant 0$ 且在 D 上连续.这种立体称为**曲顶柱体**(图 4-6).下面来讨论如何计算曲顶柱体的体积.

已经知道,平顶柱体的高是不变的,它的体积满足公式

体积＝高×底面积.

但曲顶柱体高度 $f(x,y)$ 是个变量,因此它的体积不能直接用上述公式来定义和计算.但如果我们回忆到前面求曲边梯形面积的问题时,就不难想到在那里所采用的方法可以用来解决目前的问题.

图 4-6

首先,用一组曲线网将 D 分成 n 个小区域

$$\Delta\sigma_1,\ \Delta\sigma_2,\ \cdots,\ \Delta\sigma_n,$$

其中 $\Delta\sigma_i$ 表示第 i 个小闭区域,也表示它的面积.分别以这些小闭区域的边界曲线为准线,作母线平行于 z 轴的柱面,这些柱面将原来的曲顶柱体分为 n 个细条状的曲顶柱体.在每个 $\Delta\sigma_i$ 中任取一点 (ξ_i,η_i),当小闭区域 $\Delta\sigma_i$ 很小时,$f(x,y) \approx f(\xi_i,\eta_i)$,这时以 $\Delta\sigma_i$ 为底的细条曲顶柱体可近似地看作以 $f(\xi_i,\eta_i)$ 为高的平顶柱体,于是作乘积

$$f(\xi_i,\eta_i)\Delta\sigma_i(i=1,2,\cdots,n),$$

并求和

$$V \approx \sum_{i=1}^{n} f(\xi_i,\eta_i)\Delta\sigma_i.$$

该值可以认为是整个曲顶柱体体积的近似值.为求得曲顶柱体体积的精确值,将分割加密,只需取极限,即

$$V = \lim_{\lambda \to 0} \sum_{i=1}^{n} f(\xi_i,\eta_i)\Delta\sigma_i,$$

其中 λ 是 n 个小闭区域中的最大值.

抛开上述问题中的几何特性,一般地研究这种特定结构的和式极限,便得到以

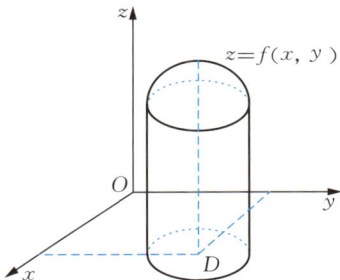

下定义：

定义 4.8　设 $f(x, y)$ 是有界闭区域 D 上的有界函数，将闭区域 D 任意分成 n 个小闭区域 $\Delta\sigma_1$、$\Delta\sigma_2$、$\cdots$、$\Delta\sigma_n$，其中 $\Delta\sigma_i$ 表示第 i 个小闭区域，也表示它的面积，在每个 $\Delta\sigma_i$ 上任取一点 (ξ_i, η_i)，作乘积

$$f(\xi_i, \eta_i)\Delta\sigma_i (i = 1, 2, \cdots, n),$$

并作和

$$\sum_{i=1}^{n} f(\xi_i, \eta_i)\Delta\sigma_i,$$

如果当 n 无限增大且各小闭区域的直径中的最大值 λ 趋近于零时，该和式的极限存在，则称此极限为函数 $f(x, y)$ 在闭区域 D 上的**二重积分**，记为 $\iint\limits_{D} f(x, y)\mathrm{d}\sigma$，即

$$\iint\limits_{D} f(x, y)\mathrm{d}\sigma = \lim_{\lambda \to 0} \sum_{i=1}^{n} f(\xi_i, \eta_i)\Delta\sigma_i,$$

其中 $f(x, y)$ 称为**被积函数**，$f(x, y)\mathrm{d}\sigma$ 称为**被积表达式**，$\mathrm{d}\sigma$ 称为**面积微元**，x 和 y 称为**积分变量**，D 称为**积分区域**，并称 $\sum\limits_{i=1}^{n} f(\xi_i, \eta_i)\Delta\sigma_i$ 为**积分和**.

二重积分 $\iint\limits_{D} \mid f(x, y) \mid \mathrm{d}\sigma$ 表示以 $f(x, y)$ 为曲顶的曲顶柱体体积.

在二重积分记号 $\iint\limits_{D} f(x, y)\mathrm{d}\sigma$ 中的面积微元 $\mathrm{d}\sigma$ 象征和式中的 $\Delta\sigma_i$. 根据定义可知二重积分的值与积分区域的分割方法无关. 因此，在直角坐标系中，常用平行于 x 轴和 y 轴的直线网来分割积分区域 D，则除了包含边界点的一些小闭区域外，其余的小闭区域都是矩形闭区域. 设矩形闭区域 $\Delta\sigma_i$ 的边长为 Δx_i 和 Δy_j，于是 $\Delta\sigma_i = \Delta x_i \Delta y_j$. 故在直角坐标系中，面积微元 $\mathrm{d}\sigma$ 可记为 $\mathrm{d}x\mathrm{d}y$，即 $\mathrm{d}\sigma = \mathrm{d}x\mathrm{d}y$. 进而将二重积分记为 $\iint\limits_{D} f(x, y)\mathrm{d}x\mathrm{d}y$，这里将 $\mathrm{d}x\mathrm{d}y$ 称为**直角坐标系下的面积微元**.

如果二重积分 $\iint\limits_{D} f(x, y)\mathrm{d}\sigma$ 存在，则称函数 $f(x, y)$ 在区域 D 上**可积**. 可以证明，如果函数 $f(x, y)$ 在区域 D 上连续，则 $f(x, y)$ 在区域 D 上是可积的. 以后都假设被积函数 $f(x, y)$ 在积分区域 D 上是连续的，所以 $f(x, y)$ 在区域 D 上的二重积分总存在.

2. 二重积分的性质

二重积分具有与定积分类似的性质，且其证明也与定积分性质的证明相似.

性质 1　设 C_1、C_2 为常数，则

$$\iint\limits_{D} [C_1 f(x, y) + C_2 g(x, y)]\mathrm{d}\sigma = C_1 \iint\limits_{D} f(x, y)\mathrm{d}\sigma + C_2 \iint\limits_{D} g(x, y)\mathrm{d}\sigma.$$

性质 2　如果闭区域 D 被有限条曲线分为有限个部分闭区域，则在 D 上的二重积分等于在各部分闭区域上的二重积分的和. 例如 D 分为两个闭区域 D_1 与 D_2，则

$$\iint\limits_{D} f(x, y)\mathrm{d}\sigma = \iint\limits_{D_1} f(x, y)\mathrm{d}\sigma + \iint\limits_{D_2} f(x, y)\mathrm{d}\sigma.$$

性质 3　$\iint\limits_{D} 1 \cdot \mathrm{d}\sigma = \iint\limits_{D} \mathrm{d}\sigma = \sigma$（$\sigma$ 为 D 的面积）.

性质 4　如果在 D 上，$f(x, y) \leqslant g(x, y)$，则有不等式

$$\iint\limits_{D} f(x, y)\mathrm{d}\sigma \leqslant \iint\limits_{D} g(x, y)\mathrm{d}\sigma.$$

特别地，有

$$\left| \iint\limits_{D} f(x, y)\mathrm{d}\sigma \right| \leqslant \iint\limits_{D} | f(x, y) | \mathrm{d}\sigma.$$

性质 5　设 M、m 分别是 $f(x, y)$ 在闭区域 D 上的最大值和最小值，σ 为 D 的面积，则有

$$m\sigma \leqslant \iint\limits_{D} f(x, y)\mathrm{d}\sigma \leqslant M\sigma.$$

性质 6（二重积分的中值定理）　设函数 $f(x, y)$ 在闭区域 D 上连续，σ 为 D 的面积，则在 D 上至少存在一点 (ξ, η) 使得

$$\iint\limits_{D} f(x, y)\mathrm{d}\sigma = f(\xi, \eta)\sigma.$$

4.5.2　二重积分的计算方法

利用二重积分的定义来计算二重积分显然是不实际的.下面介绍二重积分的计算方法,这种方法是通过两个定积分（即**二次积分**）的计算来实现的.

1. 利用直角坐标计算二重积分

从几何直观来说明二重积分 $\iint\limits_{D} f(x, y)\mathrm{d}\sigma$ 的计算方法,在讨论中假设 $f(x, y) \geqslant 0$.

设积分区域 D 可以用不等式

$$\varphi_1(x) \leqslant y \leqslant \varphi_2(x), \ a \leqslant x \leqslant b$$

来表示(图 4-7a 和图 4-7b),其中函数 $\varphi_1(x)$、$\varphi_2(x)$ 在区间 $[a, b]$ 上连续.

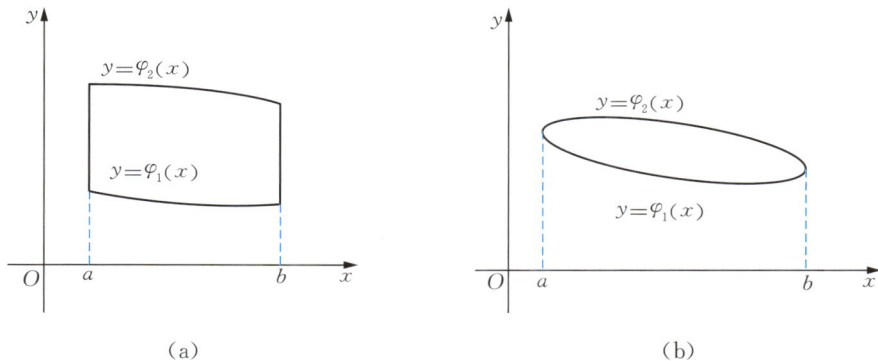

图 4-7

根据二重积分的几何意义可知，$\iint\limits_{D} f(x, y)\mathrm{d}\sigma$ 的值等于以 D 为底、以曲面 $z = f(x,$

y）为顶的**曲顶柱体**的体积.

在区间 $[a，b]$ 上任意取定一个点 x_0，作平行于 yOz 面的平面 $x=x_0$，这平面截曲顶柱体所得截面是一个以区间 $[\varphi_1(x_0)，\varphi_2(x_0)]$ 为底，曲线 $z=f(x_0，y)$ 为曲边的曲边梯形，其面积为

$$A(x_0)=\int_{\varphi_1(x_0)}^{\varphi_2(x_0)}f(x_0，y)\mathrm{d}y.$$

一般地，过区间 $[a，b]$ 上任一点 x 且平行于 yOz 面的平面截曲顶柱体所得截面的面积为

$$A(x)=\int_{\varphi_1(x)}^{\varphi_2(x)}f(x，y)\mathrm{d}y.$$

利用计算平行截面面积已知的立体体积的方法，该曲顶柱体（图 4-8）的体积

图 4-8

$$V=\int_a^b A(x)\mathrm{d}x=\int_a^b\Big[\int_{\varphi_1(x)}^{\varphi_2(x)}f(x，y)\mathrm{d}y\Big]\mathrm{d}x,$$

即 $$\iint\limits_D f(x，y)\mathrm{d}\sigma=\int_a^b\Big[\int_{\varphi_1(x)}^{\varphi_2(x)}f(x，y)\mathrm{d}y\Big]\mathrm{d}x.$$

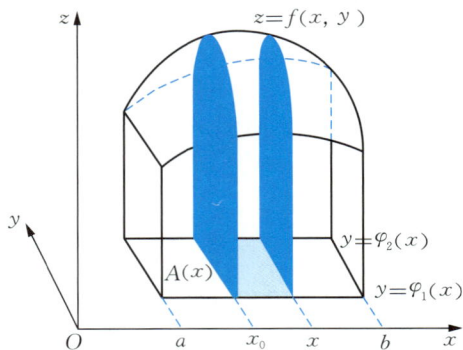

上述积分是一个先对 y，后对 x 的二次积分，即先将 x 看作常数，$f(x，y)$ 只看作 y 的函数，对 $f(x，y)$ 计算从 $\varphi_1(x)$ 到 $\varphi_2(x)$ 的定积分，然后将所得的结果（是 x 的函数）再对 x 从 a 到 b 计算定积分.

这个先对 y，后对 x 的二次积分也常记为

$$\iint\limits_D f(x，y)\mathrm{d}\sigma=\int_a^b\mathrm{d}x\int_{\varphi_1(x)}^{\varphi_2(x)}f(x，y)\mathrm{d}y. \tag{4-10}$$

在上述讨论中，假定 $f(x，y)\geqslant 0$. 但实际上公式（4-10）的成立并不受到这个条件的限制.

类似地，如果积分区域 D 可以用不等式

$$\phi_1(y)\leqslant x\leqslant\phi_2(y)，c\leqslant y\leqslant \mathrm{d}$$

来表示（图 4-9a 和图 4-9b），其中函数 $\phi_1(y)$、$\phi_2(y)$ 在区间 $[c，d]$ 上连续，则

$$\iint\limits_D f(x，y)\mathrm{d}\sigma=\int_c^d\mathrm{d}y\int_{\phi_1(y)}^{\phi_2(y)}f(x，y)\mathrm{d}x. \tag{4-11}$$

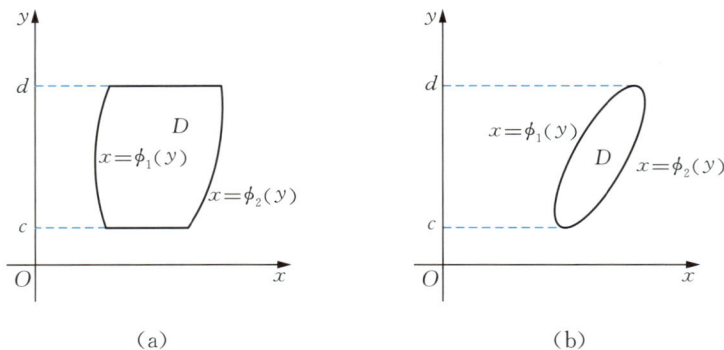

（a）

（b）

图 4-9

式(4-11)就是一个先对 x，后对 y 的二次积分.

如果积分区域 D 可以用不等式 $\varphi_1(x) \leqslant y \leqslant \varphi_2(x)$，$a \leqslant x \leqslant b$ 来表示，也可以用不等式 $\phi_1(y) \leqslant x \leqslant \phi_2(y)$，$c \leqslant y \leqslant d$ 来表示，那么就有

$$\int_a^b \mathrm{d}x \int_{\varphi_1(x)}^{\varphi_2(x)} f(x, y)\mathrm{d}y = \int_c^d \mathrm{d}y \int_{\phi_1(y)}^{\phi_2(y)} f(x, y)\mathrm{d}x.$$

也就是说某些二重积分是可以交换积分次序的.应用公式(4-10)或(4-11)时，积分区域 D 必须满足下列条件:穿过区域 D 内部且平行于 y 轴(或 x 轴)的直线与 D 的边界交点不多于两个.如果不具备上述条件，我们可以将区域 D 进行划分，使得划分后的小区域满足该条件.

二重积分化为二次积分时，确定积分限是关键.积分限是根据区域 D 确定的，通常先画出 D 的图形，然后根据图形的特性选择运用公式(4-10)或(4-11).

例 31　计算 $\iint\limits_{D}(x^3+3x^2y+y^3)\mathrm{d}x\mathrm{d}y$，其中 D 是矩形闭区域 $0 \leqslant x \leqslant 1$，$0 \leqslant y \leqslant 1$.

解　先画出积分区域 D 的图形(图 4-10).

$$\iint\limits_{D}(x^3+3x^2y+y^3)\mathrm{d}x\mathrm{d}y = \int_0^1 \mathrm{d}x \int_0^1 (x^3+3x^3y+y^3)\mathrm{d}y$$

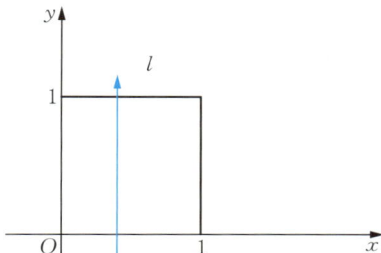

图 4-10

$$= \int_0^1 \left[x^3y + \frac{3}{2}x^2y^2 + \frac{1}{4}y^4 \right]_0^1 \mathrm{d}x$$

$$= \int_0^1 \left(x^3 + \frac{3}{2}x^2 + \frac{1}{4} \right) \mathrm{d}x$$

$$= \left[\frac{1}{4}x^4 + \frac{1}{2}x^3 + \frac{1}{4}x \right]_0^1 = 1.$$

在将重积分化为二次积分时，可以先对 y 积分，再对 x 积分，也可以先对 x 积分，再对 y 积分.当积分区域为矩形域时，由于两次积分限均为常量，所以先对 y 积分还是先对 x 积分在计算时都很方便.但当积分区域为其他形状时，选择积分次序是否恰当将直接影响计算的难易程度.

例 32　计算 $\iint\limits_{D}(x^2+y^2-x)\mathrm{d}x\mathrm{d}y$，其中 D 是由三条直线 $y=2$、$y=x$、$y=2x$ 所围成的区域.

解　画出积分区域(图 4-11).

区域 D 可表示为 $\dfrac{y}{2} \leqslant x \leqslant y$，$0 \leqslant y \leqslant 2$.利用公式(4-11)，得

$$\iint\limits_{D}(x^2+y^2-x)\mathrm{d}x\mathrm{d}y$$

$$= \int_0^2 \mathrm{d}y \int_{\frac{y}{2}}^{y} (x^2+y^2-x)\mathrm{d}x$$

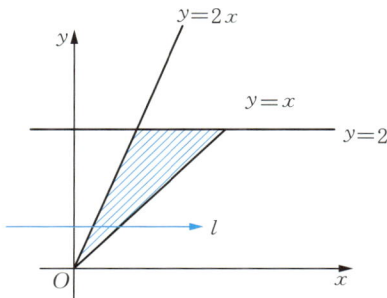

图 4-11

$$= \int_0^2 \left[\frac{1}{3}x^3 + y^2 x - \frac{1}{2}x^2\right]_{\frac{y}{2}}^{y} dy$$

$$= \int_0^2 \left(\frac{19}{24}y^3 - \frac{3}{8}y^2\right) dy = \left[\frac{19}{96}y^4 - \frac{1}{8}y^3\right]_0^2 = \frac{13}{6}.$$

例 33　计算二重积分 $\iint\limits_D xy \, d\sigma$，其中 D 是由抛物线 $y^2 = x$ 及 $y = x - 2$ 所围成的有界闭区域.

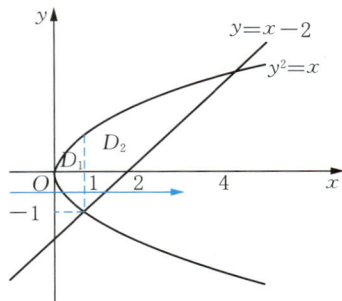

图 4-12

解　如图 4-12 所示，区域 D 可以看成是 Y-型区域，它表示为

$$D = \{(x, y) \mid -1 \leqslant y \leqslant 2, \ y^2 \leqslant x \leqslant y + 2\},$$

所以

$$\iint\limits_D xy \, d\sigma = \int_{-1}^2 dy \int_{y^2}^{y+2} xy \, dx$$

$$= \int_{-1}^2 y \cdot \frac{1}{2}x^2 \Big|_{y^2}^{y+2} dy = \frac{45}{8}.$$

也可以将 D 看成是两个 X-型区域 D_1、D_2 的并集，其中

$$D_1 = \{(x, y) \mid 0 \leqslant x \leqslant 1, \ -\sqrt{x} \leqslant y \leqslant \sqrt{x}\},$$

$$D_2 = \{(x, y) \mid 1 \leqslant x \leqslant 4, \ x - 2 \leqslant y \leqslant \sqrt{x}\}.$$

所以积分可以写为两个二次积分的和，即

$$\iint\limits_D xy \, d\sigma = \int_0^1 dx \int_{-\sqrt{x}}^{\sqrt{x}} xy \, dy + \int_2^4 dx \int_{x-2}^{\sqrt{x}} xy \, dy.$$

最后可以算出同样的结果，显然这样计算要繁琐一些.

例 34　计算二重积分 $\int_0^1 dy \int_y^1 \frac{\sin x}{x} dx$.

分析　因为 $\frac{\sin x}{x}$ 的原函数不是初等函数，因而积分 $\int_y^1 \frac{\sin x}{x} dx$ 无法用牛顿-莱布尼茨公式算出，所以必须交换积分次序，将先对 x 的积分换为先对 y 积分.

解　如图 4-13 所示，此时积分区域 D 为 $0 \leqslant y \leqslant 1$，$y \leqslant x \leqslant 1$. 现换为先对 y 积分，则区域 D 表示为 $0 \leqslant x \leqslant 1$，$0 \leqslant y \leqslant x$，于是

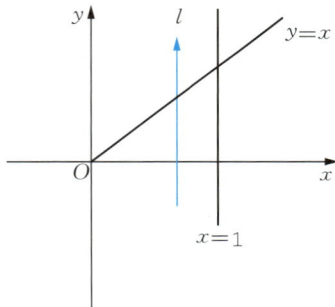

图 4-13

$$\int_0^1 dy \int_y^1 \frac{\sin x}{x} dx = \int_0^1 dx \int_0^x \frac{\sin x}{x} dy$$

$$= \int_0^1 \frac{\sin x}{x} [y]_0^x dx$$

$$= \int_0^1 \sin x \, dx = [-\cos x] \Big|_0^1$$

$$= 1 - \cos 1.$$

■ **寻规律**　计算二重积分时恰当地选择积分次序将简化运算.**不管用哪种次序积分，必须能求出二次积分的被积函数的原函数.**有些二重积分的求解不光要考虑到

区域 D，还要兼顾被积函数.

*2．利用极坐标计算二重积分

有些二重积分，积分区域 D 的边界曲线用极坐标方程来表示比较方便，且被积函数用极坐标变量 r、θ 表达比较简单.这时就可以考虑利用极坐标来计算二重积分 $\iint\limits_{D} f(x, y)\mathrm{d}\sigma$.

按二重积分的定义 $\iint\limits_{D} f(x, y)\mathrm{d}\sigma =$ $\lim\limits_{\lambda\to 0}\sum\limits_{i=1}^{n} f(\xi_i, \eta_i)\Delta\sigma_i$，下面来研究这个和的极限在极坐标系中的形式.

如图 4-14 所示，以从极点 O 出发的一簇射线及以极点为中心的一簇同心圆构成的网将区域 D 分为 n 个小闭区域，小闭区域的面积为

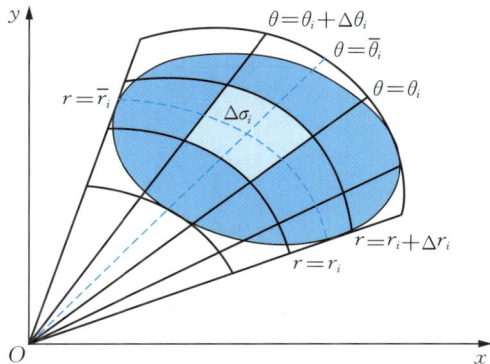

图 4-14

$$\Delta\sigma_i = \frac{1}{2}(r_i + \Delta r_i)^2 \cdot \Delta\theta_i - \frac{1}{2} \cdot r_i^2 \cdot \Delta\theta_i = \frac{1}{2}(2r_i + \Delta r_i)\Delta r_i \cdot \Delta\theta_i$$

$$= \frac{r_i + (r_i + \Delta r_i)}{2} \cdot \Delta r_i \cdot \Delta\theta_i = \bar{r}_i \Delta r_i \Delta\theta_i,$$

其中 $\bar{r}_i = r_i + \frac{1}{2}\Delta r_i$ 表示相邻两圆弧的半径的平均值.

在 $\Delta\sigma_i$ 内取一点 $(\bar{r}_i, \bar{\theta}_i)$，设其直角坐标为 (ξ_i, η_i)，则有

$$\xi_i = \bar{r}_i\cos\bar{\theta}_i, \quad \eta_i = \bar{r}_i\sin\bar{\theta}_i,$$

于是

$$\lim\limits_{\lambda\to 0}\sum\limits_{i=1}^{n} f(\xi_i, \eta_i)\Delta\sigma_i = \lim\limits_{\lambda\to 0}\sum\limits_{i=1}^{n} f(\bar{r}_i\cos\bar{\theta}_i, \bar{r}_i\sin\bar{\theta}_i)\bar{r}_i\Delta r_i\Delta\theta_i.$$

可以证明：包含边界点的那些小闭区域所对应项之和的极限为零，因此，这样的一些小区域可以略去不计.

即

$$\iint\limits_{D} f(x, y)\mathrm{d}\sigma = \iint\limits_{D} f(r\cos\theta, r\sin\theta)r\mathrm{d}r\mathrm{d}\theta.$$

该式称为**二重积分由直角坐标变量变换成极坐标变量的变换公式**，其中，$r\mathrm{d}r\mathrm{d}\theta$ 就是极坐标中的**面积元素**.

极坐标系中的二重积分，同样可以化为二次积分来计算.根据区域 D 的不同，讨论以下三种情形.

（1）积分区域 D 可表示成下述形式（图 4-15）：

$$\varphi_1(\theta) \leqslant r \leqslant \varphi_2(\theta), \alpha \leqslant \theta \leqslant \beta,$$

其中函数 $\varphi_1(\theta)$、$\varphi_2(\theta)$ 在 $[\alpha, \beta]$ 上连续.

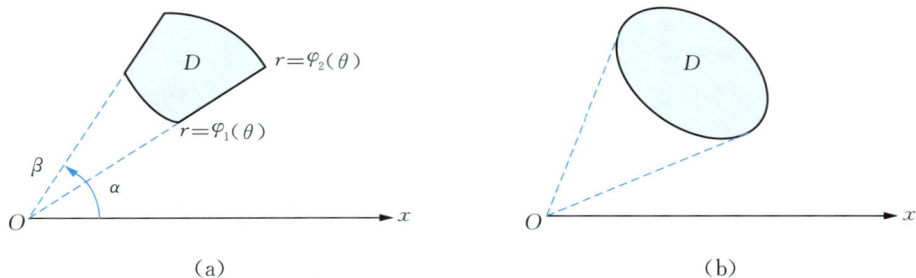

(a)   (b)

图 4-15

则 $$\iint\limits_{D} f(r\cos\theta,\, r\sin\theta)r\mathrm{d}r\mathrm{d}\theta = \int_{\alpha}^{\beta}\mathrm{d}\theta\int_{\varphi_2(x)}^{\varphi_1(x)} f(r\cos\theta,\, r\sin\theta)r\mathrm{d}r.$$

（2）积分区域 D 可表示成如图 4-16 所示.

显然,这只是情形一的特殊形式 $\varphi_1(\theta)\equiv 0$（即极点在积分区域的边界上）.

故 $$\iint\limits_{D} f(r\cos\theta,\, r\sin\theta)r\mathrm{d}r\mathrm{d}\theta$$
$$=\int_{\alpha}^{\beta}\mathrm{d}\theta\int_{0}^{\varphi(\theta)} f(r\cos\theta,\, r\sin\theta)r\mathrm{d}r.$$

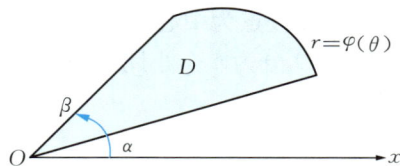

图 4-16

（3）积分区域 D 如图 4-17 所示.

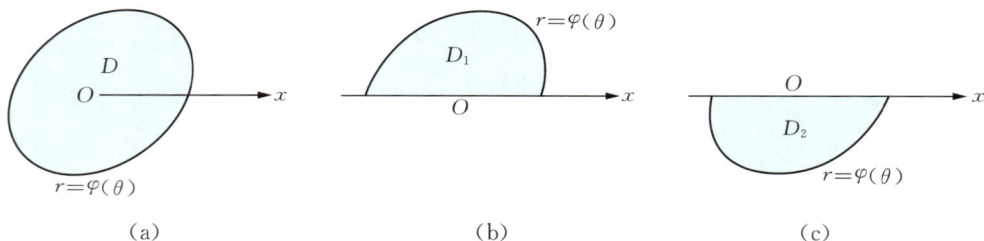

(a)   (b)   (c)

图 4-17

显然,这类区域又是情形二的一种变形（极点包围在积分区域 D 的内部）,D 可剖分成 D_1 和 D_2,而

$$D_1: 0\leqslant\theta\leqslant\pi,\ 0\leqslant r\leqslant\varphi(\theta);\ D_2:\pi\leqslant\theta\leqslant 2\pi,\ 0\leqslant r\leqslant\varphi(\theta).$$

有以下结果

$$\iint\limits_{D} f(r\cos\theta,\, r\sin\theta)r\mathrm{d}r\mathrm{d}\theta = \int_{0}^{\pi}\mathrm{d}\theta\int_{0}^{\varphi(\theta)} f(r\cos\theta,\, r\sin\theta)r\mathrm{d}r$$
$$+\int_{\pi}^{2\pi}\mathrm{d}\theta\int_{0}^{\varphi(\theta)} f(r\cos\theta,\, r\sin\theta)r\mathrm{d}r$$
$$=\int_{0}^{2\pi}\mathrm{d}\theta\int_{0}^{\varphi(\theta)} f(r\cos\theta,\, r\sin\theta)r\mathrm{d}r.$$

例 35 求 $I=\iint\limits_{D}\sqrt{a^2-x^2-y^2}\,\mathrm{d}\sigma$,其中 D 是圆域 $x^2+y^2\leqslant ax\,(a>0)$.

解 如图 4-18 所示,化为极坐标,$x=r\cos\theta$,$y=r\sin\theta$,$\mathrm{d}\sigma=r\mathrm{d}r\mathrm{d}\theta$,代入得 D 的边

界方程 $r = a\cos\theta$. 因此表示为 $-\dfrac{\pi}{2} \leqslant \theta \leqslant \dfrac{\pi}{2}$, $0 \leqslant r \leqslant$

$a\cos\theta$.

$$
\begin{aligned}
I &= \iint\limits_{D} \sqrt{a^2 - r^2}\, r\, \mathrm{d}r\, \mathrm{d}\theta = \int_{-\frac{\pi}{2}}^{\frac{\pi}{2}} \mathrm{d}\theta \int_0^{a\cos\theta} \sqrt{a^2 - r^2}\, r\, \mathrm{d}r \\
&= \int_{-\frac{\pi}{2}}^{\frac{\pi}{2}} \left[-\frac{1}{3}(a^2 - r_2)^{\frac{3}{2}} \right]_0^{a\cos\theta} \mathrm{d}\theta \\
&= \frac{2}{3} \int_0^{\frac{\pi}{2}} (a^3 - a^3 \sin^3\theta)\, \mathrm{d}\theta \\
&= \frac{1}{9} a^3 (3\pi - 4).
\end{aligned}
$$

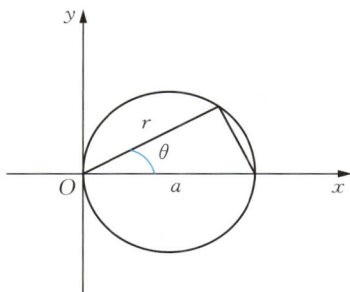

图 4-18

本题如果用直角坐标计算就非常困难.

例 36　求 $I = \iint\limits_{D}(x^2 + y^2)\mathrm{d}\sigma$, 其中 D 是 $a^2 \leqslant x^2 + y^2 \leqslant b^2$.

解　如图 4-19 所示, 在极坐标下区域 D 可表示为

$$
D: \begin{cases} 0 \leqslant \theta \leqslant 2\pi \\ a \leqslant r \leqslant b. \end{cases}
$$

故

$$
\begin{aligned}
I &= \iint\limits_{D} r^3\, \mathrm{d}r\, \mathrm{d}\theta = \int_0^{2\pi} \mathrm{d}\theta \int_a^b r^3\, \mathrm{d}r. \\
&= \int_0^{2\pi} \frac{r^4}{4} \Big|_a^b \mathrm{d}\theta = \frac{\pi}{2}(b^4 - a^4).
\end{aligned}
$$

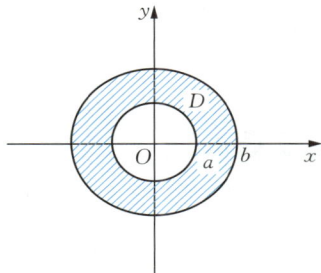

图 4-19

例 37　计算二重积分 $\iint\limits_{D} \sqrt{x^2 + y^2}\, \mathrm{d}x\, \mathrm{d}y$, 其中 D 是第一象限中同时满足 $x^2 + y^2 \leqslant$

1 和 $x^2 + (y-1)^2 \leqslant 1$ 的点所组成的区域.

解　积分区域 D 如图 4-20 所示, 两圆 $x^2 + y^2 = 1$ 和

$x^2 + (y-1)^2 = 1$ 在第一象限的交点为 $P\left(\dfrac{\sqrt{3}}{2}, \dfrac{1}{2}\right)$, 而点

P 的极坐标为 $\left(1, \dfrac{\pi}{6}\right)$, 于是极径 OP 可将 D 分成 D_1 和

D_2 两部分, 它们在极坐标系下表示为

$$
D_1 = \left\{ (r, \theta) \,\middle|\, 0 \leqslant r \leqslant 2\sin\theta,\ 0 \leqslant \theta \leqslant \frac{\pi}{6} \right\},
$$

$$
D_2 = \left\{ (r, \theta) \,\middle|\, 0 \leqslant r \leqslant 1,\ \frac{\pi}{6} \leqslant \theta \leqslant \frac{\pi}{2} \right\}.
$$

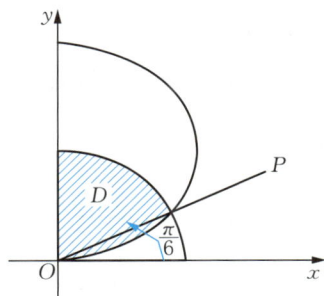

图 4-20

所以得

$$
\begin{aligned}
\iint\limits_{D} \sqrt{x^2 + y^2}\, \mathrm{d}x\, \mathrm{d}y &= \iint\limits_{D_1} r^2\, \mathrm{d}r\, \mathrm{d}\theta + \iint\limits_{D_2} r^2\, \mathrm{d}r\, \mathrm{d}\theta = \int_0^{\frac{\pi}{6}} \mathrm{d}\theta \int_0^{2\sin\theta} r^2\, \mathrm{d}r + \int_{\frac{\pi}{6}}^{\frac{\pi}{2}} \mathrm{d}\theta \int_0^1 r^2\, \mathrm{d}r \\
&= \frac{1}{3} \int_0^{\frac{\pi}{6}} (r^3 \,\big|_0^{2\sin\theta})\, \mathrm{d}\theta + \frac{\pi}{9} = \frac{8}{3} \int_0^{\frac{\pi}{6}} \sin^3\theta\, \mathrm{d}\theta + \frac{\pi}{9}
\end{aligned}
$$

$$=\frac{\pi+16-9\sqrt{3}}{9}.$$

寻规律 当被积函数为 $f(x^2,y^2)$ 或积分区域为圆域、环域、扇形等情形时,利用极坐标计算二重积分较简便.

小看板

1. 根据二重积分的几何意义可知, $\iint\limits_{D}f(x,y)\mathrm{d}\sigma\left[f(x,y)>0\right]$ 的值 _____
_____.

2. 在二重积分的计算中,如果先对 x 积分再对 y 积分,则 $\iint\limits_{D}f(x,y)\mathrm{d}\sigma=$
_____,且在积分过程中将 _____ 视为常量;如果先对 y 积分再对 x 积分,则 $\iint\limits_{D}f(x,y)\mathrm{d}\sigma=$ _____,且在积分过程中将
_____ 视为常量.

习题 4.5

1. 将下列二重积分化为二次积分.

(1) $\iint\limits_{D}f(x,y)\mathrm{d}\sigma$,其中 D 由 $y^2=x$、$y=x-2$ 围成;

(2) $\iint\limits_{D}f(x,y)\mathrm{d}\sigma$,其中 D 由 $y=1$、$x=2$、$y=x$ 围成;

(3) $\iint\limits_{D}f(x,y)\mathrm{d}\sigma$,其中 D 由 $y=x$、$x=2$、$y=\frac{1}{x}(x>0)$ 围成.

2. 计算下列二重积分.

(1) $\iint\limits_{D}(x^2+y^2)\mathrm{d}x\mathrm{d}y$,其中 D 由 $y=x^2$、$x=1$、$y=0$ 围成;

(2) $\iint\limits_{D}xy\mathrm{d}\sigma$,其中 D 由 $y^2=x$ 及 $y=x$ 围成.

*3. 利用极坐标计算下列二重积分.

(1) $\iint\limits_{D}x^2y\mathrm{d}\sigma$,其中 D 是圆环 $1\leqslant x^2+y^2\leqslant 4$ 的第一象限部分;

(2) $\iint\limits_{D}\mathrm{e}^{-(x^2+y^2)}\mathrm{d}\sigma$,其中 D 是圆 $x^2+y^2\leqslant 4$.

应用板块

4.6	二元函数的极值在经济中的应用

【本节提示】　在经济分析过程中,经常用微分学的方法去求经济变量在定义区间上的最值,从而使经济问题达到最优化.而对于一个经济问题,往往会受到多个因素的影响,这就需要用多元函数的极值问题来解决.通过本节的学习,要求能解决一些二元经济函数的最优化问题.

例 38　某工厂生产两种产品,其产量分别为 x 和 y(单位:件),总成本函数 $C(x,y)=x^2+2xy+y^2+5$(单位:元),两种产品的需求函数分别是 $x=2\,600-p$ 及 $y=1\,000-\dfrac{1}{4}q$,其中 p 和 q 分别是两种产品的单价(单位:元/件),求生产两种产品各多少件时,可获得最大利润,最大利润是多少?

解　由于 $x=2\,600-p$,$y=1\,000-\dfrac{1}{4}q$,从而两种产品的单价分别为 $p=2\,600-x$,$q=4\,000-4y$,所以总收益函数为

$$R(x,y)=xp+yq=x(2\,600-x)+y(4\,000-4y)=2\,600x+4\,000y-x^2-4y^2.$$

则总利润函数为 $L(x,y)=R(x,y)-C(x,y)$
$$=2\,600x+4\,000y-x^2-4y^2-(x^2+2xy+y^2+5)$$
$$=2\,600x+4\,000y-2x^2-5y^2-2xy-5.$$

对利润函数求一阶偏导数,并令偏导数为零,得方程组

$$\begin{cases} L'_x(x,y)=2\,600-4x-2y=0, \\ L'_y(x,y)=4\,000-2x-10y=0. \end{cases}$$

解得 $x=500$、$y=300$,即驻点为 $(500,300)$.

由于总利润的最大值必定存在,且利润函数在其定义域 $D=\{(x,y)\mid x\geqslant 0,y\geqslant 0\}$ 内只有一个驻点,所以驻点处的函数值就是它的最大值,即生产甲产品 500 件,乙产品 300 件时,可获得最大利润;最大利润为 $L(500,300)=169\,995$(元).

例 39　某厂家生产的一种产品同时在两个市场销售,销售价格分别为 x 和 y,销售量分别为 q_1 和 q_2.已知需求函数分别为 $q_1=24-0.2x$、$q_2=10-0.05y$,总成本函数为 $C=35+40(q_1+q_2)$,试问厂家如何确定两市场的销售价格,所获得的利润才能最大? 最大利润是多少?

解　该厂家在两个市场以价格 x 和 y 销售产品获得的总收益为

$$R(x,y)=x(24-0.2x)+y(10-0.05y)=24x+10y-0.2x^2-0.05y^2.$$

总成本关于价格 x 和 y 的函数为

$$C = 35 + 40(24 - 0.2x + 10 - 0.05y) = 1\,395 - 8x - 2y.$$

则总利润为 $L(x, y) = R(x, y) - C(x, y)$

$$= 32x + 12y - 0.2x^2 - 0.05y^2 + 1\,395.$$

对利润函数求一阶偏导数,并令偏导数为零,得方程组

$$\begin{cases} L'_x(x, y) = 32 - 0.4x = 0, \\ L'_y(x, y) = 12 - 0.1y = 0. \end{cases}$$

解得 $x = 80$,$y = 120$,即驻点为 $(80, 120)$.

由于总利润的最大值必定存在,且利润函数在其定义域 $D = \{(x, y) \mid x \geqslant 0, y \geqslant 0\}$ 内只有一个驻点,所以驻点处的函数值就是它的最大值,即两市场的定价分别为 $x = 80$,$y = 120$ 时,可获得最大利润;最大利润为 $L(80, 120) = 2\,632.0\,625$.

例 40　设生产某种产品的数量 Q 与所用原料 A、B、C 的数量 x、y、z 构成的函数关系式为 $Q = \frac{1}{4}x^2 y + 6z$,已知 A、B、C 原料的单价分别为 100 元、200 元、300 元,现有 1 500 元购料款.问三种原料各购进多少时方可使生产该产品的数量最多?

分析:由题意可知,这是求三元函数 $Q = \frac{1}{4}x^2 y + 6z$ 的最大值问题.此时自变量 x、y、z 除了均为正数之外,还需满足 $100x + 200y + 300z = 1\,500$,所以该问题为条件极值问题.

■ **寻规律**　由 4.4.2 知,对于条件极值的求解有两种思路,一是化条件极值为无条件极值,即从约束条件中将一个变量解出,代入目标函数中,得到新的目标函数表达式,从而转化为无条件极值;二是利用拉格朗日乘数法.

解法一　由 $100x + 200y + 300z = 1\,500$,解出 $z = 5 - \frac{1}{3}x - \frac{2}{3}y$,代入 $Q = \frac{1}{4}x^2 y + 6z$ 中,得二元函数 $Q = \frac{1}{4}x^2 y + 30 - 2x - 4y$.

对利润函数求一阶偏导数,并令偏导数为零,得方程组

$$\begin{cases} Q'_x(x, y) = \frac{1}{2}xy - 2 = 0, \\ Q'_y(x, y) = \frac{1}{4}x^2 - 4 = 0. \end{cases}$$

得 $x = \pm 4$,$y = \pm 1$,即四个驻点.根据实际意义,x、y 只能取正值,所以得唯一的驻点 $(4, 1)$,此时 Q 取得最大值,$z = 5 - \frac{4}{3} - \frac{2}{3} = 3$.因此,当购进的原料 A、B、C 的数量分别为 4、1、3 单位时,产品生产数量最多.

解法二(拉格朗日乘数法)

因为目标函数 $Q = f(x, y, z) = \frac{1}{4}x^2 y + 6z$,约束条件为

$$\varphi(x, y, z) = 100x + 200y + 300z - 1\,500 = 0,$$

故有拉格朗日函数 $L(x, y, z, \lambda) = \frac{1}{4}x^2 y + 6z + \lambda(100x + 200y + 300z - 1\,500)$.

建立方程组
$$
\begin{cases}
\dfrac{\partial L}{\partial x}=\dfrac{1}{2}xy+100\lambda=0,\\[2mm]
\dfrac{\partial L}{\partial y}=\dfrac{1}{4}x^2+200\lambda=0,\\[2mm]
\dfrac{\partial L}{\partial z}=6+300\lambda=0,\\[2mm]
\dfrac{\partial L}{\partial \lambda}=100x+200y+300z-1\,500=0.
\end{cases}
$$

由于 x、y、z 均为正值,故解方程组得
$$
\begin{cases}
x=4,\\
y=1,\\
z=3,\\
\lambda=-\dfrac{1}{50},
\end{cases}
$$
所以得 $(4,1,3)$ 是函数 $Q=\dfrac{1}{4}x^2y+$

$6z$ 的唯一可能的极值点.由实际意义可知,此时产品数量 Q 取得最大值.因此 $(4,1,3)$ 为 Q 的最大值点.这与解法一得到的结果完全一致.

小看板

1. 经济问题达到最优化是指＿＿＿＿＿＿＿＿＿＿＿＿＿＿＿＿＿＿＿＿＿＿＿＿＿＿＿＿
＿＿＿＿＿＿＿＿＿＿＿＿＿＿＿＿＿＿.

2. 一个经济问题,往往会受到多个因素的影响,要使这个经济问题达到最优化,一般利用＿＿＿＿＿＿＿＿＿＿＿＿＿＿＿＿＿＿＿＿＿＿＿＿＿＿＿来解决.

习题 4.6

1. 某工厂要建造一座长方体形状的厂房,其体积为 $1.5\times10^6\ \text{m}^3$,已知前墙和屋顶的每单位面积造价分别是其他墙身造价的 3 倍和 1.5 倍,问厂房前墙的长度和厂房的高度为多少时,厂房的造价最小?

2. 某工厂生产甲、乙两种产品,单位产品的销售价格分别为 $P_1=10$(元)、$P_2=9$(元),总费用 C 关于两种产品产量 x 和 y 的函数为 $C(x,y)=x^2+xy+x+y^2+2$,问两种产品各生产多少单位时能获得最大利润? 最大利润是多少?

3. 销售某产品需作两种方式的广告宣传,当宣传费分别为 x 和 y(单位:万元)时,销售量 S(单位:件)是 x 和 y 的函数: $S=\dfrac{200x}{5+x}+\dfrac{100y}{10+y}$,若销售产品所得利润是销售量的 $\dfrac{1}{5}$ 减去广告费,两种方式的广告宣传费共 25 万元时,应怎样分配两种方式的广告费,能使利润最大? 最大利润是多少?

4. 某厂家生产的一种产品同时在两个市场销售,售价分别为 P_1 和 P_2,销售量分别为 Q_1 和 Q_2,需求函数分别为 $Q_1=24-0.2P_1$ 和 $Q_2=10-0.5P_2$,总成本函数为 $C=35+40(Q_1+Q_2)$,试问:厂家如何确定两个市场的售价,能使其获得的总利润最大? 最大总利润为多少?

习题 4.6
参考答案

复习思考题 4

A 组

一、填空题

1. 函数 $z = \ln(4 - x^2 - y^2)$ 的定义域是 _____.

2. 函数 $z = \arcsin\sqrt{x + y}$ 的连续范围为 _____.

3. 设 $z = e^x \cos y$,则 $\dfrac{\partial^2 z}{\partial x \partial y} =$ _____.

4. 设 $D = \{(x, y) \mid r \leqslant x^2 + y^2 \leqslant R^2\}$,则 $\iint\limits_{D} \mathrm{d}x\,\mathrm{d}y =$ _____.

5. 设积分区域 D 是由 $|x| \leqslant 1$、$|y+1| \leqslant 1$ 围成的矩形区域,则将二重积分 $\iint\limits_{D} f(x, y)\,\mathrm{d}\sigma$ 化为二次积分得 _____.

6. 函数 $f(x, y) = 2xy - 3x^2 - 2y^2 + 10$ 的驻点为 _____.

7. 设 $z = e^{xy}$,则 $\dfrac{\partial z}{\partial x} =$ _____.

8. $z = u^2 \ln v$,而 $u = \dfrac{x}{y}$,$v = 3x - 2y$,则 $\dfrac{\partial z}{\partial x} =$ _____.

二、单项选择题

1. 设 $z = x e^y$,则 $\dfrac{\partial z}{\partial x} = ($).

A. 1   B. e^y C. $y e^x$ D. y

2. 设 $z = 2x^2 + 3xy - y^2$,则 $\dfrac{\partial^2 z}{\partial x \partial y} = ($).

A. 6   B. -2 C. 3   D. 2

3. $\displaystyle\int_0^1 x\,\mathrm{d}x \int_0^x y\,\mathrm{d}y = ($).

A. $\dfrac{1}{2}$ B. 2   C. 3   D. $\dfrac{1}{8}$

4. 设 $z = \sin(xy^2)$,则 $\dfrac{\partial z}{\partial x} = ($).

A. $xy\cos(xy^2)$ B. $-xy\cos(xy^2)$

C. $-y^2\cos(xy^2)$ D. $y^2\cos(xy^2)$

5. 设 $z = 3^{xy}$,则 $\dfrac{\partial z}{\partial x} = ($).

A. $y3^{xy}\ln 3$ B. $3^{xy}\ln 3$

C. $xy3^{xy-1}$ D. $y3^{xy}$

6. 设 $f(x, y) = \ln\left(x + \dfrac{y}{2x}\right)$，则 $f'_y(1, 0) = ($　　$)$.

A. $\dfrac{1}{3}$ 　　　　B. $\dfrac{1}{2}$ 　　　　C. $-\dfrac{1}{2}$ 　　　　D. $-\dfrac{1}{3}$

7. 若 $f(x + y, y) = x^2 - y^2$，则 $f(x, y) = ($　　$)$.

A. $x^2 - 2xy$ 　　　B. $x - 2x^2 y$ 　　　C. $x - 2xy$ 　　　D. $x^2 - 2x^2 y^2$

8. 设 $z = x^y$，则 $\dfrac{\partial z}{\partial y}\bigg|_{\substack{x=e \\ y=1}} = ($　　$)$.

A. 1 　　　　B. $\dfrac{1}{e}$ 　　　　C. e 　　　　D. 0

9. 二重积分 $\displaystyle\int_0^1 \mathrm{d}y \int_0^y f(x, y)\,\mathrm{d}x$ 交换积分次序后为$($　　$)$.

A. $\displaystyle\int_0^1 \mathrm{d}x \int_x^1 f(x, y)\,\mathrm{d}y$ 　　　　　　B. $\displaystyle\int_0^1 \mathrm{d}x \int_1^x f(x, y)\,\mathrm{d}y$

C. $\displaystyle\int_{-1}^0 \mathrm{d}x \int_x^1 f(x, y)\,\mathrm{d}y$ 　　　　　D. $\displaystyle\int_{-1}^0 \mathrm{d}x \int_1^x f(x, y)\,\mathrm{d}y$

10. 二元函数 $z = \ln(1 - x - y)$ 的定义域是$($　　$)$.

A. $0 < x + y < 1$ 　　　　　　　B. $0 \leqslant x + y < 1$

C. $x + y < 1$ 　　　　　　　　　D. $x + y \leqslant 1$

11. 设函数 $z = f(x, y)$ 在点 (x_0, y_0) 处的两个偏导数都存在,则 $z = f(x, y)$ 在点 (x_0, y_0) 处$($　　$)$.

A. 连续　　　　B. 可微　　　　C. 不一定连续　　　D. 一定不连续

12. $\displaystyle\lim_{\substack{x \to 4 \\ y \to 1}} \dfrac{\sqrt{x} - 2\sqrt{y}}{x - 4y} = ($　　$)$.

A. $\dfrac{1}{4}$ 　　　　B. $\dfrac{1}{2}$ 　　　　C. $-\dfrac{1}{3}$ 　　　　D. 不存在

13. 曲线 $y = x^2$ 与 $y = x + 2$ 所围成的面积为$($　　$)$.

A. 3 　　　　B. 2 　　　　C. $\dfrac{5}{2}$ 　　　　D. $\dfrac{9}{2}$

14. 设 $f(x, y) = \dfrac{x + y}{xy}$，则 $f(x + y, x - y) = ($　　$)$.

A. $\dfrac{2x}{y^2 - x^2}$ 　　　B. $\dfrac{x}{x^2 - y^2}$ 　　　C. $\dfrac{2y}{x^2 - y^2}$ 　　　D. $\dfrac{2x}{x^2 - y^2}$

三、计算题

1. 求下列函数的定义域.

(1) $z = \ln(1 + x - y)$；　　　　　　　(2) $z = \sqrt{x + y - 1}$；

(3) $z = \sqrt{x - 1} - \dfrac{1}{\sqrt{-y}}$；　　　　　(4) $z = \sqrt{x^2 + y^2 - 4} + \ln(9 - x^2 - y^2)$；

(5) $z = \arcsin \dfrac{1}{x^2 + y^2}$；　　　　　(6) $z = \ln \dfrac{x + 1}{y}$.

2. 求下列极限.

(1) $\displaystyle\lim_{\substack{x \to 0 \\ y \to 0}} \dfrac{x - y}{x^3 - y^3}$；　　　　　　(2) $\displaystyle\lim_{\substack{x \to 0 \\ y \to 0}} \dfrac{\sqrt{x + y + 4} - 2}{x + y}$；

(3) $\lim\limits_{\substack{x \to 1 \\ y \to 1}} \dfrac{\sin(x - y)}{x^2 - y^2}$；

(4) $\lim\limits_{\substack{x \to 0 \\ y \to 0}} \dfrac{\sqrt{1 + x + y} - \sqrt{1 - x - y}}{\sin 3(x + y)}$.

3. 求下列函数的偏导数.

(1) $z = x^2 + y^2 + xy$；

(2) $z = \dfrac{\ln xy}{2}$；

(3) $z = \mathrm{e}^{x^2 + y^2} \sin(x + y)$；

(4) $z = x^2 \sin(2 + y^2)$；

(5) $z = x^3 \ln y,\ y = \sin x$；

(6) $z = \mathrm{e}^u v,\ u = x + 1,\ v = \mathrm{e}^x$；

(7) $z = \sin u + \ln v,\ u = x^2 + 1,\ v = \cos x$；

(8) $z = \mathrm{e}^{u + v},\ u = x^2 + 1,\ v = xy^2$.

4. 求下列函数的二阶偏导数.

(1) $z = x^3 + y^5 + 2xy^2$；

(2) $z = \arctan(x + y)$；

(3) $z = \mathrm{e}^{x + y} \ln xy$；

(4) $z = \arcsin \dfrac{x}{y}$.

5. 求下列函数的全微分.

(1) $z = \mathrm{e}^{xy}$；

(2) $z = \sin(x^2 + y)$；

(3) $z = \sqrt{x^2 + y^2}$；

(4) $z = x^m y^n$.

6. 计算下列二重积分.

(1) $\displaystyle\iint\limits_{D} (x + y)\mathrm{d}\sigma$，其中 D 由 $y^2 = x$、$y = x - 2$ 围成；

(2) $\displaystyle\iint\limits_{D} xy\,\mathrm{d}\sigma$，其中 D 由 $y = x^2$ 及 $y = x$ 围成；

(3) $\displaystyle\iint\limits_{D} (x^2 + y^2)\mathrm{d}x\,\mathrm{d}y$，其中 D 由 $y = x^2$、$x = 1$、$y = 0$ 围成；

(4) $\displaystyle\iint\limits_{D} \dfrac{y}{x}\mathrm{d}\sigma$，其中 D 由 $y = 2x$、$y = x$、$x = 4$ 及 $x = 2$ 围成；

(5) $\displaystyle\iint\limits_{D} \sin(x + y)\mathrm{d}\sigma$，其中 D 由 $x = 0$、$x = \pi$、$y = 0$ 与 $y = \dfrac{\pi}{2}$ 围成；

(6) $\displaystyle\iint\limits_{D} (y + x^2)\mathrm{d}\sigma$，其中 D 由 $y = x$、$x = 2$、$y = \dfrac{1}{x}\ (x > 0)$ 围成；

(7) $\displaystyle\iint\limits_{D} \dfrac{y^2}{x^2}\mathrm{d}\sigma$，其中 D 是圆环 $1 \leqslant x^2 + y^2 \leqslant 4$ 所围成的区域；

(8) $\displaystyle\iint\limits_{D} \sqrt{x^2 + y^2}\,\mathrm{d}\sigma$，其中 D 是 $x^2 + y^2 = 2x\ (y \geqslant 0)$ 所围成的区域.

四、应用题

1. 某企业准备生产两种型号的机器,其产量分别为 x 台和 y 台.已知总成本函数 $C(x, y) = 6x^2 + 3y^2$(万元),现根据市场预测,这两种机器共需 18 台.问这两种机器各生产多少台时,才能使总成本最小?

2. 要制造一个容积为 $4\ \mathrm{m}^3$ 的无盖长方体容器,问如何设计它的长、宽、高,才能使所用材料最省?

3. 某厂生产甲、乙两种产品,当产量分别为 x、y 时,利润函数 $L(x, y) = -x^2 - 4y^2 + 8x + 24y - 15$,如果现有原料 15 000 t(不要求用完),生产两种产品每个单位都要

消耗原料 2 000 t,求:

(1) 获得最大利润时的产量 x、y 和最大利润;

(2) 如果原料降至 12 000 t,此时的最大利润及获得最大利润时的产量.

五、证明题

证明函数 $u = \dfrac{1}{r}(r = \sqrt{x^2 + y^2 + z^2})$ 满足方程 $\dfrac{\partial^2 u}{\partial x^2} + \dfrac{\partial^2 u}{\partial y^2} + \dfrac{\partial^2 u}{\partial z^2} = 0.$

复习思考题 4
A 组参考答案

B 组

1. 求函数 $z = \ln(y - x) + \dfrac{\sqrt{x}}{\sqrt{1 - x^2 - y^2}}$ 的定义域.

2. 讨论函数 $z = f(x, y) = \sqrt{|xy|}$ 在点 $(0, 0)$ 处的连续性.

3. 求函数 $z = x \ln \sqrt{x^2 + y^2}$ 的偏导数.

4. 求函数 $z = (1 + xy)^x$ 的偏导数.

5. 设 $z = e^{x^2 y}$,求 $\dfrac{\partial^2 z}{\partial x^2}$、$\dfrac{\partial^2 z}{\partial x \partial y}$、$\dfrac{\partial^2 z}{\partial y^2}$.

6. 设 $y = e^{-kn^2 t} \sin nx$,验证 y 满足方程 $\dfrac{\partial y}{\partial t} = k \dfrac{\partial^2 y}{\partial x^2}$.

7. 设 $z = f(u, v)$ 可微,且 $u = \sin(xy)$、$v = \arctan y$,求 $\mathrm{d}z$.

8. 求 $\displaystyle\iint\limits_{D} \sqrt{1 - \sin^2(x + y)}\, \mathrm{d}x \,\mathrm{d}y$,其中 D 是由 $y = 0$、$y = x$、$x = \dfrac{\pi}{2}$ 所围成的区域.

9. 计算 $\displaystyle\iint\limits_{D} (x + y)\,\mathrm{d}x\,\mathrm{d}y$,其中 D 是由 $x^2 + y^2 = x + y$ 所围成的区域.

10. 假设某企业在两个相互分割的市场上出售同一种产品,两个市场的需求函数分别是 $P_1 = 18 - 2Q_1$、$P_2 = 12 - Q_2$,其中,P_1 和 P_2 分别表示该产品在两个市场上的价格(单位:万元/t);Q_1 和 Q_2 分别表示该产品在两个市场上的销售量(即需求量,单位:t);该企业生产这种产品的总成本函数是 $C = 2Q + 5$,Q 表示该产品在两个市场上的销售总量,即 $Q = Q_1 + Q_2$.(1)如果该企业实行价格差别策略,试求两个市场上该产品的销量和价格,使该企业获得最大利润;(2)如果该企业实行价格无差别策略,试确定两个市场上该产品的销售量及其统一的价格,使该企业的总利润最大化,并比较两种价格策略下的总利润大小.

复习思考题 4
B 组参考答案

第5章 微分方程初步

学习目标

1. 理解微分方程及其阶、线性、解、通解、特解等概念.
2. 掌握可分离变量的微分方程及一阶线性微分方程的解法.
3. 了解二阶常系数线性微分方程的解的结构和通解形式.
4. 会用常微分方程求解一些简单的经济应用问题.

数学史话

微分方程差不多是和微积分同时产生的.就像微积分在 17 世纪后期与 18 世纪前期的著作一样,常微分方程最早的著作出现在数学家们彼此的通信中,而且通信中所提到的解法可能仅仅是对某个特例的说明.所以现在很难确切地说是谁首先得到某些概念或结论的.1676 年,莱布尼茨在给牛顿的信中第一次提出"微分方程"这个数学名词.

常微分方程是由人类生产实践的需要而产生的,其雏形的出现甚至比微积分的发明还早.纳皮尔发明对数,伽利略研究自由落体运动,笛卡儿在光学问题中由切线性质定出镜面的形状等,实际上都需要建立和求解微分方程.牛顿和莱布尼茨在建立微积分学时就指出了微分与积分运算的互逆性,实际上是解决了最简单的微分方程 $y' = f(x)$ 的求解问题.

运动是服从一定的客观规律的,而这种规律,用数学语言表述出来,即抽象为某种数学结构,其结果往往形成一个微分方程.一旦求出其解或研究清楚其动力学行为,运动规律就一目了然了.牛顿研究天体力学和机械力学的时候,利用了微分方程这个工具,从理论上得到了行星运动规律.后来,英国天文学家亚当斯和法国天文学家勒维烈使用微分方程各自计算出那时还未发现的海王星的位置.这些都使人们更加深信微分方程在认识自然、改造自然方面的巨大力量.

海王星的发现是人类智慧的结晶,也是微分方程巨大作用的体现.1781 年发现天王星后,人们注意到它所在的位置总是和万有引力定律计算出来的结果不符.于是有人怀疑万有引力定律的正确性;但也有人认为,这可能是受另外一颗尚未发现的行星吸引所致.当时虽有不少人相信后一种假设,但却缺乏去寻找这颗未知行星的办法和勇气.23 岁的英国剑桥大学的学生亚当斯承担了这项任务.他利用万有引力定律和对天王星的观测资料建立起微分方程,来求解和推算这颗未知行星的轨道.1843 年 10 月 21 日他将计算结果寄给格林威治天文台台长艾利,但艾利不相信"小人物"的成果,置之不理.两年后,法国青年勒维烈也开始从事这项研究.1846 年 9 月 18 日,他将计算结果告诉了柏林天文台助理员卡勒.23 日晚,卡勒果然在勒维烈预言的位置上发现了海王星.

微分方程的理论逐步完善的时候,只要列出相应的微分方程,有了解方程的方法,利用它就可以精确地表述事物变化所遵循的基本规律.微分方程也就成了最有生命力的数学分支.

　　现在,常微分方程在很多学科领域内有着重要的应用,经济分析、营销决策、自动控制、各种电子学装置的设计、弹道的计算、飞机和导弹飞行的稳定性的研究、化学反应过程稳定性的研究等,这些问题都可以化为求常微分方程的解,或者化为研究解的性质的问题.应该说,应用常微分方程理论已经取得了很大的成就,但是,它的现有理论也还远远不能满足需要,还有待于进一步的发展,使这门学科的理论更加完善.

基础板块

5.1　微分方程的一般概念

【本节提示】　在许多复杂的实际问题中,往往需要寻找与问题有关的各个变量之间的函数关系,从而分析某些现象的变化过程.这些变量间的函数关系式也就构成了方程.在实际问题中,往往只能列出含有未知函数及其导数或微分的关系式,也就是所谓的微分方程.在本节中,首先从两个例子中认识微分方程,进而了解微分方程的阶、线性微分方程、微分方程的通解和特解等概念.通过本节的学习,要求能理解微分方程的相关概念,并能判断函数是否是微分方程的解,能够解一些形式较简单的微分方程.

先来看两个例子:

例1　已知曲线 $y=f(x)$ 上任一点处的切线斜率为 $x-1$,且该曲线过点 $(2,1)$,求此曲线方程.

解　因为所求曲线方程为 $y=f(x)$,根据导数的几何意义,有

$$y'=x-1. \tag{5-1}$$

又由于曲线过点 $(2,1)$,因此曲线方程还满足条件

$$y\mid_{x=2}=1. \tag{5-2}$$

所以所求曲线方程满足下面的关系:

$$\begin{cases} y'=x-1, \\ y\mid_{x=2}=1. \end{cases} \tag{5-3}$$

已知导数求原函数是积分的过程.将方程(5-1)两边积分,可得

$$y=\frac{1}{2}x^2-x+C(C\text{为任意常数}). \tag{5-4}$$

又由于方程还满足条件 $y\mid_{x=2}=1$,故 $\frac{1}{2}\times2^2-2+C=1$,解得 $C=1$.

所以所求曲线方程为

$$y=\frac{1}{2}x^2-x+1. \tag{5-5}$$

例2　已知某产品在产量为 Q 时的边际成本为 $60-2Q$,固定成本为 100 万元,求总成本函数.

解　设总成本函数为 $C=C(Q)$,由边际成本的定义可知

$$C'(Q)=60-2Q. \tag{5-6}$$

又由于固定成本为 100 万元,于是有条件

$$C(0) = 100. \tag{5-7}$$

因此,函数 $C(Q)$ 满足下列关系:

$$\begin{cases} C'(Q) = 60 - 2Q, \\ C(0) = 100. \end{cases} \tag{5-8}$$

方程(5-6)两边积分,得

$$C(Q) = 60Q - Q^2 + C(C \text{ 为任意常数}). \tag{5-9}$$

由于方程还满足条件 $C(0) = 100$,代入求得 $C = 100$.

故所求总成本函数为

$$C(Q) = 60Q - Q^2 + 100. \tag{5-10}$$

上面的两个例子中,方程(5-1)和(5-6)都是含有未知函数的导数的方程.

定义 5.1　含有未知函数的导数或微分的方程,称为**微分方程**.未知函数是一元函数的微分方程,称为**常微分方程**.未知函数是多元函数的微分方程,称为**偏微分方程**.

如方程(5-1)和(5-6)均为常微分方程.又如

$$\frac{d^2 y}{dx^2} - 5(x + y)\frac{dy}{dx} = y, \tag{5-11}$$

$$2y''' + 7(y')^3 - 9 = 0, \tag{5-12}$$

$$\left(\frac{\partial u}{\partial x}\right)^2 - 2\frac{\partial u}{\partial y} = 0, \tag{5-13}$$

其中,方程(5-11)和(5-12)为常微分方程,方程(5-13)为偏微分方程.

定义 5.2　微分方程中出现的未知函数的导数或微分的最高阶数,称为微分方程的**阶**.

如方程(5-1)、(5-6)和(5-13)为一阶微分方程,方程(5-11)为二阶微分方程,方程(5-12)为三阶微分方程.

本章只讨论常微分方程问题,为方便起见,将常微分方程简称为微分方程或方程.

定义 5.3　在微分方程中,若含有未知函数及其各阶导数的项都是关于它们的一次项,则称之为**线性微分方程**,否则称之为**非线性微分方程**.

如方程(5-1)和(5-6)为一阶线性微分方程,方程(5-11)和(5-12)均为非线性微分方程.

注意　定义中"未知函数及其各阶导数"都是一次的,不包括自变量及自变量表示的函数.在线性微分方程中,除了未知函数及其各阶导数都是一次的,也不含未知函数及其各阶导数之间的乘积.如方程(5-11)中,若去掉括号,其中 $5x\frac{dy}{dx}$ 的部分为线性的,而 $5y\frac{dy}{dx}$ 的部分为非线性的,所以方程(5-11)为非线性微分方程.

寻规律　一般地,n 阶线性微分方程的形式为

$$\frac{d^n y}{dx^n} + a_1(x)\frac{d^{n-1} y}{dx^{n-1}} + \cdots + a_{n-1}(x)\frac{dy}{dx} + a_n(x)y = f(x),$$

其中,$a_i(x)(i=1,2,\cdots,n)$ 和 $f(x)$ 是 x 的已知函数.

定义 5.4 若将一个函数代入微分方程中,能使得该微分方程成为恒等式,则此函数称为该微分方程的**解**.求微分方程的解的过程,称为解微分方程.

如:例1中,显然(5-4)和(5-5)都是微分方程(5-1)的解.但是,(5-4)中含有任意常数 C,它表示的是一组函数,而不是一个函数,$y = \frac{1}{2}x^2 - x + 5$、$y = \frac{1}{2}x^2 - x - \sqrt{2}$ 等都是微分方程(5-1)的解.要确定原问题的解,还必须利用问题中给出的附加条件,将任意常数 C 确定为一个定值.

定义 5.5 若微分方程的解中含有相互独立的任意常数(即它们不能合并而使得任意常数的个数减少),且所含有的任意常数的个数与微分方程的阶数相同,则称这样的解为微分方程的**通解**.在通解中,利用附加条件确定出所含常数的取值,使得解中不含任意常数,就得到微分方程的**特解**.而确定特解的条件,称为**定解条件**.常见的定解条件是由系统在某一瞬间所处的状态给出的,称为**初始条件**.求微分方程满足初始条件的特解的问题,称为**初值问题**.

如(5-4)是微分方程(5-1)的通解,而(5-5)是微分方程(5-1)满足初始条件(5-2)的特解,这个初值问题可以表示为(5-3).

例2是微分方程(5-6)满足初始条件(5-7)的初值问题,表示为(5-8).(5-9)是微分方程(5-6)的通解,而(5-10)是初值问题(5-8)的解,是方程(5-6)的一个特解.

例 3 验证下列给定的函数是否为所给微分方程的解.若是解,指出是通解还是特解(其中 C、C_1、C_2 为任意常数).

(1) $y'' + 2y' + y = 3x$,已知函数 $y = 2e^{-x} + 3x - 6$;

(2) $y' = xy'' + (y'')^2$,已知函数 $y = \frac{C_1}{2}x^2 + C_1^2 x + C_2$;

(3) $\frac{d^2 y}{dx^2} + 4y - 4\cos 2x = 0$,已知函数 $y = x\sin 2x - C\cos 2x$;

(4) $y'' + (y')^2 - 2y' = -1$,已知函数 $y = \ln x - x$.

解 (1) 由于 $y' = -2e^{-x} + 3$,$y'' = 2e^{-x}$,代入方程左端,得

$$y'' + 2y' + y = 2e^{-x} + 2(-2e^{-x} + 3) + (2e^{-x} + 3x - 6) = 3x.$$

方程成为一个恒等式,所以 $y = 2e^{-x} + 3x - 6$ 是方程 $y'' + 2y' + y = 3x$ 的解.

由于所给函数中不含任意常数,所以它是方程的特解.

(2) 因为 $y' = C_1 x + C_1^2$,$y'' = C_1$,代入方程右端,得

$$xy'' + (y'')^2 = x \cdot C_1 + C_1^2 = y'.$$

方程成为一个恒等式,所以 $y = \frac{C_1}{2}x^2 + C_1^2 x + C_2$ 是方程 $y' = xy'' + (y'')^2$ 的解.

由于所给函数中含有两个相互独立的任意常数,且方程是二阶微分方程,所以该函数是方程的通解.

(3) 由于

$$\frac{dy}{dx} = \sin 2x + 2x\cos 2x + 2C\sin 2x,$$

$$\frac{d^2 y}{dx^2} = 4\cos 2x - 4x\sin 2x + 4C\cos 2x.$$

代入方程左端,得

$$\frac{\mathrm{d}^2 y}{\mathrm{d}x^2} + 4y - 4\cos 2x$$

$$= (4\cos 2x - 4x\sin 2x + 4C\cos 2x) + 4(x\sin 2x - C\cos 2x) - 4\cos 2x$$

$$= 0.$$

方程成为一个恒等式,所以 $y = x\sin 2x - C\cos 2x$ 是方程 $\dfrac{\mathrm{d}^2 y}{\mathrm{d}x^2} + 4y - 4\cos 2x = 0$ 的解.

由于所给函数中只含有一个任意常数,而方程是二阶微分方程,所以该函数既不是方程的通解,也不是方程的特解.

(4) 因为 $y' = \dfrac{1}{x} - 1$,$y'' = -\dfrac{1}{x^2}$,代入方程左端,得

$$y'' + (y')^2 - 2y' = -\frac{1}{x^2} + \left(\frac{1}{x} - 1\right)^2 - 2\left(\frac{1}{x} - 1\right) = -\frac{4}{x} + 3 \neq -1.$$

方程不能成为恒等式,所以 $y = \ln x - x$ 不是方程 $y'' + (y')^2 - 2y' = -1$ 的解.

一般来说,求微分方程的解是比较困难的.但是形如

$$y^{(n)} = f(x)$$

的微分方程,右端是仅含有自变量 x 的已知函数,此方程可以经过 n 次积分得到通解.

例 4　求微分方程 $y''' = \cos x + 6x + 1$ 的通解.

解　这是一个三阶微分方程,经过三次积分可以得到通解.

$$y'' = \int y'''\mathrm{d}x = \sin x + 3x^2 + x + 2C_1 \quad (C_1 \text{ 为任意常数}),$$

$$y' = \int y''\mathrm{d}x = -\cos x + x^3 + \frac{x^2}{2} + 2C_1 x + C_2 \quad (C_2 \text{ 为任意常数}),$$

$$y = \int y'\mathrm{d}x = -\sin x + \frac{x^4}{4} + \frac{x^3}{6} + C_1 x^2 + C_2 x + C_3 \quad (C_3 \text{ 为任意常数}).$$

即微分方程 $y''' = \cos x + 6x + 1$ 的通解为

$$y = -\sin x + \frac{x^4}{4} + \frac{x^3}{6} + C_1 x^2 + C_2 x + C_3 \quad (C_1, C_2, C_3 \text{ 为任意常数}).$$

小看板

1. 含有＿＿＿＿＿＿＿＿＿＿＿＿＿＿的方程,称为微分方程.

2. ＿＿＿＿＿＿＿＿＿＿＿＿＿＿＿＿的微分方程,称为常微分方程.

3. ＿＿＿＿＿＿＿＿＿＿＿＿＿＿称为微分方程的阶.

4. 在微分方程中,若＿＿＿＿＿＿＿＿＿＿＿＿＿＿,则称之为线性微分方程.

5. 若＿＿＿＿＿＿＿＿＿＿＿＿＿＿＿＿＿＿＿＿,则称这样的解为微分方程的通解.

6. 微分方程的特解是指＿＿＿＿＿＿＿＿＿＿＿＿＿＿＿＿.

习题 5.1

1. 指出下列微分方程的阶数,并说明它们是线性的还是非线性的.

$(1)\ xy - \dfrac{y'}{2x} + 2 = 0;$　　　　　　$(2)\ \dfrac{\mathrm{d}^2 x}{\mathrm{d}t^2} + t\left(\dfrac{\mathrm{d}x}{\mathrm{d}t}\right)^3 + tx = 0;$

$(3)\ \dfrac{\mathrm{d}^5 y}{\mathrm{d}x^5} - 4\dfrac{\mathrm{d}^3 y}{\mathrm{d}x^3} + 7\dfrac{\mathrm{d}y}{\mathrm{d}x} = \sin x + 2;$　$(4)\ yy'' + 3(x - y')y''' = 0.$

2. 验证下列给定的函数是否为所给微分方程的解.若是解,指出是通解还是特解(其中 C、C_1、C_2 为任意常数).

$(1)\ y'' - 2y' - 3y = 2x + 1,$ 已知函数 $y = -\dfrac{2}{3}x + \dfrac{1}{9};$

$(2)\ \dfrac{\mathrm{d}y}{\mathrm{d}x} = y^2 \cos x,$ 已知函数 $y = -\dfrac{1}{\sin x + C};$

$(3)\ y'' + y = x,$ 已知函数 $y = C_1 \cos x + C_2 \sin x + x;$

$(4)\ y' - \dfrac{y}{x+1} = \mathrm{e}^x(x+1),$ 已知函数 $y = (x+1)(\mathrm{e}^x + 4).$

3. 验证 $y = C_1 \mathrm{e}^{3x} + C_2 \mathrm{e}^{4x}$ 是微分方程 $y'' - 7y' + 12y = 0$ 的通解,并求微分方程满足初始条件 $y\,|_{x=0} = 1$、$y'\,|_{x=0} = 2$ 的特解.

4. 已知二阶微分方程 $y'' = 2x + 3,$ 求:

(1) 该微分方程的通解;

(2) 该微分方程满足初始条件 $y\,|_{x=1} = 3$、$y'\,|_{x=1} = 5$ 的特解.

5. 已知某产品的需求量对价格的弹性为 $\dfrac{EQ}{EP} = -\dfrac{5P^2}{Q},$ 并且当价格 $P = 2$ 时,需求量 $Q = 290,$ 试求需求函数.

习题 5.1
参考答案

5.2　一阶微分方程

【本节提示】　从微分方程诞生之日起,人们就试图寻找所遇到的一些类型的微分方程的解法.最基本的想法就是将微分方程的求解问题转化为积分问题.但是,一般的微分方程未必能使用这种方法求解.在本节中,只讨论一些特殊的一阶微分方程及其解法.通过本节的学习,要求掌握可分离变量的微分方程的解法,并能将一些特殊形式的微分方程转化为可分离变量的微分方程求解;能够正确求解一阶齐次线性微分方程,了解用常数变易法求一阶非齐次线性微分方程的方法,并会用通解公式法求解一阶非齐次线性微分方程.

5.2.1　可分离变量的微分方程

一阶微分方程的一般形式是

$$F(x,y,y')=0,$$

解出 y' 的形式是

$$y'=f(x,y).$$

一阶微分方程的通解含有一个任意常数,为了确定该常数值,必须给出一个初始条件.通常都是给出当 $x=x_0$ 时未知函数的对应值 $y=y_0$,这样构成初值问题

$$\begin{cases} y'=f(x,y),\\ y\mid_{x=x_0}=y_0. \end{cases}$$

例 5　已知某产品的需求价格弹性值恒为 -1,并且当价格 $P=2$ 时,需求量 $Q=300$,试求需求函数.

解　由需求价格弹性的定义可知

$$\frac{EQ}{EP}=\frac{P}{Q}\cdot\frac{\mathrm{d}Q}{\mathrm{d}P}.$$

因为产品的需求价格弹性值恒为 -1,所以需求函数 $Q(P)$ 满足

$$\frac{P}{Q}\cdot\frac{\mathrm{d}Q}{\mathrm{d}P}=-1. \tag{5-14}$$

此外,由于当价格 $P=2$ 时,需求量 $Q=300$,所以还有条件

$$Q(2)=300. \tag{5-15}$$

因此,函数 $Q(P)$ 满足下列关系:

$$\begin{cases} \dfrac{P}{Q}\cdot\dfrac{\mathrm{d}Q}{\mathrm{d}P}=-1,\\ Q(2)=300. \end{cases} \tag{5-16}$$

这个例子中,方程(5-14)是一阶非线性微分方程.该例是微分方程(5-14)满足初始条件(5-15)的初值问题,表示为(5-16).

对于方程(5-14),可以将它变形为

$$\frac{\mathrm{d}Q}{Q} = -\frac{\mathrm{d}P}{P},\tag{5-17}$$

然后方程两端分别求不定积分,得

$$\ln Q = -\ln P + C_1\ (P、Q\ \text{均大于}\ 0, C_1\ \text{为任意常数}).$$

化简,得

$$Q = \mathrm{e}^{-\ln P + C_1} = \mathrm{e}^{C_1} \cdot P^{-1}.$$

令 $\mathrm{e}^{C_1} = C$,则

$$Q = \frac{C}{P}(C\ \text{为任意正常数}).\tag{5-18}$$

再由 $Q(2) = 300$,求得 $C = 600$,于是所求需求函数为

$$Q = \frac{600}{P}.$$

例 5 中,方程(5-14)通过变形为(5-17),使得等式两边分别只含有变量 Q 和 P,这样就可以两边分别积分,求得方程的通解(5-18).

定义 5.6 形如

$$\frac{\mathrm{d}y}{\mathrm{d}x} = g(x)h(y)\tag{5-19}$$

或

$$g_1(x)h_1(y)\mathrm{d}x = g_2(x)h_2(y)\mathrm{d}y\tag{5-20}$$

的微分方程称为**可分离变量的微分方程**.

这类方程的特点是:方程经过适当变形,可以将含有同一变量的函数与微分分离到等式的同一端,之后便可以两端分别积分,得到微分方程的通解.方程(5-14)就是可分离变量的微分方程.方程(5-19)和(5-20)可分别分离变量为

$$\frac{\mathrm{d}y}{h(y)} = g(x)\mathrm{d}x$$

和

$$\frac{g_1(x)}{g_2(x)}\mathrm{d}x = \frac{h_2(y)}{h_1(y)}\mathrm{d}y.$$

■■ **寻规律** 解这类方程的方法称为**分离变量法**:

(1) 分离变量,将方程变形为 $u(y)\mathrm{d}y = v(x)\mathrm{d}x$ 的形式;

(2) 两边积分,得 $\int u(y)\mathrm{d}y = \int v(x)\mathrm{d}x$;

(3) 求出积分,得通解 $U(y) = V(x) + C$.

其中,$U(y)$ 和 $V(x)$ 分别是 $u(y)$ 和 $v(x)$ 的一个原函数,C 为任意常数.

例 6 求微分方程 $\dfrac{\mathrm{d}y}{\mathrm{d}x} = 3x^2 y$ 的通解.

解　这是可分离变量的微分方程.

分离变量,得 $\dfrac{\mathrm{d}y}{y}=3x^2\mathrm{d}x$.

两边积分,得 $\displaystyle\int\dfrac{\mathrm{d}y}{y}=\int 3x^2\mathrm{d}x$, 即 $\ln|y|=x^3+C_1$(C_1 为任意常数).

所以 $y=\pm\mathrm{e}^{x^3+C_1}=\pm\mathrm{e}^{C_1}\mathrm{e}^{x^3}$.

因为 $\pm\mathrm{e}^{C_1}$ 是不为零的任意常数,将它记为 C,便得到方程的通解 $y=C\mathrm{e}^{x^3}$.
由于当 $C=0$ 时,$y=0$ 也是原方程的解,所以原微分方程的通解是

$$y=C\mathrm{e}^{x^3}\ (C\ 为任意常数).$$

⚠ **注意**　之后对任意常数不再像例 6 这样详细讨论.为了运算方便,可以将积分常数用 $\ln|C|$ 等形式表示.

例 7　求解初值问题 $\begin{cases}\sin x\cdot\cos y\,\mathrm{d}x=\cos x\cdot\sin y\,\mathrm{d}y,\\ y\,|_{x=0}=\dfrac{\pi}{3}.\end{cases}$

解　分离变量,得 $\dfrac{\sin x}{\cos x}\mathrm{d}x=\dfrac{\sin y}{\cos y}\mathrm{d}y$.

两边积分,得 $\displaystyle\int\dfrac{\sin x}{\cos x}\mathrm{d}x=\int\dfrac{\sin y}{\cos y}\mathrm{d}y$, 即 $\ln|\cos x|=\ln|\cos y|+\ln|C|$.
这里将积分常数写成 $\ln|C|$ 是为了以下运算方便.

化简,得通解 $\cos x=C\cos y$.

将 $x=0$, $y=\dfrac{\pi}{3}$ 代入,得 $C=2$.

所以原初值问题的解为 $\cos x=2\cos y$.

有的微分方程不是可分离变量的,但是可以通过适当的变换,将所给方程化为可分离变量的微分方程.

*例 8**　求微分方程 $\dfrac{\mathrm{d}y}{\mathrm{d}x}=x+y+1$ 的通解.

解　令 $u=x+y$,则 $\dfrac{\mathrm{d}u}{\mathrm{d}x}=1+\dfrac{\mathrm{d}y}{\mathrm{d}x}$, 所以 $\dfrac{\mathrm{d}y}{\mathrm{d}x}=\dfrac{\mathrm{d}u}{\mathrm{d}x}-1$.

将之代入原方程,得 $\dfrac{\mathrm{d}u}{\mathrm{d}x}-1=u+1$, 即 $\dfrac{\mathrm{d}u}{\mathrm{d}x}=u+2$.

分离变量,得 $\dfrac{\mathrm{d}u}{u+2}=\mathrm{d}x$.

两边积分,得 $\displaystyle\int\dfrac{\mathrm{d}u}{u+2}=\int\mathrm{d}x$, 即 $\ln|u+2|=x+\ln|C|$.

化简得 $u+2=C\mathrm{e}^x$.

将 $u=x+y$ 代入,得原方程的通解为 $y=C\mathrm{e}^x-x-2$.

下面再介绍一类可以化为可分离变量的微分方程的一阶微分方程,叫做齐次方程.

定义 5.7 形如

$$\frac{dy}{dx} = f\left(\frac{y}{x}\right) \tag{5-21}$$

的微分方程称为**齐次方程**.

如:方程 $\dfrac{dy}{dx} = \dfrac{x+y}{x-y}$ 可化为 $\dfrac{dy}{dx} = \dfrac{1+\dfrac{y}{x}}{1-\dfrac{y}{x}}$,方程 $(y^2+xy)dx+(x^2-xy)dy=0$ 可

化为 $\dfrac{dy}{dx} = \dfrac{\left(\dfrac{y}{x}\right)^2+\dfrac{y}{x}}{\dfrac{y}{x}-1}$,所以它们都是齐次方程.

寻规律 解齐次方程(5-21)的一般方法是:

(1) 令 $u = \dfrac{y}{x}$,则 $y = ux$,$\dfrac{dy}{dx} = u + x\dfrac{du}{dx}$;

(2) 代入原齐次方程,便得到方程 $u + x\dfrac{du}{dx} = f(u)$;

(3) 分离变量,得 $\dfrac{du}{f(u)-u} = \dfrac{dx}{x}$;

(4) 两边分别积分,然后用 $\dfrac{y}{x}$ 代替 u,便得到原齐次方程的通解.

例 9 求微分方程 $xy^2dy=(x^3+y^3)dx$ 满足初始条件 $y|_{x=1}=1$ 的特解.

解 原方程可变形为 $\dfrac{dy}{dx} = \dfrac{1+\left(\dfrac{y}{x}\right)^3}{\left(\dfrac{y}{x}\right)^2}$,它是齐次方程.

令 $u = \dfrac{y}{x}$,得 $u + x\dfrac{du}{dx} = \dfrac{1+u^3}{u^2}$.

分离变量,得 $u^2du = \dfrac{dx}{x}$.

两边积分,得 $\dfrac{1}{3}u^3 = \ln|x| + C$.

将 $u = \dfrac{y}{x}$ 代入上式,得原方程的通解 $y^3 = 3x^3(\ln|x| + C)$.

当 $x=1$ 时 $y=1$,所以 $C = \dfrac{1}{3}$. 故所求特解为 $y^3 = 3x^3\left(\ln|x| + \dfrac{1}{3}\right)$.

5.2.2 一阶线性微分方程

定义 5.8 形如

$$\frac{dy}{dx} + p(x)y = q(x) \tag{5-22}$$

的方程,称为**一阶线性微分方程**,其中 $p(x)$、$q(x)$ 为已知函数.若 $q(x) \equiv 0$,则方程

$$\frac{dy}{dx} + p(x)y = 0 \tag{5-23}$$

称为**一阶齐次线性微分方程**.若 $q(x)$ 不恒等于 0,则方程(5-22)称为**一阶非齐次线性微分方程**.

⚠️ **注意**　(1) 所谓线性,是指在方程中含有未知函数 y 和它的导数 y' 的项都是关于 y、y' 的一次项. $q(x)$ 称为**自由项**.

(2) 不要混淆这里的"齐次线性方程"与前面介绍的齐次方程.

1. 一阶齐次线性微分方程的通解

方程(5-23)是可分离变量的微分方程.分离变量,得 $\dfrac{dy}{y} = -p(x)dx$.

两边积分,得 $\ln|y| = -\displaystyle\int p(x)dx + \ln|C|$,即

$$y = Ce^{-\int p(x)dx} \quad (C \text{ 为任意常数}). \tag{5-24}$$

这就是一阶齐次线性微分方程(5-23)的通解.

⚠️ **注意**　这里不定积分 $\displaystyle\int p(x)dx$ 只表示 $p(x)$ 的**一个原函数**.

例 10　求一阶齐次线性微分方程 $\dfrac{dy}{dx} + \dfrac{xy}{\sqrt{1-x^2}} = 0$ 满足初始条件 $y|_{x=-1} = 2$ 的特解.

解法一(分离变量法)

分离变量,得 $\dfrac{dy}{y} = -\dfrac{x}{\sqrt{1-x^2}}dx$.

两边积分,得 $\ln|y| = \sqrt{1-x^2} + \ln|C|$.

于是得通解 $y = Ce^{\sqrt{1-x^2}}$.

因为当 $x = -1$ 时 $y = 2$,所以 $C = 2$.故所求特解为 $y = 2e^{\sqrt{1-x^2}}$.

解法二(通解公式法)

原方程为一阶齐次线性微分方程,$p(x) = \dfrac{x}{\sqrt{1-x^2}}$.

代入通解公式(5-24),得

$$y = Ce^{-\int \frac{x}{\sqrt{1-x^2}}dx} = Ce^{-\frac{1}{2}\int \frac{1}{\sqrt{1-x^2}}d(x^2)}$$
$$= Ce^{\frac{1}{2}\int \frac{1}{\sqrt{1-x^2}}d(1-x^2)} = Ce^{\sqrt{1-x^2}}.$$

因为当 $x = -1$ 时,$y = 2$,所以 $C = 2$.

故所求特解为 $y = 2e^{\sqrt{1-x^2}}$.

2. 一阶非齐次线性微分方程的通解

一阶非齐次线性微分方程(5-22)的通解可以利用"**常数变易法**"得到.

首先求得方程(5-22)所对应的一阶齐次线性微分方程(5-23)的通解(5-24).然后将其

中的任意常数 C 换成 x 的未知函数 $u(x)$，即设 $y=u(x)\mathrm{e}^{-\int p(x)\mathrm{d}x}$.

令 $y=u(x)\mathrm{e}^{-\int p(x)\mathrm{d}x}$ 为一阶非齐次线性微分方程(5-22)的解.

因为 $y'=u'(x)\mathrm{e}^{-\int p(x)\mathrm{d}x}-u(x)p(x)\mathrm{e}^{-\int p(x)\mathrm{d}x}$，将 y 和 y' 代入方程(5-22)，得

$$u'(x)\mathrm{e}^{-\int p(x)\mathrm{d}x}-u(x)p(x)\mathrm{e}^{-\int p(x)\mathrm{d}x}+p(x)u(x)\mathrm{e}^{-\int p(x)\mathrm{d}x}=q(x).$$

整理，得 $u'(x)=q(x)\mathrm{e}^{\int p(x)\mathrm{d}x}$.

两边积分，得 $u(x)=\int q(x)\mathrm{e}^{\int p(x)\mathrm{d}x}\mathrm{d}x+C$($C$ 为任意常数).

代入 $y=u(x)\mathrm{e}^{-\int p(x)\mathrm{d}x}$ 中，得方程(5-22)的通解为

$$y=\mathrm{e}^{-\int p(x)\mathrm{d}x}\left[\int q(x)\mathrm{e}^{\int p(x)\mathrm{d}x}\mathrm{d}x+C\right]. \tag{5-25}$$

注意 通解(5-25)中，不定积分 $\int p(x)\mathrm{d}x$ 和 $\int q(x)\mathrm{e}^{\int p(x)\mathrm{d}x}\mathrm{d}x$ 分别只表示**一个原函数**.

将(5-25)式写成两项之和

$$y=\mathrm{e}^{-\int p(x)\mathrm{d}x}\int q(x)\mathrm{e}^{\int p(x)\mathrm{d}x}\mathrm{d}x+C\mathrm{e}^{-\int p(x)\mathrm{d}x},$$

上式右端第一项是一阶非齐次线性微分方程(5-22)的一个特解($C=0$ 时的解)，第二项是它对应的一阶齐次线性微分方程(5-23)的通解.由此可知，一阶非齐次线性微分方程的通解等于对应的一阶齐次线性微分方程的通解与该非齐次方程的一个特解的和.

对一阶非齐次线性微分方程既可以直接使用通解公式(5-25)求解，也可以运用常数变易法求解.

寻规律 常数变易法的求解步骤是：

(1) 求一阶非齐次线性微分方程(5-22)所对应的一阶齐次线性微分方程(5-23)的通解 $y=C\mathrm{e}^{-\int p(x)\mathrm{d}x}$($C$ 为任意常数)；

(2) 设 $y=u(x)\mathrm{e}^{-\int p(x)\mathrm{d}x}$，并求出 y'；

(3) 将步骤(2)中的 y 和 y' 代入方程(5-22)，解出

$$u(x)=\int q(x)\mathrm{e}^{\int p(x)\mathrm{d}x}\mathrm{d}x+C；$$

(4) 将步骤(3)中求出的 $u(x)$ 代入步骤(2)中 y 的表达式，得

$$y=\mathrm{e}^{-\int p(x)\mathrm{d}x}\left(\int q(x)\mathrm{e}^{\int p(x)\mathrm{d}x}\mathrm{d}x+C\right),$$

即为所求方程(5-22)的通解.

例 11 求微分方程 $x^2y'+2xy=x-1$ 的通解.

解法一(常数变易法)

原方程变形为 $\dfrac{\mathrm{d}y}{\mathrm{d}x}+\dfrac{2}{x}y=\dfrac{x-1}{x^2}$，这是一个一阶非齐次线性微分方程.

先求对应的一阶齐次线性微分方程 $\dfrac{\mathrm{d}y}{\mathrm{d}x}+\dfrac{2}{x}y=0$ 的通解.

分离变量,得 $\dfrac{\mathrm{d}y}{y}=-\dfrac{2}{x}\mathrm{d}x$.

两边积分,得 $\ln\mid y\mid=-2\ln\mid x\mid+\ln\mid C\mid$,即 $y=\dfrac{C}{x^2}$(C 为任意常数).

令 $y=\dfrac{u(x)}{x^2}$,则 $y'=\dfrac{u'(x)}{x^2}-\dfrac{2u(x)}{x^3}$.

将它们代入原方程,并化简得 $u'(x)=x-1$.

两边积分,得 $u(x)=\dfrac{1}{2}x^2-x+C$.

代入 $y=\dfrac{u(x)}{x^2}$,所以原方程的通解为 $y=\dfrac{1}{2}-\dfrac{1}{x}+\dfrac{C}{x^2}$($C$ 为任意常数).

解法二（通解公式法）

原方程变形为 $\dfrac{\mathrm{d}y}{\mathrm{d}x}+\dfrac{2}{x}y=\dfrac{x-1}{x^2}$,则 $p(x)=\dfrac{2}{x}$,$q(x)=\dfrac{x-1}{x^2}$.将它们代入通解公式 (5-25),得

$$\begin{aligned}y&=\mathrm{e}^{-\int\frac{2}{x}\mathrm{d}x}\left(\int\frac{x-1}{x^2}\mathrm{e}^{\int\frac{2}{x}\mathrm{d}x}\mathrm{d}x+C\right)=\mathrm{e}^{-2\ln|x|}\left(\int\frac{x-1}{x^2}\mathrm{e}^{2\ln|x|}\mathrm{d}x+C\right)\\&=\frac{1}{x^2}\left[\int(x-1)\mathrm{d}x+C\right]=\frac{1}{x^2}\left(\frac{1}{2}x^2-x+C\right)\\&=\frac{1}{2}-\frac{1}{x}+\frac{C}{x^2}.\end{aligned}$$

即原方程的通解为 $y=\dfrac{1}{2}-\dfrac{1}{x}+\dfrac{C}{x^2}$($C$ 为任意常数).

🛈 **注意**　在使用通解公式 (5-25) 时,必须先将方程化为 (5-22) 的标准形式,以正确找出 $p(x)$ 和 $q(x)$.

*例 12　求微分方程 $y\mathrm{d}x=(\mathrm{e}^y-x)\mathrm{d}y$ 满足初始条件 $y\mid_{x=0}=1$ 的特解.

解　原方程可变形为 $\dfrac{\mathrm{d}y}{\mathrm{d}x}=\dfrac{y}{\mathrm{e}^y-x}$,它不是一阶线性微分方程.但如果将 y 看作自变量,将 $x=x(y)$ 看作未知函数,则原方程变形为 $\dfrac{\mathrm{d}x}{\mathrm{d}y}+\dfrac{1}{y}x=\dfrac{\mathrm{e}^y}{y}$.此方程是关于 x、x' 的一阶线性微分方程,其中 $p(y)=\dfrac{1}{y}$,$q(y)=\dfrac{\mathrm{e}^y}{y}$.

将它们代入相应的通解公式,得

$$\begin{aligned}x&=\mathrm{e}^{-\int\frac{1}{y}\mathrm{d}y}\left(\int\frac{\mathrm{e}^y}{y}\mathrm{e}^{\int\frac{1}{y}\mathrm{d}y}\mathrm{d}y+C_1\right)=\mathrm{e}^{-\ln|y|}\left(\int\frac{\mathrm{e}^y}{y}\mathrm{e}^{\ln|y|}\mathrm{d}y+C_1\right)\\&=\frac{1}{y}\left(\int\mathrm{e}^y\mathrm{d}y+C\right)=\frac{\mathrm{e}^y+C}{y}.\end{aligned}$$

当 $x=0$ 时 $y=1$,由此得 $C=-\mathrm{e}$.故所求特解为 $xy=\mathrm{e}^y-\mathrm{e}$.

例 13　已知曲线 $y=f(x)$ 上每一点处的切线斜率为 $x-2y$,且曲线过点 $(0,0)$,

求该曲线方程.

解 由导数的几何意义可得 $\dfrac{dy}{dx}=x-2y$，且 $y\,|_{x=0}=0$.

上式变形为 $\dfrac{dy}{dx}+2y=x$，这是一个一阶非齐次线性微分方程，其中 $p(x)=2$、$q(x)=x$. 所以

$$y=e^{-\int 2dx}\left(\int x\,e^{\int 2dx}\,dx+C\right)=e^{-2x}\left(\int x\,e^{2x}\,dx+C\right)$$
$$=e^{-2x}\left(\frac{1}{2}\int x\,de^{2x}+C\right)=e^{-2x}\left(\frac{1}{2}x\,e^{2x}-\frac{1}{2}\int e^{2x}\,dx+C\right)$$
$$=e^{-2x}\left(\frac{1}{2}x\,e^{2x}-\frac{1}{4}e^{2x}+C\right)=\frac{1}{2}x-\frac{1}{4}+C e^{-2x}.$$

将初始条件 $y\,|_{x=0}=0$ 代入上式，得 $C=\dfrac{1}{4}$.

故所求曲线方程为 $y=\dfrac{1}{2}x-\dfrac{1}{4}+\dfrac{1}{4}e^{-2x}$.

小看板

1. 可变形为 _____ 的微分方程，称为可分离变量的微分方程.
2. 分离变量法的步骤是 _____
_____.
3. 形如 _____ 的方程，称为一阶线性微分方程.
4. 一阶齐次线性微分方程 $\dfrac{dy}{dx}+p(x)y=0$ 的通解是 _____.
5. 一阶非齐次线性微分方程 $\dfrac{dy}{dx}+p(x)y=q(x)$ 的通解是 _____.

习题 5.2

1. 求下列微分方程的通解.

(1) $3x^2+6x-5yy'=0$；

(2) $(1+y)dx-(1-x)dy=0$；

(3) $y'=x\sqrt{1-y^2}$；

(4) $\dfrac{dy}{dx}=x\,e^{2y+x^2}$；

*(5) $\dfrac{dy}{dx}=\dfrac{1}{x-y}+1$；

(6) $y'=\dfrac{y}{x}+e^{\frac{y}{x}}$.

2. 求下列初值问题的解.

(1) $\begin{cases}\dfrac{x}{1+y}dx-\dfrac{y}{1+x}dy=0,\\ y\,|_{x=0}=1;\end{cases}$

(2) $\begin{cases}\sin x\,dy=2y\cos x\,dx,\\ y\,|_{x=\frac{\pi}{2}}=2;\end{cases}$

(3) $\begin{cases}e^y(1+x^2)dy=2x(1+e^y)dx,\\ y\,|_{x=1}=0;\end{cases}$

(4) $\begin{cases}\dfrac{dy}{dx}=2\sqrt{y}\ln x,\\ y\,|_{x=e}=1.\end{cases}$

3. 求下列微分方程的通解.

(1) $y' + \dfrac{x}{x+1}y = 0$;

(2) $y' + 2y = 4x$;

(3) $y' + \dfrac{y}{x} = \dfrac{\sin x}{x}$;

(4) $\dfrac{\mathrm{d}y}{\mathrm{d}x} = \dfrac{2y}{x+1} + (x+1)^{\frac{5}{2}}$;

(5) $(x^2 - 1)y' + 2xy - \cos x = 0$;　*(6) $y\ln y\,\mathrm{d}x + (x - \ln y)\mathrm{d}y = 0$.

4. 求下列微分方程满足所给初始条件的特解.

(1) $y' + 2xy = x\mathrm{e}^{-x^2}$, $y\,|_{x=0} = 1$;

(2) $x\dfrac{\mathrm{d}y}{\mathrm{d}x} - 2y = x^3\mathrm{e}^x$, $y\,|_{x=1} = 0$;

(3) $y' - y\tan x = \sec x$, $y\,|_{x=0} = 0$;

*(4) $(y^2 - 6x)\dfrac{\mathrm{d}y}{\mathrm{d}x} + 2y = 0$, $y\,|_{x=0} = 1$.

5. 已知某商品的需求量 Q（万件）对价格 P（元）的弹性为 $\dfrac{EQ}{EP} = -4P^2$, 而市场对该商品的最大需求量为 2 万件（即 $P = 0$ 时, $Q = 2$）, 求需求函数.

6. 设曲线上任意一点的切线斜率与该切点的横坐标的平方成正比, 而与其纵坐标成反比, 比例系数 $a > 0$, 且曲线过点 $(0, 2)$. 求该曲线的方程.

习题 5.2 参考答案

二阶常系数线性微分方程

【本节提示】 在实际中应用得较多的一类高阶微分方程是二阶常系数线性微分方程. 对于这类微分方程, 只不加证明地给出它们的解的结论, 读者利用这些结论进行求解即可. 通过本节的学习, 要求了解二阶常系数线性微分方程解的结构, 能写出二阶常系数齐次线性微分方程的特征方程, 并求其特征根, 会根据所给解的结论计算二阶常系数线性微分方程的解.

5.3.1 二阶常系数线性微分方程的概念

先来看下面这个例子.

例 14 设某商品的价格 P 是时间 t 的函数 $P(t)$, 该商品的需求函数与供给函数分别为 $Q = 42 - 4P - 4P' + P''$, $S = -6 + 8P$, 初始条件为 $P(0) = 6$, $P'(0) = 4$, 若在每一时刻市场供需都平衡, 求价格函数 $P(t)$.

分析: 在每一时刻市场供需都平衡, 即总有 $Q = S$ 成立.

于是有 $42 - 4P - 4P' + P'' = -6 + 8P$, 即 $P'' - 4P' - 12P = -48$.

这是一个二阶线性微分方程, 由于 P、P'、P'' 的系数均为常数, 所以称为二阶常系数线性微分方程. 求价格函数 $P(t)$ 即求初值问题 $\begin{cases} P'' - 4P' - 12P = -48, \\ P(0) = 6, \ P'(0) = 4 \end{cases}$ 的解.

这类方程应该怎样分类? 应当怎样求解? 这些都是在这一节要讨论的问题.

定义 5.9 形如

$$y'' + py' + qy = f(x) \tag{5-26}$$

的微分方程称为**二阶常系数线性微分方程**, 其中 p、q 为常数, $f(x)$ 为已知函数. 当 $f(x) \equiv 0$ 时, 方程

$$y'' + py' + qy = 0 \tag{5-27}$$

称为二阶常系数齐次线性微分方程. 当 $f(x)$ 不恒为零时, 方程 (5-26) 称为**二阶常系数非齐次线性微分方程**.

5.3.2 二阶常系数齐次线性微分方程

先来讨论二阶常系数齐次线性微分方程 (5-27) 的通解.

定理 5.1 若 y_1、y_2 是二阶常系数齐次线性微分方程 (5-27) 的两个解, 则

$$y = C_1 y_1 + C_2 y_2$$

也是方程 (5-27) 的解, 其中 C_1、C_2 为任意常数.

定理 5.1 可利用导数运算的线性性质得证. 例如, $y_1 = e^x$ 和 $y_2 = e^{-x}$ 都是方程 $y'' - y = 0$ 的解, 不难验证, $y = C_1 y_1 + C_2 y_2 = C_1 e^x + C_2 e^{-x}$ (C_1, C_2 为任意常数) 也是方程 $y'' - y = 0$ 的解. 而 $y_1 = e^x$、$y_3 = 2e^x$ 也都是方程 $y'' - y = 0$ 的解, 于是 $\bar{y} = C_1 y_1 + C_3 y_3 = C_1 e^x + 2C_3 e^x$ (C_1, C_3 为任意常数) 也是方程 $y'' - y = 0$ 的解. 虽然从形式上看, $y = C_1 e^x +$

$C_2 \mathrm{e}^{-x}$ 和 $\bar{y} = C_1 \mathrm{e}^x + 2C_3 \mathrm{e}^x$ 都含有两个任意常数,但由于 $\bar{y} = C_1 \mathrm{e}^x + 2C_3 \mathrm{e}^x = (C_1 + 2C_3)\mathrm{e}^x = C\mathrm{e}^x$,其中 $C = C_1 + 2C_3$,$\bar{y}$ 只含有一个任意常数,显然不是方程 $y'' - y = 0$ 的通解.

那么,在什么样的情况下 $y = C_1 y_1 + C_2 y_2$ 才是方程(5-27)的通解呢? 下面不加证明地给出如下定理.

定理 5.2　若 y_1、y_2 是二阶常系数齐次线性微分方程(5-27)的两个特解,且 $\dfrac{y_1}{y_2}$ 不恒为常数,则

$$y = C_1 y_1 + C_2 y_2$$

是方程(5-27)的通解,其中 C_1、C_2 为任意常数.

⚠ **注意**　$\dfrac{y_1}{y_2}$ 不恒为常数这个条件是非常重要的.一般地,对于任意两个函数 y_1、y_2,若它们的比 $\dfrac{y_1}{y_2}$ 恒为常数,则称它们是**线性相关**的,否则称它们是**线性无关**的.于是知道,若 y_1、y_2 是方程(5-27)的两个线性无关的特解,则 $y = C_1 y_1 + C_2 y_2$(C_1、C_2 为任意常数)是方程(5-27)的通解.

如上面例子中,$y_1 = \mathrm{e}^x$ 和 $y_2 = \mathrm{e}^{-x}$ 都是方程 $y'' - y = 0$ 的特解,因为 $\dfrac{y_1}{y_2} = \dfrac{\mathrm{e}^x}{\mathrm{e}^{-x}} = \mathrm{e}^{2x} \neq$ 常数,即 y_1、y_2 是方程 $y'' - y = 0$ 的两个线性无关的特解,所以 $y = C_1 \mathrm{e}^x + C_2 \mathrm{e}^{-x}$($C_1$、$C_2$ 为任意常数)是方程 $y'' - y = 0$ 的通解.

由定理 5.2 可知,要求二阶常系数齐次线性微分方程的通解,只需求出方程的两个线性无关的特解.为此,给出特征方程和特征根的概念.

定义 5.10　方程 $r^2 + pr + q = 0$ 称为二阶常系数齐次线性微分方程 $y'' + py' + qy = 0$ 的**特征方程**,特征方程的根 r_1、r_2 称为**特征根**.

由特征方程 $r^2 + pr + q = 0$ 可以求得特征根,而根据特征根分别是两个相异实根、重实根、一对共轭复根,二阶常系数齐次线性微分方程 $y'' + py' + qy = 0$ 的特解有不同的形式,从而它的通解也对应不同的形式.略去各种情况下对于特解形式的讨论,而直接给出如下结论.

🏁 **寻规律**　求二阶常系数齐次线性微分方程 $y'' + py' + qy = 0$ 的通解的步骤:

(1) 写出微分方程的特征方程 $r^2 + pr + q = 0$;

(2) 求出特征根 r_1、r_2;

(3) 根据特征根的不同情况,按照表 5-1 写出微分方程的通解(其中 C_1、C_2 为任意常数).

表 5-1

特征根 r_1、r_2	微分方程 $y'' + py' + qy = 0$ 的通解
相异实根 $r_1 = \dfrac{-p + \sqrt{p^2 - 4q}}{2}$，$r_2 = \dfrac{-p - \sqrt{p^2 - 4q}}{2}$	$y = C_1 \mathrm{e}^{r_1 x} + C_2 \mathrm{e}^{r_2 x}$
重实根 $r_1 = r_2 = -\dfrac{p}{2}$	$y = (C_1 + C_2 x)\mathrm{e}^{r_1 x}$
共轭复根 $r_{1,2} = \alpha \pm \mathrm{i}\beta\,(\beta > 0)$	$y = \mathrm{e}^{\alpha x}(C_1 \cos \beta x + C_2 \sin \beta x)$

例 15 求微分方程 $y''-2y'-3y=0$ 的通解.

解 所给微分方程的特征方程为 $r^2-2r-3=0$,它的根为 $r_1=-1$,$r_2=3$,为两个相异实根,故所求微分方程的通解为

$$y=C_1\mathrm{e}^{-x}+C_2\mathrm{e}^{3x}(C_1、C_2 \text{为任意常数}).$$

例 16 求微分方程 $\dfrac{\mathrm{d}^2x}{\mathrm{d}t^2}-6\dfrac{\mathrm{d}x}{\mathrm{d}t}+9x=0$ 满足初始条件 $x|_{t=0}=2$,$x'|_{t=0}=9$ 的特解.

解 所给微分方程的特征方程为 $r^2-6r+9=0$,它的根为 $r_1=r_2=3$,为两个相等的实根,故所求微分方程的通解为

$$x=(C_1+C_2t)\mathrm{e}^{3t}(C_1、C_2 \text{为任意常数}).$$

由 $x|_{t=0}=(C_1+C_2\cdot0)\mathrm{e}^0=C_1=2$,得 $C_1=2$.

则 $x'=(C_2+6+3C_2t)\mathrm{e}^{3t}$.

于是 $x'|_{t=0}=(C_2+6+3C_2\cdot0)\mathrm{e}^0=C_2+6=9$,得 $C_2=3$.

故所求微分方程的特解为

$$x=(2+3t)\mathrm{e}^{3t}.$$

例 17 求微分方程 $y''+8y'+17y=0$ 的通解.

解 所给微分方程的特征方程为 $r^2+8r+17=0$.

它的根为 $r_{1,2}=\dfrac{-8\pm\sqrt{8^2-4\times17}}{2}=-4\pm\mathrm{i}$,为一对共轭复根.

故所求微分方程的通解为

$$y=\mathrm{e}^{-4x}(C_1\cos x+C_2\sin x)(C_1、C_2 \text{为任意常数}).$$

5.3.3 二阶常系数非齐次线性微分方程

二阶常系数非齐次线性微分方程(5-26)的通解的结构满足下面定理.

定理5.3 若 y^* 是二阶常系数非齐次线性微分方程(5-26)的一个特解,Y 是与方程(5-26)对应的二阶常系数齐次线性微分方程(5-27)的通解,则

$$y=Y+y^*$$

是方程(5-26)的通解.

已经知道二阶常系数齐次线性微分方程(5-27)的通解的求法,于是求二阶常系数非齐次线性微分方程(5-26)的通解就归结为求它的一个特解的问题.下面仅就方程(5-26)右端的函数 $f(x)$ 的两种常见形式,给出用待定系数法求特解的方法.

1. $f(x)=P_m(x)\mathrm{e}^{\lambda x}$ [$P_m(x)$ 为 x 的 m 次多项式, λ 为常数]

在实际应用中,二阶常系数非齐次线性微分方程(5-26)的右端函数 $f(x)$ 的一种常见形式为 $f(x)=P_m(x)\mathrm{e}^{\lambda x}$,其中 $P_m(x)$ 为 x 的 m 次多项式,λ 为常数.下面不加证明地给出如下结论,见表 5-2.

表 5-2

$f(x)$ 的形式	条　　件	特解 y^* 的形式
$f(x) = P_m(x)e^{\lambda x}$	λ 不是特征方程的根	$y^* = Q_m(x)e^{\lambda x}$
	λ 是特征方程的单根	$y^* = xQ_m(x)e^{\lambda x}$
	λ 是特征方程的重根	$y^* = x^2 Q_m(x)e^{\lambda x}$

其中，$Q_m(x)$ 也是 x 的 m 次多项式.

寻规律　求二阶常系数非齐次线性微分方程 $y'' + py' + qy = P_m(x)e^{\lambda x}$ 的通解的步骤：

(1) 求其对应的二阶常系数齐次线性微分方程 $y'' + py' + qy = 0$ 的通解 Y；

(2) 根据上表中的结论设出原方程的特解 y^*，代入原方程，利用待定系数法求出特解；

(3) 得到所求方程的通解 $y = Y + y^*$.

例 18　求微分方程 $y'' + y = 2x^2 - 3$ 的通解.

解　所给微分方程为二阶常系数非齐次线性微分方程，先求它对应的二阶常系数齐次线性微分方程 $y'' + y = 0$ 的通解.

特征方程 $r^2 + 1 = 0$ 的根为 $r_{1,2} = \pm i$，所以 $y'' + y = 0$ 的通解为

$$Y = C_1 \cos x + C_2 \sin x \, (C_1 、 C_2 \text{ 为任意常数}).$$

再求微分方程 $y'' + y = 2x^2 - 3$ 的一个特解.

右端 $f(x) = 2x^2 - 3$ 是 $P_m(x)e^{\lambda x}$ 型函数，其中 $m = 2$，$\lambda = 0$.

因为 $\lambda = 0$ 不是特征方程的根，所以设 $y^* = Q_2(x)e^0 = Ax^2 + Bx + C$，则

$$y^{*\prime} = 2Ax + B, \ y^{*\prime\prime} = 2A.$$

将 y^*、$y^{*\prime\prime}$ 代入原方程，得 $2A + Ax^2 + Bx + C = 2x^2 - 3$.

比较两端 x 同次幂的系数，得 $\begin{cases} A = 2, \\ B = 0, \\ 2A + C = -3. \end{cases}$

解得 $A = 2$，$B = 0$，$C = -7$，于是 $y^* = 2x^2 - 7$.

于是可得原方程的通解为

$$y = Y + y^* = C_1 \cos x + C_2 \sin x + 2x^2 - 7 (C_1 、 C_2 \text{ 为任意常数}).$$

例 19　求解初值问题 $\begin{cases} y'' - 4y' + 4y = e^{2x}, \\ y|_{x=0} = 2, \ y'|_{x=0} = 5. \end{cases}$

解　所给微分方程为二阶常系数非齐次线性微分方程，先求它对应的二阶常系数齐次线性微分方程 $y'' - 4y' + 4y = 0$ 的通解.

特征方程 $r^2 - 4r + 4 = 0$ 的根为 $r_1 = r_2 = 2$，所以 $y'' - 4y' + 4y = 0$ 的通解为

$$Y = (C_1 + C_2 x)e^{2x} \, (C_1 、 C_2 \text{ 为任意常数}).$$

再求微分方程 $y'' - 4y' + 4y = e^{2x}$ 的一个特解.

右端 $f(x) = e^{2x}$ 是 $P_m(x)e^{\lambda x}$ 型函数，其中 $m = 0$，$\lambda = 2$.

因为 $\lambda=2$ 是特征方程的重根，所以设 $y^*=x^2Q_0(x)e^{2x}=Ax^2e^{2x}$，则

$$y^{*\prime}=A(2x+2x^2)e^{2x},\ y^{*\prime\prime}=A(2+8x+4x^2)e^{2x}.$$

将 y^*、$y^{*\prime}$、$y^{*\prime\prime}$ 代入原方程，整理得 $2Ae^{2x}=e^{2x}$.

所以 $A=\dfrac{1}{2}$，于是 $y^*=\dfrac{1}{2}x^2e^{2x}$.

于是可得原方程的通解为

$$y=Y+y^*=\left(C_1+C_2x+\frac{1}{2}x^2\right)e^{2x}(C_1、C_2\ \text{为任意常数}).$$

由 $y|_{x=0}=2$，得 $C_1=2$.

于是 $y'=[C_2+4+(2C_2+1)x+x^2]e^{2x}$，由 $y'|_{x=0}=5$，得 $C_2=1$.

因此所求初值问题的解为

$$y=\left(2+x+\frac{1}{2}x^2\right)e^{2x}.$$

⚠️ **注意**　$Q_0(x)$ 表示 x 的 0 次多项式，即一个常数.

例20　求微分方程 $y''-4y'+3y=xe^x$ 的通解.

解　所给方程为二阶常系数非齐次线性微分方程，它对应的齐次线性微分方程为 $y''-4y'+3y=0$.

其特征方程 $r^2-4r+3=0$ 的根为 $r_1=1$，$r_2=3$，所以 $y''-4y'+3y=0$ 的通解为

$$Y=C_1e^x+C_2e^{3x}(C_1、C_2\ \text{为任意常数}).$$

微分方程 $y''-4y'+3y=xe^x$ 中，右端 $f(x)=xe^x$ 是 $P_m(x)e^{\lambda x}$ 型函数，其中 $m=1$，$\lambda=1$.

因为 $\lambda=1$ 是特征方程的单根，所以设 $y^*=xQ_1(x)e^x=x(Ax+B)e^x$，则

$$y^{*\prime}=(Ax^2+2Ax+Bx+B)e^x,\ y^{*\prime\prime}=(Ax^2+4Ax+Bx+2A+2B)e^x.$$

将 y^*、$y^{*\prime}$、$y^{*\prime\prime}$ 代入原方程，整理得 $(-4Ax+2A-2B)e^x=xe^x$.

比较两端同类项的系数，得 $\begin{cases}-4A=1,\\2A-2B=0.\end{cases}$

解得 $A=-\dfrac{1}{4}$、$B=-\dfrac{1}{4}$，于是 $y^*=x\left(-\dfrac{1}{4}x-\dfrac{1}{4}\right)e^x=-\dfrac{1}{4}x(x+1)e^x$.

于是可得原方程的通解为

$$y=Y+y^*=C_1e^x+C_2e^{3x}-\frac{1}{4}x(x+1)e^x(C_1、C_2\ \text{为任意常数}).$$

下面来解本节例14中的初值问题 $\begin{cases}P''-4P'-12P=-48,\\P(0)=6,\ P'(0)=4.\end{cases}$

方程 $P''-4P'-12P=-48$ 是二阶常系数非齐次线性微分方程，它对应的齐次微分方程为 $P''-4P'-12P=0$. 特征方程为 $r^2-4r-12=0$，特征根为 $r_1=6$、$r_2=-2$，所以 $P''-4P'-12P=0$ 的通解为 $\bar{P}=C_1e^{6t}+C_2e^{-2t}(C_1、C_2\ \text{为任意常数}).$

微分方程 $P'' - 4P' - 12P = -48$ 中，右端 $f(t) = -48$ 是 $P_m(t)e^{\lambda t}$ 型函数，其中 $m = 0$、$\lambda = 0$.

因为 $\lambda = 0$ 不是特征方程的根，所以设 $P^* = Q_0(t)e^0 = A$，则 $P^{*'} = 0$、$P^{*''} = 0$.

将 P^*、$P^{*'}$、$P^{*''}$ 代入原方程，得 $-12A = -48$，所以 $A = 4$.

于是 $P^* = 4$.

由此可得方程 $P'' - 4P' - 12P = -48$ 的通解为

$$P = \bar{P} + P^* = C_1 e^{6t} + C_2 e^{-2t} + 4 \quad (C_1、C_2 \text{ 为任意常数}).$$

所以 $P' = 6C_1 e^{6t} - 2C_2 e^{-2t}$.

又由 $P(0) = 6$，$P'(0) = 4$，得 $\begin{cases} C_1 + C_2 + 4 = 6, \\ 6C_1 - 2C_2 = 4. \end{cases}$

解得 $C_1 = 1$，$C_2 = 1$.

故所求价格函数 $P(t) = e^{6t} + e^{-2t} + 4$.

⚠️ **注意**　方程 $P'' - 4P' - 12P = -48$ 的右端为常数，也可以将方程改写为 $P'' - 4P' - 12(P - 4) = 0$，进而写成 $(P-4)'' - 4(P-4)' - 12(P-4) = 0$.

这样，令 $P - 4 = y(t)$，则原二阶常系数非齐次线性微分方程转化为一个齐次微分方程 $y'' - 4y' - 12y = 0$，更易于求出其通解 $y(t)$. 求出 $y(t)$ 后，由 $P = y(t) + 4$ 得到 P 的通解，再由两个初始条件得特解.

2. $f(x) = e^{\lambda x}(a\cos \omega x + b\sin \omega x)$（$\lambda$、$a$、$b$、$\omega$ 为常数）

当二阶常系数非齐次线性微分方程（5-26）的右端函数为 $f(x) = e^{\lambda x}(a\cos \omega x + b\sin \omega x)$，其中 λ、a、b、ω 为常数时，方程（5-26）的特解有表 5-3 中的形式.

表 5-3

$f(x)$ 的形式	条　件	特解 y^* 的形式
$f(x) = e^{\lambda x}(a\cos \omega x + b\sin \omega x)$	$\lambda \pm \omega i$ 不是特征根	$y^* = e^{\lambda x}(A\cos \omega x + B\sin \omega x)$
	$\lambda \pm \omega i$ 是特征根	$y^* = xe^{\lambda x}(A\cos \omega x + B\sin \omega x)$

其中，A、B 是待定系数.

寻规律　求二阶常系数非齐次线性微分方程 $y'' + py' + qy = e^{\lambda x}(a\cos \omega x + b\sin \omega x)$ 的通解的步骤，与求方程 $y'' + py' + qy = P_m(x)e^{\lambda x}$ 的步骤相同，只不过在设原方程的特解 y^* 时，要根据表 5-3 有不同的设法.

例 21　求微分方程 $y'' + 4y = \sin 2x$ 的特解.

解　所给微分方程为二阶常系数非齐次线性微分方程，它的右端 $f(x) = \sin 2x$ 是 $e^{\lambda x}(a\cos \omega x + b\sin \omega x)$ 型函数，其中 $\lambda = 0$、$a = 0$、$b = 1$、$\omega = 2$.

因为特征方程 $r^2 + 4 = 0$ 的根为 $r_{1,2} = \pm 2i$，而 $\lambda \pm \omega i = \pm 2i$ 正好是特征根，所以设特解

$$y^* = xe^0(A\cos 2x + B\sin 2x) = x(A\cos 2x + B\sin 2x).$$

则
$$y^{*'} = (A + 2Bx)\cos 2x + (B - 2Ax)\sin 2x,$$
$$y^{*''} = 4(B - Ax)\cos 2x - 4(A + Bx)\sin 2x.$$

将 y^*、$y^{*''}$ 代入原方程，整理得 $4B\cos 2x - 4A\sin 2x = \sin 2x$.

239

比较两端同类项的系数,得 $A=-\dfrac{1}{4}$, $B=0$.

所以所求特解为

$$y^*=-\frac{1}{4}x\cos 2x.$$

例 22　求微分方程 $y''+2y'=e^{-x}\cos x$ 的通解.

解　所给微分方程为二阶常系数非齐次线性微分方程,其对应的齐次微分方程为 $y''+2y'=0$. 特征方程 $r^2+2r=0$ 的根为 $r_1=0$, $r_2=-2$,所以 $y''+2y'=0$ 的通解为 $Y=C_1 e^0+C_2 e^{-2x}=C_1+C_2 e^{-2x}$ (C_1、C_2 为任意常数).

原方程右端函数 $f(x)=e^{-x}\cos x$ 是 $e^{\lambda x}(a\cos\omega x+b\sin\omega x)$ 型函数,其中 $\lambda=-1$, $a=1$, $b=0$, $\omega=1$.

因为 $\lambda\pm\omega i=-1\pm i$ 不是特征根,所以设特解 $y^*=e^{-x}(A\cos x+B\sin x)$.

则
$$y^{*\prime}=e^{-x}[(-A+B)\cos x+(-A-B)\sin x],$$
$$y^{*\prime\prime}=e^{-x}(-2B\cos x+2A\sin x).$$

将 $y^{*\prime}$、$y^{*\prime\prime}$ 代入原方程,整理得 $e^{-x}(-2A\cos x-2B\sin x)=e^{-x}\cos x$.

比较两端同类项的系数,得 $A=-\dfrac{1}{2}$, $B=0$.

于是 $y^*=-\dfrac{1}{2}e^{-x}\cos x$.

则所求微分方程的通解为

$$y=Y+y^*=C_1+C_2 e^{-2x}-\frac{1}{2}e^{-x}\cos x\ (C_1、C_2\ 为任意常数).$$

小看板

1. _____ 称为二阶常系数齐次线性微分方程;_____ 称为二阶常系数非齐次线性微分方程.

2. 微分方程 $y''+py'+qy=0$ 的特征方程是_____.

3. 对于二阶常系数齐次线性微分方程 $y''+py'+qy=0$,当特征方程有两个相异实根 r_1、r_2 时,方程的通解为_____;当 $r_1=r_2$ 时,方程的通解为_____;当特征根 $r_{1,2}=\alpha\pm i\beta$ 时,方程的通解为_____.

4. 若 $y''+py'+qy=f(x)$ 的一个特解是 y^*, $y''+py'+qy=0$ 的通解是 Y,则 $y''+py'+qy=f(x)$ 的通解是_____.

习题 5.3

1. 求下列微分方程的通解.

(1) $y''-2y'+y=0$;

(2) $3y''-2y'-8y=0$;

(3) $4\dfrac{d^2 y}{dx^2}+4\dfrac{dy}{dx}+y=0$;

(4) $y''+2y'+5y=0$.

2. 求下列初值问题的解.

(1) $\begin{cases} y'' - 4y' = 0, \\ y\,|_{x=0} = -1,\ y'\,|_{x=0} = 2; \end{cases}$　　　　(2) $\begin{cases} y'' + 4y' + 29y = 0, \\ y\,|_{x=0} = 0,\ y'\,|_{x=0} = 15. \end{cases}$

3. 求下列微分方程的通解.

(1) $y'' + 4y = 8$;　　　　　　　　　(2) $y'' + 3y' + 2y = 3x\,\mathrm{e}^{-x}$;

(3) $y'' - 8y' + 16y = \mathrm{e}^{4x}$;　　　　　(4) $y'' - 2y' + 5y = \mathrm{e}^x \sin 2x$.

4. 求下列微分方程满足所给初始条件的特解.

(1) $y'' - y' - 2y = 4x^2$, $y\,|_{x=0} = 0$, $y'\,|_{x=0} = 2$;

(2) $y'' - 2y' + 2y = \sin x$, $y\,|_{x=0} = \dfrac{4}{5}$, $y'\,|_{x=0} = \dfrac{4}{5}$.

5. 由方程 $y'' + 9y = 0$ 确定的一条曲线 $y = f(x)$ 通过点 $(\pi, -1)$,且在该点和直线 $y + 1 = x - \pi$ 相切,求这条曲线.

习题 5.3
参考答案

应用板块

5.4 常微分方程在经济中的应用

【本节提示】 常微分方程被应用于经济领域的各个方面,以解决一些实际问题.本节中将介绍一些用常微分方程解决经济问题的例子.通过本节的学习,要求能将经济应用问题转化为微分方程的问题,并通过正确求解微分方程来解决实际问题.

例 23 某商品的需求量 Q 对价格 P 的弹性为 $-\dfrac{4P+2P^2}{Q}$,已知当 $P=10$ 时,需求量 $Q=460$,求需求量 Q 与价格 P 的函数关系.

解 由题意得 $\dfrac{EQ}{EP}=\dfrac{P}{Q}\cdot\dfrac{\mathrm{d}Q}{\mathrm{d}P}=-\dfrac{4P+2P^2}{Q}$,即 $\mathrm{d}Q=(-4-2P)\mathrm{d}P$.

两边积分,得 $Q=-4P-P^2+C$(C 为任意常数).

当 $P=10$ 时,$Q=460$,即 $460=-4\times10-10^2+C$,所以 $C=600$.

故需求量 Q 与价格 P 的函数关系为 $Q=600-4P-P^2$.

例 24 假设某人以本金 p_0 元进行一项投资,投资的年利率为 r,若以连续复利计,试用常微分方程的方法写出 t 年末的资金总额 $p(t)$.

分析: 由第 1 章连续复利问题的讨论我们已经知道,t 年末的资金总额 $p(t)=p_0\mathrm{e}^{rt}$.但是本题要求用常微分方程的方法写出资金总额 $p=p(t)$,而 t 时刻资金总额的变化率等于 t 时刻资金总额获取的利息,即 $\dfrac{\mathrm{d}p}{\mathrm{d}t}=rp$. 由此可以写出微分方程及其初值问题.

解 因为 t 时刻资金总额的变化率 = t 时刻资金总额获取的利息,

而 t 时刻资金总额的变化率为 $\dfrac{\mathrm{d}p}{\mathrm{d}t}$,$t$ 时刻资金总额获取的利息为 rp.

所以 $\dfrac{\mathrm{d}p}{\mathrm{d}t}=rp$.

又因为当 $t=0$ 时,$p(0)=p_0$,所以即求初值问题 $\begin{cases}\dfrac{\mathrm{d}p}{\mathrm{d}t}=rp,\\ p(0)=p_0\end{cases}$ 的解.

对微分方程 $\dfrac{\mathrm{d}p}{\mathrm{d}t}=rp$,运用分离变量法可得 $p=C\mathrm{e}^{rt}$(C 为任意常数).

又 $p(0)=C=p_0$,所以 $p(t)=p_0\mathrm{e}^{rt}$.

例 25 假设某产品的销售量 $x(t)$ 是时间 t 的可导函数,如果商品的销售量对时间的增长速率 $\dfrac{\mathrm{d}x(t)}{\mathrm{d}t}$ 正比于销售量 $x(t)$ 与销售量接近饱和水平的程度 $[N-x(t)]$ 的乘积(N 为饱和水平,比例常数 $k>0$),且当 $t=0$ 时,$x(0)=\dfrac{1}{4}N$.求销售量函数 $x(t)$.

解　由题意可知,销售量 $x = x(t)$ 满足 $\dfrac{\mathrm{d}x}{\mathrm{d}t} = kx(N-x)$.

分离变量得 $\dfrac{\mathrm{d}x}{x(N-x)} = k\,\mathrm{d}t$,变形得 $\left(\dfrac{1}{x} + \dfrac{1}{N-x}\right)\mathrm{d}x = Nk\,\mathrm{d}t$.

两边积分,得 $\ln\dfrac{x}{N-x} = Nkt + \ln C_1$($C_1$ 为任意正常数).

即 $\dfrac{x}{N-x} = C_1 \mathrm{e}^{Nkt}$.

于是可得通解 $x(t) = \dfrac{NC_1\mathrm{e}^{Nkt}}{C_1\mathrm{e}^{Nkt}+1} = \dfrac{N}{1+C\mathrm{e}^{-Nkt}}$($其中 C = \dfrac{1}{C_1}$).

由 $x(0) = \dfrac{1}{4}N$ 得 $C = 3$,故 $x(t) = \dfrac{N}{1+3\mathrm{e}^{-Nkt}}$.

🛈 **注意**　微分方程 $\dfrac{\mathrm{d}x}{\mathrm{d}t} = kx(N-x)$ 称为**逻辑斯蒂方程**,其解曲线 $x(t) = \dfrac{N}{1+C\mathrm{e}^{-Nkt}}$ 称为**逻辑斯蒂曲线**.在经济学中,常会遇到这样的量 $x(t)$,其增长率与 $x(t)$ 及 $N-x(t)$ 之积成正比(N 为饱和水平),也就是说它的变化规律遵循逻辑斯蒂方程,而它本身也就是逻辑斯蒂曲线的方程.

例 26　设某商品的需求函数与供给函数分别为 $Q = a - bP$,$S = -c + dP$,其中 a、b、c、d 为正常数.假设商品价格 P 为时间 t 的函数,已知 $P(0) = P_0$,且在任一时刻 t,价格 $P(t)$ 的变化率与这时的过剩需求量 $(Q-S)$ 成正比,比例常数 $k > 0$.

(1) 求市场均衡价格 $\overline{P}$;

(2) 试写出价格 $P(t)$ 的表达式.

解　(1)当该商品的需求量与供给量相等即 $Q = S$ 时,得市场均衡价格 $\overline{P} = \dfrac{a+c}{b+d}$.

(2) 价格 $P(t)$ 的变化率与这时的过剩需求量 $(Q-S)$ 成正比,即 $\dfrac{\mathrm{d}P}{\mathrm{d}t} = k(Q-S)$.

将 Q、S 代入上式,得 $\dfrac{\mathrm{d}P}{\mathrm{d}t} = k(a-bP+c-dP)$.

即 $\dfrac{\mathrm{d}P}{\mathrm{d}t} + k(b+d)P = k(a+c)$.

解一阶非齐次线性微分方程,得通解 $P(t) = C\mathrm{e}^{-k(b+d)t} + \dfrac{a+c}{b+d}$.

由 $P(0) = P_0$,得 $C = P_0 - \dfrac{a+c}{b+d}$.

又因为 $\overline{P} = \dfrac{a+c}{b+d}$,所以 $P(t) = (P_0 - \overline{P})\mathrm{e}^{-k(b+d)t} + \overline{P}$.

🛈 **注意**　微分方程 $\dfrac{\mathrm{d}P}{\mathrm{d}t} = k(a-bP+c-dP)$ 也可以看作可分离变量的微分方程,将之变形为 $\dfrac{\mathrm{d}P}{a+c-(b+d)P} = k\,\mathrm{d}t$,再两边积分求解.

🔳 **寻规律**　用常微分方程解经济应用问题的步骤:

(1) 根据题意写出常微分方程;

(2) 分析方程类型,运用对应的解法求解微分方程,得到应用问题的解.

小看板

用常微分方程解经济应用问题的步骤:

(1) _____;

(2) _____.

习题5.4

1. 已知某地区在一个确定的时期内,国民收入 y(亿元)和国民债务 z(亿元)都是时间 t 的函数.国民收入的增长率为 $\dfrac{1}{8}$,国民债务的增长率为国民收入的 $\dfrac{1}{25}$.若 $t=0$ 时,国民收入为 5 亿元,国民债务为 0.2 亿元,试分别求出国民收入及国民债务与时间 t 的函数关系式.

2. 某商品的需求量 Q 对价格 P 的弹性为 $-P\ln 2$,若该商品的最大需求量为 900(即 $P=0$ 时,$Q=900$),求需求函数.

3. 某商品的需求量 Q 是价格 P 的函数,如果要使该商品的销售收入在价格变化的情况下保持不变,则需求量 Q 关于价格 P 的函数关系满足怎样的微分方程? 在这种情况下,该商品的需求量 Q 相对于价格 P 的弹性是多少?

4. 根据经验可知,某产品的纯利润 L 与广告支出 x 有关系 $\dfrac{\mathrm{d}L}{\mathrm{d}x}=k(A-L)$,其中 k、A 为常数,且 $k>0$、$A>0$.若不做广告,即 $x=0$ 时,纯利润为 L_0,试求纯利润 L 与广告支出 x 之间的函数关系式.

5. 已知生产某种产品的总成本 C 由可变成本与固定成本两部分构成.假设可变成本 y 是产量 x 的函数,且 y 关于 x 的变化率是 $\dfrac{x^2+y^2}{2xy}$,固定成本为 2.已知当产量为 1 单位时,可变成本为 5.求总成本函数 $C(x)$.

习题5.4
参考答案

复习思考题 5

A 组

一、填空题

1. 微分方程 $\left(\dfrac{\mathrm{d}y}{\mathrm{d}x}\right)^4 + \dfrac{\mathrm{d}^2 y}{\mathrm{d}x^2} + 5y^3 + 2x^5 = 0$ 为_____阶微分方程.

2. 微分方程 $y''' = 8\sin 2x + 6$ 的通解是_____.

3. 微分方程 $\mathrm{e}^x(\mathrm{e}^y - 1)\mathrm{d}x + \mathrm{e}^y(\mathrm{e}^x + 1)\mathrm{d}y = 0$ 满足初始条件 $y\,|_{x=0} = 1$ 的特解是_____.

4. 微分方程 $y' = \dfrac{y}{x} + \dfrac{x}{y}$ 的通解是_____.

5. 一阶线性微分方程 $xy' = y + x^3$ 的通解是_____,满足初始条件 $y\,|_{x=1} = -\dfrac{1}{2}$ 的特解是_____.

二、单项选择题

1. 下列方程中是线性微分方程的是(　　　　).

A. $(y'')^2 + 5y' + 4xy = 0$ 　　　　　　 B. $3y'' + y'y = 7x^3$

C. $\dfrac{2y'''}{x^2} - 5xy'' + 4x^3 y = 7$ 　　　　 D. $\dfrac{y''}{y} - 4y' + \dfrac{1}{2}x^3 = 0$

2. 函数 $y = \mathrm{e}^{-x} + x - 1$ 是微分方程 $\dfrac{\mathrm{d}y}{\mathrm{d}x} + y = x$ 的(　　　　).

A. 特解　　　　　　　　　　　 B. 通解

C. 解,但既非通解也非特解　　　 D. 不是解

3. 微分方程 $(x+1)\mathrm{d}y - [(x+1)^3 + 2y]\mathrm{d}x = 0$ 是(　　　　).

A. 可分离变量的微分方程　　　　 B. 一阶齐次线性微分方程

C. 一阶非齐次线性微分方程　　　 D. 一阶非线性微分方程

4. 微分方程 $3y^{(4)} - 2(y'')^3 + 5x^2 y = 4$ 的通解中,含有相互独立的任意常数的个数是(　　　　).

A. 3　　　　　　 B. 4　　　　　　 C. 5　　　　　　 D. 6

5. 下列函数不是微分方程 $y'' + y' - 2y = 0$ 的解的是(　　　　).

A. $3\mathrm{e}^{-2x}$　　　　 B. $5\mathrm{e}^x$　　　　 C. $\dfrac{3}{2}\mathrm{e}^{-2x} - \dfrac{1}{4}\mathrm{e}^x$　　　 D. $2\mathrm{e}^x + 4$

6. 已知 $y^* = x\mathrm{e}^{-x}$ 是一阶非齐次线性微分方程 $\dfrac{\mathrm{d}y}{\mathrm{d}x} + y = \mathrm{e}^{-x}$ 的一个特解,则该微分方程的通解是(　　　　).

A. $y = \mathrm{e}^{-x}(x + C)$ 　　　　　　 B. $y = Cx\mathrm{e}^{-x}$

C. $y = \mathrm{e}^{-x}(C - x)$ 　　　　　　 D. $y = \mathrm{e}^x(x + C)$

三、计算题

1. 求下列微分方程的通解.

(1) $y'' = e^{-x} + \cos x$;

(2) $(xy^2 + x)\mathrm{d}x + (y - x^2 y)\mathrm{d}y = 0$;

(3) $x^2 \dfrac{\mathrm{d}y}{\mathrm{d}x} = xy\dfrac{\mathrm{d}y}{\mathrm{d}x} - y^2$;

(4) $y'\cos x + y\sin x = 2$.

2. 求下列初值问题的解.

(1) $\begin{cases} x^2 e^{2y}\mathrm{d}y = (x^3 + 1)\mathrm{d}x, \\ y\big|_{x=1} = 0; \end{cases}$

(2) $\begin{cases} y' - \dfrac{y}{x+2} = x^2 + 2x, \\ y\big|_{x=-1} = \dfrac{3}{2}. \end{cases}$

四、应用题

1. 某商场的销售成本 y 和储存费用 z 均是时间 t 的函数.随时间 t 的增长,销售成本的变化率等于储存费用的倒数与常数 4 的和,而储存费用的变化率为储存费用的 $-\dfrac{1}{2}$ 倍.若当 $t=0$ 时,销售成本 $y=0$,储存费用 $z=8$,试分别求出销售成本及储存费用与时间 t 的函数关系式.

2. 求一曲线的方程,使这条曲线通过原点,并且它在点 (x, y) 处的切线斜率等于 $2x + y$.

五、证明题

证明:一阶非齐次线性微分方程 $\dfrac{\mathrm{d}y}{\mathrm{d}x} + p(x)y = q(x)$ 的通解等于对应的一阶齐次线性微分方程 $\dfrac{\mathrm{d}y}{\mathrm{d}x} + p(x)y = 0$ 的通解 Y 与该非齐次方程的一个特解 y^* 的和.

复习思考题 5 A 组参考答案

B 组

1. 方程 $y'' - 2y' - y = 0$ 的特征根是＿＿＿＿＿＿＿.

2. 二阶常系数齐次线性微分方程 $4y'' + 12y' + 9y = 0$ 的通解是＿＿＿＿＿＿＿＿＿＿.

3. 若二阶常系数齐次线性微分方程的通解是 $y = C_1 e^{-\frac{1}{2}x} + C_2 e^{\frac{3}{2}x}$,那么该方程是＿＿＿＿＿＿＿＿＿＿＿.

4. 已知二阶常系数齐次线性微分方程的两个特征根为 $r_1 = 5 + 3i$、$r_2 = 5 - 3i$,则此方程的通解为＿＿＿＿＿＿＿＿＿＿＿.

5. 求二阶常系数非齐次线性微分方程 $y'' - 6y' + 9y = x e^{3x}$ 的一个特解,可设 $y^* = $＿＿＿＿＿＿＿＿＿＿＿.

6. 求二阶常系数非齐次线性微分方程 $y'' + 2y' + 2 = 2e^{-x}\cos x$ 的一个特解,可设 $y^* = $＿＿＿＿＿＿＿＿＿＿＿.

7. 求下列微分方程的通解.

(1) $\dfrac{\mathrm{d}x}{\mathrm{d}y} + x\cos y = \dfrac{1}{2}\sin 2y$;

(2) $y'' + 9y = \cos 2x$;

(3) $y'' - 5y' + 6y = 2e^{2x}$;

(4) $y'' + y' - 12y = 6x^2 - \dfrac{1}{12}$.

复习思考题 5 B 组参考答案

第6章　线性代数初步

📚 学习目标

1. 掌握二、三阶及 n 阶行列式定义,行列式的性质,能用定义计算简单的行列式的值.
2. 学会利用克拉默法则求线性方程组的解.
3. 理解矩阵的概念,熟练掌握矩阵的运算.
4. 了解逆矩阵与矩阵的秩的定义,并会求逆矩阵与矩阵的秩.
5. 熟练掌握矩阵的初等变换.
6. 会对线性方程组进行求解.
7. 熟悉矩阵运算在经济中的应用.

⚙️ 数学史话

历史上线性代数的第一个问题是关于解线性方程组的问题,大约 4 000 年以前,巴比伦人知道如何解含有两个未知数的线性方程组(一个 2×2 的线性方程组).在著名的《九章算术》(大约公元前 200 年)中,中国人独立地利用线性方程组的(数值)系数解出了 3×3 的线性方程组.这是矩阵方法的原型,并不和高斯(Gauss)及其他人 2 000 年后提出的"消元法"相同.而线性方程组理论的发展又促成了作为工具的矩阵论和行列式理论的创立与发展,这些内容已成为现在线性代数教材的主要部分.

行列式出现于线性方程组的求解过程中,它最早是一种速记的表达式,现在已经是数学中一种非常有用的工具.莱布尼茨在 17 世纪就有了行列式的概念.

1750 年,瑞士数学家克拉默(G.Cramer,1704—1752)在其著作《线性代数分析导引》中,对行列式的定义和展开法则给出了比较完整、明确的阐述,并给出了现在解线性方程组的克拉默法则.而范德蒙是第一个对行列式理论作出连贯的逻辑阐述的人.

范德蒙(Vandermonde,1735—1796),法国数学家,1771 年成为巴黎科学院院士.范德蒙在高等代数方面作出了重要贡献.他在 1771 年发表的论文中证明了多项式方程根的任何对称式都能用方程的系数表示出来.他不仅将行列式应用于解线性方程组,而且对行列式理论本身进行了开创性研究,是行列式的奠基者.他给出了用二阶子式和它的余子式来展开行列式的法则,还提出了专门的行列式符号,首次构造了对称函数表.他具有拉格朗日的预解式、置换理论等思想,为群的观念的产生做了一些准备工作.

柯西(Cauchy,1789—1857),法国数学家,1815 年,柯西在一篇论文中给出了行列式的第一个系统的、几乎是近代的处理.其中主要结果之一是行列式的乘法定理.另外,他第一个将行列式的元素排成方阵,采用双足标记法,引进了行列式特征方程的术语,给出了相似行列式的概念,改进了拉普拉斯的行列式展开定理并给出了一个证明等.

基础板块

6.1　行列式的定义及性质

【本节提示】　本节将要介绍二阶行列式的定义,在此基础上引入三阶以及 n 阶行列式的定义,然后介绍行列式的性质,最后利用行列式性质求解行列式.通过本节的学习,要求理解行列式的定义;掌握行列式的性质以及求法.

6.1.1　行列式的定义

1. 二阶行列式

引例　用消元法解二元线性方程组

$$\begin{cases} a_{11}x_1 + a_{12}x_2 = b_1, & ① \\ a_{21}x_1 + a_{22}x_2 = b_2. & ② \end{cases} \tag{6-1}$$

① $\times a_{22}$: $a_{11}a_{22}x_1 + a_{12}a_{22}x_2 = b_1 a_{22}$,

② $\times a_{12}$: $a_{12}a_{21}x_1 + a_{12}a_{22}x_2 = b_2 a_{12}$.

两式相减消去 x_2,得

$$(a_{11}a_{22} - a_{12}a_{21})x_1 = b_1 a_{22} - a_{12}b_2.$$

类似地,消去 x_1,得

$$(a_{11}a_{22} - a_{12}a_{21})x_2 = a_{11}b_2 - b_1 a_{21}.$$

当 $a_{11}a_{22} - a_{12}a_{21} \neq 0$ 时,方程组(6-1)的解为

$$x_1 = \frac{b_1 a_{22} - a_{12}b_2}{a_{11}a_{22} - a_{12}a_{21}}, \ x_2 = \frac{a_{11}b_2 - b_1 a_{21}}{a_{11}a_{22} - a_{12}a_{21}}. \tag{6-2}$$

其中 $a_{11}a_{22} - a_{12}a_{21}$ 由方程组的四个系数确定.

定义 6.1　由 4 个数排成正方形,在两边各加一条竖线所得的数学符号 $\begin{vmatrix} a_{11} & a_{12} \\ a_{21} & a_{22} \end{vmatrix}$ 称为一个**二阶行列式**,它表示数 $a_{11}a_{22} - a_{12}a_{21}$,即

$$\begin{vmatrix} a_{11} & a_{12} \\ a_{21} & a_{22} \end{vmatrix} = a_{11}a_{22} - a_{12}a_{21}. \tag{6-3}$$

数 $a_{ij}(i=1,2;j=1,2)$ 称为行列式 $\begin{vmatrix} a_{11} & a_{12} \\ a_{21} & a_{22} \end{vmatrix}$ 的**元素**或**元**,元素 a_{ij} 的第一个下标 i 称为行标,表明该元素位于第 i 行;第二个下标 j 称为列标,表明该元素位于第 j 列.

二阶行列式的计算方法——**对角线法则**:主对角线上的两元素之积减副对角线上两元素之积所得的差.

$$\begin{array}{c}\text{主对角线}\\\text{副对角线}\end{array}\quad \begin{vmatrix} a_{11} & a_{12} \\ a_{21} & a_{22} \end{vmatrix}=a_{11}a_{22}-a_{12}a_{21}.$$

利用二阶行列式的概念,式(6-2)中 x_1、x_2 的分子也可写成二阶行列式,即

$$b_1a_{22}-a_{12}b_2=\begin{vmatrix} b_1 & a_{12} \\ b_2 & a_{22} \end{vmatrix},\ a_{11}b_2-b_1a_{21}=\begin{vmatrix} a_{11} & b_1 \\ a_{21} & b_2 \end{vmatrix}.$$

若记 $D=\begin{vmatrix} a_{11} & a_{12} \\ a_{21} & a_{22} \end{vmatrix}$, $D_1=\begin{vmatrix} b_1 & a_{12} \\ b_2 & a_{22} \end{vmatrix}$, $D_2=\begin{vmatrix} a_{11} & b_1 \\ a_{21} & b_2 \end{vmatrix}$,

那么式(6-2)可写成

$$x_1=\frac{D_1}{D}=\frac{\begin{vmatrix} b_1 & a_{12} \\ b_2 & a_{22} \end{vmatrix}}{\begin{vmatrix} a_{11} & a_{12} \\ a_{21} & a_{22} \end{vmatrix}},\ x_2=\frac{D_2}{D}=\frac{\begin{vmatrix} a_{11} & b_1 \\ a_{21} & b_2 \end{vmatrix}}{\begin{vmatrix} a_{11} & a_{12} \\ a_{21} & a_{22} \end{vmatrix}}.$$

⚠ **注意**　这里的分母 D 是由方程组(6-1)的系数所确定的二阶行列式(称为系数行列式),x_1 的分子 D_1 是用常数项 b_1、b_2 替换 D 中 x_1 的系数 a_{11}、a_{21} 所得的二阶行列式,x_2 的分子 D_2 是用常数项 b_1、b_2 替换 D 中 x_2 的系数 a_{12}、a_{22} 所得的二阶行列式.

例 1　求解二元方程组 $\begin{cases} 3x_1-2x_2=12, \\ 2x_1+x_2=1. \end{cases}$

解　因为 $D=\begin{vmatrix} 3 & -2 \\ 2 & 1 \end{vmatrix}=7\neq 0$, $D_1=\begin{vmatrix} 12 & -2 \\ 1 & 1 \end{vmatrix}=14$, $D_2=\begin{vmatrix} 3 & 12 \\ 2 & 1 \end{vmatrix}=-21.$

所以 $x_1=\dfrac{D_1}{D}=\dfrac{14}{7}=2$, $x_2=\dfrac{D_2}{D}=\dfrac{-21}{7}=-3.$

2. 三阶行列式

定义 6.2　由 9 个数排成正方形,在两边各加一条竖线所得的数学符号
$\begin{vmatrix} a_{11} & a_{12} & a_{13} \\ a_{21} & a_{22} & a_{23} \\ a_{31} & a_{32} & a_{33} \end{vmatrix}$ 称为一个**三阶行列式**,它表示数 $a_{11}a_{22}a_{33}+a_{12}a_{23}a_{31}+a_{13}a_{21}a_{32}-a_{13}a_{22}a_{31}-a_{12}a_{21}a_{33}-a_{11}a_{23}a_{32}.$ 即

$$\begin{vmatrix} a_{11} & a_{12} & a_{13} \\ a_{21} & a_{22} & a_{23} \\ a_{31} & a_{32} & a_{33} \end{vmatrix}=a_{11}a_{22}a_{33}+a_{12}a_{23}a_{31}+a_{13}a_{21}a_{32}-a_{13}a_{22}a_{31}-a_{12}a_{21}a_{33}-a_{11}a_{23}a_{32}.$$

例如,$\begin{vmatrix} 1 & -2 & 0 \\ 3 & 1 & -1 \\ 0 & 2 & 1 \end{vmatrix}=1+0+0-0-(-6)-(-2)=9.$

三阶行列式的计算方法——对角线法则:

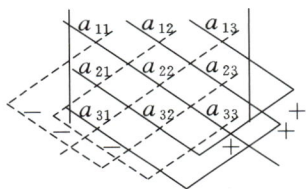

$$=a_{11}a_{22}a_{33}+a_{12}a_{23}a_{31}+a_{13}a_{21}a_{32}-a_{13}a_{22}a_{31}-a_{21}a_{12}a_{33}-a_{11}a_{32}a_{23}.$$

🔵 **注意** （1）对角线法则仅适用于二、三阶行列式.

（2）三阶行列式包括 3! 项,每一项都是位于不同行、不同列的三个元素的乘积,其中三项为正,三项为负.

例2 计算三阶行列式 $\begin{vmatrix} -1 & 3 & 2 \\ 3 & 0 & -2 \\ -2 & 1 & 3 \end{vmatrix}$.

解 $\begin{vmatrix} -1 & 3 & 2 \\ 3 & 0 & -2 \\ -2 & 1 & 3 \end{vmatrix}$

$= -1 \times 0 \times 3 + 3 \times (-2) \times (-2) + 2 \times 3 \times 1 - 2 \times 0 \times (-2)$
$\quad - (-1) \times 1 \times (-2) - 3 \times 3 \times 3$

$= -11.$

例3 求解方程 $\begin{vmatrix} 1 & 1 & 1 \\ 2 & 3 & x \\ 4 & 9 & x^2 \end{vmatrix} = 0$.

解 方程左端 $D = 3x^2 + 4x + 18 - 9x - 2x^2 - 12 = x^2 - 5x + 6$.
由 $x^2 - 5x + 6 = 0$,得 $x_1 = 2$ 或 $x_2 = 3$.

3. n 阶行列式

定义 6.3 由 n^2 个数排成 n 行 n 列的式

$$\begin{vmatrix} a_{11} & a_{12} & \cdots & a_{1n} \\ a_{21} & a_{22} & \cdots & a_{2n} \\ \vdots & \vdots & & \vdots \\ a_{n1} & a_{n2} & \cdots & a_{nn} \end{vmatrix} = \sum_{k=1}^{n} a_{1k} A_{1k}, \tag{6-4}$$

左端称为 **n 阶行列式**（n-order determinant）,它等于其右端展开式运算所得到的数.

n 阶行列式一般可用 D 或 D_n 表示.当 $n=1$ 时称为一阶行列式,规定一阶行列式 $|a|$ 的值等于 a.

定义 6.4 将 $A_{ij} = (-1)^{i+j} M_{ij}$ 称为元素 a_{ij} 的**代数余子式**,M_{ij} 称为元素 a_{ij} 的**余子式** $(i, j = 1, 2, \cdots, n)$,它是 n 阶行列式(6-4)中划去元素 a_{ij} 所在第 i 行第 j 列后余下的 $n-1$ 阶行列式,即

$$M_{ij} = \begin{vmatrix} a_{11} & \cdots & a_{1j-1} & a_{1j+1} & \cdots & a_{1n} \\ \vdots & & \vdots & \vdots & & \vdots \\ a_{i-11} & \cdots & a_{i-1j-1} & a_{i-1j+1} & \cdots & a_{i-1n} \\ a_{i+11} & \cdots & a_{i+1j-1} & a_{i+1j+1} & \cdots & a_{i+1n} \\ \vdots & & \vdots & \vdots & & \vdots \\ a_{n1} & \cdots & a_{nj-1} & a_{nj+1} & \cdots & a_{nn} \end{vmatrix}. \tag{6-5}$$

定理 6.1(拉普拉斯定理) 行列式等于它的任意一行(列)的各个元素与其对应的代数余子式的乘积之和,即

$$D = a_{i1} A_{i1} + a_{i2} A_{i2} + \cdots + a_{in} A_{in} (i = 1, 2, \cdots, n)$$

或

$$D = a_{1j}A_{1j} + a_{2j}A_{2j} + \cdots + a_{nj}A_{nj} \,(j = 1,\ 2,\ \cdots,\ n).$$

推论　行列式的某一行(列)的元素与另一行(列)对应元素的代数余子式乘积之和等于零,即

$$a_{i1}A_{j1} + a_{i2}A_{j2} + \cdots + a_{in}A_{jn} = 0,\ i \neq j$$

或

$$a_{1i}A_{1j} + a_{2i}A_{2j} + \cdots + a_{ni}A_{nj} = 0,\ i \neq j.$$

例 4　计算四阶行列式 $D = \begin{vmatrix} 3 & 0 & 0 & -5 \\ -4 & 1 & 0 & 2 \\ 6 & 5 & 7 & 0 \\ -3 & 4 & -2 & -1 \end{vmatrix}$.

解　由定义有

$$D = \begin{vmatrix} 3 & 0 & 0 & -5 \\ -4 & 1 & 0 & 2 \\ 6 & 5 & 7 & 0 \\ -3 & 4 & -2 & -1 \end{vmatrix}$$

$$= 3(-1)^{1+1} \begin{vmatrix} 1 & 0 & 2 \\ 5 & 7 & 0 \\ 4 & -2 & -1 \end{vmatrix} + (-5)(-1)^{1+4} \begin{vmatrix} -4 & 1 & 0 \\ 6 & 5 & 7 \\ -3 & 4 & -2 \end{vmatrix}$$

$$= 3 \left[1 \cdot (-1)^{1+1} \begin{vmatrix} 7 & 0 \\ -2 & -1 \end{vmatrix} + 2 \cdot (-1)^{1+3} \begin{vmatrix} 5 & 7 \\ 4 & -2 \end{vmatrix} \right]$$

$$\quad + 5 \left[(-4) \cdot (-1)^{1+1} \begin{vmatrix} 5 & 7 \\ 4 & -2 \end{vmatrix} + 1 \cdot (-1)^{1+2} \begin{vmatrix} 6 & 7 \\ -3 & -2 \end{vmatrix} \right]$$

$$= 3(-7 - 76) + 5(152 - 9)$$

$$= 466.$$

例 5　计算 $D = \begin{vmatrix} 16 & 0 & -2 & 7 \\ 2 & 0 & 1 & -1 \\ 3 & 1 & -1 & 2 \\ 1 & 0 & 4 & -3 \end{vmatrix}$.

解　$D = \begin{vmatrix} 16 & 0 & -2 & 7 \\ 2 & 0 & 1 & -1 \\ 3 & 1 & -1 & 2 \\ 1 & 0 & 4 & -3 \end{vmatrix} = (-1)^{3+2} \begin{vmatrix} 16 & -2 & 7 \\ 2 & 1 & -1 \\ 1 & 4 & -3 \end{vmatrix}$

$$= -[16 \times 1 \times (-3) + (-2) \times (-1) \times 1 + 7 \times 2 \times 4 - 7 \times 1 \times 1$$
$$- 16 \times (-1) \times 4 - (-2) \times 2 \times (-3)] = -55.$$

4. 特殊行列式

① 上三角形行列式：如 $\begin{vmatrix} a_{11} & a_{12} & a_{13} & a_{14} \\ 0 & a_{22} & a_{23} & a_{24} \\ 0 & 0 & a_{33} & a_{34} \\ 0 & 0 & 0 & a_{44} \end{vmatrix} = a_{11}a_{22}a_{33}a_{44}.$

② 下三角形行列式：如 $\begin{vmatrix} a_{11} & 0 & 0 & 0 \\ a_{21} & a_{22} & 0 & 0 \\ a_{31} & a_{32} & a_{33} & 0 \\ a_{41} & a_{42} & a_{43} & a_{44} \end{vmatrix} = a_{11}a_{22}a_{33}a_{44}.$

③ 对角形行列式：如 $\begin{vmatrix} a_{11} & 0 & 0 & 0 \\ 0 & a_{22} & 0 & 0 \\ 0 & 0 & a_{33} & 0 \\ 0 & 0 & 0 & a_{44} \end{vmatrix} = a_{11}a_{22}a_{33}a_{44}.$

6.1.2　行列式的性质

1. 性质

（1）行列式与其转置行列式相等.

将行列式 D 的各行变为相应的列（就是第 i 行变为第 i 列，$i = 1, 2, 3 \cdots$），记为 D^{T}，称为行列式 D 的**转置行列式**.即

$$D = \begin{vmatrix} a_{11} & \cdots & a_{1n} \\ \vdots & & \vdots \\ a_{n1} & \cdots & a_{nn} \end{vmatrix}, \quad D^{\mathrm{T}} = \begin{vmatrix} a_{11} & \cdots & a_{n1} \\ \vdots & & \vdots \\ a_{1n} & \cdots & a_{nn} \end{vmatrix}.$$

（2）对换行列式的某两行（列），行列式变号.

推论　如果行列式有两行（列）完全相同，则此行列式等于零.

（3）行列式中某一行（列）的所有元素的公因数可以提到行列式的外面.

即以数 k 乘以行列式等于用数 k 乘以行列式的某一行或某一列.

推论　如果行列式中有一行（列）的元素全为零，则行列式等于零.

（4）行列式中如果有某两行（列）对应元素成比例，则行列式的值为零.

（5）若行列式的某一行（列）的元素都是两数之和，如：

$$D = \begin{vmatrix} a_{11} & a_{12} & \cdots & (a_{1i}+a'_{1i}) & \cdots & a_{1n} \\ a_{21} & a_{22} & \cdots & (a_{2i}+a'_{2i}) & \cdots & a_{2n} \\ \vdots & \vdots & & \vdots & & \vdots \\ a_{n1} & a_{n2} & \cdots & (a_{ni}+a'_{ni}) & \cdots & a_{nn} \end{vmatrix},$$

则 D 等于下列两个行列式之和：

$$D = \begin{vmatrix} a_{11} & \cdots & a_{1i} & \cdots & a_{1n} \\ a_{21} & \cdots & a_{2i} & \cdots & a_{2n} \\ \vdots & & \vdots & & \vdots \\ a_{n1} & \cdots & a_{ni} & \cdots & a_{nn} \end{vmatrix} + \begin{vmatrix} a_{11} & \cdots & a'_{1i} & \cdots & a_{1n} \\ a_{21} & \cdots & a'_{2i} & \cdots & a_{2n} \\ \vdots & & \vdots & & \vdots \\ a_{n1} & \cdots & a'_{ni} & \cdots & a_{nn} \end{vmatrix}.$$

（6）将行列式的某一行（列）的各元素的 k 倍加到另一行（列）的对应元素上，行列式的值不变.

$$\begin{vmatrix} \vdots & & \vdots \\ a_{i1} & \cdots & a_{in} \\ \vdots & & \vdots \\ a_{j1} & \cdots & a_{jn} \\ \vdots & & \vdots \end{vmatrix} \xlongequal{r_i + kr_j} \begin{vmatrix} \vdots & & \vdots \\ a_{i1}+ka_{j1} & \cdots & a_{in}+ka_{jn} \\ \vdots & & \vdots \\ a_{j1} & \cdots & a_{jn} \\ \vdots & & \vdots \end{vmatrix} \quad (i \neq j).$$

🛈 **注意**　（1）性质（2）、（3）、（6）是关于行列式对于行和列的三种变换.
（2）行列式中行变换一般用 r，列变换一般用 c.

2. 行列式的计算

例 6　计算行列式 $D = \begin{vmatrix} 1 & 1 & 1 \\ a & b & c \\ b+c & c+a & a+b \end{vmatrix}$.

解　$D \xlongequal{r_3+r_2+r_1} \begin{vmatrix} 1 & 1 & 1 \\ a & b & c \\ a+b+c+1 & a+b+c+1 & a+b+c+1 \end{vmatrix}$

$= (a+b+c+1) \begin{vmatrix} 1 & 1 & 1 \\ a & b & c \\ 1 & 1 & 1 \end{vmatrix} = 0$.

例 7　计算行列式 $D = \begin{vmatrix} 0 & -1 & -1 & 2 \\ 1 & -1 & 0 & 2 \\ -1 & 2 & -1 & 0 \\ 2 & 1 & 1 & 0 \end{vmatrix}$.

解　$D \xlongequal{r_1 \leftrightarrow r_2} - \begin{vmatrix} 1 & -1 & 0 & 2 \\ 0 & -1 & -1 & 2 \\ -1 & 2 & -1 & 0 \\ 2 & 1 & 1 & 0 \end{vmatrix} \xlongequal[r_4-2r_1]{r_3+r_1} - \begin{vmatrix} 1 & -1 & 0 & 2 \\ 0 & -1 & -1 & 2 \\ 0 & 1 & -1 & 2 \\ 0 & 3 & 1 & -4 \end{vmatrix}$

$\xlongequal[r_4+3r_2]{r_3+r_2} - \begin{vmatrix} 1 & -1 & 0 & 2 \\ 0 & -1 & -1 & 2 \\ 0 & 0 & -2 & 4 \\ 0 & 0 & -2 & 2 \end{vmatrix} \xlongequal{r_4-r_3} - \begin{vmatrix} 1 & -1 & 0 & 2 \\ 0 & -1 & -1 & 2 \\ 0 & 0 & -2 & 4 \\ 0 & 0 & 0 & -2 \end{vmatrix} = 4$.

例 8　计算行列式 $D = \begin{vmatrix} 1 & 2 & 3 & 4 & 5 \\ 2 & 1 & 2 & 3 & 4 \\ 3 & 2 & 1 & 2 & 3 \\ 4 & 3 & 2 & 1 & 2 \\ 5 & 4 & 3 & 2 & 1 \end{vmatrix}$.

解　$D = \begin{vmatrix} 1 & 2 & 3 & 4 & 5 \\ 2 & 1 & 2 & 3 & 4 \\ 3 & 2 & 1 & 2 & 3 \\ 4 & 3 & 2 & 1 & 2 \\ 5 & 4 & 3 & 2 & 1 \end{vmatrix} \xlongequal[i=4,3,2,1]{r_{i+1}-r_i} \begin{vmatrix} 1 & 2 & 3 & 4 & 5 \\ 1 & -1 & -1 & -1 & -1 \\ 1 & 1 & -1 & -1 & -1 \\ 1 & 1 & 1 & -1 & -1 \\ 1 & 1 & 1 & 1 & -1 \end{vmatrix}$

$$\xrightarrow[i=1,2,3,4]{r_i - r_5} \begin{vmatrix} 0 & 1 & 2 & 3 & 6 \\ 0 & -2 & -2 & -2 & 0 \\ 0 & 0 & -2 & -2 & 0 \\ 0 & 0 & 0 & -2 & 0 \\ 1 & 1 & 1 & 1 & -1 \end{vmatrix} = \begin{vmatrix} 1 & 2 & 3 & 6 \\ -2 & -2 & -2 & 0 \\ 0 & -2 & -2 & 0 \\ 0 & 0 & -2 & 0 \end{vmatrix}$$

$$= (-1)^{1+4} \times 6 \begin{vmatrix} -2 & -2 & -2 \\ 0 & -2 & -2 \\ 0 & 0 & -2 \end{vmatrix} = 48.$$

例 9 计算 $D = \begin{vmatrix} a & 1 & 0 & 0 \\ -1 & b & 1 & 0 \\ 0 & -1 & c & 1 \\ 0 & 0 & -1 & d \end{vmatrix}$.

解 $D \xrightarrow{r_1 + ar_2} \begin{vmatrix} 0 & ab+1 & a & 0 \\ -1 & b & 1 & 0 \\ 0 & -1 & c & 1 \\ 0 & 0 & -1 & d \end{vmatrix} = \begin{vmatrix} ab+1 & a & 0 \\ -1 & c & 1 \\ 0 & -1 & d \end{vmatrix} \xrightarrow{c_3 + dc_2} \begin{vmatrix} ab+1 & a & ad \\ -1 & c & cd+1 \\ 0 & -1 & 0 \end{vmatrix}$

$$= \begin{vmatrix} ab+1 & ad \\ -1 & cd+1 \end{vmatrix} = (ab+1)(cd+1) + ad$$

$$= abcd + ab + ad + cd + 1.$$

例 10 计算 n 阶行列式 $D_n = \begin{vmatrix} x & a & a & \cdots & a \\ a & x & a & \cdots & a \\ a & a & x & \cdots & a \\ \vdots & \vdots & \vdots & & \vdots \\ a & a & a & \cdots & x \end{vmatrix}$.

解 $D_n \xrightarrow[i=2,3,\cdots,n]{c_1 + c_i} \begin{vmatrix} x+(n-1)a & a & a & \cdots & a \\ x+(n-1)a & x & a & \cdots & a \\ x+(n-1)a & a & x & \cdots & a \\ \vdots & \vdots & \vdots & & \vdots \\ x+(n-1)a & a & a & \cdots & x \end{vmatrix}$

$$\xrightarrow[i=2,3,\cdots,n]{r_i - r_1} \begin{vmatrix} x+(n-1)a & a & a & \cdots & a \\ 0 & x-a & 0 & \cdots & 0 \\ 0 & 0 & x-a & \cdots & 0 \\ \vdots & \vdots & \vdots & & \vdots \\ 0 & 0 & 0 & \cdots & x-a \end{vmatrix}$$

$$= [x+(n-1)a](x-a)^{n-1}.$$

例 11 证明范德蒙德(Vandermonde)行列式

$$D_n = \begin{vmatrix} 1 & 1 & 1 & \cdots & 1 \\ x_1 & x_2 & x_3 & \cdots & x_n \\ x_1^2 & x_2^2 & x_3^2 & \cdots & x_n^2 \\ \vdots & \vdots & \vdots & & \vdots \\ x_1^{n-1} & x_2^{n-1} & x_3^{n-1} & \cdots & x_n^{n-1} \end{vmatrix} = \prod_{1 \leqslant i < j \leqslant n} (x_j - x_i), \tag{6-6}$$

这里记号"$\prod$"表示全体同类因子的乘积.

证明　用数学归纳法.因为

$$D_2=\begin{vmatrix}1&1\\x_1&x_2\end{vmatrix}=x_2-x_1=\prod_{1\leqslant i<j\leqslant 2}(x_j-x_i),$$

所以,当 $n=2$ 时(6-6)式成立.

现假设(6-6)式对 $n-1$ 阶范德蒙德行列式成立,要证明(6-6)式对 n 阶行列式也成立.为此,从第 n 行开始,后行减去前行的 x_1 倍,有

$$D_n=\begin{vmatrix}1&1&1&\cdots&1\\0&x_2-x_1&x_3-x_1&\cdots&x_n-x_1\\0&x_2(x_2-x_1)&x_3(x_3-x_1)&\cdots&x_n(x_n-x_1)\\\vdots&\vdots&\vdots&&\vdots\\0&x_2^{n-2}(x_2-x_1)&x_3^{n-2}(x_3-x_1)&\cdots&x_n^{n-2}(x_n-x_1)\end{vmatrix}$$

按第一列展开,并把每列的公因子 (x_i-x_1) 提出,就有

$$D_n=(x_2-x_1)(x_3-x_1)\cdots(x_n-x_1)\begin{vmatrix}1&1&\cdots&1\\x_2&x_3&\cdots&x_n\\\vdots&\vdots&&\vdots\\x_2^{n-2}&x_3^{n-2}&\cdots&x_n^{n-2}\end{vmatrix}.$$

上式右端的行列式是一个 $n-1$ 阶范德蒙德行列式,按归纳法假设,它等于所有 (x_j-x_i) 因子的乘积,其中 $2\leqslant i<j\leqslant n$.故

$$D_n=(x_2-x_1)(x_3-x_1)\cdots(x_n-x_1)\prod_{2\leqslant i<j\leqslant n}(x_j-x_i)$$
$$=\prod_{1\leqslant i<j\leqslant n}(x_j-x_i).$$

小看板

1. 二、三阶行列式运用的求解方法是＿＿＿＿＿＿＿＿＿＿＿.
2. n 阶行列式是指＿＿＿＿＿＿＿＿＿＿＿＿＿.
3. 余子式是指＿＿＿＿＿＿＿＿＿＿＿＿＿＿.
4. 代数余子式是指＿＿＿＿＿＿＿＿＿＿＿＿.
5. 行列式的性质有＿＿＿＿＿＿＿＿＿＿＿＿

＿＿＿＿＿＿＿＿＿＿＿＿＿＿＿＿＿＿＿＿＿
＿＿＿＿＿＿＿＿＿＿＿＿＿＿＿＿＿＿＿＿.

习题 6.1

1. 展开下列行列式,并化简.

(1) $\begin{vmatrix}x-1&x^3\\1&x^2+x+1\end{vmatrix}$; 　　(2) $\begin{vmatrix}\sin x-\sin y&\cos x+\cos y\\\cos x-\cos y&\sin x+\sin y\end{vmatrix}$;

(3) $\begin{vmatrix} 0 & a & b \\ a & 0 & c \\ b & c & 0 \end{vmatrix}$;

(4) $\begin{vmatrix} 1 & -a & -b \\ a & 1 & -c \\ b & c & 1 \end{vmatrix}$.

2. 利用行列式解下列方程组.

(1) $\begin{cases} 13x - 7y - 10 = 0, \\ 19x + 15y - 2 = 0; \end{cases}$

(2) $\begin{cases} \dfrac{7}{s} + \dfrac{9}{t} = 3, \\ \dfrac{17}{s} + \dfrac{7}{t} = 5. \end{cases}$

3. 设 $D = \begin{vmatrix} a_{11} & a_{12} & a_{13} \\ a_{21} & a_{22} & a_{23} \\ a_{31} & a_{32} & a_{33} \end{vmatrix} = a \neq 0$，据此计算下列行列式.

(1) $D_1 = \begin{vmatrix} a_{31} & a_{32} & a_{33} \\ a_{11} & a_{12} & a_{13} \\ a_{21} & a_{22} & a_{23} \end{vmatrix}$;

(2) $D_2 = \begin{vmatrix} a_{11} & a_{13} & ka_{12} \\ a_{21} & a_{23} & ka_{22} \\ a_{31} & a_{33} & ka_{32} \end{vmatrix}$;

(3) $D_3 = \begin{vmatrix} -a_{11} & -a_{12} & -a_{13} \\ 2a_{21} & 2a_{22} & 2a_{23} \\ 3a_{31} & 3a_{32} & 3a_{33} \end{vmatrix}$;

(4) $D_4 = \begin{vmatrix} 2a_{11} & 3a_{13} - 3a_{12} & -\dfrac{1}{2}a_{12} \\ 2a_{21} & 3a_{23} - 3a_{22} & -\dfrac{1}{2}a_{22} \\ 2a_{31} & 3a_{33} - 3a_{32} & -\dfrac{1}{2}a_{32} \end{vmatrix}$.

4. 计算.

(1) $D = \begin{vmatrix} \dfrac{1}{2} & \dfrac{1}{2} & -1 \\ \dfrac{1}{3} & \dfrac{2}{3} & -\dfrac{2}{3} \\ \dfrac{2}{5} & \dfrac{3}{5} & -\dfrac{1}{5} \end{vmatrix}$;

(2) $D = \begin{vmatrix} 5 & 3 & -1 & 2 & 0 \\ 1 & 7 & 2 & 5 & 2 \\ 0 & -2 & 3 & 1 & 0 \\ 0 & -4 & -1 & 4 & 0 \\ 0 & 2 & 3 & 5 & 0 \end{vmatrix}$;

(3) $D = \begin{vmatrix} 3 & 1 & 1 & 1 \\ 1 & 3 & 1 & 1 \\ 1 & 1 & 3 & 1 \\ 1 & 1 & 1 & 3 \end{vmatrix}$;

(4) $D = \begin{vmatrix} 1 & 1 & 1 & 1 \\ 2 & 4 & 7 & 9 \\ 2^2 & 4^2 & 7^2 & 9^2 \\ 2^3 & 4^3 & 7^3 & 9^3 \end{vmatrix}$.

5. 求一个二次多项式 $f(x)$，使得 $f(1) = 0$、$f(2) = 3$、$f(-3) = 28$.

6. 计算 4 阶行列式 $D = \begin{vmatrix} a^2 + \dfrac{1}{a^2} & a & \dfrac{1}{a} & 1 \\ b^2 + \dfrac{1}{b^2} & b & \dfrac{1}{b} & 1 \\ c^2 + \dfrac{1}{c^2} & c & \dfrac{1}{c} & 1 \\ d^2 + \dfrac{1}{d^2} & d & \dfrac{1}{d} & 1 \end{vmatrix}$ （已知 $abcd = 1$）.

习题 6.1 参考答案

6.2　克拉默法则

【本节提示】　本节将要介绍非齐次与齐次线性方程组的概念,然后介绍 n 元线性方程组的系数行列式的概念,最后利用克拉默法则求解线性方程组.通过本节的学习,要求理解非齐次与齐次线性方程组以及 n 元线性方程组的系数行列式的概念;掌握克拉默法则求解线性方程组的方法.

1. 非齐次与齐次线性方程组的概念

设线性方程组

$$\begin{cases} a_{11}x_1 + a_{12}x_2 + \cdots + a_{1n}x_n = b_1, \\ a_{21}x_1 + a_{22}x_2 + \cdots + a_{2n}x_n = b_2, \\ \quad\quad\cdots\cdots\cdots\cdots \\ a_{n1}x_1 + a_{n2}x_2 + \cdots + a_{nn}x_n = b_n, \end{cases} \quad (6\text{-}7)$$

若常数项 b_1、b_2、$\cdots$、b_n 不全为零,则称此方程组为**非齐次线性方程组**;若常数项 b_1、b_2、$\cdots$、b_n 全为零,此时称方程组为**齐次线性方程组**.

2. n 元线性方程组的系数行列式

设有 n 个未知数的线性方程组

$$\begin{cases} a_{11}x_1 + a_{12}x_2 + \cdots + a_{1n}x_n = b_1, \\ a_{21}x_1 + a_{22}x_2 + \cdots + a_{2n}x_n = b_2, \\ \quad\quad\cdots\cdots\cdots\cdots \\ a_{n1}x_1 + a_{n2}x_2 + \cdots + a_{nn}x_n = b_n, \end{cases}$$

将它的未知数系数依次取出形成一个行列式

$$D = \begin{vmatrix} a_{11} & a_{12} & \cdots & a_{1n} \\ a_{21} & a_{22} & \cdots & a_{2n} \\ \vdots & \vdots & & \vdots \\ a_{n1} & a_{n2} & \cdots & a_{nn} \end{vmatrix},$$

此行列式称为 n 元线性方程组的**系数行列式**.

3. 克拉默（Cramer）法则

如果线性方程组(6-7)的系数行列式不等于 0,即 $D \neq 0$,那么称线性方程组(6-6)有唯一一组解,且解为

$$x_1 = \frac{D_1}{D}, \ x_2 = \frac{D_2}{D}, \ \cdots, \ x_n = \frac{D_n}{D}. \quad (6\text{-}8)$$

其中 $D_j (j=1, 2, \cdots, n)$ 是将 D 中第 $j(j=1, 2, \cdots, n)$ 列元素换成常数项 b_1、b_2、$\cdots$、

b_n 所得到的行列式, 即

$$D_j = \begin{vmatrix} a_{11} & \cdots & a_{1,j-1} & b_1 & a_{1,j+1} & \cdots & a_{1n} \\ \vdots & & \vdots & \vdots & \vdots & & \vdots \\ a_{n1} & \cdots & a_{n,j-1} & b_n & a_{n,j+1} & \cdots & a_{nn} \end{vmatrix}. \tag{6-9}$$

例 12 解线性方程组 $\begin{cases} x_1 + x_2 + x_3 = 6, \\ 3x_1 - 2x_2 - x_3 = 13, \\ 2x_1 - x_2 + 3x_3 = 26. \end{cases}$

解 $D = \begin{vmatrix} 1 & 1 & 1 \\ 3 & -2 & -1 \\ 2 & -1 & 3 \end{vmatrix} \xrightarrow[r_3 - 2r_1]{r_2 - 3r_1} \begin{vmatrix} 1 & 1 & 1 \\ 0 & -5 & -4 \\ 0 & -3 & 1 \end{vmatrix} = \begin{vmatrix} -5 & -4 \\ -3 & 1 \end{vmatrix} = -17,$

$D_1 = \begin{vmatrix} 6 & 1 & 1 \\ 13 & -2 & -1 \\ 26 & -1 & 3 \end{vmatrix} \xrightarrow[c_2 - c_3]{c_1 - 6c_3} \begin{vmatrix} 0 & 0 & 1 \\ 19 & -1 & -1 \\ 8 & -4 & 3 \end{vmatrix} = \begin{vmatrix} 19 & -1 \\ 8 & -4 \end{vmatrix} = -68,$

$D_2 = \begin{vmatrix} 1 & 6 & 1 \\ 3 & 13 & -1 \\ 2 & 26 & 3 \end{vmatrix} \xrightarrow[r_3 - 2r_1]{r_2 - 3r_1} \begin{vmatrix} 1 & 6 & 1 \\ 0 & -5 & -4 \\ 0 & 14 & 1 \end{vmatrix} = \begin{vmatrix} -5 & -4 \\ 14 & 1 \end{vmatrix} = 51,$

$D_3 = \begin{vmatrix} 1 & 1 & 6 \\ 3 & -2 & 13 \\ 2 & -1 & 26 \end{vmatrix} \xrightarrow[r_3 - 2r_1]{r_2 - 3r_1} \begin{vmatrix} 1 & 1 & 6 \\ 0 & -5 & -5 \\ 0 & -3 & 14 \end{vmatrix} = \begin{vmatrix} -5 & -5 \\ -3 & 14 \end{vmatrix} = -85.$

所以, $x_1 = \dfrac{D_1}{D} = \dfrac{-68}{-17} = 4$, $x_2 = \dfrac{D_2}{D} = \dfrac{51}{-17} = -3$, $x_3 = \dfrac{D_3}{D} = \dfrac{-85}{-17} = 5$.

例 13 解线性方程组 $\begin{cases} x_1 - x_2 + x_3 + 2x_4 = 0, \\ 2x_1 + x_2 - x_3 + x_4 = 0, \\ 3x_1 + 2x_2 + x_3 + 5x_4 = 5, \\ -x_1 - x_2 + x_3 + x_4 = -1. \end{cases}$

解 $D = \begin{vmatrix} 1 & -1 & 1 & 2 \\ 2 & 1 & -1 & 1 \\ 3 & 2 & 1 & 5 \\ -1 & -1 & 1 & 1 \end{vmatrix} = 9,$

$D_1 = \begin{vmatrix} 0 & -1 & 1 & 2 \\ 0 & 1 & -1 & 1 \\ 5 & 2 & 1 & 5 \\ -1 & -1 & 1 & 1 \end{vmatrix} = 9,\ D_2 = \begin{vmatrix} 1 & 0 & 1 & 2 \\ 2 & 0 & -1 & 1 \\ 3 & 5 & 1 & 5 \\ -1 & -1 & 1 & 1 \end{vmatrix} = 18,$

$D_3 = \begin{vmatrix} 1 & -1 & 0 & 2 \\ 2 & 1 & 0 & 1 \\ 3 & 2 & 5 & 5 \\ -1 & -1 & -1 & 1 \end{vmatrix} = 27,\ D_4 = \begin{vmatrix} 1 & -1 & 1 & 0 \\ 2 & 1 & -1 & 0 \\ 3 & 2 & 1 & 5 \\ -1 & -1 & 1 & -1 \end{vmatrix} = -9.$

所以 $x_1 = 1$, $x_2 = 2$, $x_3 = 3$, $x_4 = -1$.

▓ **寻规律** (1) 用克拉默法则求解含有 n 个方程, n 个未知数的线性方程组, 有两个条件必须满足:

①　方程组中方程的个数与未知数的个数相等；

②　方程组的系数行列式不等于零.

（2）当一个线性方程组满足上述两个条件时，得到以下三个结论：

①　此方程组的解存在；

②　此方程组的解唯一；

③　此方程组的解是 $x_1 = \dfrac{D_1}{D}$，$x_2 = \dfrac{D_2}{D}$，$\cdots$，$x_n = \dfrac{D_n}{D}$.

4．两个重要定理

定理 6.2　如果线性方程组无解或有两个不同的解，那么它的系数行列式 $D = 0$.

定理 6.3　如果齐次线性方程组的系数行列式 $D \neq 0$，那么它只有零解；如果齐次线性方程组有非零解，那么它的系数行列式必定等于零.

例 14　已知 $\begin{cases} \lambda x_1 + x_2 + x_3 = 0, \\ x_1 + \lambda x_2 + x_3 = 0, \\ x_1 + x_2 + \lambda x_3 = 0 \end{cases}$ 有非零解，求 λ.

解　$D = \begin{vmatrix} \lambda & 1 & 1 \\ 1 & \lambda & 1 \\ 1 & 1 & \lambda \end{vmatrix} = (\lambda + 2)(\lambda - 1)^2 = 0.$

故 $\lambda = 1$ 或 $\lambda = -2$.

小看板

1．齐次与非齐次线性方程组是指＿＿＿＿＿＿＿＿＿＿＿＿＿＿＿＿＿＿＿＿＿．

2．n 元线性方程组系数行列式是指＿＿＿＿＿＿＿＿＿＿＿＿＿＿＿＿＿＿＿＿．

3．克拉默法则是＿＿＿＿＿＿＿＿＿＿＿＿＿＿＿＿＿＿＿＿＿＿＿＿＿＿＿＿＿．

4．运用克拉默法则必须满足的两个条件是＿＿＿＿＿＿＿＿＿＿＿＿＿＿＿＿＿．

5．两个重要定理是＿＿＿＿＿＿＿＿＿＿＿＿＿＿＿＿＿＿＿＿＿＿＿＿＿＿＿＿．

习题 6.2

1．利用克拉默法则求解以下方程组.

（1）$\begin{cases} x_1 - 2x_2 + x_3 = -2, \\ 2x_1 + x_2 - 3x_3 = 1, \\ -x_1 + x_2 - x_3 = 0; \end{cases}$

（2）$\begin{cases} 2x_1 + x_2 - 5x_3 + x_4 = 8, \\ x_1 - 3x_2 - 6x_4 = 9, \\ 2x_2 - x_3 + 2x_4 = -5, \\ x_1 + 4x_2 - 7x_3 + 6x_4 = 0. \end{cases}$

2．问 λ，μ 取何值时，齐次线性方程组 $\begin{cases} \lambda x_1 + x_2 + x_3 = 0, \\ x_1 + \mu x_2 + x_3 = 0, \\ x_1 + 2\mu x_2 + x_3 = 0 \end{cases}$ 有非零解？

3．问 λ 取何值时，齐次线性方程组 $\begin{cases} (1-\lambda)x_1 - 2x_2 + 4x_3 = 0, \\ 2x_1 + (3-\lambda)x_2 + x_3 = 0, \\ x_1 + x_2 + (1-\lambda)x_3 = 0 \end{cases}$ 有非零解？

习题 6.2
参考答案

6.3 矩阵及其运算

【本节提示】 本节将要介绍矩阵的概念,在此基础上引入几种特殊的矩阵,最后介绍矩阵的几种运算.通过本节的学习,要求理解矩阵的概念;掌握矩阵的几种运算.

6.3.1 矩阵的概念

1. 引入

线性方程组 $\begin{cases} a_{11}x_1 + a_{12}x_2 + \cdots + a_{1n}x_n = b_1, \\ a_{21}x_1 + a_{22}x_2 + \cdots + a_{2n}x_n = b_2, \\ \cdots\cdots\cdots\cdots \\ a_{n1}x_1 + a_{n2}x_2 + \cdots + a_{mn}x_n = b_n \end{cases}$ 的解取决于系数 $a_{ij}(i,j=1,2,\cdots,$

n),以及常数项 $b_i(i=1,2,\cdots,n)$,线性方程组的系数与常数项按原位置可排为

$$\begin{pmatrix} a_{11} & a_{12} & \cdots & a_{1n} & b_1 \\ a_{21} & a_{22} & \cdots & a_{2n} & b_2 \\ \vdots & \vdots & & \vdots & \vdots \\ a_{n1} & a_{n2} & \cdots & a_{mn} & b_n \end{pmatrix}.$$

对线性方程组的研究可转化为对这张数表的研究.

2. 矩阵的定义

定义 6.5 设 mn 个数 $a_{ij}(i=1,2,\cdots,m;j=1,2,\cdots,n)$ 排成 m 行 n 列的数表

$$\begin{matrix} a_{11} & a_{12} & \cdots & a_{1n} \\ a_{21} & a_{22} & \cdots & a_{2n} \\ \vdots & \vdots & & \vdots \\ a_{m1} & a_{m2} & \cdots & a_{mn} \end{matrix}$$

用括号将其括起来,称为 **$m \times n$ 矩阵**,并用大写字母 **A** 表示,即

$$A = \begin{pmatrix} a_{11} & a_{12} & \cdots & a_{1n} \\ a_{21} & a_{22} & \cdots & a_{2n} \\ \vdots & \vdots & & \vdots \\ a_{m1} & a_{m2} & \cdots & a_{mn} \end{pmatrix}, \tag{6-10}$$

简记为 $A = (a_{ij})_{m \times n}$.

例如,$\begin{pmatrix} 2 & 3 & 4 & 1 \\ 1 & 2 & 3 & 4 \end{pmatrix}$ 是一个 2×4 的矩阵,$\begin{pmatrix} 13 & 6 & 2 \\ 2 & 2 & 2 \\ 2 & 2 & 2 \end{pmatrix}$ 是一个 3×3 的矩阵,$\begin{pmatrix} 1 \\ 2 \\ 4 \end{pmatrix}$ 是一

个 3×1 的矩阵,$(2 \quad 3 \quad 5 \quad 9)$ 是一个 1×4 的矩阵,(7) 是一个 1×1 的矩阵.

⚠️注意 行列式与矩阵的区别:

(1) 前者是算式,后者是数表;

(2) 前者的行数与列数相同,后者的行数与列数可不同.

3．几种特殊的矩阵

(1) $m=n$：称 $\boldsymbol{A}$ 为方阵.

(2) $a_{ij} \in \mathbf{R}$：称 $\boldsymbol{A}$ 为实矩阵.

(3) $a_{ij} \in \mathbf{C}$：称 $\boldsymbol{A}$ 为复矩阵.

(4) $m=1, n>1$：称 $\boldsymbol{A}$ 为行矩阵.

(5) $m>1, n=1$：称 $\boldsymbol{A}$ 为列矩阵.

(6) 零矩阵：所有元素都是 0 的矩阵,记为 $\boldsymbol{O}$.

注意　不同阶数的零矩阵不相等.

例如：$\begin{pmatrix} 0 & 0 & 0 & 0 \\ 0 & 0 & 0 & 0 \\ 0 & 0 & 0 & 0 \\ 0 & 0 & 0 & 0 \end{pmatrix} \neq (0 \quad 0 \quad 0 \quad 0).$

(7) 单位矩阵：$\boldsymbol{E}_n = \begin{pmatrix} 1 & & & \\ & 1 & & \\ & & \ddots & \\ & & & 1 \end{pmatrix}.$

(8) 对角矩阵：$\boldsymbol{A} = \begin{pmatrix} \lambda_1 & & & \\ & \lambda_2 & & \\ & & \ddots & \\ & & & \lambda_n \end{pmatrix}$ $(\lambda_1 、\cdots、\lambda_n$ 不全为 0).

(9) 三角矩阵：$\begin{pmatrix} a_{11} & a_{12} & \cdots & a_{1n} \\ 0 & a_{22} & \cdots & a_{2n} \\ \vdots & \vdots & & \vdots \\ 0 & 0 & \cdots & a_{nn} \end{pmatrix}$ 或 $\begin{pmatrix} a_{11} & 0 & \cdots & 0 \\ a_{21} & a_{22} & \cdots & 0 \\ \vdots & \vdots & & \vdots \\ a_{n1} & a_{n2} & \cdots & a_{nn} \end{pmatrix}.$

4．线性变换与矩阵

设变量 $y_1 、y_2 、\cdots、y_m$ 可由变量 $x_1 、x_2 、\cdots、x_n$ 表示为

$$\begin{cases} y_1 = a_{11}x_1 + a_{12}x_2 + \cdots + a_{1n}x_n, \\ y_2 = a_{21}x_1 + a_{22}x_2 + \cdots + a_{2n}x_n, \\ \cdots\cdots\cdots\cdots \\ y_m = a_{m1}x_1 + a_{m2}x_2 + \cdots + a_{mn}x_n, \end{cases}$$

称之为由变量 $x_1 、x_2 、\cdots、x_n$ 到变量 $y_1 、y_2 、\cdots、y_m$ 的**线性变换**,它与矩阵 $\boldsymbol{A} = (a_{ij})_{m \times n}$ 是一一对应关系.

5．同型矩阵和矩阵相等的概念

两个矩阵的行数相等,列数相等时,称为**同型矩阵**.

例如,$\begin{pmatrix} 1 & 2 \\ 5 & 6 \\ 3 & 7 \end{pmatrix}$ 与 $\begin{pmatrix} 14 & 3 \\ 8 & 4 \\ 3 & 9 \end{pmatrix}$ 就是同型矩阵.

两个矩阵 $\boldsymbol{A} = (a_{ij})$ 与 $\boldsymbol{B} = (b_{ij})$ 为同型矩阵,并且对应元素相等,即

$$a_{ij}=b_{ij}(i=1,2,\cdots,m;j=1,2,\cdots,n),$$

则称矩阵 $\boldsymbol{A}$ 与 $\boldsymbol{B}$ 相等,记作 $\boldsymbol{A}=\boldsymbol{B}$.

例 15 $\boldsymbol{A}=\begin{pmatrix}5 & -2 & 3\\3 & 1 & 0\end{pmatrix}$,$\boldsymbol{B}=\begin{pmatrix}5 & x & 3\\y & 1 & z\end{pmatrix}$,已知 $\boldsymbol{A}=\boldsymbol{B}$,求 x、y、z.

解 因为 $\boldsymbol{A}=\boldsymbol{B}$,所以 $x=-2$、$y=3$、$z=0$.

6.3.2 矩阵的运算

1. 矩阵的加法

定义 6.6 设有两个 $m\times n$ 矩阵 $\boldsymbol{A}=(a_{ij})$ 和 $\boldsymbol{B}=(b_{ij})$,那么矩阵 $\boldsymbol{A}$ 与 $\boldsymbol{B}$ 的和记为 $\boldsymbol{A}+\boldsymbol{B}$,规定为

$$\begin{pmatrix}a_{11}+b_{11} & a_{12}+b_{12} & \cdots & a_{1n}+b_{1n}\\a_{21}+b_{21} & a_{22}+b_{22} & \cdots & a_{2n}+b_{2n}\\\vdots & \vdots & & \vdots\\a_{m1}+b_{m1} & a_{m2}+b_{m2} & \cdots & a_{mn}+b_{mn}\end{pmatrix}. \tag{6-11}$$

⚠ **注意** 两个矩阵是同型矩阵时才能进行加法运算.

例 16 $\begin{bmatrix}3 & 3 & -3\\1 & -2 & 0\\1 & 6 & 2\end{bmatrix}+\begin{bmatrix}1 & 8 & 9\\6 & 5 & 4\\3 & 2 & 1\end{bmatrix}=\begin{bmatrix}3+1 & 3+8 & -3+9\\1+6 & -2+5 & 0+4\\1+3 & 6+2 & 2+1\end{bmatrix}=\begin{bmatrix}4 & 11 & 6\\7 & 3 & 4\\4 & 8 & 3\end{bmatrix}.$

矩阵加法满足下列运算规律(设 $\boldsymbol{A}$、$\boldsymbol{B}$、$\boldsymbol{C}$ 都是 $m\times n$ 矩阵):

(1) $\boldsymbol{A}+\boldsymbol{B}=\boldsymbol{B}+\boldsymbol{A}$;

(2) $(\boldsymbol{A}+\boldsymbol{B})+\boldsymbol{C}=\boldsymbol{A}+(\boldsymbol{B}+\boldsymbol{C})$.

$\boldsymbol{A}=(a_{ij})$ 的负矩阵记为 $-\boldsymbol{A}=(-a_{ij})$,则 $\boldsymbol{A}+(-\boldsymbol{A})=\boldsymbol{O}$.

规定矩阵的减法为 $\boldsymbol{A}-\boldsymbol{B}=\boldsymbol{A}+(-\boldsymbol{B})$.

2. 矩阵的数乘

定义 6.7 数 λ 与矩阵 $\boldsymbol{A}$ 的乘积记为 $\lambda\boldsymbol{A}$ 或 $\boldsymbol{A}\lambda$,规定为

$$\lambda\boldsymbol{A}=\begin{bmatrix}\lambda a_{11} & \lambda a_{12} & \cdots & \lambda a_{1n}\\\lambda a_{21} & \lambda a_{22} & \cdots & \lambda a_{2n}\\\vdots & \vdots & & \vdots\\\lambda a_{m1} & \lambda a_{m2} & \cdots & \lambda a_{mn}\end{bmatrix}. \tag{6-12}$$

矩阵数乘满足下列运算规律(设 $\boldsymbol{A}$、$\boldsymbol{B}$ 为 $m\times n$ 矩阵,λ、μ 为常数):

(1) $(\lambda\mu)\boldsymbol{A}=\lambda(\mu\boldsymbol{A})$;

(2) $(\lambda+\mu)\boldsymbol{A}=\lambda\boldsymbol{A}+\mu\boldsymbol{A}$;

(3) $\lambda(\boldsymbol{A}+\boldsymbol{B})=\lambda\boldsymbol{A}+\lambda\boldsymbol{B}$.

⚠ **注意** 注意矩阵数乘与行列式数乘的区别:数乘矩阵,数要乘以每一个元素;数乘行列式,数只乘以行列式的一行的元素或者一列的元素.如

$$2\begin{pmatrix}1 & 3 & 2\\0 & 5 & 2\end{pmatrix}=\begin{pmatrix}2 & 6 & 4\\0 & 10 & 4\end{pmatrix},\ 2\begin{vmatrix}1 & 2\\2 & 5\end{vmatrix}=\begin{vmatrix}2 & 2\\4 & 5\end{vmatrix}=2.$$

3. 矩阵乘矩阵

定义 6.8　设 $A=(a_{ij})$ 是一个 $m\times s$ 矩阵，$B=(b_{ij})$ 是一个 $s\times n$ 矩阵，矩阵 A 与矩阵 B 的乘积 C 是一个 $m\times n$ 矩阵，那么 $C=(c_{ij})$，其中

$$c_{ij}=a_{i1}b_{1j}+a_{i2}b_{2j}+\cdots+a_{is}b_{sj}=\sum_{k=1}^{s}a_{ik}b_{kj}\ (i=1,2,\cdots,m;\ j=1,2,\cdots,n)$$

$$(6\text{-}13)$$

称为矩阵 A 与 B 的**乘积**，记为

$$C=AB.$$

⚠ **注意**　A 的列数 $=B$ 的行数.

AB 的行数 $=A$ 的行数；AB 的列数 $=B$ 的列数.

A 与 B 的先后次序不能改变.

例 17　$A=\begin{pmatrix}3&1\\0&3\\1&0\end{pmatrix}$，$B=\begin{pmatrix}1&0&1&-1\\0&2&1&0\end{pmatrix}$，求两矩阵的乘积.

解　$AB=\begin{pmatrix}3&2&4&-3\\0&6&3&0\\1&0&1&-1\end{pmatrix}$，$BA$ 无意义.

例 18　$A=\begin{pmatrix}1&2\\1&2\end{pmatrix}$，$B=\begin{pmatrix}1&-1\\-1&1\end{pmatrix}$，求两矩阵的乘积.

解　$AB=\begin{pmatrix}-1&1\\-1&1\end{pmatrix}$，$BA=\begin{pmatrix}0&0\\0&0\end{pmatrix}$.

可见，$AB\neq BA$；$A\neq O$，$B\neq O$，但是 $BA=O$.

例 19　$A=\begin{pmatrix}1&0&-1&2\\-1&1&3&0\\0&5&-1&4\end{pmatrix}$，$B=\begin{pmatrix}0&3&4\\1&2&1\\3&1&-1\\-1&2&1\end{pmatrix}$，求 AB.

解　$AB=\begin{pmatrix}1&0&-1&2\\-1&1&3&0\\0&5&-1&4\end{pmatrix}\begin{pmatrix}0&3&4\\1&2&1\\3&1&-1\\-1&2&1\end{pmatrix}=\begin{pmatrix}-5&6&7\\10&2&-6\\-2&17&10\end{pmatrix}$.

矩阵的乘法的运算规律：

(1) $(AB)C=A(BC)$；

(2) $\lambda(AB)=(\lambda A)B=A(\lambda B)$，$\lambda$ 为数；

(3) $A(B+C)=AB+AC$，$(B+C)A=BA+CA$；

(4) 对于单位矩阵 E，有 $E_mA_{m\times n}=A_{m\times n}$、$A_{m\times n}E_n=A_{m\times n}$，即 $EA=AE=A$；

(5) $A_{n\times n}$ 为 $n\times n$ 矩阵，k、l 为正整数，则

$$A^1=A，A^{k+1}=A^kA\ (k=1,2,\cdots),$$
$$A^kA^l=A^{k+l}，(A^k)^l=A^{kl}.$$

⚠ **注意**　(1) 矩阵乘法不适合交换律，一般说来，$AB\neq BA$，$(AB)^k\neq A^kB^k$.

对于两个 n 阶方阵 $\boldsymbol{A}$、$\boldsymbol{B}$，若 $\boldsymbol{AB}=\boldsymbol{BA}$，称方阵 $\boldsymbol{A}$ 与 $\boldsymbol{B}$ 可交换.

比如 $\boldsymbol{A}=\begin{pmatrix}2&0\\0&2\end{pmatrix}$，$\boldsymbol{B}=\begin{pmatrix}1&-1\\-1&1\end{pmatrix}$，$\boldsymbol{AB}=\begin{pmatrix}2&-2\\-2&2\end{pmatrix}=\boldsymbol{BA}$，此时称 $\boldsymbol{A}$ 和 $\boldsymbol{B}$ 是可交换的.

（2）**矩阵乘法不满足消去律**，即：$AB=AC$，且 $A\neq O$ 时，不能消去 A 而得到 $B=C$.

4. 矩阵的转置

定义 6.9 将矩阵 $\boldsymbol{A}$ 的行换成同序数的列得到一个新矩阵，称为 $\boldsymbol{A}$ 的**转置矩阵**，记为 $\boldsymbol{A}^{\mathrm{T}}$.

$$\boldsymbol{A}=\begin{pmatrix}a_{11}&a_{12}&\cdots&a_{1n}\\a_{21}&a_{22}&\cdots&a_{2n}\\\vdots&\vdots&&\vdots\\a_{m1}&a_{m2}&\cdots&a_{mn}\end{pmatrix}，\text{则 } \boldsymbol{A}^{\mathrm{T}}=\begin{pmatrix}a_{11}&a_{21}&\cdots&a_{m1}\\a_{12}&a_{22}&\cdots&a_{m2}\\\vdots&\vdots&&\vdots\\a_{1n}&a_{2n}&\cdots&a_{mn}\end{pmatrix}. \tag{6-14}$$

例如，

$$\boldsymbol{A}=\begin{pmatrix}1&2&2\\4&5&8\end{pmatrix}，\boldsymbol{A}^{\mathrm{T}}=\begin{pmatrix}1&4\\2&5\\2&8\end{pmatrix};$$

$$\boldsymbol{B}=(18\quad 6)，\boldsymbol{B}^{\mathrm{T}}=\begin{pmatrix}18\\6\end{pmatrix}.$$

$\boldsymbol{A}$ 的转置也是一种运算，满足：

（1）$(\boldsymbol{A}^{\mathrm{T}})^{\mathrm{T}}=\boldsymbol{A}$；

（2）$(\boldsymbol{A}+\boldsymbol{B})^{\mathrm{T}}=\boldsymbol{A}^{\mathrm{T}}+\boldsymbol{B}^{\mathrm{T}}$；

（3）$(\lambda\boldsymbol{A})^{\mathrm{T}}=\lambda\boldsymbol{A}^{\mathrm{T}}$；

（4）$(\boldsymbol{AB})^{\mathrm{T}}=\boldsymbol{B}^{\mathrm{T}}\boldsymbol{A}^{\mathrm{T}}$.

例 20 已知

$$\boldsymbol{A}=\begin{pmatrix}2&0&-1\\1&3&2\end{pmatrix}，\boldsymbol{B}=\begin{pmatrix}1&7&-1\\4&2&3\\2&0&1\end{pmatrix}，求 (\boldsymbol{AB})^{\mathrm{T}}.$$

解法一 因为

$$\boldsymbol{AB}=\begin{pmatrix}2&0&-1\\1&3&2\end{pmatrix}\begin{pmatrix}1&7&-1\\4&2&3\\2&0&1\end{pmatrix}=\begin{pmatrix}0&14&-3\\17&13&10\end{pmatrix},$$

所以 $\quad (\boldsymbol{AB})^{\mathrm{T}}=\begin{pmatrix}0&17\\14&13\\-3&10\end{pmatrix}.$

解法二 $(\boldsymbol{AB})^{\mathrm{T}}=\boldsymbol{B}^{\mathrm{T}}\boldsymbol{A}^{\mathrm{T}}$

$$=\begin{pmatrix}1&4&2\\7&2&0\\-1&3&1\end{pmatrix}\begin{pmatrix}2&1\\0&3\\-1&2\end{pmatrix}=\begin{pmatrix}0&17\\14&13\\-3&10\end{pmatrix}.$$

5. 对称矩阵

定义 6.10　设 A 为 n 阶方阵,如果满足 $A = A^T$,即 $a_{ij} = a_{ji}(i, j = 1, 2, 3, \cdots, n)$,那么 A 称为**对称矩阵**.

例如 $A = \begin{pmatrix} 12 & 6 & 1 \\ 6 & 8 & 0 \\ 1 & 0 & 6 \end{pmatrix}$ 为对称矩阵.

寻规律　对称矩阵的元素以主对角线为对称轴对应相等.

如果 $A^T = -A$,则矩阵 A 称为**反对称矩阵**.

A 是对称矩阵 $\Leftrightarrow A^T = A$.

A 是反对称矩阵 $\Leftrightarrow A^T = -A$.

例 21　设列矩阵 $X = (x_1, x_2, \cdots, x_n)^T$ 满足 $X^T X = 1$,E 是 n 阶单位阵,$H = E - 2XX^T$,证明 H 是对称矩阵,且 $HH^T = E$.

证明　$H^T = (E - 2XX^T)^T$

$\qquad = E^T - 2XX^T$

$\qquad = E - 2XX^T = H.$

所以 H 是对称矩阵.

$$HH^T = H^2 = (E - 2XX^T)^2$$
$$= E - 4XX^T + 4(XX^T)(XX^T)$$
$$= E - 4XX^T + 4X(X^TX)X^T$$
$$= E - 4XX^T + 4XX^T = E.$$

小看板

1. 矩阵是指_____.

2. 常见的几种特殊的矩阵有_____.

3. 同型矩阵与矩阵相等的区别是_____.

4. 矩阵的运算有_____,它们与行列式的运算的区别为_____.

5. 矩阵的转置是_____,

对称矩阵是_____.

习题 6.3

1. $A = \begin{pmatrix} 1 & x & 5 & 8 \\ -1 & w & 7 & 1 \\ z & 0 & 13 & -32 \\ -6 & -15 & 9 & 2 \end{pmatrix}$、$B = \begin{pmatrix} 1 & 3 & 5 & 8 \\ -1 & 11 & 7 & 1 \\ 4 & 0 & 13 & y \\ -6 & t & 9 & 2 \end{pmatrix}$,已知 $A = B$,求 x、y、z、

w、t.

2. 设 A 与 B 为 n 阶方阵,问等式 $A^2 - B^2 = (A + B)(A - B)$ 成立的充要条件是什么?

3. 证明任一 n 阶矩阵 A 都可表示成对称矩阵与反对称矩阵之和.

4. 计算.

(1) $A = \begin{pmatrix} 0 & 1 & 0 \\ 1 & 0 & 0 \\ 0 & 0 & 1 \end{pmatrix}$、$B = \begin{pmatrix} 1 & 1 & 1 \\ 1 & 2 & 1 \\ 1 & 1 & 3 \end{pmatrix}$，求 AB、$(AB)^{\mathrm{T}}$、BA；

(2) $2A = \begin{pmatrix} 2 & 0 & -1 \\ 1 & 3 & 2 \end{pmatrix}$、$B = \begin{pmatrix} 1 & 7 & -1 \\ 4 & 2 & 3 \\ 2 & 0 & 1 \end{pmatrix}$，求 AB；

(3) $A = \begin{pmatrix} 1 & 1 \\ -1 & -1 \end{pmatrix}$、$B = \begin{pmatrix} 1 & -1 \\ -1 & 1 \end{pmatrix}$、$C = \begin{pmatrix} 2 & -2 \\ -2 & 2 \end{pmatrix}$，求 $3A - 2BC^{\mathrm{T}}$；

(4) 设 $A = \begin{pmatrix} 1 & -2 & 0 \\ 4 & 3 & 5 \end{pmatrix}$、$B = \begin{pmatrix} 8 & 2 & 6 \\ 5 & 3 & 4 \end{pmatrix}$，满足 $2A + X = B - 2X$，求 X.

习题 6.3
参考答案

6.4 逆矩阵

【本节提示】　本节将要介绍伴随矩阵、逆矩阵的概念,最后介绍伴随矩阵、逆矩阵以及矩阵方程的求法.通过本节的学习,要求理解矩阵、逆矩阵的概念;掌握伴随矩阵、逆矩阵以及矩阵方程的求法.

1. 方阵的行列式

定义 6.11　由 n 阶方阵 A 的元素所构成的行列式,称为方阵 A 的行列式,记为 $|A|$ 或 $\det A$.

例如,$A=\begin{pmatrix}2&3\\6&8\end{pmatrix}$,则 $|A|=\begin{vmatrix}2&3\\6&8\end{vmatrix}=-2$.

运算规律:(1) $|A^{\mathrm{T}}|=|A|$;　　　　(2) $|\lambda A|=\lambda^n|A|$;

　　　　　　(3) $|AB|=|A||B|$.

⚠ **注意**　虽然 $AB\neq BA$,但 $|AB|=|BA|$.

2. 伴随矩阵

定义 6.12　行列式 $|A|$ 的各个元素的代数余子式 A_{ij} 所构成的如下矩阵

$$A^*=\begin{pmatrix}A_{11}&A_{21}&\cdots&A_{n1}\\A_{12}&A_{22}&\cdots&A_{n2}\\\vdots&\vdots&&\vdots\\A_{1n}&A_{2n}&\cdots&A_{nn}\end{pmatrix}\tag{6-15}$$

称为矩阵 A 的伴随矩阵.

性质:$AA^*=A^*A=|A|E$.

3. 逆矩阵

已经知道一个数 a 的倒数 a^{-1}(或称 a 的逆),具有性质 $aa^{-1}=a^{-1}a=1$,在矩阵的运算中,单位矩阵 E 相当于数的乘法运算中的 1,类似地,可以引入矩阵的逆的概念.

定义 6.13　设 A 为 n 阶方阵,若存在 n 阶方阵 B,使得 $AB=BA=E$,则称矩阵 A 是可逆的,方阵 B 称为 A 的**逆矩阵**,记为 $A^{-1}=B$.

显然,零方阵是不可逆的,而非零方阵也不一定都可逆.如 $A=\begin{pmatrix}1&0\\0&0\end{pmatrix}$ 就不可逆.

单位矩阵 E 都可逆.

⚠ **注意**　(1) 如果矩阵 A 可逆,则其逆矩阵是唯一的.A 的逆矩阵记为 A^{-1}.因为设 B,C 都是 A 的逆矩阵,则有

$$B=BE=B(AC)=(BA)C=EC=C.$$

(2) 定义的条件可以改为只要求 $AB=E$ 或 $BA=E$,则 B 就是 A 的逆矩阵.

4. 逆矩阵的求法

(1) 待定系数法.

例 22 设 $A = \begin{pmatrix} 1 & 0 \\ -1 & 1 \end{pmatrix}$，求 A 的逆矩阵.

解 设 $B = \begin{pmatrix} a & b \\ c & d \end{pmatrix}$ 是 A 的逆矩阵，则

$$AB = \begin{pmatrix} 1 & 0 \\ -1 & 1 \end{pmatrix} \begin{pmatrix} a & b \\ c & d \end{pmatrix} = \begin{pmatrix} 1 & 0 \\ 0 & 1 \end{pmatrix},$$

即

$$\begin{pmatrix} a & b \\ -a+c & -b+d \end{pmatrix} = \begin{pmatrix} 1 & 0 \\ 0 & 1 \end{pmatrix}.$$

因此，有 $\begin{cases} a = 1, \\ b = 0, \\ -a + c = 0, \\ -b + d = 1, \end{cases}$ 所以 $\begin{cases} a = 1, \\ b = 0, \\ c = 1, \\ d = 1. \end{cases}$

所以

$$A^{-1} = \begin{pmatrix} 1 & 0 \\ 1 & 1 \end{pmatrix}.$$

(2) 伴随矩阵法.

定理 6.4 若矩阵 A 可逆，则 $|A| \neq 0$.

定理 6.5 若 $|A| \neq 0$，则矩阵 A 可逆，且

$$A^{-1} = \frac{1}{|A|} A^* \quad (\text{其中 } A^* \text{ 为 } A \text{ 的伴随矩阵}).$$

寻规律 当 $|A| = 0$ 时称 A 为**奇异矩阵**，否则称 A 为**非奇异矩阵**，可逆矩阵就是非奇异矩阵.

对二阶方阵 $A = \begin{pmatrix} a & b \\ c & d \end{pmatrix}$，当 $|A| = ad - bc \neq 0$ 时，有 $A^{-1} = \frac{1}{|A|} A^* = \frac{1}{ad-bc} \begin{pmatrix} d & -b \\ -c & a \end{pmatrix}$.

推论 若 $AB = E$（或 $BA = E$），则 $B = A^{-1}$.

5. 可逆矩阵的运算性质

(1) 若 A 可逆，则 A^{-1} 亦可逆，且 $(A^{-1})^{-1} = A$.

(2) 若 A 可逆，数 $\lambda \neq 0$，则 λA 可逆，且 $(\lambda A)^{-1} = \frac{1}{\lambda} A^{-1}$.

(3) 若 A、B 为同阶方阵且均可逆，则 AB 亦可逆，且 $(AB)^{-1} = B^{-1} A^{-1}$.

证明 因为 $(AB)(B^{-1} A^{-1}) = A(BB^{-1})A^{-1} = AEA^{-1} = AA^{-1} = E$，所以 $(AB)^{-1} = B^{-1} A^{-1}$.

推广 $(A_1 A_2 \cdots A_m)^{-1} = A_m^{-1} \cdots A_2^{-1} A_1^{-1}$.

(4) 若 A 可逆，则 A^T 亦可逆，且 $(A^T)^{-1} = (A^{-1})^T$.

证明 因为 $A^T (A^{-1})^T = (A^{-1} A)^T = E^T = E$，所以 $(A^T)^{-1} = (A^{-1})^T$.

另外，当 $|A| \neq 0$ 时，定义 $A^0 = E$，$A^{-k} = (A^{-1})^k$（k 为正整数）.当 $|A| \neq 0$，λ、μ 为整数时，有 $A^\lambda A^\mu = A^{\lambda+\mu}$，$(A^\lambda)^\mu = A^{\lambda\mu}$.

（5）若 $\boldsymbol{A}$ 可逆，则有 $|\boldsymbol{A}^{-1}| = \dfrac{1}{|\boldsymbol{A}|} = |\boldsymbol{A}|^{-1}$.

证明　因为 $\boldsymbol{A}\boldsymbol{A}^{-1} = \boldsymbol{E}$，所以 $|\boldsymbol{A}||\boldsymbol{A}^{-1}| = 1$.

因此，$|\boldsymbol{A}^{-1}| = \dfrac{1}{|\boldsymbol{A}|} = |\boldsymbol{A}|^{-1}$.

⚠️ **注意**　$(\boldsymbol{A}+\boldsymbol{B})^{-1} \neq \boldsymbol{A}^{-1} + \boldsymbol{B}^{-1}$.

例如，$\boldsymbol{A} = \begin{pmatrix} 1 & 0 \\ 0 & -1 \end{pmatrix}$，$\boldsymbol{B} = \begin{pmatrix} 1 & 0 \\ 0 & 1 \end{pmatrix}$，$\boldsymbol{C} = \begin{pmatrix} 1 & 0 \\ 0 & 2 \end{pmatrix}$.

$\boldsymbol{A}$、$\boldsymbol{B}$ 可逆，但 $\boldsymbol{A}+\boldsymbol{B} = \begin{pmatrix} 2 & 0 \\ 0 & 0 \end{pmatrix}$ 不可逆；

$\boldsymbol{A}$、$\boldsymbol{C}$ 可逆，且 $\boldsymbol{A}+\boldsymbol{C} = \begin{pmatrix} 2 & 0 \\ 0 & 1 \end{pmatrix}$ 可逆，但 $(\boldsymbol{A}+\boldsymbol{C})^{-1} \neq \boldsymbol{A}^{-1} + \boldsymbol{C}^{-1}$.

例 23　求方阵 $\boldsymbol{A} = \begin{pmatrix} 1 & 2 & 3 \\ 2 & 2 & 1 \\ 3 & 4 & 3 \end{pmatrix}$ 的逆矩阵.

解　$|\boldsymbol{A}| = 2$，已知 $\boldsymbol{A}$ 可逆，$|\boldsymbol{A}|$ 的代数余子式

$$A_{11} = 2,\ A_{12} = -3,\ A_{13} = 2$$
$$A_{21} = 6,\ A_{22} = -6,\ A_{23} = 2$$
$$A_{31} = -4,\ A_{32} = 5,\ A_{33} = -2$$

得

$$\boldsymbol{A}^{*} = \begin{pmatrix} 2 & 6 & -4 \\ -3 & -6 & 5 \\ 2 & 2 & -2 \end{pmatrix}.$$

所以

$$\boldsymbol{A}^{-1} = \frac{1}{|\boldsymbol{A}|}\boldsymbol{A}^{*} = \begin{pmatrix} 1 & 3 & -2 \\ -\dfrac{3}{2} & -3 & \dfrac{5}{2} \\ 1 & 1 & -1 \end{pmatrix}.$$

例 24　设 $\boldsymbol{A}_{n\times n}$ 满足 $\boldsymbol{A}^2 - 2\boldsymbol{A} - 4\boldsymbol{E} = \boldsymbol{O}$，求 $(\boldsymbol{A}+\boldsymbol{E})^{-1}$.

解　由 $\boldsymbol{A}^2 - 2\boldsymbol{A} - 4\boldsymbol{E} = \boldsymbol{O}$，得 $\boldsymbol{A}^2 - 2\boldsymbol{A} - 3\boldsymbol{E} = \boldsymbol{E}$.

即 $(\boldsymbol{A}+\boldsymbol{E})(\boldsymbol{A}-3\boldsymbol{E}) = \boldsymbol{E}$，所以 $(\boldsymbol{A}+\boldsymbol{E})^{-1} = \boldsymbol{A}-3\boldsymbol{E}$.

例 25　下列矩阵是否可逆，若可逆，求出其逆矩阵.

$$\boldsymbol{A} = \begin{pmatrix} 1 & 2 & 0 \\ 2 & 1 & -1 \\ 3 & 1 & 1 \end{pmatrix},\ \boldsymbol{B} = \begin{pmatrix} 2 & 3 & -1 \\ -1 & 3 & 5 \\ 1 & 5 & 3 \end{pmatrix}.$$

解　因为 $|\boldsymbol{A}| = \begin{vmatrix} 1 & 2 & 0 \\ 2 & 1 & -1 \\ 3 & 1 & 1 \end{vmatrix} = -8 \neq 0$，故 $\boldsymbol{A}$ 可逆.

$$\boldsymbol{A}^* = \begin{pmatrix} 2 & -2 & -2 \\ -5 & 1 & 1 \\ -1 & 5 & -3 \end{pmatrix}, \text{故 } \boldsymbol{A}^{-1} = \frac{\boldsymbol{A}^*}{|\boldsymbol{A}|} = -\frac{1}{8}\begin{pmatrix} 2 & -2 & -2 \\ -5 & 1 & 1 \\ -1 & 5 & -3 \end{pmatrix}.$$

由于 $|\boldsymbol{B}| = \begin{vmatrix} 2 & 3 & -1 \\ -1 & 3 & 5 \\ 1 & 5 & 3 \end{vmatrix} = 0$，故 $\boldsymbol{B}$ 不可逆.

例 26 已知 $\boldsymbol{A} = \begin{pmatrix} 1 & 0 & 0 & 0 & 0 \\ 0 & 2 & 0 & 0 & 0 \\ 0 & 0 & 3 & 0 & 0 \\ 0 & 0 & 0 & 4 & 0 \\ 0 & 0 & 0 & 0 & 5 \end{pmatrix}$，求 $\boldsymbol{A}^{-1}$.

解 因 $|\boldsymbol{A}| = 5! \neq 0$，故 $\boldsymbol{A}^{-1}$ 存在，由伴随矩阵法得

$$\boldsymbol{A}^{-1} = \frac{\boldsymbol{A}^*}{|\boldsymbol{A}|} = \frac{1}{5!}\begin{pmatrix} 2\cdot3\cdot4\cdot5 & 0 & 0 & 0 & 0 \\ 0 & 1\cdot3\cdot4\cdot5 & 0 & 0 & 0 \\ 0 & 0 & 1\cdot2\cdot4\cdot5 & 0 & 0 \\ 0 & 0 & 0 & 1\cdot2\cdot3\cdot5 & 0 \\ 0 & 0 & 0 & 0 & 1\cdot2\cdot3\cdot4 \end{pmatrix}$$

$$= \begin{pmatrix} 1 & 0 & 0 & 0 & 0 \\ 0 & 1/2 & 0 & 0 & 0 \\ 0 & 0 & 1/3 & 0 & 0 \\ 0 & 0 & 0 & 1/4 & 0 \\ 0 & 0 & 0 & 0 & 1/5 \end{pmatrix}.$$

例 27 设 $\boldsymbol{A} = \begin{pmatrix} 1 & 2 & 3 \\ 2 & 2 & 1 \\ 3 & 4 & 3 \end{pmatrix}$，$\boldsymbol{B} = \begin{pmatrix} 1 & 0 \\ -1 & 1 \end{pmatrix}$，$\boldsymbol{C} = \begin{pmatrix} 1 & 3 \\ 2 & 0 \\ 3 & 1 \end{pmatrix}$，求矩阵 $\boldsymbol{X}$，并满足 $\boldsymbol{AXB} = \boldsymbol{C}$.

解 因为

$$|\boldsymbol{A}| = \begin{vmatrix} 1 & 2 & 3 \\ 2 & 2 & 1 \\ 3 & 4 & 3 \end{vmatrix} = 2 \neq 0, \quad |\boldsymbol{B}| = \begin{vmatrix} 1 & 0 \\ -1 & 1 \end{vmatrix} = 1 \neq 0,$$

所以 $\boldsymbol{A}^{-1}$，$\boldsymbol{B}^{-1}$ 都存在，且

$$\boldsymbol{A}^{-1} = \begin{pmatrix} 1 & 3 & -2 \\ -3/2 & -3 & 5/2 \\ 1 & 1 & -1 \end{pmatrix}, \quad \boldsymbol{B}^{-1} = \begin{pmatrix} 1 & 0 \\ 1 & 1 \end{pmatrix}.$$

又由 $\boldsymbol{AXB}$，得 $\boldsymbol{X} = \boldsymbol{A}^{-1}\boldsymbol{C}\boldsymbol{B}^{-1}$.

于是 $\quad\quad\quad\quad\quad \boldsymbol{X} = \boldsymbol{A}^{-1}\boldsymbol{C}\boldsymbol{B}^{-1}$

$$= \begin{pmatrix} 1 & 3 & -2 \\ -3/2 & -3 & 5/2 \\ 1 & 1 & -1 \end{pmatrix}\begin{pmatrix} 1 & 3 \\ 2 & 0 \\ 3 & 1 \end{pmatrix}\begin{pmatrix} 1 & 0 \\ 1 & 1 \end{pmatrix}$$

$$= \begin{bmatrix} 1 & 1 \\ 0 & -2 \\ 0 & 2 \end{bmatrix} \begin{pmatrix} 1 & 0 \\ 1 & 1 \end{pmatrix}$$

$$= \begin{bmatrix} 2 & 1 \\ -2 & -2 \\ 2 & 2 \end{bmatrix}.$$

例 28　解矩阵方程.

(1) $\begin{pmatrix} 1 & 3 \\ 2 & 4 \end{pmatrix} \boldsymbol{X} = \begin{pmatrix} 3 & 2 \\ 1 & 4 \end{pmatrix}$；

(2) $\boldsymbol{X} \begin{bmatrix} 1 & 2 & 3 \\ 2 & 2 & 1 \\ 3 & 4 & 3 \end{bmatrix} = \begin{bmatrix} 1 & 2 & -3 \\ 2 & 0 & 4 \\ 0 & -1 & 5 \end{bmatrix}$；

(3) $\begin{bmatrix} 1 & -1 & 1 \\ 1 & 1 & 0 \\ 2 & 1 & 1 \end{bmatrix} \boldsymbol{X} \begin{bmatrix} 1 & -1 & 1 \\ 1 & 1 & 0 \\ 3 & 2 & 1 \end{bmatrix} = \begin{bmatrix} 4 & 2 & 3 \\ 0 & -1 & 5 \\ 2 & 1 & 1 \end{bmatrix}$.

解　(1) 给方程两端左乘矩阵 $\begin{pmatrix} 1 & 3 \\ 2 & 4 \end{pmatrix}^{-1}$，得

$$\boldsymbol{X} = \begin{pmatrix} 1 & 3 \\ 2 & 4 \end{pmatrix}^{-1} \begin{pmatrix} 3 & 2 \\ 1 & 4 \end{pmatrix} = \begin{bmatrix} -2 & \dfrac{3}{2} \\ 1 & -\dfrac{1}{2} \end{bmatrix} \begin{pmatrix} 3 & 2 \\ 1 & 4 \end{pmatrix} = \begin{bmatrix} -\dfrac{9}{2} & 2 \\ \dfrac{5}{2} & 0 \end{bmatrix}.$$

(2) 给方程两端右乘矩阵 $\begin{bmatrix} 1 & 2 & 3 \\ 2 & 2 & 1 \\ 3 & 4 & 3 \end{bmatrix}^{-1}$，得

$$\boldsymbol{X} = \begin{bmatrix} 1 & 2 & -3 \\ 2 & 0 & 4 \\ 0 & -1 & 5 \end{bmatrix} \begin{bmatrix} 1 & 2 & 3 \\ 2 & 2 & 1 \\ 3 & 4 & 3 \end{bmatrix}^{-1} = \begin{bmatrix} -5 & -6 & 6 \\ 6 & 10 & -8 \\ \dfrac{13}{2} & 8 & -\dfrac{15}{2} \end{bmatrix}.$$

(3) 给方程两端左乘矩阵 $\begin{bmatrix} 1 & -1 & 1 \\ 1 & 1 & 0 \\ 2 & 1 & 1 \end{bmatrix}^{-1}$，右乘矩阵 $\begin{bmatrix} 1 & -1 & 1 \\ 1 & 1 & 0 \\ 3 & 2 & 1 \end{bmatrix}^{-1}$，得

$$\boldsymbol{X} = \begin{bmatrix} 1 & -1 & 1 \\ 1 & 1 & 0 \\ 2 & 1 & 1 \end{bmatrix}^{-1} \begin{bmatrix} 4 & 2 & 3 \\ 0 & -1 & 5 \\ 2 & 1 & 1 \end{bmatrix} \begin{bmatrix} 1 & -1 & 1 \\ 1 & 1 & 0 \\ 3 & 2 & 1 \end{bmatrix}^{-1}$$

$$= \begin{bmatrix} 1 & 2 & -1 \\ -1 & -1 & 1 \\ 1 & -3 & 2 \end{bmatrix} \begin{bmatrix} 4 & 2 & 3 \\ 0 & -1 & 5 \\ 2 & 1 & 1 \end{bmatrix} \begin{bmatrix} 1 & 3 & -1 \\ -1 & -2 & 1 \\ -1 & -5 & 2 \end{bmatrix}$$

$$= \begin{pmatrix} -9 & -52 & 21 \\ 5 & 29 & -12 \\ 11 & 60 & -21 \end{pmatrix}.$$

例 29 设 $\boldsymbol{A}$ 为 4 阶方阵，$|\boldsymbol{A}|=2$，求 $|(3\boldsymbol{A})^{-1}-2\boldsymbol{A}^*|$ 的值.

解 因为 $|\boldsymbol{A}|=2$，所以 $\boldsymbol{A}$ 可逆，且

$$(3\boldsymbol{A})^{-1}=\frac{1}{3}\boldsymbol{A}^{-1}=\frac{1}{3}\frac{1}{|\boldsymbol{A}|}\boldsymbol{A}^*=\frac{1}{6}\boldsymbol{A}^*,$$

得 $\boldsymbol{A}^*=2\boldsymbol{A}^{-1}$，所以

$$|\boldsymbol{A}^*|=|2\boldsymbol{A}^{-1}|=2^4|\boldsymbol{A}^{-1}|=2^4\cdot|\boldsymbol{A}|^{-1}=2^3,$$

故 $|(3\boldsymbol{A})^{-1}-2\boldsymbol{A}^*|=\left|-\frac{11}{6}\boldsymbol{A}^*\right|=\left(-\frac{11}{6}\right)^4|\boldsymbol{A}^*|=\left(\frac{11}{6}\right)^4\times2^3.$

小看板

1. 伴随矩阵是指 _____.
2. 逆矩阵的判定定理与求法是 _____
_____.
3. 逆矩阵的运算性质有 _____.

习题 6.4

1. 求下列矩阵的伴随矩阵.

(1) $\begin{pmatrix} 3 & 2 \\ 1 & 0 \end{pmatrix}$;　　　　(2) $\begin{pmatrix} 6 & 0 \\ 0 & -2 \end{pmatrix}$;

(3) $\begin{pmatrix} 1 & -2 & 5 \\ -3 & 0 & 4 \\ 2 & 1 & 6 \end{pmatrix}$.

2. 判断下列方阵是否可逆. 若可逆，求其逆矩阵.

(1) $\begin{pmatrix} 1 & 0 & 8 \\ 0 & 1 & 0 \\ 0 & 0 & 1 \end{pmatrix}$;　　(2) $\begin{pmatrix} 3 & -4 & 5 \\ 2 & -3 & 1 \\ 3 & -5 & -1 \end{pmatrix}$;

(3) $\begin{pmatrix} 1 & 1 & 1 & 1 \\ 1 & 1 & -1 & -1 \\ 1 & -1 & 1 & -1 \\ 1 & -1 & -1 & 1 \end{pmatrix}$;　(4) $\begin{pmatrix} 3 & 2 & 0 & 0 \\ 4 & 5 & 0 & 0 \\ 0 & 0 & 4 & 1 \\ 0 & 0 & 6 & 2 \end{pmatrix}$.

3. 求满足下列方程的矩阵 $\boldsymbol{X}$.

(1) $\begin{pmatrix} 1 & -2 & 0 \\ 1 & -2 & -1 \\ -3 & 1 & 2 \end{pmatrix}\boldsymbol{X}=\begin{pmatrix} -1 & 4 \\ 2 & 5 \\ 1 & -3 \end{pmatrix}$;

$(2)\ \boldsymbol{X}\begin{pmatrix} 1 & 1 & 1 \\ 0 & 1 & 1 \\ 0 & 0 & 1 \end{pmatrix}=\begin{pmatrix} 1 & -2 & 1 \\ 0 & 1 & -1 \end{pmatrix};$

$(3)\ \boldsymbol{X}+\begin{pmatrix} 2 & 5 \\ 1 & 3 \end{pmatrix}\boldsymbol{X}=\begin{pmatrix} 4 & -6 \\ 2 & 1 \end{pmatrix};$

$(4)\ \begin{pmatrix} 1 & 4 \\ -1 & 2 \end{pmatrix}\boldsymbol{X}\begin{pmatrix} 2 & 0 \\ -1 & 1 \end{pmatrix}=\begin{pmatrix} 3 & 1 \\ 0 & -1 \end{pmatrix}.$

4. 设 $\boldsymbol{A}$ 是 n 阶方阵,其行列式 $|\boldsymbol{A}|=6$,求出行列式 $\left|(6\boldsymbol{A}^{\mathrm{T}})^{-1}\right|$ 的值.

5. 已知三阶方阵 $\boldsymbol{A}$ 的行列式为 $\dfrac{1}{2}$,求出行列式 $\left|(2\boldsymbol{A})^{-1}-\dfrac{1}{5}\boldsymbol{A}^{*}\right|$ 的值.

习题 6.4
参考答案

【本节提示】 本节将要介绍矩阵初等变换的概念,在这基础上介绍利用矩阵初等变换求逆矩阵以及矩阵的秩.通过本节的学习,要求理解矩阵初等变换的概念;掌握利用矩阵初等变换求逆矩阵以及矩阵的秩.

1.矩阵的初等变换的概念

什么是初等变换?

线性方程组的一般形式

$$\begin{cases} a_{11}x_1 + a_{12}x_2 + \cdots + a_{1n}x_n = b_1, \\ a_{21}x_1 + a_{22}x_2 + \cdots + a_{2n}x_n = b_2, \\ \cdots\cdots\cdots\cdots\cdots \\ a_{m1}x_1 + a_{m2}x_2 + \cdots + a_{mn}x_n = b_m. \end{cases}$$

用矩阵形式表示此线性方程组:

$$\begin{pmatrix} a_{11} & a_{12} & \cdots & a_{1n} \\ a_{21} & a_{22} & \cdots & a_{2n} \\ \vdots & \vdots & & \vdots \\ a_{m1} & a_{m2} & \cdots & a_{mn} \end{pmatrix} \begin{pmatrix} x_1 \\ x_2 \\ \vdots \\ x_n \end{pmatrix} = \begin{pmatrix} b_1 \\ b_2 \\ \vdots \\ b_m \end{pmatrix}.$$

$$\boldsymbol{A} = (a_{ij})_{m \times n}, \ \boldsymbol{X} = \begin{pmatrix} x_1 \\ x_2 \\ \vdots \\ x_n \end{pmatrix}, \ \boldsymbol{b} = \begin{pmatrix} b_1 \\ b_2 \\ \vdots \\ b_m \end{pmatrix}.$$

则线性方程组可表示为 $\boldsymbol{AX} = \boldsymbol{b}$.

如何解线性方程组? 可以用消元法求解.

始终将方程组看作一个整体变形,用到如下三种变换:

(1) 交换方程次序;

(2) 以不等于 0 的数乘某个方程;

(3) 一个方程加上另一个方程的 k 倍.

由于三种变换都是可逆的,所以变换前的方程组与变换后的方程组是同解的.故这三种变换是同解变换.

因为在上述变换过程中,仅仅只对方程组的系数和常数进行运算,未知量并未参与运算.若记

$$\boldsymbol{B} = (\boldsymbol{A} \ \vdots \ \boldsymbol{b}) = \begin{pmatrix} a_{11} & a_{12} & \cdots & a_{1n} & \vdots & b_1 \\ a_{21} & a_{22} & \cdots & a_{2n} & \vdots & b_2 \\ \vdots & \vdots & & \vdots & \vdots & \vdots \\ a_{m1} & a_{m2} & \cdots & a_{mn} & \vdots & b_m \end{pmatrix},$$

则对方程组的变换完全可以转换为对矩阵 $\boldsymbol{B}$(方程组的**增广矩阵**)的变换.

寻规律　即求解线性方程组实质上是对增广矩阵施行三种初等运算:

(1) 对调矩阵的两行;

(2) 用非零常数 k 乘矩阵的某一行的所有元素;

(3) 将矩阵的某一行所有元素乘以非零常数 k 后加到另一行对应元素上.

统称为矩阵的初等行变换

定义 6.14　下面三种变换称为矩阵的**初等行变换**:

(1) 对调两行(对调 i、j 两行,记为 $r_i \leftrightarrow r_j$);

(2) 以数 $k(k \neq 0)$ 乘以第 i 行,记为 $r_i \times k$;

(3) 将某一行所有元素的 k 倍加到另一行对应的元素上去(第 j 行的 k 倍加到第 i 行上记为 $r_i + kr_j$).

同理可定义矩阵的初等列变换(将"r"换成"c").

矩阵的初等行变换与初等列变换统称为初等变换.初等变换的逆变换仍为初等变换,且变换类型相同.

$r_i \leftrightarrow r_j$ 逆变换为 $r_i \leftrightarrow r_j$;

$r_i \times k$ 逆变换为 $r_i \times \left(\dfrac{1}{k}\right)$ 或 $r_i \div k$;

$r_i + kr_j$ 逆变换为 $r_i + (-k)r_j$ 或 $r_i - kr_j$.

定义 6.15　如果矩阵 $\boldsymbol{A}$ 经有限次初等变换变成矩阵 $\boldsymbol{B}$,就称矩阵 $\boldsymbol{A}$ 与 $\boldsymbol{B}$ 等价,记为 $\boldsymbol{A} \sim \boldsymbol{B}$.

等价关系的性质:

(1) **反身性**　$\boldsymbol{A} \sim \boldsymbol{A}$;

(2) **对称性**　若 $\boldsymbol{A} \sim \boldsymbol{B}$,则 $\boldsymbol{B} \sim \boldsymbol{A}$;

(3) **传递性**　若 $\boldsymbol{A} \sim \boldsymbol{B}$, $\boldsymbol{B} \sim \boldsymbol{C}$,则 $\boldsymbol{A} \sim \boldsymbol{C}$.

具有上述三条性质的关系称为**等价**.

例如,两个线性方程组同解,就称这两个线性方程组等价.

2. 初等矩阵

矩阵初等变换是矩阵的一种基本运算,应用广泛.

定义 6.16　由单位矩阵 $\boldsymbol{E}$ 经过一次初等变换得到的矩阵称为**初等矩阵**.

三种初等变换对应着三种初等矩阵.

(1) 对调两行或两列,得**初等对换矩阵**.

对调 $\boldsymbol{E}$ 中第 i、j 两行,即 $(r_i \leftrightarrow r_j)$,得初等方阵

$$\boldsymbol{E}(i,j) = \left(\begin{array}{cccc|ccc|ccc} 1 & & & & & & & & & \\ & \ddots & & & & & & & & \\ & & 1 & & & & & & & \\ \hline & & & 0 & \cdots & 1 & & & & \\ & & & & 1 & & & & & \\ & & & \vdots & \ddots & \vdots & & & & \\ & & & & & 1 & & & & \\ & & & 1 & \cdots & 0 & & & & \\ \hline & & & & & & 1 & & & \\ & & & & & & & \ddots & & \\ & & & & & & & & 1 \end{array}\right) \begin{array}{l} \\ \\ \\ \leftarrow 第 i 行 \\ \\ \\ \\ \leftarrow 第 j 行 \\ \\ \\ \end{array}$$

（2）以数 $k \neq 0$ 乘某行或某列，得**初等倍乘矩阵**.

以数 $k \neq 0$ 乘单位矩阵的第 i 行（$r_i \times k$），得初等矩阵 $\boldsymbol{E}(i(k))$.

$$\boldsymbol{E}(i(k)) = \begin{pmatrix} 1 & & & & & & \\ & \ddots & & & & & \\ & & 1 & & & & \\ \hline & & & k & & & \\ & & & & 1 & & \\ & & & & & \ddots & \\ & & & & & & 1 \end{pmatrix} \leftarrow 第\ i\ 行$$

（3）以数 $k \neq 0$ 乘某行（列）加到另一行（列）上，得**初等倍加矩阵**.

以 k 乘 $\boldsymbol{E}$ 的第 j 行加到第 i 行上（$r_i + kr_j$）或以 k 乘 $\boldsymbol{E}$ 的第 i 列加到第 j 列上（$c_j + kc_i$）.

$$\boldsymbol{E}(ij(k)) = \begin{pmatrix} 1 & & & & & & \\ & \ddots & & & & & \\ & & 1 & \cdots & k & & \\ & & & \ddots & & & \\ & & & & 1 & & \\ & & & & & \ddots & \\ & & & & & & 1 \end{pmatrix} \begin{matrix} \\ \\ \leftarrow 第\ i\ 行 \\ \\ \leftarrow 第\ j\ 行 \\ \\ \end{matrix}$$

初等矩阵是可逆的，逆矩阵仍为初等矩阵.

变换 $r_i \leftrightarrow r_j$ 的逆变换是其本身，则 $\boldsymbol{E}(i,j)^{-1} = \boldsymbol{E}(i,j)$；

变换 $r_i \times k$ 的逆变换为 $r_i \times \dfrac{1}{k}$，则 $\boldsymbol{E}(i(k))^{-1} = \boldsymbol{E}\left(i\left(\dfrac{1}{k}\right)\right)$；

变换 $r_i + kr_j$ 的逆变换为 $r_i + (-k)r_j$，则 $\boldsymbol{E}(i,j(k))^{-1} = \boldsymbol{E}(i,j(-k))$.

定义 6.17 形如

$$\begin{pmatrix} C_{11} & C_{12} & \cdots & C_{1r} & C_{1r+1} & \cdots & C_{1n} \\ 0 & C_{22} & \cdots & C_{2r} & C_{2r+1} & \cdots & C_{2n} \\ \vdots & \vdots & & \vdots & \vdots & & \vdots \\ 0 & 0 & \cdots & C_{rr} & C_{rr+1} & \cdots & C_{rn} \\ 0 & 0 & \cdots & 0 & 0 & \cdots & 0 \\ \vdots & \vdots & & \vdots & \vdots & & \vdots \\ 0 & 0 & \cdots & 0 & 0 & \cdots & 0 \end{pmatrix} \tag{6-16}$$

的矩阵称为**行阶梯形矩阵**，简称阶梯形矩阵.其特点为：每个阶梯只有一行；元素不全为零的行（非零行）的第一个非零元素向下的元素（如果有的话）全为零；元素全为零的行（如果有的话）必在矩阵的最下面几行.

例如，$\begin{pmatrix} 1 & 0 & -1 \\ 0 & 2 & 1 \\ 0 & 0 & 3 \end{pmatrix}$，$\begin{pmatrix} 0 & 1 & 2 & -1 \\ 0 & 0 & 0 & 1 \\ 0 & 0 & 0 & 0 \\ 0 & 0 & 0 & 0 \end{pmatrix}$ 均为行阶梯形矩阵.

定义 6.18　在行阶梯形矩阵中,若非零行的第一个非零元素全是 1,且非零行的第一个元素 1 所在列的其余元素全为零,称该矩阵为**行最简形矩阵**.

例如,$\begin{pmatrix} 1 & 0 & 0 & -1 \\ 0 & 1 & 0 & -2 \\ 0 & 0 & 1 & 2 \end{pmatrix}$ 为行最简形矩阵.

3. 用初等变换法求可逆矩阵的逆矩阵

定理 6.6　可逆矩阵可以经过若干次初等行变换化为单位矩阵.

推论 1　可逆矩阵可以表示为若干个初等矩阵的乘积.

证明　由定理,知 $A \sim E$,即存在初等矩阵 P_1、P_2、$\cdots$、P_s,使得 $(P_s \cdots P_2 P_1)A = E$,又因为初等矩阵可逆,所以等号两边左乘 $(P_s \cdots P_2 P_1)^{-1}$,得

$$A = (P_s \cdots P_2 P_1)^{-1} = P_1^{-1} P_2^{-1} \cdots P_s^{-1}.$$

初等矩阵的逆矩阵仍为初等矩阵,定理得证.

推论 2　如果对可逆矩阵 A 和同阶单位矩阵 E 作同样的初等行(列)变换,那么当 A 变成单位矩阵 E 时,E 就变成 A^{-1},即

(1) $(P_s \cdots P_2 P_1)A = E$ 等号两边右乘 A^{-1},得

$$(P_s \cdots P_2 P_1)E = A^{-1}.$$

即 $(A \vdots E) \xrightarrow{\text{初等行变换}} (E \vdots A^{-1})$.

(2) $A(P_s \cdots P_2 P_1) = E$,等号两边左乘 A^{-1},得

$$E(P_s \cdots P_2 P_1) = A^{-1}.$$

即 $\begin{pmatrix} A \\ E \end{pmatrix} \xrightarrow{\text{初等列变换}} \begin{pmatrix} E \\ A^{-1} \end{pmatrix}$.

例 30　设 $A = \begin{pmatrix} 1 & 2 & 3 \\ 2 & 2 & 1 \\ 3 & 4 & 3 \end{pmatrix}$,求 A^{-1}.

解　$(A \vdots E) = \begin{pmatrix} 1 & 2 & 3 & \vdots & 1 & 0 & 0 \\ 2 & 2 & 1 & \vdots & 0 & 1 & 0 \\ 3 & 4 & 3 & \vdots & 0 & 0 & 1 \end{pmatrix}$

$\xrightarrow[r_3-3r_1]{r_2-2r_1} \begin{pmatrix} 1 & 2 & 3 & \vdots & 1 & 0 & 0 \\ 0 & -2 & -5 & \vdots & -2 & 1 & 0 \\ 0 & -2 & -6 & \vdots & -3 & 0 & 1 \end{pmatrix} \xrightarrow{r_3-r_2} \begin{pmatrix} 1 & 2 & 3 & \vdots & 1 & 0 & 0 \\ 0 & -2 & -5 & \vdots & -2 & 1 & 0 \\ 0 & 0 & -1 & \vdots & -1 & -1 & 1 \end{pmatrix}$

$\xrightarrow[r_1+r_2+3r_3]{r_2-5r_3} \begin{pmatrix} 1 & 0 & 0 & \vdots & 1 & 3 & -2 \\ 0 & -2 & 0 & \vdots & 3 & 6 & -5 \\ 0 & 0 & -1 & \vdots & -1 & -1 & 1 \end{pmatrix} \xrightarrow[r_3\div(-1)]{r_2\div(-2)} \begin{pmatrix} 1 & 0 & 0 & \vdots & 1 & 3 & -2 \\ 0 & 1 & 0 & \vdots & -\frac{3}{2} & -3 & \frac{5}{2} \\ 0 & 0 & 1 & \vdots & 1 & 1 & -1 \end{pmatrix}.$

所以 $A^{-1} = \begin{pmatrix} 1 & 3 & -2 \\ -\frac{3}{2} & -3 & \frac{5}{2} \\ 1 & 1 & -1 \end{pmatrix}.$

例 31　$A = \begin{bmatrix} 0 & 2 & -1 \\ 1 & 1 & 2 \\ -1 & -1 & -1 \end{bmatrix}$，求 A^{-1}.

解　$(A \vdots E) = \begin{bmatrix} 0 & 2 & -1 & \vdots & 1 & 0 & 0 \\ 1 & 1 & 2 & \vdots & 0 & 1 & 0 \\ -1 & -1 & -1 & \vdots & 0 & 0 & 1 \end{bmatrix} \xrightarrow{r_1 \leftrightarrow r_2} \begin{bmatrix} 1 & 1 & 2 & \vdots & 0 & 1 & 0 \\ 0 & 2 & -1 & \vdots & 1 & 0 & 0 \\ -1 & -1 & -1 & \vdots & 0 & 0 & 1 \end{bmatrix}$

$\xrightarrow{r_3 + r_1} \begin{bmatrix} 1 & 1 & 2 & \vdots & 0 & 1 & 0 \\ 0 & 2 & -1 & \vdots & 1 & 0 & 0 \\ 0 & 0 & 1 & \vdots & 0 & 1 & 1 \end{bmatrix} \xrightarrow{r_2 + r_3} \begin{bmatrix} 1 & 1 & 2 & \vdots & 0 & 1 & 0 \\ 0 & 2 & 0 & \vdots & 1 & 1 & 1 \\ 0 & 0 & 1 & \vdots & 0 & 1 & 1 \end{bmatrix}$

$\xrightarrow{r_2 \times \frac{1}{2}} \begin{bmatrix} 1 & 1 & 2 & \vdots & 0 & 1 & 0 \\ 0 & 1 & 0 & \vdots & \frac{1}{2} & \frac{1}{2} & \frac{1}{2} \\ 0 & 0 & 1 & \vdots & 0 & 1 & 1 \end{bmatrix} \xrightarrow{r_1 - r_2 - 2r_3} \begin{bmatrix} 1 & 0 & 0 & \vdots & -\frac{1}{2} & -\frac{3}{2} & -\frac{5}{2} \\ 0 & 1 & 0 & \vdots & \frac{1}{2} & \frac{1}{2} & \frac{1}{2} \\ 0 & 0 & 1 & \vdots & 0 & 1 & 1 \end{bmatrix}$.

所以 $A^{-1} = \begin{bmatrix} -\frac{1}{2} & -\frac{3}{2} & -\frac{5}{2} \\ \frac{1}{2} & \frac{1}{2} & \frac{1}{2} \\ 0 & 1 & 1 \end{bmatrix}$.

注意　求逆矩阵时，若用初等行变换必须坚持始终，不能夹杂任何列变换. 若作初等行变换时，出现全行为 0，则矩阵的行列式等于 0，即该矩阵不可逆.

4. 矩阵的秩

（1）k 阶子式

定义 6.19　在 $m \times n$ 矩阵 A 中，任取 k 行 k 列（$k \leq m$，$k \leq n$），位于这些行列交叉处的 k^2 个元素，不改变它们在 A 中所处的位置次序而得的 k 阶行列式，称为矩阵 A 的 k 阶子式.

例如，$A = \begin{bmatrix} 1 & 2 & 1 & -4 \\ 0 & 0 & 1 & 9 \\ 0 & 0 & -2 & -18 \end{bmatrix}$ 的所有 3 阶子式共有 4 个.

显然，$m \times n$ 矩阵 A 的 k 阶子式共有 $C_m^k C_n^k$ 个.

（2）矩阵的秩

定义 6.20　设在矩阵 A 中有一个不等于 0 的 r 阶子式 D，且所有 $r+1$ 阶子式（如果存在的话）全等于 0，那么 D 称为矩阵 A 的**最高阶非零子式**，数 r 称为矩阵 A 的**秩**，记作 $R(A)$.并规定**零矩阵的秩等于 0**.

性质：① $0 \leq R(A_{m \times n}) \leq \min\{m, n\}$；

　　　② $R(A^T) = R(A)$；

　　　③ 若 $A \sim B$，则 $R(A) = R(B)$.

例 32　求矩阵 $A = \begin{bmatrix} 1 & 2 & 3 \\ 2 & 3 & -5 \\ 4 & 7 & 1 \end{bmatrix}$ 的秩.

解　在 $\boldsymbol{A}$ 中,容易看出一个 2 阶子式 $\begin{vmatrix} 1 & 2 \\ 2 & 3 \end{vmatrix} \neq 0$, $\boldsymbol{A}$ 的 3 阶子式只有一个 $|\boldsymbol{A}|$,经计算可知 $|\boldsymbol{A}| = 0$,因此 $R(\boldsymbol{A}) = 2$.

对于一般的矩阵,当行数与列数较高时,按定义求秩是很麻烦的.然而,矩阵的初等变换作为一种运算,其深刻意义在于它不改变矩阵的秩,对于行阶梯形矩阵,它的秩就等于非零行的行数,一看便知而毋须计算.因此,把矩阵化为行阶梯形矩阵来求秩是方便而有效的方法.

（3）用初等变换法求矩阵的秩

用矩阵的初等变换法来求矩阵的秩:先将矩阵用初等变换化为行阶梯形矩阵,则其非零行的行数就是该矩阵的秩.

例 33　设矩阵 $\boldsymbol{A} = \begin{pmatrix} 1 & 2 & 1 & 2 & 1 \\ 2 & 1 & 0 & -1 & -2 \\ -1 & 1 & 2 & 1 & 2 \\ 3 & 4 & 2 & -2 & -3 \end{pmatrix}$, 求 $R(\boldsymbol{A})$.

解

$$\begin{pmatrix} 1 & 2 & 1 & 2 & 1 \\ 2 & 1 & 0 & -1 & -2 \\ -1 & 1 & 2 & 1 & 2 \\ 3 & 4 & 2 & -2 & -3 \end{pmatrix} \xrightarrow[\substack{r_2-2r_1 \\ r_3+r_1 \\ r_4-3r_1}]{} \begin{pmatrix} 1 & 2 & 1 & 2 & 1 \\ 0 & -3 & -2 & -5 & -4 \\ 0 & 3 & 3 & 3 & 3 \\ 0 & -2 & -1 & -8 & -6 \end{pmatrix} \xrightarrow[\substack{r_2 \leftrightarrow r_3}]{} \begin{pmatrix} 1 & 2 & 1 & 2 & 1 \\ 0 & 3 & 3 & 3 & 3 \\ 0 & -3 & -2 & -5 & -4 \\ 0 & -2 & -1 & -8 & -6 \end{pmatrix}$$

$$\xrightarrow[\substack{r_3+r_2 \\ r_4+\frac{2}{3}r_2}]{} \begin{pmatrix} 1 & 2 & 1 & 2 & 1 \\ 0 & 3 & 3 & 3 & 3 \\ 0 & 0 & 1 & -2 & -1 \\ 0 & 0 & 1 & -6 & -4 \end{pmatrix} \xrightarrow[\substack{r_4-r_3}]{} \begin{pmatrix} 1 & 2 & 1 & 2 & 1 \\ 0 & 3 & 3 & 3 & 3 \\ 0 & 0 & 1 & -2 & -1 \\ 0 & 0 & 0 & -4 & -3 \end{pmatrix}.$$

故 $R(\boldsymbol{A}) = 4$.

5. 线性方程组的解

（1）线性方程组

形如 $\begin{cases} a_{11}x_1 + a_{12}x_2 + \cdots + a_{1n}x_n = b_1, \\ a_{21}x_1 + a_{22}x_2 + \cdots + a_{2n}x_n = b_2, \\ \cdots\cdots\cdots\cdots\cdots \\ a_{m1}x_1 + a_{m2}x_2 + \cdots + a_{mn}x_n = b_m \end{cases}$ 的方程组,称为**线性方程组**,其中 $\boldsymbol{A} =$

$\begin{pmatrix} a_{11} & a_{12} & \cdots & a_{1n} \\ a_{21} & a_{22} & \cdots & a_{2n} \\ \vdots & \vdots & & \vdots \\ a_{m1} & a_{m2} & \cdots & a_{mn} \end{pmatrix}$ 称为**系数矩阵**, $\boldsymbol{X} = \begin{pmatrix} x_1 \\ x_2 \\ \vdots \\ x_n \end{pmatrix}$ 称为**未知数矩阵**, $\boldsymbol{b} = \begin{pmatrix} b_1 \\ b_2 \\ \vdots \\ b_m \end{pmatrix}$ 称为**常数矩**

阵.则线性方程组可用矩阵表示为

$$\boldsymbol{AX} = \boldsymbol{b}.$$

线性方程组的分类:

若 $\boldsymbol{b} = \boldsymbol{0}$,则线性方程组为 $\boldsymbol{AX} = \boldsymbol{0}$,称为**齐次线性方程组**;

若 $\boldsymbol{b} \neq \boldsymbol{0}$,则线性方程组为 $\boldsymbol{AX} = \boldsymbol{b}$,称为**非齐次线性方程组**.

增广矩阵：$(\boldsymbol{A} \vdots \boldsymbol{b}) = \begin{pmatrix} a_{11} & a_{12} & \cdots & a_{1n} & b_1 \\ a_{21} & a_{22} & \cdots & a_{2n} & b_2 \\ \vdots & \vdots & & \vdots & \vdots \\ a_{m1} & a_{m2} & \cdots & a_{mn} & b_m \end{pmatrix}$

（2）线性方程组的消元解法——高斯消元法

例 34 $\begin{cases} 2x_1 - x_2 + 3x_3 = 1, & ① \\ 4x_1 + 2x_2 + 5x_3 = 4, & ② \\ 2x_1 \qquad + 2x_3 = 6. & ③ \end{cases}$

解 $\begin{matrix} ② - 2① \\ ③ - ① \end{matrix}$ 得 $\begin{cases} 2x_1 - x_2 + 3x_3 = 1, & ④ \\ \quad 4x_2 - x_3 = 2, & ⑤ \\ \quad x_2 - x_3 = 5. & ⑥ \end{cases}$

$\begin{matrix} ⑤ - 4⑥ \\ ⑤ \leftrightarrow ⑥ \end{matrix}$ 得 $\begin{cases} 2x_1 - x_2 + 3x_3 = 1, & ⑦ \\ \quad x_2 - x_3 = 5, & ⑧ \\ \quad 3x_3 = -18. & ⑨ \end{cases}$ 解得 $\begin{cases} x_1 = 9, \\ x_2 = -1, \\ x_3 = -6. \end{cases}$

解线性方程组的初等变换：

① 互换两个方程的位置；

② 用非零数乘某个方程；

③ 将某个方程的若干倍加到另一个方程.

用矩阵的初等变换表示例 34 中方程组的求解过程如下：

$$(\boldsymbol{A} \vdots \boldsymbol{b}) = \begin{pmatrix} 2 & -1 & 3 & \vdots & 1 \\ 4 & 2 & 5 & \vdots & 4 \\ 2 & 0 & 2 & \vdots & 6 \end{pmatrix} \xrightarrow[r_3 - r_1]{r_2 - 2r_1} \begin{pmatrix} 2 & -1 & 3 & \vdots & 1 \\ 0 & 4 & -1 & \vdots & 2 \\ 0 & 1 & -1 & \vdots & 5 \end{pmatrix}$$

$$\xrightarrow[r_3 - 4r_2]{r_2 \leftrightarrow r_3} \begin{pmatrix} 2 & -1 & 3 & \vdots & 1 \\ 0 & 1 & -1 & \vdots & 5 \\ 0 & 0 & 3 & \vdots & -18 \end{pmatrix} \xrightarrow[r_3 \div 3]{r_1 \div 2} \begin{pmatrix} 1 & -\dfrac{1}{2} & \dfrac{3}{2} & \vdots & \dfrac{1}{2} \\ 0 & 1 & -1 & \vdots & 5 \\ 0 & 0 & 1 & \vdots & -6 \end{pmatrix}$$

$$\xrightarrow{r_1 + \frac{1}{2}r_2} \begin{pmatrix} 1 & 0 & 1 & \vdots & 3 \\ 0 & 1 & -1 & \vdots & 5 \\ 0 & 0 & 1 & \vdots & -6 \end{pmatrix} \xrightarrow[r_2 + r_3]{r_1 - r_3} \begin{pmatrix} 1 & 0 & 0 & \vdots & 9 \\ 0 & 1 & 0 & \vdots & -1 \\ 0 & 0 & 1 & \vdots & -6 \end{pmatrix}.$$

以上用消元法解方程的过程，可以看作是对增广矩阵施以初等行变换，得到一系列的等价矩阵，虽然这些矩阵形式不同，但它们所对应的方程组为同解方程组，利用这个原理来解方程组的方法就是**高斯消元法**，其步骤如下：

① 对增广矩阵 $(\boldsymbol{A} \vdots \boldsymbol{b})$ 施以初等行变换，直到将增广矩阵化为行最简形矩阵；

② 根据最终的行最简形矩阵得到与原方程组的同解方程组，从而解出 x_i.

利用系数矩阵 $\boldsymbol{A}$ 和增广矩阵 $(\boldsymbol{A} \vdots \boldsymbol{b})$ 的秩，可以方便地讨论线性方程组是否有解以及有解时解是否唯一等问题.

（3）线性方程组解的判定

① **齐次线性方程组**.

$\boldsymbol{Ax} = \boldsymbol{0}$ 一定有解（至少 $x_i = 0$ 为方程组的解）.

$R(\boldsymbol{A}) = n$ 只有零解，$R(\boldsymbol{A}) < n$ 有无限多解（有非零解）.

定理 6.7　n 元齐次线性方程组 $Ax=0$ 有非零解的充要条件是 $R(A)<n$.

例 35　求解齐次线性方程组

$$\begin{cases} x_1+2x_2+2x_3+x_4=0, \\ 2x_1+x_2-2x_3-2x_4=0, \\ x_1-x_2-4x_3-3x_4=0. \end{cases}$$

解

$$A=\begin{pmatrix} 1 & 2 & 2 & 1 \\ 2 & 1 & -2 & -2 \\ 1 & -1 & -4 & -3 \end{pmatrix} \xrightarrow[r_3-r_1]{r_2-2r_1} \begin{pmatrix} 1 & 2 & 2 & 1 \\ 0 & -3 & -6 & -4 \\ 0 & -3 & -6 & -4 \end{pmatrix}$$

$$\xrightarrow[r_2\div(-3)]{r_3-r_2} \begin{pmatrix} 1 & 2 & 2 & 1 \\ 0 & 1 & 2 & \dfrac{4}{3} \\ 0 & 0 & 0 & 0 \end{pmatrix} \xrightarrow{r_1-2r_2} \begin{pmatrix} 1 & 0 & -2 & -\dfrac{5}{3} \\ 0 & 1 & 2 & \dfrac{4}{3} \\ 0 & 0 & 0 & 0 \end{pmatrix},$$

得与原方程组同解的方程组

$$\begin{cases} x_1-2x_3-\dfrac{5}{3}x_4=0, \\ x_2+2x_3+\dfrac{4}{3}x_4=0, \end{cases}$$

由此即得

$$\begin{cases} x_1=2x_3+\dfrac{5}{3}x_4, \\ x_2=-2x_3-\dfrac{4}{3}x_4 \end{cases} \quad (x_3、x_4 \text{ 称为自由未知量}).$$

令 $x_3=C_1$，$x_4=C_2$，则有

$$\begin{cases} x_1=2C_1+\dfrac{5}{3}C_2, \\ x_2=-2C_1-\dfrac{4}{3}C_2, \\ x_3=C_1, \\ x_4=C_2. \end{cases}$$

其中 C_1，C_2 为任意实数.

② **非齐次线性方程组.**

定理 6.8　n 元线性方程组 $Ax=b$，则

a. 无解的充要条件是 $R(A)<R(A \vdots b)$；

b. 有唯一解的充要条件是 $R(A)=R(A \vdots b)=n$；

c. 有无限多解的充要条件是 $R(A)=R(A \vdots b)<n$.

例 36 求解非齐次线性方程组
$$\begin{cases} x_1-2x_2+3x_3-x_4=1, \\ 3x_1-x_2+5x_3-3x_4=2, \\ 2x_1+x_2+2x_3-2x_4=3. \end{cases}$$

解
$$(A \vdots b)=\begin{pmatrix} 1 & -2 & 3 & -1 & 1 \\ 3 & -1 & 5 & -3 & 2 \\ 2 & 1 & 2 & -2 & 3 \end{pmatrix} \overset{r_2-3r_1}{\underset{r_3-2r_1}{\sim}} \begin{pmatrix} 1 & -2 & 3 & -1 & 1 \\ 0 & 5 & -4 & 0 & -1 \\ 0 & 5 & -4 & 0 & 1 \end{pmatrix}$$

$$\overset{r_3-r_2}{\sim} \begin{pmatrix} 1 & -2 & 3 & -1 & 1 \\ 0 & 5 & -4 & 0 & -1 \\ 0 & 0 & 0 & 0 & 2 \end{pmatrix},$$

可见 $R(A)=2$，$R(A \vdots b)=3$，故方程组无解。

例 37 设有线性方程组
$$\begin{cases} (1+\lambda)x_1+x_2+x_3=0, \\ x_1+(1+\lambda)x_2+x_3=3, \\ x_1+x_2+(1+\lambda)x_3=\lambda, \end{cases}$$

问 λ 取何值时，此方程组(1)有唯一解；(2)无解；(3)有无限多解？并在有无限多解时求其通解。

解 $(A \vdots b)=\begin{pmatrix} 1+\lambda & 1 & 1 & 0 \\ 1 & 1+\lambda & 1 & 3 \\ 1 & 1 & 1+\lambda & \lambda \end{pmatrix} \overset{r_1 \leftrightarrow r_3}{\sim} \begin{pmatrix} 1 & 1 & 1+\lambda & \lambda \\ 1 & 1+\lambda & 1 & 3 \\ 1+\lambda & 1 & 1 & 0 \end{pmatrix}$

$$\overset{r_2-r_1}{\underset{r_3-(1+\lambda)r_1}{\sim}} \begin{pmatrix} 1 & 1 & 1+\lambda & \lambda \\ 0 & \lambda & -\lambda & 3-\lambda \\ 0 & -\lambda & -\lambda(2+\lambda) & -\lambda(1+\lambda) \end{pmatrix}$$

$$\overset{r_3+r_2}{\sim} \begin{pmatrix} 1 & 1 & 1+\lambda & \lambda \\ 0 & \lambda & -\lambda & 3-\lambda \\ 0 & 0 & -\lambda(3+\lambda) & (1-\lambda)(3+\lambda) \end{pmatrix}.$$

a. 当 $\lambda \neq 0$ 且 $\lambda \neq -3$ 时，$R(A)=R(A \vdots b)=3$，方程组有唯一解；

b. 当 $\lambda=0$ 时，$R(A)=1$，$R(A \vdots b)=2$，方程组无解；

c. 当 $\lambda=-3$ 时，$R(A)=R(A \vdots b)=2$，方程组有无限多个解，这时

$$(A \vdots b) \overset{r}{\sim} \begin{pmatrix} 1 & 1 & -2 & -3 \\ 0 & -3 & 3 & 6 \\ 0 & 0 & 0 & 0 \end{pmatrix} \overset{r_2 \div (-3)}{\underset{r_1-r_2}{\sim}} \begin{pmatrix} 1 & 0 & -1 & -1 \\ 0 & 1 & -1 & -2 \\ 0 & 0 & 0 & 0 \end{pmatrix},$$

由此得通解
$$\begin{cases} x_1=x_3-1, \\ x_2=x_3-2 \end{cases}(x_3 \text{ 为}\textbf{自由未知量}).$$

小看板

1. 矩阵的初等行变换包括＿＿＿＿＿＿＿＿＿＿＿＿＿＿＿＿＿＿＿＿＿＿，
＿＿＿＿＿＿＿＿＿＿＿＿＿＿＿，＿＿＿＿＿＿＿＿＿＿＿＿＿＿＿＿＿＿＿．
2. 初等矩阵指＿＿＿＿＿＿＿＿＿＿＿＿＿＿＿＿＿＿＿＿＿＿＿＿＿＿＿．
3. 行阶梯形矩阵是指＿＿＿＿＿＿＿＿＿＿＿＿＿＿＿＿＿＿＿＿＿＿＿＿．
4. 用初等变换求逆矩阵的方法是＿＿＿＿＿＿＿＿＿＿＿＿＿＿＿＿＿＿＿．
5. 用初等变换求矩阵的秩的方法是＿＿＿＿＿＿＿＿＿＿＿＿＿＿＿＿＿＿．
6. 系数矩阵是指＿＿＿＿＿＿＿＿＿＿＿＿＿＿＿＿＿＿＿＿＿＿＿＿＿＿．
7. 增广矩阵是指＿＿＿＿＿＿＿＿＿＿＿＿＿＿＿＿＿＿＿＿＿＿＿＿＿＿．
8. 高斯消元法的步骤可分为＿＿＿＿＿＿＿＿＿＿＿＿＿＿＿＿＿＿＿＿＿．
9. 自由未知量的个数为＿＿＿＿＿＿＿＿＿＿＿＿＿＿＿＿＿＿＿＿＿＿＿．
10. 齐次线性方程组解的判定是＿＿＿＿＿＿＿＿＿＿＿＿＿＿＿＿＿＿＿＿．
11. 非齐次线性方程组解的判定是＿＿＿＿＿＿＿＿＿＿＿＿＿＿＿＿＿＿＿．

习题 6.5

1. 将下列矩阵化成行阶梯形.

(1) $\begin{pmatrix} 1 & 1 & 1 & -1 \\ -1 & -1 & 2 & 3 \\ 2 & 2 & 5 & 0 \end{pmatrix}$;　　(2) $\begin{pmatrix} 7 & -4 & 0 & -1 \\ -1 & 4 & 5 & -3 \\ 2 & 0 & 3 & 8 \\ 0 & 8 & 12 & -5 \end{pmatrix}$.

2. 利用矩阵的初等变换判定下列矩阵是否可逆,若可逆,求逆矩阵.

(1) $\begin{pmatrix} 1 & 0 & 8 \\ 0 & 1 & 0 \\ 0 & 0 & 1 \end{pmatrix}$;　　(2) $\begin{pmatrix} 3 & -4 & 5 \\ 2 & -3 & 1 \\ 3 & -5 & -1 \end{pmatrix}$;

(3) $\begin{pmatrix} 1 & 1 & 1 & 1 \\ 1 & 1 & -1 & -1 \\ 1 & -1 & 1 & -1 \\ 1 & -1 & -1 & 1 \end{pmatrix}$;　　(4) $\begin{pmatrix} 3 & 2 & 0 & 0 \\ 4 & 5 & 0 & 0 \\ 0 & 0 & 4 & 1 \\ 0 & 0 & 6 & 2 \end{pmatrix}$.

3. 求下列矩阵的秩.

(1) $\begin{pmatrix} 1 & 1 & 0 & 1 & 0 & 0 & 1 \\ 1 & 1 & 1 & 0 & 1 & 1 & 0 \\ 2 & 2 & 1 & 1 & 0 & 1 & 1 \end{pmatrix}$;　　(2) $\begin{pmatrix} 1 & 0 & 0 \\ 0 & 1 & 0 \\ 1 & 0 & 1 \\ 0 & 1 & 1 \\ 1 & 1 & 0 \end{pmatrix}$.

4. 求解下列线性方程组.

(1) $\begin{cases} x_1 - x_2 + x_3 - x_4 = 1, \\ 3x_1 - 3x_2 - x_3 + x_4 = 1, \\ 2x_1 - 2x_2 - x_3 = -1; \end{cases}$　　(2) $\begin{cases} 2x_1 + x_2 - x_3 = 0, \\ -x_1 + x_2 + 5x_3 = 0, \\ x_1 + 2x_2 + 4x_3 = 0; \end{cases}$

(3) $\begin{cases} x_1 - x_2 - x_3 + x_4 = 0, \\ x_1 - x_2 + x_3 - 3x_4 = 1, \\ x_1 - x_2 - 2x_3 + 3x_4 = -\dfrac{1}{2}; \end{cases}$ (4) $\begin{cases} x_1 - 2x_2 + 3x_3 - x_4 = 1, \\ 3x_1 - x_2 + 5x_3 - 3x_4 = 2, \\ 2x_1 + x_2 + 2x_3 - 2x_4 = 3. \end{cases}$

5. 已知 $\begin{cases} x_1 - \quad\quad 3x_3 = -3, \\ x_1 + 2x_2 + \lambda x_3 = 1, \\ 2x_1 + \lambda x_2 - x_3 = -2, \end{cases}$ 试讨论 λ 取何值时,方程组无解,有唯一解,无穷多组解.

6. 当 a 取何值时,线性方程组 $\begin{cases} x_1 + 2x_2 - x_3 = 1, \\ 2x_1 - 3x_2 + x_3 = 0, \\ 4x_1 + x_2 - x_3 = a \end{cases}$ 有解? 求出它的解.

习题 6.5
参考答案

6.6　向量组的线性相关性

【本节提示】　本节将要介绍 n 维向量、向量组以及极大无关组的概念,在这基础上介绍线性组合、线性相关和向量组的线性相关性.通过本节的学习,要求理解 n 维向量、向量组以及极大无关组的概念;掌握线性组合、线性相关和向量组的线性相关性的运算以及极大线性无关组的求法.

1. n 维向量

定义 6.21　n 个实数 a_1、a_2、$\cdots$、a_n 组成的有序数组称为 **n 维向量**.其中 a_i 为向量的第 i 个分量.n 维向量一般用粗体 $\boldsymbol{\alpha}$、$\boldsymbol{\beta}$、$\boldsymbol{\gamma}$、$\boldsymbol{a}$、$\boldsymbol{o}$、$\boldsymbol{x}$、$\boldsymbol{y}$ 等表示,记为 $\boldsymbol{\alpha}=(a_1, a_2, \cdots, a_n)$.

向量的分类:n 维向量写成一行,称为**行向量**,也就是行矩阵.n 维向量写成一列,称为**列向量**,也就是列矩阵.

例如,$(1, 2, 0)$、$(a_1, a_2, \cdots, a_n)$、$\begin{pmatrix}3\\2\\1\\4\end{pmatrix}$、$\begin{pmatrix}z_1\\z_2\\\vdots\\z_n\end{pmatrix}$ 分别称为 3 维行向量、n 维行向量、4 维列向量、n 维列向量.

所有分量均为零的向量称为**零向量**,记为 $\boldsymbol{O}=(0, 0, \cdots, 0)$.

说明:(1) 行向量就是行矩阵,列向量就是列矩阵,存在着转置的关系.

(2) 向量是矩阵,按照矩阵运算法则进行运算.

(3) 向量与矩阵的关系:

设 $\boldsymbol{A}=\begin{pmatrix}a_{11}&a_{12}&\cdots&a_{1n}\\a_{21}&a_{22}&\cdots&a_{2n}\\\vdots&\vdots&&\vdots\\a_{m1}&a_{m2}&\cdots&a_{mn}\end{pmatrix}$,若记 $\boldsymbol{\alpha}_j=\begin{pmatrix}a_{1j}\\a_{2j}\\\vdots\\a_{mj}\end{pmatrix}$,则 $\boldsymbol{A}=(\boldsymbol{\alpha}_1, \boldsymbol{\alpha}_2, \cdots, \boldsymbol{\alpha}_n)$.若记 $\boldsymbol{\beta}_i=(a_{i1}, a_{i2}, \cdots, a_{in})$,则 $\boldsymbol{A}=\begin{pmatrix}\boldsymbol{\beta}_1\\\boldsymbol{\beta}_2\\\vdots\\\boldsymbol{\beta}_m\end{pmatrix}$.由此说明矩阵可以用行向量表示,也可以用列向量表示.

(4) 当没有明确说明是行向量还是列向量时,都当作列向量.

(5) 两个向量若相等,则必须同型且对应分量相等.

例 38　已知 $\boldsymbol{\alpha}=\left(xy, x, \dfrac{y}{x}\right)$,$\boldsymbol{\beta}=(1, 1, 1)$,且 $\boldsymbol{\alpha}=\boldsymbol{\beta}$,求 x、y.

解　由 $\boldsymbol{\alpha}=\boldsymbol{\beta}$,有 $\begin{cases}xy=1,\\x=1,\\\dfrac{y}{x}=1,\end{cases}$ 得 $\begin{cases}x=1,\\y=1.\end{cases}$

（6）特殊的向量：

① $\boldsymbol{O}=(0,0,\cdots,0)$;

② $\boldsymbol{\alpha}=(a_1,a_2,\cdots,a_n)$，其负向量为 $-\boldsymbol{\alpha}=(-a_1,-a_2,\cdots,-a_n)$;

③ $\boldsymbol{\varepsilon}_1=(1,0,0,\cdots,0)$，$\boldsymbol{\varepsilon}_2=(0,1,0,\cdots,0)$，$\cdots$，$\boldsymbol{\varepsilon}_n=(0,0,0,\cdots,1)$ 称为**单位向量**，$\boldsymbol{\varepsilon}_1$、$\boldsymbol{\varepsilon}_2$、$\cdots$、$\boldsymbol{\varepsilon}_n$ 为**初始单位向量组**.

2. n 维向量空间

所有 n 维向量的集合，称为 **n 维向量空间**，记为 $\boldsymbol{R}^n$（表示其中每一个元素是 n 维向量）.

3. 向量组

定义 6.22 具有某种特性的向量构成的集合称为 **n 维向量组**.

如上面所提到的初始单位向量组 $\boldsymbol{\varepsilon}_1$、$\boldsymbol{\varepsilon}_2$、$\cdots$、$\boldsymbol{\varepsilon}_n$.

4. 向量的线性组合

（1）方程组的线性表示

设有方程组 $\begin{cases} a_{11}x_1+a_{12}x_2+\cdots+a_{1n}x_n=b_1, \\ a_{21}x_1+a_{22}x_2+\cdots+a_{2n}x_n=b_2, \\ \qquad\cdots\cdots\cdots\cdots \\ a_{m1}x_1+a_{m2}x_2+\cdots+a_{mn}x_n=b_m, \end{cases}$

用矩阵表示即为 $\boldsymbol{AX}=\boldsymbol{\beta}$，其中 $\boldsymbol{A}$ 为系数矩阵，$\boldsymbol{X}$ 为未知数矩阵，$\boldsymbol{\beta}$ 为常数项矩阵.

如果用向量表示方程组，则有

$$x_1\begin{bmatrix} a_{11} \\ a_{21} \\ \vdots \\ a_{m1} \end{bmatrix}+x_2\begin{bmatrix} a_{12} \\ a_{22} \\ \vdots \\ a_{m2} \end{bmatrix}+\cdots+x_n\begin{bmatrix} a_{1n} \\ a_{2n} \\ \vdots \\ a_{mn} \end{bmatrix}=\begin{bmatrix} b_1 \\ b_2 \\ \vdots \\ b_m \end{bmatrix}.$$

于是，方程组是否有解的问题转变成能否找到一组数 x_1、x_2、$\cdots$、x_n 使 $x_1\boldsymbol{\alpha}_1+x_2\boldsymbol{\alpha}_2+\cdots+x_n\boldsymbol{\alpha}_n=\boldsymbol{\beta}$ 成立的问题.

若方程组有解，则存在这样的一组数 $(x_1,x_2,\cdots,x_n)$ 使上述方程组成立，亦即 $\boldsymbol{\beta}$ 可以表示成 $\boldsymbol{\alpha}_1$、$\boldsymbol{\alpha}_2$、$\cdots$、$\boldsymbol{\alpha}_n$ 的一个组合，在这个组合中，向量 $\boldsymbol{\alpha}_1$、$\boldsymbol{\alpha}_2$、$\cdots$、$\boldsymbol{\alpha}_n$ 的次数都是一次，存在着线性的关系，则称 $\boldsymbol{\beta}$ 可以由 $\boldsymbol{\alpha}_1$、$\boldsymbol{\alpha}_2$、$\cdots$、$\boldsymbol{\alpha}_n$ 线性表示出来；反之，若方程组无解，则 $\boldsymbol{\beta}$ 就不能被这一组向量表示.于是，方程组有无解的问题，就等价于向量 $\boldsymbol{\beta}$ 能否由向量组 $\boldsymbol{\alpha}_1$、$\boldsymbol{\alpha}_2$、$\cdots$、$\boldsymbol{\alpha}_n$ 线性表示出来的问题.

（2）向量的线性表示

定义 6.23 设 $\boldsymbol{\alpha}_1$、$\boldsymbol{\alpha}_2$、$\cdots$、$\boldsymbol{\alpha}_m$ 是一组 n 维向量，k_1，k_2，$\cdots$，k_m 是一组常数，则称

$$k_1\boldsymbol{\alpha}_1+k_2\boldsymbol{\alpha}_2+\cdots+k_m\boldsymbol{\alpha}_m$$

为 $\boldsymbol{\alpha}_1$，$\boldsymbol{\alpha}_2$，$\cdots$，$\boldsymbol{\alpha}_m$ 的一个**线性组合**.常数 k_1，k_2，$\cdots$，k_m 称为该线性组合的**组合系数**.

若一个 n 维向量 $\boldsymbol{\beta}$ 可以表示成

$$\boldsymbol{\beta}=k_1\boldsymbol{\alpha}_1+k_2\boldsymbol{\alpha}_2+\cdots+k_m\boldsymbol{\alpha}_m,$$

则称 $\boldsymbol{\beta}$ 是 $\boldsymbol{\alpha}_1$，$\boldsymbol{\alpha}_2$，$\cdots$，$\boldsymbol{\alpha}_m$ 的**线性组合**，或称 $\boldsymbol{\beta}$ 可用 $\boldsymbol{\alpha}_1$，$\boldsymbol{\alpha}_2$，$\cdots$，$\boldsymbol{\alpha}_m$ **线性表出**（或**线性表示**）.仍称 k_1，k_2，$\cdots$，k_m 为**组合系数**，或**表出系数**.

例如，$\boldsymbol{\alpha}_1 = (1, -1, 3)^{\mathrm{T}}$，$\boldsymbol{\alpha}_2 = (0, 1, 2)^{\mathrm{T}}$，$\boldsymbol{\alpha}_3 = (-2, 1, 0)^{\mathrm{T}}$，$\boldsymbol{\beta} = (-1, -3, -3)^{\mathrm{T}}$，则 $\boldsymbol{\alpha}_1 - 3\boldsymbol{\alpha}_2 + \boldsymbol{\alpha}_3 = \boldsymbol{\beta}$，$\boldsymbol{\beta}$ 可以被 $\boldsymbol{\alpha}_1$、$\boldsymbol{\alpha}_2$、$\boldsymbol{\alpha}_3$ 线性表示出来，或者说 $\boldsymbol{\beta}$ 可以表示成 $\boldsymbol{\alpha}_1$、$\boldsymbol{\alpha}_2$、$\boldsymbol{\alpha}_3$ 的线性组合.

说明：① 任意 n 维向量可以表示成初始单位向量组的线性组合；

② 零向量是任意向量组的线性组合（可由任意向量组线性表示出来）；

③ 一向量组中的任意一个向量都是该向量组的线性组合（可由该向量组线性表示）.

例 39 $\boldsymbol{\alpha}_1 = (-1, 0, 2)^{\mathrm{T}}$，$\boldsymbol{\alpha}_2 = (2, 1, -3)^{\mathrm{T}}$ 且 $2\boldsymbol{\alpha}_1 + 3(\boldsymbol{\alpha}_2 - \boldsymbol{\beta}) = \boldsymbol{O}$，求 $\boldsymbol{\beta}$.

解 $2\boldsymbol{\alpha}_1 + 3(\boldsymbol{\alpha}_2 - \boldsymbol{\beta}) = \boldsymbol{O}$ 得 $\boldsymbol{\beta} = \dfrac{1}{3}(2\boldsymbol{\alpha}_1 + 3\boldsymbol{\alpha}_2) = \dfrac{1}{3}(4, 3, -5)^{\mathrm{T}}$.

（3）向量线性表示的判定

设 $\boldsymbol{\beta}$、$\boldsymbol{\alpha}_1$、$\boldsymbol{\alpha}_2$、$\cdots$、$\boldsymbol{\alpha}_m$ 为 n 维列向量，若 $\boldsymbol{\beta}$ 能由 $\boldsymbol{\alpha}_1$、$\boldsymbol{\alpha}_2$、$\cdots$、$\boldsymbol{\alpha}_m$ 线性表示，则 $\boldsymbol{\beta} = k_1\boldsymbol{\alpha}_1 + k_2\boldsymbol{\alpha}_2 + \cdots + k_m\boldsymbol{\alpha}_m$ 成立，目的是寻找使等式成立的 k_1、k_2、$\cdots$、k_m，这便转化成方程组的问题：

$$\begin{cases} a_{11}k_1 + a_{12}k_2 + \cdots + a_{1m}k_m = b_1, \\ a_{21}k_1 + a_{22}k_2 + \cdots + a_{2m}k_m = b_2, \\ \cdots\cdots\cdots\cdots\cdots \\ a_{n1}k_1 + a_{n2}k_2 + \cdots + a_{nm}k_m = b_n. \end{cases}$$

记 $\boldsymbol{A} = (\boldsymbol{\alpha}_1, \boldsymbol{\alpha}_2, \cdots, \boldsymbol{\alpha}_m)$，$(\boldsymbol{A} \vdots \boldsymbol{\beta}) = (\boldsymbol{\alpha}_1, \boldsymbol{\alpha}_2, \cdots, \boldsymbol{\alpha}_m, \boldsymbol{\beta})$，由非齐次线性方程组有解的条件，有如下定理.

定理 6.9 $\boldsymbol{\beta}$ 能由 $\boldsymbol{\alpha}_1$、$\boldsymbol{\alpha}_2$、$\cdots$、$\boldsymbol{\alpha}_m$ 线性表示 $\Leftrightarrow R(\boldsymbol{A}) = R(\boldsymbol{A} \vdots \boldsymbol{\beta})$.

要使 $\boldsymbol{\beta}$ 能由 $\boldsymbol{\alpha}_1$、$\boldsymbol{\alpha}_2$、$\cdots$、$\boldsymbol{\alpha}_m$ 线性表示，只需要对应方程组有解即可，可能是唯一解，可能是无穷多组解.

以上所讨论的是列向量，若要处理行向量的问题，只需将其转置成列向量即可.

例 40 试将 $\boldsymbol{\beta}$ 由其余给出向量线性表示.

$$\boldsymbol{\beta} = \begin{bmatrix} 3 \\ -3 \\ -3 \end{bmatrix}, \quad \boldsymbol{\alpha}_1 = \begin{bmatrix} 1 \\ -1 \\ 2 \end{bmatrix}, \quad \boldsymbol{\alpha}_2 = \begin{bmatrix} 0 \\ 1 \\ 3 \end{bmatrix}, \quad \boldsymbol{\alpha}_3 = \begin{bmatrix} 2 \\ 1 \\ 4 \end{bmatrix};$$

解 设 $k_1\boldsymbol{\alpha}_1 + k_2\boldsymbol{\alpha}_2 + k_3\boldsymbol{\alpha}_3 = \boldsymbol{\beta}$，则对应的方程组为

$$\begin{cases} k_1 \quad\quad + 2k_3 = 3, \\ -k_1 + k_2 + k_3 = -3, \\ 2k_1 + 3k_2 + 4k_3 = -3. \end{cases}$$

$$(\boldsymbol{A} \vdots \boldsymbol{\beta}) = \begin{bmatrix} 1 & 0 & 2 & 3 \\ -1 & 1 & 1 & -3 \\ 2 & 3 & 4 & -3 \end{bmatrix} \xrightarrow[\substack{r_3 - 2r_1 \\ r_3 \div 3}]{r_2 + r_1} \begin{bmatrix} 1 & 0 & 2 & 3 \\ 0 & 1 & 3 & 0 \\ 0 & 1 & 0 & -3 \end{bmatrix} \xrightarrow[r_3 \div (-3)]{r_3 - r_2} \begin{bmatrix} 1 & 0 & 2 & 3 \\ 0 & 1 & 3 & 0 \\ 0 & 0 & 1 & 1 \end{bmatrix}$$

$$\xrightarrow[r_2 - 3r_3]{r_1 - 2r_3} \begin{bmatrix} 1 & 0 & 2 & 3 \\ 0 & 1 & 0 & -3 \\ 0 & 0 & 1 & 1 \end{bmatrix},$$

故 $\boldsymbol{\beta} = \boldsymbol{\alpha}_1 - 3\boldsymbol{\alpha}_2 + \boldsymbol{\alpha}_3$.

在 $\boldsymbol{\beta} = k_1\boldsymbol{\alpha}_1 + k_2\boldsymbol{\alpha}_2 + \cdots + k_m\boldsymbol{\alpha}_m$ 中，若令 $\boldsymbol{\beta} = \boldsymbol{O}$，则 $\boldsymbol{O} = k_1\boldsymbol{\alpha}_1 + k_2\boldsymbol{\alpha}_2 + \cdots + k_m\boldsymbol{\alpha}_m$，此

时,对应的方程组 $\begin{cases} a_{11}k_1+a_{12}k_2+\cdots+a_{1m}k_m=0, \\ a_{21}k_1+a_{22}k_2+\cdots+a_{2m}k_m=0, \\ \cdots \\ a_{n1}k_1+a_{n2}k_2+\cdots+a_{nm}k_m=0 \end{cases}$ 为齐次线性方程组,所要解决的问题

是零向量能否由 $\boldsymbol{\alpha}_1$、$\boldsymbol{\alpha}_2$、$\cdots$、$\boldsymbol{\alpha}_m$ 线性表示出来.

由齐次线性方程组解的情况可知,上述方程组至少有一个零解,即 $\boldsymbol{O}$ 一定可以由 $\boldsymbol{\alpha}_1$、$\boldsymbol{\alpha}_2$、$\cdots$、$\boldsymbol{\alpha}_m$ 线性表示出来,但要关注的是它是否有非零解的问题.

5. 向量组的相关性

如果说向量的线性组合所讨论的是向量和向量组的关系,那么,向量组的相关性则是讨论向量组自身内部的关系,可以看作线性组合的特殊情况.

定义 6.24 设有向量 $\boldsymbol{\alpha}_1$、$\boldsymbol{\alpha}_2$、$\cdots$、$\boldsymbol{\alpha}_m$,若存在一组不全为零的数 k_1、k_2、$\cdots$、k_m,使 $k_1\boldsymbol{\alpha}_1+k_2\boldsymbol{\alpha}_2+\cdots+k_m\boldsymbol{\alpha}_m=0$,则称向量组 $\boldsymbol{\alpha}_1$、$\boldsymbol{\alpha}_2$、$\cdots$、$\boldsymbol{\alpha}_m$ **线性相关**;否则,称它们线性无关.

说明:(1) 若只有当 k_1、k_2、$\cdots$、k_m 全为零时,$k_1\boldsymbol{\alpha}_1+k_2\boldsymbol{\alpha}_2+\cdots+k_m\boldsymbol{\alpha}_m=\boldsymbol{O}$ 才成立,则称 $\boldsymbol{\alpha}_1$、$\boldsymbol{\alpha}_2$、$\cdots$、$\boldsymbol{\alpha}_m$ 线性无关.

(2) 对于任一向量组,不是线性相关,就是线性无关.

(3) 对于零向量,任意 $k\neq0$ 都可使 $k\cdot\boldsymbol{O}=\boldsymbol{O}$;

对于非零向量 $\boldsymbol{\alpha}$,只有 $k=0$ 时,$k\boldsymbol{\alpha}=\boldsymbol{O}$.

(4) 含有零向量的向量组线性相关.

设向量组 $\boldsymbol{O}$、$\boldsymbol{\alpha}_1$、$\boldsymbol{\alpha}_2$、$\cdots$、$\boldsymbol{\alpha}_m$,则至少有一个非零数 k 使得 $k\cdot\boldsymbol{O}+0\boldsymbol{\alpha}_1+0\boldsymbol{\alpha}_2+\cdots+0\boldsymbol{\alpha}_m=\boldsymbol{O}$.

定理 6.10 向量组 $\boldsymbol{\alpha}_1$,$\boldsymbol{\alpha}_2$,$\cdots$,$\boldsymbol{\alpha}_m$ 线性相关$\Leftrightarrow$对应的齐次线性方程组有非零解$\Leftrightarrow R(\boldsymbol{\alpha}_1,\boldsymbol{\alpha}_2,\cdots,\boldsymbol{\alpha}_m)<m$;向量组 $\boldsymbol{\alpha}_1$,$\boldsymbol{\alpha}_2$,$\cdots$,$\boldsymbol{\alpha}_m$ 线性无关$\Leftrightarrow R(\boldsymbol{\alpha}_1,\boldsymbol{\alpha}_2,\cdots,\boldsymbol{\alpha}_m)=m$.

说明:初始单位向量组线性无关,因为 $R(\boldsymbol{\varepsilon}_1,\boldsymbol{\varepsilon}_2,\cdots,\boldsymbol{\varepsilon}_n)=n$,所以线性无关.

例 41 已知 $\boldsymbol{\alpha}_1=\begin{pmatrix}1\\1\\1\end{pmatrix}$,$\boldsymbol{\alpha}_2=\begin{pmatrix}0\\2\\5\end{pmatrix}$,$\boldsymbol{\alpha}_3=\begin{pmatrix}2\\4\\7\end{pmatrix}$,试讨论向量组 $\boldsymbol{\alpha}_1$,$\boldsymbol{\alpha}_2$,$\boldsymbol{\alpha}_3$ 及向量组 $\boldsymbol{\alpha}_1$,$\boldsymbol{\alpha}_2$ 的线性相关性.

解 对矩阵$(\boldsymbol{\alpha}_1,\boldsymbol{\alpha}_2,\boldsymbol{\alpha}_3)$施行初等行变换变成行阶梯形矩阵,即可同时看出矩阵 $(\boldsymbol{\alpha}_1,\boldsymbol{\alpha}_2,\boldsymbol{\alpha}_3)$ 及$(\boldsymbol{\alpha}_1,\boldsymbol{\alpha}_2)$的秩.利用定理 6.10 即可得结论.

$$(\boldsymbol{\alpha}_1,\boldsymbol{\alpha}_2,\boldsymbol{\alpha}_3)=\begin{pmatrix}1&0&2\\1&2&4\\1&5&7\end{pmatrix}\xrightarrow[r_3-r_1]{r_2-r_1}\begin{pmatrix}1&0&2\\0&2&2\\0&5&5\end{pmatrix}\xrightarrow{r_3-\frac{5}{2}r_2}\begin{pmatrix}1&0&2\\0&2&2\\0&0&0\end{pmatrix}.$$

可见 $R(\boldsymbol{\alpha}_1,\boldsymbol{\alpha}_2,\boldsymbol{\alpha}_3)=2$,故向量组 $\boldsymbol{\alpha}_1$,$\boldsymbol{\alpha}_2$,$\boldsymbol{\alpha}_3$ 线性相关;同时可见 $R(\boldsymbol{\alpha}_1,\boldsymbol{\alpha}_2)=2$,故向量组 $\boldsymbol{\alpha}_1$,$\boldsymbol{\alpha}_2$ 线性无关.

例 42 已知向量组 $\boldsymbol{a}_1$、$\boldsymbol{a}_2$、$\boldsymbol{a}_3$ 线性无关,$\boldsymbol{b}_1=\boldsymbol{a}_1+\boldsymbol{a}_2$,$\boldsymbol{b}_2=\boldsymbol{a}_2+\boldsymbol{a}_3$,$\boldsymbol{b}_3=\boldsymbol{a}_3+\boldsymbol{a}_1$,试证向量组 $\boldsymbol{b}_1$,$\boldsymbol{b}_2$,$\boldsymbol{b}_3$ 线性无关.

证明 设有 x_1、x_2、x_3 使 $x_1\boldsymbol{b}_1+x_2\boldsymbol{b}_2+x_3\boldsymbol{b}_3=0$,即

$$x_1(\boldsymbol{a}_1+\boldsymbol{a}_2)+x_2(\boldsymbol{a}_2+\boldsymbol{a}_3)+x_3(\boldsymbol{a}_3+\boldsymbol{a}_1)=0,$$

亦即 $(x_1+x_3)\boldsymbol{a}_1+(x_1+x_2)\boldsymbol{a}_2+(x_2+x_3)\boldsymbol{a}_3=0.$

因 $\boldsymbol{a}_1$，$\boldsymbol{a}_2$，$\boldsymbol{a}_3$ 线性无关，故有

$$\begin{cases} x_1+x_3=0, \\ x_1+x_2=0, \\ x_2+x_3=0. \end{cases}$$

由于此方程组的系数行列式

$$\begin{vmatrix} 1 & 0 & 1 \\ 1 & 1 & 0 \\ 0 & 1 & 1 \end{vmatrix}=2\neq0,$$

故方程组只有零解 $x_1=x_2=0$，所以向量组 $\boldsymbol{b}_1$，$\boldsymbol{b}_2$，$\boldsymbol{b}_3$ 线性无关.

例 43 已知 $\boldsymbol{\alpha}_1=\begin{bmatrix} \lambda+1 \\ 4 \\ 6 \end{bmatrix}$，$\boldsymbol{\alpha}_2=\begin{bmatrix} 1 \\ 0 \\ \lambda \end{bmatrix}$，$\boldsymbol{\alpha}_3=\begin{bmatrix} 2 \\ 2 \\ \lambda \end{bmatrix}$，$\lambda$ 为何值时 $\boldsymbol{\alpha}_1$，$\boldsymbol{\alpha}_2$，$\boldsymbol{\alpha}_3$ 线性相关，并将 $\boldsymbol{\alpha}_1$ 用 $\boldsymbol{\alpha}_2$，$\boldsymbol{\alpha}_3$ 线性表示.

解

$$(\boldsymbol{\alpha}_2, \boldsymbol{\alpha}_3, \boldsymbol{\alpha}_1)=\begin{bmatrix} 1 & 2 & \lambda+1 \\ 0 & 2 & 4 \\ \lambda & \lambda & 6 \end{bmatrix}\xrightarrow{r_3-\lambda r_1}\begin{bmatrix} 1 & 2 & \lambda+1 \\ 0 & 2 & 4 \\ 0 & -\lambda & 6-\lambda^2-\lambda \end{bmatrix}$$

$$\xrightarrow[r_3+\lambda r_2]{\substack{r_1-r_2 \\ r_2\div2}}\begin{bmatrix} 1 & 0 & \lambda-3 \\ 0 & 1 & 2 \\ 0 & 0 & 6-\lambda^2+\lambda \end{bmatrix}.$$

要使 $\boldsymbol{\alpha}_1$、$\boldsymbol{\alpha}_2$、$\boldsymbol{\alpha}_3$ 线性相关，需要 $R(\boldsymbol{A})<3$，由 $6-\lambda^2+\lambda=0$ 得 $\lambda=-2$ 或者 $\lambda=3$.当 $\lambda=-2$ 时，$\boldsymbol{\alpha}_1=-5\boldsymbol{\alpha}_2+2\boldsymbol{\alpha}_3$；当 $\lambda=3$ 时，$\boldsymbol{\alpha}_1=0\cdot\boldsymbol{\alpha}_2+2\boldsymbol{\alpha}_3$.

线性相关性是向量组的一个重要性质，下面介绍与之相关的一些简单的结论.

定理 6.11　（1）若向量组 $\boldsymbol{A}$：$\boldsymbol{\alpha}_1$，$\cdots$，$\boldsymbol{\alpha}_m$ 线性相关，则向量组 $\boldsymbol{B}$：$\boldsymbol{\alpha}_1$，$\cdots$，$\boldsymbol{\alpha}_m$，$\boldsymbol{\alpha}_{m+1}$ 也线性相关.反之，若向量组 $\boldsymbol{B}$ 线性无关，则向量组 $\boldsymbol{A}$ 也线性无关.

（2）m 个 n 维向量组成的向量组，当维数 n 小于向量个数 m 时一定线性相关.特别地，$n+1$ 个 n 维向量一定线性相关.

（3）设向量组 $\boldsymbol{A}$：$\boldsymbol{\alpha}_1$，$\boldsymbol{\alpha}_2$，$\cdots$，$\boldsymbol{\alpha}_m$ 线性无关，而向量组 $\boldsymbol{B}$：$\boldsymbol{\alpha}_1$，$\boldsymbol{\alpha}_2$，$\cdots$，$\boldsymbol{\alpha}_m$，$\boldsymbol{\beta}$ 线性相关，则向量 $\boldsymbol{\beta}$ 必能由向量组 $\boldsymbol{A}$ 线性表示，且表示式是唯一的.

证明　这些结论都可以用定理 6.10 来证明.

（1）记 $\boldsymbol{A}=(\boldsymbol{\alpha}_1, \cdots, \boldsymbol{\alpha}_m)$、$\boldsymbol{B}=(\boldsymbol{\alpha}_1, \cdots, \boldsymbol{\alpha}_m, \boldsymbol{\alpha}_{m+1})$，有 $R(\boldsymbol{B})\leqslant R(\boldsymbol{A})+1$.因向量组 $\boldsymbol{A}$ 线性相关，故根据定理 6.10，有 $R(\boldsymbol{A})<m$，从而 $R(\boldsymbol{B})\leqslant R(\boldsymbol{A})+1<m+1$，因此根据定理 6.10 知向量组 $\boldsymbol{B}$ 线性相关.

（2）m 个 n 维向量 $\boldsymbol{\alpha}_1$，$\boldsymbol{\alpha}_2$，$\cdots$，$\boldsymbol{\alpha}_m$ 构成矩阵 $\boldsymbol{A}_{n\times m}=(\boldsymbol{\alpha}_1, \boldsymbol{\alpha}_2, \cdots, \boldsymbol{\alpha}_m)$，有 $R(\boldsymbol{A})\leqslant n$，当 $n<m$ 时，有 $R(\boldsymbol{A})<m$，故 m 个向量 $\boldsymbol{\alpha}_1$，$\boldsymbol{\alpha}_2$，$\cdots$，$\boldsymbol{\alpha}_m$ 线性相关.

（3）记 $\boldsymbol{A}=(\boldsymbol{\alpha}_1, \cdots, \boldsymbol{\alpha}_m)$、$\boldsymbol{B}=(\boldsymbol{\alpha}_1, \cdots, \boldsymbol{\alpha}_m, \boldsymbol{\beta})$，有 $R(\boldsymbol{A})\leqslant R(\boldsymbol{B})$，因向量组 $\boldsymbol{A}$ 线性无关，有 $R(\boldsymbol{A})=m$；因向量组 $\boldsymbol{B}$ 线性相关，有 $R(\boldsymbol{B})<m+1$，所以 $m\leqslant R(\boldsymbol{B})<m+1$，即

有 $R(\boldsymbol{B})=m$.

由 $R(\boldsymbol{A})=R(\boldsymbol{B})=m$ 及定理 6.8 知方程组 $(\boldsymbol{\alpha}_1,\cdots,\boldsymbol{\alpha}_m)x=\boldsymbol{\beta}$ 有唯一解,即向量组 $\boldsymbol{\beta}$ 能由向量组 $\boldsymbol{A}$ 线性表示,且表示式是唯一的.

6. 向量组之间的线性表示

定义 6.25 设有两向量组(1)$\boldsymbol{\alpha}_1$、$\boldsymbol{\alpha}_2$、$\cdots$、$\boldsymbol{\alpha}_m$,(2)$\boldsymbol{\beta}_1$、$\boldsymbol{\beta}_2$、$\cdots$、$\boldsymbol{\beta}_s$,若(2)中的每一个向量可以由向量组(1)线性表示,则称向量组(2)可以被向量组(1)线性表示;若(1)中的每一个向量也可以被(2)线性表示,则称这两个**向量组等价**.

若向量组(2)可以被向量组(1)线性表示,其矩阵形式

$$
\begin{aligned}
\boldsymbol{\beta}_1 &= k_{11}\boldsymbol{\alpha}_1 + k_{12}\boldsymbol{\alpha}_2 + \cdots + k_{1m}\boldsymbol{\alpha}_m \\
\boldsymbol{\beta}_2 &= k_{21}\boldsymbol{\alpha}_1 + k_{22}\boldsymbol{\alpha}_2 + \cdots + k_{2m}\boldsymbol{\alpha}_m \\
&\cdots\cdots\cdots\cdots \\
\boldsymbol{\beta}_s &= k_{s1}\boldsymbol{\alpha}_1 + k_{s2}\boldsymbol{\alpha}_2 + \cdots + k_{sm}\boldsymbol{\alpha}_m
\end{aligned}
\quad\text{即}\quad
\begin{bmatrix} \boldsymbol{\beta}_1 \\ \boldsymbol{\beta}_2 \\ \vdots \\ \boldsymbol{\beta}_s \end{bmatrix}
=
\begin{bmatrix}
k_{11} & k_{12} & \cdots & k_{1n} \\
k_{21} & k_{22} & \cdots & k_{2n} \\
\vdots & \vdots & & \vdots \\
k_{s1} & k_{s2} & \cdots & k_{sm}
\end{bmatrix}
\begin{bmatrix} \boldsymbol{\alpha}_1 \\ \boldsymbol{\alpha}_2 \\ \vdots \\ \boldsymbol{\alpha}_m \end{bmatrix}. \quad (6\text{-}17)
$$

例如:

$$
\begin{aligned}
\boldsymbol{\beta}_1 &= 2\boldsymbol{\alpha}_1 - 3\boldsymbol{\alpha}_2 + \boldsymbol{\alpha}_3 - \boldsymbol{\alpha}_4 \\
\boldsymbol{\beta}_2 &= \boldsymbol{\alpha}_1 - 2\boldsymbol{\alpha}_2 - 3\boldsymbol{\alpha}_3 + 2\boldsymbol{\alpha}_4 \Rightarrow \\
\boldsymbol{\beta}_3 &= -\boldsymbol{\alpha}_1 + 3\boldsymbol{\alpha}_2 - 2\boldsymbol{\alpha}_3 - \boldsymbol{\alpha}_4
\end{aligned}
\begin{bmatrix} \boldsymbol{\beta}_1 \\ \boldsymbol{\beta}_2 \\ \boldsymbol{\beta}_3 \end{bmatrix}
\quad\text{即}\quad
\begin{bmatrix}
2 & -3 & 1 & -1 \\
1 & -2 & -3 & 2 \\
-1 & 3 & -2 & -1
\end{bmatrix}
\begin{bmatrix} \boldsymbol{\alpha}_1 \\ \boldsymbol{\alpha}_2 \\ \boldsymbol{\alpha}_3 \\ \boldsymbol{\alpha}_4 \end{bmatrix}.
$$

7. 向量组的秩

设有一向量组 $\boldsymbol{\alpha}_1 = \begin{bmatrix} 1 \\ 0 \\ 0 \\ 0 \end{bmatrix}$、$\boldsymbol{\alpha}_2 = \begin{bmatrix} 0 \\ 1 \\ 0 \\ 0 \end{bmatrix}$、$\boldsymbol{\alpha}_3 = \begin{bmatrix} 0 \\ 0 \\ 1 \\ 0 \end{bmatrix}$、$\boldsymbol{\alpha}_4 = \begin{bmatrix} 0 \\ 0 \\ 0 \\ 1 \end{bmatrix}$、$\boldsymbol{\alpha}_5 = \begin{bmatrix} 2 \\ 4 \\ 6 \\ 8 \end{bmatrix}$、$\boldsymbol{\alpha}_6 = \begin{bmatrix} 8 \\ 2 \\ 4 \\ 6 \end{bmatrix}$、

$\boldsymbol{\alpha}_7 = \begin{bmatrix} 6 \\ 8 \\ 2 \\ 4 \end{bmatrix}$、$\boldsymbol{\alpha}_8 = \begin{bmatrix} 4 \\ 6 \\ 8 \\ 2 \end{bmatrix}$,在该向量组中 $\boldsymbol{\alpha}_1$ 线性无关,$\boldsymbol{\alpha}_1$、$\boldsymbol{\alpha}_2$ 线性无关,$\boldsymbol{\alpha}_1$、$\boldsymbol{\alpha}_2$、$\boldsymbol{\alpha}_3$ 线性无关,

$\boldsymbol{\alpha}_1$、$\boldsymbol{\alpha}_2$、$\boldsymbol{\alpha}_3$、$\boldsymbol{\alpha}_4$ 线性无关,但 $\boldsymbol{\alpha}_1$、$\boldsymbol{\alpha}_2$、$\boldsymbol{\alpha}_3$、$\boldsymbol{\alpha}_4$、$\boldsymbol{\alpha}_5$ 就线性相关,并且该向量组本身线性相关.通过观察可以发现,该向量组可以找到线性无关的部分组,且最多可以找到由 4 个向量所构成的部分组线性无关,往这个部分组中任意加入一个向量,构成的部分组线性相关,于是 $\boldsymbol{\alpha}_1$、$\boldsymbol{\alpha}_2$、$\boldsymbol{\alpha}_3$、$\boldsymbol{\alpha}_4$ 是该向量组的极大线性无关向量组,称为极大无关组.

定义 6.26 设有向量组 $\boldsymbol{A}$,如果在 $\boldsymbol{A}$ 中能选出 r 个向量 $\boldsymbol{\alpha}_1$、$\boldsymbol{\alpha}_2$、$\cdots$、$\boldsymbol{\alpha}_r$,满足

(1)向量组 $\boldsymbol{A}_0$:$\boldsymbol{\alpha}_1$、$\boldsymbol{\alpha}_2$、$\cdots$、$\boldsymbol{\alpha}_r$ 线性无关;

(2)向量组 $\boldsymbol{A}$ 中任意 $r+1$ 个向量(如果 $\boldsymbol{A}$ 中有 $r+1$ 个向量的话)都线性相关,那么称向量组 $\boldsymbol{A}_0$ 是向量组 $\boldsymbol{A}$ 的一个**极大无关向量组**,简称**极大无关组**.

说明:(1)极大无关组不一定唯一,但其中向量的个数一定确定;

(2)设向量组 $\boldsymbol{A}_0$ 为向量组 $\boldsymbol{A}$ 的线性无关部分组,则 $\boldsymbol{A}_0$ 是极大无关组$\Leftrightarrow$向量组 $\boldsymbol{A}$ 中的任意向量可以由向量组 $\boldsymbol{A}_0$ 线性表示.

事实上,极大无关组 A_0 本身也可以被向量组 A 线性表示,即向量组的极大无关组和该向量组本身等价.

定义 6.27　向量组 α_1、α_2、$\cdots$、α_m 的极大无关组所含向量的个数,称为**向量组的秩**,记为 $R(\alpha_1, \alpha_2, \cdots, \alpha_m)$.

定理 6.12　矩阵的秩等于它的列向量组的秩,也等于它的行向量组的秩.

如能够求得向量组的秩,便能很方便地寻找极大无关组,而求向量组的秩需要初等变换.所以,求极大无关组的做法是对矩阵 $A=(\alpha_1, \alpha_2, \cdots, \alpha_m)$ 实施初等行变换,直到变成行最简形矩阵,此时,单位向量所对应的向量就是极大无关组.

例 44　求下列向量组的一个极大无关组,并将其余向量用该极大无关组线性表示.

(1) $\alpha_1 = \begin{bmatrix} 2 \\ 4 \\ 2 \end{bmatrix}$, $\alpha_2 = \begin{bmatrix} 1 \\ 1 \\ 0 \end{bmatrix}$, $\alpha_3 = \begin{bmatrix} 2 \\ 3 \\ 1 \end{bmatrix}$, $\alpha_4 = \begin{bmatrix} 3 \\ 5 \\ 2 \end{bmatrix}$;

(2) $\alpha_1 = (1, -1, 2, 1, 0)^{\mathrm{T}}$, $\alpha_2 = (2, -2, 4, -2, 0)^{\mathrm{T}}$, $\alpha_3 = (3, 0, 6, -1, 1)^{\mathrm{T}}$, $\alpha_4 = (0, 3, 0, 0, 1)^{\mathrm{T}}$.

解　(1) $A = \begin{bmatrix} 2 & 1 & 2 & 3 \\ 4 & 1 & 3 & 5 \\ 2 & 0 & 1 & 2 \end{bmatrix} \xrightarrow[r_3-r_1]{r_2-2r_1} \begin{bmatrix} 2 & 1 & 2 & 3 \\ 0 & -1 & -1 & -1 \\ 0 & -1 & -1 & -1 \end{bmatrix} \xrightarrow[r_3+r_2]{r_2\div(-1)} \begin{bmatrix} 2 & 1 & 2 & 3 \\ 0 & 1 & 1 & 1 \\ 0 & 0 & 0 & 0 \end{bmatrix}$

$\xrightarrow[r_1\div 2]{r_1-r_2} \begin{bmatrix} 1 & 0 & \frac{1}{2} & 1 \\ 0 & 1 & 1 & 1 \\ 0 & 0 & 0 & 0 \end{bmatrix} = (\beta_1, \beta_2, \beta_3, \beta_4)$.

显然在向量组 β_1、β_2、β_3、β_4 中,β_1、β_2 为极大无关组,$\beta_3 = \frac{1}{2}\beta_1 + \beta_2$、$\beta_4 = \beta_1 + \beta_2$.

从而,在原向量组中 α_1、α_2 为极大无关组,$\alpha_3 = \frac{1}{2}\alpha_1 + \alpha_2$、$\alpha_4 = \alpha_1 + \alpha_2$.

(2) $A = \begin{bmatrix} 1 & 2 & 3 & 0 \\ -1 & -2 & 0 & 3 \\ 2 & 4 & 6 & 0 \\ 1 & -2 & -1 & 0 \\ 0 & 0 & 1 & 1 \end{bmatrix} \xrightarrow[r_4-r_1]{\substack{r_2+r_1 \\ r_3-2r_1}} \begin{bmatrix} 1 & 2 & 3 & 0 \\ 0 & 0 & 3 & 3 \\ 0 & 0 & 0 & 0 \\ 0 & -4 & -4 & 0 \\ 0 & 0 & 1 & 1 \end{bmatrix} \xrightarrow[r_4\div(-4)]{r_2\div 3} \begin{bmatrix} 1 & 2 & 3 & 0 \\ 0 & 0 & 1 & 1 \\ 0 & 0 & 0 & 0 \\ 0 & 1 & 1 & 0 \\ 0 & 0 & 1 & 1 \end{bmatrix}$

$\xrightarrow{r_2 \leftrightarrow r_4} \begin{bmatrix} 1 & 2 & 3 & 0 \\ 0 & 1 & 1 & 0 \\ 0 & 0 & 0 & 0 \\ 0 & 0 & 1 & 1 \\ 0 & 0 & 1 & 1 \end{bmatrix} \xrightarrow[r_5-r_3]{r_3 \leftrightarrow r_4} \begin{bmatrix} 1 & 2 & 3 & 0 \\ 0 & 1 & 1 & 0 \\ 0 & 0 & 1 & 1 \\ 0 & 0 & 0 & 0 \\ 0 & 0 & 0 & 0 \end{bmatrix} \xrightarrow[r_2-r_3]{\substack{r_1-2r_2 \\ r_1-r_3}} \begin{bmatrix} 1 & 0 & 0 & -1 \\ 0 & 1 & 0 & -1 \\ 0 & 0 & 1 & 1 \\ 0 & 0 & 0 & 0 \\ 0 & 0 & 0 & 0 \end{bmatrix}$

$= (\beta_1, \beta_2, \beta_3, \beta_4)$

显然在向量组 β_1、β_2、β_3、β_4 中,β_1、β_2、β_3 为极大无关组,$\beta_4 = -\beta_1 - \beta_2 + \beta_3$.

从而,在原向量组中 α_1、α_2、α_3 为极大无关组,$\alpha_4 = -\alpha_1 - \alpha_2 + \alpha_3$.

定理 6.13　设向量组 B 能由向量组 A 线性表示,则向量组 B 的秩不大于向量组 A 的秩,即 $R(B) \leqslant R(A)$.

推论　等价的向量组的秩相等.

291

小看板

1. n 维向量的概念_____.

2. 向量组的概念_____.

3. 线性组合与线性表示是指_____

_____

4. 怎样判断向量线性相关_____.

5. 极大无关组的判定定理是_____.

6. 向量组的秩是指_____.

习题 6.6

1. 判断向量 $\boldsymbol{\beta}$ 能否由向量组 $\boldsymbol{\alpha}_1$、$\boldsymbol{\alpha}_2$、$\boldsymbol{\alpha}_3$ 线性表示,若能,写出它的一种表示方法.

(1) $\boldsymbol{\beta}=(8,3,-1,-25)^{\mathrm{T}}$, $\boldsymbol{\alpha}_1=(-1,3,0,-5)^{\mathrm{T}}$, $\boldsymbol{\alpha}_2=(2,0,7,-3)^{\mathrm{T}}$, $\boldsymbol{\alpha}_3=(-4,1,-2,6)^{\mathrm{T}}$;

(2) $\boldsymbol{\beta}=(-8,-3,7,-10)^{\mathrm{T}}$, $\boldsymbol{\alpha}_1=(-2,7,1,3)^{\mathrm{T}}$, $\boldsymbol{\alpha}_2=(3,-5,0,-2)^{\mathrm{T}}$, $\boldsymbol{\alpha}_3=(-5,-6,3,-1)^{\mathrm{T}}$;

(3) $\boldsymbol{\beta}=(2,-30,13,-26)^{\mathrm{T}}$, $\boldsymbol{\alpha}_1=(3,-5,2,-4)^{\mathrm{T}}$, $\boldsymbol{\alpha}_2=(-1,7,-3,6)^{\mathrm{T}}$, $\boldsymbol{\alpha}_3=(3,11,-5,10)^{\mathrm{T}}$.

2. 判断下列向量组的线性相关性.

(1) $\boldsymbol{\alpha}_1=(1,1,1)^{\mathrm{T}}$, $\boldsymbol{\alpha}_2=(1,2,5)^{\mathrm{T}}$, $\boldsymbol{\alpha}_3=(1,3,6)^{\mathrm{T}}$;

(2) $\boldsymbol{\alpha}_1=(1,-1,2,4)^{\mathrm{T}}$, $\boldsymbol{\alpha}_2=(0,3,1,2)^{\mathrm{T}}$, $\boldsymbol{\alpha}_3=(3,0,7,14)^{\mathrm{T}}$.

3. 求下列向量组的秩及其一个极大无关组,并将其余向量用极大无关组线性表示.

(1) $\boldsymbol{\alpha}_1=(-1,2,1)$, $\boldsymbol{\alpha}_2=(0,2,0)$, $\boldsymbol{\alpha}_3=(0,0,3)$;

(2) $\boldsymbol{\alpha}_1=(-1,-1,-1,1)$, $\boldsymbol{\alpha}_2=(1,-1,-1,1)$, $\boldsymbol{\alpha}_3=(1,1,1,1)$, $\boldsymbol{\alpha}_4=(1,1,-1,-1)$;

(3) $\boldsymbol{\alpha}_1=(1,-1,3,-1,1)$, $\boldsymbol{\alpha}_2=(2,-1,-1,4,2)$, $\boldsymbol{\alpha}_3=(3,-2,2,3,3)$, $\boldsymbol{\alpha}_4=(1,0,-4,5,-1)$.

习题 6.6 参考答案

6.7 线性方程组解的结构

在前面,我们介绍了线性方程组的基本概念以及用矩阵的初等行变换解线性方程组的方法,也就是消元法.此外,利用矩阵的秩的概念,给出了线性方程组的两个重要结果,即

(1) 齐次线性方程组 $A_{m \times n} x = 0$ 有非零解的充要条件是系数矩阵的秩 $R(A) < n$.

(2) 非齐次线性方程组 $A_{m \times n} x = b$ 有解的充要条件是系数矩阵 A 的秩等于增广矩阵 B 的秩,且当 $R(A) = R(B) = n$ 时,方程组有唯一解;当 $R(A) = R(B) = r < n$ 时,方程组有无穷多个解.

本节则利用 6.6 节讨论过的向量组的线性相关性的理论研究线性方程组的解的结构,从而完善线性方程组的理论.

1. 齐次线性方程组解的结构

对于齐次线性方程组 $A_{m \times n} x = 0$,先讨论解的性质.

性质 1　若向量 $x = \xi_1$,$x = \xi_2$ 是 $Ax = 0$ 的解,则 $x = \xi_1 + \xi_2$ 也是 $Ax = 0$ 的解.

证明　因为 $A\xi_1 = 0$,$A\xi_2 = 0$,于是 $A(\xi_1 + \xi_2) = A\xi_1 + A\xi_2 = 0 + 0 = 0$,所以 $x = \xi_1 + \xi_2$ 是 $Ax = 0$ 的解.

性质 2　若向量 $x = \xi_1$ 为 $Ax = 0$ 的解,k 为实数,则 $x = k\xi_1$ 也是 $Ax = 0$ 的解.

证明　因为 $A(k\xi_1) = kA\xi_1 = k \cdot 0 = 0$,所以 $x = k\xi_1$ 是 $Ax = 0$ 的解.

由性质 1 和性质 2 可知,$Ax = 0$ 的解的集合对向量的加法和数乘运算是封闭的.

定义 6.28　设齐次线性方程组 $Ax = 0$ 有非零解,如果它的 k 个解向量 ξ_1,ξ_2,$\cdots$,ξ_k 满足

(1) ξ_1,ξ_2,$\cdots$,ξ_k 线性无关;

(2) $Ax = 0$ 的任一个解 ξ 都可由 ξ_1,ξ_2,$\cdots$,ξ_k 线性表示,即

$$\xi = c_1\xi_1 + c_2\xi_2 + \cdots + c_k\xi_k,$$

则称 ξ_1,ξ_2,$\cdots$,ξ_k 是方程组 $Ax = 0$ 的**基础解系**,且当 c_1,c_2,$\cdots$,c_k 为任意常数时,

$$\xi = c_1\xi_1 + c_2\xi_2 + \cdots + c_k\xi_k$$

为 $Ax = 0$ 的**通解**.

显然,方程组 $Ax = 0$ 的基础解系就是它的解的全体组成的向量组 S 的最大无关组.

定理 6.14　若 n 元齐次线性方程组 $Ax = 0$ 的系数矩阵 A 的秩 $R(A) = r < n$(未知量的个数),则 $Ax = 0$ 的基础解系存在且恰含有 $n - r$ 个线性无关的解向量.

证明　对 n 元线性方程组

$$\begin{cases} a_{11}x_1 + a_{12}x_2 + \cdots + a_{1n}x_n = 0, \\ a_{21}x_1 + a_{22}x_2 + \cdots + a_{2n}x_n = 0, \\ \cdots\cdots\cdots\cdots \\ a_{m1}x_1 + a_{m2}x_2 + \cdots + a_{mn}x_n = 0, \end{cases} \tag{6-18}$$

设其系数矩阵 A 的秩为 r,不妨设 A 的前 r 个列向量线性无关.于是 A 的行最简形矩阵为

$$B=\begin{pmatrix} 1 & \cdots & 0 & b_{11} & \cdots & b_{1,\,n-r} \\ \vdots & & \vdots & \vdots & & \vdots \\ 0 & \cdots & 1 & b_{r1} & \cdots & b_{r,\,n-r} \\ 0 & \cdots & 0 & 0 & \cdots & 0 \\ \vdots & & \vdots & \vdots & & \vdots \\ 0 & \cdots & 0 & 0 & \cdots & 0 \end{pmatrix}$$

与 B 对应,有方程组

$$\begin{cases} x_1 = b_{11}x_{r+1} - \cdots - b_{1,\,n-r}x_n, \\ \qquad \cdots\cdots\cdots\cdots \\ x_r = -b_{r1}x_{r+1} - \cdots - b_{r,\,n-r}x_n, \end{cases} \tag{6-19}$$

其中 $x_{r+1},\cdots,x_n$ 为 $n-r$ 个自由未知量.

由于方程组(6-18)与(6-19)同解,在(6-19)中,任给 $x_{r+1},\cdots,x_n$ 一组值,就可唯一确定 $x_1,\cdots,x_r$ 的值,就得(6-19)的一个解,也就是(6-18)的解.

现依次取自由未知量 $x_{r+1},\cdots,x_n$ 为下列 $n-r$ 组数:

$$\begin{pmatrix} x_{r+1} \\ x_{r+2} \\ \vdots \\ x_n \end{pmatrix} = \begin{pmatrix} 1 \\ 0 \\ \vdots \\ 0 \end{pmatrix},\ \begin{pmatrix} 0 \\ 1 \\ \vdots \\ 0 \end{pmatrix},\ \cdots,\ \begin{pmatrix} 0 \\ 0 \\ \vdots \\ 1 \end{pmatrix},$$

由(6-19)依次可得

$$\begin{pmatrix} x_1 \\ \vdots \\ x_r \end{pmatrix} = \begin{pmatrix} -b_{11} \\ \vdots \\ -b_{r1} \end{pmatrix},\ \begin{pmatrix} -b_{12} \\ \vdots \\ -b_{r2} \end{pmatrix},\ \cdots,\ \begin{pmatrix} -b_{1,\,n-r} \\ \vdots \\ -b_{r,\,n-r} \end{pmatrix},$$

从而求得(6-19),也就是(6-18)的 $n-r$ 个解:

$$\boldsymbol{\xi}_1=\begin{pmatrix} -b_{11} \\ \vdots \\ -b_{r1} \\ 1 \\ 0 \\ \vdots \\ 0 \end{pmatrix},\boldsymbol{\xi}_2=\begin{pmatrix} -b_{12} \\ \vdots \\ -b_{r2} \\ 0 \\ 1 \\ \vdots \\ 0 \end{pmatrix},\cdots,\boldsymbol{\xi}_{n-r}=\begin{pmatrix} -b_{1,\,n-r} \\ \vdots \\ -b_{r,\,n-r} \\ 0 \\ 0 \\ \vdots \\ 1 \end{pmatrix}.$$

下面证明 $\boldsymbol{\xi}_1,\boldsymbol{\xi}_2,\cdots,\boldsymbol{\xi}_{n-r}$ 即为方程组(6-18)的基础解系.

(1) $\boldsymbol{\xi}_1,\boldsymbol{\xi}_2,\cdots,\boldsymbol{\xi}_{n-r}$ 线性无关

因为如下 $n-r$ 个 $n-r$ 维向量

$$\begin{pmatrix} 1 \\ 0 \\ \vdots \\ 0 \end{pmatrix},\ \begin{pmatrix} 0 \\ 1 \\ \vdots \\ 0 \end{pmatrix},\ \cdots,\ \begin{pmatrix} 0 \\ 0 \\ \vdots \\ 1 \end{pmatrix}$$

是线性无关的,所以在每个向量前添加 r 个分量而得到的 $n-r$ 个 n 维向量 $\boldsymbol{\xi}_1$,$\boldsymbol{\xi}_2$,$\cdots$,$\boldsymbol{\xi}_{n-r}$ 也线性无关.

（2）设

$$x=\boldsymbol{\xi}=\begin{pmatrix} c_1 \\ \vdots \\ c_r \\ c_{r+1} \\ \vdots \\ c_n \end{pmatrix}$$

是方程组(6-18)的任一解.因为 $\boldsymbol{\xi}_1$,$\boldsymbol{\xi}_2$,$\cdots$,$\boldsymbol{\xi}_{n-r}$ 都是(6-18)的解,由性质 1、性质 2 可知,它们的线性组合

$$\boldsymbol{\eta}=c_{r+1}\boldsymbol{\xi}_1+c_{r+2}\boldsymbol{\xi}_2+\cdots+c_n\boldsymbol{\xi}_{n-r}=\begin{pmatrix} * \\ * \\ \vdots \\ * \\ c_{r+1} \\ \vdots \\ c_n \end{pmatrix}$$

仍是(6-18)的解.比较后 $n-r$ 个分量可知,$\boldsymbol{\xi}$ 与 $\boldsymbol{\eta}$ 的后面 $n-r$ 个分量,也就是自由未知量对应相等,由于它们都满足方程组(6-19),从而知它们的前面的 r 个分量必对应相等.因此

$$\boldsymbol{\xi}=\boldsymbol{\eta}=c_{r+1}\boldsymbol{\xi}_1+c_{r+2}\boldsymbol{\xi}_2+\cdots+c_n\boldsymbol{\xi}_{n-r},$$

即方程组(6-18)的任一解 $\boldsymbol{\xi}$ 可以由 $\boldsymbol{\xi}_1$,$\boldsymbol{\xi}_2$,$\cdots$,$\boldsymbol{\xi}_{n-r}$ 线性表示.

综上可知 $\boldsymbol{\xi}_1$,$\boldsymbol{\xi}_2$,$\cdots$,$\boldsymbol{\xi}_{n-r}$ 是方程组(6-18)的基础解系,它含有 $n-r$ 个线性无关的解向量.

上面定理证明过程提供了一种求方程组(6-18)的基础解系的方法.当然,求基础解系的方法很多,且(6-18)的基础解系不是唯一的.例如,$(x_{r+1}$,$\cdots$,$x_n)$ 可任取 $n-r$ 个线性无关的 $n-r$ 维向量,对应地就可以得到(6-18)的一个基础解系.其实,方程组(6-18)的任何 $n-r$ 个线性无关的解都可以作为方程组(6-18)的基础解系.

综上所述,对齐次线性方程组(6-18)有

（1）当 $R(\boldsymbol{A})=n$ 时,(6-18)只有零解,无基础解系;

（2）当 $R(\boldsymbol{A})=r<n$ 时,(6-18)有无穷多解,此时方程组(6-18)的基础解系由 $n-r$ 个解向量 $\boldsymbol{\xi}_1$,$\boldsymbol{\xi}_2$,$\cdots$,$\boldsymbol{\xi}_{n-r}$ 组成,其通解可以表示成

$$x=k_1\boldsymbol{\xi}_1+k_2\boldsymbol{\xi}_2+\cdots+k_{n-r}\boldsymbol{\xi}_{n-r} \quad （其中 k_1,k_2,\cdots,k_{n-r} 为任意常数）.$$

这里介绍的求基础解系的方法,实质上就是第一节介绍的用初等变换求通解的方法.

例 45 求齐次线性方程组

$$\begin{cases} x_1-x_2-x_3+x_4=0, \\ x_1-x_2+x_3-3x_4=0, \\ x_1-x_2-2x_3+3x_4=0 \end{cases}$$

的一个基础解系,并给出通解.

解　对系数矩阵施行初等行变换,化为行最简形矩阵,有

$$A = \begin{pmatrix} 1 & -1 & -1 & 1 \\ 1 & -1 & 1 & -3 \\ 1 & -1 & -2 & 3 \end{pmatrix} \xrightarrow[\begin{array}{c} r_2 - r_1 \\ r_3 - r_1 \end{array}]{} \begin{pmatrix} 1 & -1 & -1 & 1 \\ 0 & 0 & 2 & -4 \\ 0 & 0 & -1 & 2 \end{pmatrix}$$

$$\xrightarrow[\begin{array}{c} \frac{1}{2} r_2 \\ r_3 + r_2 \end{array}]{} \begin{pmatrix} 1 & -1 & -1 & 1 \\ 0 & 0 & 1 & -2 \\ 0 & 0 & 0 & 0 \end{pmatrix} \xrightarrow[r_1 + r_2]{} \begin{pmatrix} 1 & -1 & 0 & -1 \\ 0 & 0 & 1 & -2 \\ 0 & 0 & 0 & 0 \end{pmatrix},$$

便得

$$\begin{cases} x_1 = x_2 + x_4, \\ x_3 = 2x_4, \end{cases} \tag{6-20}$$

其中 x_2,x_4 为任意常数.

令

$$\begin{pmatrix} x_2 \\ x_4 \end{pmatrix} = \begin{pmatrix} 1 \\ 0 \end{pmatrix}, \quad \begin{pmatrix} 0 \\ 1 \end{pmatrix},$$

则对应地有

$$\begin{pmatrix} x_1 \\ x_3 \end{pmatrix} = \begin{pmatrix} 1 \\ 0 \end{pmatrix}, \quad \begin{pmatrix} 1 \\ 2 \end{pmatrix},$$

从而得基础解系

$$\boldsymbol{\xi}_1 = \begin{pmatrix} 1 \\ 1 \\ 0 \\ 0 \end{pmatrix}, \quad \boldsymbol{\xi}_2 = \begin{pmatrix} 1 \\ 0 \\ 2 \\ 1 \end{pmatrix}.$$

故原方程组的通解为

$$\boldsymbol{\xi} = c_1 \begin{pmatrix} 1 \\ 1 \\ 0 \\ 0 \end{pmatrix} + c_2 \begin{pmatrix} 1 \\ 0 \\ 2 \\ 1 \end{pmatrix} = c_1 \boldsymbol{\xi}_1 + c_2 \boldsymbol{\xi}_2,$$

其中 c_1,c_2 是任意常数.

上面的方法先由(6-20)写出基础解系,再写出通解.

而之前介绍的解法是先从(6-20)式写出通解,即由(6-20)式得

$$\begin{cases} x_1 = x_2 + x_4, \\ x_2 = x_2, \\ x_3 = 2x_4, \\ x_4 = x_4. \end{cases}$$

上式中令 $x_2 = c_1$、$x_4 = c_2$,则

$$\begin{cases} x_1 = c_1 + c_2, \\ x_2 = c_1, \\ x_3 = 2c_2, \\ x_4 = c_2, \end{cases}$$

从而原方程组通解为

$$\begin{bmatrix} x_1 \\ x_2 \\ x_3 \\ x_4 \end{bmatrix} = c_1 \begin{bmatrix} 1 \\ 1 \\ 0 \\ 0 \end{bmatrix} + c_2 \begin{bmatrix} 1 \\ 0 \\ 2 \\ 1 \end{bmatrix} \quad (c_1, c_2 \in \mathbf{R}).$$

而由上述通解,可得

$$\boldsymbol{\xi}_1 = \begin{bmatrix} 1 \\ 1 \\ 0 \\ 0 \end{bmatrix}, \ \boldsymbol{\xi}_2 = \begin{bmatrix} 1 \\ 0 \\ 2 \\ 1 \end{bmatrix}.$$

是原方程组的一个基础解系.

另外,由(6-20)式,如果取

$$\begin{pmatrix} x_2 \\ x_4 \end{pmatrix} = \begin{pmatrix} 1 \\ 1 \end{pmatrix}, \begin{pmatrix} -1 \\ 1 \end{pmatrix},$$

则得

$$\begin{pmatrix} x_1 \\ x_3 \end{pmatrix} = \begin{pmatrix} 2 \\ 2 \end{pmatrix}, \begin{pmatrix} 0 \\ 2 \end{pmatrix},$$

即可得不同的基础解系

$$\boldsymbol{\eta}_1 = \begin{bmatrix} 2 \\ 1 \\ 2 \\ 1 \end{bmatrix}, \ \boldsymbol{\eta}_2 = \begin{bmatrix} 0 \\ -1 \\ 2 \\ 1 \end{bmatrix},$$

从而得通解

$$\begin{bmatrix} x_1 \\ x_2 \\ x_3 \\ x_4 \end{bmatrix} = c_1 \boldsymbol{\eta}_1 + c_2 \boldsymbol{\eta}_2 = c_1 \begin{bmatrix} 2 \\ 1 \\ 2 \\ 1 \end{bmatrix} + c_2 \begin{bmatrix} 0 \\ -1 \\ 2 \\ 1 \end{bmatrix} \quad (c_1, c_2 \in \mathbf{R}).$$

显然,向量组 $\boldsymbol{\xi}_1$,$\boldsymbol{\xi}_2$ 与向量组 $\boldsymbol{\eta}_1$,$\boldsymbol{\eta}_2$ 等价,两个通解形式虽不一样,但都含有两个任意常数,都可表示方程组的任一解.

例 46 设 $\boldsymbol{A}$、$\boldsymbol{B}$ 分别是 $m \times n$ 和 $n \times s$ 矩阵,且 $\boldsymbol{AB} = \mathbf{0}$.证明:

$$R(\pmb{A})+R(\pmb{B})\leqslant n.$$

证明　将 $\pmb{B}$ 按列分块为 $\pmb{B}=(\pmb{b}_1,\pmb{b}_2,\cdots,\pmb{b}_s)$，由

$$\pmb{AB}=\pmb{0}$$

得

$$\pmb{Ab}_j=\pmb{0},\quad j=1,2,\cdots,s.$$

即 $\pmb{B}$ 的每一列都是 $\pmb{Ax}=\pmb{0}$ 的解．而 $\pmb{Ax}=\pmb{0}$ 的基础解系含 $n-R(\pmb{A})$ 个解，即 $\pmb{Ax}=\pmb{0}$ 的任何一组解中至多含 $n-R(\pmb{A})$ 个线性无关的解，因此

$$R(\pmb{B})=秩(\pmb{b}_1,\pmb{b}_2,\cdots,\pmb{b}_s)\leqslant n-R(\pmb{A}),$$

故

$$R(\pmb{A})+R(\pmb{B})\leqslant n.$$

2. 非齐次线性方程组解的结构

对于 n 元非齐次线性方程组

$$\pmb{Ax}=\pmb{b},\tag{6-21}$$

其解具有如下性质．

性质 3　设 $\pmb{x}=\pmb{\eta}_1$ 及 $\pmb{x}=\pmb{\eta}_2$ 都是(6-21)的解，则 $\pmb{x}=\pmb{\eta}_1-\pmb{\eta}_2$ 为对应的齐次线性方程组

$$\pmb{Ax}=\pmb{0}\tag{6-22}$$

的解．

证明　$\pmb{A}(\pmb{\eta}_1-\pmb{\eta}_2)=\pmb{A}\pmb{\eta}_1-\pmb{A}\pmb{\eta}_2=\pmb{b}-\pmb{b}=\pmb{0}$，即 $\pmb{x}=\pmb{\eta}_1-\pmb{\eta}_2$ 满足方程(6-22)．

性质 4　设 $\pmb{x}=\pmb{\eta}$ 是方程组(6-21)的解，$\pmb{x}=\pmb{\xi}$ 是方程组(6-22)的解，则 $\pmb{x}=\pmb{\xi}+\pmb{\eta}$ 仍是方程组(6-21)的解．

证明　$\pmb{A}(\pmb{\xi}+\pmb{\eta})=\pmb{A}\pmb{\xi}+\pmb{A}\pmb{\eta}=\pmb{0}+\pmb{b}=\pmb{b}$，则 $\pmb{x}=\pmb{\xi}+\pmb{\eta}$ 满足方程(6-21)．

定理 6.15　设 $\pmb{\eta}^*$ 是非齐次线性方程组(6-21)的一个解，$\pmb{\xi}_1,\pmb{\xi}_2,\cdots,\pmb{\xi}_{n-r}$ 是对应的齐次线性方程组(6-24)的基础解系，则(6-21)的通解为

$$\pmb{x}=k_1\pmb{\xi}_1+k_2\pmb{\xi}_2+\cdots+k_{n-r}\pmb{\xi}_{n-r}+\pmb{\eta}^*,$$

其中 $k_1,k_2,\cdots,k_{n-r}$ 为任意实数．

证明　设 $\pmb{x}$ 是 $\pmb{Ax}=\pmb{b}$ 的任一解，由于 $\pmb{A}\pmb{\eta}^*=\pmb{b}$，故 $\pmb{x}-\pmb{\eta}$ 是 $\pmb{Ax}=\pmb{0}$ 的解．而 $\pmb{\xi}_1,\pmb{\xi}_2,\cdots,\pmb{\xi}_{n-r}$ 是 $\pmb{Ax}=\pmb{0}$ 的基础解系，故

$$\pmb{x}-\pmb{\eta}^*=k_1\pmb{\xi}_1+k_2\pmb{\xi}_2+\cdots+k_{n-r}\pmb{\xi}_{n-r},$$

即

$$\pmb{x}=k_1\pmb{\xi}_1+k_2\pmb{\xi}_2+\cdots+k_{n-r}\pmb{\xi}_{n-r}+\pmb{\eta}^*,$$

其中 $k_1,k_2,\cdots,k_{n-r}\in\mathbf{R}$．

定理 6.15 表明，非齐次线性方程组 $\pmb{Ax}=\pmb{b}$ 的通解为其对应的齐次线性方程组的通解加上它本身的一个解所构成．

例 47　解方程组

$$\begin{cases} x_1+2x_2-2x_3+3x_4=2,\\ 2x_1+4x_2-3x_3+4x_4=5,\\ 5x_1+10x_2-8x_3+11x_4=12. \end{cases}$$

解　对增广矩阵 $\boldsymbol{B}$ 施行初等行变换：

$$\boldsymbol{B}=\begin{pmatrix} 1 & 2 & -2 & 3 & 2\\ 2 & 4 & -3 & 4 & 5\\ 5 & 10 & -8 & 11 & 12 \end{pmatrix} \xrightarrow[r_3-5r_1]{r_2-2r_1} \begin{pmatrix} 1 & 2 & -2 & 3 & 2\\ 0 & 0 & 1 & -2 & 1\\ 0 & 0 & 2 & -4 & 2 \end{pmatrix}$$

$$\xrightarrow[r_3-2r_2]{r_1+2r_2} \begin{pmatrix} 1 & 2 & 0 & -1 & 4\\ 0 & 0 & 1 & -2 & 1\\ 0 & 0 & 0 & 0 & 0 \end{pmatrix}.$$

可见 $R(\boldsymbol{A})=R(\boldsymbol{B})=2<4$，故方程组有无穷多个解.

取 x_2、x_4 为自由未知量，原方程的同解方程组为

$$\begin{cases} x_1=4-2x_2\quad+x_4,\\ x_3=1\qquad\quad+2x_4. \end{cases} \tag{6-23}$$

令 $x_2=x_4=0$，得 $x_1=4$、$x_3=1$，即得非齐次线性方程组的一个解

$$\boldsymbol{\eta}^*=\begin{pmatrix}4\\0\\1\\0\end{pmatrix}.$$

在对应的齐次线性方程组

$$\begin{cases} x_1=-2x_2+x_4,\\ x_3=2x_4 \end{cases}$$

中依次取

$$\begin{pmatrix}x_2\\x_4\end{pmatrix}=\begin{pmatrix}1\\0\end{pmatrix},\ \begin{pmatrix}0\\1\end{pmatrix},$$

则

$$\begin{pmatrix}x_1\\x_3\end{pmatrix}=\begin{pmatrix}-2\\0\end{pmatrix},\ \begin{pmatrix}1\\2\end{pmatrix},$$

因此，对应的齐次线性方程组的基础解系为

$$\boldsymbol{\xi}_1=\begin{pmatrix}-2\\1\\0\\0\end{pmatrix},\ \boldsymbol{\xi}_2=\begin{pmatrix}1\\0\\2\\1\end{pmatrix}.$$

于是，原方程组的通解为

$$
\begin{pmatrix} x_1 \\ x_2 \\ x_3 \\ x_4 \end{pmatrix} = c_1 \begin{pmatrix} -2 \\ 1 \\ 0 \\ 0 \end{pmatrix} + c_2 \begin{pmatrix} 1 \\ 0 \\ 2 \\ 1 \end{pmatrix} + \begin{pmatrix} 4 \\ 0 \\ 1 \\ 0 \end{pmatrix},
$$

即

$$
\boldsymbol{x} = c_1 \boldsymbol{\xi}_1 + c_2 \boldsymbol{\xi}_2 + \boldsymbol{\eta}^* \quad (c_1, c_2 \in \mathbf{R}).
$$

事实上,利用消元法可以简化运算过程,比如对于例 47,方程组的同解方程组可写成

$$
\begin{cases} x_1 = 4 - 2x_2 + x_4, \\ x_2 = \quad\quad x_2, \\ x_3 = 1 + \quad\quad 2x_4, \\ x_4 = \quad\quad\quad x_4, \end{cases}
$$

即

$$
\begin{pmatrix} x_1 \\ x_2 \\ x_3 \\ x_4 \end{pmatrix} = x_2 \begin{pmatrix} -2 \\ 1 \\ 0 \\ 0 \end{pmatrix} + x_4 \begin{pmatrix} 1 \\ 0 \\ 2 \\ 1 \end{pmatrix} + \begin{pmatrix} 4 \\ 0 \\ 1 \\ 0 \end{pmatrix}.
$$

令 $x_2 = c_1$、$x_4 = c_2$,则原方程组的通解为

$$
\boldsymbol{x} = c_1 \boldsymbol{\xi}_1 + c_2 \boldsymbol{\xi}_2 + \boldsymbol{\eta}^*.
$$

例 48 设 $\boldsymbol{A} = (a_{ij})$ 为 4 阶方阵,$\boldsymbol{b} = (b_1, b_2, b_3, b_4)^{\mathrm{T}}$.已知 $R(\boldsymbol{A}) = 3$,$\boldsymbol{\eta}_1$,$\boldsymbol{\eta}_2$,$\boldsymbol{\eta}_3$ 是非齐次线性方程组 $\boldsymbol{A}\boldsymbol{x} = \boldsymbol{b}$ 的三个解,且 $\boldsymbol{\eta}_1 + \boldsymbol{\eta}_2 = (1, 2, 2, 1)^{\mathrm{T}}$,$\boldsymbol{\eta}_3 = (1, 2, 3, 4)^{\mathrm{T}}$.求 $\boldsymbol{A}\boldsymbol{x} = \boldsymbol{b}$ 的通解.

解 因为 $R(\boldsymbol{A}) = 3 < 4$,所以 $\boldsymbol{A}\boldsymbol{x} = \boldsymbol{0}$ 的基础解系中含有一个解向量.

由于 $\boldsymbol{A}\boldsymbol{\eta}_i = \boldsymbol{b}(i = 1, 2, 3)$,故

$$
\boldsymbol{A}(\boldsymbol{\eta}_1 + \boldsymbol{\eta}_2 - 2\boldsymbol{\eta}_3) = \boldsymbol{A}\boldsymbol{\eta}_1 + \boldsymbol{A}\boldsymbol{\eta}_2 - 2\boldsymbol{A}\boldsymbol{\eta}_3 = \boldsymbol{b} + \boldsymbol{b} - 2\boldsymbol{b} = \boldsymbol{0},
$$

故

$$
\boldsymbol{\xi} = \boldsymbol{\eta}_1 + \boldsymbol{\eta}_2 - 2\boldsymbol{\eta}_3 = (-1, -2, -4, -7)^{\mathrm{T}}
$$

是 $\boldsymbol{A}\boldsymbol{x} = \boldsymbol{0}$ 的解,也构成它的基础解系.

又 $\boldsymbol{\eta}_3$ 是 $\boldsymbol{A}\boldsymbol{x} = \boldsymbol{b}$ 的一个解,故 $\boldsymbol{A}\boldsymbol{x} = \boldsymbol{b}$ 的通解为

$$
\boldsymbol{x} = c\boldsymbol{\xi} + \boldsymbol{\eta}_3 \quad (c \in \mathbf{R}).
$$

小看板

1. 基础解系是指＿＿＿＿＿＿＿＿＿＿＿＿＿＿＿＿＿＿＿＿＿＿＿.

2. n 元齐次线性方程组 $\boldsymbol{A}\boldsymbol{x} = \boldsymbol{0}$ 的秩为 $r(r < n)$,则 $\boldsymbol{A}\boldsymbol{x} = \boldsymbol{0}$ 的基础解系含有＿＿＿＿个线性无关的解向量.

3. 齐次线性方程的通解是＿＿＿＿＿＿＿＿＿＿＿＿＿＿＿＿＿＿＿＿＿.

4. 求非齐次线性方程组的特解的方法是＿＿＿＿＿＿＿＿＿＿＿＿＿＿＿＿.

5. 非齐次线性方程组的解是 _____.

1. 选择题.

(1) 齐次线性方程组 $Ax=0$ 有非零解的充要条件是（　　）；

　　(A) 系数矩阵 A 的任意两个列向量线性无关

　　(B) 系数矩阵 A 的任意两个列向量线性相关

　　(C) 系数矩阵 A 中必有一个列向量是其余列向量的线性组合

　　(D) 系数矩阵 A 的任一个列向量必是其余列向量的线性组合

(2) 设 $m\times n$ 矩阵 A 的秩为 $R(A)=n-1$，且 ξ_1、ξ_2 是齐次方程 $Ax=0$ 的两个不同的解，则 $Ax=0$ 的通解为（　　）；

　　(A) $k\xi_1,\ k\in\mathbf{R}$　　　　　　　(B) $k\xi_2,\ k\in\mathbf{R}$

　　(C) $k(\xi_1+\xi_2),\ k\in\mathbf{R}$　　　(D) $k(\xi_1-\xi_2),\ k\in\mathbf{R}$

(3) 已知 β_1、β_2 是非齐次线性方程组 $Ax=b$ 的两个不同解，α_1，α_2 是 $Ax=0$ 的基础解系，k_1，k_2 为任意常数，则 $Ax=b$ 的通解为（　　）；

　　(A) $k_1\alpha_1+k_2(\alpha_1+\alpha_2)+\dfrac{\beta_1-\beta_2}{2}$　　(B) $k_1\alpha_1+k_2(\alpha_1-\alpha_2)+\dfrac{\beta_1+\beta_2}{2}$

　　(C) $k_1\alpha_1+k_2(\beta_1+\beta_2)+\dfrac{\beta_1-\beta_2}{2}$　　(D) $k_1\alpha_1+k_2(\beta_1-\beta_2)+\dfrac{\beta_1+\beta_2}{2}$

(4) 要使 $\xi_1=(1,0,2)^{\mathrm{T}}$，$\xi_2=(0,1,-1)^{\mathrm{T}}$ 都是线性方程组 $Ax=0$ 的解，则系数矩阵 A 为（　　）.

　　(A) $(-2,1,1)$　　　　　　(B) $\begin{pmatrix}2&0&-1\\0&1&1\end{pmatrix}$

　　(C) $\begin{pmatrix}1&0&2\\0&1&-1\end{pmatrix}$　　(D) $\begin{pmatrix}0&1&-1\\4&-2&-2\\0&1&1\end{pmatrix}$

2. 求下列齐次线性方程组的一个基础解系及通解.

(1) $\begin{cases}x_1-x_2+5x_3-x_4=0,\\x_1+x_2-2x_3+3x_4=0,\\3x_1-x_2+8x_3+x_4=0,\\x_1+3x_2-9x_3+7x_4=0;\end{cases}$

(2) $nx_1+(n-1)x_2+\cdots+2x_{n-1}+x_n=0.$

3. 已知 n 阶方阵 $A=(a_{ij})_{m\times n}$ 的每行中的元之和为零，且 $R(A)=n-1$，求方程 $Ax=0$ 的通解.

4. 设 $A=\begin{pmatrix}2&-2&1&3\\9&-5&2&8\end{pmatrix}$，求一个 4×2 的矩阵 B，使 $AB=0$，且 $R(B)=2$.

5. 设 n 阶矩阵 A 满足 $A^2=A$，E 为 n 阶单位矩阵，证明 $R(A)+R(A-E)=n$.（提示：利用本章第四节的性质 1 及第五节例 2 的结果.）

6. 求一个齐次线性方程组，使它的基础解系为

$$\xi_1 = (1, 1, 0, 0, 0)^{\mathrm{T}}, \quad \xi_2 = (-2, 0, 1, 0, 9)^{\mathrm{T}}, \quad \xi_3 = (1, 0, 0, 1, -5)^{\mathrm{T}}.$$

7. 求下列非齐次线性方程组的通解，并写出它的一个解及对应的齐次线性方程组的基础解系.

(1) $\begin{cases} 2x_1 + 7x_2 + 3x_3 + x_4 = 6, \\ 3x_1 + 5x_2 + 2x_3 + 2x_4 = 4, \\ 9x_1 + 4x_2 + x_3 + 7x_4 = 2; \end{cases}$

(2) $\begin{cases} x_1 + x_2 + x_3 + x_4 + x_5 = 7, \\ 3x_1 + 2x_2 + x_3 + x_4 - 3x_5 = -2, \\ x_2 + 2x_3 + 2x_4 + 6x_5 = 23, \\ 5x_1 + 4x_2 + 3x_3 + 3x_4 - x_5 = 12. \end{cases}$

习题 6.7
参考答案

应用板块

6.8 矩阵运算在经济中的应用

【本节提示】 本节将主要介绍矩阵运算在经济中的运用.通过本节的学习,要求掌握矩阵运算在货物供应量决策与投入产出表的编制中的运用.

前面介绍了线性代数的基本内容,即矩阵、矩阵行列式及线性方程组,其实矩阵运算在经济运用中涉及的方面也是相当得多的.

1. 货物供应量决策

例 49 A、B、C 三地的货物由甲、乙两厂供应.6 月甲厂对三地的货物供应量分别为 32、45、29;乙厂供应量分别为 39、23、47.若 7 月货物供应量为甲 32、40、26,乙 34、26、42.求:6、7 月份货物供应总量.

解 $C = A + B = \begin{pmatrix} 32 & 45 & 29 \\ 39 & 23 & 47 \end{pmatrix} + \begin{pmatrix} 32 & 40 & 26 \\ 34 & 26 & 42 \end{pmatrix} = \begin{pmatrix} 64 & 85 & 55 \\ 73 & 49 & 89 \end{pmatrix}$.

例 50 某工厂生产甲、乙、丙三种产品,主要销往广州、武汉、上海三市.三市订购的数量矩阵为 A,三种产品每箱单价和重量矩阵为 B,

$$A = \begin{matrix} \quad 甲 \ \ 乙 \ \ 丙 \\ \begin{bmatrix} 2 & 3 & 1 \\ 6 & 5 & 3 \\ 5 & 4 & 2 \end{bmatrix} \begin{matrix} 广州 \\ 武汉, \\ 上海 \end{matrix} \end{matrix} \qquad B = \begin{matrix} 单价 \ 每箱重 \\ \begin{bmatrix} 1 & 0.2 \\ 2 & 0.1 \\ 3 & 0.5 \end{bmatrix} \begin{matrix} 甲 \\ 乙, \\ 丙 \end{matrix} \end{matrix}$$

向各市所订购的三种产品的总金额和总重量分别是多少?

解 设各市所订购的三种产品的总金额和总重量为 C.

$$C = \begin{matrix} \quad 总金额 \quad\ \ 总重量 \\ \begin{bmatrix} c_{11} & c_{12} \\ c_{21} & c_{22} \\ c_{31} & c_{33} \end{bmatrix} \begin{matrix} 广州 \\ 武汉 \\ 上海 \end{matrix} \end{matrix}$$

显然,广州所订购的三种产品的总金额 c_{11} 与总重量 c_{12} 分别为

$$c_{11} = 2 \times 1 + 3 \times 2 + 1 \times 3 = 11, \quad c_{12} = 2 \times 0.2 + 3 \times 0.1 + 1 \times 0.5 = 1.2.$$

武汉所订购的三种产品的总金额 c_{21} 与总重量 c_{22} 分别为

$$c_{21} = 6 \times 1 + 5 \times 2 + 3 \times 3 = 25, \quad c_{22} = 6 \times 0.2 + 5 \times 0.1 + 3 \times 0.5 = 3.2.$$

上海所订购的三种产品的总金额 c_{31} 与总重量 c_{32} 分别为

$$c_{31} = 5 \times 1 + 4 \times 2 + 2 \times 3 = 19, \quad c_{32} = 5 \times 0.2 + 4 \times 0.1 + 2 \times 0.5 = 1.2.$$

2. 投入产出表的编制

例 51 按生产者价格计算的投入产出表见表 6-1,按消费者价格计算的投入产出表

见表 6-2.

表 6-1　按生产者价格计算的投入产出表(括号内的价格:流通费用或加价)

	农　业	工　业	运输、物质供应、商业	最终产品	总产值
农　业	10(2)	30(5)	0	20(5)	60(12)
工　业	10(3)	100(15)	10(2)	80(20)	200(40)
运输、物质供应、商业	2+3=5	5+15=20	2		
净产值	35	50	40		
总产值	60	200	52		

表 6-2　按消费者价格计算的投入产出表

	农　业	工　业	运输、物资供应、商业	最终产品	供　应		
					总产值	运输、物质供应、商业	合　计
农　业	12(10+2)	35(30+5)	0	25(20+5)	60	12	72
工　业	13(10+3)	115(100+15)	12(10+2)	100(80+20)	200	40	240
运输、物资供应、商业	—	—	—	—	52	−52	—
净产值	35	50	40				
总产值	60	200	52				

在实际编制投入产出表时,可以在对各方面情况作出全面权衡后,再决定选择采用哪种价格.在条件允许时,应尽量采用生产者价格来计价,或者是分别计算两种不同的价格,以便比较.

例 52　实物—价值投入产出模型:U·V 表,见表 6-3.

表 6-3　实物—价值投入产出模型:U·V 表

			产　品				部　门				最终产品	总计
			1	2	…	n	1	2	…	n		
物资消耗	产品	1			0		u_{11}	u_{12}	…	u_{1n}	y_1	q_1
		2					u_{21}	u_{21}	…	u_{2n}	y_2	q_2
		…					…		…		…	…
		n					u_{n1}	u_{n1}	…	u_{nn}	y_n	q_n
	部门	1	v_{11}	v_{12}	…	v_{1n}			0			g_1
		2	v_{21}	v_{22}	…	v_{2n}						g_2
		…	…	…	…	…						…
		n	v_{n1}	v_{n2}	…	v_{nn}						g_n
净产值							n_1	n_2	…	n_n		
总　计			q_1	q_2	…	q_n	g_1	g_2	…	g_n		

小看板

1. 货物供应量决策中运用到了矩阵运算的知识有 _____

_____ .

2. 投入产出表的编制中运用到了矩阵运算的知识有 _____

_____ .

习题 6.8

在一所学校的大学生形象比赛中,评比总分数为:外形、气质、才艺三个项目,其中权重分别为:外形 30%,气质 30%,才艺 40%;各项目分值为 $1\sim10$ 的数,总得分为每项目与其权重乘积的和.

(1) 石磊的外形得分为 8 分,气质得分为 7 分,才艺得分为 9 分,他的总分是多少?

(2) 6 个人 A、B、C、D、E、F 的成绩如下,请用矩阵决定名次.

$$\begin{matrix} & A & B & C & D & E & F \\ 外形 & \begin{bmatrix} 8 & 8 & 9 & 6 & 6 & 10 \\ 气质 & 7 & 7 & 8 & 7 & 10 & 9 \\ 才艺 & 10 & 9 & 9 & 8 & 7 & 8 \end{bmatrix} \end{matrix}.$$

习题 6.8
参考答案

复习思考题 6

A 组

一、填空题

1. 设 A 为 2 阶矩阵，将 A 的第 2 列的 (-3) 倍加到第 1 列得到矩阵 B．若 $B = \begin{pmatrix} 1 & 2 \\ 3 & 4 \end{pmatrix}$，则 $A =$ _____．

2. 已知矩阵 $A = (1, 2, -1)$，$B = (2, -1, 1)$，且 $C = A^{\mathrm{T}} B$，则 $C =$ _____．

3. 已知 3 阶行列式 $\begin{vmatrix} a_{11} & 2a_{12} & 3a_{13} \\ 2a_{21} & 4a_{22} & 6a_{23} \\ 3a_{31} & 6a_{32} & 9a_{33} \end{vmatrix} = 12$，则 $\begin{vmatrix} a_{11} & a_{12} & a_{13} \\ a_{21} & a_{22} & a_{23} \\ a_{31} & a_{32} & a_{33} \end{vmatrix} =$ _____．

4. 已知行列式 $\begin{vmatrix} a_1 + b_1 & a_1 - b_1 \\ a_2 + b_2 & a_2 - b_2 \end{vmatrix} = -4$，则 $\begin{vmatrix} a_1 & b_1 \\ a_2 & b_2 \end{vmatrix} =$ _____．

5. 设 3 阶行列式 D_3 的第 2 列元素分别为 -3、1、-2，对应的代数余子式分别为 -5、-7、2，则 $D_3 =$ _____．

6. 设 3 阶矩阵 $A = \begin{pmatrix} 1 & 0 & 1 \\ 0 & 2 & 0 \\ 3 & 3 & 3 \end{pmatrix}$，则 $r(A) =$ _____．

7. 设 $A = \begin{pmatrix} 1 & 2 \\ -1 & 0 \end{pmatrix}$，则 $A^2 - 2A =$ _____．

8. 设矩阵 $A = \begin{pmatrix} 1 & 0 & 0 \\ 2 & 2 & 0 \\ 3 & 3 & 3 \end{pmatrix}$，则 $\left(\dfrac{1}{2} A \right)^{-1} =$ _____．

9. 已知矩阵方程 $XA = b$，其中 $A = \begin{pmatrix} 1 & 0 \\ 2 & 1 \end{pmatrix}$，$b = \begin{pmatrix} 1 & -1 \\ 1 & 0 \end{pmatrix}$，则 $X =$ _____．

10. 设向量组 $\boldsymbol{\alpha}_1$、$\boldsymbol{\alpha}_2$ 线性无关，且 $\boldsymbol{\beta}_1 = \boldsymbol{\alpha}_1 - \boldsymbol{\alpha}_2$，$\boldsymbol{\beta}_2 = \boldsymbol{\alpha}_2$，则向量组 $\boldsymbol{\beta}_1$、$\boldsymbol{\beta}_2$ 的秩为 _____．

二、单项选择题

1. 3 阶行列式 $\begin{vmatrix} 0 & 2 & -3 \\ 1 & 0 & -1 \\ -1 & 2 & 0 \end{vmatrix}$ 中元素 a_{21} 的代数余子式 $A_{21} = (\quad)$．

A. 6   B. -1 C. -2 D. 2

2. 设矩阵 $A = \begin{pmatrix} a_{11} & a_{12} \\ a_{21} & a_{22} \end{pmatrix}$，$B = \begin{pmatrix} a_{21} + a_{11} & a_{22} + a_{12} \\ a_{11} & a_{12} \end{pmatrix}$，$P_1 = \begin{pmatrix} 0 & 1 \\ 1 & 0 \end{pmatrix}$，$P_2 = \begin{pmatrix} 1 & 0 \\ 1 & 1 \end{pmatrix}$，则必有 $(\quad)$．

A. $AP_1P_2 = B$ B. $P_2P_1A = B$

C. $P_1P_2A = B$ D. $AP_2P_1 = B$

3. 设 n 阶可逆矩阵 $\boldsymbol{A}$、$\boldsymbol{B}$、$\boldsymbol{C}$ 满足 $\boldsymbol{ABC}=\boldsymbol{E}$，则 $\boldsymbol{B}^{-1}=$（　　）.

A. $\boldsymbol{A}^{-1}\boldsymbol{C}^{-1}$　　　　B. $\boldsymbol{C}^{-1}\boldsymbol{A}^{-1}$　　　　C. $\boldsymbol{AC}$　　　　D. $\boldsymbol{CA}$

4. 设 3 阶矩阵 $\boldsymbol{A}=\begin{pmatrix}0&1&0\\0&0&1\\0&0&0\end{pmatrix}$，则 $\boldsymbol{A}^2$ 的秩为（　　）.

A. 0　　　　　　B. 1　　　　　　C. 2　　　　　　D. 3

5. 行列式 $\begin{vmatrix}0&1&-1&1\\-1&0&1&-1\\1&-1&0&1\\-1&1&-1&0\end{vmatrix}$ 第 2 行第 1 列元素的代数余子式 $A_{21}=$（　　）.

A. -1　　　　B. -2　　　　C. 1　　　　D. 2

6. 设 $\boldsymbol{A}$ 为 2 阶矩阵，若 $|3\boldsymbol{A}|=3$，则 $|2\boldsymbol{A}|=$（　　）.

A. $\dfrac{1}{2}$　　　　B. 1　　　　C. $\dfrac{4}{3}$　　　　D. 2

7. 已知 2 阶矩阵 $\boldsymbol{A}=\begin{pmatrix}a&b\\c&d\end{pmatrix}$ 的行列式 $|\boldsymbol{A}|=-1$，则 $(\boldsymbol{A}^*)^{-1}=$（　　）.

A. $\begin{pmatrix}-a&-b\\-c&-d\end{pmatrix}$　　　　　　B. $\begin{pmatrix}d&-b\\-c&a\end{pmatrix}$

C. $\begin{pmatrix}-d&b\\c&-a\end{pmatrix}$　　　　　　D. $\begin{pmatrix}a&b\\c&d\end{pmatrix}$

8. 设 $\boldsymbol{\beta}_1$、$\boldsymbol{\beta}_2$、$\boldsymbol{\beta}_3$ 是任意一组向量，若当且仅当 $k_1=k_2=k_3=0$ 时 $k_1\boldsymbol{\beta}_1+k_2\boldsymbol{\beta}_2+k_3\boldsymbol{\beta}_3=\boldsymbol{O}$ 成立，则 $\boldsymbol{\beta}_1$、$\boldsymbol{\beta}_2$、$\boldsymbol{\beta}_3$（　　）.

A. 线性相关　　　　　　B. 线性无关
C. 既不相关也不无关　　D. 无法确定

9. 向量组 $\boldsymbol{\alpha}_1=(1,0,0)$、$\boldsymbol{\alpha}_2=(1,1,0)$、$\boldsymbol{\alpha}_3=(1,1,1)$ 的秩为（　　）.

A. 1　　　　B. 2　　　　C. 3　　　　D. 4

10. 设 $\boldsymbol{\alpha}_1$、$\boldsymbol{\alpha}_2$、$\boldsymbol{\alpha}_3$、$\boldsymbol{\alpha}_4$ 是三维实向量，则（　　）.

A. $\boldsymbol{\alpha}_1$、$\boldsymbol{\alpha}_2$、$\boldsymbol{\alpha}_3$、$\boldsymbol{\alpha}_4$ 一定线性无关　　B. $\boldsymbol{\alpha}_1$ 一定可由 $\boldsymbol{\alpha}_1$、$\boldsymbol{\alpha}_2$、$\boldsymbol{\alpha}_3$、$\boldsymbol{\alpha}_4$ 线性表示
C. $\boldsymbol{\alpha}_1$、$\boldsymbol{\alpha}_2$、$\boldsymbol{\alpha}_3$、$\boldsymbol{\alpha}_4$ 一定线性相关　　D. $\boldsymbol{\alpha}_1$、$\boldsymbol{\alpha}_2$、$\boldsymbol{\alpha}_3$ 一定线性无关

三、计算题

1. 已知 3 阶行列式 $\begin{vmatrix}1&x&3\\-1&2&0\\5&-1&5\end{vmatrix}=-2$，求 x 的值.

2. 计算行列式 $D=\begin{vmatrix}x+3&-1&-1\\-1&x+3&-1\\-1&-1&x+3\end{vmatrix}$ 的值.

3. 已知矩阵 $\boldsymbol{A}=\begin{pmatrix}-1&1\\-1&0\end{pmatrix}$，$\boldsymbol{B}=\begin{pmatrix}-1&1\\0&2\end{pmatrix}$，矩阵 $\boldsymbol{X}$ 满足 $\boldsymbol{AX}+\boldsymbol{B}=\boldsymbol{X}$，求 $\boldsymbol{X}$.

4. 设 $\boldsymbol{A}=\begin{pmatrix}1&1&-1\\-1&1&1\\1&-1&1\end{pmatrix}$ 满足 $\boldsymbol{A}^*\boldsymbol{X}=\boldsymbol{A}^{-1}+2\boldsymbol{X}$，求 $\boldsymbol{X}$.

5. 用克拉默法则求解下列线性方程组.

(1) $\begin{cases} x - 3y - 3k = 0, \\ 2x - y - 8k = 0 \end{cases}$ (k 为常数);

(2) $\begin{cases} 2x_1 - x_2 + 3x_3 = 3, \\ 3x_1 + x_2 - 5x_3 = 0, \\ 4x_1 - x_2 + x_3 = 3. \end{cases}$

6. 按照要求求下列矩阵的逆矩阵.

(1) $\begin{bmatrix} 1 & 0 & 1 \\ -1 & 1 & 1 \\ 2 & -1 & 1 \end{bmatrix}$ (伴随矩阵法);

(2) $\begin{bmatrix} 1 & 2 & 3 & 4 \\ 2 & 3 & 1 & 2 \\ 1 & 1 & 1 & -1 \\ 1 & 0 & -2 & -8 \end{bmatrix}$ (初等变换法).

7. 求下列矩阵的秩.

(1) $\begin{bmatrix} 1 & 1 & 1 & -1 \\ -1 & -1 & -2 & 3 \\ 1 & 2 & 5 & 0 \end{bmatrix}$;

(2) $\begin{bmatrix} 2 & -2 & 0 & -1 \\ -1 & 4 & 5 & -3 \\ 2 & 0 & 3 & 4 \\ 0 & 1 & 3 & -5 \end{bmatrix}$;

(3) $\begin{bmatrix} -1 & 1 & 0 & 1 & 0 & 0 & 1 \\ 1 & -1 & 1 & 0 & 1 & 2 & 0 \\ 2 & 2 & 1 & 1 & 0 & 1 & 1 \end{bmatrix}$;

(4) $\begin{bmatrix} 1 & 1 & 0 \\ 0 & 1 & 0 \\ 1 & 0 & 1 \\ 0 & 1 & 1 \\ 1 & 0 & 0 \end{bmatrix}$.

8. 求解下列线性方程组.

(1) $\begin{cases} 2x_1 + x_3 - x_4 = 1, \\ 3x_1 - x_2 - x_3 + x_4 = 2, \\ x_1 - x_2 + 4x_4 = -1; \end{cases}$

(2) $\begin{cases} -x_1 + x_2 - x_3 = 0, \\ -x_1 + x_2 + 2x_3 = 0, \\ x_1 + x_2 + 3x_3 = 0; \end{cases}$

(3) $\begin{cases} x_1 - 2x_2 - x_3 + x_4 = 0, \\ x_1 - x_2 + x_3 - 3x_4 = 1, \\ 2x_1 + x_2 - 2x_3 + 3x_4 = 2; \end{cases}$

(4) $\begin{cases} x_1 + 2x_2 + 3x_3 - x_4 = 1, \\ 3x_1 - x_2 + x_3 - 3x_4 = 2, \\ 2x_1 + x_2 - 2x_3 - 2x_4 = 3; \end{cases}$

(5) $\begin{cases} 3x_1 + 2x_2 + x_3 + x_4 = 0, \\ 2x_1 + x_2 - 2x_3 - 2x_4 = 0, \\ x_1 - x_2 - x_3 - 3x_4 = 0; \end{cases}$

(6) $\begin{cases} x_1 + x_2 - 3x_3 = 2, \\ x_2 - 3x_3 + 4x_4 = 1, \\ x_1 + x_2 - x_3 + x_4 = 4, \\ x_1 - 4x_2 - x_3 + 2x_4 = 3. \end{cases}$

9. 已知 $\begin{cases} x_1 - 3x_3 = -3, \\ x_1 + 2x_2 + \lambda x_3 = 1, \\ 2x_1 + \lambda x_2 - x_3 = -2, \end{cases}$ 试讨论 λ 取何值时,方程组无解,有唯一解,无穷多组解.

10. 当 a 取何值时,线性方程组 $\begin{cases} x_1 + 2x_2 - x_3 = 1, \\ 2x_1 - 3x_2 + x_3 = 0, \\ 4x_1 + x_2 - x_3 = a \end{cases}$ 有解? 求出它的解.

11. 已知 $\boldsymbol{\alpha} = (5, -1, 3, 2, 4)$,$3\boldsymbol{\alpha} - 4\boldsymbol{\beta} = (3, -7, 17, -2, 8)$,求 $-3\boldsymbol{\alpha} + 2\boldsymbol{\beta}$.

12. 设向量组 $\boldsymbol{\alpha}_1 = (1, 2, 3, 6)$、$\boldsymbol{\alpha}_2 = (1, -1, 2, 4)$、$\boldsymbol{\alpha}_3 = (-1, 1, -2, -8)$、$\boldsymbol{\alpha}_4 = (1, 2, 3, 2)$,求该向量组的秩及一个极大线性无关组.

四、应用题

某品牌生产甲、乙、丙三种衣服,主要销往成都、北京、南京三市.如果三市订购的数量矩阵为 A,三种产品每箱单价和重量矩阵为 B,

$$A = \begin{matrix} & \text{甲} & \text{乙} & \text{丙} & \\ & \begin{pmatrix} 1\,000 & 700 & 400 \\ 600 & 500 & 300 \\ 500 & 200 & 400 \end{pmatrix} & & & \begin{matrix} \text{成都} \\ \text{北京} \\ \text{南京} \end{matrix} \end{matrix}, \qquad B = \begin{matrix} & \text{单价} & \text{每箱重} & \\ & \begin{pmatrix} 170 & 2 \\ 172 & 1.9 \\ 168 & 2.1 \end{pmatrix} & & \begin{matrix} \text{甲} \\ \text{乙} \\ \text{丙} \end{matrix} \end{matrix},$$

各市所订购的三种衣服的总金额和总重量分别是多少?

五、证明题

(1) 行列式 $D = \begin{vmatrix} a^2 + \dfrac{1}{a^2} & a & \dfrac{1}{a} & 1 \\[2mm] b^2 + \dfrac{1}{b^2} & b & \dfrac{1}{b} & 1 \\[2mm] c^2 + \dfrac{1}{c^2} & c & \dfrac{1}{c} & 1 \\[2mm] d^2 + \dfrac{1}{d^2} & d & \dfrac{1}{d} & 1 \end{vmatrix} \quad (abcd = 1)$ 的值为 0;

复习思考题 6
A 组参考答案

(2) 已知向量组 $\boldsymbol{\alpha}_1$、$\boldsymbol{\alpha}_2$、$\boldsymbol{\alpha}_3$、$\boldsymbol{\alpha}_4$ 线性无关,证明:$\boldsymbol{\beta}_1 = \boldsymbol{\alpha}_1 + 2\boldsymbol{\alpha}_2 + 3\boldsymbol{\alpha}_3 + 4\boldsymbol{\alpha}_4$,$\boldsymbol{\beta}_2 = -\boldsymbol{\alpha}_2 + 2\boldsymbol{\alpha}_3 + 3\boldsymbol{\alpha}_4$,$\boldsymbol{\beta}_3 = 2\boldsymbol{\alpha}_1 + 3\boldsymbol{\alpha}_2 + 8\boldsymbol{\alpha}_3 + 12\boldsymbol{\alpha}_4$,$\boldsymbol{\beta}_4 = 2\boldsymbol{\alpha}_1 + 3\boldsymbol{\alpha}_2 + 6\boldsymbol{\alpha}_3 + 8\boldsymbol{\alpha}_4$ 线性无关.

B 组

1. 求一个二次多项式,使得 $f(1) = 0$,$f(2) = 3$,$f(-3) = 28$.

2. 计算 n 阶行列式 $D_1 = \begin{vmatrix} a & b & b & \cdots & b \\ b & a & b & \cdots & b \\ b & b & a & \cdots & b \\ \vdots & \vdots & \vdots & & \vdots \\ b & b & b & \cdots & a \end{vmatrix}$ 与行列式 $D_2 = \begin{vmatrix} 3 & 2 & 2 & 2 \\ 2 & 3 & 2 & 2 \\ 2 & 2 & 3 & 2 \\ 2 & 2 & 2 & 3 \end{vmatrix}$.

3. 当 λ 取何值时,齐次线性方程组 $\begin{cases} (1-\lambda)x_1 - 2x_2 + 4x_3 = 0, \\ 2x_1 + (3-\lambda)x_2 + x_3 = 0, \\ x_1 + x_2 + (1-\lambda)x_3 = 0 \end{cases}$ 有非零解.

4. 设 $A = \begin{pmatrix} \lambda & 1 & 0 \\ 0 & \lambda & 1 \\ 0 & 0 & \lambda \end{pmatrix}$,求 A^k.

5. 设方阵 A 满足方程 $A^2 - A - 2E = 0$,证明 A、$A + 2E$ 都可逆,并求它们的逆矩阵.

6. 设三阶矩阵 A、B 满足关系 $A^{-1}BA = 6A + BA$,且 $A = \begin{pmatrix} \dfrac{1}{2} & & \\ & \dfrac{1}{4} & \\ & & \dfrac{1}{7} \end{pmatrix}$,求 B.

7. 若 A 可逆,那么矩阵方程 $AX = B$ 是否有唯一解 $X = A^{-1}B$? 矩阵方程 $YA = B$ 是否

有唯一解 $Y = BA^{-1}$?

8. 证明方程组
$$\begin{cases} x_1 - x_2 = a_1, \\ x_2 - x_3 = a_2, \\ x_3 - x_4 = a_3, \\ x_4 - x_5 = a_4, \\ x_5 - x_1 = a_5 \end{cases}$$
有解的充要条件是 $a_1 + a_2 + a_3 + a_4 + a_5 = 0$. 在有解的情况下,求出它的一切解.

9. 讨论线性方程组
$$\begin{cases} x_1 + x_2 + 2x_3 + 3x_4 = 1, \\ x_1 + 3x_2 + 6x_3 + x_4 = 3, \\ 3x_1 - x_2 - px_3 + 15x_4 = 3, \\ x_1 - 5x_2 - 10x_3 + 12x_4 = t \end{cases}$$
当 p、t 取何值时,方程组无解,有唯一解,有无穷多解.在方程组有无穷多解的情况下,求出一般解.

10. 讨论 a、b 取何值时,线性方程组
$$\begin{cases} 3x_1 + 2x_2 + x_3 + x_4 - 3x_5 = a, \\ x_1 + x_2 + x_3 + x_4 + x_5 = 1, \\ x_2 + 2x_3 + 2x_4 + 6x_5 = 3, \\ 5x_1 + 4x_2 + 3x_3 + 3x_4 - x_5 = b \end{cases}$$
有解,并求全部解.

11. 求向量组 $\boldsymbol{\alpha}_1 = (1, -1, 2, 1, 0)$、$\boldsymbol{\alpha}_2 = (2, 1, 4, -2, 0)$、$\boldsymbol{\alpha}_3 = (3, 0, 6, -1, 0)$、$\boldsymbol{\alpha}_4 = (0, 3, 0, 0, 1)$ 的一个极大无关组,并用其表示其余向量.

12. 已知向量组 $\boldsymbol{\alpha}_1$、$\boldsymbol{\alpha}_2$、$\boldsymbol{\alpha}_3$ 线性无关,$b_1 = \boldsymbol{\alpha}_1 + \boldsymbol{\alpha}_2$,$b_2 = \boldsymbol{\alpha}_2 + \boldsymbol{\alpha}_3$,$b_3 = \boldsymbol{\alpha}_3 + \boldsymbol{\alpha}_1$,试证 b_1、b_2、b_3 线性无关.

复习思考题 6 B组参考答案

第7章 无穷级数初步

学习目标

1. 理解常数项级数收敛、发散以及收敛级数和的概念.
2. 掌握级数的基本性质及收敛的必要条件.
3. 掌握几何级数的收敛与发散的条件.
4. 掌握 p 级数的收敛与发散的条件.
5. 掌握正项级数收敛性的比较审敛法和比值审敛法,会用根值审敛法.
6. 掌握判定交错级数敛散性的莱布尼茨定理.
7. 了解任意项级数绝对收敛与条件收敛的概念,以及绝对收敛与条件收敛的关系.
8. 了解函数项级数的收敛域及和函数的概念.
9. 理解幂级数收敛半径的概念,并掌握幂级数的收敛半径、收敛区间及收敛域的求法.
10. 了解幂级数的一些基本性质,会求某些常数项级数的和.
11. 了解函数展开为泰勒级数的充分必要条件.
12. 掌握常见函数的麦克劳林展开式,会用它们将一些简单函数间接展开成幂级数.

数学史话

中国古代的《庄子·天下篇》中的"一尺之棰,日取其半,万世不竭",这句话含有极限的思想,用数学形式表达出来就是无穷级数.无穷级数也在希腊数学中出现过,由于希腊人惧怕"无穷",故试图用有限和来代替无穷和,但是这只是潜无穷与实无穷的差别.芝诺(约公元前 490 年—公元前 425 年)的二分法涉及到把 1 分解成无穷级数.亚里士多德也认为这种公比小于 1 的几何级数有和.阿基米德在他的《抛物线图形求积法》一书中,在求抛物线弓形面积的方法中使用了几何级数,并且求出了它的和.到了中世纪,无穷级数这个课题曾使那时的哲学家与数学家着迷,既引起了他们对"无穷"的兴趣,又促使他们就一些明显的悖论进行激烈的争论.17 世纪,有两个方面的重要发现促进了数学革命,一方面是各种特殊的面积求法和切线构造法的结合,牛顿和莱布尼茨归纳出了微积分的一些基本的一般算法;另一方面是无穷级数方法的应用范围.1669 年夏,牛顿详细写下关于级数研究的论文《用无限多项方程的分析学》,这篇论文没有公开,只在少数人中间流传,直到 1711 年发表.事实上,墨卡托 1668 年发表的《对数技术》,其中用长除法得到了著名结论促使牛顿进一步研究级数.

亚里士多德(Aristotle,公元前 384 年—公元前 322 年),古代先哲,古希腊人,世界古代史上伟大的哲学家、科学家和教育家之一,堪称希腊哲学的集大成者.他是柏拉图的学生,亚历山大的老师.公元前 335 年,他在雅典办了一所叫吕克昂的学校,被称为逍遥学派.马克思曾称亚里士多德是古希腊哲学家中最博学的人物,恩格斯称他是"古代的黑格尔".

作为一位百科全书式的科学家,他几乎对每个学科都做出了贡献.他的写作涉及伦理学、形而上学、心理学、经济学、神学、政治学、修辞学、自然科学、教育学、诗歌、风俗,以及雅典法律.亚里士多德的著作构建了西方哲学的第一个广泛系统,包含道德、美学、逻辑和科学、政治和玄学.

阿基米德(Archimedes,公元前287年—公元前212年),伟大的古希腊哲学家、百科式科学家、数学家、物理学家、力学家,静态力学和流体静力学的奠基人,并且享有"力学之父"的美称,阿基米德和高斯、牛顿并列为世界三大数学家.阿基米德曾说过:"给我一个支点,我就能撬起整个地球."阿基米德确立了静力学和流体静力学的基本原理.给出许多求几何图形重心的方法.阿基米德证明物体在液体中所受浮力等于它所排开液体的重量,这一结果后被称为阿基米德原理.他还给出正抛物旋转体浮在液体中平衡稳定的判据.阿基米德发明的机械有引水用的水螺旋,能牵动满载大船的杠杆滑轮机械,能说明日食与月食现象的地球-月球-太阳运行模型.但他认为机械发明比纯数学低级,因而没撰写这方面的著作.阿基米德还采用不断分割法求椭球体、旋转抛物体等的体积,这种方法已具有积分计算的雏形.

基础板块

7.1　常数项级数的概念和性质

【本节提示】　本节首先介绍常数项级数的基本概念,然后介绍常数项级数的敛散性.很多题目如果用定义去判断级数的敛散性具有一定复杂性,它不仅仅是判断敛散性,还要求能够求出级数的部分和,因此在此基础上进一步学习收敛级数的基本性质有助于找到更简单有效的判定方法.

7.1.1　常数项级数的概念

定义 7.1　设有数列 $\{u_n\}$,$(n=1,2,\cdots)$,将数列 $\{u_n\}$ 中的各项用加号连接的形式

$$u_1+u_2+\cdots+u_n+\cdots$$

称为(常数项)无穷级数,简称(常数项)级数,记为 $\sum\limits_{n=1}^{\infty}u_n$,其中 $\sum$ 是求和记号,第 n 项 u_n 称为级数的**一般项**(通项).

定义 7.2　对数列 $u_1,u_2,u_3,\cdots,u_n,\cdots$,取它的前 n 项的和

$$s_n=u_1+u_2+u_3+\cdots+u_n=\sum_{i=1}^{n}u_i,$$

s_n 称为级数的**部分和**(前 n 项之和).

7.1.2　常数项级数的敛散性

定义 7.3　若级数的部分和数列 $\{s_n\}$ 有极限 s,即 $\lim\limits_{n\to\infty}s_n=s$,则称无穷级数 $\sum\limits_{n=1}^{\infty}u_n$ **收敛**,这时,极限 s 就叫做无穷级数 $\sum\limits_{n=1}^{\infty}u_n$ 的**和**,并写成 $\sum\limits_{n=1}^{\infty}u_n=s$;若数列 $\{s_n\}$ 没有极限,则称无穷级数 $\sum\limits_{n=1}^{\infty}u_n$ **发散**.

寻规律　讨论无穷级数的收敛问题,实际上就是讨论部分和数列的极限是否存在,若极限存在则收敛,反之发散。

定义 7.4　级数和 s 与部分和 s_n 的差称为级数 $\sum\limits_{n=1}^{\infty}u_n$ 的**余项**,记为 r_n.即

$$r_n=s-s_n=u_{n+1}+u_{n+2}+\cdots.$$

用部分和 s_n 替代级数和 s 所产生的误差就是这个余项 r_n 的绝对值,即误差是 $|r_n|$.

由级数定义可知,研究级数的敛散性就是研究其部分和数列是否有极限,因此,级数的敛散性问题是一种特殊的数列极限问题.

例 1 证明等比级数(几何级数) $a + aq + aq^2 + \cdots + aq^{n-1} + \cdots (a \neq 0)$，当 $|q| < 1$ 时收敛，当 $|q| \geqslant 1$ 时发散.

证明 当 $q \neq 1$ 时，其前 n 项和 $s_n = a + aq + aq^2 + \cdots + aq^{n-1} = a \cdot \dfrac{1-q^n}{1-q}$.

若 $|q| < 1$，则 $\lim\limits_{n \to \infty} q^n = 0$，于是 $\lim\limits_{n \to \infty} s_n = \lim\limits_{n \to \infty} a \dfrac{1-q^n}{1-q} = \dfrac{a}{1-q}$，即当 $|q| < 1$ 时等比级数收敛，且其和为 $\dfrac{a}{1-q}$；当 $|q| > 1$，则 $\lim\limits_{n \to \infty} |q|^n = \infty$，$n \to \infty$ 时，s_n 是无穷大量，级数发散.

若 $q = 1$，则级数成为 $a + a + a + \cdots$，于是 $s_n = na$，$\lim\limits_{n \to \infty} s_n = \infty$，级数发散.

若 $q = -1$，则级数成为 $a - a + a - a + \cdots$. 当 n 为奇数时，$s_n = a$；而当 n 为偶数时，$s_n = 0$. 当 $n \to \infty$ 时，s_n 无极限，所以级数也发散.

寻规律 对于等比级数 $\sum\limits_{n=0}^{\infty} aq^n = a + aq + aq^2 + \cdots + aq^n + \cdots (a \neq 0)$，有以下结论：

$$\begin{cases} 当 |q| < 1, 收敛, \\ 当 |q| \geqslant 1, 发散. \end{cases}$$

例 2 证明级数 $1 + 2 + 3 + \cdots + n + \cdots$ 是发散的.

证 级数的部分和 $s_n = 1 + 2 + 3 + \cdots + n = \dfrac{n(n+1)}{2}$.

显然，$\lim\limits_{n \to \infty} s_n = \infty$，故该级数发散.

例 3 讨论级数 $\sum\limits_{n=1}^{\infty} \dfrac{1}{n(n+1)}$ 的敛散性.

解

$$s_n = \frac{1}{1 \cdot 2} + \frac{1}{2 \cdot 3} + \cdots + \frac{1}{n(n+1)} = \left(1 - \frac{1}{2}\right) + \left(\frac{1}{2} - \frac{1}{3}\right) + \cdots + \left(\frac{1}{n} - \frac{1}{n+1}\right) = 1 - \frac{1}{n+1},$$

当 $n \to \infty$ 时，$s_n \to 1$，所以级数 $\sum\limits_{n=1}^{\infty} \dfrac{1}{n(n+1)} = 1$，该级数收敛.

7.1.3　收敛级数的基本性质

1. 收敛级数的性质

性质 1 若级数 $\sum\limits_{n=1}^{\infty} u_n$ 收敛于和 s，则级数 $\sum\limits_{n=1}^{\infty} ku_n$ 也收敛，其和为 ks（k 为常数）. 即级数的每一项同乘一个常数后，它的收敛性不变.

推论 1 如果级数 $\sum\limits_{n=1}^{\infty} u_n$ 发散，当 $k \neq 0$ 时，级数 $\sum\limits_{n=1}^{\infty} ku_n$ 也发散.

性质 2 如果级数 $\sum\limits_{n=1}^{\infty} u_n$、$\sum\limits_{n=1}^{\infty} v_n$ 收敛于和 s、σ，则级数 $\sum\limits_{n=1}^{\infty} (u_n \pm v_n)$ 也收敛，且其和为 $s \pm \sigma$. 即两个收敛级数可以逐项相加或相减，其敛散性不变.

推论 2 如果级数 $\sum\limits_{n=1}^{\infty} u_n$ 收敛，$\sum\limits_{n=1}^{\infty} v_n$ 发散，则级数 $\sum\limits_{n=1}^{\infty} (u_n \pm v_n)$ 发散.

性质 3 在级数中去掉、加上或改变有限项,不会改变级数的敛散性.

性质 4 如果级数 $\sum\limits_{n=1}^{\infty} u_n$ 收敛,则在不改变其各项次序的情况下,对该级数的项任意添加括号后所形成的级数仍收敛,且其和不变.

推论 3 如果加括号后所形成的级数发散,则原级数也发散.

⚠ **注意** 收敛级数去掉括号后可能发散,发散的级数加括号后可能收敛.例如级数

$$(1-1)+(1-1)+(1-1)+\cdots+(1-1)+\cdots$$

是收敛的,但去掉括号后得到的级数 $1-1+1-1+1-1+\cdots+1-1+\cdots$ 是发散的.

2. 级数收敛的必要条件

定理 7.1 如果级数 $\sum\limits_{n=1}^{\infty} u_n$ 收敛,则它的一般项 u_n 趋于零,即 $\lim\limits_{n\to\infty} u_n = 0$.

⚠ **注意** 定理 7.1 中, $\lim\limits_{n\to\infty} u_n = 0$ 是级数 $\sum\limits_{n=1}^{\infty} u_n$ 收敛的必要条件,但非充分条件.如果级数 $\sum\limits_{n=1}^{\infty} u_n$ 收敛,则 $\lim\limits_{n\to\infty} u_n = 0$;若 $\lim\limits_{n\to\infty} u_n = 0$,级数 $\sum\limits_{n=1}^{\infty} u_n$ 可能发散,如调和级数 $\sum\limits_{n=1}^{\infty} \dfrac{1}{n}$ 是发散的,然而 $\lim\limits_{n\to\infty} u_n = \lim\limits_{n\to\infty} \dfrac{1}{n} = 0$;但若 $\lim\limits_{n\to\infty} u_n \neq 0$,则级数 $\sum\limits_{n=1}^{\infty} u_n$ 一定发散.因此,判别级数敛散性时,首先考察级数 $\lim\limits_{n\to\infty} u_n = 0$ 是否满足,如果这个条件不满足,则级数发散;如果这个条件满足,再用其他方法判定其敛散性.

例 4 判定无穷级数 $\dfrac{1}{2} + \dfrac{1}{2^2} + \dfrac{1}{2^3} + \cdots + \dfrac{1}{2^n} + \cdots$ 的收敛性.

解 因为 $|q| = \dfrac{1}{2} < 1$,所以原级数收敛.

例 5 讨论无穷级数 $\sum\limits_{n=1}^{\infty} (\sqrt{n} - \sqrt{n-1})$ 的敛散性.

解 因为

$$s_n = \sum_{k=1}^{n} (\sqrt{k} - \sqrt{k-1}) = (\sqrt{1} - 0) + (\sqrt{2} - \sqrt{1}) + (\sqrt{3} - \sqrt{2}) + \cdots + \sqrt{n} - \sqrt{n-1}$$
$$= \sqrt{n} \to \infty (n \to \infty),$$

所以该级数发散.

小看板

1. 无穷项级数 $\sum\limits_{i=1}^{\infty} u_i = u_1 + u_2 + u_3 + \cdots + u_i + \cdots$,其中第 n 项 u_n 叫做级数的_____.

2. 对于级数 $\sum\limits_{n=0}^{\infty} aq^n$,当 $|q| < 1$ 时,级数_____;当 $|q| \geqslant 1$ 时,级数_____.

3. 如果级数 $\sum\limits_{n=1}^{\infty} u_n$ 发散,当 $k \neq 0$ 时,级数 $\sum\limits_{n=1}^{\infty} ku_n$_____.

4. 如果级数 $\sum\limits_{n=1}^{\infty} u_n$ 收敛,则它的一般项 u_n 趋于零,则有_____.

习题 7.1

1. 写出下列级数的前五项.

(1) $\sum\limits_{n=1}^{\infty} \dfrac{(-1)^n}{4^n}$;

(2) $\sum\limits_{n=1}^{\infty} \dfrac{n^n}{n!}$;

(3) $\sum\limits_{n=1}^{\infty} \dfrac{2n}{n^2+1}$;

(4) $\sum\limits_{n=1}^{\infty} \dfrac{1}{(2n-1)(2n+1)}$.

2. 判断下列级数的收敛性.

(1) $-\dfrac{2}{3} + \dfrac{2^2}{3^2} - \dfrac{2^3}{3^3} + \cdots + (-1)^n \dfrac{2^n}{3^n} + \cdots$;

(2) $\dfrac{1}{2} + \dfrac{1}{\sqrt{2}} + \dfrac{1}{\sqrt[3]{2}} + \cdots + \dfrac{1}{\sqrt[n]{2}} + \cdots$;

(3) $\sum\limits_{n=1}^{\infty} \dfrac{\alpha}{3^n}$;

(4) $\sum\limits_{n=1}^{\infty} 2^n$.

3. 根据级数收敛与发散的定义判定下列级数的收敛性.

(1) $\sum\limits_{n=1}^{\infty} (\sqrt{n-1} - \sqrt{n})$;

(2) $\sum\limits_{n=1}^{\infty} \dfrac{1}{(n+1)(n+2)}$.

4. 判断题.

(1) 若级数 $\sum\limits_{n=1}^{\infty} u_n$ 的一般项 u_n 趋于零,则级数 $\sum\limits_{n=1}^{\infty} u_n$ 收敛.　　　　(　)

(2) 如果级数 $\sum\limits_{n=1}^{\infty} u_n$ 发散,则级数 $\sum\limits_{n=1}^{\infty} ku_n$ 也发散.　　　　(　)

(3) 若级数的部分和数列 $\{s_n\}$ 有极限 s,则称无穷级数 $\sum\limits_{n=1}^{\infty} u_n$ 收敛.　　(　)

习题 7.1
参考答案

7.2 常数项级数的审敛法

【本节提示】 本节首先介绍正项级数,然后在此基础上掌握判定正项级数收敛性的比较审敛法和比值审敛法,以及判定交错级数收敛性的莱布尼茨定理,最后理解绝对收敛与条件收敛的概念.

7.2.1 正项级数的概念

定义 7.5 若级数 $\sum\limits_{n=1}^{\infty} u_n$ 的每一项都是非负的,即 $u_n \geqslant 0(n=1,2,\cdots)$,则称级数 $\sum\limits_{n=1}^{\infty} u_n$ 为**正项级数**.

定理 7.2 正项级数 $\sum\limits_{n=1}^{\infty} u_n$ 收敛的充分必要条件是其部分和数列 $\{s_n\}$ 有界.

⚠ **注意** 如果正项级数的部分和数列 $\{s_n\}$ 无界,则级数 $\sum\limits_{n=1}^{\infty} u_n$ 一定发散,且 $s_n \to +\infty(n \to \infty)$,即 $\sum\limits_{n=1}^{\infty} u_n = +\infty$.

7.2.2 正项级数的审敛法

定理 7.3(比较审敛法) 设有两个正项级数 $\sum\limits_{n=1}^{\infty} u_n$ 及 $\sum\limits_{n=1}^{\infty} v_n$,而且 $u_n \leqslant v_n(n=1,2,\cdots)$.

(1) 如果级数 $\sum\limits_{n=1}^{\infty} v_n$ 收敛,则级数 $\sum\limits_{n=1}^{\infty} u_n$ 也收敛;

(2) 如果级数 $\sum\limits_{n=1}^{\infty} u_n$ 发散,则级数 $\sum\limits_{n=1}^{\infty} v_n$ 也发散.

推论 设 $\sum\limits_{n=1}^{\infty} u_n$ 和 $\sum\limits_{n=1}^{\infty} v_n$ 都是正项级数,且存在正整数 N,使当 $n \geqslant N$ 时有 $u_n \leqslant kv_n(k>0)$ 成立.如果级数 $\sum\limits_{n=1}^{\infty} v_n$ 收敛,则级数 $\sum\limits_{n=1}^{\infty} u_n$ 收敛;如果级数 $\sum\limits_{n=1}^{\infty} u_n$ 发散,则级数 $\sum\limits_{n=1}^{\infty} v_n$ 发散.

例 6 级数 $\sum\limits_{n=1}^{\infty} \dfrac{1}{n^p} = 1 + \dfrac{1}{2^p} + \dfrac{1}{3^p} + \cdots + \dfrac{1}{n^p} + \cdots$ 称为 **p 级数**,试讨论其敛散性,其中常数 $p>0$.

解 设 $p \leqslant 1$,则 $\dfrac{1}{n^p} \geqslant \dfrac{1}{n}$,但调和级数发散,由比较审敛法可知,当 $p \leqslant 1$ 时级数

$\displaystyle\sum_{n=1}^{\infty}\frac{1}{n^p}$ 发散.

设 $p>1$, 当 $n-1\leqslant x\leqslant n$ 时, 有 $\dfrac{1}{n^p}\leqslant\dfrac{1}{x^p}$, 所以

$$\frac{1}{n^p}=\int_{n-1}^{n}\frac{1}{n^p}\mathrm{d}x\leqslant\int_{n-1}^{n}\frac{1}{x^p}\mathrm{d}x=\frac{1}{p-1}\left[\frac{1}{(n-1)^{p-1}}-\frac{1}{n^{p-1}}\right](n=2,3,\cdots).$$

考虑级数

$$\sum_{n=2}^{\infty}\left[\frac{1}{(n-1)^{p-1}}-\frac{1}{n^{p-1}}\right], \tag{7-1}$$

其部分和

$$s_n=\left(1-\frac{1}{2^{p-1}}\right)+\left(\frac{1}{2^{p-1}}-\frac{1}{3^{p-1}}\right)+\cdots+\left[\frac{1}{n^{p-1}}-\frac{1}{(n+1)^{p-1}}\right]=1-\frac{1}{(n+1)^{p-1}}\to1(n\to\infty),$$

故级数(7-1)收敛, 由比较审敛法可知, 当 $p>1$ 时级数 $\displaystyle\sum_{n=1}^{\infty}\frac{1}{n^p}$ 收敛.

综上所述, 对于 p 级数, 当 $p>1$ 时收敛; 当 $p\leqslant1$ 时发散.

■ **寻规律**　对于 p 级数 $\displaystyle\sum_{n=1}^{\infty}\frac{1}{n^p}(p>0)$ 有以下结论:

$$\begin{cases}当\ p>1,收敛.\\当\ p\leqslant1,发散.\end{cases}$$

例7　判定级数 $\displaystyle\sum_{n=1}^{\infty}\frac{1}{n^4+1}$ 的敛散性.

解　正项级数 $\displaystyle\sum_{n=1}^{\infty}\frac{1}{n^4+1}$ 的一般项 $\dfrac{1}{n^4+1}<\dfrac{1}{n^3}$. 而级数 $\displaystyle\sum_{n=1}^{\infty}\frac{1}{n^3}$ 收敛, 故由比较审敛法可知, 级数 $\displaystyle\sum_{n=1}^{\infty}\frac{1}{n^4+1}$ 收敛.

定理7.4(比较审敛法的极限形式)　设 $\displaystyle\sum_{n=1}^{\infty}u_n$ 和 $\displaystyle\sum_{n=1}^{\infty}v_n$ 都是正项级数, 且 $\displaystyle\lim_{n\to\infty}\frac{u_n}{v_n}=l$.

(1) 如果 $0<l<+\infty$, 则级数 $\displaystyle\sum_{n=1}^{\infty}u_n$ 和 $\displaystyle\sum_{n=1}^{\infty}v_n$ 同时收敛或同时发散;

(2) 如果 $l=0$, 若 $\displaystyle\sum_{n=1}^{\infty}v_n$ 收敛, 则 $\displaystyle\sum_{n=1}^{\infty}u_n$ 收敛; 若 $\displaystyle\sum_{n=1}^{\infty}u_n$ 发散, 则 $\displaystyle\sum_{n=1}^{\infty}v_n$ 发散;

(3) 如果 $l=+\infty$, 若 $\displaystyle\sum_{n=1}^{\infty}u_n$ 收敛, 则 $\displaystyle\sum_{n=1}^{\infty}v_n$ 收敛; 若 $\displaystyle\sum_{n=1}^{\infty}v_n$ 发散, 则 $\displaystyle\sum_{n=1}^{\infty}u_n$ 发散.

例8　判定级数 $\displaystyle\sum_{n=1}^{\infty}\sin\frac{1}{n}$ 的敛散性.

解　因为

$$\lim_{n\to\infty}\frac{\sin\dfrac{1}{n}}{\dfrac{1}{n}}=1,$$

而级数 $\displaystyle\sum_{n=1}^{\infty}\dfrac{1}{n}$ 发散,由比较审敛法的极限形式可知,级数 $\displaystyle\sum_{n=1}^{\infty}\sin\dfrac{1}{n}$ 发散.

定理 7.5(比值审敛法,达郎贝尔判别法)　设 $\displaystyle\sum_{n=1}^{\infty}u_n$ 是正项级数,$\displaystyle\lim_{n\to\infty}\dfrac{u_{n+1}}{u_n}=\rho$,则

(1) 当 $\rho<1$ 时,级数 $\displaystyle\sum_{n=1}^{\infty}u_n$ 收敛;

(2) 当 $\rho>1$ 时,级数 $\displaystyle\sum_{n=1}^{\infty}u_n$ 发散;

(3) 当 $\rho=1$ 时,级数 $\displaystyle\sum_{n=1}^{\infty}u_n$ 可能收敛,也可能发散.

例 9　判定级数 $\displaystyle\sum_{n=1}^{\infty}\dfrac{1}{n!}$ 的敛散性.

解　因为

$$\lim_{n\to\infty}\frac{\dfrac{1}{(n+1)!}}{\dfrac{1}{n!}}=\lim_{n\to\infty}\frac{1}{n+1}=0<1,$$

所以级数 $\displaystyle\sum_{n=1}^{\infty}\dfrac{1}{n!}$ 收敛.

定理 7.6(根值审敛法,柯西判别法)　设 $\displaystyle\sum_{n=1}^{\infty}u_n$ 是正项级数,如果 $\displaystyle\lim_{n\to\infty}\sqrt[n]{u_n}=\rho$,则

(1) 当 $\rho<1$ 时,级数收敛;

(2) 当 $\rho>1$ 时,级数发散;

(3) 当 $\rho=1$ 时,级数可能收敛,也可能发散.

⚠ **注意**　判别一个正项级数的敛散性,一般而言,可按以下程序进行考虑:

(1) 检查一般项,若 $\displaystyle\lim_{n\to+\infty}u_n\neq0$,可判定级数发散;若 $\displaystyle\lim_{n\to+\infty}u_n=0$,先试用比值审敛法.如果比值审敛法失效,则用比较审敛法或根值审敛法.

(2) 用比值(根值)审敛法判定,若比值(根值)极限为 1 时,改用其他的判定法.

(3) 检查正项级数的部分和是否有界或判别部分和是否有极限.

例 10　判定级数 $\displaystyle\sum_{n=1}^{\infty}\left(\dfrac{2n}{3n+1}\right)^n$ 的敛散性.

解　因为 $\displaystyle\lim_{n\to\infty}\sqrt[n]{u_n}=\lim_{n\to\infty}\dfrac{2n}{3n+1}=\dfrac{2}{3}<1$,所以该级数收敛.

7.2.3　交错级数及其审敛法

定义 7.6　数项级数 $\displaystyle\sum_{n=1}^{\infty}(-1)^{n-1}u_n$ 或 $\displaystyle\sum_{n=1}^{\infty}(-1)^n u_n$,其中 $u_n>0(n=1,2,\cdots)$,称为交错级数.如 $u_1-u_2+u_3-u_4+\cdots+(-1)^{n-1}u_n+\cdots$.

定理 7.7(莱布尼茨定理)　如果交错级数 $\displaystyle\sum_{n=1}^{\infty}(-1)^{n-1}u_n$ 满足条件:

(1) $u_n\geqslant u_{n+1}>0(n=1,2,\cdots)$;

(2) $\lim\limits_{n \to \infty} u_n = 0$,

则交错级数收敛,且其和 $s \leqslant u_1$,余项的绝对值 $|r_n| \leqslant u_{n+1}$.

⚠ **注意** (1)莱布尼茨定理中要求 u_n 单调递减的条件不是多余的.例如,级数

$$1 - \frac{1}{5} + \frac{1}{2} - \frac{1}{5^2} + \cdots + \frac{1}{n} - \frac{1}{5^n} + \cdots$$

是发散的,虽然它的一般项 $u_n = \frac{1}{n} - \frac{1}{5^n} \to 0$,但是 u_n 的单调递减性当每一项由 $-\frac{1}{5^n}$ 变到

$\frac{1}{n+1}$ 时都被破坏了.

(2)另一方面,u_n 单调递减的条件也不是必要的.例如,级数

$$1 - \frac{1}{2^2} + \frac{1}{3^3} - \frac{1}{4^2} + \cdots + \frac{1}{(2n-1)^3} - \frac{1}{(2n)^2} + \cdots$$

是收敛的,但其一般项 u_n 趋于零时并不具有单调递减性.由上说明了莱布尼茨定理是判别交错级数的充分非必要条件.

例 11 证明交错级数 $1 - \frac{1}{2} + \frac{1}{3} - \frac{1}{4} + \cdots + (-1)^{n-1}\frac{1}{n} + \cdots$ 收敛.

证明 $u_n = \frac{1}{n} > 0$,$u_{n+1} = \frac{1}{n+1}$,则有 $u_n \geqslant u_{n+1} > 0 (n=1, 2, \cdots)$.

又有 $\lim\limits_{n \to \infty} u_n = \lim\limits_{n \to \infty} \frac{1}{n} = 0$,由莱布尼茨定理可知,交错级数 $\sum\limits_{n=1}^{\infty} (-1)^{n-1}\frac{1}{n}$ 收敛.

7.2.4 绝对收敛与条件收敛

定义 7.7 如果级数 $\sum\limits_{n=1}^{\infty} u_n$ 各项的绝对值所构成的正项级数 $\sum\limits_{n=1}^{\infty} |u_n|$ 收敛,则称级

数 $\sum\limits_{n=1}^{\infty} u_n$ **绝对收敛**;如果级数 $\sum\limits_{n=1}^{\infty} u_n$ 收敛,而级数 $\sum\limits_{n=1}^{\infty} |u_n|$ 发散,则称级数 $\sum\limits_{n=1}^{\infty} u_n$ **条件**

收敛.

定理 7.8 若级数 $\sum\limits_{n=1}^{\infty} u_n$ 绝对收敛,则级数 $\sum\limits_{n=1}^{\infty} u_n$ 一定收敛.

⚠ **注意** (1)对于任意项级数 $\sum\limits_{n=1}^{\infty} u_n$,如果用正项级数审敛法判定级数 $\sum\limits_{n=1}^{\infty} |u_n|$

收敛,那么此级数一定收敛,这就使得一大类级数的敛散性判定问题,转化成正项级数的敛散性判定问题.

(2)如果级数 $\sum\limits_{n=1}^{\infty} |u_n|$ 发散,不能断定级数 $\sum\limits_{n=1}^{\infty} u_n$ 也发散.但是,如果用比值审敛法

(或根值审敛法)判定级数 $\sum\limits_{n=1}^{\infty} |u_n|$ 发散,那么可以判定级数 $\sum\limits_{n=1}^{\infty} u_n$ 必定发散.这是因为从

$\rho > 1$ 可以推知 $\lim\limits_{n \to \infty} |u_n| \neq 0$,从而 $\lim\limits_{n \to \infty} u_n \neq 0$,因此级数 $\sum\limits_{n=1}^{\infty} u_n$ 发散.由此可以得到下面的推论.

推论　设 $\sum\limits_{n=1}^{\infty} u_n$ 是任意项级数,如果 $\lim\limits_{n\to\infty}\left|\dfrac{u_{n+1}}{u_n}\right|=\rho$ (或 $\lim\limits_{n\to\infty}\sqrt[n]{|u_n|}=\rho$),则

(1) 当 $\rho<1$ 时,级数 $\sum\limits_{n=1}^{\infty} u_n$ 绝对收敛;

(2) 当 $\rho>1$ 时,级数 $\sum\limits_{n=1}^{\infty} u_n$ 发散;

(3) 当 $\rho=1$ 时,级数 $\sum\limits_{n=1}^{\infty} u_n$ 可能收敛,也可能发散.

例 12　判定级数 $\sum\limits_{n=1}^{\infty}(-1)^{n-1}\dfrac{n}{2^n}=\dfrac{1}{2}-\dfrac{2}{2^2}+\dfrac{3}{2^3}-\dfrac{4}{2^4}+\cdots+(-1)^{n-1}\dfrac{n}{2^n}+\cdots$ 的敛散性.

解　因为

$$\lim_{n\to\infty}\left|\frac{u_{n+1}}{u_n}\right|=\lim_{n\to\infty}\frac{\dfrac{n+1}{2^{n+1}}}{\dfrac{n}{2^n}}=\lim_{n\to\infty}\left(\frac{n+1}{2n}\right)=\frac{1}{2}<1,$$

所以该级数绝对收敛.

小看板

1. 正项级数 $\sum\limits_{n=1}^{\infty} u_n$ 收敛的充分必要条件是＿＿＿＿＿＿＿.

2. 对于级数 $\sum\limits_{n=1}^{\infty}\dfrac{1}{n^p}$,当 $p\leqslant1$ 时,级数＿＿＿＿;当 $p>1$ 时,级数＿＿＿＿.

3. 级数 $u_1-u_2+u_3-u_4+\cdots+(-1)^{n-1}u_n+\cdots$ 称为＿＿＿＿.

4. 若级数 $\sum\limits_{n=1}^{\infty} u_n$ 绝对收敛,则级数 $\sum\limits_{n=1}^{\infty} u_n$＿＿＿＿.

习题 7.2

1. 用比较审敛法判定下列级数的敛散性.

(1) $\dfrac{1}{3}+\dfrac{1}{6}+\cdots+\dfrac{1}{3n}+\cdots$;　　(2) $\sum\limits_{n=1}^{\infty}\dfrac{n}{n^2+n}$.

2. 用比值审敛法判定下列级数的敛散性.

(1) $\sum\limits_{n=1}^{\infty}\dfrac{n^2}{2^n}$;　　(2) $\sum\limits_{n=1}^{\infty}\dfrac{2n\cdot n!}{n^n}$.

3. 用根值审敛法判定下列级数的敛散性.

(1) $\sum\limits_{n=1}^{\infty}\left(\dfrac{n}{3n+1}\right)^n$;　　(2) $\sum\limits_{n=1}^{\infty}\left(\dfrac{n^2+2}{2n+1}\right)^n$.

4. 判定下列级数的敛散性.

(1) $\sum\limits_{n=1}^{\infty}\ln\left(1+\dfrac{1}{n^2}\right)$;　　(2) $\sum\limits_{n=1}^{\infty}2^n\sin\dfrac{\pi}{2^n}$;

(3) $\displaystyle\sum_{n=1}^{\infty}\left(\frac{n}{2n-1}\right)^{3n-1}$.

5. 判断下列级数是否收敛? 如果收敛,是绝对收敛,还是条件收敛?

(1) $\displaystyle\sum_{n=1}^{\infty}(-1)^{n}\frac{n^{2}}{n^{2}+1}$;

(2) $\displaystyle\sum_{n=1}^{\infty}(-1)^{n-1}\frac{n}{3^{n-1}}$.

【本节提示】　在前面两节中,主要讨论了常数项级数,即级数的各项都是常数.如果一个级数的各项都是定义在某个区间上的函数,则称该级数为函数项级数.幂级数在某区域的收敛性问题,是指幂级数在该区域内任意一点的敛散性问题,而幂级数在某点的敛散性问题,实质上是常数项级数的敛散性问题.这样,仍可利用常数项级数的敛散性判别法来判断幂级数的敛散性.

7.3.1　函数项级数的概念

如果给定一个定义在区间 I 上的函数列 $\{u_n(x)\}$,其各项

$$u_1(x) \text{、} u_2(x) \text{、} \cdots \text{、} u_n(x) \text{、} \cdots,$$

用加号连接的形式

$$u_1(x) + u_2(x) + \cdots + u_n(x) + \cdots = \sum_{n=1}^{\infty} u_n(x)$$

称为定义在区间 I 上的**(函数项)无穷级数**,简称**(函数项)级数**.

对于 I 上的每一个值 x_0,函数项级数 $\sum\limits_{n=1}^{\infty} u_n(x_0)$ 就是常数项级数,若 $\sum\limits_{n=1}^{\infty} u_n(x_0)$ 收敛,则称 x_0 是函数项级数的**收敛点**,收敛点的全体组成的数集称为 $\sum\limits_{n=1}^{\infty} u_n(x)$ 的**收敛域**;若 $\sum\limits_{n=1}^{\infty} u_n(x_0)$ 发散,则称 x_0 是函数项级数的**发散点**,发散点的全体组成的数集称为 $\sum\limits_{n=1}^{\infty} u_n(x)$ 的**发散域**.

对于收敛域中的每一个数 x,函数项级数 $\sum\limits_{n=1}^{\infty} u_n(x)$ 成为一收敛的常数项级数,因此有一确定的和 s,这样在整个收敛域上,函数项级数的和是 x 的函数,记作 $s(x)$,称 $s(x)$ 为函数项级数的**和函数**.和函数的定义域就是级数的收敛域,对于收敛域内的点 x,有 $s(x) = \sum\limits_{n=1}^{\infty} u_n(x)$.

$\sum\limits_{n=1}^{\infty} u_n(x)$ 的部分和记作 $s_n(x)$,当 $x \in I$ 时,有 $\lim\limits_{n\to\infty} s_n(x) = s(x)$, $r_n(x) = s(x) - s_n(x)$ 为 $\sum\limits_{n=1}^{\infty} u_n(x)$ 的余项,且有

$$\lim_{n\to\infty} r_n(x) = 0.$$

例 13　求级数 $\sum\limits_{n=1}^{\infty} \dfrac{1}{n}\left(\dfrac{1}{1+x}\right)^n$ 的收敛域.

解 由比值审敛法可知

$$\frac{|u_{n+1}(x)|}{|u_n(x)|}=\frac{n}{n+1}\cdot\frac{1}{|1+x|}\longrightarrow\frac{1}{|1+x|}(n\to\infty),$$

则有

(1) 当 $\dfrac{1}{|1+x|}<1$ 时，$|1+x|>1$，即 $x>0$ 或 $x<-2$ 时，原级数绝对收敛.

(2) 当 $\dfrac{1}{|1+x|}>1$ 时，$|1+x|<1$，即 $-2<x<0$ 时，原级数发散.

(3) 当 $|1+x|=1$ 时，$x=0$ 或 $x=-2$. $x=0$ 时，级数为 $\displaystyle\sum_{n=1}^{\infty}\frac{1}{n}$ 发散；$x=-2$ 时，级数为 $\displaystyle\sum_{n=1}^{\infty}\frac{(-1)^n}{n}$ 收敛，故级数的收敛域为 $(-\infty,-2]\bigcup(0,+\infty)$.

注意 （1）级数的定义域就是收敛域；
（2）函数项级数在某点 x 的敛散性问题，实质上是数项级数的敛散性问题.

7.3.2　幂级数及其收敛性

函数项级数中简单而常见的一类级数就是各项都是常数乘幂函数的函数项级数，即所谓幂级数，它的形式为

$$\sum_{n=1}^{\infty}a_nx^n=a_0+a_1x+a_2x^2+a_3x^3+\cdots+a_nx^n+\cdots,$$

其中 $a_0,a_1,a_2,\cdots,a_n,\cdots$ 叫做幂级数的系数.

例如 $\displaystyle\sum_{n=1}^{\infty}x^n=1+x+x^2+x^3+\cdots+x^n+\cdots$ 就是幂级数.

注意 （1）任何一个幂级数在 $x=0$ 处肯定是收敛的；
（2）对于每个确定的实数 x_0，上面的幂级数成为常数项级数.
关于幂函数的收敛性，有如下定理.

定理 7.9(阿贝尔(Abel)收敛定理) 已知幂级数 $\displaystyle\sum_{n=0}^{\infty}a_nx^n$ 满足

$$\lim_{n\to\infty}\left|\frac{a_{n+1}}{a_n}\right|=\rho,$$

则有以下结论成立：

(1) 若 $\rho=0$，则对任一 x，幂级数 $\displaystyle\sum_{n=0}^{\infty}a_nx^n$ 都绝对收敛；

(2) 若 $0<\rho<+\infty$，当 $|x|<\dfrac{1}{\rho}$ 时，幂级数 $\displaystyle\sum_{n=0}^{\infty}a_nx^n$ 绝对收敛；当 $|x|>\dfrac{1}{\rho}$ 时，幂级数 $\displaystyle\sum_{n=0}^{\infty}a_nx^n$ 发散；

(3) 若 $\rho=+\infty$，则幂级数在 $x\neq0$ 时都发散.

💡 **注意**　(1) 该定理中,当 $0 < \rho < +\infty$ 时,幂级数 $\sum\limits_{n=0}^{\infty} a_n x^n$ 在 $x = -\dfrac{1}{\rho}$ 和 $x = \dfrac{1}{\rho}$ 两点处可能收敛也可能发散,这两点是幂级数收敛点和发散点的分界点,这两点到原点的距离都是 $\dfrac{1}{\rho}$.

(2) 令 $R = \dfrac{1}{\rho}$,称 R 为幂级数的**收敛半径**.$(-R, R)$ 称为幂级数的**收敛区间**,而幂级数的收敛域必为下列区间之一:

$$[-R, R], [-R, R), (-R, R], (-R, R).$$

当 $\rho = 0$ 时,幂级数处处都收敛,规定收敛半径 $R = +\infty$;

当 $\rho = +\infty$ 时,幂级数仅在原点收敛,规定收敛半径 $R = 0$.

几何说明如图 7-1 所示.

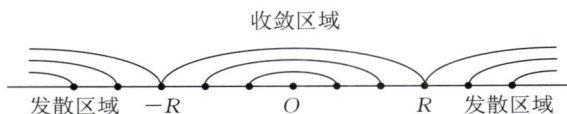

图 7-1

定理 7.10　已知幂级数 $\sum\limits_{n=0}^{\infty} a_n x^n$,若

$$\lim_{n \to \infty} \left| \frac{a_{n+1}}{a_n} \right| = \rho,$$

则幂级数 $\sum\limits_{n=0}^{\infty} a_n x^n$ 的收敛半径

$$R = \begin{cases} \dfrac{1}{\rho}, & \rho \neq 0, \\ +\infty, & \rho = 0, \\ 0, & \rho = +\infty. \end{cases}$$

🔲 **寻规律**　一般判断幂级数的收敛性问题的步骤是:

(1) 求出收敛半径 R;

(2) 得到收敛区间 $(-R, R)$;

(3) 由幂级数在 $x = \pm R$ 处是否收敛,得到幂级数的收敛域.

例 14　求幂级数 $\sum\limits_{n=1}^{\infty} (nx)^n$ 的收敛域.

解　因为

$$\rho = \lim_{n \to \infty} \left| \frac{a_{n+1}}{a_n} \right| = \lim_{n \to \infty} \left| \frac{(n+1)^{n+1}}{n^n} \right| = \lim_{n \to \infty} \left[\left(\frac{n+1}{n} \right)^n (n+1) \right] = \infty,$$

故收敛半径 $R = 0$.即该级数只在 $x = 0$ 处收敛.

例 15　求幂级数 $\displaystyle\sum_{n=1}^{\infty} \frac{x^n}{n!}$ 的收敛域.

解　因为

$$\rho = \lim_{n\to\infty}\left|\frac{a_{n+1}}{a_n}\right| = \lim_{n\to\infty}\frac{\dfrac{1}{(n+1)!}}{\dfrac{1}{n!}} = \lim_{n\to\infty}\frac{1}{n+1} = 0,$$

所以收敛半径 $R = +\infty$，所求收敛域为 $(-\infty, +\infty)$.

例 16　求幂级数 $-x + \dfrac{x^2}{2} - \dfrac{x^3}{3} + \cdots + \dfrac{x^n}{n} + \cdots$ 的收敛域.

解　因为

$$\rho = \lim_{n\to\infty}\left|\frac{a_{n+1}}{a_n}\right| = \lim_{n\to\infty}\frac{\dfrac{1}{n+1}}{\dfrac{1}{n}} = \lim_{n\to\infty}\frac{n}{n+1} = 1,$$

所以收敛半径 $R = 1$.

当 $x = 1$ 时，级数为 $-1 + \dfrac{1}{2} - \dfrac{1}{3} + \cdots + (-1)^n \dfrac{1}{n} + \cdots$，该级数为交错级数，收敛.

当 $x = -1$ 时，级数为 $1 + \dfrac{1}{2} + \dfrac{1}{3} + \cdots + \dfrac{1}{n} + \cdots$，该级数为调和级数，发散.

因此，所求收敛域为 $(-1, 1]$.

例 17　求幂级数 $\displaystyle\sum_{n=1}^{\infty} 3^n \left(x - \dfrac{1}{3}\right)^n$ 的收敛域.

解　令 $t = \left(x - \dfrac{1}{3}\right)$，该级数化为 $\displaystyle\sum_{n=1}^{\infty} 3^n t^n$，因为

$$\rho = \lim_{n\to\infty}\left|\frac{a_{n+1}}{a_n}\right| = \lim_{n\to\infty}\left|\frac{3^{n+1}}{3^n}\right| = 3,$$

所以收敛半径 $R = \dfrac{1}{3}$，收敛区间为 $|t| < \dfrac{1}{3}$，即 $0 < x < \dfrac{2}{3}$.

当 $x = 0$ 时，级数为 $\displaystyle\sum_{n=1}^{\infty} (-1)^n$，该级数发散.

当 $x = \dfrac{2}{3}$ 时，级数为 $\displaystyle\sum_{n=1}^{\infty} 1^n$，该级数发散.

因此所求收敛域为 $\left(0, \dfrac{2}{3}\right)$.

■ **寻规律**　求幂级数 $\displaystyle\sum_{n=1}^{\infty} a_n (x - x_0)^n$ 的收敛域，可以通过换元，令 $t = x - x_0$，得到 $\displaystyle\sum_{n=1}^{\infty} a_n t^n$ 的收敛区间，进而得到原级数的收敛区间，最后判断 x 在端点处敛散性，从而判断收敛域.

例 18　求幂级数 $\displaystyle\sum_{n=1}^{\infty} \dfrac{5^n}{n^2}\left(x - \dfrac{1}{5}\right)^n$ 的收敛域.

解　令 $t=\left(x-\dfrac{1}{5}\right)$，该级数化为 $\displaystyle\sum_{n=1}^{\infty}\dfrac{5^n}{n^2}t^n$，因为

$$\rho=\lim_{n\to\infty}\left|\dfrac{a_{n+1}}{a_n}\right|=\lim_{n\to\infty}\left|\dfrac{\dfrac{5^{n+1}}{(n+1)^2}}{\dfrac{5^n}{n^2}}\right|=5,$$

所以收敛半径 $R=\dfrac{1}{5}$，收敛区间为 $|t|<\dfrac{1}{5}$，即 $0<x<\dfrac{2}{5}$。

当 $x=0$ 时，级数为 $\displaystyle\sum_{n=1}^{\infty}\dfrac{(-1)^n}{n^2}$，该级数收敛。

当 $x=\dfrac{2}{5}$ 时，级数为 $\displaystyle\sum_{n=1}^{\infty}\dfrac{1}{n^2}$，该级数收敛。

因此所求收敛域为 $\left[0,\dfrac{2}{3}\right]$。

例 19　求幂级数 $\displaystyle\sum_{n=1}^{\infty}(-1)^n2^nx^{2n-1}$ 的收敛域。

解　$\displaystyle\lim_{n\to\infty}\left|\dfrac{u_{n+1}(x)}{u_n(x)}\right|=\lim_{n\to\infty}\left|\dfrac{(-1)^{n+1}2^{n+1}x^{2n+1}}{(-1)^n2^nx^{2n-1}}\right|=2|x|^2.$

当 $2|x|^2<1$，即 $|x|<\dfrac{1}{\sqrt{2}}$ 时，级数收敛；

当 $|x|\geqslant\dfrac{1}{\sqrt{2}}$ 时，$|u_n(x)|=2^n|x|^{2n-1}\geqslant 2^n\left(\dfrac{1}{\sqrt{2}}\right)^{2n-1}=\sqrt{2}$，即 $\displaystyle\lim_{n\to\infty}|u_n(x)|\neq 0$，也即 $\displaystyle\lim_{n\to\infty}u_n(x)\neq 0$。

因此所求收敛域为 $\left(-\dfrac{1}{\sqrt{2}},\dfrac{1}{\sqrt{2}}\right)$。

注意　该级数为缺项级数，不能用定理 7.10，需直接用比值审敛法（或根值审敛法）判定。

例 20　求幂级数 $\displaystyle\sum_{n=1}^{\infty}\dfrac{3^n+(-2)^n}{n}(x+1)^n$ 的收敛域。

解　因为

$$\rho=\lim_{n\to\infty}\left|\dfrac{a_{n+1}}{a_n}\right|=\lim_{n\to\infty}\dfrac{\dfrac{3^{n+1}+(-2)^{n+1}}{n+1}}{\dfrac{3^n+(-2)^n}{n}}=3,$$

故 $R=\dfrac{1}{3}$。

当 $x+1=-\dfrac{1}{3}$，即 $x=-\dfrac{4}{3}$ 时，级数

$$\sum_{n=1}^{\infty}\dfrac{3^n+(-2)^n}{n}\left(-\dfrac{1}{3}\right)^n=\sum_{n=1}^{\infty}\left[\dfrac{(-1)^n}{n}+\dfrac{1}{n}\left(\dfrac{2}{3}\right)^n\right],\tag{7-2}$$

由于 $\sum\limits_{n=1}^{\infty}\dfrac{(-1)^n}{n}$ 与 $\sum\limits_{n=1}^{\infty}\dfrac{1}{n}\left(\dfrac{2}{3}\right)^n$ 收敛,故级数(7-2)收敛;

当 $x+1=\dfrac{1}{3}$,即 $x=-\dfrac{2}{3}$ 时,级数为

$$\sum_{n=1}^{\infty}\frac{3^n+(-2)^n}{n}\left(\frac{1}{3}\right)^n=\sum_{n=1}^{\infty}\left[\frac{1}{n}+\frac{(-1)^n}{n}\left(\frac{2}{3}\right)^n\right],\tag{7-3}$$

由于 $\sum\limits_{n=1}^{\infty}\dfrac{1}{n}$ 发散,$\sum\limits_{n=1}^{\infty}\dfrac{(-1)^n}{n}\left(\dfrac{2}{3}\right)^n$ 收敛,故级数(7-3)发散.

因此所求收敛域为 $\left[-\dfrac{4}{3},-\dfrac{2}{3}\right)$.

7.3.3　幂级数的运算与和性质

1. 幂级数的代数运算

设幂级数 $\sum\limits_{n=0}^{\infty}a_nx^n$ 和 $\sum\limits_{n=0}^{\infty}b_nx^n$ 的收敛区间分别为 $(-R_1,R_1)$ 与 $(-R_2,R_2)$,这里 $R_1>0$、$R_2>0$. 设 $R=\min\{R_1,R_2\}$,对于这两个幂函数,可以进行下列四则运算:

(1)加减法

$$\sum_{n=0}^{\infty}a_nx^n\pm\sum_{n=0}^{\infty}b_nx^n=\sum_{n=0}^{\infty}(a_nx^n\pm b_nx^n),\ x\in(-R,R).$$

(2)乘法

$$\left(\sum_{n=0}^{\infty}a_nx^n\right)\cdot\left(\sum_{n=0}^{\infty}b_nx^n\right)=\sum_{n=0}^{\infty}c_nx^n,\ x\in(-R,R)$$

$$(\text{其中}\ c_n=a_0b_n+a_1b_{n-1}+\cdots+a_nb_0=\sum_{k=0}^{n}a_kb_{n-k}).$$

(3)除法

$$\frac{\sum\limits_{n=0}^{\infty}a_nx^n}{\sum\limits_{n=0}^{\infty}b_nx^n}=\sum_{n=0}^{\infty}c_nx^n(\text{收敛域内}\sum_{n=0}^{\infty}b_nx^n\neq0),$$

其中系数 c_n 可通过比较等式 $\left(\sum\limits_{n=0}^{\infty}b_nx^n\right)\cdot\left(\sum\limits_{n=0}^{\infty}c_nx^n\right)=\sum\limits_{n=0}^{\infty}a_nx^n$ 两边的系数来决定.

2. 幂级数的分析运算及和函数的性质

性质 1(和函数的连续性)　设幂级数 $\sum\limits_{n=0}^{\infty}a_nx^n$ 的收敛域为区间 I,则它的和函数 $s(x)$ 在收敛域 I 上是连续的.

性质 2(和函数的可积性)　设幂级数 $\sum\limits_{n=0}^{\infty}a_nx^n$ 的收敛半径为 $R(R>0)$,则其和函数 $s(x)$ 在收敛区间 $(-R,R)$ 内可积,且有逐项求积公式

$$\int_0^x s(x)\mathrm{d}x = \int_0^x \left(\sum_{n=0}^{\infty} a_n x^n\right)\mathrm{d}x = \sum_{n=0}^{\infty}\int_0^x a_n x^n \mathrm{d}x = \sum_{n=0}^{\infty}\frac{a_n}{n+1}x^{n+1},\ x\in(-R,R).$$

逐项积分后所得的幂级数和原幂级数有相同的收敛半径.

性质 3(和函数的可导性)　设幂级数 $\sum\limits_{n=0}^{\infty} a_n x^n$ 的收敛半径为 $R(R>0)$,则其和函数 $s(x)$ 在收敛区间 $(-R,R)$ 内可导,且有逐项求导公式

$$s'(x) = \left(\sum_{n=0}^{\infty} a_n x^n\right)' = \sum_{n=0}^{\infty}(a_n x^n)' = \sum_{n=1}^{\infty} n a_n x^{n-1},\ x\in(-R,R).$$

逐项求导后所得的幂级数和原幂级数有相同的收敛半径.

寻规律　一般求幂函数的和函数方法:
(1) 先求幂函数的收敛域;
(2) 辨别已知与未知,明确目的,选择逐项求导或逐项求积;
(3) 逆向回归,先导后积或先积后导.

例 21　求幂级数 $1+x+x^2+\cdots+x^n+\cdots$ 的和函数.

解　这是公比 $q=x$ 的等比级数,在 $(-1,1)$ 内收敛,前 n 项的部分和

$$s_n(x)=\frac{1-x^n}{1-x},$$

故,当 $-1<x<1$ 时,和函数为

$$\lim_{n\to\infty} s_n(x)=\lim_{n\to\infty}\frac{1-x^n}{1-x}=\frac{1}{1-x},$$

即

$$1+x+x^2+\cdots+x^n+\cdots=\frac{1}{1-x}(-1<x<1).$$

例 22　求幂级数 $\sum\limits_{n=1}^{\infty}\frac{x^{n+1}}{n+1}$ 的和函数.

解　因为

$$\rho=\lim_{n\to\infty}\left|\frac{a_{n+1}}{a_n}\right|=\lim_{n\to\infty}\frac{n+1}{n+2}=1,$$

所以幂函数收敛半径 $R=\dfrac{1}{\rho}=1$. 又幂函数 $\sum\limits_{n=1}^{\infty}\frac{x^{n+1}}{n+1}$ 在 $x=-1$ 处收敛,在 $x=1$ 处发散,故收敛域为 $[-1,1)$.

在收敛域 $[-1,1)$ 内,设所求幂级数的和函数为 $s(x)$,即 $s(x)=\sum\limits_{n=1}^{\infty}\frac{x^{n+1}}{n+1}$,显然 $s(0)=0$,利用性质 3 得

$$s'(x)=\left(\sum_{n=1}^{\infty}\frac{x^{n+1}}{n+1}\right)'=\sum_{n=1}^{\infty}\left(\frac{x^{n+1}}{n+1}\right)'=\sum_{n=1}^{\infty}x^n=\frac{x}{1-x},$$

所以和函数

$$s(x) = \int_0^x \frac{t}{1-t} dt + s(0) = \int_0^x \left(\frac{1}{1-t} - 1 \right) dt = -\ln(1-x) - x$$

即

$$\sum_{n=1}^{\infty} \frac{x^{n+1}}{n+1} = -\ln(1-x) - x, \ x \in [-1, 1).$$

例 23　求幂函数 $\displaystyle\sum_{n=1}^{\infty}(n-1)x^{n-2}$ 的和函数.

解　因为

$$\rho = \lim_{n\to\infty} \left| \frac{a_{n+1}}{a_n} \right| = \lim_{n\to\infty} \frac{n}{n-1} = 1,$$

所以幂函数收敛半径 $R = \dfrac{1}{\rho} = 1$. 又幂函数 $\displaystyle\sum_{n=1}^{\infty}(n-1)x^{n-2}$ 在 $x = -1$ 处与在 $x = 1$ 处均发散,故收敛域为 $(-1, 1)$.

在收敛域 $(-1, 1)$ 内,设该幂级数的和函数为 $s(x)$,即 $s(x) = \displaystyle\sum_{n=1}^{\infty}(n-1)x^{n-2}$,显然 $s(0) = 0$,利用性质 2,在 $(-1, 1)$ 内逐项积分,得

$$\int_0^x s(t)dt = \int_0^x \left[\sum_{n=1}^{\infty}(n-1)t^{n-2} \right] dt = \sum_{n=1}^{\infty}\int_0^x (n-1)t^{n-2}dt = \sum_{n=1}^{\infty} x^{n-1} = \frac{1}{1-x},$$

所以和函数

$$s(x) = \left[\int_0^x s(t)dt \right]' = \frac{1}{(1-x)^2}, \ x \in (-1, 1).$$

即

$$\sum_{n=1}^{\infty}(n-1)x^{n-2} = \frac{1}{(1-x)^2}, \ x \in (-1, 1).$$

小看板

1. 已知幂级数 $\displaystyle\sum_{n=0}^{\infty} a_n x^n$,若 $\lim\limits_{n\to\infty} \left| \dfrac{a_{n+1}}{a_n} \right| = \rho$,则幂级数 $\displaystyle\sum_{n=0}^{\infty} a_n x^n$ 的收敛半径为_____.

2. 设幂级数 $\displaystyle\sum_{n=0}^{\infty} a_n x^n$ 的收敛域为区间 I,则它的和函数 $s(x)$ 在收敛域 I 上是_____.

3. 设幂级数 $\displaystyle\sum_{n=0}^{\infty} a_n x^n$ 的收敛半径为 $R(R>0)$,则其和函数 $s(x)$ 在收敛区间 $(-R, R)$ 内可积,且有逐项求积公式_____.

4. 设幂级数 $\displaystyle\sum_{n=0}^{\infty} a_n x^n$ 的收敛半径为 $R(R>0)$,则其和函数 $s(x)$ 在收敛区间 $(-R, R)$ 内可导,且有逐项求导公式_____.

习题 7.3

1. 填空题.

(1) 幂级数 $\displaystyle\sum_{0}^{\infty}\left(\dfrac{x}{3}\right)^n$ 的收敛半径 $R=$ _____ ；

(2) 幂级数 $\displaystyle\sum_{n=0}^{\infty}a_n x^n$ 在 $x=-3$ 处条件收敛，则该级数的收敛半径 $R=$ _____ ；

(3) 设幂级数 $\displaystyle\sum_{n=0}^{\infty}a_n x^n$ 在 $x_1=2$ 时收敛，在 $x_2=-2$ 时发散，则该幂级数的收敛半径 $R=$ _____ ；

(4) 设幂级数 $\displaystyle\sum_{n=0}^{\infty}a_n x^n$ 的收敛半径为 R ，则设幂级数 $\displaystyle\sum_{n=0}^{\infty}a_n x^n \dfrac{1}{2^n}x^{2n+1}$ 的收敛半径为 _____ ；

(5) 幂级数 $\displaystyle\sum_{n=1}^{\infty}\dfrac{(-1)^n}{n}\left(\dfrac{1}{1+x}\right)^n$ 的收敛域 _____ ，幂级数 $\displaystyle\sum_{n=1}^{\infty}\dfrac{x^n}{n!}$ 的收敛区间为 _____ ；

(6) 幂级数 $1+\dfrac{x}{2\cdot 5}+\dfrac{x^2}{3\cdot 5^2}+\cdots+\dfrac{x^n}{(n+1)\cdot 5^n}+\cdots$ 的收敛域为 _____ ，收敛区间为 _____ ；

(7) 幂级数 $\displaystyle\sum_{n=1}^{\infty}n^n x^n$ 的收敛区间为 _____ ，幂级数 $\displaystyle\sum_{n=1}^{\infty}\dfrac{(x-1)^n}{2^n n}$ 的收敛域为 _____ .

2. 求下列幂级数的收敛区间.

(1) $\displaystyle\sum_{n=0}^{\infty}\dfrac{x^n}{n}$ ；

(2) $\displaystyle\sum_{n=1}^{\infty}\dfrac{(x+1)^n}{n\cdot 3^n}$ ；

(3) $\displaystyle\sum_{n=1}^{\infty}\dfrac{(-1)^n}{\sqrt{n}\cdot 2^n}x^n$ ；

(4) $\displaystyle\sum_{n=1}^{\infty}\dfrac{(x-2)^n}{(n+1)\cdot 3^n}$ ；

(5) $\displaystyle\sum_{n=1}^{\infty}\dfrac{(-1)^n}{4^n}x^{2n-1}$ ；

(6) $\displaystyle\sum_{n=1}^{\infty}(-1)^n\dfrac{x^{2n+1}}{2n+1}$ ；

(7) $\displaystyle\sum_{n=1}^{\infty}\dfrac{(-1)^n}{2^n}x^n+\sum_{n=1}^{\infty}3^n x^n$ ；

(8) $\displaystyle\sum_{n=1}^{\infty}(-1)^n\dfrac{x^n}{n^2}+\sum_{n=1}^{\infty}\dfrac{2^n x^n}{n^2+1}$.

3. 利用逐项求导或逐项积分，求下列函数的和函数.

(1) $\displaystyle\sum_{n=1}^{\infty}\dfrac{x^n}{n}$ ；

(2) $\displaystyle\sum_{n=1}^{\infty}(-1)^{n-1}n x^{n-1}$ ；

(3) $\displaystyle\sum_{n=1}^{\infty}\dfrac{x^{4n+1}}{4n+1}$ ；

(4) $\displaystyle\sum_{n=0}^{\infty}\dfrac{x^n}{n!}$ ；

(5) $\displaystyle\sum_{n=0}^{\infty}\dfrac{n^2}{n!}x^n$ ；

(6) $\displaystyle\sum_{n=0}^{\infty}(2n+1)x^n$.

习题 7.3
参考答案

7.4　函数幂级数的展开式

7.4.1　泰勒级数

若函数 $f(x)$ 在 x_0 的某邻域 $U(x_0)$ 内具有 $n+1$ 阶导数,由泰勒公式可知,对任一 $x \in U(x_0)$,函数 $f(x)$ 可以表示为泰勒多项式与拉格朗日型余项之和,即

$$f(x) = f(x_0) + f'(x_0)(x - x_0) + \frac{f''(x_0)}{2!}(x - x_0)^2 + \cdots + \frac{f^{(n)}(x_0)}{n!}(x - x_0)^n + r_n(x),$$

$$(7\text{-}4)$$

其中 $r_n(x) = \dfrac{f^{(n+1)}(\xi)}{(n+1)!}(x - x_0)^{n+1}$, ξ 是介于 x_0 与 x 之间的某个值.

1. 定义

如果函数 $f(x)$ 在点 x_0 的某邻域 $U(x_0)$ 内有定义,且具有任意阶导数,则幂级数

$$f(x_0) + f'(x_0)(x - x_0) + \frac{f''(x_0)}{2!}(x - x_0)^2 + \cdots + \frac{f^{(n)}(x_0)}{n!}(x - x_0)^n + \cdots$$

$$= \sum_{n=0}^{\infty} \frac{f^{(n)}(x_0)}{n!}(x - x_0)^n,$$

称为函数 $f(x)$ 在点 x_0 处的**泰勒级数**,展开式 $f(x) = \sum\limits_{n=0}^{\infty} \dfrac{f^{(n)}(x_0)}{n!}(x - x_0)^n$, $x \in U(x_0)$ 叫做函数 $f(x)$ 在点 x_0 处的**泰勒展开式**.

⚠ **注意**　如果函数 $f(x)$ 在 $U(x_0)$ 内能展开成幂级数,则这个幂级数展开式是唯一的.

2. 定理（泰勒收敛定理）

如果函数 $f(x)$ 在点 x_0 的某邻域 $U(x_0)$ 内有任意阶导数,则函数 $f(x)$ 的泰勒级数 $\sum\limits_{n=0}^{\infty} \dfrac{f^{(n)}(x_0)}{n!}(x - x_0)^n$ 在 $U(x_0)$ 内收敛于 $f(x)$ 的充分必要条件是泰勒公式(7-4)中余项的极限为 0,即 $\lim\limits_{n \to \infty} r_n(x) = 0$, $x \in U(x_0)$.

特别地,当 $x_0 = 0$ 时

$$f(0) + f'(0)x + \frac{f''(0)}{2!}x^2 + \cdots + \frac{f^{(n)}(0)}{n!}x^n + \cdots = \sum_{n=0}^{\infty} \frac{f^{(n)}(0)}{n!}x^n,$$

称为函数 $f(x)$ 的**麦克劳林级数**.即函数 $f(x)$ 在 $x_0 = 0$ 处的泰勒级数称为麦克劳林级数.

同理,若函数 $f(x)$ 能在 $x_0 = 0$ 的某邻域 $(-R, R)$ 内展开成 x 的幂级数,即当拉格朗日型余项趋于零时,称 $f(x) = \sum\limits_{n=0}^{\infty} \dfrac{f^{(n)}(0)}{n!}x^n$, $x \in (-R, R)$,为函数 $f(x)$ 的**麦克劳林展开式**.

7.4.2　函数的幂级数展开

寻规律　要把函数 $f(x)$ 展开成 x 的幂级数,可以按照以下步骤进行:

　　　　第一步　求出函数 $f(x)$ 的各阶导数 $f'(x)$,$f''(x)$,$\cdots$,$f^{(n)}(x)$,$\cdots$. 如果在 $x=0$ 处某阶导数不存在,则停止运算,这时函数 $f(x)$ 不能展开成 x 的幂级数;

　　　　第二步　求出函数 $f(x)$ 及各阶导数在 $x=0$ 处的值:

$$f(0),\ f'(0),\ f''(0),\ \cdots,\ f^{(n)}(0),\ \cdots;$$

　　　　第三步　写出 $f(x)$ 的麦克劳林级数

$$f(0)+f'(0)x+\frac{f''(0)}{2!}x^2+\cdots+\frac{f^{(n)}(0)}{n!}x^n+\cdots,$$

并求出收敛半径 R;

　　　　第四步　在 $(-R,R)$ 内考察,当 $n\to\infty$ 时,余项

$$r_n(x)=\frac{f^{(n+1)}(\xi)}{(n+1)!}x^{n+1}\ (\xi\ \text{介于}\ 0\ \text{与}\ x\ \text{之间})$$

是否趋于零.若是,则麦克劳林级数即为函数 $f(x)$ 的幂级数展开式,即

$$f(x)=f(0)+f'(0)x+\frac{f''(0)}{2!}x^2+\cdots+\frac{f^{(n)}(0)}{n!}x^n+\cdots\quad(-R<x<R).$$

例 24　求函数 $f(x)=e^x$ 的麦克劳林展开式.

解　$f^{(n)}(x)=e^x$,$f^{(n)}(0)=1$. 因 $f(x)=e^x$ 为初等函数,故

$$e^x=1+x+\frac{1}{2!}x^2+\cdots+\frac{1}{n!}x^n+\cdots.$$

由 $\rho=\lim\limits_{n\to\infty}\left|\dfrac{a_{n+1}}{a_n}\right|=\lim\limits_{n\to\infty}\dfrac{1}{n-1}=0$,得收敛半径 $R=+\infty$.

对于任何有限的数 x 与 ξ(ξ 在 0 与 x 之间),余项的绝对值为

$$r_n(x)=\left|\frac{f^{(n+1)}(\xi)}{(n+1)!}x^{n+1}\right|<e^{|x|}\cdot\frac{|x|^{n+1}}{(n+1)!}\quad(\xi\ \text{在}\ 0\ \text{与}\ x\ \text{之间}).$$

因为 $e^{|x|}$ 有限,而收敛级数 $\sum\limits_0^{\infty}\dfrac{|x|^{n+1}}{(n+1)!}$ 的一般项为 $\dfrac{|x|^{n+1}}{(n+1)!}$,所以 $\lim\limits_{n\to\infty}\dfrac{|x|^{n+1}}{(n+1)!}=0$,从而余项满足 $\lim\limits_{n\to\infty}r_n(x)=0$. 于是得到函数 $f(x)=e^x$ 的幂级数展开式为

$$e^x=1+x+\frac{1}{2!}x^2+\cdots+\frac{1}{n!}x^n+\cdots,\ x\in(-\infty,+\infty).$$

注意　直接按公式 $a_n=\dfrac{f^n(0)}{n!}$ 计算幂级数的系数,最后考察余项 $r_n(x)$ 是否趋向于零.这种直接展开的方法计算量较大而且研究余项也不是一件容易的事情.

常用的函数展开式:

(1) $e^x=\sum\limits_{n=0}^{\infty}\dfrac{1}{n!}x^n$,$x\in(-\infty,+\infty)$;

(2) $\sin x = \sum\limits_{n=0}^{\infty} \dfrac{(-1)^n}{(2n+1)!} x^{2n+1}$, $x \in (-\infty, +\infty)$;

(3) $\cos x = \sum\limits_{n=0}^{\infty} \dfrac{(-1)^n}{(2n)!} x^{2n}$, $x \in (-\infty, +\infty)$;

(4) $\dfrac{1}{1+x} = \sum\limits_{n=0}^{\infty} (-1)^n x^n$, $x \in (-1, 1)$;

(5) $\ln(1+x) = \sum\limits_{n=0}^{\infty} \dfrac{(-1)^n}{n+1} x^{n+1} = \sum\limits_{n=1}^{\infty} \dfrac{(-1)^{n-1}}{n} x^n$, $x \in (-1, 1]$;

(6) $a^x = \mathrm{e}^{x\ln a} = \sum\limits_{n=0}^{\infty} \dfrac{(\ln a)^n}{n!} x^n$, $x \in (-\infty, +\infty)$;

(7) $\dfrac{1}{1+x^2} = \sum\limits_{n=0}^{\infty} (-1)^n x^{2n}$, $x \in (-1, 1)$;

(8) $\arctan x = \sum\limits_{n=1}^{\infty} \dfrac{(-1)^n}{2n+1} x^{2n+1}$, $x \in [-1, 1]$.

寻规律 可以利用一些已知的函数展开式,通过幂级数的运算(如四则运算、逐项求导、逐项积分)以及变量代换等,将所给函数展开成幂级数.这样做不但计算简单,还避免了研究余项.

例 25 将 $\ln x$ 展开成 $(x-1)$ 的幂级数.

解 $\ln x = \ln[1+(x-1)] = \sum\limits_{n=0}^{\infty} (-1)^n \dfrac{(x-1)^{n+1}}{n+1}$,

由 $-1 < x-1 \leqslant 1$,即 $0 < x \leqslant 2$,所以

$$\ln x = \sum\limits_{n=0}^{\infty} (-1)^n \dfrac{(x-1)^{n+1}}{n+1}, \quad 0 < x \leqslant 2.$$

例 26 将函数 $f(x) = \dfrac{1}{x^2-x-6}$ 展开成 x 的幂级数.

解

$$f(x) = \dfrac{1}{(x-3)(x+2)} = \dfrac{1}{5}\left(\dfrac{1}{x-3} - \dfrac{1}{x+2}\right)$$

$$= \dfrac{1}{5}\left[\left(-\dfrac{1}{3}\right)\dfrac{1}{1-\dfrac{x}{3}} - \dfrac{1}{2} \cdot \dfrac{1}{1+\dfrac{x}{2}}\right],$$

而

$$\dfrac{1}{1-\dfrac{x}{3}} = \sum\limits_{n=0}^{\infty} \dfrac{1}{3^n} x^n, \quad x \in (-3, 3), \qquad \dfrac{1}{1+\dfrac{x}{2}} = \sum\limits_{n=0}^{\infty} \left(-\dfrac{1}{2}\right)^n x^n, \quad x \in (-2, 2),$$

故

$$f(x) = -\dfrac{1}{5}\left[\dfrac{1}{3}\sum\limits_{n=0}^{\infty} \dfrac{1}{3^n} x^n + \dfrac{1}{2}\sum\limits_{n=0}^{\infty} \dfrac{(-1)^n}{2^n} x^n\right]$$

$$= -\dfrac{1}{5}\sum\limits_{n=0}^{\infty}\left[\dfrac{1}{3^{n+1}} + \dfrac{(-1)^n}{2^{n+1}}\right] x^n, \quad x \in (-2, 2).$$

小看板

1. 函数 $f(x)$ 的麦克劳林级数为 _____.
2. 填写常用初等函数的麦克劳林展开式.

(1) $e^x =$ _____ ;　　　　(2) $\sin x =$ _____ ;

(3) $\cos x =$ _____ ;　　　　(4) $\dfrac{1}{1+x} =$ _____ ;

(5) $\ln(1+x) =$ _____ ;　　　　(6) $a^x =$ _____ .

习题 7.4

1. 将下列函数展开成关于 x 的幂级数, 并指出其收敛域.

(1) $f(x) = e^{2x}$;　　　　(2) $f(x) = \sin \dfrac{x}{2}$.

2. 将下列函数展开成关于 x 的幂级数, 并求展开式成立的区间.

(1) $f(x) = \arctan x^2$;　　　　(2) $f(x) = (1+x)\ln(1+x)$;

(3) $\ln(4 - 3x - x^2)$;　　　　(4) $f(x) = \dfrac{x}{\sqrt{1+x^2}}$.

3. 将函数 $f(x) = \dfrac{1}{-2x^2 + 5x + 3}$ 展开成关于 x 的幂级数, 并指出其收敛域.

4. 将 $f(x) = \dfrac{3x}{x^2 + x - 2}$ 展开成 x 的幂级数, 并写出其收敛区间.

5. 将 $f(x) = \dfrac{x-1}{x+1}$ 展开成 $(x-1)$ 的幂级数.

6. 将 $f(x) = \dfrac{1}{x^2 + 3x + 2}$ 展开成 $(x+4)$ 的幂级数.

7. 将 $f(x) = \dfrac{1}{x^2 + 4x + 3}$ 展开成 $(x-1)$ 的幂级数.

8. 将 $f(x) = \dfrac{e^{-x}}{1-x}$ 展开成 x 的幂级数.

习题 7.4
参考答案

应用板块

7.5 无穷级数在经济中的应用

【本节提示】 无穷级数常被应用于经济领域的各个方面,以解决一些实际问题.本节中利用级数理论将复杂的求极限、近似计算等问题转化为简单的级数问题.通过深入研究和应用无穷级数,可以更准确地预测和解析经济现象,为未来的经济发展提供坚实的理论基础.

例 27 某企业为了鼓励员工储蓄,每年年底给每位员工一定的奖金,设该企业拟每年的奖金数为 100 万元,年利率为 5%,若按复利计算,求以年复利计算利息,需要筹集多少资金创立该奖励基金?

解 以年复利计算利息,设每次需要筹备的资金为 E_i(单位:百万元),则

第一次奖励发生该制度创立之日,第一次所需要筹集的资金 $E_1=1$(百万元);

第二次奖励发生一年后时,第二次所需要筹集的资金 $E_2=\dfrac{1}{1+0.05}=\dfrac{1}{1.05}$(百万元);

第三次奖励发生二年后,第三次所需要筹集的资金 $E_3=\dfrac{1}{(1+0.05)^2}=\dfrac{1}{1.05^2}$(百万元);

一直延续下去,则总所需要筹集的资金为

$$\sum_{n=0}^{\infty}\frac{1}{1.05^n}=1+\frac{1}{1.05}+\frac{1}{1.05^2}+\cdots+\frac{1}{1.05^n}+\cdots(百万元).$$

这是一个公比为 $\dfrac{1}{1.05}$ 的等比级数,收敛于

$$\sum_{i=1}^{\infty}\frac{1}{1.05^n}=\frac{1}{1-\dfrac{1}{1.05}}\approx 21(百万元),$$

因此,以年复利计算利息时,需要筹集资金 2 100 万元来创立该奖励基金.

例 28 设最初存款为 5 000 万元,法定准备金率为 20%,求银行存款总额和贷款总额.

解 根据题意 $E_1=5\,000$,$r=0.2$,存款总额 D_1 由级数

$$\sum_{n=0}^{\infty}5\,000(1-0.2)^n=5\,000+5\,000(1-0.2)+5\,000(1-0.2)^2+5\,000(1-0.2)^3$$
$$+\cdots+5\,000(1-0.2)^n+\cdots(万元),$$

其和

$$D_1=\frac{5\,000}{1-(1-0.2)}=25\,000(万元),$$

根据题意 $E_1 = 5\,000$，$r = 0.2$，贷款总额 D_2 由级数

$$\sum_{n=1}^{\infty} 5\,000(1-0.2)^n = 5\,000(1-0.2) + 5\,000(1-0.2)^2 + 5\,000(1-0.2)^3$$
$$+ \cdots + 5\,000(1-0.2)^n + \cdots (万元),$$

其和

$$D_2 = \frac{5\,000(1-0.2)}{1-(1-0.2)} = 20\,000 (万元).$$

🛈 **注意** （1）法定存款准备金率是指一国中央银行规定的商业银行和存款金融机构必须缴存中央银行的法定准备金占其存款总额的比率.

（2）法定存款准备金率公式为：$r = \dfrac{E}{(E+D)}$，其中 r 表示法定准备率，E 表示原始存款，D 表示派生存款.

🏁 **寻规律** 对于等比级数（几何级数）$a + aq + aq^2 + \cdots + aq^{n-1} + \cdots (a \neq 0)$，当 $|q| < 1$ 时等比级数收敛，且其和为 $\dfrac{a}{1-q}$.

例 29 某投资机构与某小微企业签订一份合同,合同规定小微企业在第 n 年末必须支付该投资公司 n 万元（$n = 1, 2, \cdots$）,假定投资机构按 6% 的年复利计算利息,问投资公司需要在签约当天投资小微企业的资金为多少?

解 设 $r = 6\%$ 为年复利率,因第 n 年末必须支付 n 万元（$n = 1, 2, \cdots$）,故在投资小微企业的资金总额为 $\dfrac{1}{1+r} + \dfrac{2}{1+r} + \cdots \dfrac{n}{1+r} + \cdots = \sum_{i=1}^{\infty} \dfrac{n}{(1+r)^n} (万元)$,因此该问题转化为求幂级数的和,根据求幂函数的和函数的方法,求出 $\sum_{i=1}^{\infty} nx^n = x + 2x^2 + 3x^3 + \cdots + nx^n + \cdots$ 的收敛域为 $(-1, 1)$. 当 $r = 6\%$ 时, $\dfrac{1}{1+r} \in (-1, 1)$. 由 $S(x) = \sum_{i=1}^{\infty} nx^n = x\sum_{i=1}^{\infty} nx^{n-1}$, 令 $f(x) = \sum_{i=1}^{\infty} nx^{n-1}$, 即 $S(x) = xf(x)$, 则

$$\int_0^x f(x)\mathrm{d}x = \int_0^x \left(\sum_{i=1}^{\infty} nx^{n-1}\right)\mathrm{d}x = \sum_{i=1}^{\infty} \int_0^x nx^{n-1}\mathrm{d}x = \sum_{i=1}^{\infty} x^n = \frac{x}{1-x},$$

因此

$$f(x) = \left(\frac{x}{1-x}\right)' = \frac{1}{(1-x)^2},$$

$$S(x) = xf(x) = \frac{x}{(1-x)^2},$$

所以

$$S\left(\frac{1}{1+r}\right) = \frac{\dfrac{1}{1+r}}{\left(1-\dfrac{1}{1+r}\right)^2} = \frac{1+r}{r^2}.$$

将 $r=6\%$ 代入上式，即可求得投资公司需要在签约当天投资小微企业的资金为

$$S\left(\frac{1}{1+0.06}\right)=\frac{1+0.06}{0.06^2}\approx 294（万元）.$$

例30　建造一座钢桥费用为 380 000 元，每隔 10 年需刷油漆一次，每次费用 4 000 元，桥的期望寿命为 40 年；建造一座木桥费用为 200 000 元，每隔 2 年需刷油漆一次，每次费用 2 000 元，桥的期望寿命为 15 年，以贴现率 10%，比较哪一种更经济（建桥费中不包括油漆费）？

解　$p=380\,000$、$r=0.1$、$n=40$，因 $r\cdot n=4$，则建桥费

$$F_1=p+p\mathrm{e}^{-4}+p\mathrm{e}^{-8}+\cdots=\frac{p}{1-\mathrm{e}^{-4}}=\frac{p\mathrm{e}^4}{\mathrm{e}^4-1}.$$

由 $\mathrm{e}^4\approx 54.598$，于是

$$F_1=\frac{380\,000\times 54.598}{54.598-1}=387\,090.8（元）.$$

同样，当 $r\cdot n=0.1\times 10=1$ 时，油漆费用的总现值是

$$F_2=p+p\mathrm{e}^{-1}+p\mathrm{e}^{-2}+\cdots=\frac{p}{1-\mathrm{e}^{-1}}=\frac{p\mathrm{e}}{\mathrm{e}-1},$$

于是

$$F_2=\frac{380\,000\times 2.718\,28}{2.718\,28-1}=63\,278.8（元），$$

所以，钢桥总投资 $F=F_1+F_2=450\,369.6$（元）.

类似的，当 $r\cdot n=0.1\times 15=1.5$ 时，建木桥费用

$$F_3=p+p\mathrm{e}^{-1.5}+p\mathrm{e}^{-3}+\cdots=\frac{p}{1-\mathrm{e}^{-1.5}}=\frac{p\mathrm{e}^{1.5}}{\mathrm{e}^{1.5}-1},$$

$$F_3=\frac{380\,000\times 2.718\,28^{1.5}}{2.718\,28^{1.5}-1}=257\,440（元），$$

当 $r\cdot n=0.1\times 2=0.2$ 时，油漆木桥费用

$$F_4=p+p\times\mathrm{e}^{-0.2}+p\times\mathrm{e}^{-0.4}\cdots=\frac{p}{1-\mathrm{e}^{-0.2}}=\frac{p\mathrm{e}^{0.2}}{\mathrm{e}^{0.2}-1},$$

$$F_4=\frac{380\,000\times 2.718\,28^{0.2}}{2.718\,28^{0.2}-1}=110\,243.8（元）.$$

故建木桥总费用为 $F_5=F_3+F_4=367\,683.8$（元）.
由计算知建木桥有利.

小看板

1. 设初期投资为 p，年利率为 r，t 年重复一次投资.这样，第一次更新费用的现值为 $p\mathrm{e}^{-rt}$，第二次更新费用的现值为 $p\mathrm{e}^{-2rt}$，以此类推，投资费用 D 为_____.

2. 设 R 表示最初存款，D 表示存款总额（即最初存款"创造"的货币总额），r 表示法

定准备金占存款的比例, $r < 1$. 当 n 趋于 _____ 时, 则有 $D = \dfrac{R}{r}$.

3. 若最初存款是既定的, 法定准备率越低, 银行存款和放款的总额 _____.

习题 7.5

1. 中国某保险公司推出 0~20 岁保险套餐, 某家庭给小孩买保险, 拟在未来的 20 年中, 每年年底给投保人一定的收益. 设保险公司拟给每位投保人每年 x 元. 若年利率为 3.5%, 按复利计算(即每年的利息计入下年的本金), 则从今年的年底开始, 到第 20 年年底止, 该保险公司一共需要发多少元?

2. 设最初存款为 500 万元, 法定准备金率为 10%, 求银行存款总额和贷款总额.

3. 某社区医院需增添一台检测仪器, 如果购买需要 4 000 元, 仪器使用寿命 10 年, 贴现率 14%, 如果不买, 则可以租用, 每月租金 500 元, 且规定每年初交付该年租金, 问购买和租用哪个方案好?

4. 某出版社与某位作家签订一份合同, 合同规定出版第 n 年末必须支付该作者或其后代 n 万元 $(n = 1, 2, \cdots)$, 假定银行存款按 4% 的年复利计算利息, 问出版社需要在签约当天存入银行的资金为多少?

习题 7.5
参考答案

复习思考题 7

A 组

一、判断题

1. 若 $\lim\limits_{n\to\infty} u_n = 0$，则级数 $\sum\limits_{n=1}^{\infty} u_n$ 收敛. 　　　　　　　　（　　）

2. 若 $\sum\limits_{n=1}^{\infty} u_n$ 发散，则 $\sum\limits_{n=1}^{\infty} |u_n|$ 发散. 　　　　　　　　（　　）

3. 若 $\sum\limits_{n=1}^{\infty} u_n$ 收敛，则 $\sum\limits_{n=1}^{\infty} |u_n|$ 收敛. 　　　　　　　　（　　）

4. 若 $\sum\limits_{n=1}^{\infty} u_n$ 收敛，则 $\lim\limits_{n\to\infty} u_n = 0$. 　　　　　　　　（　　）

5. 若 $\sum\limits_{n=1}^{\infty} u_n$ 发散，$\sum\limits_{n=1}^{\infty} v_n$ 发散，则 $\sum\limits_{n=1}^{\infty} (u_n + v_n)$ 发散. 　　（　　）

6. 若 $\sum\limits_{n=1}^{\infty} u_n$ 收敛，则 $\sum\limits_{n=1}^{\infty} \dfrac{1}{u_n}$ 必收敛. 　　　　　　　（　　）

7. 若 $\sum\limits_{n=1}^{\infty} |u_n|$ 收敛，则 $\sum\limits_{n=1}^{\infty} u_n$ 收敛. 　　　　　　　（　　）

8. 若 $\sum\limits_{n=1}^{\infty} u_n$ 发散，当 $k \neq 0$ 时，则 $\sum\limits_{n=1}^{\infty} k u_n$ 也发散. 　　（　　）

9. 若 $\sum\limits_{n=1}^{\infty} u_n$ 绝对收敛，则 $\sum\limits_{n=1}^{\infty} u_n$ 一定收敛. 　　　　　（　　）

10. 若 $\sum\limits_{n=1}^{\infty} u_n$ 收敛，则 $\sum\limits_{n=1}^{\infty} u_n$ 一定绝对收敛. 　　　　　（　　）

二、填空题

1. 级数 $\sum\limits_{n=1}^{\infty} \dfrac{1}{n^p} = 1 + \dfrac{1}{2^p} + \dfrac{1}{3^p} + \cdots + \dfrac{1}{n^p} + \cdots$ 称为_____．当_____时收敛；当_____时发散.

2. 级数 $\sum\limits_{n=0}^{\infty} aq^n = a + aq + aq^2 + \cdots + aq^{n-1} + \cdots$，称为_____．当_____时收敛；当_____时发散.

3. 级数 $u_1 - u_2 + u_3 - u_4 + \cdots (u_n > 0, n = 1, 2, \cdots)$ 称为_____．当它满足条件
（1）_____;（2）_____时级数收敛.

4. 对于级数 $\sum\limits_{n=1}^{\infty} u_n$，如果 $\lim\limits_{n\to\infty} \dfrac{u_{n+1}}{u_n} = \rho$，若 $\rho < 1$，则级数 $\sum\limits_{n=1}^{\infty} u_n$ _____；若 $\rho > 1$，则级数 $\sum\limits_{n=1}^{\infty} u_n$ _____.

5. 对于级数 $\sum\limits_{n=1}^{\infty} u_n$，如果 $\lim\limits_{n\to\infty} \sqrt[n]{u_n} = \rho$，若 $\rho > 1$，则级数 $\sum\limits_{n=1}^{\infty} u_n$ _____；若 $\rho < 1$，则级数 $\sum\limits_{n=1}^{\infty} u_n$ _____．

6. 设 $\sum\limits_{n=1}^{\infty} u_n$ 和 $\sum\limits_{n=1}^{\infty} v_n$ 都是正项级数，且 $\lim\limits_{n\to\infty} \dfrac{u_n}{v_n} = l$．如果 $l = 0$，则

(1) 若 $\sum\limits_{n=1}^{\infty} v_n$ 收敛，则 $\sum\limits_{n=1}^{\infty} u_n$ _____；

(2) 若 $\sum\limits_{n=1}^{\infty} u_n$ 发散，则 $\sum\limits_{n=1}^{\infty} v_n$ _____．

7. 设有两个正项级数 $\sum\limits_{n=1}^{\infty} u_n$ 及 $\sum\limits_{n=1}^{\infty} v_n$，且 $u_n < v_n (n = 1, 2, \cdots)$，则

(1) 若级数 $\sum\limits_{n=1}^{\infty} v_n$ 收敛，则级数 $\sum\limits_{n=1}^{\infty} u_n$ _____；

(2) 若级数 $\sum\limits_{n=1}^{\infty} u_n$ 发散，则级数 $\sum\limits_{n=1}^{\infty} v_n$ _____．

8. 正项级数 $\sum\limits_{n=1}^{\infty} u_n$ 收敛的充要条件是 _____．

9. 幂级数 $\sum\limits_{n=0}^{\infty} (-1)^n \dfrac{x^n}{n}$ 的收敛半径为 _____．

10. 幂级数 $\sum\limits_{n=1}^{\infty} \dfrac{x^n}{n!}$ 的收敛域为 _____．

三、计算题

1. 讨论级数 $\sum\limits_{n=1}^{\infty} \dfrac{3n}{6n-4}$ 的敛散性．

2. 判定级数 $\sum\limits_{n=1}^{\infty} n\sin\dfrac{1}{n}$ 的敛散性．

3. 考察级数 $\sum\limits_{n=1}^{\infty} \dfrac{1}{n^3 - 2n + 1}$ 的敛散性．

4. 判定级数 $\sum\limits_{n=1}^{\infty} \dfrac{1}{n^3 - 2n + 1}$ 的敛散性．

5. 讨论级数 $\sum\limits_{n=1}^{\infty} \dfrac{3^n \cdot n!}{n^n}$ 的敛散性．

6. 研究级数 $\sum\limits_{n=1}^{\infty} \dfrac{\alpha + (-1)^n}{\alpha^n}$ 的敛散性．

7. 判定下列级数的敛散性，若收敛，指出是绝对收敛还是条件收敛．

(1) $\sum\limits_{n=1}^{\infty} (-1)^n \dfrac{\ln n}{n}$；

(2) $\sum\limits_{n=1}^{\infty} (-1)^{n-1} \dfrac{1}{n \cdot 3^n}$；

(3) $\sum\limits_{n=1}^{\infty} \dfrac{\sin n}{n^3}$；

(4) $\sum\limits_{n=1}^{\infty} (-1)^n \dfrac{n^n}{n!}$．

8. 求下列函数的收敛区间．

(1) $\sum\limits_{n=1}^{\infty} \dfrac{3n+2}{n!} x^n$；

(2) $\sum\limits_{n=1}^{\infty} \dfrac{x^n}{n(n+1)}$；

(3) $\displaystyle\sum_{n=1}^{\infty} \frac{\alpha^n}{n^4+3} x^n$；

(4) $\displaystyle\sum_{n=1}^{\infty} (-1)^n \frac{x^{3n+1}}{3n+1}$.

9. 求下列级数的和函数.

(1) $\displaystyle\sum_{n=1}^{\infty} n x^{n-1}$；

(2) $\displaystyle\sum_{n=1}^{\infty} \frac{x^{3n}}{3n}$.

10. 判定下列级数的收敛域.

(1) $\displaystyle\sum_{n=1}^{\infty} (-1)^n \frac{x^n}{x}$；

(2) $\displaystyle\sum_{n=1}^{\infty} \frac{x^{n+1}}{(n+1)!}$；

(3) $\displaystyle\sum_{n=1}^{\infty} \frac{\alpha^n}{\sqrt{n}} x^n$；

(4) $\displaystyle\sum_{n=1}^{\infty} \frac{4^n}{n^3} x^n$.

11. 讨论下列级数的敛散性.

(1) $\displaystyle\sum_{n=1}^{\infty} \frac{2n}{5n-1}$；

(2) $\displaystyle\sum_{n=1}^{\infty} \frac{n! \, 4^n}{n^n}$；

(3) $\displaystyle\sum_{n=1}^{\infty} \frac{1}{\left(3+\frac{1}{n}\right)^n}$；

(4) $\displaystyle\sum_{n=1}^{\infty} (-1)^{n-1} \sin \frac{\alpha}{n}$.

复习思考题 7
A 组参考答案

B 组

一、填空题

1. 设 x 不是负整数，对 p 的值讨论级数 $\displaystyle\sum_{n=1}^{\infty} (-1)^n \frac{1}{(x+n)^p} (p>0)$ 的敛散性可得：当＿＿＿＿时，绝对收敛；当＿＿＿＿时，条件收敛.

2. 幂级数 $\displaystyle\sum_{n=1}^{\infty} (-1)^n \frac{2}{2n-1} (2x-3)^n$ 的收敛域是＿＿＿＿.

3. 如果幂级数 $\displaystyle\sum_{n=0}^{\infty} a_n (x-1)^n$ 的收敛半径是 1，则级数在开区间＿＿＿＿内收敛.

4. 如果级数 $\displaystyle\sum_{n=0}^{\infty} a_n (x-1)^n$ 在 $x=-1$ 处收敛，在 $x=3$ 处发散，则它的收敛域是＿＿＿＿.

5. 设幂级数 $\displaystyle\sum_{n=0}^{\infty} a_n x^n$ 的收敛半径是 $R(0 \leqslant R < +\infty)$，则幂级数 $\displaystyle\sum_{n=0}^{\infty} a_n x^{2n}$ 的收敛半径是＿＿＿＿.

6. 幂级数 $\displaystyle\sum_{n=1}^{\infty} \left(\frac{2^n}{n} + \frac{3^n}{n^2}\right) x^n$ 的收敛域是＿＿＿＿.

7. 幂级数 $\displaystyle\sum_{n=0}^{\infty} n! \, x^n$ 的收敛域是＿＿＿＿.

8. 设 $\displaystyle\lim_{n\to\infty} \left| \frac{a_n}{a_{n+1}} \right| = 3$，则幂级数 $\displaystyle\sum_{n=0}^{\infty} a_n x^{2n}$ 的收敛半径是＿＿＿＿.

9. 幂级数 $\displaystyle\sum_{n=1}^{\infty} (-1)^n \frac{x^n}{n}$ 的收敛域是＿＿＿＿，和函数是＿＿＿＿.

10. 级数 $1 + \sqrt{x} + x + x^{\frac{3}{2}} + x^2 + x^{\frac{5}{2}} + \cdots$ 的收敛域是＿＿＿＿，和函数是＿＿＿＿.

11. 如果幂级数 $\displaystyle\sum_{n=0}^{\infty} a_n x^n$ 与 $\displaystyle\sum_{n=0}^{\infty} b_n x^n$ 的收敛半径分别是 R_1、R_2，则级数 $\displaystyle\sum_{n=0}^{\infty} (a_n +$

$b_n)x^n$ 的收敛半径是_____.

12. 设幂级数 $\sum\limits_{n=0}^{\infty}a_nx^n$ 的收敛半径是 R,则其和函数 $s(x)$ 在开区间_____上可积,且有逐项求导公式_____.

13. 设幂积数 $\sum\limits_{n=0}^{\infty}a_nx^n$ 的收敛半径是 R,则其和函数 $s(x)$ 在开区间_____上可积,且有逐项求积公式_____.

14. 函数 $(1+x)^a(a\in\mathbf{R})$ 的麦克劳林展开式为_____,收敛区间是_____.

15. 函数 $\dfrac{1}{1+x}$ 的麦克劳林级数展开式为_____,收敛域是_____.

二、单项选择题

1. 函数项级数 $\sum\limits_{n=1}^{\infty}\dfrac{x^n}{n}$ 的收敛域是(　　).

A. $[-1,1]$　　　B. $[-1,1)$　　　C. $(-1,1)$　　　D. $(-1,1]$

2. 设级数 $\sum\limits_{n=0}^{\infty}b_n(x-2)^n$ 在 $x=-2$ 处收敛,则此级数在点 $x=4$ 处(　　).

A. 发散　　　B. 绝对收敛　　　C. 条件收敛　　　D. 不能确定敛散性

3. 设级数 $\sum\limits_{n=0}^{\infty}a_n(x-1)^n$ 的收敛半径是1,则级数在点 $x=3$ 处(　　).

A. 发散　　　B. 条件收敛　　　C. 绝对收敛　　　D. 不能确定敛散性

4. 如果 $\lim\limits_{n\to\infty}\left|\dfrac{a_{n+1}}{a_n}\right|=\dfrac{1}{8}$,则幂级数 $\sum\limits_{n=0}^{\infty}a_nx^{3n}$ (　　).

A. 当 $|x|<2$ 时,收敛　　　　　　B. 当 $|x|<8$ 时,收敛

C. 当 $|x|>\dfrac{1}{8}$ 时,发散　　　　　D. 当 $|x|>\dfrac{1}{2}$ 时,发散

5. 若幂级数 $\sum\limits_{n=0}^{\infty}a_nx^n$ 在 $x=2$ 处收敛,在 $x=-3$ 处发散,则该级数(　　).

A. 在 $x=3$ 处发散　　　　　　B. 在 $x=-2$ 处收敛

C. 收敛区间为 $(-3,2]$　　　　D. 当 $|x|>3$ 时发散

6. 如果 $f(x)$ 能展开成 x 的幂级数,那么该幂级数(　　).

A. 是 $f(x)$ 的麦克劳林级数　　　B. 不一定是 $f(x)$ 的麦克劳林级数

C. 不是 $f(x)$ 的麦克劳林级数　　　D. 是 $f(x)$ 在点 x_0 处的泰勒级数

7. 级数 $\sum\limits_{n=1}^{\infty}u_n$ 绝对收敛是 $\sum\limits_{n=1}^{\infty}u_n^2$ 收敛的(　　).

A. 充分必要条件　　　　　　B. 必要但非充分条件

C. 充分但非必要条件　　　　D. 既非充分又非必要条件

8. 设 a 为常数,则级数 $\sum\limits_{n=1}^{\infty}\left(\dfrac{\sin an}{n^2}-\dfrac{1}{\sqrt{n}}\right)$ (　　).

A. 绝对收敛　　　　　　B. 条件收敛

C. 发散　　　　　　　D. 敛散性与 a 取值有关

9. 若级数 $\sum\limits_{n=1}^{\infty}a_n$ 收敛,则级数(　　).

A. $\sum\limits_{n=1}^{\infty}|a_n|$ 收敛　　　　　　B. $\sum\limits_{n=1}^{\infty}(-1)^na_n$ 收敛

C. $\displaystyle\sum_{n=1}^{\infty} a_n a_{n+1}$ 收敛

D. $\displaystyle\sum_{n=1}^{\infty} \frac{a_n + a_{n+1}}{2}$ 收敛

10. 已知幂级数 $\displaystyle\sum_{n=1}^{\infty} a_n x^n$ 的收敛半径 $R=1$，则幂级数 $\displaystyle\sum_{n=0}^{\infty} \frac{a_n x^n}{n!}$ 的收敛域为（   ）.

A. $(-1, 1)$

B. $[-1, 1)$

C. $(-1, 1]$

D. $(-\infty, +\infty)$

三、计算题

1. 用定义判断下列级数的敛散性.

(1) $\displaystyle\sum_{n=1}^{\infty} (\sqrt{n+2} - \sqrt{n+1})$;

(2) $\displaystyle\sum_{n=1}^{\infty} \frac{1}{(3n+1)(3n+4)}$.

2. 判断下列正项级数的敛散性.

(1) $\displaystyle\sum_{n=1}^{\infty} \frac{n!}{100^n}$;

(2) $\displaystyle\sum_{n=1}^{\infty} \sqrt{\frac{n+1}{2n}}$;

(3) $\displaystyle\sum_{n=1}^{\infty} \frac{2n+3}{n(n+3)}$;

(4) $\displaystyle\sum_{n=1}^{\infty} \left(\frac{n}{3n+1}\right)^n$;

(5) $\displaystyle\sum_{n=1}^{\infty} \frac{2^n n!}{n^n}$;

(6) $\displaystyle\sum_{n=1}^{\infty} \left(\frac{2n}{3n-1}\right)^{2n+3}$;

(7) $\displaystyle\sum_{n=1}^{\infty} \frac{n^n + a^n}{(2n+1)^n} (a > 0)$;

(8) $\displaystyle\sum_{n=1}^{\infty} \frac{n+(-1)^n}{2^n}$.

3. 求下列任意项级数的敛散性，收敛时要说明是条件收敛还是绝对收敛.

(1) $\displaystyle\sum_{n=1}^{\infty} (-1)^{n-1} \frac{n}{2^{n-1}}$;

(2) $\displaystyle\sum_{n=2}^{\infty} (-1)^n \frac{1}{\ln n}$;

(3) $\dfrac{1}{2} - \dfrac{2}{2^2+1} + \dfrac{3}{3^2+1} - \dfrac{4}{4^2+1} + \cdots$;

(4) $\displaystyle\sum_{n=1}^{\infty} (-1)^{n+1} \frac{2^{n^2}}{n!}$;

(5) $\displaystyle\sum_{n=1}^{\infty} (-1)^{n-1} \frac{n+1}{n^2+n+1}$;

(6) $\displaystyle\sum_{n=1}^{\infty} (-1)^{n+1} \frac{\ln\left(2+\frac{1}{n}\right)}{\sqrt{(3n-2)(3n+2)}}$.

4. 求下列幂级数的收敛半径和收敛区间.

(1) $\displaystyle\sum_{n=1}^{\infty} \frac{3^n}{\sqrt{n}} x^n$;

(2) $\displaystyle\sum_{n=1}^{\infty} (-1)^n \frac{x^n}{n^n}$;

(3) $\displaystyle\sum_{n=1}^{\infty} \frac{1}{2^n n} (x-1)^n$;

(4) $\displaystyle\sum_{n=1}^{\infty} \frac{1}{2^{n-1}} x^{2n+1}$;

(5) $\displaystyle\sum_{n=1}^{\infty} (-1)^n \frac{x^{2n}}{(2n)!}$;

(6) $\displaystyle\sum_{n=1}^{\infty} (-1)^n \frac{1}{2^n 4^n} (x+5)^{2n+1}$;

(7) $\displaystyle\sum_{n=1}^{\infty} \frac{x^n}{a^n + b^n} (a > 0, b > 0)$;

(8) $\displaystyle\sum_{n=1}^{\infty} \frac{3^n + (-2)^n}{n} (x+1)^n$.

5. 求下列级数的和函数.

(1) $\displaystyle\sum_{n=1}^{\infty} n x^{n-1}$;

(2) $\displaystyle\sum_{n=1}^{\infty} \frac{1}{2^{n+1}} x^{2n+1}$;

(3) $\displaystyle\sum_{n=1}^{\infty} \frac{2n+1}{n!} x^{2n}$;

(4) $\displaystyle\sum_{n=1}^{\infty} n^2 x^n$.

附录 初等数学常用方法

附录 1　整式的运算

一、整式加减

像 $3r^2$、$\dfrac{2}{5}x$、$0.7b$、$-m$ 等式子,都是数字或字母的乘积,这样的代数式叫做**单项式**. 单独一个数或一个字母也是单项式. 几个单项式的和叫做**多项式**,如 $4x - 7xy^2$、$\dfrac{1}{3}a^2b^2 + a$、$2x^2 - xy - 2y^2$ 都是多项式. 单项式和多项式统称**整式**.

单项式中的数字因数叫做这个**单项式的系数**,比如 $\dfrac{2}{5}x$ 的系数是 $\dfrac{2}{5}$,$0.7b$ 的系数是 0.7. 单项式中所有字母的指数的和叫做这个**单项式的次数**. 比如 $3r^2$ 是 2 次的,$7xy^2$ 是 3 次的.

在多项式中,每个单项式叫做**多项式的项**,其中不含字母的项叫做**常数项**. 例如: $-2y^2 + 7$ 的项是 $-2y^2$ 与 7,其中 7 是常数项. 多项式里,次数最高的项的次数,就是这个**多项式的次数**. 比如 $-2y^2 + 7$ 是 2 次的,$a^4 - 2a + 1$ 是 4 次的.

所含字母相同,并且相同字母的指数也分别相等的项叫做**同类项**. 比如:$4x$ 与 $-7x$ 是同类项,$3x^2y$ 与 $5x^2y$ 是同类项.

例 1　求 $x^2 - 2x + 5$ 与 $4x^2 - 7x - 6$ 的和.

解　$(x^2 - 2x + 5) + (4x^2 - 7x - 6)$
$= x^2 - 2x + 5 + 4x^2 - 7x - 6$
$= 5x^2 - 9x - 1.$

例 2　求 $4x^2 + xy + 3y^2$ 与 $x^2 - xy + 2y^2$ 的差.

解　$(4x^2 + xy + 3y^2) - (x^2 - xy + 2y^2)$
$= 4x^2 + xy + 3y^2 - x^2 + xy - 2y^2$
$= 3x^2 + 2xy + y^2.$

例 3　计算:$4(m^2 + n) - 2(m - n) - 6(m^2 + n) - (m - n)$.

解　原式 $= (4 - 6)(m^2 + n) + (-2 - 1)(m - n)$
$= -2(m^2 + n) - 3(m - n)$
$= -2m^2 - 2n - 3m + 3n$
$= -3m^2 - 3m + n.$

例 4　计算:$\dfrac{1}{3}a - \left(\dfrac{1}{2}a - 4b - 6c\right) + 3(-2c + 2b)$

解　原式$=\dfrac{1}{3}a-\dfrac{1}{2}a+4b+6c-6c+6b$

$$=-\dfrac{1}{6}a+10b.$$

例 5　化简求值：$\dfrac{1}{2}x-2\left(x-\dfrac{1}{3}y^2\right)+\left(-\dfrac{3}{2}x+\dfrac{1}{3}y^2\right)$，其中 $x=-2$，$y=\dfrac{2}{3}$.

解　原式$=\dfrac{1}{2}x-2x+\dfrac{2}{3}y^2-\dfrac{3}{2}x+\dfrac{1}{3}y^2$

$$=-3x+y^2.$$

当 $x=-2$，$y=\dfrac{2}{3}$ 时，原式$=-3\times(-2)+\left(\dfrac{2}{3}\right)^2=6+\dfrac{4}{9}=6\dfrac{4}{9}$.

二、整式乘除

1. 同底数幂的乘除

同底数幂的乘法：$a^m\cdot a^n=a^{m+n}$（m，n 是自然数）.

同底数幂的除法：$a^m\div a^n=a^{m-n}$.

例 6　计算：(1) $\left(-\dfrac{1}{2}\right)\left(-\dfrac{1}{2}\right)^2\left(-\dfrac{1}{2}\right)^3$；(2) $-a^4\cdot(-a)^3\cdot(-a)^5$；(3) $(x-y)^3(y-x)(y-x)^6$；(4) $x^5\cdot x^{n-3}\cdot x^4-3x^2\cdot x^n\cdot x^4$.

解　(1) $\left(-\dfrac{1}{2}\right)\left(-\dfrac{1}{2}\right)^2\left(-\dfrac{1}{2}\right)^3=\left(-\dfrac{1}{2}\right)^{1+2+3}=\left(-\dfrac{1}{2}\right)^6=\dfrac{1}{64}$.

(2) $-a^4\cdot(-a)^3\cdot(-a)^5=-(-a)^4\cdot(-a)^3\cdot(-a)^5$

$$=-(-a)^{4+3+5}=-(-a)^{12}=-a^{12}.$$

(3) $(x-y)^3(y-x)(y-x)^6=-(x-y)^3(x-y)(x-y)^6=-(x-y)^{3+1+6}$

$$=-(x-y)^{10}.$$

(4) $x^5\cdot x^{n-3}\cdot x^4-3x^2\cdot x^n\cdot x^4=x^{5+n-3+4}-3x^{2+n+4}=x^{6+n}-3x^{6+n}$

$$=(1-3)x^{6+n}=-2x^{6+n}.$$

2. 幂的乘方

$(a^m)^n=a^{mn}$，$(ab)^n=a^nb^n$.

例 7　计算：(1) $(a^{2m})^n$；(2) $(a^{m+n})^m$；(3) $(-x^2yz^3)^3$；(4) $-(ab)^8$.

解　(1) $(a^{2m})^n=a^{(2m)n}=a^{2mn}$.

(2) $(a^{m+n})^m=a^{(m+n)m}=a^{m^2+mn}$.

(3) $(-x^2yz^3)^3=(-1)^3(x^2)^3y^3(z^3)^3=-x^6y^3z^9$.

(4) $-(ab)^8=-(a^8b^8)=-a^8b^8$.

例 8　已知 $ab=\dfrac{1}{2}$，$m=5$，$n=3$，求 $(a^mb^m)^n$ 的值.

解　因为

$$(a^mb^m)^n=\left[(ab)^m\right]^n=(ab)^{mn},$$

所以当 $m=5$、$n=3$ 时，原式$=\left(\dfrac{1}{2}\right)^{5\times3}=\left(\dfrac{1}{2}\right)^{15}$.

例 9　若 $a^3b^2=15$，求 $-5a^6b^4$ 的值.

解　$-5a^6b^4=-5(a^3b^2)^2=-5\times15^2=-1\,125.$

例 10　如果 $3m+2n=6$，求 $8^m\cdot4^n$ 的值.

解　$8^m\cdot4^n=(2^3)^m\cdot(2^2)^n=2^{3m}\cdot2^{2n}=2^{3m+2n}=2^6=64.$

3. 单项式乘法

两个单项式相乘，把系数、同底数幂分别相乘，其乘积分别是积的系数和同底数幂，只在一个单项式中含有字母，连同其指数写在积中，作为积的一个因式.

利用乘法交换律和乘法结合律再用同底数幂的乘法法则可完成单项式乘法. 对于法则不要死记硬背，但要注意以下几点：

① 积的系数等于各单项式的系数的积，应先确定符号后计算绝对值.

② 相同字母因数相乘，是同底数幂的乘法.

③ 要注意只在一个单项式里含有的字母要连同它的指数写在积里，不能将这个因式丢掉.

④ 单项式乘以单项式的结果仍是一个单项式.

⑤ 字母因式的底也可以是一个多项式，例如，$-2a(x+y)^2\cdot4ab^2(x+y)^3=-8a^2b^2(x+y)^5.$

⑥ 单项式乘法法则对于三个以上的单项式相乘也适用. 例如，$\dfrac{1}{3}ab^2(-2a^2b)(-4abc)=\dfrac{8}{3}a^4b^4c.$

例 11　计算：$(1)\ (-3a^2b)\left(-\dfrac{1}{2}a^2c^2\right)\cdot4c^3;$

$(2)\ -3(a-b)^2\left[2(a-b)^3\right]\left[\dfrac{2}{3}(a-b)\right].$

解　$(1)\ (-3a^2b)\left(-\dfrac{1}{2}a^2c^2\right)\cdot4c^3=\left[(-3)\times\left(-\dfrac{1}{2}\right)\times4\right]a^{2+2}bc^{2+3}=6a^4bc^5.$

$(2)\ -3(a-b)^2\left[2(a-b)^3\right]\left[\dfrac{2}{3}(a-b)\right]=\left(-3\times2\times\dfrac{2}{3}\right)(a-b)^{2+3+1}=-4(a-b)^6.$

例 12　计算 $a^{m+5}b^{n+1}\cdot a^{-m+6}b^{n-1}.$

解　$a^{m+5}b^{n+1}\cdot a^{-m+6}b^{n-1}=(a^{m+5}\cdot a^{-m+6})(b^{n+1}\cdot b^{n-1})=a^{m+5-m+6}b^{n+1+n-1}=a^{11}b^{2n}.$

例 13　计算 $(ab^3)^n\cdot(ab^3)^{4-n}.$

解法一　$(ab^3)^n\cdot(ab^3)^{4-n}=a^n(b^3)^n\cdot a^{4-n}(b^3)^{4-n}=a^nb^{3n}\cdot a^{4-n}b^{12-3n}$
$\qquad\qquad=a^n\,a^{4-n}b^{3n}b^{12-3n}=a^{n+4-n}b^{3n+12-3n}=a^4b^{12}.$

解法二　$(ab^3)^n\cdot(ab^3)^{4-n}=(ab^3)^{n+4-n}=(ab^3)^4=a^4b^{12}.$

例 14　计算 $(a^2b^4)^m(ab^4)^{2-m}.$

解法一　$(a^2b^4)^m(ab^4)^{2-m}$
$\qquad=(a\cdot ab^4)^m\cdot(ab^4)^{2-m}$
$\qquad=a^m\cdot(ab^4)^m\cdot(ab^4)^{2-m}$
$\qquad=a^m(ab^4)^{m+2-m}$
$\qquad=a^m(ab^4)^2$
$\qquad=a^m\cdot a^2b^8$
$\qquad=a^{m+2}b^8.$

解法二　$(a^2b^4)^m \cdot (ab^4)^{2-m}$

$$= (a^2)^m(b^4)^m \cdot a^{2-m}(b^4)^{2-m}$$

$$= a^{2m}b^{4m} \cdot a^{2-m}b^{8-4m}$$

$$= a^{2m}a^{2-m} \cdot b^{4m}b^{8-4m}$$

$$= a^{2m+2-m}b^{4m+8-4m}$$

$$= a^{m+2}b^8.$$

例 15　计算 $(-1)^{2k+1} \cdot \left(-\dfrac{1}{2}\right)^{2k}$.

解　$(-1)^{2k+1} \cdot \left(-\dfrac{1}{2}\right)^{2k}$

$$= (-1) \cdot \left[\left(-\dfrac{1}{2}\right)^2\right]^k$$

$$= -1 \cdot \left(\dfrac{1}{4}\right)^k$$

$$= -\left(\dfrac{1}{4}\right)^k.$$

4. 单项式与多项式相乘

单项式与多项式相乘就是用单项式去乘多项式的每一项,再把所得的积相加,即: $m(a+b+c)=ma+mb+mc$,实际上就是根据乘法对加法的分配律来进行计算.也就是将单项式与多项式相乘转化为若干组单项式与单项式的乘法运算.

单项式与多项式相乘的积仍是一个多项式,而且积的项数和乘式中的多项式的项数相同,在运算过程中不要漏乘造成漏项.

运算时要注意符号,因为多项式由若干个单项式组成,其中每一个单项式都包括前面的符号,因此要注意确定积中每一项的符号.

最后结果一般按某一字母的降幂或升幂排列.

例 16　计算(1) $\dfrac{2}{3}ab\left(-\dfrac{1}{2}a^2b+\dfrac{3}{2}b-3ab\right)$; (2) $\left[6xy-3\left(xy-\dfrac{1}{2}x^2y\right)\right] \cdot 3xy$.

解　(1)　$\dfrac{2}{3}ab\left(-\dfrac{1}{2}a^2b+\dfrac{3}{2}b-3ab\right)$

$$= \dfrac{2}{3}ab\left(-\dfrac{1}{2}a^2b\right)+\dfrac{2}{3}ab\left(\dfrac{3}{2}b\right)+\dfrac{2}{3}ab(-3ab)$$

$$= -\dfrac{1}{3}a^3b^2+ab^2-2a^2b^2$$

$$= -\dfrac{1}{3}a^3b^2-2a^2b^2+ab^2.$$

(2)　$\left[6xy-3\left(xy-\dfrac{1}{2}x^2y\right)\right] \cdot 3xy$

$$= \left[6xy-3xy+\dfrac{3}{2}x^2y\right] \cdot 3xy$$

$$= \left[3xy+\dfrac{3}{2}x^2y\right] \cdot 3xy$$

$$= 3xy \cdot 3xy+\dfrac{3}{2}x^2y \cdot 3xy$$

$$= 9x^2y^2+\dfrac{9}{2}x^3y^2.$$

例 17 化简求值：$(3x^2)^2 - 2x^2(x+1) - 3x(x^2-7)$，其中 $x = -\dfrac{1}{2}$.

解 $(3x^2)^2 - 2x^2(x+1) - 3x(x^2-7)$

$= 9x^4 - 2x^3 - 2x^2 - 3x^3 + 21x$

$= 9x^4 - 5x^3 - 2x^2 + 21x$.

所以当 $x = -\dfrac{1}{2}$ 时，

原式 $= 9\left(-\dfrac{1}{2}\right)^4 - 5\left(-\dfrac{1}{2}\right)^3 - 2\left(-\dfrac{1}{2}\right)^2 + 21\left(-\dfrac{1}{2}\right)$

$= 9 \times \dfrac{1}{16} + \dfrac{5}{8} - \dfrac{1}{2} - \dfrac{21}{2}$

$= 1\dfrac{3}{16} - 11$

$= -9\dfrac{13}{16}$.

5．多项式与多项式相乘

（1）多项式乘以多项式的法则是由单项式乘以多项式的法则求出，因此两个多项式相乘只要把其中一个多项式看作单项式即可．例如，$(a+b)(c+d)$ 可以将 $(a+b)$ 看成单项式转化为单项式乘以多项式法则去计算．

如：$\overparen{(a+b)}(c+d) = (a+b)c + (a+b)d = ac + bc + ad + bd$.

（2）为避免丢项，也可以用第一个多项式的每一项依次去乘第二个多项式的每一项，在没有合并同类项之前，积的项数等于这两个多项式项数之积．

如：$\overparen{(a+b)(c+d)} = ac + bc + ad + bd$，项数为 $2 \times 2 = 4$ 项.

（3）对于形如 $(x+a)(x+b)$ 的积要注意它的特殊性，即 $(x+a)(x+b) = x^2 + bx + ax + ab = x^2 + (a+b)x + ab$，这就是说，含有一个相同字母的两个一次二项式相乘，得到的积是同一个字母的二次三项式．

例 18 计算：$\left(\dfrac{1}{2}a - \dfrac{2}{3}b\right)\left(\dfrac{2}{3}a + \dfrac{3}{4}b\right)$.

解 $\left(\dfrac{1}{2}a - \dfrac{2}{3}b\right)\left(\dfrac{2}{3}a + \dfrac{3}{4}b\right)$

$= \dfrac{1}{2}a \cdot \dfrac{2}{3}a + \dfrac{1}{2}a \cdot \dfrac{3}{4}b - \dfrac{2}{3}b \cdot \dfrac{2}{3}a - \dfrac{2}{3}b \cdot \dfrac{3}{4}b$

$= \dfrac{1}{3}a^2 + \dfrac{3}{8}ab - \dfrac{4}{9}ab - \dfrac{1}{2}b^2$

$= \dfrac{1}{3}a^2 - \dfrac{5}{72}ab - \dfrac{1}{2}b^2$.

三、因式分解

1．因式分解的定义

把一个多项式化成几个整式的积的形式，这种变形叫做**因式分解**.

例如，$x^3-x=x(x+1)(x-1)$，$a^2-4=(a+2)(a-2)$，$an+bn-2n=(a+b-2)n$ 都是因式分解.

因式分解也可称为**分解因式**.

小看板

1. 计算下列各式.

(1) $2x(x-1)=$ ＿＿＿＿＿＿＿＿＿ ;

(2) $n(a-b+2)=$ ＿＿＿＿＿＿＿ ;

(3) $(a+3)(a-3)=$ ＿＿＿＿＿＿＿ ;

(4) $(y-2)^2=$ ＿＿＿＿＿＿＿ .

2. 根据上面的算式填空.

(1) $2x^2-2x=($ 　　　$)($ 　　　$)$;

(2) $na-nb+2n=($ 　　　$)($ 　　　$)$;

(3) $a^3-9=($ 　　　$)($ 　　　$)$;

(4) $y^2-4y+4=($ 　　　$)($ 　　　$)$.

2. 提公因式法

多项式 $am+mb$ 的各项都含有相同的因式 m.把多项式各项都含有的相同因式，叫做这个多项式各项的**公因式**.如 m 就是多项式 $am+mb$ 各项的公因式.

如果一个多项式的各项含有公因式，那么就可以把这个公因式提出来，从而将多项式化成两个因式乘积的形式.这种因式分解的方法叫做**提公因式法**.

例 19 把下列各式因式分解.

(1) $2x^3+x$; 　　　　　(2) $3x^3-6x^2$;

(3) $4m^3n^2-6m^2n+2mn$ ；(4) $-12y^3+6y^2-14y$.

解 (1) $2x^3+x=x\cdot 2x^2+x\cdot 1=x(2x^2+1)$.

(2) $3x^3-6x^2=3x^2\cdot x-3x^2\cdot 2=3x^2(x-2)$.

(3) 　$4m^3n^2-6m^2n+2mn$

　　$=2mn\cdot 2m^2n-2mn\cdot 3m+2mn\cdot 1$

　　$=2mn(2m^2n-3m+1)$.

(4) 　$-12y^3+6y^2-14y=-(12y^3-6y^2+14y)$

　　$=-(2y\cdot 6y^2-2y\cdot 3y+2y\cdot 7)=-2y(6y^2-3y+7)$.

寻规律　当多项式第一项的系数是负数时，通常先提出"－"号，使括号内第一项的系数为正数.在提出"－"号时，多项式的各项都要变号.

例 20 把下列各式因式分解.

(1) $x(a-2)+2y(a-2)$;

(2) $a(b-1)+a^2(b-1)^2$.

解 (1) $x(a-2)+2y(a-2)=(a-2)(x+2y)$.

(2) 　$a(b-1)+a^2(b-1)^2$

　　$=a(b-1)[1+a(b-1)]$

　　$=a(b-1)(ab-a+1)$.

例 21 把下列各式因式分解.

(1) $15(a-b)-3y(b-a)$；

(2) $4(x-y)^3+6(y-x)^2$.

解　(1)　$15(a-b)-3y(b-a)=15(a-b)+3y(a-b)$

$=3(a-b) \cdot 5+3(a-b) \cdot y=3(a-b)(5+y)$.

(2)　$4(x-3)^3+6(y-x)^2=4(x-y)^3+6[-(x-y)]^2$

$=4(x-y)^3+6(x-y)^2=2(x-y)^2 \cdot 2(x-y)+2(x-y)^2 \cdot 3$

$=2(x-y)^2[2(x-y)+3]=2(x-y)^2(2x-2y+3)$.

3. 公式法

把乘法公式 $(a+b)(a-b)=a^2-b^2$ 反过来，就得到：

$$a^2-b^2=(a+b)(a-b).$$

例 22　把下列各式因式分解.

(1) $9-4x^2$；(2) $4m^2-\dfrac{1}{9}n^2$.

解　(1) $9-4x^2=3^2-(2x)^2=(3+2x)(3-2x)$.

(2) $4m^2-\dfrac{1}{9}n^2=(2m)^2-\left(\dfrac{1}{3}n\right)^2=\left(2m+\dfrac{1}{3}n\right)\left(2m-\dfrac{1}{3}n\right)$.

例 23　把下列各式因式分解.

(1) $16(x+y)^2-(x-y)^2$；(2) $3x^3-27x$.

解　(1)　$16(x+y)^2-(x-y)^2$

$=[4(x+y)]^2-(x-y)^2$

$=[4(x+y)+(x-y)][4(x+y)-(x-y)]$

$=(4x+4y+x-y)(4x+4y-x+y)$

$=(5x+3y)(3x+5y)$.

(2) $3x^3-27x=3x(x^2-9)$

$=3x(x^2-3^2)$

$=3x(x+3)(x-3)$.

寻规律　当多项式的各项含有公因式时，通常先提出这个公因式，然后再进一步因式分解.

把乘法公式 $(a+b)^2=a^2+2ab+b^2$，$(a-b)^2=a^2-2ab+b^2$ 反过来，就可以得到：

$$a^2+2ab+b^2=(a+b)^2,$$
$$a^2-2ab+b^2=(a-b)^2.$$

注：形如 $a^2 \pm 2ab+b^2$ 的式子称为**完全平方式**.

根据因式分解与整式乘法的关系，可以利用乘法公式把某些多项式因式分解，这种因式分解的方法叫做**公式法**.

例 24　把下列各式因式分解.

(1) $x^2+12x+36$；(2) $(a+b)^2-8(a+b)+16$.

解　(1) $x^2+12x+36=x^2+2 \times 6x+6^2=(x+6)^2$.

(2) $(a+b)^2-8(a+b)+16=[(a+b)-4]^2=(a+b-4)^2$.

例 25　把下列各式因式分解.

(1) $2mx^2+4mxy+2my^2$；(2) $-a^2-9b^2+6ab$.

解 (1) $\quad 2mx^2+4mxy+2my^2$

$\qquad = 2m(x^2+2xy+y^2)$

$\qquad = 2m(x+y)^2.$

$\quad$ (2) $\quad -a^2-9b^2+6ab$

$\qquad = -(a^2+9b^2-6ab)$

$\qquad = -(a^2-6ab+9b^2)$

$\qquad = -[a^2-2 \cdot a \cdot 3b+(3b)^2]$

$\qquad = -(a-3b)^2.$

4．十字相乘法

利用十字交叉线分解系数，把二次三项式因式分解的方法叫做**十字相乘法**.

例如，将 x^2+3x+2 因式分解，用十字交叉线表示

则有：$x^2+3x+2=(x+2)(x+1)$.

例 26 将下列各式因式分解.

(1) x^2+2x-8；(2) x^2-5x+4.

解 (1)

则有 $x^2+2x-8=(x-2)(x+4)$.

(2)

则有 $x^2-5x+4=(x-1)(x-4)$.

思考与归纳：

$$x^2+px+q=x^2+(a+b)x+ab=(x+a)(x+b).$$

用十字交叉线表示：

系数 p 的符号相同.

如果常数项 q 是负数,那么把它分解成两个异号因数,其中绝对值大的因数与一次项系数 p 的符号相同.

例 27　把以下各式因式分解.

(1) $x^4 + 2x^2 - 24$;(2) $(x+2)^2 + 10(x+2) + 21$;(3) $6x^2 + 7xy - 5y$.

解　(1)

$$\begin{array}{ccc} x^2 & \diagdown & -4 \\ & \times & \\ x^2 & \diagup & 6 \\ \hline -4x^2 & + & 6x^2 = 2x^2 \end{array}$$

则有 $x^2 + 2x^2 - 24 = (x^2 - 4)(x^2 + 6)$.

(2)

$$\begin{array}{ccc} (x+2) & \diagdown & 3 \\ & \times & \\ (x+2) & \diagup & 7 \\ \hline 3(x+2) & + & 7(x+2) = 10(x+2) \end{array}$$

则有 $(x+2)^2 + 10(x+2) + 21 = [(x+2)+3][(x+2)+7]$
$$= (x+5)(x+9).$$

(3)

$$\begin{array}{ccc} 2x & \diagdown & -y \\ & \times & \\ 3x & \diagup & 5y \\ \hline -3xy & + & 10xy = 7xy \end{array}$$

则有 $6x^2 + 7xy - 5y^2 = (2x - y)(3x + 5y)$.

5. 分组分解法

运用分组分解法分解因式的两条原则:(1)分组后可以提取公因式;(2)分组后可以用公式.

例 28　把下列各式因式分解.

(1) $3m(x+y) - x - y$,(2) $5am + 2bn + 2am + 5bn$.

解　(1) $3m(x+y) - x - y = 3m(x+y) - (x+y) = (3m-1)(x+y)$.

(2)　$5am + 2bn + 2am + 5bn = (5+2)am + (2+5)bm$
$$= 7am + 7bm = 7m \cdot a + 7m \cdot b = 7m(a+b).$$

例 29　把下列各式因式分解.

(1) $x^2 - y^2 + 2x + 2y$;(2) $x^2 - 2xy + y^2 - z^2$.

解　(1)　$x^2 - y^2 + 2x + 2y = x^2 + 2x - (y^2 - 2y)$
$$= (x^2 + 2x + 1) - (y^2 - 2y + 1)$$
$$= (x+1)^2 - (y-1)^2$$
$$= [(x+1)+(y-1)] \cdot [(x+1)-(y-1)]$$
$$= (x+y)(x-y+2).$$

(2)　$x^2 - 2xy + y^2 - z^2 = (x-y)^2 - z^2$
$$= [(x-y)+z][(x-y)-z]$$
$$= (x-y+z)(x-y-z).$$

附录 2　分式的运算

一、分式的定义

整式 A 除以整式 B，可以表示成 $\dfrac{A}{B}$ 的形式.如果除式 B 中含有字母,那么称 $\dfrac{A}{B}$ 为**分式**,其中 A 称为分式的**分子**,B 称为分式的**分母**.对于任意一个分式,分母都不能为零.

例1　当 x 取什么值时,下列分式有意义?

(1) $\dfrac{8}{x-1}$; (2) $\dfrac{1}{x^2-9}$.

解　(1) 当分母的值等于零时,分式没有意义,除此以外,分式都有意义.

由分母 $x-1\neq 0$,得 $x\neq 1$.

所以当 $x\neq 1$ 时,分式都有意义.

(2) 由分母 $x^2-9\neq 0$,得 $x\neq\pm 3$.

所以当 $x\neq\pm 3$ 时,分式都有意义.

例2　下列各式中哪些是整式?哪些是分式?

(1) $\dfrac{b}{2a}$; (2) $2a+b$; (3) $-\dfrac{x+1}{4-x}$; (4) $\dfrac{1}{2}xy+x^2y$.

解　由分式的定义可知(2)、(4)为整式,(1)、(3)为分式.

二、分式的基本性质

分式的分子与分母都乘以(或除以)同一个不等于零的整式,分式的值不变.

例3　化简下列分式.

(1) $\dfrac{a^2bc}{ab}$; (2) $\dfrac{x^2-1}{x^2-2x+1}$.

解　(1) $\dfrac{a^2bc}{ab}=\dfrac{ab\cdot ac}{ab}=ac$.

(2) $\dfrac{x^2-1}{x^2-2x+1}=\dfrac{(x-1)(x+1)}{(x-1)^2}=\dfrac{x+1}{x-1}$.

例3中,$\dfrac{a^2bc}{ab}=ac$,即分子、分母同时约去了整式 ab;$\dfrac{x^2-1}{x^2-2x+1}=\dfrac{x+1}{x-1}$,即分子、分母同时约去了整式 $x-1$.把一个分式的分子和分母的公因式约去,这种变形称为分式的**约分**.

化简结果中,分子和分母已没有公因式,这样的分式称为最简分式.化简分式时,通常要使结果成为最简分式或者整式.

例 4　对于分式 $\dfrac{5xy}{20x^2y}$ 的化简,哪种做法是正确的?

(1) $\dfrac{5xy}{20x^2y} = \dfrac{5x}{20x^2}$;

(2) $\dfrac{5xy}{20x^2y} = \dfrac{5xy}{4x \cdot 5xy} = \dfrac{1}{4x}$.

解　(2)的做法是正确的,(1)没有化到最简.

三、分式的乘除法

两个分式相乘,把分子相乘的积作为积的分子,把分母相乘的积作为积的分母;两个分式相除,把除式的分子和分母颠倒位置后再与被除式相乘.

例 5　计算.

(1) $\dfrac{3a}{4y} \cdot \dfrac{2y^2}{3a^2}$; (2) $\dfrac{a+2}{a-2} \cdot \dfrac{1}{a^2+2a}$.

解　(1) $\dfrac{3a}{4y} \cdot \dfrac{2y^2}{3a^2} = \dfrac{3a \cdot 2y^2}{4y \cdot 3a^2} = \dfrac{y}{2a}$.

(2) $\dfrac{a+2}{a-2} \cdot \dfrac{1}{a^2+2a} = \dfrac{a+2}{(a-2) \cdot a(a+2)} = \dfrac{1}{a^2-2a}$.

例 6　计算.

(1) $3xy^2 \div \dfrac{6y^2}{x}$; (2) $\dfrac{a-1}{a^2-4a+4} \div \dfrac{a^2-1}{a^2-4}$.

解　(1) $3xy^2 \div \dfrac{6y^2}{x} = 3xy^2 \cdot \dfrac{x}{6y^2} = \dfrac{3xy^2 \cdot x}{6y^2} = \dfrac{1}{2}x^2$.

(2) $\dfrac{a-1}{a^2-4a+4} \div \dfrac{a^2-1}{a^2-4} = \dfrac{a-1}{a^2-4a+4} \cdot \dfrac{a^2-4}{a^2-1}$

$= \dfrac{(a-1)(a^2-4)}{(a^2-4a+4)(a^2-1)} = \dfrac{(a-1)(a+2)(a-2)}{(a-2)^2(a-1)(a+1)}$

$= \dfrac{a+2}{(a-2)(a+1)}$.

四、分式的加减法

(1) 同分母的分式相加减,分母不变,把分子相加减.

例 7　填空.

(1) $\dfrac{x^2}{x-2} - \dfrac{4}{x-2} = \underline{\qquad\qquad}$;

(2) $\dfrac{x+2}{x+1} - \dfrac{x-1}{x+1} + \dfrac{x-3}{x+1} = \underline{\qquad\qquad}$.

解　(1) $\dfrac{x^2}{x-2} - \dfrac{4}{x-2} = \dfrac{x^2-4}{x-2} = \dfrac{(x-2)(x+2)}{x-2} = \underline{x+2}$.

(2) $\dfrac{x+2}{x+1} - \dfrac{x-1}{x+1} + \dfrac{x-3}{x+1} = \dfrac{x+2-x+1+x-3}{x+1} = \underline{\dfrac{x}{x+1}}$.

根据分式的基本性质,异分母的分式可以化为同分母的分式,这一过程称为分式的**通**

分.为了计算方便,异分母分式通分时,通常取最简公分母作为它们的共同分母.

例8 计算.

(1) $\dfrac{3}{a}+\dfrac{a-15}{5a}$；(2) $\dfrac{2}{x-1}+\dfrac{x-1}{1-x}$.

解 (1) $\dfrac{3}{a}+\dfrac{a-15}{5a}=\dfrac{15}{5a}+\dfrac{a-15}{5a}$

$$=\dfrac{15+(a-15)}{5a}=\dfrac{a}{5a}=\dfrac{1}{5}.$$

(2) $\dfrac{2}{x-1}+\dfrac{x-1}{1-x}=\dfrac{2}{x-1}+\dfrac{1-x}{x-1}$

$$=\dfrac{2+(1-x)}{x-1}=\dfrac{3-x}{x-1}.$$

（2）异分母的分式相加减,先通分化为同分母的分式,然后再按同分母分式的加减法法则进行计算.

例9 计算.

(1) $\dfrac{1}{x-3}-\dfrac{1}{x+3}$；(2) $\dfrac{2a}{a^2-4}-\dfrac{1}{a-2}$.

解 (1) $\quad\dfrac{1}{x-3}-\dfrac{1}{x+3}$

$$=\dfrac{x+3}{(x-3)(x+3)}-\dfrac{x-3}{(x-3)(x+3)}$$

$$=\dfrac{(x+3)-(x-3)}{x^2-9}=\dfrac{6}{x^2-9}.$$

(2) $\quad\dfrac{2a}{a^2-4}-\dfrac{1}{a-2}$

$$=\dfrac{2a}{(a-2)(a+2)}-\dfrac{a+2}{(a-2)(a+2)}$$

$$=\dfrac{2a-(a+2)}{(a-2)(a+2)}$$

$$=\dfrac{a-2}{(a-2)(a+2)}$$

$$=\dfrac{1}{a+2}.$$

五、分式方程

分母中含有未知数的方程叫做**分式方程**.

例10 解方程：$\dfrac{1}{x-2}=\dfrac{3}{x}$.

解 方程两边都乘以 $x(x-2)$,得

$$x=3(x-2).$$

解这个方程,得

$$x = 3.$$

检验：将 $x=3$ 代入原方程，得

$$左边 = 1 = 右边.$$

所以，$x=3$ 是原方程的根.

例 11　$x=2$ 是方程 $\dfrac{1-x}{x-2} = \dfrac{1}{2-x} - 2$ 的根吗？

解　方程两边都乘以 $x-2$，得

$$1 - x = -1 - 2(x-2).$$

解这个方程，得

$$x = 2.$$

检验：将 $x=2$ 代入原方程，会使得原方程的分母为零，所以 $x=2$ 不是原方程的根.

上例中，$x=2$ 称为原方程的**增根**，产生增根的原因是在方程的两边同乘了一个可能使分母为零的整式.

因为解分式方程可能产生增根，所以解分式方程必须检验.通常只需检验所得的根是否使原方程中分式的分母的值等于零就可以了.

附录 3　指数与对数

一、指数

1. 根式

（1）n 次方根

如果 $x^n = a$，那么 x 叫做 a 的 **n 次方根**，其中 $n > 1$ 且 $n \in \mathbf{N}^*$.

当 n 为奇数时，正数的 n 次方根是一个正数，负数的 n 次方根是一个负数，这时 a 的 n 次方根用符号 $\sqrt[n]{a}$ 表示.

当 n 为偶数时，正数的 n 次方根有两个，这两个数互为相反数，它们可以写成 $\pm\sqrt[n]{a}\ (a > 0)$. 负数没有偶次方根.

0 的任何次方根都是 0，即 $\sqrt[n]{0} = 0$.

（2）根式

式子 $\sqrt[n]{a}$ 叫做**根式**，这里 n 叫做**根指数**，a 叫做**被开方数**.

（3）根式的基本性质

① $(\sqrt[n]{a})^n = a\ (n \in \mathbf{N}^*$ 且 $n > 1)$.

② n 为奇数时，$\sqrt[n]{a^n} = a$.

n 为偶数时，$\sqrt[n]{a^n} = |a| = \begin{cases} a, & a \geqslant 0, \\ -a, & a < 0. \end{cases}$

③ $\sqrt[np]{a^{mp}} = \sqrt[n]{a^m}\ (a \geqslant 0, m、n、p \in \mathbf{N}^*, n > 1)$.

④ $\sqrt[n]{ab} = \sqrt[n]{a} \cdot \sqrt[n]{b}\ (a \geqslant 0, b \geqslant 0, n \in \mathbf{N}^*$ 且 $n > 1)$.

⑤ $\sqrt[n]{\dfrac{a}{b}} = \dfrac{\sqrt[n]{a}}{\sqrt[n]{b}}\ (a \geqslant 0, b > 0, n \in \mathbf{N}^*$ 且 $n > 1)$.

⑥ $(\sqrt[n]{a})^m = \sqrt[n]{a^m}\ (a \geqslant 0, m、n \in \mathbf{N}^*$ 且 $m > 1, n > 1)$.

⑦ $\sqrt[m]{\sqrt[n]{a}} = \sqrt[mn]{a}\ (a \geqslant 0, m、n \in \mathbf{N}^*$ 且 $m > 1, n > 1)$.

例 1　化简下列根式.

(1) $(\sqrt[3]{-2})^3$;　(2) $\sqrt[7]{(-5)^7}$;　(3) $\sqrt[2]{10^2}$;　(4) $\sqrt[4]{(3-\pi)^4}$;

(5) $\sqrt[12]{6^8}$;　(6) $\sqrt[3]{8e}$;　(7) $\sqrt{2} \cdot \sqrt{5}$;　(8) $\sqrt{\dfrac{\pi}{9}}$;

(9) $\dfrac{\sqrt[3]{54}}{\sqrt[3]{2}}$;　(10) $(\sqrt[5]{3})^2$;　(11) $\sqrt[5]{32^4}$;　(12) $\sqrt[3]{\sqrt{7}}$.

解　(1) $(\sqrt[3]{-2})^3 = -2$.

(2) $\sqrt[7]{(-5)^7} = -5$.

(3) $\sqrt[2]{10^2} = |10| = 10$.

(4) $\sqrt[4]{(3-\pi)^4}=|3-\pi|=\pi-3.$

(5) $\sqrt[12]{6^8}=\sqrt[3]{6^2}=\sqrt[3]{36}.$

(6) $\sqrt[3]{8e}=\sqrt[3]{8}\cdot\sqrt[3]{e}=2\sqrt[3]{e}.$

(7) $\sqrt{2}\cdot\sqrt{5}=\sqrt{2\times5}=\sqrt{10}.$

(8) $\sqrt{\dfrac{\pi}{9}}=\dfrac{\sqrt{\pi}}{\sqrt{9}}=\dfrac{\sqrt{\pi}}{3}.$

(9) $\dfrac{\sqrt[3]{54}}{\sqrt[3]{2}}=\sqrt[3]{\dfrac{54}{2}}=\sqrt[3]{27}=3.$

(10) $(\sqrt[5]{3})^2=\sqrt[5]{3^2}=\sqrt[5]{9}.$

(11) $\sqrt[5]{32^4}=(\sqrt[5]{32})^4=2^4=16.$

(12) $\sqrt[3]{\sqrt{7}}=\sqrt[6]{7}.$

2．有理数指数幂

（1）定义

正整数指数幂：$a^n=\overbrace{a\cdot a\cdot\cdots\cdot a}^{n\uparrow}(n\in\mathbf{N}^*)$；

零指数幂：$a^0=1(a\neq0)$；

负整数指数幂：$a^{-n}=\dfrac{1}{a^n}(a>0,n\in\mathbf{N}^*)$；

分数指数幂：$a^{\frac{m}{n}}=\sqrt[n]{a^m}$，$a^{-\frac{m}{n}}=\dfrac{1}{a^{\frac{m}{n}}}=\dfrac{1}{\sqrt[n]{a^m}}(a>0,m、n\in\mathbf{N}^*$且$n>1)$.

（2）幂的运算法则

① $a^m\cdot a^n=a^{m+n}$，$\dfrac{a^m}{a^n}=a^{m-n}(a>0,m、n\in\mathbf{R})$；

② $(a^m)^n=a^{mn}(a>0,m、n\in\mathbf{R})$；

③ $(ab)^n=a^n\cdot b^n$，$\left(\dfrac{b}{a}\right)^n=\dfrac{b^n}{a^n}(a>0,b>0,n\in\mathbf{R})$.

例2 用分数指数幂的形式表示下列各式（其中$a>0$）.

(1) $a^4\cdot\sqrt[3]{a}$；(2) $\dfrac{a^3}{\sqrt[4]{a^3}}$；(3) $\dfrac{a^2}{\sqrt{a}\cdot\sqrt[3]{a^2}}$；(4) $\sqrt{a\sqrt[3]{a}}$.

解 (1) $a^4\cdot\sqrt[3]{a}=a^4\cdot a^{\frac{1}{3}}=a^{4+\frac{1}{3}}=a^{\frac{13}{3}}.$

(2) $\dfrac{a^3}{\sqrt[4]{a^3}}=\dfrac{a^3}{a^{\frac{3}{4}}}=a^{3-\frac{3}{4}}=a^{\frac{9}{4}}.$

(3) $\dfrac{a^2}{\sqrt{a}\cdot\sqrt[3]{a^2}}=\dfrac{a^2}{a^{\frac{1}{2}}\cdot a^{\frac{2}{3}}}=a^{2-\frac{1}{2}-\frac{2}{3}}=a^{\frac{5}{6}}.$

(4) $\sqrt{a\sqrt[3]{a}}=(a\cdot a^{\frac{1}{3}})^{\frac{1}{2}}=(a^{\frac{4}{3}})^{\frac{1}{2}}=a^{\frac{4}{3}\times\frac{1}{2}}=a^{\frac{2}{3}}.$

例3 求值.

(1) $8^{\frac{2}{3}}$；(2) $16^{-\frac{1}{2}}$；(3) $\left(\dfrac{1}{3}\right)^{-2}$；(4) $(5^{\frac{1}{4}}\cdot2^{-\frac{3}{8}})^8$；(5) $\left[\dfrac{2^{\frac{2}{3}}}{3^{\frac{1}{2}}}\right]^6$.

解 (1) $8^{\frac{2}{3}} = (2^3)^{\frac{2}{3}} = 2^{3 \times \frac{2}{3}} = 2^2 = 4$.

(2) $16^{-\frac{1}{2}} = (2^4)^{-\frac{1}{2}} = 2^{4 \times (-\frac{1}{2})} = 2^{-2} = \dfrac{1}{2^2} = \dfrac{1}{4}$.

(3) $\left(\dfrac{1}{3}\right)^{-2} = (3^{-1})^{-2} = 3^2 = 9$.

(4) $(5^{\frac{1}{4}} \times 2^{-\frac{3}{8}})^8 = (5^{\frac{1}{4}})^8 \times (2^{-\frac{3}{8}})^8 = 5^2 \times 2^{-3} = \dfrac{5^2}{2^3} = \dfrac{25}{8}$.

(5) $\left(\dfrac{2^{\frac{2}{3}}}{3^{\frac{1}{2}}}\right)^6 = \dfrac{(2^{\frac{2}{3}})^6}{(3^{\frac{1}{2}})^6} = \dfrac{2^4}{3^3} = \dfrac{16}{27}$.

二、对数

1. 定义

一般地,如果 $a^x = N(a > 0$ 且 $a \neq 1)$,那么数 x 叫做以 a 为底 N 的**对数**,记作 $x = \log_a N$. 其中 a 叫做对数的**底数**,N 叫做**真数**.

以 10 为底的对数叫做**常用对数**,把 $\log_{10} N$ 记作 $\lg N$

以 e 为底的对数叫做**自然对数**,把 $\log_e N$ 记作 $\ln N$,其中 $e = 2.718\,28\cdots$

2. 对数与指数的关系

当 $a > 0$, $a \neq 1$ 时,$a^x = N \Leftrightarrow x = \log_a N$.

3. 性质

(1) 零与负数没有对数,即 $N > 0$;

(2) 1 的对数等于零,即 $\log_a 1 = 0$;

(3) 底的对数等于 1,即 $\log_a a = 1$;

(4) $a^{\log_a N} = N$(对数恒等式).

4. 运算法则

(1) $\log_a(M \cdot N) = \log_a M + \log_a N$;

(2) $\log_a \dfrac{M}{N} = \log_a M - \log_a N$;

(3) $\log_a M^n = n \log_a M$;

(4) $\log_a N = \dfrac{\log_b N}{\log_b a}$(换底公式).

以上 $a > 0$, $b > 0$,且 $a \neq 1$, $b \neq 1$, $M > 0$, $N > 0$, $n \in \mathbf{R}$.

例 4 用 $\ln x$、$\ln y$、$\ln z$ 表示下列各式(x、y、$z > 0$).

(1) $\ln \dfrac{xy^2}{z^3}$; (2) $\ln \dfrac{x^2}{\sqrt{y} \cdot \sqrt[3]{z}}$.

解 (1) $\ln \dfrac{xy^2}{z^3} = \ln(xy^2) - \ln z^3 = \ln x + \ln y^2 - \ln z^3$

$= \ln x + 2\ln y - 3\ln z$.

(2) $\ln \dfrac{x^2}{\sqrt{y} \cdot \sqrt[3]{z}} = \ln x^2 - \ln(\sqrt{y} \cdot \sqrt[3]{z})$

$= 2\ln x - (\ln y^{\frac{1}{2}} + \ln z^{\frac{1}{3}})$

$$= 2\ln x - \frac{1}{2}\ln y - \frac{1}{3}\ln z.$$

例 5　求下列各式的值.

(1) $\lg 100$；(2) $\ln \sqrt[5]{\mathrm{e}^3}$；(3) $\log_{100} 1\,000$.

解　(1) $\lg 100 = \lg 10^2 = 2\lg 10 = 2$.

(2) $\ln \sqrt[5]{\mathrm{e}^3} = \ln \mathrm{e}^{\frac{3}{5}} = \frac{3}{5}\ln \mathrm{e} = \frac{3}{5}$.

(3) $\log_{100} 1\,000 = \dfrac{\lg 1\,000}{\lg 100} = \dfrac{\lg 10^3}{\lg 10^2} = \dfrac{3}{2}$.

附录 4　三角函数

1. 特殊角的三角函数值

α	0	$\dfrac{\pi}{6}$	$\dfrac{\pi}{4}$	$\dfrac{\pi}{3}$	$\dfrac{\pi}{2}$
$\sin\alpha$	0	$\dfrac{1}{2}$	$\dfrac{\sqrt{2}}{2}$	$\dfrac{\sqrt{3}}{2}$	1
$\cos\alpha$	1	$\dfrac{\sqrt{3}}{2}$	$\dfrac{\sqrt{2}}{2}$	$\dfrac{1}{2}$	0
$\tan\alpha$	0	$\dfrac{\sqrt{3}}{3}$	1	$\sqrt{3}$	不存在
$\cot\alpha$	不存在	$\sqrt{3}$	1	$\dfrac{\sqrt{3}}{3}$	0

2. 同角三角函数间的关系
（1）平方关系

$$\sin^2\alpha + \cos^2\alpha = 1；\ 1 + \tan^2\alpha = \sec^2\alpha；\ 1 + \cot^2\alpha = \csc^2\alpha.$$

（2）商的关系

$$\tan\alpha = \frac{\sin\alpha}{\cos\alpha}；\quad \cot\alpha = \frac{\cos\alpha}{\sin\alpha}.$$

（3）倒数关系

$$\cot\alpha = \frac{1}{\tan\alpha}；\quad \sec\alpha = \frac{1}{\cos\alpha}；\quad \csc\alpha = \frac{1}{\sin\alpha}.$$

3. 三角函数式的恒等变换
（1）加法定理

$$\sin(\alpha \pm \beta) = \sin\alpha\cos\beta \pm \cos\alpha\sin\beta；$$
$$\cos(\alpha \pm \beta) = \cos\alpha\cos\beta \mp \sin\alpha\sin\beta；$$
$$\tan(\alpha \pm \beta) = \frac{\tan\alpha \pm \tan\beta}{1 \mp \tan\alpha\tan\beta}.$$

（2）倍角公式

$$\sin 2\alpha = 2\sin\alpha\cos\alpha；$$
$$\cos 2\alpha = \cos^2\alpha - \sin^2\alpha$$
$$= 1 - 2\sin^2\alpha = 2\cos^2\alpha - 1；$$
$$\tan 2\alpha = \frac{2\tan\alpha}{1 - \tan^2\alpha}.$$

（3）半角公式

$$\sin^2\frac{\alpha}{2}=\frac{1-\cos\alpha}{2};$$

$$\cos^2\frac{\alpha}{2}=\frac{1+\cos\alpha}{2};$$

$$\tan\frac{\alpha}{2}=\pm\sqrt{\frac{1-\cos\alpha}{1+\cos\alpha}}=\frac{\sin\alpha}{1+\cos\alpha}=\frac{1-\cos\alpha}{\sin\alpha}.$$

（4）积化和差公式

$$\sin\alpha\cos\beta=\frac{1}{2}\big[\sin(\alpha+\beta)+\sin(\alpha-\beta)\big];$$

$$\cos\alpha\sin\beta=\frac{1}{2}\big[\sin(\alpha+\beta)-\sin(\alpha-\beta)\big];$$

$$\cos\alpha\cos\beta=\frac{1}{2}\big[\cos(\alpha+\beta)+\cos(\alpha-\beta)\big];$$

$$\sin\alpha\sin\beta=-\frac{1}{2}\big[\cos(\alpha+\beta)-\cos(\alpha-\beta)\big].$$

（5）和差化积公式

$$\sin\alpha+\sin\beta=2\sin\frac{\alpha+\beta}{2}\cos\frac{\alpha-\beta}{2};$$

$$\sin\alpha-\sin\beta=2\cos\frac{\alpha+\beta}{2}\sin\frac{\alpha-\beta}{2};$$

$$\cos\alpha+\cos\beta=2\cos\frac{\alpha+\beta}{2}\cos\frac{\alpha-\beta}{2};$$

$$\cos\alpha-\cos\beta=-2\sin\frac{\alpha+\beta}{2}\sin\frac{\alpha-\beta}{2}.$$

（6）万能公式

$$\sin\alpha=\frac{2\tan\frac{\alpha}{2}}{1+\tan^2\frac{\alpha}{2}};\ \cos\alpha=\frac{1-\tan^2\frac{\alpha}{2}}{1+\tan^2\frac{\alpha}{2}};$$

$$\tan\alpha=\frac{2\tan\frac{\alpha}{2}}{1-\tan^2\frac{\alpha}{2}}.$$

例　求下列三角函数值.

（1）$\sin\frac{\pi}{8}$；（2）$\cos\frac{\pi}{12}$.

解　（1）$\sin\frac{\pi}{8}=\sqrt{\frac{1-\cos\frac{\pi}{4}}{2}}=\sqrt{\frac{1-\frac{\sqrt{2}}{2}}{2}}=\sqrt{\frac{1}{2}-\frac{\sqrt{2}}{4}}.$

（2）$\cos\frac{\pi}{12}=\sqrt{\frac{1+\cos\frac{\pi}{6}}{2}}=\sqrt{\frac{1+\frac{\sqrt{3}}{2}}{2}}=\sqrt{\frac{1}{2}+\frac{\sqrt{3}}{4}}.$

参 考 文 献

[1] 侯风波.高等数学[M].6 版.北京:高等教育出版社,2022.

[2] 王磊,吕保献,李海洋.高等数学[M].郑州:河南科学技术出版社,2021.

[3] 陶金瑞.高等数学[M].北京:机械工业出版社,2020.

[4] 吕保献,王磊.高等数学[M].北京:高等教育出版社,2023.

[5] 同济大学数学系.高等数学[M].7 版.北京:高等教育出版社,2014.